Direito Civil
BRASILEIRO

Responsabilidade Civil

CARLOS ROBERTO GONÇALVES

Direito Civil BRASILEIRO

Responsabilidade Civil

20ª edição
2025

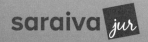

- O autor deste livro e a editora empenharam seus melhores esforços para assegurar que as informações e os procedimentos apresentados no texto estejam em acordo com os padrões aceitos à época da publicação, *e todos os dados foram atualizados pelo autor até a data da entrega dos originais à editora.* Entretanto, tendo em conta a evolução das ciências, as atualizações legislativas, as mudanças regulamentares governamentais e o constante fluxo de novas informações sobre os temas que constam do livro, recomendamos enfaticamente que os leitores consultem sempre outras fontes fidedignas, de modo a se certificarem de que as informações contidas no texto estão corretas e de que não houve alterações nas recomendações ou na legislação regulamentadora.

- Data do fechamento do livro: 10/10/2024

- O autor e a editora se empenharam para citar adequadamente e dar o devido crédito a todos os detentores de direitos autorais de qualquer material utilizado neste livro, dispondo-se a possíveis acertos posteriores caso, inadvertida e involuntariamente, a identificação de algum deles tenha sido omitida.

- Direitos exclusivos para a língua portuguesa
  Copyright ©2025 by
  Saraiva Jur, um selo da SRV Editora Ltda.
  Uma editora integrante do GEN | Grupo Editorial Nacional
  Travessa do Ouvidor, 11
  Rio de Janeiro – RJ – 20040-040

- **Atendimento ao cliente: https://www.editoradodireito.com.br/contato**

- Reservados todos os direitos. É proibida a duplicação ou reprodução deste volume, no todo ou em parte, em quaisquer formas ou por quaisquer meios (eletrônico, mecânico, gravação, fotocópia, distribuição pela Internet ou outros), sem permissão, por escrito, da **SRV Editora Ltda.**

- Capa: Lais Soriano
  Diagramação: Adriana Aguiar

- **DADOS INTERNACIONAIS DE CATALOGAÇÃO NA PUBLICAÇÃO (CIP)
  ODILIO HILARIO MOREIRA JUNIOR – CRB-8/9949**

G635d   Gonçalves, Carlos Roberto
Direito civil brasileiro v. 4 – responsabilidade civil / Carlos Roberto Gonçalves. –
   20. ed. – São Paulo: Saraiva Jur, 2025.
592 p. (Direito civil brasileiro; v. 4)

Sequência de: Direito Civil Brasileiro v. 3 – contratos e atos unilaterais
ISBN 978-85-5362-619-9 (Impresso)

1. Direito civil. 2. Código civil. 3. Responsabilidade civil. I. Título.

	CDD 347
2024-3228	CDU 347

Índices para catálogo sistemático:
1. Direito civil   347
2. Direito civil   347

ÍNDICE

LIVRO I
IDEIAS GERAIS SOBRE A RESPONSABILIDADE CIVIL

1. As várias acepções da responsabilidade	1
2. Responsabilidade jurídica e responsabilidade moral	2
3. Distinção entre obrigação e responsabilidade	2
4. A importância do tema	3
5. Dever jurídico originário e sucessivo	5
6. A responsabilidade civil nos primeiros tempos e seu desenvolvimento	6
6.1. Direito romano	6
6.2. Direito francês	7
6.3. Direito português	8
6.4. Direito brasileiro	8
7. Fundamentos	11
8. Posicionamento na teoria geral do direito	12
9. Culpa e responsabilidade	14
10. Imputabilidade e responsabilidade	16
10.1. A responsabilidade dos amentais	16
10.1.1. Situação anterior ao Estatuto da Pessoa com Deficiência	16
10.1.2. Modificações introduzidas pelo Estatuto da Pessoa com Deficiência	20
10.2. A responsabilidade dos menores	21

11. Espécies de responsabilidade 22
    11.1. Responsabilidade civil e responsabilidade penal 22
    11.2. Responsabilidade contratual e extracontratual 25
    11.3. Responsabilidade subjetiva e responsabilidade objetiva 29
    11.4. Responsabilidade extracontratual por atos ilícitos e lícitos (fundada no risco e decorrente de fatos permitidos por lei) 32
12. Pressupostos da responsabilidade civil 33

LIVRO II
ELEMENTOS ESSENCIAIS DA RESPONSABILIDADE CIVIL

Título I
AÇÃO OU OMISSÃO DO AGENTE

Capítulo I
RESPONSABILIDADE EXTRACONTRATUAL

CASOS ESPECIAIS DE RESPONSABILIDADE POR ATO PRÓPRIO

1. Ação ou omissão: infração a um dever 38
2. Ato praticado contra a honra da mulher 39
3. Calúnia, difamação e injúria 41
4. Demanda de pagamento de dívida não vencida ou já paga 44
5. Responsabilidade decorrente do abuso do direito 48
    5.1. Princípio da boa-fé e da probidade 52
    5.2. Proibição de *venire contra factum proprium* 53
    5.3. *Suppressio, surrectio e tu quoque* 54
    5.4. *Duty to mitigate the loss* 55
6. Responsabilidade decorrente do rompimento de noivado 56
7. Responsabilidade decorrente da ruptura de concubinato e de união estável 60
8. Responsabilidade civil entre cônjuges 66
9. Responsabilidade civil por dano ecológico ou ambiental 71
    9.1. O direito ambiental 71

9.2.	A responsabilidade civil por dano ecológico................................	73
9.3.	A responsabilidade objetiva do poluidor e as excludentes do caso fortuito ou da força maior	75
9.4.	Os instrumentos de tutela jurisdicional dos interesses difusos	77
9.5.	A reparação do dano ambiental...	80
10. Violação do direito à própria imagem		88
11. A AIDS e a responsabilidade civil		93
12. Responsabilidade civil na Internet. *O Marco Civil da Internet*. O direito ao esquecimento...		96
12.1. O comércio eletrônico		96
12.2. A responsabilidade civil nos meios eletrônicos		99
13. Responsabilidade civil por dano atômico		106

CASOS ESPECIAIS DE RESPONSABILIDADE POR ATO OU FATO DE TERCEIRO

14. Da presunção de culpa à responsabilidade independentemente de culpa		109
15. A responsabilidade solidária das pessoas designadas no art. 932 do Código Civil		112
16. Responsabilidade dos pais..		113
17. Responsabilidade dos tutores e curadores		120
18. Responsabilidade dos empregadores ou comitentes pelos atos dos empregados, serviçais e prepostos		122
18.1. Conceito de empregado, serviçal e preposto............................		122
18.2. Responsabilidade presumida, *juris et de jure*.........................		124
18.3. Requisitos para a configuração da responsabilidade do empregador ou comitente..		126
19. Responsabilidade dos educadores		130
20. Responsabilidade dos hoteleiros e estalajadeiros		140
21. Responsabilidade dos que participaram no produto do crime		143
22. A ação regressiva daquele que paga a indenização, contra o causador do dano		144
22.1. Direito regressivo como consequência natural da responsabilidade indireta		144
22.2. Exceções à regra..		145

VII

RESPONSABILIDADE CIVIL DOS EMPRESÁRIOS INDIVIDUAIS E DAS EMPRESAS PELOS PRODUTOS POSTOS EM CIRCULAÇÃO

23. Cláusula geral de responsabilidade objetiva 148
24. Sintonia com a legislação consumerista 148

RESPONSABILIDADE DAS PESSOAS JURÍDICAS DE DIREITO PÚBLICO

25. Evolução: da fase da irresponsabilidade à da responsabilidade objetiva ... 150
26. Responsabilidade civil da Administração Pública na Constituição Federal de 1988 154
27. Responsabilidade civil do Estado pelos atos omissivos de seus agentes ... 158
28. Sujeitos passivos da ação: Estado e funcionário 166
29. Denunciação da lide ao funcionário ou agente público 168
30. Responsabilidade civil do Estado em acidentes de veículos 172
31. Culpa do funcionário, culpa anônima, deficiência ou falha do serviço público 174
32. Dano resultante de força maior 175
33. Culpa da vítima 176
34. Atividade regular do Estado, mas causadora de dano 177
35. Responsabilidade do Estado por atos judiciais 178
    35.1. Atos judiciais em geral 178
    35.2. Erro judiciário 182
36. Responsabilidade do Estado por atos legislativos 185
    36.1. Danos causados por lei inconstitucional 185
    36.2. Dano causado por lei constitucionalmente perfeita 186
    36.3. Imunidade parlamentar 188

RESPONSABILIDADE PELO FATO DA COISA

37. A responsabilidade na guarda da coisa inanimada: origem, evolução e aplicação no direito brasileiro 190
38. Privação da guarda e responsabilidade 193
39. Responsabilidade pela ruína do edifício 196
    39.1. A presunção de responsabilidade 196
    39.2. Extensão da regra às benfeitorias incorporadas ao edifício 197
40. Responsabilidade resultante de coisas líquidas e sólidas (*effusis* e *dejectis*) que caírem em lugar indevido 198

41. Responsabilidade decorrente do exercício de atividade perigosa	202
41.1. O exercício de atividade perigosa como fundamento da responsabilidade civil	202
41.2. A inovação introduzida pelo parágrafo único do art. 927 do Código de 2002	203
42. Responsabilidade em caso de arrendamento e de parceria rural	206
43. Responsabilidade das empresas locadoras de veículos	207
44. Responsabilidade em caso de arrendamento mercantil (*leasing*)	209
45. Responsabilidade em caso de alienação fiduciária	212

RESPONSABILIDADE PELO FATO OU GUARDA DE ANIMAIS

46. A responsabilidade objetiva do dono ou detentor do animal	214
47. As excludentes admitidas e a inversão do ônus da prova	218

Capítulo II
RESPONSABILIDADE CONTRATUAL

A RESPONSABILIDADE DECORRENTE DOS TRANSPORTES

1. Introdução	219
2. Contrato de transporte. Disposições gerais	221
3. O transporte de pessoas	222
3.1. O transporte terrestre	226
3.2. O transporte aéreo	230
3.3. O transporte marítimo	235
4. O transporte de bagagem	236
5. O Código de Defesa do Consumidor e sua repercussão na responsabilidade civil do transportador	237
5.1. O fortuito e a força maior	237
5.2. Transporte aéreo e indenização tarifada	239
6. O transporte de coisas	240
7. O transporte gratuito	242

A RESPONSABILIDADE CIVIL DOS ESTABELECIMENTOS BANCÁRIOS

8. Natureza jurídica do depósito bancário	247
9. Responsabilidade pelo pagamento de cheque falso	248

10. Responsabilidade dos bancos pela subtração de bens depositados em seus cofres	253
11. A responsabilidade dos bancos em face do Código de Defesa do Consumidor..	257
12. Responsabilidade dos bancos pela segurança dos clientes..................	260

A RESPONSABILIDADE DOS MÉDICOS, CIRURGIÕES PLÁSTICOS E CIRURGIÕES-DENTISTAS

13. A responsabilidade dos médicos	263
14. Erro médico: erro profissional, erro de diagnóstico, iatrogenia...........	268
15. A responsabilidade dos cirurgiões plásticos..	269
16. A responsabilidade do anestesista..	273
17. A responsabilidade dos hospitais e dos laboratórios.............................	275
18. Planos de saúde...	277
19. A responsabilidade dos cirurgiões-dentistas...	279

RESPONSABILIDADE CIVIL DOS ADVOGADOS

20. Fundamento e configuração da responsabilidade	281
21. Responsabilidade pela perda de uma chance...	284
22. Inviolabilidade profissional	287

RESPONSABILIDADE CIVIL DO FORNECEDOR NO CÓDIGO DE DEFESA DO CONSUMIDOR

23. Aspectos gerais da responsabilidade civil no Código de Defesa do Consumidor...	288
24. A responsabilidade pelo fato do produto e do serviço..........................	292
25. A responsabilidade por vício do produto e do serviço	293
26. As excludentes da responsabilidade civil...	296

A RESPONSABILIDADE DOS EMPREITEIROS E CONSTRUTORES

27. Contrato de construção...	299
28. Construção por empreitada	300
29. Construção por administração	301
30. A responsabilidade do construtor...	302
31. Responsabilidade pela perfeição da obra...	303

32. Responsabilidade pela solidez e segurança da obra..................................	304
33. Responsabilidade pelos vícios redibitórios..	305
34. Responsabilidade por danos a vizinhos e a terceiros.............................	306
35. O contrato de construção como relação de consumo (Código de Defesa do Consumidor)...	307

A RESPONSABILIDADE DOS DEPOSITÁRIOS E ENCARREGADOS DA GUARDA E VIGILÂNCIA DOS VEÍCULOS (ESTACIONAMENTOS, SUPERMERCADOS, RESTAURANTES, *SHOPPING CENTERS* ETC.)

36. Contrato de depósito, de guarda e análogos..	309
37. A responsabilidade dos donos de estacionamentos e postos de gasolina...	310
38. A responsabilidade dos donos de oficinas mecânicas...........................	312
39. A responsabilidade dos donos de restaurantes e hotéis.......................	313
40. A responsabilidade das escolas e universidades...................................	315
41. A responsabilidade dos donos de supermercados e *shopping centers*...	316
42. A responsabilidade dos condomínios edilícios.......................................	319

ACIDENTE DE TRABALHO E RESPONSABILIDADE CIVIL

43. Indenização acidentária...	320
44. Avanço representado pela Constituição Federal de 1988....................	320

A RESPONSABILIDADE DOS TABELIÃES

45. A disciplina na Constituição Federal de 1988..	323
46. Responsabilidade objetiva do Estado e subjetiva do tabelião.............	324

Título II
DA CULPA

Capítulo I
CONCEITO

1. Culpa *lato sensu*. Elementos da culpa..	329
1.1. O dever de cuidado..	331
1.2. Previsão e previsibilidade...	331
1.3. Imprudência, negligência e imperícia...	332
1.4. Espécies..	333

	1.4.1.	Culpa grave, leve e levíssima...................................	333
	1.4.2.	Culpa contratual e extracontratual...........................	334
	1.4.3.	Culpa *in eligendo, in vigilando* e *in custodiendo*; culpa *in comittendo* e *in omittendo*	335
	1.4.4.	Culpa presumida...	335
	1.4.5.	Culpa contra a legalidade	336
	1.4.6.	Culpa exclusiva e culpa concorrente........................	338
2.	Culpa e risco...		339

Capítulo II
A CULPA NO CÍVEL E NO CRIME

1.	Unidade da jurisdição e interação civil e penal............................	342
2.	A sentença condenatória proferida no juízo criminal	347
	2.1. Fundamentos legais	347
	2.2. Medidas processuais adequadas.....................................	350
	2.3. Competência...	352
	2.4. Legitimidade ativa e passiva..	353
3.	A sentença absolutória proferida no crime...................................	355
4.	Efeitos da coisa julgada civil na esfera criminal	358
5.	Suspensão do curso da ação civil..	359

Título III
DA RELAÇÃO DE CAUSALIDADE

1.	O liame da causalidade..	363
2.	A pesquisa do nexo causal..	364
3.	A negação do liame da causalidade: as excludentes da responsabilidade..	368

Título IV
DO DANO E SUA LIQUIDAÇÃO

Capítulo I
DO DANO INDENIZÁVEL

1.	Conceito e requisitos do dano..	369
2.	Espécies de dano...	371
3.	Pessoas obrigadas a reparar o dano	373

O DANO MATERIAL

4.	Titulares da ação de ressarcimento do dano material	376
	4.1. O lesado e os dependentes econômicos (cônjuge, descendentes, ascendentes, irmãos)	376
	4.2. Os companheiros	377
5.	Perdas e danos: o dano emergente e o lucro cessante	378
6.	A influência de outros elementos	379
	6.1. Cumulação da pensão indenizatória com a de natureza previdenciária	379
	6.2. Dedução do seguro obrigatório	381
7.	Alteração da situação e dos valores	381
	7.1. A correção monetária	381
	7.2. A garantia do pagamento futuro das prestações mensais	384
	7.3. Prisão civil do devedor. Natureza da obrigação alimentar	386
	7.4. Atualização e revisão das pensões	387
	7.5. A incidência dos juros. Juros simples e compostos	389
	7.6. O cálculo da verba honorária	390

O DANO MORAL

8.	Conceito	392
9.	Bens lesados e configuração do dano moral	394
10.	Titulares da ação de reparação do dano moral, por danos diretos e indiretos	395
	10.1. Ofendido, cônjuge, companheiro, membros da família, noivos, sócios etc.	395
	10.2. Incapazes (menores impúberes, amentais, nascituros, portadores de arteriosclerose etc.)	397
	10.3. A pessoa jurídica	401
11.	Características dos direitos da personalidade. A intransmissibilidade e a imprescritibilidade	402
12.	A prova do dano moral	403
13.	Objeções à reparação do dano moral	405
14.	Evolução da reparabilidade do dano moral em caso de morte de filho menor	405
15.	A reparação do dano moral e a Constituição Federal de 1988	407

16. Cumulação da reparação do dano moral com o dano material............ 408
17. Natureza jurídica da reparação 409
18. A quantificação do dano moral.. 411
    18.1. Tarifação e arbitramento.. 411
    18.2. Critérios para o arbitramento da reparação, na Justiça Comum e na Justiça do Trabalho.. 413
    18.3. Fixação do *quantum* do dano moral vinculada ao salário mínimo... 422
19. Valor da causa na ação de reparação do dano moral............................. 423
20. Antecipação da tutela nas ações de reparação do dano moral............. 424
21. Dano moral e culpa contratual.. 428
22. Dano moral no direito do trabalho 430
23. Assédio sexual e dano moral 432
24. Assédio moral.. 433
25. Adultério e separação judicial 434
26. Dano moral por falta de afeto, abandono e rejeição dos filhos 436
27. Apresentação de cheque antes da data convencionada 441
28. Atraso na entrega de imóvel comprado na planta 442
29. Súmulas do Superior Tribunal de Justiça relativas ao dano moral 442
30. Indenização por danos morais à vítima, paga pelo motorista que provoca acidente... 444
31. Arbitramento de dano moral à vítima de violência doméstica 445

Capítulo II
DA LIQUIDAÇÃO DO DANO
PRINCÍPIOS GERAIS

1. O grau de culpa e sua influência na fixação da indenização................. 447
2. Decisão por equidade, em caso de culpa leve ou levíssima.................. 448
3. Culpa exclusiva da vítima... 450
4. Culpa concorrente... 450
5. A liquidação por arbitramento.. 452
6. A liquidação pelo procedimento comum 452
7. Modos de reparação do dano... 453
    7.1. A reparação específica 453
    7.2. A reparação por equivalente em dinheiro 453

A LIQUIDAÇÃO DO DANO EM FACE DO DIREITO POSITIVO, DA DOUTRINA E DA JURISPRUDÊNCIA

8.	Indenização em caso de homicídio	455
	8.1. Morte de filho menor	456
	8.2. Morte de chefe de família	459
	8.3. Morte de esposa ou companheira	460
	8.4. Cálculo da indenização. O método bifásico para a quantificação do dano moral	462
9.	Indenização em caso de lesão corporal	465
	9.1. Lesão corporal de natureza leve	465
	9.2. Lesão corporal de natureza grave	465
	9.3. Dano estético	466
	9.4. Inabilitação para o trabalho	468
	9.4.1. A indenização devida	468
	9.4.2. A situação dos aposentados e idosos que não exercem atividade laborativa	470
	9.4.3. A duração da pensão e sua cumulação com os benefícios previdenciários	470
	9.4.4. O pagamento de pensão a menores que ainda não exercem atividade laborativa	471
	9.4.5. Arbitramento e pagamento por verba única	472
10.	Homicídio e lesão corporal provocados no exercício de atividade profissional	473
11.	A responsabilidade subjetiva dos profissionais liberais	474
12.	Indenização em caso de usurpação ou esbulho de coisa alheia. O valor de afeição	475
13.	Indenização por ofensa à liberdade pessoal	477

LIVRO III
OS MEIOS DE DEFESA OU AS EXCLUDENTES DA ILICITUDE

1.	O estado de necessidade	481
2.	A legítima defesa, o exercício regular de um direito e o estrito cumprimento do dever legal	484

3.	A culpa exclusiva da vítima...	486
4.	O fato de terceiro	489
	4.1. O causador direto do dano e o ato de terceiro	489
	4.2. O fato de terceiro e a responsabilidade contratual do transportador	490
	4.3. O fato de terceiro em casos de responsabilidade aquiliana............	491
	4.4. Fato de terceiro e denunciação da lide	492
5.	Caso fortuito e força maior	495
6.	Cláusula de irresponsabilidade ou de não indenizar	498
7.	A prescrição	501

LIVRO IV
RESPONSABILIDADE CIVIL AUTOMOBILÍSTICA

Título I
INTRODUÇÃO

1.	Novos rumos da responsabilidade civil automobilística......................	505
2.	Da culpa ao risco..	506
3.	O Código de Trânsito Brasileiro...	511

Título II
AÇÃO DE REPARAÇÃO DE DANOS

1.	A propositura da ação	515
2.	Apuração dos danos em execução de sentença	516
3.	Coisa julgada	516
4.	Foro competente	518

Título III
ASPECTOS DA RESPONSABILIDADE CIVIL AUTOMOBILÍSTICA

1.	Atropelamento..	521
2.	Boletim de ocorrência	524
3.	Colisão	526

	3.1.	Colisão com veículo estacionado irregularmente........................	526
	3.2.	Colisão com veículo estacionado regularmente	527
	3.3.	Colisão em cruzamento não sinalizado	528
	3.4.	Colisão em cruzamento sinalizado	530
	3.5.	Colisão e preferência de fato	533
	3.6.	Colisão e sinal (semáforo) amarelo	535
	3.7.	Colisão múltipla (engavetamento)	536
	3.8.	Colisão na traseira	537
4.	Contramão de direção		540
5.	Conversão à esquerda e à direita		542
6.	Faixa de pedestres		545
7.	Imperícia		548
8.	Imprudência		549
9.	Marcha à ré		550
10.	Ônus da prova		551
11.	Propriedade do veículo		553
12.	Prova		556
	12.1.	Considerações gerais	556
	12.2.	Espécies e valor das provas (testemunhal, documental e pericial)......	558
13.	Ultrapassagem		560

Bibliografia 563

LIVRO I
IDEIAS GERAIS SOBRE A RESPONSABILIDADE CIVIL

Sumário: 1. As várias acepções da responsabilidade. 2. Responsabilidade jurídica e responsabilidade moral. 3. Distinção entre obrigação e responsabilidade. 4. A importância do tema. 5. Dever jurídico originário e sucessivo. 6. A responsabilidade civil nos primeiros tempos e seu desenvolvimento. 6.1. Direito romano. 6.2. Direito francês. 6.3. Direito português. 6.4. Direito brasileiro. 7. Fundamentos. 8. Posicionamento na teoria geral do direito. 9. Culpa e responsabilidade. 10. Imputabilidade e responsabilidade. 10.1. A responsabilidade dos amentais. 10.1.1. Situação anterior ao Estatuto da Pessoa com Deficiência. 10.1.2. Modificações introduzidas pelo Estatuto da Pessoa com Deficiência. 10.2. A responsabilidade dos menores. 11. Espécies de responsabilidade. 11.1. Responsabilidade civil e responsabilidade penal. 11.2. Responsabilidade contratual e extracontratual. 11.3. Responsabilidade subjetiva e responsabilidade objetiva. 11.4. Responsabilidade extracontratual por atos ilícitos e lícitos (fundada no risco e decorrente de fatos permitidos por lei). 12. Pressupostos da responsabilidade civil.

1. AS VÁRIAS ACEPÇÕES DA RESPONSABILIDADE

A palavra responsabilidade tem sua origem na raiz latina *spondeo*, pela qual se vinculava o devedor, solenemente, nos contratos verbais do direito romano. Dentre as várias acepções existentes, algumas fundadas na doutrina do livre-arbítrio, outras em motivações psicológicas, destaca-se a noção de responsabilidade como aspecto da realidade social.

Toda atividade que acarreta prejuízo traz em seu bojo, como fato social, o problema da responsabilidade. Destina-se ela a restaurar o equilíbrio moral e patrimonial provocado pelo autor do dano. Exatamente o interesse em restabelecer a harmonia e o equilíbrio violados pelo dano constitui a fonte geradora da responsabilidade civil.

Pode-se afirmar, portanto, que *responsabilidade* exprime ideia de restauração de equilíbrio, de contraprestação, de reparação de dano. Sendo múltiplas as atividades humanas, inúmeras são também as espécies de responsabilidade, que abrangem todos os ramos do direito e extravasam os limites da vida jurídica, para se ligar a todos os domínios da vida social.

Coloca-se, assim, o responsável na situação de quem, por ter violado determinada norma, vê-se exposto às consequências não desejadas decorrentes de sua conduta danosa, podendo ser compelido a restaurar o *statu quo ante*.

2. RESPONSABILIDADE JURÍDICA E RESPONSABILIDADE MORAL

A responsabilidade pode resultar da violação tanto de normas morais como jurídicas, separada ou concomitantemente. Tudo depende do fato que configura a infração, que pode ser, muitas vezes, proibido pela lei moral ou religiosa ou pelo direito.

O campo da moral é mais amplo do que o do direito, pois só se cogita da responsabilidade jurídica quando há prejuízo. Esta só se revela quando ocorre infração da norma jurídica que acarrete dano ao indivíduo ou à coletividade. Neste caso, o autor da lesão será obrigado a recompor o direito atingido, reparando em espécie ou em pecúnia o mal causado.

A responsabilidade moral e a religiosa, contudo, atuam no campo da consciência individual. O homem sente-se moralmente responsável perante sua consciência ou perante Deus, conforme seja ou não religioso, mas não há nenhuma preocupação com a existência de prejuízo a terceiro. Como a responsabilidade moral é confinada à consciência ou ao pecado, e não se exterioriza socialmente, não tem repercussão na ordem jurídica. Pressupõe, porém, o livre-arbítrio e a consciência da obrigação.

3. DISTINÇÃO ENTRE OBRIGAÇÃO E RESPONSABILIDADE

Obrigação é o vínculo jurídico que confere ao credor (sujeito ativo) o direito de exigir do devedor (sujeito passivo) o cumprimento de determinada prestação. Corresponde a uma relação de natureza pessoal, de crédito e débito, de caráter transitório (extingue-se pelo cumprimento), cujo objeto consiste numa prestação economicamente aferível.

A obrigação nasce de diversas fontes e deve ser cumprida livre e espontaneamente. Quando tal não ocorre e sobrevém o inadimplemento, surge a responsabilidade. Não se confundem, pois, *obrigação* e *responsabilidade*. Esta só surge se o devedor não cumpre espontaneamente a primeira. A responsabilidade é, pois, a consequência jurídica patrimonial do descumprimento da relação obrigacional.

Malgrado a correlação entre ambas, uma pode existir sem a outra. As dívidas prescritas e as de jogo constituem exemplos de *obrigação sem responsabilidade*. O devedor, nestes casos, não pode ser condenado a cumprir a prestação, isto é, ser responsabilizado, embora continue devedor. Como exemplo de *responsabilidade sem obrigação* pode ser mencionado o caso do fiador, que é responsável pelo pagamento do débito do afiançado, este sim originariamente obrigado ao pagamento dos aluguéis.

Obrigação "é sempre um dever jurídico originário; *responsabilidade* é um dever jurídico sucessivo, consequente à violação do primeiro. Se alguém se compromete a prestar serviços profissionais a outrem, assume uma obrigação, um dever jurídico originário. Se não cumprir a obrigação (deixar de prestar os serviços), violará o dever jurídico originário, surgindo daí a responsabilidade, o dever de compor o prejuízo causado pelo não cumprimento da obrigação.

Em síntese, em toda obrigação há um dever jurídico originário, enquanto na responsabilidade há um dever jurídico sucessivo. E, sendo a responsabilidade uma espécie de sombra da obrigação (a imagem é de Larenz), sempre que quisermos saber quem é o responsável teremos de observar a quem a lei imputou a obrigação ou dever originário"[1].

A distinção entre obrigação e responsabilidade começou a ser feita na Alemanha, discriminando-se, na relação obrigacional, dois momentos distintos: o do débito (*Schuld*), consistindo na obrigação de realizar a prestação e dependente de ação ou omissão do devedor, e o da responsabilidade (*Haftung*), em que se faculta ao credor atacar e executar o patrimônio do devedor a fim de obter o pagamento devido ou indenização pelos prejuízos causados em virtude do inadimplemento da obrigação originária na forma previamente estabelecida.

4. A IMPORTÂNCIA DO TEMA

A tendência de não deixar irressarcida a vítima de atos ilícitos sobrecarrega os nossos pretórios de ações de indenização das mais variadas espécies.

O tema é, pois, de grande atualidade e de enorme importância para o estudioso e para o profissional do direito. Grande é a importância da responsabilidade civil, nos tempos atuais, por se dirigir à restauração de um equilíbrio moral e patrimonial desfeito e à redistribuição da riqueza de conformidade com os ditames

---

[1] Sérgio Cavalieri Filho, *Programa de responsabilidade civil*, p. 20.

da justiça, tutelando a pertinência de um bem, com todas as suas utilidades, presentes e futuras, a um sujeito determinado, pois, como pondera José Antônio Nogueira, o problema da responsabilidade é o próprio problema do direito, visto que "todo o direito assenta na ideia da ação, seguida da reação, de restabelecimento de uma harmonia quebrada"[2].

O instituto da responsabilidade civil é parte integrante do direito obrigacional, pois a principal consequência da prática de um ato ilícito é a obrigação que acarreta, para o seu autor, de reparar o dano, obrigação esta de natureza pessoal, que se resolve em perdas e danos. Costuma-se conceituar a "obrigação" como "o direito do credor contra o devedor, tendo por objeto determinada prestação". A característica principal da obrigação consiste no direito conferido ao credor de exigir o adimplemento da prestação. É o patrimônio do devedor que responde por suas obrigações.

As fontes das obrigações previstas no Código Civil são: a vontade humana (os contratos, as declarações unilaterais da vontade e os atos ilícitos) e a vontade do Estado (a lei). As obrigações derivadas dos "atos ilícitos" são as que se constituem por meio de ações ou omissões culposas ou dolosas do agente, praticadas com infração a um dever de conduta e das quais resulta dano para outrem. A obrigação que, em consequência, surge é a de indenizar ou ressarcir o prejuízo causado.

O Código Civil de 2002 dedicou poucos dispositivos à responsabilidade civil. Na Parte Geral, nos arts. 186, 187 e 188 consignou a regra geral da responsabilidade aquiliana e algumas excludentes. Na Parte Especial estabeleceu a regra básica da responsabilidade contratual no art. 389 e dedicou dois capítulos à "obrigação de indenizar" e à "indenização", sob o título "Da Responsabilidade Civil".

A falta de sistematização da matéria no Código Civil de 1916 e o pequeno número de dispositivos a ela dedicados têm sido atribuídos ao fato de não estar muito desenvolvida e difundida à época da elaboração do aludido diploma.

O surto industrial que se seguiu à Primeira Grande Guerra e a multiplicação das máquinas provocaram o aumento do número de acidentes, motivando a difusão dos estudos então existentes. Sob influência da jurisprudência francesa, o estudo da responsabilidade civil se foi desenvolvendo entre nós. Importante papel nesse desenvolvimento coube, então, à doutrina e à jurisprudência, fornecendo subsídios à solução dos incontáveis litígios diariamente submetidos à apreciação do Judiciário.

---

[2] As novas diretrizes do direito, *Revista de Direito*, 94/15.

O Código Civil de 2002 sistematizou a matéria, dedicando um capítulo especial e autônomo à responsabilidade civil. Contudo, repetiu, em grande parte, *ipsis litteris*, alguns dispositivos, corrigindo a redação de outros, trazendo, porém, poucas inovações. Perdeu-se a oportunidade, por exemplo, de se estabelecer a extensão e os contornos do dano moral, bem como de se disciplinar a sua liquidação, prevendo alguns parâmetros básicos destinados a evitar decisões díspares, relegando novamente à jurisprudência essa tarefa.

Em outros países, especialmente nos Estados Unidos, é bem difundido o contrato de seguro, que acarreta a distribuição do encargo de reparar o dano sobre os ombros da coletividade.

No Brasil, o contrato de seguro ainda não é utilizado em larga escala. Como a indenização deve ser integral e completa, por maior que seja o prejuízo, independentemente do grau de culpa, pode acontecer que uma pessoa, por culpa levíssima, por uma pequena distração, venha a atropelar um chefe de família e seja obrigada a indenizar e a fornecer pensão alimentícia àqueles a quem o defunto sustentava. E deste modo, em muitos casos, para se remediar a situação de um, arruína-se a do outro.

A solução apontada para se corrigir esse inconveniente é o contrato de seguro. O seguro obrigatório para cobertura de danos pessoais em acidentes de veículos, com dispensa de prova da culpa, representa uma evolução nesse setor.

No campo da responsabilidade civil encontra-se a indagação sobre se o prejuízo experimentado pela vítima deve ou não ser reparado por quem o causou e em que condições e de que maneira deve ser estimado e ressarcido.

Quem pratica um ato, ou incorre numa omissão de que resulte dano, deve suportar as consequências do seu procedimento. Trata-se de uma regra elementar de equilíbrio social, na qual se resume, em verdade, o problema da responsabilidade. Vê-se, portanto, que a responsabilidade é um fenômeno social[3].

O dano, ou prejuízo, que acarreta a responsabilidade não é apenas o material. O direito não deve deixar sem proteção as vítimas de ofensas morais.

5. DEVER JURÍDICO ORIGINÁRIO E SUCESSIVO

Todo aquele que violar direito e causar dano a outrem comete ato ilícito (CC, art. 186). Complementa este artigo o disposto no art. 927, que diz: "*Aquele que, por ato ilícito (arts. 186 e 187), causar dano a outrem, fica obrigado a repará-lo*". A responsabilidade civil tem, pois, como um de seus pressupostos, a violação do

---

[3] Afrânio Lyra, *Responsabilidade civil*, p. 30.

dever jurídico e o dano. Há um *dever jurídico originário,* cuja violação gera um *dever jurídico sucessivo* ou secundário, que é o de indenizar o prejuízo.

Responsabilidade civil é, assim, um dever jurídico sucessivo que surge para recompor o dano decorrente da violação de um dever jurídico originário. Destarte, toda conduta humana que, violando dever jurídico originário, causa prejuízo a outrem é fonte geradora de responsabilidade civil[4].

6. A RESPONSABILIDADE CIVIL NOS PRIMEIROS TEMPOS E SEU DESENVOLVIMENTO

6.1. Direito romano

A responsabilidade civil se assenta, segundo a teoria clássica, em três pressupostos: um dano, a culpa do autor e a relação de causalidade entre o fato culposo e o mesmo dano[5].

Nos primórdios da humanidade, entretanto, não se cogitava do fator culpa. O dano provocava a reação imediata, instintiva e brutal do ofendido. Não havia regras nem limitações. Não imperava, ainda, o direito. Dominava, então, a vingança privada, "forma primitiva, selvagem talvez, mas humana, da reação espontânea e natural contra o mal sofrido; solução comum a todos os povos nas suas origens, para a reparação do mal pelo mal"[6].

Se a reação não pudesse acontecer desde logo, sobrevinha a vindita imediata, posteriormente regulamentada, e que resultou na pena de talião, do "olho por olho, dente por dente".

Sucede este período o da composição. O prejudicado passa a perceber as vantagens e conveniências da substituição da vindita, que gera a vindita, pela compensação econômica. Aí, informa Alvino Lima, a vingança é substituída pela composição a critério da vítima, mas subsiste como fundamento ou forma de reintegração do dano sofrido[7]. Ainda não se cogitava da culpa.

Num estágio mais avançado, quando já existe uma soberana autoridade, o legislador veda à vítima fazer justiça pelas próprias mãos. A composição econômica, de voluntária que era, passa a ser obrigatória, e, ao demais disso, tarifada. É quando, então, o ofensor paga um tanto por membro roto, por morte de um homem

---
[4] Sérgio Cavalieri Filho, *Programa,* cit., p. 20, n. 1.1.
[5] André Besson, *La notion de garde dans la responsabilité du fait des choses,* p. 5.
[6] Alvino Lima, *Da culpa ao risco,* São Paulo, 1938, p. 10.
[7] *Da culpa,* cit., p. 11.

livre ou de um escravo, surgindo, em consequência, as mais esdrúxulas tarifações, antecedentes históricos das nossas tábuas de indenizações preestabelecidas por acidentes do trabalho[8]. É a época do Código de Ur-Nammu, do Código de Manu e da Lei das XII Tábuas.

A diferenciação entre a "pena" e a "reparação", entretanto, somente começou a ser esboçada ao tempo dos romanos, com a distinção entre os delitos públicos (ofensas mais graves, de caráter perturbador da ordem) e os delitos privados. Nos delitos públicos, a pena econômica imposta ao réu deveria ser recolhida aos cofres públicos, e, nos delitos privados, a pena em dinheiro cabia à vítima.

O Estado assumiu assim, ele só, a função de punir. Quando a ação repressiva passou para o Estado, surgiu a ação de indenização. A responsabilidade civil tomou lugar ao lado da responsabilidade penal[9].

É na Lei Aquília que se esboça, afinal, um princípio geral regulador da reparação do dano. Embora se reconheça que não continha ainda "uma regra de conjunto, nos moldes do direito moderno", era, sem nenhuma dúvida, o germe da jurisprudência clássica com relação à injúria, e "fonte direta da moderna concepção da culpa aquiliana, que tomou da Lei Aquília o seu nome característico"[10].

Malgrado a incerteza que ainda persiste sobre se a "injúria" a que se referia a *Lex Aquilia* no *damnun injuria datum* consiste no elemento caracterizador da culpa, não paira dúvida de que, sob o influxo dos pretores e da jurisprudência, a noção de culpa acabou por deitar raízes na própria *Lex Aquilia*, o que justificou algumas das passagens famosas: *in lege Aquilia et levissima culpa venit* (Ulpianus, pr. 44, "Ad legem Aquilia", IX, II); *impunitus es qui sine culpa et dolo malo casu quodam damnum comittit* (Gaius, *Institutiones*, III, 211) etc.[11].

6.2. Direito francês

O direito francês, aperfeiçoando pouco a pouco as ideias românicas, estabeleceu nitidamente um princípio geral da responsabilidade civil, abandonando o critério de enumerar os casos de composição obrigatória. Aos poucos, foram sendo estabelecidos certos princípios, que exerceram sensível influência nos outros povos: direito à reparação sempre que houvesse culpa, ainda que leve, separando-se a responsabilidade civil (perante a vítima) da responsabilidade penal (perante o Estado); a existência de uma culpa contratual (a das pessoas que descumprem

---

[8] Wilson Melo da Silva, *Responsabilidade sem culpa e socialização do risco*, p. 40.
[9] Mazeaud e Mazeaud, *Traité théorique et pratique de la responsabilité civile, délictuelle et contractuelle,* t. 1, n. 19.
[10] Aguiar Dias, *Da responsabilidade civil*, 10. ed., p. 18, n. 10.
[11] Wilson Melo da Silva, *Responsabilidade*, cit., p. 46, n. 7.

as obrigações) e que não se liga nem a crime nem a delito, mas se origina da negligência ou da imprudência.

Era a generalização do princípio aquiliano: *in lege Aquilia et levíssima culpa venit*[12], ou seja, o de que a culpa, ainda que levíssima, obriga a indenizar.

A noção da culpa *in abstracto* e a distinção entre culpa delitual e culpa contratual foram inseridas no Código Napoleão, inspirando a redação dos arts. 1.382 e 1.383. A responsabilidade civil se funda na culpa – foi a definição que partiu daí para inserir-se na legislação de todo o mundo[13]. Daí por diante observou-se a extraordinária tarefa dos tribunais franceses, atualizando os textos e estabelecendo uma jurisprudência digna dos maiores encômios.

6.3. Direito português

Pouca notícia se tem do primitivo direito português. A mais antiga responsabiliza a invasão dos visigodos pela primitiva legislação soberana de Portugal, com acentuado cunho germânico, temperado pela influência do cristianismo. Nessa época, não se fazia diferença entre responsabilidade civil e responsabilidade criminal.

Após a invasão árabe, a reparação pecuniária passou a ser aplicada paralelamente às penas corporais.

As Ordenações do Reino, que vigoraram no Brasil colonial, confundiam reparação, pena e multa. PONTES DE MIRANDA menciona alvará de 1668, relativo a caso particular, que admitia o princípio da solidariedade nos moldes do direito romano.

O moderno Código Civil de 1966, adaptado aos novos rumos da responsabilidade civil, preceitua, no art. 483º: "Aquele que, com dolo ou mera culpa, violar ilicitamente o direito de outrem ou qualquer disposição legal destinada a proteger interesses alheios fica obrigado a indenizar o lesado pelos danos resultantes da violação. Só existe obrigação de indenizar independentemente de culpa nos casos especificados na lei".

6.4. Direito brasileiro

O Código Criminal de 1830, atendendo às determinações da Constituição do Império, transformou-se em um código civil e criminal fundado nas sólidas bases da justiça e da equidade, prevendo a reparação natural, quando possível, ou a indenização; a integridade da reparação, até onde possível; a previsão dos juros

---

[12] Mazeaud e Mazeaud, *Traité*, cit., n. 36, p. 48.
[13] Aguiar Dias, *Da responsabilidade*, cit., 10. ed., p. 20, n. 11.

reparatórios; a solidariedade, a transmissibilidade do dever de reparar e do crédito de indenização aos herdeiros etc.

Numa primeira fase, a reparação era condicionada à condenação criminal. Posteriormente, foi adotado o princípio da independência da jurisdição civil e da criminal.

O Código Civil de 1916 filiou-se à teoria subjetiva, que exige prova de culpa ou dolo do causador do dano para que seja obrigado a repará-lo. Em alguns poucos casos, porém, presumia a culpa do lesante (arts. 1.527, 1.528, 1.529, dentre outros).

O surto de progresso, o desenvolvimento industrial e a multiplicação dos danos acabaram por ocasionar o surgimento de novas teorias, tendentes a propiciar maior proteção às vítimas.

Nos últimos tempos ganhou terreno a chamada teoria do risco, que, sem substituir a teoria da culpa, cobre muitas hipóteses em que o apelo às concepções tradicionais se revela insuficiente para a proteção da vítima[14]. A responsabilidade é encarada sob o aspecto objetivo: o operário, vítima de acidente do trabalho, tem sempre direito à indenização, haja ou não culpa do patrão ou do acidentado. O patrão indeniza, não porque tenha culpa, mas porque é o dono da maquinaria ou dos instrumentos de trabalho que provocaram o infortúnio[15].

Na teoria do risco se subsume a ideia do exercício de atividade perigosa como fundamento da responsabilidade civil. O exercício de atividade que possa oferecer algum perigo representa um risco, que o agente assume, de ser obrigado a ressarcir os danos que venham resultar a terceiros dessa atividade.

Na legislação civil italiana encontra-se o exercício de atividade perigosa como fundamento da responsabilidade civil, com inversão do ônus da prova:

"*Chiunque cagiona danno ad altri nello svolgimento di un'attività pericolosa, per sua natura o per la natura dei mezzi adoperati, è tenuto al risarcimento se non prova di avere adotato tutte le misure idonee a evitare il danno*" (CC italiano, art. 2.050).

O agente, no caso, só se exonerará da responsabilidade se provar que adotou todas as medidas idôneas para evitar o dano. Disposições semelhantes são encontradas no Código Civil mexicano, no espanhol, no português, no libanês e em outros.

A responsabilidade objetiva funda-se num princípio de equidade, existente desde o direito romano: aquele que lucra com uma situação deve responder pelo risco ou pelas desvantagens dela resultantes *(ubi emolumentum, ibi onus; ubi commoda, ibi incommoda)*. Quem aufere os cômodos (ou lucros), deve suportar os incômodos (ou riscos).

---

[14] João Batista Lopes, Perspectivas atuais da responsabilidade civil, *RJTJSP*, 57/14.
[15] Washington de Barros Monteiro, *Curso de direito civil*, v. 5, p. 416.

No direito moderno, a teoria da responsabilidade objetiva apresenta-se sob duas faces: a teoria do risco e a teoria do dano objetivo.

Pela última, desde que exista um dano, deve ser ressarcido, independentemente da ideia de culpa. Uma e outra consagram, em última análise, a responsabilidade sem culpa, a responsabilidade objetiva. Conforme assinala RIPERT, mencionado por WASHINGTON DE BARROS MONTEIRO, a tendência atual do direito manifesta-se no sentido de substituir a ideia da responsabilidade pela ideia da reparação, a ideia da culpa pela ideia do risco, a responsabilidade subjetiva pela responsabilidade objetiva[16].

A realidade, entretanto, é que se tem procurado fundamentar a responsabilidade na ideia de culpa, mas, sendo esta insuficiente para atender às imposições do progresso, tem o legislador fixado os casos especiais em que deve ocorrer a obrigação de reparar, independentemente daquela noção. É o que acontece no direito brasileiro, que se manteve fiel à teoria subjetiva nos arts. 186 e 927 do Código Civil. Para que haja responsabilidade, é preciso que haja culpa. A reparação do dano tem como pressuposto a prática de um ato ilícito. Sem prova de culpa, inexiste a obrigação de reparar o dano.

Entretanto, em outros dispositivos e mesmo em leis esparsas, adotaram-se os princípios da responsabilidade objetiva como nos arts. 936 e 937, que tratam, respectivamente, da responsabilidade do dono do animal e do dono do edifício em ruína; nos arts. 938, 927, parágrafo único, 933 e 1.299, que assim responsabilizam, respectivamente, o habitante da casa de onde caírem ou forem lançadas coisas em lugar indevido, aquele que assume o risco do exercício de atividade potencialmente perigosa, os pais, empregadores e outros, e os proprietários em geral por danos causados a vizinhos.

A par disso, temos o Código Brasileiro de Aeronáutica, a Lei de Acidentes do Trabalho e outros diplomas, em que se mostra nítida a adoção, pelo legislador, da responsabilidade objetiva.

O Código Civil de 2002 mantém o princípio da responsabilidade com base na culpa (art. 927), definindo o ato ilícito no art. 186, *verbis*:

"*Aquele que, por ação ou omissão voluntária, negligência ou imprudência, violar direito e causar dano a outrem, ainda que exclusivamente moral, comete ato ilícito*".

No art. 927, depois de estabelecer, no *caput*, que "*aquele que, por ato ilícito (arts. 186 e 187), causar dano a outrem, é obrigado a repará-lo*", dispõe, refletindo a moderna tendência, no parágrafo único, *verbis*:

---

[16] Ripert, *O regime democrático e o direito civil moderno*, p. 333 e 361, apud Washington de Barros Monteiro, *Curso*, cit., v. 5.

"Haverá obrigação de reparar o dano, independentemente de culpa, nos casos especificados em lei, ou quando a atividade normalmente desenvolvida pelo autor do dano implicar, por sua natureza, risco para os direitos de outrem".

Adota, assim, solução mais avançada e mais rigorosa que a do direito italiano, também acolhendo a teoria do exercício de atividade perigosa e o princípio da responsabilidade independentemente de culpa nos casos especificados em lei, a par da responsabilidade subjetiva como regra geral, não prevendo, porém, a possibilidade de o agente, mediante a inversão do ônus da prova, exonerar-se da responsabilidade se provar que adotou todas as medidas aptas a evitar o dano.

No regime anterior, as atividades perigosas eram somente aquelas assim definidas em lei especial. As que não o fossem, enquadravam-se na norma geral do Código Civil, que consagrava a responsabilidade subjetiva. O referido parágrafo único do art. 927 do novo diploma, além de não revogar as leis especiais existentes, e de ressalvar as que vierem a ser promulgadas, permite que a jurisprudência considere determinadas atividades já existentes, ou que vierem a existir, como perigosas ou de risco.

Essa é, sem dúvida, a principal inovação do Código Civil de 2002, no campo da responsabilidade civil.

7. FUNDAMENTOS

Cabe indagar se a sanção que o ordenamento jurídico aplica como resposta destina-se a castigar o autor de comportamento antijurídico, por ação ou por omissão, ou a ressarcir a vítima do dano injusto.

Durante séculos entendeu-se injusta toda sanção que prescindisse da vontade de agir. Assim, como não há reprovação moral sem consciência da falta, e não há pecado sem a intenção de transgredir um mandamento, concluía-se que não podia haver responsabilidade sem um ato voluntário e culpável. O fundamento da responsabilidade era buscado no agente provocador do dano. Esse pensamento culminou na célebre expressão *pas de responsabilité sans faute* (não há responsabilidade sem culpa), que inspirou as concepções jurídicas dos ordenamentos da Europa de base romanista e da América Latina.

Esse enfoque, todavia, encontra-se hoje ultrapassado, em face das necessidades decorrentes dos novos tempos, que estão a exigir resposta mais eficiente e condizente com o senso de justiça e com a segurança das pessoas. Em princípio, todo dano deve ser indenizado. A reparação dos danos tornou-se uma questão prioritária de justiça, paz, ordem e segurança, e, portanto, para o direito. O fundamento da responsabilidade civil deixou de ser buscado somente na culpa, podendo ser encontrado também no próprio fato da coisa e no exercício de atividades perigosas, que multiplicam o risco de danos. Fala-se, assim, em responsabilidade decorrente do risco-proveito, do risco criado, do risco profissional, do risco da empresa e de se recorrer à mão de obra alheia etc. Quem cria os riscos deve responder pelos eventuais danos aos usuários ou consumidores.

Tal posicionamento mostra uma mudança de ótica: da preocupação em julgar a conduta do agente passou-se à preocupação em julgar o dano em si mesmo, em sua ilicitude ou injustiça. A propósito, sintetiza JORGE MOSSET ITURRASPE:

"a) O fundamento se encontra no dano, porém mais no injustamente *sofrido* do que no *causado com ilicitude*;

b) Há uma razão de justiça na solução indenizatória, uma pretensão de devolver ao lesado a plenitude ou integralidade da qual gozava antes;

c) A culpa foi, durante mais de dois séculos, o tema obsessivo, o requisito básico, a razão ou fundamento da responsabilidade;

d) O direito moderno, sem negar o pressuposto de imputação culposa, avançou no sentido de multiplicar hipóteses de responsabilidade 'sem culpa', objetivas, na qual o fator de atribuição é objetivo: risco, segurança ou garantia;

e) A última década do século XX nos mostra, juntamente com o avanço dos critérios objetivos, o desenvolvimento de fórmulas modernas de cobertura do risco, através da garantia coletiva do seguro obrigatório, com ou sem limites máximos de indenização;

f) O século XXI, por seu turno, haverá de pôr em prática um sistema verdadeiramente novo de 'responsabilidade', que já se manifesta em alguns países, como Nova Zelândia; um sistema de cobertura social de todos os danos, com base em fundos públicos e sem prejuízo das ações de regresso, em sua modalidade mais enérgica"[17].

8. POSICIONAMENTO NA TEORIA GERAL DO DIREITO

A responsabilidade civil decorre de uma conduta voluntária violadora de um dever jurídico, isto é, da prática de um ato jurídico, que pode ser lícito ou ilícito. Ato jurídico é espécie de fato jurídico.

Fato jurídico, em sentido amplo, é todo acontecimento da vida que o ordenamento jurídico considera relevante no campo do direito. Os que não têm repercussão no mundo jurídico são apenas "fatos", dos quais não se ocupa o direito, por não serem "fatos jurídicos".

---

[17] *Responsabilidad civil*, p. 29-30.

Os fatos jurídicos em sentido amplo podem ser classificados em: fatos naturais (fatos jurídicos em sentido estrito) e fatos humanos (atos jurídicos em sentido amplo). Os primeiros decorrem da natureza e os segundos da atividade humana. Os *fatos naturais*, por sua vez, dividem-se em *ordinários* (nascimento, morte, maioridade, decurso do tempo) e *extraordinários* (terremoto, raio, tempestade e outros fatos que se enquadram na categoria do fortuito ou força maior).

Os *fatos humanos* dividem-se em lícitos e ilícitos. *Lícitos* são os atos humanos a que a lei defere os efeitos almejados pelo agente. Praticados em conformidade com o ordenamento jurídico, produzem efeitos jurídicos voluntários, queridos pelo agente. Os *ilícitos*, por serem praticados em desacordo com o prescrito no ordenamento jurídico, embora repercutam na esfera do direito, produzem efeitos jurídicos involuntários, mas impostos por esse ordenamento. Em vez de direitos, criam deveres. Hoje se admite que os atos ilícitos integram a categoria dos atos jurídicos, pelos efeitos que produzem (geram a obrigação de reparar o prejuízo – CC, arts. 186 e 927).

Os *atos lícitos* dividem-se em: *ato jurídico em sentido estrito* (ou meramente lícito), *negócio jurídico* e *ato-fato jurídico*. Nos dois primeiros, exige-se uma manifestação de vontade. No negócio jurídico, a ação humana visa diretamente alcançar um fim prático permitido na lei, dentre a multiplicidade de efeitos possíveis. Por essa razão, é necessária uma vontade qualificada, sem vícios. No ato jurídico, o efeito da manifestação da vontade está predeterminado na lei (notificação, que constitui em mora o devedor, por exemplo), não havendo, por isso, qualquer dose de escolha da categoria jurídica. A ação humana se baseia não numa vontade qualificada, mas em simples intenção, como ocorre quando alguém fisga um peixe, dele se tornando proprietário graças ao instituto da ocupação.

Muitas vezes o efeito do ato não é buscado nem imaginado pelo agente, mas decorre de uma conduta e é sancionado pela lei, como no caso da pessoa que acha, casualmente, um tesouro. A conduta do agente não tinha por fim imediato adquirir-lhe a metade, mas tal acaba ocorrendo por força do disposto no art. 1.264, ainda que se trate de um amental. É que há certas ações humanas que a lei encara como fatos, sem levar em consideração a vontade, a intenção ou a consciência do agente, demandando apenas o ato material de achar. Essas ações são denominadas pela doutrina atos-fatos jurídicos ou fatos jurídicos em sentido estrito.

Ato ilícito é o praticado com infração ao dever legal de não violar direito e não lesar a outrem. Tal dever é imposto a todos no art. 186 do Código Civil, que prescreve: *"Aquele que, por ação ou omissão voluntária, negligência ou imprudência, violar direito e causar dano a outrem, ainda que exclusivamente moral, comete ato ilícito"*. Também o comete quem abusa de seu direito (art. 187).

Ato ilícito é, portanto, fonte de obrigação: a de indenizar ou ressarcir o prejuízo causado (CC, art. 927). É praticado com infração a um dever de conduta, por meio de ações ou omissões culposas ou dolosas do agente, das quais resulta dano para outrem.

O Código Civil de 2002 aperfeiçoou o conceito de ato ilícito, ao dizer que o pratica quem *"violar direito e causar dano a outrem"* (art. 186), substituindo o "ou" ("violar direito *ou* causar dano a outrem"), que constava do art. 159 do diploma anterior. Com efeito, mesmo que haja violação de um dever jurídico e que tenha havido culpa, e até mesmo dolo, por parte do infrator, nenhuma indenização será devida, uma vez que não se tenha verificado prejuízo.

Frise-se que a obrigação de indenizar pode resultar, em certos casos, de atos lícitos, como, por exemplo, os praticados em estado de necessidade (CC, arts. 188, II, 929 e 930) e o do dono do prédio encravado que exige passagem pelo prédio vizinho, mediante o pagamento de indenização cabal (CC, art. 1.285).

9. CULPA E RESPONSABILIDADE

O Código Civil *francês*, em que se inspirou o legislador pátrio na elaboração dos arts. 159 e 1.518 do nosso diploma civil de 1916, correspondentes, respectivamente, aos arts. 186 e 942 do atual, alude à *faute* como fundamento do dever de reparar o dano (art. 1.382: *"Tout fait quelconque de l'homme qui cause à autrui un dommage oblige celui par la faute duquel il est arrivé à le réparer"*).

Devido à sua ambiguidade, o termo *faute* (falta ou erro) gerou muita discussão entre os franceses. MARTY e RAYNAUD[18] apontam a dificuldade na definição de culpa em face da conotação do vocábulo *faute*, que tem provocado confusão entre responsabilidade jurídica e responsabilidade moral.

Alguns autores, para definir a culpa, inspiram-se numa concepção moral de culpabilidade. Consideram somente o aspecto subjetivo: se o agente podia prever e evitar o dano, se quisesse, agindo livremente. SAVATIER, assim, a define como *"inexecução de um dever que o agente podia conhecer e observar"*[19].

Outros, como os irmãos MAZEAUD, adotam o critério objetivo na definição da culpa, comparando o comportamento do agente a um tipo abstrato, o *bonus pater familias*[20]. Se, da comparação entre a conduta do agente causador do dano e o comportamento de um homem médio, fixado como padrão (que seria normal), resultar que o dano derivou de uma imprudência, imperícia ou negligência do

---

[18] *Droit civil*, v. 1, t. 2, n. 398.
[19] *Traité de la responsabilité civile en droit français*, v. 1, n. 4.
[20] *Traité*, cit., v. 1., n. 431 e s. e 380 e s.

primeiro – nos quais não incorreria o homem-padrão, criado *in abstracto* pelo julgador – caracteriza-se a culpa[21].

O legislador pátrio, contornando a discussão sobre o vocábulo *faute*, preferiu valer-se da noção de ato ilícito como causa da responsabilidade civil. Assim, o art. 186 do Código Civil brasileiro define o que se entende por comportamento culposo do agente causador do dano: "*ação ou omissão voluntária, negligência ou imprudência*". Em consequência, fica o agente obrigado a reparar o dano.

Aguiar Dias, a propósito, observou: "Parece-nos sem sentido, em nosso direito, qualquer discussão semelhante à que lavrou ardente na França, sobre se o texto indicado exigia ou não a culpa para o estabelecimento da responsabilidade. E isto se deve a que o nosso legislador, em lugar de usar de palavra vaga, como é, em francês, a expressão *faute*, foi suficientemente preciso ao subordinar o dever de reparar a ação ou omissão voluntária, negligência ou imprudência".

E prossegue Aguiar Dias: "Outra controvérsia evitada pelo Código, já o dissemos, é a que se trava em outros países a respeito da clássica distinção entre delitos e quase delitos, cuja utilidade, tanto como a da gradação da culpa (lata, leve e levíssima), é sumamente discutível. O Código engloba o objeto dessas classificações obsoletas na denominação genérica dos atos ilícitos porque, à lei civil, não interessa de maneira nenhuma essa casuística"[22].

É consenso geral de que não se pode prescindir, para a correta conceituação de culpa, dos elementos "previsibilidade" e comportamento do *homo medius*. Só se pode, com efeito, cogitar de culpa quando o evento é previsível. Se, ao contrário, é imprevisível, não há cogitar de culpa.

O art. 186 do Código Civil pressupõe sempre a existência de culpa *lato sensu*, que abrange o dolo (pleno conhecimento do mal e perfeita intenção de praticá-lo), e a culpa *stricto sensu* ou aquiliana (violação de um dever que o agente podia conhecer e observar, segundo os padrões de comportamento médio)[23].

A imprevidência do agente, que dá origem ao resultado lesivo, pode apresentar-se sob as seguintes formas: imprudência, negligência ou imperícia. O termo "negligência", usado no art. 186, é amplo e abrange a ideia de imperícia, pois possui um sentido lato de omissão ao cumprimento de um dever.

A conduta imprudente consiste em agir o sujeito sem as cautelas necessárias, com açodamento e arrojo, e implica sempre pequena consideração pelos interesses alheios. A negligência é a falta de atenção, a ausência de reflexão necessária, uma espécie de preguiça psíquica, em virtude da qual deixa o agente de prever o

---

[21] Silvio Rodrigues, *Direito civil*, v. 4, p. 148, n. 53.
[22] *Da responsabilidade*, cit., p. 375, n. 156.
[23] Washington de Barros Monteiro, *Curso*, cit., p. 375, n. 156.

resultado que podia e devia ser previsto. A imperícia consiste sobretudo na inaptidão técnica, na ausência de conhecimentos para a prática de um ato, ou omissão de providência que se fazia necessária; é, em suma, a culpa profissional[24].

O previsível da culpa se mede pelo grau de atenção exigível do *homo medius*. A *obligatio ad diligentiam* é aferida pelo padrão médio de comportamento, um grau de diligência considerado normal, de acordo com a sensibilidade ético-social.

Impossível, pois, estabelecer um critério apriorístico geral válido. Na verdade, a culpa não se presume e deve ser apurada no exame de cada caso concreto.

10. IMPUTABILIDADE E RESPONSABILIDADE

Pressupõe o art. 186 do Código Civil o elemento imputabilidade, ou seja, a existência, no agente, da livre-determinação de vontade. Para que alguém pratique um ato ilícito e seja obrigado a reparar o dano causado, é necessário que tenha capacidade de discernimento. Em outras palavras, aquele que não pode querer e entender não incorre em culpa e, *ipso facto*, não pratica ato ilícito.

Já lembrava Savatier[25] que quem diz culpa diz imputabilidade. E que um dano previsível e evitável para uma pessoa pode não ser para outra, sendo iníquo considerar de maneira idêntica a culpabilidade do menino e a do adulto, do ignorante e do homem instruído, do leigo e do especialista, do homem são e do enfermo, da pessoa normal e da privada da razão.

10.1. A responsabilidade dos amentais

10.1.1. Situação anterior ao Estatuto da Pessoa com Deficiência

Os irmãos Mazeaud defenderam o princípio da ampla responsabilidade dos loucos em nome da culpa e foram criticados por Savatier, que a considerou uma culpa vazia de sentido. No seu entender, o ato ilícito praticado pelo inimputável acarreta ou a responsabilidade substitutiva ou a responsabilidade coexistente de outra pessoa, aquela a quem incumbia a sua guarda[26].

A concepção clássica considera, pois, que, sendo o amental (o louco ou demente) um inimputável, não é ele responsável civilmente. Se vier a causar dano a alguém, o ato se equipara à força maior ou ao caso fortuito. Se a responsabilidade não puder ser atribuída ao encarregado de sua guarda, a vítima ficará irressarcida.

---

[24] José Frederico Marques, *Tratado de direito penal*, v. 2, p. 212, n. 7.
[25] *Traité*, cit., n. 195, p. 246.
[26] *Traité*, cit., n. 200, p. 249.

Para alguns, a solução é injusta, principalmente nos casos em que o louco é abastado e a vítima fica ao desamparo. Agostinho Alvim exclamou: "O que perturba é, por exemplo, a situação de um louco rico, que causa prejuízo a uma pessoa pobre. É isto que certas legislações querem remediar. Haja vista o Código das Obrigações suíço, que contém este princípio: 'Se a equidade o exige, o juiz pode condenar uma pessoa ainda incapaz de discernimento à reparação total ou parcial do prejuízo que ela causou' (art. 54, *pr.*)"[27].

Outros códigos contêm preceitos semelhantes, como o de Portugal (de 1966, art. 489), da Rússia Soviética (de 1923, art. 406), do México (art. 1.911), da China (de 1930, art. 187), da Espanha (art. 32), da Itália (de 1942, art. 2.047). O Código Civil peruano dispõe, no art. 1.140, *verbi gratia*:

"*En caso de daño causado por un incapaz privado de discernimiento, si la víctima no ha podido obtener una reparación de la persona que lo tiene bajo su guarda, el juez puede, en vista de la situación de las partes, condenar al mismo autor del daño a una indemnización equitativa*".

No Brasil, o Código de 1916 silenciava a respeito. Na doutrina, entendiam alguns, como Clóvis Beviláqua e Spencer Vampré, que o amental devia ser responsabilizado, porque o art. 159 do referido diploma não fazia nenhuma distinção: "Aquele que... causar prejuízo... fica obrigado a reparar o dano".

Acabou prevalecendo, entretanto, a opinião expendida pelo Prof. Alvino Lima: "Quando no art. 159 [*correspondente ao art. 186 do atual diploma*] se fala em ação ou omissão voluntária, ou quando se refere à negligência ou imprudência, está clara e implicitamente exigido o uso da razão, da vontade esclarecida. Há, aí, positivamente, a exigência de que na origem do ato ilícito esteja a vontade esclarecida do agente"[28].

Orozimbo Nonato, citado por Aguiar Dias, concordava com Alvino Lima, observando que o estudo do sistema da responsabilidade no Código Civil mostra que não há, no caso, exceção ao princípio da culpa provada: "Em face dos fundamentos psicológicos e morais da responsabilidade, o dano praticado pelo amental, quando não possa ser satisfeito pelo investido no dever de vigilância, é irreparável". Prosseguindo, afirmava que a atividade da pessoa privada de discernimento é uma força cega, comparável às forças naturais, assimilável ao caso fortuito, e, assim, a ninguém vincula se, porventura, não ocorre infração do dever de vigilância[29].

---

[27] *Da inexecução das obrigações e suas consequências*, p. 255, n. 178.
[28] *Da culpa*, cit., p. 181.
[29] Aguiar Dias, *Da responsabilidade*, cit., p. 181.

Entretanto, pessoas assim geralmente têm um curador, incumbido de sua guarda ou vigilância. E o art. 1.521, II, do Código Civil de 1916 responsabilizava o curador pelos atos dos curatelados que estivessem sob sua guarda, salvo se provasse que não houve negligência de sua parte (art. 1.523). Se a responsabilidade, entretanto, não pudesse ser atribuída à pessoa incumbida de sua guarda ou vigilância, ficaria a vítima irressarcida, da mesma maneira que ocorria na hipótese de caso fortuito.

Para muitos, no entanto, especialmente para MÁRIO MOACYR PORTO, este capítulo da responsabilidade civil estava a exigir uma corajosa revisão, pois o "exame ou avaliação das condições físicas e psíquicas do autor do dano – idade, educação, temperamento etc. – vale para informar ou identificar as razões determinantes do seu comportamento anormal, mas não para subtrair da vítima inocente o direito de obter uma reparação dos prejuízos sofridos em seus interesses juridicamente protegidos".

Inspirado em doutrinadores franceses, acrescentou o mencionado autor que a conduta do agente "deverá ser apreciada *in abstracto*, em face das circunstâncias 'externas', objetivas, e não em conformidade com a sua individualidade 'interna', subjetiva. Se um dano é 'objetivamente ilícito', é ressarcível, pouco importando que o seu agente seja inimputável. A culpa, nunca é demais repetir, é uma noção social, pois o objetivo não é descobrir um culpado, mas assegurar a reparação de um prejuízo"[30].

Também AGUIAR DIAS procurou demonstrar que a teoria da irresponsabilidade absoluta da pessoa privada de discernimento estava em franca decadência, substituída pelo princípio da responsabilidade mitigada e subsidiária, fundamentada nos princípios de garantia e assistência social. O restabelecimento – afirmou – "do equilíbrio social violado pelo dano deve ser o denominador comum de todos os sistemas de responsabilidade civil, estabelecendo-se, como norma fundamental, que a composição ou restauração econômica se faça, sempre que possível, à custa do ofensor. O objetivo ideal do procedimento reparatório é restabelecer o *statu quo*. O lesado não deve ficar nem mais pobre, nem mais rico do que estaria sem o ato danoso".

Depois de apontar o caminho percorrido até chegar, finalmente, ao reconhecimento da responsabilidade do amental em geral, ideia que toma corpo na doutrina e na jurisprudência, acrescentou: "A solução em nosso Direito ainda permanece no estádio da responsabilidade da pessoa encarregada da guarda. De forma que, se for possível a prova de que não houve negligência relativamente a

---

[30] *Temas de responsabilidade civil*, p. 17.

esse dever, ficará a vítima, ainda que lesada por amental de fortuna, privada da reparação civil, solução que nos parece injusta e de todo contrária aos princípios que temos como orientadores da responsabilidade civil".

Em outra passagem, chegou a afirmar: "E se a pessoa privada de discernimento não está sob o poder de ninguém, responderão seus próprios bens pela reparação, como já fizemos sentir. A reparação do dano causado por pessoas nessas condições se há de resolver fora dos quadros da culpa"[31].

Silvio Rodrigues lembrou, também, que "muitos doutrinadores entendem que, em casos excepcionais e *de lege ferenda*, deve o juiz, por equidade, determinar que o patrimônio do amental responda pelo dano por ele causado a terceiro, quando, se isso não ocorresse, a vítima ficaria irressarcida"[32].

Tal solução era merecedora de aplausos, principalmente quando aplicada naqueles casos em que o amental é abastado e pode ter penhorado parte de seu patrimônio sem se privar do necessário à sua subsistência.

Assimilando a melhor orientação já vigente nos diplomas civis de diversos países, o Código Civil de 2002 substituiu o princípio da irresponsabilidade absoluta da pessoa privada de discernimento pelo princípio da responsabilidade *mitigada e subsidiária*, dispondo no art. 928:

"*O incapaz responde pelos prejuízos que causar, se as pessoas por ele responsáveis não tiverem obrigação de fazê-lo ou não dispuserem de meios suficientes.*

Parágrafo único. A indenização prevista neste artigo, que deverá ser equitativa, não terá lugar se privar do necessário o incapaz ou as pessoas que dele dependem".

Desse modo, se a vítima não conseguir receber a indenização da pessoa encarregada de sua guarda, poderá o juiz, mas somente se o incapaz for abastado, condená-lo ao pagamento de uma indenização equitativa.

Segundo o *Enunciado n. 41 da I Jornada de Direito Civil*, "A única hipótese em que poderá haver responsabilidade solidária do menor de 18 anos com seus pais é ter sido emancipado nos termos do art. 5º, parágrafo único, inciso I, do novo Código Civil". Contudo, o *Enunciado n. 660*, aprovado na *IX Jornada de Direito Civil*, suprimiu seu teor, sob o argumento de que havia contradição com o *Enunciado n. 40 da I Jornada de Direito Civil*, no qual se considera que: "O incapaz responde pelos prejuízos que causar de maneira subsidiária ou excepcionalmente como devedor principal, na hipótese do ressarcimento devido pelos adolescentes que praticarem atos infracionais nos termos do art. 116 do Estatuto da Criança e do Adolescente, no âmbito das medidas socioeducativas ali previstas".

---
[31] *Da responsabilidade*, cit., t. 2, p. 439-440 e 574, nota 932.
[32] *Direito civil*, cit., v. 4, p. 27.

10.1.2. Modificações introduzidas pelo Estatuto da Pessoa com Deficiência

Observe-se que, pelo sistema do Código Civil de 2002, a vítima somente não será indenizada pelo curador se este não tiver patrimônio suficiente para responder pela obrigação. Não se admite, mais, que dela se exonere, provando que não houve negligência de sua parte. O art. 933 do novo diploma prescreve, com efeito, que as pessoas indicadas nos incisos I a V do artigo antecedente (pais, tutores, curadores, empregadores, donos de hotéis e os que gratuitamente houverem participado nos produtos do crime) responderão pelos atos praticados pelos terceiros ali referidos, *"ainda que não haja culpa de sua parte".*

A afirmação de que o incapaz responde pelos prejuízos que causar, se as pessoas por ele responsáveis *"não tiverem obrigação de fazê-lo"*, tornou-se inócua em razão da modificação da redação do art. 928, *caput*, retrotranscrito, ocorrida na fase final da tramitação do Projeto do Código Civil no Congresso Nacional. O texto original responsabilizava tais pessoas por culpa presumida, como também o fazia o diploma de 1916, permitindo que se exonerassem da responsabilidade provando que foram diligentes. A inserção, na última hora, da responsabilidade objetiva, independentemente de culpa, no art. 933 do Código Civil de 2002, não mais permite tal exoneração.

Desse modo, como dito anteriormente, a vítima somente não será indenizada pelo curador se este não tiver patrimônio suficiente para responder pela obrigação.

O referido sistema sofreu profunda alteração, introduzida pela Lei n. 13.146, de 6 de julho de 2015, denominada *"Estatuto da Pessoa com Deficiência"*, considerando o deficiente, o enfermo ou o excepcional pessoas plenamente capazes. A referida lei revogou expressamente os incisos II e III do art. 3º do Código Civil, que consideravam absolutamente incapazes os que, "por enfermidade ou deficiência mental, não tiverem o necessário discernimento para a prática desses atos" e os que, "mesmo por causa transitória, não puderem exprimir sua vontade". Revogou também a parte final do inciso II do art. 4º, que definia como relativamente incapazes os que, "por deficiência mental, tenham o discernimento reduzido", e deu nova redação ao inciso III, afastando "os excepcionais, sem desenvolvimento mental completo" da condição de incapazes.

As pessoas mencionadas nos dispositivos revogados, sendo agora *"pessoas capazes"* (salvo se não puderem exprimir a sua vontade, como prevê o art. 4º, III, do CC, como causa permanente), responderão pela indenização com os seus próprios bens, afastada a responsabilidade subsidiária prevista no mencionado art. 928 do Código Civil. Mesmo que, "quando necessário", sejam interditadas e tenham um curador, como o permite o art. 84, § 1º, da retromencionada Lei n. 13.146/2015.

De salientar que, pela teoria da culpa anterior, muitos amentais podem ser civilmente responsabilizados. Isto não em virtude de uma culpa atual, mas remota, motivada, *verbi gratia*, pelo uso de drogas e de tóxicos, que os atuais insanos mentais teriam podido, então, prever que os arrastaria para o estado de alienação em que viriam a se encontrar mais tarde, por ocasião da prática de determinados atos danosos, no futuro[33].

Conforme ponderou Leonardo A. Colombo, se se chegar à conclusão de que o estado de insanidade mental, transitório ou permanente, do autor de um dano a ele próprio se possa atribuir, sua responsabilidade por tal dano estaria, desde logo, juridicamente firmada, acontecendo o mesmo com aqueles que voluntariamente se embriagam[34]. Mazeaud e Mazeaud lembram, em idêntica situação, os opiômanos, os cocainômanos, os morfinômanos e os usuários de maconha e psicotrópicos[35].

10.2. A responsabilidade dos menores

O art. 156 do Código Civil de 1916 tratava da responsabilidade civil do menor púbere, nestes termos:

"O menor, entre 16 (dezesseis) e 21 (vinte e um) anos, equipara-se ao maior quanto às obrigações resultantes de atos ilícitos, em que for culpado".

Sendo o menor impúbere, com menos de 16 anos, inimputável, tinha aplicação o art. 1.521, I, do referido diploma, que responsabilizava os pais pelos atos praticados pelos filhos menores que estivessem sob sua guarda. Desse modo, a vítima não ficaria irressarcida. O pai era responsável pelo filho menor de 21 anos.

Se o filho tivesse idade entre 16 e 21 anos, e possuísse bens, poderia ser também responsabilizado, solidariamente com o pai ou sozinho. Se fosse menor de 16 anos, somente o pai seria responsabilizado, pois era civilmente inimputável. Se o menor estivesse sob tutela, aplicar-se-ia o inciso II do referido art. 1.521, que responsabilizava o tutor pelos atos dos pupilos que se achassem sob seu poder.

O Código de 2002 não contém dispositivo semelhante ao mencionado art. 156 do diploma de 1916. Porém, reduz o limite da menoridade, de 21 para 18 anos completos, permitindo que os pais emancipem os filhos menores que completarem 16 anos de idade. No art. 928, retrotranscrito, refere-se ao *"incapaz"* de

---

[33] Wilson Melo da Silva, *Da responsabilidade civil automobilística*, p. 35, n. 8.
[34] *Culpa aquiliana*, p. 176, n. 65.
[35] *Traité*, cit., p. 36.

forma geral, abrangendo tanto "aqueles que, por causa transitória ou permanente, não puderem exprimir sua vontade" como os "menores de 18 anos" (CC, arts. 3º e 4º), que passam a ter responsabilidade mitigada e subsidiária, como já se afirmou.

Em primeiro lugar, a obrigação de indenizar cabe às pessoas responsáveis pelo incapaz (*menor de 18 anos*). Este só será responsabilizado se aquelas não dispuserem de meios suficientes para o pagamento. Mas a indenização, nesse caso, que deverá ser equitativa, não terá lugar se privar do necessário o incapaz, ou as pessoas que dele dependem. Não mais se admite que os responsáveis pelo menor, pais e tutores, se exonerem da obrigação de indenizar provando que não foram negligentes na guarda, porque, como já mencionado, o art. 933 do novo diploma dispõe que a responsabilidade dessas pessoas independe de culpa.

Nesse sentido, o *Enunciado n. 590 da VII Jornada de Direito Civil* estipula que: "A responsabilidade civil dos pais pelos atos dos filhos menores, prevista no art. 932, inc. I, do Código Civil, não obstante objetiva, pressupõe a demonstração de que a conduta imputada ao menor, caso o fosse a um agente imputável, seria hábil para a sua responsabilização".

Se os pais emancipam o filho, voluntariamente, a emancipação produz todos os efeitos naturais do ato, menos o de isentar os primeiros da responsabilidade pelos atos ilícitos praticados pelo segundo, como proclama a jurisprudência. Tal não acontece quando a emancipação decorre do casamento ou das outras causas previstas no art. 5º, parágrafo único, do Código Civil.

11. ESPÉCIES DE RESPONSABILIDADE

11.1. Responsabilidade civil e responsabilidade penal

A palavra "responsabilidade" origina-se do latim *respondere*, que encerra a ideia de segurança ou garantia da restituição ou compensação do bem sacrificado. Teria, assim, o significado de recomposição, de obrigação de restituir ou ressarcir.

Entre os romanos não havia nenhuma distinção entre responsabilidade civil e responsabilidade penal. Tudo, inclusive a compensação pecuniária, não passava de uma pena imposta ao causador do dano. A *Lex Aquilia* começou a fazer uma leve distinção: embora a responsabilidade continuasse sendo penal, a indenização pecuniária passou a ser a única forma de sanção nos casos de atos lesivos não criminosos[36].

---

[36] Cunha Gonçalves, *Tratado de direito civil*, v. 12, t. 2, p. 456 e 563.

Discorrendo a respeito da distinção entre responsabilidade civil e responsabilidade penal, escreveu AGUIAR DIAS: "Para efeito de punição ou da reparação, isto é, para aplicar uma ou outra forma de restauração da ordem social é que se distingue: a sociedade toma à sua conta aquilo que a atinge diretamente, deixando ao particular a ação para restabelecer-se, à custa do ofensor, no *statu quo* anterior à ofensa. Deixa, não porque se não impressione com ele, mas porque o Estado ainda mantém um regime político que explica a sua não intervenção. Restabelecida a vítima na situação anterior, está desfeito o desequilíbrio experimentado"[37].

Quando ocorre uma colisão de veículos, por exemplo, o fato pode acarretar a responsabilidade civil do culpado, que será obrigado a pagar as despesas com o conserto do outro veículo e todos os danos causados. Mas poderá acarretar, também, a sua responsabilidade penal, se causou ferimentos em alguém e se se configurou o crime do art. 129, § 6º, ou o do art. 121, § 3º, do Código Penal. Isto significa que uma ação, ou uma omissão, pode acarretar a responsabilidade civil do agente, ou apenas a responsabilidade penal, ou ambas as responsabilidades.

É ainda AGUIAR DIAS quem explica com perfeição esse fenômeno jurídico: "Assim, certos fatos põem em ação somente o mecanismo recuperatório da responsabilidade civil; outros movimentam tão somente o sistema repressivo ou preventivo da responsabilidade penal; outros, enfim, acarretam, a um tempo, a responsabilidade civil e a penal, pelo fato de apresentarem, em relação a ambos os campos, incidência equivalente, conforme os diferentes critérios sob que entram em função os órgãos encarregados de fazer valer a norma respectiva".

Reafirmamos, pois, prossegue AGUIAR DIAS, "que é quase o mesmo o fundamento da responsabilidade civil e da responsabilidade penal. As condições em que surgem é que são diferentes, porque uma é mais exigente do que a outra, quanto ao aperfeiçoamento dos requisitos que devem coincidir para se efetivar"[38].

No caso da responsabilidade penal, o agente infringe uma norma de direito público. O interesse lesado é o da sociedade. Na responsabilidade civil, o interesse diretamente lesado é o privado. O prejudicado poderá pleitear ou não a reparação.

Se, ao causar dano, escreveu AFRÂNIO LYRA[39], o agente transgride, também, a lei penal, ele se torna, ao mesmo tempo, obrigado civil e penalmente. E, assim, terá de responder perante o lesado e perante a sociedade, visto que o fato danoso

---

[37] *Da responsabilidade*, cit., 10. ed., p. 8, n. 5.
[38] *Da responsabilidade*, cit., 10. ed., p. 8, n. 5.
[39] *Responsabilidade civil*, cit., p. 34.

se revestiu de características que justificam o acionamento do mecanismo recuperatório da responsabilidade civil e impõem a movimentação do sistema repressivo da responsabilidade penal. Quando, porém, no fato de que resulta o dano não se acham presentes os elementos caracterizadores da infração penal, o equilíbrio rompido se restabelece com a reparação civil, simplesmente.

Quando coincidem, a responsabilidade penal e a responsabilidade civil proporcionam as respectivas ações, isto é, as formas de se fazerem efetivas: uma, exercível pela sociedade; outra, pela vítima; uma, tendente à punição; outra, à reparação – a ação civil aí sofre, em larga proporção, a influência da ação penal[40].

Sob outros aspectos distinguem-se, ainda, a responsabilidade civil e a responsabilidade penal. Esta é pessoal, intransferível. Responde o réu com a privação de sua liberdade. Por isso, deve estar cercado de todas as garantias contra o Estado. A este incumbe reprimir o crime e arcar sempre com o ônus da prova.

Na esfera civil, porém, é diferente. A regra *actori incumbit probatio*, aplicada à generalidade dos casos, sofre hoje muitas exceções, não sendo tão rigorosa como no processo penal. Na responsabilidade civil não é o réu mas a vítima que, em muitos casos, tem de enfrentar entidades poderosas, como as empresas multinacionais e o próprio Estado. Por isso, mecanismos de ordem legal e jurisprudencial têm sido desenvolvidos para cercá-la de todas as garantias e possibilitar-lhe a obtenção do ressarcimento do dano.

A tipicidade é um dos requisitos genéricos do crime. É necessário que haja perfeita adequação do fato concreto ao tipo penal. No cível, no entanto, qualquer ação ou omissão pode gerar a responsabilidade civil, desde que viole direito e cause prejuízo a outrem (CC, art. 186).

Também a culpabilidade é bem mais ampla na área civil, segundo a regra *in lege Aquilia et levissima culpa venit* (no cível, a culpa, ainda que levíssima, obriga a indenizar). Na esfera criminal nem toda culpa acarreta a condenação do réu, pois se exige que tenha um certo grau ou intensidade.

Conceitualmente, a culpa civil e a culpa penal são iguais, pois têm os mesmos elementos. A diferença é apenas de grau ou de critério de aplicação da lei, pois o juiz criminal é mais exigente, não vislumbrando infração em caso de culpa levíssima.

A imputabilidade também é tratada de modo diverso. Somente os maiores de 18 anos são responsáveis, civil e criminalmente, por seus atos. Admite-se, porém, no cível, que os menores de 18 anos sejam também responsabilizados, de modo equitativo, se as pessoas encarregadas de sua guarda ou vigilância não

---

[40] Aguiar Dias, *Da responsabilidade*, cit., p. 10, n. 5.

puderem fazê-lo, desde que não fiquem privados do necessário (CC, art. 928, parágrafo único). Na esfera criminal, estão sujeitos apenas às medidas de proteção e socioeducativas do Estatuto da Criança e do Adolescente.

Enquanto a responsabilidade penal é pessoal, intransferível, respondendo o réu com a privação de sua liberdade, *a responsabilidade civil é patrimonial: é o patrimônio do devedor que responde por suas obrigações. Ninguém pode ser preso por dívida civil, exceto o devedor de pensão oriunda do direito de família. Desse modo, se o causador do dano e obrigado a indenizar não tiver bens que possam ser penhorados, a vítima permanecerá irressarcida.*

11.2. Responsabilidade contratual e extracontratual

Uma pessoa pode causar prejuízo a outrem por descumprir uma obrigação contratual. Por exemplo: quem toma um ônibus tacitamente celebra um contrato, chamado contrato de adesão, com a empresa de transporte. Esta, implicitamente, assume a obrigação de conduzir o passageiro ao seu destino, são e salvo. Se, no trajeto, ocorre um acidente e o passageiro fica ferido, dá-se o inadimplemento contratual, que acarreta a responsabilidade de indenizar as perdas e danos, nos termos do art. 389 do Código Civil.

Acontece o mesmo quando o comodatário não devolve a coisa emprestada porque, por sua culpa, ela pereceu; com o ator, que não comparece para dar o espetáculo contratado. Enfim, com todas as espécies de contratos não adimplidos.

Quando a responsabilidade não deriva de contrato, diz-se que ela é extracontratual. Neste caso, aplica-se o disposto no art. 186 do Código Civil. Todo aquele que causa dano a outrem, por culpa em sentido estrito ou dolo, fica obrigado a repará-lo. É a responsabilidade derivada de ilícito extracontratual, também chamada aquiliana.

Na responsabilidade extracontratual, o agente infringe um dever legal, e, na contratual, descumpre o avençado, tornando-se inadimplente. Nesta, existe uma convenção prévia entre as partes que não é cumprida. Na responsabilidade extracontratual, nenhum vínculo jurídico existe entre a vítima e o causador do dano, quando este pratica o ato ilícito.

O Código Civil distinguiu as duas espécies de responsabilidade, *disciplinando genericamente a responsabilidade extracontratual* nos arts. 186 a 188 e 927 a 954; e a *contratual* nos arts. 389 e s. e 395 e s., omitindo qualquer referência diferenciadora.

É certo, porém, que nos dispositivos em que trata genericamente dos atos ilícitos, da obrigação de indenizar e da indenização (arts. 186 a 188 e 927 e s. e

944 e s.), o Código não regulou a responsabilidade proveniente do inadimplemento da obrigação, da prestação com defeito ou da mora no cumprimento das obrigações provenientes dos contratos (que se encontra no capítulo referente ao inadimplemento das obrigações).

Além dessas hipóteses, a responsabilidade contratual abrange também o inadimplemento ou mora relativos a qualquer obrigação, ainda que proveniente de um negócio unilateral (como o testamento, a procuração ou a promessa de recompensa) ou da lei (como a obrigação de prestar alimentos). E a responsabilidade extracontratual compreende, por seu turno, a violação dos deveres gerais de abstenção ou omissão, como os que correspondem aos direitos reais, aos direitos da personalidade ou aos direitos de autor (à chamada propriedade literária, científica ou artística, aos direitos de patente ou de invenções e às marcas)[41].

Há quem critique essa dualidade de tratamento. São os adeptos da tese *unitária* ou *monista*, que entendem pouco importar os aspectos sob os quais se apresente a responsabilidade civil no cenário jurídico, pois uniformes são os seus efeitos.

De fato, basicamente as soluções são idênticas para os dois aspectos. Tanto em um como em outro caso, o que se requer, em essência, para a configuração da responsabilidade são estas três condições: o dano, o ato ilícito e a causalidade, isto é, o nexo de causa e efeito entre os primeiros elementos[42].

Esta convicção é, hoje, dominante na doutrina. Nos códigos de diversos países, inclusive no Brasil, tem sido, contudo, acolhida a *tese dualista* ou *clássica*, embora largamente combatida.

Algumas codificações modernas, no entanto, tendem a aproximar as duas variantes da responsabilidade civil, submetendo a um regime uniforme os aspectos comuns a ambas. O Código alemão e o português, por exemplo, incluíram uma série de disposições de caráter geral sobre a "obrigação de indenização", ao lado das normas privativas da responsabilidade do devedor pelo não cumprimento da obrigação e das regras especificamente aplicáveis aos atos ilícitos. Ficaram, assim, fora da regulamentação unitária apenas os aspectos específicos de cada uma das variantes da responsabilidade.

Há, com efeito, aspectos privativos, tanto da responsabilidade contratual como da responsabilidade extracontratual, que exigem regulamentação própria. É o caso típico da exceção do contrato não cumprido (*exceptio non adimpleti contractus*) e da chamada "condição resolutiva tácita", nos contratos sinalagmáticos

---

[41] Antunes Varela, *A responsabilidade no direito*, São Paulo, 1982, p. 10.
[42] Aguiar Dias, *Da responsabilidade*, cit., 10. ed., p. 124, n. 67.

(respectivamente, arts. 476 e 475 do CC), e o que ocorre com as omissões e com os casos de responsabilidade pelo fato de outrem, no domínio da responsabilidade extracontratual[43].

Por esta razão, e pelos aspectos práticos que a distinção oferece, será ela observada nesta obra. Vejamos, assim, quais as diferenciações geralmente apontadas entre as duas espécies de responsabilidade.

A primeira, e talvez mais significativa, diz respeito ao *ônus da prova*. Se a responsabilidade é contratual, o credor só está obrigado a demonstrar que a prestação foi descumprida. O devedor só não será condenado a reparar o dano se provar a ocorrência de alguma das excludentes admitidas na lei: culpa exclusiva da vítima, caso fortuito ou força maior. Incumbe-lhe, pois, o *onus probandi*.

No entanto, se a responsabilidade for extracontratual, a do art. 186 (um atropelamento, por exemplo), o autor da ação é que fica com o ônus de provar que o fato se deu por culpa do agente (motorista). A vítima tem maiores probabilidades de obter a condenação do agente ao pagamento da indenização quando a sua responsabilidade deriva do descumprimento do contrato, ou seja, quando a responsabilidade é contratual, porque não precisa provar a culpa. Basta provar que o contrato não foi cumprido e, em consequência, houve o dano.

Outra diferenciação que se estabelece entre a responsabilidade contratual e a extracontratual diz respeito às *fontes de que promanam*. Enquanto a contratual tem a sua origem na convenção, a extracontratual a tem na inobservância do dever genérico de não lesar, de não causar dano a ninguém (*neminem laedere*), estatuído no art. 186 do Código Civil.

Outro elemento de diferenciação entre as duas espécies de responsabilidade civil refere-se à *capacidade do agente* causador do dano. JOSSERAND[44] entende que a capacidade sofre limitações no terreno da responsabilidade simplesmente contratual, sendo mais ampla no campo da responsabilidade extracontratual. A convenção exige agentes plenamente capazes ao tempo de sua celebração, sob pena de nulidade e de não produzir efeitos indenizatórios.

Na hipótese de obrigação derivada de um delito, o ato do incapaz pode dar origem à reparação por aqueles que legalmente são encarregados de sua guarda. E a tendência de nosso direito é para a ampliação da responsabilidade delituosa dos incapazes, como se pode verificar pelo art. 928 do Código Civil, que responsabiliza os incapazes em geral (privados de discernimento para atos da vida civil, menores etc.) pelos prejuízos que causarem.

---

[43] Antunes Varela, *A responsabilidade no direito*, p. 11.
[44] *Derecho civil*, v. 1, p. 343, n. 455.

De acordo com o Código Civil, o menor de 18 anos é, em princípio, irresponsável, mas poderá responder pelos prejuízos que causar, como visto, se as pessoas por ele responsáveis não dispuserem de meios suficientes. No campo contratual, este mesmo menor somente se vinculará se celebrar a convenção devidamente representado ou assistido por seu representante legal, salvo se, já tendo 16 anos, maliciosamente declarou-se maior (art. 180).

Razão assiste, pois, a JOSSERAND quando considera a capacidade jurídica bem mais restrita na responsabilidade contratual do que na derivada de atos ilícitos, porque estes podem ser perpetrados por amentais e por menores e podem gerar o dano indenizável, ao passo que somente as pessoas plenamente capazes são suscetíveis de celebrar convenções válidas.

Outro elemento de diferenciação poderia ser apontado no tocante à *gradação da culpa*. Em regra, a responsabilidade, seja extracontratual (art. 186), seja contratual (arts. 389 e 392), funda-se na culpa. A obrigação de indenizar, em se tratando de delito, deflui da lei, que vale *erga omnes*.

Consequência disso seria que, na responsabilidade delitual, a falta se apuraria de maneira mais rigorosa, enquanto na responsabilidade contratual ela variaria de intensidade de conformidade com os diferentes casos, sem contudo alcançar aqueles extremos a que se pudesse chegar na hipótese de culpa aquiliana, em que vige o princípio do *in lege Aquilia et levissima culpa venit*. No setor da responsabilidade contratual, a culpa obedece a um certo escalonamento, de conformidade com os diferentes casos em que ela se configure, ao passo que, na delitual, ela iria mais longe, alcançando a falta ligeiríssima[45].

Decidiu o *Superior Tribunal de Justiça que o prazo aplicável à responsabilidade contratual deve ser o de 10 anos, e não de 3, como na responsabilidade extracontratual*, verbis: "Inaplicabilidade do art. 206, § 3º, V, do Código Civil. Subsunção à regra geral do art. 205, do Código Civil, salvo existência de previsão expressa de prazo diferenciado"[46].

Quanto ao termo inicial da contagem do prazo prescricional, o *Enunciado n. 14 da I Jornada de Direito Civil* anuncia que: "1) O início do prazo prescricional ocorre com o surgimento da pretensão, que decorre da exigibilidade do direito subjetivo; 2) o art. 189 diz respeito a casos em que a pretensão nasce imediatamente após a violação do direito absoluto ou da obrigação de não fazer". Porém, nos Tribunais de Justiça e no Superior Tribunal de Justiça encontram-se julgados que consideram a seguinte premissa: "O início do prazo prescricional, com base

---

[45] Wilson Melo da Silva, *Da responsabilidade civil automobilística*, cit., p. 37, n. 9.
[46] STJ, Corte Especial, EREsp 1.281.594-SP, j. 23-5-2019, rel. Min. Felix Fischer.

na *Teoria da Actio Nata*, não se dá necessariamente no momento em que ocorre a lesão ao direito, mas sim quando o titular do direito subjetivo violado obtém plena ciência da lesão e de toda a sua extensão"[47].

11.3. Responsabilidade subjetiva e responsabilidade objetiva

Conforme o fundamento que se dê à responsabilidade, a culpa será ou não considerada elemento da obrigação de reparar o dano.

Em face da teoria clássica, a culpa era fundamento da responsabilidade. Esta teoria, também chamada de teoria da culpa, ou "subjetiva", pressupõe a culpa como fundamento da responsabilidade civil. Em não havendo culpa, não há responsabilidade.

Diz-se, pois, ser *"subjetiva"* a responsabilidade quando se esteia na ideia de culpa. A prova da culpa do agente passa a ser pressuposto necessário do dano indenizável. Nessa concepção, a responsabilidade do causador do dano somente se configura se agiu com dolo ou culpa.

A lei impõe, entretanto, a certas pessoas, em determinadas situações, a reparação de um dano independentemente de culpa. Quando isto acontece, diz-se que a responsabilidade é legal ou *"objetiva"*, porque prescinde da culpa e se satisfaz apenas com o dano e o nexo de causalidade. Esta teoria, dita objetiva, ou do risco, tem como postulado que todo dano é indenizável, e deve ser reparado por quem a ele se liga por um nexo de causalidade, independentemente de culpa[48].

A classificação corrente e tradicional, pois, denomina *objetiva* a responsabilidade que *independe de culpa*. Esta pode ou não existir, mas será sempre irrelevante para a configuração do dever de indenizar. Indispensável será a relação de causalidade entre a ação e o dano, uma vez que, mesmo no caso de responsabilidade objetiva, não se pode acusar quem não tenha dado causa ao evento. Nessa classificação, os casos de culpa presumida são considerados hipóteses de responsabilidade subjetiva, pois se fundam ainda na culpa, mesmo que presumida.

---

[47] AgInt no AREsp 1.500.181-SP, 3ª T., rel. Min. Marco Aurélio Bellizze, j. 22-6-2021.

"Em homenagem ao princípio do *actio nata*, o termo inicial do prazo prescricional é a data do nascimento da pretensão resistida, o que ocorre quando se toma ciência inequívoca do fato danoso" (TJDFT, Ap. 07274039820188070001, 3ª T. Cív., rel. Des. Fátima Rafael, *DJe* 9-6-2021).

"No tocante à prescrição, a jurisprudência do Superior Tribunal de Justiça tem adotado a teoria da *actio nata*, segundo a qual a pretensão surge apenas quando há ciência inequívoca da lesão e de sua extensão pelo titular do direito violado" (REsp 1.770.890-SC, 3ª T., rel. Min. Ricardo Villas Bôas Cueva, *DJe* 26-8-2020).

[48] Agostinho Alvim, *Da inexecução*, cit., p. 237, n. 169.

Na responsabilidade *objetiva* prescinde-se totalmente da prova da culpa. Ela é reconhecida, como mencionado, independentemente de culpa. Basta, assim, que haja relação de causalidade entre a ação e o dano.

Uma das teorias que procuram justificar a responsabilidade objetiva é a teoria do risco. Para esta teoria, toda pessoa que exerce alguma atividade cria um risco de dano para terceiros. E deve ser obrigada a repará-lo, ainda que sua conduta seja isenta de culpa. A responsabilidade civil desloca-se da noção de culpa para a ideia de risco, ora encarada como *"risco-proveito"*, que se funda no princípio segundo o qual é reparável o dano causado a outrem em consequência de uma atividade realizada em benefício do responsável (*ubi emolumentum, ibi onus*); ora mais genericamente como *"risco criado"*, a que se subordina todo aquele que, sem indagação de culpa, expuser alguém a suportá-lo.

Primitivamente, a responsabilidade era objetiva, como acentuam os autores, referindo-se aos primeiros tempos do direito romano, mas sem que por isso se fundasse no risco, tal como o concebemos hoje. Mais tarde, e representando essa mudança uma verdadeira evolução ou progresso, abandonou-se a ideia de vingança e passou-se à pesquisa da culpa do autor do dano. Atualmente, volta ela ao objetivismo. Não por abraçar, de novo, a ideia de vingança, mas por se entender que a culpa é insuficiente para regular todos os casos de responsabilidade[49].

Historicamente, a partir da segunda metade do século XIX foi que a questão da responsabilidade objetiva tomou corpo e apareceu como um sistema autônomo no campo da responsabilidade civil. Apareceram, então, importantes trabalhos na Itália, na Bélgica e em outros países. Mas foi na França que a tese da responsabilidade objetiva encontrou seu mais propício campo doutrinário de expansão e de consolidação[50].

São conhecidas, neste particular, as contribuições de SALEILLES, JOSSERAND, RIPERT, DEMOGUE, MAZEAUD e MAZEAUD, SAVATIER e outros. No Brasil, destacam-se os nomes dos Professores ALVINO LIMA, AGOSTINHO ALVIM, AGUIAR DIAS, ORLANDO GOMES, SAN TIAGO DANTAS, WASHINGTON DE BARROS MONTEIRO, além de inúmeros juristas de escol, como CLÓVIS BEVILÁQUA, COSTA MANSO, GONÇALVES DE OLIVEIRA, OROZIMBO NONATO e outros.

O Código Civil brasileiro, malgrado regule um grande número de casos especiais de responsabilidade *objetiva, filiou-se como regra à teoria "subjetiva"*. É o que se pode verificar no art. 186, que erigiu o dolo e a culpa como fundamentos para a obrigação de reparar o dano.

---

[49] Agostinho Alvim, *Da inexecução*, cit., p. 238, n. 170.
[50] Wilson Melo da Silva, *Responsabilidade*, cit., p. 93.

Espínola, ao comentar o art. 159 do Código Civil de 1916, que correspondia ao mencionado art. 186 do novo diploma, teve estas palavras: "O Código, obedecendo à tradição do nosso direito e à orientação das legislações estrangeiras, ainda as mais recentes, abraçou, em princípio, o sistema da responsabilidade subjetiva"[51].

A responsabilidade *subjetiva* subsiste como regra necessária, sem prejuízo da adoção da responsabilidade objetiva, em dispositivos vários e esparsos. Poderiam ser lembrados, como de responsabilidade objetiva, em nosso diploma civil, os arts. 936, 937 e 938, que tratam, respectivamente, da responsabilidade do dono do animal, do dono do prédio em ruína e do habitante da casa da qual caírem coisas. E, ainda, os arts. 929 e 930, que preveem a responsabilidade por ato lícito (estado de necessidade); os arts. 939 e 940, sobre a responsabilidade do credor que demanda o devedor antes de vencida a dívida ou por dívidas já pagas; o art. 933, pelo qual os pais, tutores, curadores, empregadores, donos de hotéis e de escolas respondem, independentemente de culpa, pelos atos danosos causados por seus filhos, pupilos, curatelados, prepostos, empregados, hóspedes, moradores e educandos; o parágrafo único do art. 927, que trata da obrigação de reparar o dano, independentemente de culpa, nos casos especificados em lei, ou quando a atividade normalmente desenvolvida pelo autor do dano implicar, por sua natureza, risco para os direitos de outrem.

Em diversas leis esparsas, a tese da responsabilidade objetiva foi sancionada: Lei de Acidentes do Trabalho, Código Brasileiro de Aeronáutica, Lei n. 6.453/77 (que estabelece a responsabilidade do operador de instalação nuclear), Decreto legislativo n. 2.681, de 1912 (que regula a responsabilidade civil das estradas de ferro), Lei n. 6.938/81 (que trata dos danos causados ao meio ambiente), Código de Defesa do Consumidor e outras.

Isto significa que *a responsabilidade objetiva não substitui a subjetiva, mas fica circunscrita aos seus justos limites*.

A propósito, adverte Caio Mário da Silva Pereira: "... a regra geral, que deve presidir à responsabilidade civil, é a sua fundamentação na ideia de culpa; mas, sendo insuficiente esta para atender às imposições do progresso, cumpre ao legislador fixar especialmente os casos em que deverá ocorrer a obrigação de reparar, independentemente daquela noção. Não será sempre que a reparação do dano se abstrairá do conceito de culpa, porém quando o autorizar a ordem jurídica positiva. É neste sentido que os sistemas modernos se encaminham, como, por exemplo, o italiano, reconhecendo em casos particulares e em matéria especial a responsabilidade objetiva, mas conservando o princípio tradicional da imputa-

---

[51] *Breves anotações ao Código Civil brasileiro*, v. 1, n. 225.

bilidade do fato lesivo. Insurgir-se contra a ideia tradicional da culpa é criar uma dogmática desafinada de todos os sistemas jurídicos. Ficar somente com ela é entravar o progresso"[52].

Esta, também, a orientação seguida na elaboração do *Projeto de Lei n. 634-B/75, sob a supervisão de* MIGUEL REALE, *e que se transformou no atual Código Civil*, conforme suas palavras:

"Responsabilidade subjetiva, ou responsabilidade objetiva? Não há que fazer essa alternativa. Na realidade, as duas formas de responsabilidade se conjugam e se dinamizam. Deve ser reconhecida, penso eu, a responsabilidade subjetiva como norma, pois o indivíduo deve ser responsabilizado, em princípio, por sua ação ou omissão, culposa ou dolosa. Mas isto não exclui que, atendendo à estrutura dos negócios, se leve em conta a responsabilidade objetiva. Este é um ponto fundamental".

Na sequência, arremata MIGUEL REALE: "Pois bem, quando a *estrutura* ou *natureza* de um negócio jurídico – como o de transporte, ou de trabalho, só para lembrar os exemplos mais conhecidos – implica a existência de riscos inerentes à atividade desenvolvida, impõe-se a responsabilidade objetiva de quem dela tira proveito, haja ou não culpa. Ao reconhecê-lo, todavia, leva-se em conta a participação culposa da vítima, a natureza gratuita ou não de sua participação no evento, bem como o fato de terem sido tomadas as necessárias cautelas, fundadas em critérios de ordem técnica. Eis aí como o problema é posto, com a devida cautela, o que quer dizer, com a preocupação de considerar a totalidade dos fatores operantes, numa visão integral e orgânica, num balanceamento prudente de motivos e valores"[53].

A inovação constante do parágrafo único do art. 927 do Código Civil é significativa e representa, sem dúvida, um avanço, entre nós, em matéria de responsabilidade civil. Pois a admissão da responsabilidade sem culpa pelo exercício de atividade que, por sua natureza, representa risco para os direitos de outrem, da forma genérica como consta do texto, possibilitará ao Judiciário uma ampliação dos casos de dano indenizável.

11.4. Responsabilidade extracontratual por atos ilícitos e lícitos (fundada no risco e decorrente de fatos permitidos por lei)

Via de regra a obrigação de indenizar assenta-se na prática de um *fato ilícito*. É o caso, por exemplo, do motorista, que tem de pagar as despesas médico-hos-

---

[52] *Instituições de direito civil*, v. 3, p. 507.
[53] Diretrizes gerais sobre o Projeto de Código Civil, in *Estudos de filosofia e ciência do direito*, p. 176-177.

pitalares e os lucros cessantes da vítima que atropelou, por ter agido de forma imprudente, praticando um ato ilícito.

Outras vezes, no entanto, essa obrigação *pode decorrer, como vimos, do exercício de uma atividade perigosa*. O dono da máquina que, em atividade, tenha causado dano a alguém (*acidentes de trabalho*, p. ex.) responde pela indenização não porque tenha cometido propriamente um ato ilícito ao utilizá-la, mas, sim, por ser quem, utilizando-a em seu proveito, suporta o risco (*princípio em que se funda a responsabilidade objetiva*).

Em outros casos, ainda, a obrigação de indenizar pode nascer de fatos permitidos por lei e não abrangidos pelo chamado risco social. Alguns exemplos expressivos podem ser mencionados, dentre outros: o dos *atos praticados em estado de necessidade*, considerados lícitos pelo art. 188, II, do Código Civil, mas que, mesmo assim, obrigam o seu autor a indenizar o dono da coisa, como prevê o art. 929 do mesmo diploma; *o do dono do prédio encravado que exige passagem pelo prédio vizinho, mediante o pagamento de indenização cabal* (art. 1.285 do CC); *o do proprietário que penetra no imóvel vizinho para fazer limpeza, reformas e outros serviços considerados necessários* (art. 1.313 do CC).

12. PRESSUPOSTOS DA RESPONSABILIDADE CIVIL

O art. 186 do Código Civil consagra uma regra universalmente aceita: *a de que todo aquele que causa dano a outrem é obrigado a repará-lo*. Estabelece o aludido dispositivo legal, informativo da responsabilidade aquiliana:

"Aquele que, por ação ou omissão voluntária, negligência ou imprudência, violar direito e causar dano a outrem, ainda que exclusivamente moral, comete ato ilícito".

A análise do artigo supratranscrito evidencia que *quatro são os elementos essenciais da responsabilidade civil: ação ou omissão, culpa ou dolo do agente, relação de causalidade e o dano experimentado pela vítima*.

a) *Ação ou omissão* – Inicialmente, refere-se a lei a qualquer pessoa que, por ação ou omissão, *venha a causar dano a outrem*. A responsabilidade pode derivar de ato próprio, de ato de terceiro que esteja sob a guarda do agente, e ainda de danos causados por coisas e animais que lhe pertençam.

O Código prevê *a responsabilidade por ato próprio, dentre outros, nos casos de calúnia, difamação e injúria; de demanda de pagamento de dívida não vencida ou já paga; de abuso de direito*.

A responsabilidade por ato de terceiro ocorre nos casos de danos causados pelos filhos, tutelados e curatelados, ficando responsáveis pela reparação os pais, tutores e curadores. Também o empregador responde pelos atos de seus empregados. Os educadores, hoteleiros e estalajadeiros, pelos seus educandos e hóspedes. Os farmacêuticos, por seus prepostos. As pessoas jurídicas de direito privado, por seus empregados, e as de direito público, por seus agentes. E, ainda, aqueles que participam do produto de crime.

A responsabilidade por danos causados por *animais e coisas que estejam sob a guarda do agente é, em regra, objetiva: independe de prova de culpa*. Isto se deve ao aumento do número de acidentes e de vítimas, que não devem ficar irressarcidas, decorrente do grande desenvolvimento da indústria de máquinas.

b) *Culpa ou dolo do agente* – Todos concordam em que o art. 186 do Código Civil cogita do dolo logo no início: "*ação ou omissão voluntária*", passando, em seguida, a referir-se à culpa: "*negligência ou imprudência*".

O dolo consiste na vontade de cometer uma violação de direito, e a *culpa*, na falta de diligência[54]. *Dolo, portanto, é a violação deliberada, consciente, intencional, do dever jurídico.*

Para obter a reparação do dano, a vítima geralmente tem de provar dolo ou culpa *stricto sensu* do agente, segundo a teoria subjetiva adotada em nosso diploma civil. Entretanto, como essa prova muitas vezes se torna difícil de ser conseguida, o nosso direito positivo admite, em hipóteses específicas, alguns casos de responsabilidade sem culpa: a responsabilidade objetiva, com base especialmente na teoria do risco.

A teoria subjetiva desce a várias distinções sobre a natureza e extensão da culpa. Culpa *lata* ou *grave* é a falta imprópria ao comum dos homens, é a modalidade que mais se avizinha do dolo. Culpa *leve* é a falta evitável com atenção ordinária. Culpa *levíssima* é a falta só evitável com atenção extraordinária, com especial habilidade ou conhecimento singular. Na responsabilidade aquiliana, a mais ligeira culpa produz obrigação de indenizar (*in lege Aquilia et levissima culpa venit*)[55].

A culpa pode ser, ainda, *in eligendo*: decorre da má escolha do representante, do preposto; *in vigilando*: decorre da ausência de fiscalização; *in comittendo*: decorre de uma ação, de um ato positivo; *in omittendo*: decorre de uma omissão, quando havia o dever de não se abster; *in custodiendo*: decorre da falta de cuidados na guarda de algum animal ou de algum objeto.

c) *Relação de causalidade* – É a relação de causa e efeito entre a ação ou omissão do agente e o dano verificado. Vem expressa no verbo "*causar*", utilizado no art. 186. Sem ela, não existe a obrigação de indenizar. Se houve o dano, mas sua causa não está relacionada com o comportamento do agente, inexiste a relação de causalidade e também a obrigação de indenizar. Se, *verbi gratia*, o moto-

---

[54] Savigny, *Le droit des obligations*, § 82.
[55] Washington de Barros Monteiro, *Curso*, cit., p. 414.

rista está dirigindo corretamente e a vítima, querendo suicidar-se, atira-se sob as rodas do veículo, não se pode afirmar ter ele "causado" o acidente, pois na verdade foi um mero instrumento da vontade da vítima, esta sim responsável exclusiva pelo evento.

d) *Dano* – Sem a prova do dano, ninguém pode ser responsabilizado civilmente. O dano pode ser material ou simplesmente moral, ou seja, sem repercussão na órbita financeira do ofendido. O Código Civil consigna um capítulo sobre a liquidação do dano, ou seja, sobre o modo de se apurarem os prejuízos e a indenização cabível. A inexistência de dano é óbice à pretensão de uma reparação, aliás, sem objeto[56].

O atual Código aperfeiçoou o conceito de ato ilícito ao dizer que o pratica quem "*violar direito* e *causar dano a outrem*" (art. 186), substituindo o "ou" ("violar direito *ou* causar dano a outrem") que constava do art. 159 do diploma de 1916.

Com efeito, *o elemento objetivo da culpa é o dever violado*. A responsabilidade é uma reação provocada pela infração de um dever preexistente. No entanto, ainda mesmo que haja violação de um dever jurídico e que tenha havido culpa, e até mesmo dolo, por parte do infrator, nenhuma indenização será devida, uma vez que não se tenha verificado prejuízo. Se, por exemplo, o motorista comete várias infrações de trânsito, mas não atropela nenhuma pessoa nem colide com outro veículo, nenhuma indenização será devida, malgrado a ilicitude de sua conduta.

A obrigação de indenizar decorre, pois, da existência da violação de direito *e* do dano, concomitantemente.

Observa MÁRIO MOACYR PORTO[57] que o dever de reparar assume, ainda que raramente, o caráter de uma pena privada, uma sanção pelo comportamento ilícito do agente. Assim, o credor não precisa provar um prejuízo para pedir e obter pagamento de uma cláusula penal (CC, art. 416); quem demandar dívida já paga fica obrigado a pagar em dobro ao devedor (CC, art. 940); as ofensas aos direitos da personalidade autorizam uma reparação pecuniária mesmo que nenhum prejuízo material advenha das ofensas. São hipóteses de infração a uma norma jurídica tuteladora de interesses particulares.

---

[56] Agostinho Alvim, *Da inexecução*, cit., p. 181.
[57] *Temas*, cit., p. 12.

LIVRO II
ELEMENTOS ESSENCIAIS DA RESPONSABILIDADE CIVIL

Título I
AÇÃO OU OMISSÃO DO AGENTE

Capítulo I
RESPONSABILIDADE EXTRACONTRATUAL

CASOS ESPECIAIS DE RESPONSABILIDADE POR ATO PRÓPRIO

Sumário: 1. Ação ou omissão: infração a um dever. 2. Ato praticado contra a honra da mulher. 3. Calúnia, difamação e injúria. 4. Demanda de pagamento de dívida não vencida ou já paga. 5. Responsabilidade decorrente do abuso do direito. 5.1. Princípio da boa-fé e da probidade. 5.2. Proibição de *venire contra factum proprium*. 5.3. *Suppressio, surrectio* e *tu quoque*. 5.4. *Duty to mitigate the loss*. 6. Responsabilidade decorrente do rompimento de noivado. 7. Responsabilidade decorrente da ruptura de concubinato e de união estável. 8. Responsabilidade civil entre cônjuges. 9. Responsabilidade civil por dano ecológico ou ambiental. 9.1. O direito ambiental. 9.2. A responsabilidade civil por dano ecológico. 9.3. A responsabilidade objetiva do poluidor e as excludentes do caso fortuito ou da força maior. 9.4. Os instrumentos de tutela jurisdicional dos interesses difusos. 9.5. A reparação do dano ambiental. 10. Violação do direito à própria imagem. 11. A AIDS e a responsabilidade civil. 12. Responsabilidade civil na Internet. *O Marco Civil da Internet*. O direito ao esquecimento. 12.1. O comércio eletrônico. 12.2. A responsabilidade civil nos meios eletrônicos. 13. Responsabilidade civil por dano atômico.

1. AÇÃO OU OMISSÃO: INFRAÇÃO A UM DEVER

O *elemento objetivo da culpa é o dever violado*. Para SAVATIER, "culpa é a inexecução de um dever que o agente podia conhecer e observar"[1]. A imputabilidade do agente representa o elemento subjetivo da culpa.

CLÓVIS BEVILÁQUA, ao conceituar a culpa, põe em relevo o seu elemento objetivo: "Culpa, em sentido lato, é toda violação de um dever jurídico"[2].

Para RABUT, "o estudo da jurisprudência não permite dúvida alguma sobre a existência de um primeiro elemento da culpa: ela supõe a violação de um dever anterior"[3].

Segundo MARTON[4], a responsabilidade é necessariamente uma reação provocada pela infração a um dever preexistente. A obrigação preexistente é a verdadeira fonte da responsabilidade, e deriva, por sua vez, de qualquer fator social capaz de criar normas de conduta.

Qual a natureza do dever jurídico cuja violação induz culpa? Em matéria de culpa contratual, o dever jurídico consiste na obediência ao avençado. E, na culpa extracontratual, consiste no cumprimento da lei ou do regulamento. Se a hipótese não estiver prevista na lei ou no regulamento, haverá ainda o dever indeterminado de não lesar a ninguém, princípio este que, de resto, acha-se implícito no art. 186 do Código Civil, que não fala em violação de "lei", mas usa de uma expressão mais ampla: violar "*direito*".

A violação de um direito, como vimos, mesmo sem alegação de prejuízo ou comprovação de um dano material emergente, pode, em certos casos, impor ao transgressor a obrigação de indenizar, a título de pena privada (art. 416 do CC: hipótese de pena convencional; nos casos de violação dos chamados direitos da personalidade, como a vida, a saúde, a honra, a liberdade etc.).

A exigência de um fato "voluntário" na base do dano exclui do âmbito da responsabilidade civil os danos causados por forças da natureza, bem como os praticados em estado de inconsciência, mas não os praticados por uma criança ou um demente. Essencial é que a ação ou omissão seja, em abstrato, controlável ou dominável pela vontade do homem. Fato voluntário equivale a fato controlável ou dominável pela vontade do homem[5].

---

[1] *Traité de la responsabilité civile en droit français*, v. 1, n. 4.
[2] *Código Civil comentado*, obs. n. 1 ao art. 1.057.
[3] *De la notion de faute en droit privé*, p. 26.
[4] *Les fondements de la responsabilité civile*, n. 84, p. 84.
[5] Larenz, *Lehrbuch des Schuldrechts*, II, 11. ed., apud Antunes Varela, *A responsabilidade no direito*, p. 17-18.

Para Silvio Rodrigues[6], a ação ou omissão do agente, que dá origem à indenização, geralmente decorre da infração de um dever, que pode ser legal (disparo de arma em local proibido), contratual (venda de mercadoria defeituosa, no prazo da garantia) e social (com abuso de direito: denunciação caluniosa).

O motorista que atropela alguém pode ser responsabilizado por omissão de socorro, se esta é a causa da morte, ainda que a culpa pelo evento caiba exclusivamente à vítima, porque tem o dever legal de socorrê-la. A responsabilidade civil por omissão, entretanto, ocorre com maior frequência no campo contratual.

Para que se configure a responsabilidade por omissão é necessário que exista o dever jurídico de praticar determinado fato (de não se omitir) e que se demonstre que, com a sua prática, o dano poderia ter sido evitado. O dever jurídico de agir (de não se omitir) pode ser imposto por lei (dever de prestar socorro às vítimas de acidente imposto a todo condutor de veículo pelo art. 176, I, do Código de Trânsito Brasileiro) ou resultar de convenção (dever de guarda, de vigilância, de custódia) e até da criação de alguma situação especial de perigo.

O tema da responsabilidade civil pertence ao âmbito do Direito Civil, mas diz respeito ao *Direito do Trabalho* quando envolve empregado e empregador, em decorrência de ação ou omissão que venha a gerar prejuízos.

A regra geral sobre a responsabilidade civil, como assevera Pedro Paulo Teixeira Manus, encontra-se no art. 927 do Código Civil, que assim dispõe:

"*Artigo 927. Aquele que, por ato ilícito (artigos 186 e 187) causar dano a outrem, fica obrigado a repará-lo.*

Parágrafo único. Haverá obrigação de reparar o dano, independentemente de culpa, nos casos especificados em lei, ou quando a atividade normalmente desenvolvida pelo autor do dano implicar, por sua natureza, risco para os direitos de outrem".

2. ATO PRATICADO CONTRA A HONRA DA MULHER

A ofensa à honra da mulher reparava-se, no sistema do Código Civil de 1916, em regra, pelo casamento. Se o ofensor, porém, não pudesse ou não quisesse casar-se, era obrigado a pagar-lhe uma soma, a título de dote, arbitrada pelo juiz, segundo a condição social e o estado civil da ofendida[7]. Podia a mulher preferir não se casar e exigir do ofensor a reparação civil, bem como a sua punição, em alguns casos, na esfera criminal.

---

[6] *Direito civil*, v. 4, p. 20, n. 9.
[7] Washington de Barros Monteiro, *Curso de direito civil*, v. 5, p. 445.

O art. 1.548 do referido diploma previa quatro situações distintas em que cabia a fixação de dote por dano presumido, *verbis*:

"Art. 1.548. A mulher agravada em sua honra tem direito a exigir do ofensor, se este não puder ou não quiser reparar o mal pelo casamento, um dote correspondente à sua própria condição e estado:

I – se, virgem e menor, for deflorada;

II – se, mulher honesta, for violentada, ou aterrada por ameaças;

III – se for seduzida com promessas de casamento;

IV – se for raptada".

O *dote* nada mais era do que uma indenização capaz de compensar prejuízo moral ou material experimentado pela mulher, ou ambos, conforme entendimento assentado na doutrina. O prejuízo material seria representado pela perda da virgindade e pela consequente diminuição ou exclusão da possibilidade de arranjar novos pretendentes e conseguir marido. O prejuízo moral consistiria numa insatisfação de natureza afetiva.

O importante era que a vítima não precisava provar a existência do dano. Este já era presumido. E a responsabilidade do ofensor era objetiva, na hipótese consignada no inciso I do referido art. 1.548, pois, desde que a vítima provasse que era menor e virgem, surgia para o deflorador a obrigação de indenizar[8].

O progresso e a mudança nos costumes têm provocado, contudo, modificações legislativas. No direito penal, alterações foram efetivadas no capítulo dos crimes contra a honra da mulher, que não é mais aquela desprotegida e ingênua das décadas anteriores. Com efeito, a Lei n. 11.106, de 28 de março de 2005, revogou os dispositivos concernentes aos crimes de sedução e de rapto, abolindo a expressão "mulher honesta". No campo do direito civil, a mudança já ocorreu, não só no direito de família, mas também no capítulo da responsabilidade civil.

Com efeito, o Código Civil de 2002 não contém dispositivo similar ao art. 1.548 do diploma de 1916. Deixou de existir, pois, a presunção de dano e a responsabilidade objetiva do mencionado inciso I. Há, agora, a necessidade de prova do prejuízo e da ilicitude do ato, com base na regra geral que disciplina a responsabilidade civil.

Se é verdade que o "tabu" da virgindade está desaparecendo, as vítimas encontrarão dificuldade para comprovar o dano, pois o prejuízo indenizável nesses

---

[8] *RT*, 447/75, 467/188.

casos é a dificuldade para conseguir futuro matrimônio! Restam apenas alguns danos de natureza patrimonial, e eventualmente de natureza moral, como o contágio de doença (AIDS, por exemplo, ou alguma doença venérea), aborto, despesas médicas e hospitalares e eventual reparação do dano moral decorrentes de violência sexual, posse mediante fraude, corrupção de menores, estupro[9] etc.

3. CALÚNIA, DIFAMAÇÃO E INJÚRIA

O Código Penal tipifica *a calúnia, a difamação e a injúria como crimes contra a honra*. Dá-se a calúnia, segundo o art. 138 do estatuto penal, quando se imputa falsamente a alguém fato definido como crime. Segundo o art. 139, a difamação consiste na imputação a alguém de fato ofensivo à sua reputação. Ocorre a injúria quando se ofende a dignidade e o decoro de alguém.

Calúnia e difamação são crimes afins, pois ferem a honra objetiva, constituem-se da imputação de fatos e não dispensam a comunicação a outrem; por outro lado, entretanto, separam-se, já porque a calúnia requer seja crime o fato imputado, já porque a difamação prescinde da falsidade[10].

Dispõe o art. 953 do Código Civil:

"A indenização por injúria, difamação ou calúnia consistirá na reparação do dano que delas resulte ao ofendido.

Parágrafo único. Se o ofendido não puder provar prejuízo material, caberá ao juiz fixar, equitativamente, o valor da indenização, de conformidade das circunstâncias do caso".

Começa o dispositivo dizendo que, no caso de injúria, difamação ou calúnia, há obrigação de reparar o dano. É do dano patrimonial que aí se cogita. Pode consistir, por exemplo, em perda de emprego em virtude de falsa imputação da prática de crimes infamantes, como furto, apropriação indébita, criando dificuldades para a obtenção de outra colocação laborativa.

Como o prejuízo material é de difícil prova, manda o parágrafo único que, à sua falta, caberá ao juiz fixar, equitativamente, o valor da indenização, de conformidade com as circunstâncias do caso. AGOSTINHO ALVIM[11], ao tempo

---

[9] "Administrativo e direito público. Escola. Saída de aluno. Estupro de menor em regular horário escolar. Liberação. Responsabilidade civil subjetiva do Estado. Omissão. Dever de vigilância. Negligência. Caracterização. Artigos 186 e 927 do novo Código Civil. Dano moral" (STJ, REsp 819.789-RS, 1ª T., rel. Min. Francisco Falcão, *DJ* 25-5-2006).
[10] Magalhães Noronha, *Direito penal*, p. 133.
[11] *Da inexecução das obrigações e suas consequências*, p. 223, n. 161.

do Código Civil de 1916, em que esta matéria era tratada no parágrafo único do art. 1.547 do aludido diploma, afirmava tratar-se, na hipótese, de dano presumido.

A maioria dos doutrinadores já vislumbrava, no referido dispositivo legal, um caso em que se concedia indenização por dano moral[12]. Consiste este no sofrimento íntimo, no desgosto e aborrecimento, na mágoa e tristeza, que não repercutem no patrimônio da vítima.

O parágrafo único do mencionado art. 953 concede ao juiz o poder discricionário de decidir por equidade e de encontrar a medida adequada a cada caso, ao arbitrar o dano moral. Tal disciplina mostra-se bem melhor do que a do parágrafo único do art. 1.547 do Código Civil de 1916, que prefixava o *quantum* do dano moral com base no valor da multa prevista no Código Penal para os crimes de calúnia, difamação e injúria.

Quando a ofensa à honra era divulgada pela imprensa, regia-se a reparação pela Lei de Imprensa (Lei n. 5.250, de 9-2-1967), que permitia o arbitramento do dano moral, que é presumido, em até duzentos salários mínimos, em se tratando de conduta culposa. No entanto, com a entrada em vigor da Constituição Federal de 1988, o *Superior Tribunal de Justiça* editou a *Súmula 281*: "A indenização por dano moral não está sujeita à tarifação prevista na Lei de Imprensa".

Anteriormente, o Código Brasileiro de Telecomunicações (Lei n. 4.117, de 27-8-1962) previa, no art. 84, para a reparação do dano causado por calúnias ou injúrias divulgadas por meio de publicações, rádio, televisão etc. (portanto, de maior repercussão), indenização não inferior a cinco nem superior a cem vezes o maior salário mínimo vigente no País.

Tal dispositivo foi revogado pelo Decreto-Lei n. 236, de 28 de fevereiro de 1967, editando-se a Lei de Imprensa (Lei n. 5.250, de 9-2-1967), que permitia, como já dito, o arbitramento do dano moral em até duzentos salários mínimos (arts. 51 e 52). Esse teto era previsto somente para os casos de calúnia. Para a difamação, o limite era de cem salários mínimos. E era de cinquenta salários mínimos para os casos de injúria.

Contudo, os referidos dispositivos legais não foram recepcionados pela Constituição Federal de 1988, consoante se tem decidido[13]. Toda indenização

---

[12] Pontes de Miranda, *Tratado de direito privado*, v. 26, n. 3.108, p. 31-32; Silvio Rodrigues, *Direito civil*, cit., v. 4, p. 32-35; Washington de Barros Monteiro, *Curso*, cit., v. 5, p. 444; Yussef Said Cahali, *Dano e indenização*, p. 87; Aguiar Dias, *Da responsabilidade civil*, 4. ed., p. 820-821, n. 237.
[13] *RSTJ*, 116/282.

tarifada representa, hoje, uma restrição, um limite ao valor da indenização do dano moral, incompatível com a indenizabilidade irrestrita prevista na Carta Magna.

No arbitramento da indenização *em reparação do dano moral*, o juiz terá em conta, dizia o art. 53 da Lei de Imprensa, notadamente, "a intensidade do sofrimento do ofendido, a gravidade, a natureza e repercussão da ofensa e a posição social e política do ofendido", bem como "a intensidade do dolo ou o grau de culpa do responsável, sua situação econômica...". Tais critérios passaram a ser aplicados pelos juízes no julgamento das ações de reparação do dano moral em geral, mesmo não regidas pela Lei de Imprensa. A emissora, culpada por ação ou omissão, era considerada responsável solidária pela calúnia, difamação ou injúria cometida por meio da radiodifusão[14].

A Constituição Federal de 1988 assegura o direito à indenização pelo dano material ou moral decorrente de violação de alguns direitos da personalidade, inclusive o direito à honra em geral, no inciso X do art. 5º, *verbis*: "São invioláveis a intimidade, a vida privada, a honra e a imagem das pessoas, assegurado o direito a indenização pelo dano material ou moral decorrente de sua violação". E no inciso V do mesmo dispositivo garante "o direito de resposta, proporcional ao agravo, além da indenização por dano material, moral ou à imagem".

O *Supremo Tribunal Federal*, em julgamento histórico realizado no dia 30 de abril de 2009, pelo voto de 7 de seus ministros, julgou procedente a ADPF n. 130, decidindo, em consequência, que *a Lei de Imprensa (Lei n. 5.250, de 9-2-1967) era incompatível com a Constituição Federal de 1988. Determinou-se a suspensão completa de seus dispositivos, que conflitavam com a democracia e o Estado de Direito.*

Depois desse julgamento, os juízes terão de se basear na própria Constituição e nos Códigos Civil e Penal para julgar ações penais e de indenização movidas contra os jornalistas e os meios de comunicação em geral.

O principal debate, no referido julgamento, girou em torno do direito de resposta. Para a maioria dos ministros, esse direito está previsto na Constituição. Além disso, estaria em tramitação no Congresso Nacional um projeto de lei destinado a regulamentá-lo. Outros, no entanto, votaram contra a extinção total da referida lei, argumentando que tal fato acarretaria um vácuo normativo, não apenas quanto ao direito de resposta, mas também no tocante ao pedido de explicações, retratação, sigilo de fonte, exceção da verdade etc.

---

[14] *RJTJSP*, 3/197. V. ainda: "Indenização. Ofensa moral decorrente de entrevista dada ao vivo em programa radiofônico. Responsabilidade da emissora pelo risco inerente à atividade a que se propõe a empresa de comunicação. Corresponsabilidade da entrevistada, que assacou inverdades, por ela própria desmentidas em programa subsequente. *Quantum* indenizatório a ser suportado por ambas as partes" (STJ, *RT*, 815/207).

Entendeu o *Superior Tribunal de Justiça* que houve abuso no direito de informar, em virtude de divulgação indevida do nome completo e da foto de adolescente falecido na prática de ato infracional, nestes termos:

"Não obstante o caráter informativo dos noticiários demandados e seu perceptível interesse público, ficou claro o abuso no direito de informar. Em se tratando de adolescente, cabia às empresas jornalísticas maior prudência e cautela na divulgação dos fatos, do nome, da qualificação e da própria fotografia do menor, de forma a evitar a indevida e ilícita violação de seu direito de imagem e dignidade pessoal"[15].

D'outra feita, proclamou a *aludida Corte*:

"Em se tratando de matéria veiculada pela imprensa, a responsabilidade civil por danos morais exsurge quando fica evidenciada a intenção de injuriar, difamar ou caluniar terceiro. (...) Não configura regular exercício de direito de imprensa, para os fins do art. 188, I, do CC/2002, reportagem televisiva que contém comentários ofensivos e desnecessários ao dever de informar, apresenta julgamento de conduta de cunho sensacionalista, além de explorar abusivamente dado inverídico relativo à embriaguez na condução de veículo automotor, em manifesta violação da honra e da imagem pessoal das recorridas. Na hipótese de danos decorrentes de publicação pela imprensa, são civilmente responsáveis tanto o autor da matéria jornalística quanto o proprietário do veículo de divulgação (*Súmula 221, STJ*)"[16].

Firmou-se o entendimento de que "a ampla liberdade de informação, opinião e crítica jornalística reconhecida constitucionalmente à imprensa não é um direito absoluto, encontrando limitações, tais como a preservação dos direitos da personalidade, nestes incluídos os direitos à honra, à imagem, à privacidade e à intimidade, sendo vedada a veiculação de críticas com a intenção de difamar, injuriar ou caluniar"[17].

4. DEMANDA DE PAGAMENTO DE DÍVIDA NÃO VENCIDA OU JÁ PAGA

O devedor não pode ser obrigado a pagar a dívida antes do vencimento, exceto nas hipóteses em que a lei o permite (*v.* CC, art. 333). A cobrança antes do

---

[15] STJ, AgInt no REsp 1.406.120-SP, 4ª T., rel. Min. Lázaro Guimarães, *DJe* 22-11-2017.
[16] STJ, REsp 1.652.588-SP, 3ª T., rel. Min. Villas Bôas Cueva, *DJe* 2-10-2017.
[17] Jurisprudências em Teses, "Dos crimes contra a honra". Disponível em: <https://www.stj.jus.br/internet_docs/jurisprudencia/jurisprudenciaemteses/Jurisprud%EAncia%20em%20Teses%20130%20-%20Dos%20Crimes%20Contra%20a%20Honra.pdf>.

vencimento constitui ato ilícito e implica, segundo dispõe o art. 939 do Código Civil, obrigação do credor de esperar o tempo que faltava para o vencimento, descontar os juros correspondentes e pagar em dobro as custas processuais.

Preceitua, com efeito, o aludido dispositivo:

"*O credor que demandar o devedor antes de vencida a dívida, fora dos casos em que a lei o permita, ficará obrigado a esperar o tempo que faltava para o vencimento, a descontar os juros correspondentes, embora estipulados, e a pagar as custas em dobro*".

A cobrança de "*dívida já paga*", ou de importância "*maior do que a devida*", é punida com maior rigor. O art. 940 determina que, no primeiro caso, deverá devolver ao devedor "*o dobro do que houver cobrado*", isto é, perde o montante do crédito e mais outro tanto. E, no caso de haver pedido mais do que lhe era devido, deverá devolver "*o equivalente do que dele exigir, salvo se houver prescrição*".

Os tribunais, entretanto, na vigência do Código Civil de 1916, ao interpretarem os arts. 1.530 e 1.531, correspondentes, *ipsis litteris*, aos arts. 939 e 940 do novo diploma, exigiam prova de dolo ou malícia do credor para aplicar essa pena. Confira-se:

"A pena do art. 1.531 do Código Civil só cabe quando o autor pede com malícia aquilo que já tenha recebido ou faz cobrança excessiva, dolosamente"[18].

O *Supremo Tribunal Federal* cristalizou a orientação na *Súmula 159, segundo a qual "a cobrança excessiva, mas de boa-fé, não dá lugar às sanções do art. 1.531".*

Dispõe o art. 941 do Código Civil:

"*As penas previstas nos arts. 939 e 940 não se aplicarão quando o autor desistir da ação antes de contestada a lide, salvo ao réu o direito de haver indenização por algum prejuízo que prove ter sofrido*".

AGUIAR DIAS, referindo-se aos dispositivos do Código Civil de 1916, correspondentes aos arts. 939 e 941 do novo diploma, criticava a colocação do assunto no título relativo às obrigações, dizendo: "Os arts. 1.530 a 1.532 do Código Civil estabelecem, embora colocados em título relativo às obrigações por atos ilícitos, simples formas de liquidação do dano causado pela cobrança indébita, que, evidentemente, não precisava ser definida como ato ilícito"[19].

E aplaudia a orientação jurisprudencial que exigia prova da malícia do autor para aplicação da pena, mencionando acórdão que argumentava com o fato de, a julgar contra a orientação dominante, estarem os tribunais criando entraves ao

---

[18] *RT*, 407/132.
[19] *Da responsabilidade*, cit., 4. ed., p. 515-519.

direito de acionar, pelo receio que teriam os litigantes de pagar em dobro, no caso de ser julgado improcedente o pedido.

Em sua opinião, o art. 1.531 era harmônico com o sistema do Código Civil brasileiro e não era necessário que o viesse a declarar. O que fez foi estabelecer indenização especial, previamente liquidada, para o caso da cobrança indevida. E enfatizava: "Consideramos que existe uma presunção *juris tantum* contra o autor da cobrança, cabendo-lhe demonstrar que o seu erro é escusável, para que escape ao dever de reparar".

Na lição de Washington de Barros Monteiro, o disposto no art. 1.531 não se aplicava "sem a prova de má-fé da parte do credor, que faz a cobrança excessiva". E isso porque "a pena é tão grande e tão desproporcionada que só mesmo diante de prova inconcussa e irrefragável do dolo deve ser aplicada"[20].

Tais considerações valem para o art. 940 do Código, que tem a mesma redação do referido art. 1.531 do *codex* anterior. Relembre-se que a pena não pode ser pedida por simples contestação, mas sim por meio de ação autônoma ou pela via reconvencional.

A jurisprudência, no tocante à condição que considerava necessária à configuração do ilícito, utilizava as mais variadas expressões, como lembra Yussef Said Cahali[21]: dolo, má-fé, injustificável engano, inadvertência grosseira, culpa grave, malícia evidente com intuito único de prejudicar, desejo de enriquecimento, vontade de extorquir, tentativa de locupletação à custa alheia.

Dispõe o art. 42, parágrafo único, do Código de Defesa do Consumidor, por sua vez que:

"O consumidor cobrado em quantia indevida tem direito à repetição do indébito, por valor igual ao dobro do que pagou em excesso, acrescido de correção monetária e juros legais, salvo hipótese de engano justificável".

Ao cotejar as disposições do Código Civil e do Código de Defesa do Consumidor, o *Superior Tribunal de Justiça* pronunciou-se:

"Os artigos 940 do Código Civil e 42, parágrafo único, do Código de Defesa do Consumidor possuem pressupostos de aplicação diferentes e incidem em hipóteses distintas. A aplicação da pena prevista no parágrafo único do art. 42 do CDC apenas é possível diante da presença de engano justificável do credor em proceder com a cobrança, da cobrança extrajudicial de dívida de consumo e de pagamento de quantia indevida pelo consumidor. O artigo 940 do CC somente pode ser aplicado quando a cobrança se dá por meio judicial e fica comprovada a

---

[20] *Curso*, cit., p. 432.
[21] *Dano*, cit., 126.

má-fé do demandante, independentemente de prova do prejuízo. No caso, embora não estejam preenchidos os requisitos para a aplicação do art. 42, parágrafo único, do CDC, visto que a cobrança não ensejou novo pagamento da dívida, todos os pressupostos para a aplicação do art. 940 do CC estão presentes. Mesmo diante de uma relação de consumo, se inexistentes os pressupostos de aplicação do art. 42, parágrafo único, do CDC, deve ser aplicado o sistema geral do Código Civil, no que couber. O art. 940 do CC é norma complementar ao art. 42, parágrafo único, do CDC e, no caso, sua aplicação está alinhada ao cumprimento do mandamento constitucional de proteção do consumidor"[22].

Não se confunde a pena do art. 940 do Código Civil com as sanções por dolo processual previstas nos arts. 16 a 18 do Código de Processo Civil [de 1973, atuais arts. 79 a 81]. Malgrado resultem, todas, do dolo com que se houve a parte no processo, a primeira é obrigação imposta pelo direito material e as últimas resultam do direito processual.

Com efeito, o art. 940 do Código Civil estabelece uma sanção civil de direito material ou substantivo, e não de direito formal ou adjetivo, contra demandantes abusivos. Trata da responsabilidade civil do demandante por dívida já solvida, punindo o ato ilícito da cobrança excessiva. Essa responsabilidade civil decorre de infração de norma de direito privado e objetiva não só garantir o direito do lesado à segurança, protegendo-o contra exigências descabidas, como também servir de meio de reparação do dano, prefixando o seu montante e exonerando o lesado do ônus de provar a ocorrência da lesão.

Assim sendo, "não há que se falar em absorção do art. 1.531 do Código Civil [*de 1916, correspondente ao art. 940 do Código Civil*] pelos arts. 16 a 18 do Código de Processo Civil [de 1973]. Há uma relação de complementação entre esses artigos, pois eles não se excluem, mas se completam, tendo por fim fixar a forma de indenização por perdas e danos"[23].

Por essa razão, a pena do art. 940 do Código Civil não pode ser pedida, como já afirmado, por simples contestação, mas sim por meio de ação autônoma ou pela via reconvencional[24].

Mas é cabível a condenação do litigante de má-fé por perdas e danos (arts. 16 a 18 do CPC/73; arts. 79 a 81 do CPC/2015) na própria ação em que aquela

---

[22] REsp 1.645.589-MS, 3ª T., rel. Min. Ricardo Villas Bôas Cueva, j. 4-2-2020.
[23] Maria Helena Diniz, Análise hermenêutica do art. 1.531 do Código Civil e dos arts. 16 a 18 do Código de Processo Civil (*Jurisprudência Brasileira*, 147/14).
[24] *RJTJSP*, 106/136.

se verificou[25], podendo ser imposta de ofício pelo juiz[26], devendo ser arbitrada desde logo em porcentagem sobre o valor da causa ou da condenação, para evitar maior protelação com a remessa da parte ao arbitramento em execução[27].

5. RESPONSABILIDADE DECORRENTE DO ABUSO DO DIREITO

A doutrina do abuso do direito não exige, para que o agente seja obrigado a indenizar o dano causado, que venha a infringir culposamente um dever preexistente. Mesmo agindo dentro do seu direito, pode, não obstante, em alguns casos, ser responsabilizado.

Entre os romanos havia um princípio – *nemine laedit qui jure suo utitur* (aquele que age dentro de seu direito a ninguém prejudica) – de caráter individualista e que, durante muitos anos, foi utilizado como justificador dos excessos e abusos de direito. Entretanto, tal princípio, por se mostrar injusto em certos casos em que era evidente o *animus laedendi*, embora não ultrapassasse o agente os limites de seu direito subjetivo, passou a ser substituído por outros princípios universalmente aceitos: o *nemine laedere* e o *summum jus, summa injuria*, pois é norma fundamental de toda a sociedade civilizada o dever de não prejudicar outrem[28].

Esse dever é limitativo dos direitos subjetivos. SAVATIER mostra que a lei admite, em alguns casos, que alguém cause dano a outrem, sem a obrigação de repará-lo. Mas é preciso que esteja autorizado por um interesse jurídico-social proeminente. Menciona ele as hipóteses de legítima defesa, de exercício do direito de concorrência, do direito de promiscuidade e de vizinhança e do direito de informação[29].

Em todos esses casos em que a vantagem de um pode representar dano ou prejuízo para o outro, não haverá a obrigação de reparação por parte daquele que age dentro dos limites objetivos da lei. Constituem eles, entretanto, exceções do dever de não prejudicar a outrem, e, mesmo assim, desde que não ultrapassem os limites da equidade.

---

[25] *RTJ*, 110/1127.
[26] *RT*, 507/201; *JTACSP*, 90/333, 108/406; *RP*, 3/342.
[27] Francisco Cesar Pinheiro Rodrigues, Indenização na litigância de má-fé, *RT*, 594/9; Antonio Celso Pinheiro Franco, A fixação da indenização por dolo processual, *JTACSP*, Revista dos Tribunais, 99/9.
[28] Aguiar Dias, *Da responsabilidade*, cit., p. 526, n. 184.
[29] *Traité*, cit., p. 49 e s., n. 35 e s.

Prevalece na doutrina, hoje, o entendimento de que o abuso de direito prescinde da ideia de culpa. Afirma AGUIAR DIAS: "Vemos, pois, que o abuso de direito, sob pena de se desfazer em mera expressão de fantasia, não pode ser assimilado à noção de culpa. Inócua, ou de fundo simplesmente especulativo, seria a distinção, uma vez que por invocação aos princípios da culpa se teria a reparação do dano por ele causado"[30].

No mesmo sentido é o entendimento do *Enunciado n. 37 da I Jornada de Direito Civil*: "A responsabilidade civil decorrente do abuso do direito independe de culpa e fundamenta-se somente no critério objetivo-finalístico".

Com sua autoridade, observa ALVINO LIMA: "O maior prejuízo social constitui, pois, o critério fixador do ato abusivo de um direito. Daí se poder concluir que a culpa não reside, no caso do abuso de direito, causando dano a terceiros, num erro de conduta imputável moralmente ao agente, mas no exercício de um direito causador de um dano socialmente mais apreciável. A responsabilidade surge, justamente, porque a proteção do exercício deste direito é menos útil socialmente do que a reparação do dano causado pelo titular deste mesmo direito"[31].

Por sua vez, SILVIO RODRIGUES considera que "o abuso de direito ocorre quando o agente, atuando dentro das prerrogativas que o ordenamento jurídico lhe concede, deixa de considerar a finalidade social do direito subjetivo e, ao utilizá-lo desconsideradamente, causa dano a outrem. Aquele que exorbita no exercício de seu direito, causando prejuízo a outrem, pratica ato ilícito, ficando obrigado a reparar. Ele não viola os limites objetivos da lei, mas, embora os obedeça, desvia-se dos fins sociais a que esta se destina, do espírito que a norteia"[32].

Vimos que o abuso de direito encontrava apoio na máxima *neminem laedit qui suo jure utitur* e que a jurisprudência combateu o princípio, criando a teoria do abuso de direito, que gerou normas legais em vários Códigos.

O Código Civil brasileiro de 1916 admitiu a ideia do abuso de direito no art. 160, I, embora não o tenha feito de forma expressa. Sustentava-se a existência da teoria em nosso direito positivo, mediante interpretação *a contrario sensu* do aludido dispositivo. Se ali estava escrito não constituir ato ilícito o praticado no exercício regular de um direito reconhecido, é intuitivo que constituía ato ilícito aquele praticado no exercício irregular ou abusivo de um direito.

---

[30] *Da responsabilidade*, cit., 4. ed., p. 539, n. 184.
[31] *Da culpa ao risco*, São Paulo, 1938, p. 83.
[32] *Direito civil*, cit., v. 4, p. 49.

É desta forma que se encontrava fundamento legal para coibir o exercício anormal do direito em muitas hipóteses. Uma das mais comuns enfrentadas por nossos tribunais era a reiterada purgação de mora pelo inquilino, na vigência da Lei n. 4.494/64 (Lei do Inquilinato)[33].

Como se pode ver, a teoria do abuso de direito ganhou autonomia e se aplica a todos os campos do direito, extravasando, pois, o campo da responsabilidade civil, e gerando consequências outras que não apenas a obrigação de reparar, pecuniariamente, o prejuízo experimentado pela vítima[34]. E, ainda, que o critério usualmente adotado é o de que a ilicitude do ato abusivo se caracteriza sempre que o titular do direito se desvia da finalidade social para a qual o direito subjetivo foi concedido.

Daí parecer correta a observação de SILVIO RODRIGUES, de ter sido a concepção "de abuso de direito abraçada pelo legislador pátrio quando, no art. 5º da Lei de Introdução ao Código Civil, determinou que na aplicação da lei o juiz atenderá aos fins sociais a que ela se dirige e às exigências do bem comum"[35].

Sensível a tais considerações, o legislador expressamente disciplinou o abuso de direito como outra forma de ato ilícito, no atual Código Civil, nos seguintes termos:

"*Art. 187. Também comete ato ilícito o titular de um direito que, ao exercê-lo, excede manifestamente os limites impostos pelo seu fim econômico ou social, pela boa-fé ou pelos bons costumes*".

Muitos exemplos de atos abusivos, decididos pelos tribunais, podem ser apontados. AGUIAR DIAS menciona o citado por LINO DE MORAIS LEME: "Matar o gado alheio que pasta em meu campo, por exemplo, é um abuso de direito, porque o direito requer... que eu respeite o direito alheio de propriedade sobre o gado, pois o direito existe como regra de coexistência social – é o conjunto orgânico de condições de vida e desenvolvimento do indivíduo e da sociedade".

Menciona, ainda, dentre outros: requerer o credor arresto de bens que sabia não pertencerem ao devedor; requerer busca e apreensão sem necessida-

---

[33] "*Despejo*. Falta de pagamento de aluguéis. Reiteradas purgações da mora. *Abuso do direito* caracterizado. Embora exista certa controvérsia na conceituação do uso irregular de um direito, asseveram os doutores que, com o beneplácito dos tribunais (*Revista dos Tribunais* 75/515, 241/522), é o seu exercício com a intenção de lesar, enquanto para outros, o uso irregular do direito tem um sentido mais amplo e se verifica não só quando há o *animus laedendi*, mas, também, quando tal exercício fere a sua finalidade econômico-social. E não padece dúvida que a reiterada purgação da mora é ato que acarreta consequências danosas ao locador, abusando do direito o locatário que obriga o locador a promover contínuas ações de despejo para poder receber os aluguéis e, acionado por esse fato, continuou impontual" (*JTACSP*, 4/252).
[34] Silvio Rodrigues, *Direito civil*, cit., v. 4, p. 59.
[35] *Direito civil*, cit., p. 55.

de; requerer falência de alguém quando as circunstâncias e as relações entre ele e o requerente não o autorizem; provocar prejuízos que excedam os incômodos ordinários da vizinhança etc.[36].

Por sua vez, Silvio Rodrigues menciona outros exemplos: abusa de seu direito aquele que, para eliminar concorrência, requer a busca e apreensão, preliminar de queixa-crime, por suposta contrafação de patente de utilidade; o mandante que revoga a procuração sem nenhuma outra razão senão a de ser israelita o mandatário; o proprietário de fontes que, movido por emulação, as esgota em seu terreno, sem qualquer utilidade para si, mas com grave prejuízo para seus vizinhos etc.[37].

Dentre as várias fórmulas mencionadas pelos autores, observa-se que a jurisprudência, em regra, considera como abuso de direito o ato que constitui o exercício egoístico, anormal do direito, sem motivos legítimos, com excessos intencionais ou involuntários, dolosos ou culposos, nocivos a outrem, contrários ao destino econômico e social do direito em geral, e, por isso, reprovado pela consciência pública[38].

Vários dispositivos legais demonstram que no direito brasileiro há uma reação contra o exercício irregular de direitos subjetivos. O art. 1.277 do Código Civil, inserido no capítulo do direito de vizinhança, permite que se reprima o exercício abusivo do direito de propriedade que perturbe o sossego, a segurança ou a saúde do vizinho[39].

Também os arts. 939 e 940 do Código Civil estabelecem sanções ao credor que, abusivamente, demanda o devedor antes do vencimento da dívida ou por dívida já paga. E os arts. 1.637 e 1.638 igualmente preveem sanções contra abusos no exercício do poder familiar, como a suspensão e a perda desse direito.

O Código de Processo Civil, por sua vez, procura reprimir os abusos dos contendores, considerando-os litigantes de má-fé quando não procederem com lealdade e boa-fé e responsabilizando-os pelos prejuízos causados a outra parte

---

[36] *Da responsabilidade,* cit., p. 539 e s.
[37] *Direito civil,* cit., p. 47 e s.
[38] Plínio Barreto, *RT*, 79/506; Carvalho Santos, *Código Civil brasileiro interpretado,* v. 3, p. 341; Clóvis Beviláqua, *Código Civil,* cit., v. 1, p. 473; Jorge Americano, *Abuso de direito, no exercício da demanda,* p. 8; *RTJ*, 71/195; *RT*, 487/189.
[39] Constantes são os conflitos relativos à perturbação do sossego alegada contra clube de dança (*RT*, 352/298, 365/196), boate (*RT*, 459/63, 561/217, 611/211), oficina mecânica (*RT*, 350/548, 470/106, 481/76, 567/126), indústria (*RT*, 336/350, 472/73, 491/53), terreiro de umbandismo (*RT*, 473/222), pedreira (*RT*, 172/505, 352/346), escola de samba (*RT*, 565/180) etc.

(arts. 77 a 81 do CPC/2015). Esses preceitos são aplicáveis ao processo de execução, havendo sanção específica ao abuso de direito no processo de execução (arts. 771, parágrafo único, e 776 do CPC/2015).

Referente ao abuso do direito de ação, vejamos as seguintes ponderações:

"A jurisprudência do Superior Tribunal de Justiça tem se orientado no sentido da excepcionalidade do reconhecimento de abuso do direito de ação, por estar intimamente atrelado ao acesso à justiça. Eventual abuso do direito de ação deve ser reconhecido com prudência pelo julgador, apenas quando amplamente demonstrado que o direito de ação foi exercido de forma abusiva. A análise acerca da configuração do abuso deve ser ainda mais minuciosa quando se tratar da utilização de ação voltada à tutela de direitos coletivos e um importante instrumento para a efetivação da democracia participativa, como é o caso da ação popular"[40].

"Embora não seja da tradição do direito processual civil brasileiro, é admissível o reconhecimento da existência do ato ilícito de abuso processual, tais como o abuso do direito fundamental de ação ou de defesa, não apenas em hipóteses previamente tipificadas na legislação, mas também quando configurada a má utilização dos direitos fundamentais processuais"[41].

5.1. Princípio da boa-fé e da probidade

O princípio da boa-fé guarda relação com o princípio de direito segundo o qual ninguém pode beneficiar-se da própria torpeza. A reformulação operada pelo atual Código Civil com base nos princípios da socialidade, eticidade e operabilidade deu nova feição aos princípios fundamentais dos contratos, como se extrai dos novos institutos nele incorporados, *verbi gratia*: o estado de perigo, a lesão, a onerosidade excessiva, a função social dos contratos como preceito de ordem pública (CC, art. 2.035, parágrafo único) e, especialmente, a *boa-fé* e a *probidade*.

A boa-fé que constitui inovação do Código de 2002 e acarretou profunda alteração no direito obrigacional clássico é a *objetiva*, que se constitui em uma norma jurídica fundada em um princípio geral do direito, segundo o qual todos devem comportar-se de boa-fé nas suas relações recíprocas. Classifica-se, assim, como *regra de conduta*. Incluída no direito positivo de grande parte dos países ocidentais, deixa de ser princípio geral de direito para transformar-se em cláusula geral de boa-fé objetiva. É, portanto, fonte de direito e de obrigações[42].

---

[40] REsp 1.770.890-SC, 3ª T., rel. Min. Ricardo Villas Bôas Cueva, *DJe* 26-8-2020.
[41] STJ, REsp 1.817.845-MS, 3ª T., rel. Min. Paulo de Tarso Sanseverino, *DJe* 17-10-2019.
[42] Nelson Nery Junior, *Contratos no Código Civil* – Apontamentos gerais, São Paulo: LTr, obra coletiva, 2003, p. 430-431.

A cláusula geral da *boa-fé objetiva* é tratada no Código Civil em três dispositivos, sendo de maior repercussão o art. 422 (*"Os contratantes são obrigados a guardar, assim na conclusão do contrato, como em sua execução, os princípios da probidade e boa-fé"*).

Os demais são: o art. 113 (*"Os negócios devem ser interpretados conforme a boa-fé e os usos do lugar de sua celebração"*) e o art. 187 (*"Também comete ato ilícito o titular de um direito que, ao exercê-lo, excede manifestamente os limites impostos pelo seu fim econômico ou social, pela boa-fé ou pelos bons costumes"*). Os mencionados dispositivos legais contemplam funções relevantes da boa-fé objetiva.

O citado art. 187 estabelece a denominada *"função de controle* ou *de limite"*, ao proclamar que comete *ato ilícito* quem, ao exercer o seu direito, exceder manifestamente os *limites impostos pela boa-fé*. Cogita, assim, do chamado *abuso de direito*.

5.2. Proibição de *venire contra factum proprium*

Uma das principais funções do princípio da boa-fé é limitadora: veda ou pune o exercício de direito subjetivo quando se caracterizar *abuso da posição jurídica*. É no âmbito dessa função limitadora do princípio da boa-fé objetiva que são estudadas as situações de *venire contra factum proprium, suppressio, surrectio, tu quoque*.

Pela máxima *venire contra factum proprium non potest* é vedado ao contratante exercer um direito próprio contrariando um comportamento anterior, devendo ser mantida a confiança e o dever de lealdade decorrentes da boa-fé objetiva, depositada quando da formação do contrato. Depois de criar uma certa expectativa, em razão de conduta seguramente indicativa de determinado comportamento futuro, há quebra dos princípios de lealdade e de confiança se vier a ser praticado ato contrário ao previsto, com surpresa e prejuízo à contraparte[43].

A referida máxima latina traduz, com efeito, o exercício de uma posição jurídica em contradição com o comportamento assumido anteriormente. O fundamento jurídico alicerça-se na proteção da confiança, lesada por um comportamento contraditório da contraparte, contrário à sua expectativa de benefício gerada pela conduta inicial do outro contratante.

A *Súmula 370 do Superior Tribunal de Justiça*, verbi gratia, proclama que "caracteriza dano moral a apresentação antecipada de cheque pré-datado". Observa-se assim que, apesar do silêncio da lei, o *venire contra factum proprium* é consectário natural da repressão ao abuso de direito.

---
[43] Flávio Tartuce, *Direito civil*, 12. ed., São Paulo: GEN-Forense, 2017, p. 111.

Na *IV Jornada de Direito Civil* promovida pelo Conselho da Justiça Federal foi aprovado o *Enunciado n. 362*, que assim dispõe: "A vedação do comportamento contraditório (*venire contra factum proprium*) funda-se na proteção da confiança, tal como se extrai dos artigos 187 e 422 do Código Civil". Assim, por exemplo, o credor que concordou, durante a execução do contrato de prestações periódicas, com o pagamento em lugar ou tempo diverso do convencionado não pode surpreender o devedor com a exigência literal do contrato.

5.3. *Suppressio, surrectio* e *tu quoque*

Suppressio, surrectio e *tu quoque* são conceitos correlatos à boa-fé objetiva, oriundos do direito comparado. Devem ser utilizados como função integrativa, suprindo lacunas do contrato e trazendo deveres implícitos às partes contratuais. *Suppressio* significa a supressão, por renúncia tácita, de um direito ou de uma posição jurídica, pelo seu não exercício com o passar dos tempos[44].

A *suppressio* é, assim, a situação do direito que deixou de ser exercido em determinada circunstância e não mais poderá sê-lo por, de outra forma, contrariar a boa-fé. Em suma, funda-se na tutela da confiança da contraparte e na situação de aparência que a iludiu perante o não exercício do direito. Malgrado se aproxime da figura do *venire contra factum proprium*, dele se diferencia basicamente, pois, enquanto no *venire* a confiança em determinado comportamento é delimitada no cotejo com a conduta antecedente, na *suppressio* as expectativas são projetadas apenas pela injustificada inércia do titular por considerável decurso do tempo, somando-se a isso a existência de indícios objetivos de que o direito não mais seria exercido[45].

Pode ser apontado como exemplo da *suppressio* a situação descrita no art. 330 do Código Civil, referente ao local do pagamento: "*O pagamento reiteradamente feito em outro local faz presumir renúncia do credor relativamente ao previsto no contrato*".

O *Superior Tribunal de Justiça*, em acórdão relatado pela Min. Nancy Andrighi (REsp 1.202.514/RS, j. 21-6-2011), reconheceu na hipótese a incidência da *suppressio* para a hipótese de cobrança de correção monetária em contrato de mandato judicial, concluindo que "o princípio da boa-fé objetiva torna inviável a pretensão de exigir retroativamente a correção monetária dos valores que era regularmente dispensada, pleito que, se acolhido, frustraria uma expectativa legítima construída e mantida ao logo de toda a relação processual – daí se reconhecer presente o instituto da *suppressio*".

---

[44] Flávio Tartuce, *Direito civil*, cit., p. 107.
[45] Cristiano Chaves de Farias; Nelson Rosenvald, *Curso de direito civil*, 4. ed., Salvador: JusPodivm, 2014, v. 4, p. 188.

A *surrectio* é a outra face da *suppressio*, pois consiste no nascimento de um direito, sendo nova fonte de direito subjetivo, consequente à continuada prática de certos atos. A duradoura distribuição de lucros da sociedade comercial em desacordo com os estatutos pode gerar o direito de recebê-los do mesmo modo, para o futuro[46].

Suppressio e *surrectio* são dois lados de uma mesma moeda: naquela ocorre a liberação do beneficiário; nesta, a aquisição de um direito subjetivo em razão do comportamento continuado. Em ambas preside a confiança, seja pela fé no não exercício superveniente do direito da contraparte, seja pela convicção da excelência do seu próprio direito.

No tocante à figura do *tu quoque*, verifica-se que aquele que descumpriu norma legal ou contratual, atingindo com isso determinada posição jurídica, não pode exigir do outro comportamento obediente ao preceito. Faz-se aqui a aplicação do mesmo princípio inspirador da *exceptio non adimpleti contractus*: quem não cumpriu contrato, ou a lei, não pode exigir o cumprimento de um ou de outro. Ou seja, o *tu quoque* veda que alguém faça contra o outro o que não faria contra si mesmo[47].

5.4. *Duty to mitigate the loss*

A expressão *duty to mitigate the loss* ou "mitigação do prejuízo" constitui uma inovação verificada primeiramente no direito anglo-saxão (*doctrine of mitigation* ou *duty to mitigate the loss*), relacionada diretamente com a boa-fé objetiva e aprovada no *Enunciado n. 169 da III Jornada de Direito Civil* (*STJ-CJF*), nestes termos: "O princípio da boa-fé objetiva deve levar o credor a evitar o agravamento do próprio prejuízo".

Informa ANTUNES VARELA[48] que o direito português assegura que a vítima do inadimplemento, mesmo quando não contribui para o evento danoso, tem não apenas o dever de proceder de sorte que o dano não se agrave, mas também o de tentar reduzi-lo na medida possível. DIEZ-PICAZO[49], por sua vez, afirma que o dever de mitigar os danos sofridos decorre do princípio da boa-fé e, quando descumprido, é um fato que "rompe la relación de causalidad, pues el aumento de los daños no es ya consecuencia directa e inmediata del incumplimiento, sino de la inacción o de la

---

[46] Ruy Rosado de Aguiar Júnior, cit., p. 254-255.
[47] Ruy Rosado de Aguiar Júnior, cit., p. 254-255.
[48] João de Matos Antunes Varela, *Das obrigações em geral*, 2. ed., Coimbra: Almedina, 1973, v. I, p. 917.
[49] Diez-Picazo, *Fundamentos del derecho civil patrimonial*, 5. ed., Madrid: Civitas, 1996, v. 2, p. 689.

passividade del acreedor". Na Itália, FRANCESCO GALGANO[50] opina que o recíproco comportamento do credor e do devedor conforme o princípio da correção e da boa-fé é uma "obrigação geral acessória" cujo conteúdo não é predeterminável.

A mencionada máxima tem sido aplicada especialmente aos contratos bancários, em casos de inadimplência dos devedores, em que a instituição financeira, em vez de tomar as providências para a rescisão do contrato, permanece inerte, na expectativa de que a dívida atinja valores elevados, em razão da alta de juros convencionada no contrato (confira-se acórdão nesse sentido do TJSP, na Ap. 0003643-11.2012.8.26.0627, de 15-5-2015).

Essa conduta incorreta tem sido reprimida pelos nossos Tribunais, especialmente pelo *Superior Tribunal de Justiça*[51]: "Os contratantes devem tomar as medidas necessárias e possíveis para que o dano não seja agravado. A parte a que a perda aproveita não pode permanecer deliberadamente inerte diante do dano. Agravamento do prejuízo, em razão da inércia do credor. Infringência dos deveres de cooperação e lealdade".

Observa-se, assim, que o instituto do abuso do direito tem aplicação em quase todos os campos do direito, como instrumento destinado a reprimir o exercício antissocial dos direitos subjetivos. As sanções estabelecidas em lei são as mais diversas, podendo implicar imposição de restrições ao exercício de atividade e até sua cessação, declaração de ineficácia de negócio jurídico, demolição de obra construída, obrigação de ressarcimento dos danos, suspensão ou perda do pátrio poder e outras.

6. RESPONSABILIDADE DECORRENTE DO ROMPIMENTO DE NOIVADO

O matrimônio é sempre precedido de uma promessa de casamento, de um compromisso que duas pessoas de sexo diferente assumem, reciprocamente.

Essa promessa era conhecida dos romanos pelo nome de *sponsalia* (esponsais), e, além de solene, gerava efeitos. Havia uma espécie de sinal ou arras esponsalícias, que o noivo perdia, ou até as pagava em triplo ou em quádruplo, se desmanchasse o noivado injustificadamente[52].

Vestígios dessa legislação ainda eram encontrados nas Ordenações do Reino, que vigoraram no Brasil no período da pré-codificação. O instituto dos esponsais, entretanto, não foi regulamentado pelo Código Civil de 1916 e desapareceu de

---

[50] Francesco Galgano, *Diritto privato*, 4. ed., Padova: Cedam, 1987, p. 184.
[51] STJ, REsp 758.518-PR, rel. Des. Conv. Vasco Della Giustina, j. 17-6-2010.
[52] Roberto de Ruggiero, *Instituições de direito civil*, p. 62, § 48.

nosso direito positivo, tornando-se inadmissível a propositura de ação tendente a compelir o noivo arrependido ao cumprimento da promessa de casamento[53].

É princípio de ordem pública que qualquer dos noivos tem a liberdade de se casar ou de se arrepender. O consentimento deve ser manifestado livremente e ninguém pode ser obrigado a se casar. O arrependimento, portanto, pode ser manifestado até o instante da celebração.

O fato de nosso legislador não ter disciplinado os esponsais como instituto autônomo demonstra, conforme assinala a doutrina, que preferiu deixar a responsabilidade civil pelo rompimento da promessa sujeita à regra geral do ato ilícito[54].

Tendo em vista as futuras e próximas núpcias, os noivos realizam despesas de diversas ordens: adquirem peças de enxoval, alugam ou compram imóveis, adiantam pagamentos de bufês, de enfeites da igreja e do salão de festas, pedem demissão de emprego etc. O arrependimento do outro acarretará, então, prejuízos ao que tomou tais providências. Se não houve justo motivo para a mudança de atitude, o prejudicado terá o direito de obter judicialmente a reparação do dano[55].

A resistência que alguns opõem a pretensões desta natureza se funda no argumento de que, a se deferir a indenização reclamada, estar-se-ia constrangendo, indiretamente, o promitente à execução *in natura* da promessa feita, por meio do casamento, como opção liberatória daqueles danos, o que seria contrário aos princípios que regem a instituição matrimonial[56].

Não colhe, entretanto, tal argumento, pois a regra geral é a de que comete ato ilícito quem, agindo de forma contrária ao direito, causa dano a outrem, ainda que exclusivamente moral, ficando, em consequência, obrigado a repará-lo (CC, arts. 186 e 927).

Tem sido aplicada, naqueles casos em que a indenização não foi negada, a regra do art. 186 do Código Civil. WASHINGTON DE BARROS MONTEIRO enumera três requisitos para que se reconheça a responsabilidade: "a) que a promessa de casamento tenha emanado do próprio arrependido, e não de seus genitores; b) que o mesmo não ofereça motivo justo para retratar-se, considerando-se como tal, exemplificativamente, a infidelidade, a mudança de religião ou de nacionalidade, a ruína econômica, a moléstia grave, a condenação criminal e o descobrimento de defeito físico oculto durante o noivado; c) o dano"[57].

---

[53] Washington de Barros Monteiro, *Curso*, cit., v. 2, p. 34.
[54] Yussef Said Cahali, *Dano*, cit., p. 103, n. 21.
[55] *RJTJSP*, 69/150.
[56] *RT*, 360/398.
[57] *Curso*, cit., v. 2, p. 34-5.
Veja-se a jurisprudência: "*Responsabilidade civil*. Noivado. Rompimento. Indenização exigida pela noiva. Ação procedente em parte. Embargos recebidos parcialmente. Não ficando comprovados motivos ponderáveis para o desfazimento do noivado, assiste ao prejudicado o direi-

Discute-se a respeito da extensão do dano indenizável em casos dessa natureza. Considero superada a opinião daqueles que sustentam que a indenização deve restringir-se exclusivamente às despesas realmente feitas em virtude do matrimônio futuro[58].

Hoje, predomina o entendimento de que a indenização deve ser ampla e abranger todos os danos advindos do rompimento imotivado do compromisso, como os decorrentes de despesas de toda ordem, de abandono de emprego ou de suspensão de estudos por determinação do noivo, de aquisição de bens móveis ou imóveis etc.[59].

A divergência que perdurou durante algum tempo dizia respeito somente ao dano moral. Entendiam alguns que o dano a ser reparado era somente o patrimonial, enquanto outros incluíam na indenização também o dano moral.

A respeito da primeira corrente, confira-se:

"Os prejuízos causados à apelada com o imotivado rompimento do noivado no justo momento em que, já na igreja, esperava inutilmente a noiva pelo réu, devem mesmo ser pagos por este, segundo se apurar em execução como decidido está. Consigna-se que a indenização não é concedida pelo simples rompimento do noivado, pois não se ignora que ao réu era livre de casar ou não. Justificam-se os prejuízos sofridos com os gastos feitos para a realização das núpcias frustradas, o que deve ser levado a débito do réu, pelo princípio de que quem der causa a dano de outrem deve repará-lo. (...) O apelante, maior, rompeu o compromisso sem nenhuma motivação, deixando que a apelada fizesse muitos gastos e até por imposição sua, dele apelante, deixasse o emprego, porque neste não se admitiam senão moças solteiras. Há que excluir do pedido, porém, o alegado prejuízo decorrente da ofensa moral, por improvados os danos patrimoniais decorrentes do traumatismo nervoso e é certo que tais danos deveriam ter sido provados na fase de cognição para que pudessem ser apurados na de execução"[60].

O julgado mostra uma ultrapassada tendência da jurisprudência em considerar os danos morais, quando admitidos, incluídos na indenização por dano material. A reparação por danos materiais compensaria, por meios indiretos, o dano moral, não se admitindo a cumulação[61].

---

to a ser ressarcido dos prejuízos" (*RT*, 506/256). "*Indenização. Noivado. Rompimento. Ressarcimento das despesas havidas com a festa de noivado. Carência da ação, por não se vislumbrar ilicitude no rompimento. Doação. Joias dadas à noiva pelo noivo. Rompimento do noivado. Restituição pretendida, pelo noivo. Carência*" (*RJTJSP*, 32/29).
[58] Roberto de Ruggiero, *Instituições*, cit., v. 2, p. 62.
[59] Washington de Barros Monteiro, *Curso*, cit., v. 2, p. 35; Antônio Chaves, *Lições de direito civil*: direito de família, v. 1, p. 100-101.
[60] *RT*, 461/214.
[61] STF, *RTJ*, 82/546-548 e 515.

Se o arrependimento for imotivado, além de manifestado em circunstâncias constrangedoras e ofensivas à sua dignidade e respeito (abandono no altar ou negativa de consentimento no instante da celebração), o direito à reparação do dano moral parece-nos irrecusável.

Edgard de Moura Bittencourt menciona, a propósito, ilustrativo caso ocorrido em León, Espanha, de um jovem que, ao ser interrogado se era de sua livre e espontânea vontade receber a noiva como legítima esposa, disse:

"– Bem, para ser franco, não!

Assim respondendo, retirou-se da Igreja, deixando a noiva desmaiada e atônita aquela porção de gente da alta sociedade que se comprimia no templo".

Comenta, então, Moura Bittencourt: "Essa menina, não resta dúvida, sofreu o que talvez nenhuma outra noiva terá sofrido: além da perda do noivo, a suprema injúria de uma humilhação pública. O noivo não seria punido civilmente pela ruptura da promessa, nem em nome de princípios jurídicos aplicáveis aos esponsais, mas pela humilhação, pelo escândalo infligido e pelo dano moral quando se converte em prejuízos materiais. É direito seu reconsiderar a escolha da esposa, mas é obrigação fazê-lo de forma discreta, sem ofensa, nem injúria, e com o mínimo de impiedade. Por agir de modo cruel e abusivo, por isso e não pelo arrependimento, é que deverá pagar"[62].

A propósito, tem a jurisprudência enfatizado o cabimento de indenização por dano material e moral, cumulativamente, em caso de ruptura de noivado às vésperas do casamento sem motivo justificado[63].

---

[62] *Família*, Rio de Janeiro, Ed. Alba, 1970.

[63] "Rompimento do noivado pelo réu 10 dias antes da celebração do casamento. Direito do noivo de repensar sua vida antes de contrair matrimônio. Pequeno período de duração do namoro. Ausência de situação vexatória, ou humilhante" (TJSP, Ap. n. 0005378-6.2011.8.26.2011.8.26.0462, 9ª Câm. Dir. Privado, rel. Des. Galdino Toledo Junior, j. 20-1-2015).

"A simples ruptura de um noivado não pode ser causa capaz de configurar dano moral indenizável, salvo em hipóteses excepcionais, em que o rompimento ocorra de forma anormal e que ocasione, realmente, à outra pessoa uma situação vexatória, humilhante e desabonadora de sua honra, o que, no caso dos autos, como visto, não ocorreu. Não se há de falar em indenização por dano material, no caso de rompimento de noivado, se não há prova nos autos de culpa de quem quer que seja pelo rompimento havido e sequer das despesas realmente feitas com a preparação da cerimônia" (TJMG, Ap. 1.0480.12.016815-2/001, rel. Des. Evandro Lopes da Costa Teixeira, j. 3-12-2015).

"A ruptura, sem motivo, da promessa de casamento pode dar lugar a indenização decorrente de dano material, evidenciado pela aquisição de móveis, e decorrente de dano moral, posto que o rompimento do noivado sempre afetará a pessoa da mulher, atingindo, de alguma forma, sua honra e seu decoro, notadamente quando já notória a data do casamento" (*RT*, 639/58).

"A ruptura de noivado, quando este ocorre após sinais de sua exteriorização, alcançando familiares e amigos, gera a indenização por dano moral, uma vez abalados os sentimentos da pessoa

O instituto dos esponsais é disciplinado em várias legislações modernas, havendo algumas que o consideram verdadeiro contrato, cujo inadimplemento produz a obrigação plena de indenizar (Códigos Civis alemão e suíço, leis escandinavas e direito anglo-americano). Outras não o tratam como um contrato, mas atribuem à parte repudiada uma indenização (Códigos Civis austríaco, espanhol, holandês, italiano, grego, mexicano, peruano, português, venezuelano).

Os Códigos Civis brasileiro, francês e romeno silenciam completamente a respeito, enquanto outros Códigos, como o argentino, o chileno, o colombiano e o uruguaio, expressamente negam-lhe qualquer efeito[64].

Decisão do *Tribunal de Justiça de São Paulo* bem resume a orientação jurisprudencial atual:

"Não há, na sociedade atual, reprovação pelo rompimento do noivado ou da promessa de casamento. Se não havia o dever legal de casar, o rompimento, em si, do relacionamento de namoro, de noivado ou mesmo da promessa de casamento, não caracteriza o dano moral, não respondendo, ainda, o causador pelo custeio do tratamento dos danos emocionais decorrentes do rompimento. O dano moral pode ocorrer, não pela desistência do casamento, mas pela forma como se processa. Quanto aos danos materiais devem ser ressarcidas as despesas e dívidas contraídas com os preparativos para as cerimônia e festa do casamento, viagem de lua de mel, vestido de noiva e outras afins, além da partilha dos bens que forem adquiridos pelo esforço comum e despesas feitas para aquisição e instalação do lar conjugal, sob pena de violação aos arts. 186 e 884 do Código Civil. Danos materiais relativos aos preparativos que devem ser apurados em liquidação, diante de restituições no curso da ação de valores decorrentes do cancelamento de contratos"[65].

7. RESPONSABILIDADE DECORRENTE DA RUPTURA DE CONCUBINATO E DE UNIÃO ESTÁVEL

A expressão *"concubinato"* era utilizada, outrora, com o mesmo significado atual de companheirismo ou união estável: união prolongada daqueles que, embora mantenham vida marital, não se acham vinculados por matrimônio válido ou putativo.

---

atingida, não só em relação a si própria como também perante os grupos sociais com os quais se relaciona" (*RT*, 741/255).
[64] Eduardo Espínola, apud Antônio Chaves, *Lições*, cit., p. 74.
[65] TJSP, Apel. 0002942-15.2011.8.26.0650, 1ª Câm. Dir. Priv., rel. Des. Alcides Leopoldo e Silva Júnior, *DJe* 26-5-2015.

Segundo a doutrina tradicional, consiste o concubinato na união entre o homem e a mulher, sem casamento. O conceito generalizado do concubinato, também chamado "união livre", tem sido, invariavelmente, o de vida prolongada em comum, sob o mesmo teto, com aparência de casamento.

EDGARD DE MOURA BITTENCOURT transcreve a lição de ERRAZURIZ:

"A expressão *concubinato*, que em linguagem corrente é sinônima de união livre, à margem da lei e da moral, tem no campo jurídico mais amplo conteúdo. Para os efeitos legais, não apenas são concubinos os que mantêm vida marital sem serem casados, senão também os que contraíram matrimônio não reconhecido legalmente, por mais respeitável que seja perante a consciência dos contraentes, como sucede com o casamento religioso; os que celebrarem validamente no estrangeiro um matrimônio não reconhecido pelas leis pátrias, e ainda os que vivem sob um casamento posteriormente declarado nulo e que não reunia as condições para ser putativo. Os problemas do concubinato incidem, por conseguinte, em inúmeras situações, o que contribui para revesti-los da máxima importância"[66].

A união livre difere do casamento sobretudo pela liberdade de descumprir os deveres a este inerentes. Por isso, a doutrina clássica esclarece que o estado de concubinato pode ser rompido a qualquer instante, qualquer que seja o tempo de sua duração, sem que ao concubino abandonado assista direito a indenização pelo simples fato da ruptura[67].

SAVATIER mostra que a união livre significa a deliberação de rejeitar o vínculo matrimonial, o propósito de não assumir compromissos recíprocos. Nenhum dos amantes pode queixar-se, pois, de que o outro se tenha valido dessa liberdade[68].

Na opinião de AGUIAR DIAS[69], não pode o concubinato, por si mesmo, fundamentar nenhum direito do amante abandonado. Mas sustenta, no mesmo passo, que o juiz, diante de um pedido dessa natureza, deve examinar se as circunstâncias não indicam a existência de um estado de fato caracterizador de culpa, malícia ou abuso, o que é, na realidade, muito mais frequente do que se pensa.

A realidade é que o julgador brasileiro passou a compreender que a ruptura de longo concubinato, de forma unilateral ou por mútuo consentimento, acabava criando uma situação extremamente injusta para um dos concubinos, porque em alguns casos, por exemplo, os bens amealhados com o esforço comum haviam sido adquiridos somente em nome do varão.

Por outro lado, havia conflito entre o regime de bens que prevalecia em muitos países da Europa, que é o legal da separação, e o da comunhão de bens,

---

[66] *O concubinato no direito*, v. 1, p. 6.
[67] Aguiar Dias, *Da responsabilidade*, cit., 4. ed., p. 177, n. 74.
[68] *Traité*, cit., n. 122, p. 160.
[69] *Da responsabilidade*, cit., 4. ed., p. 178, n. 74.

vigorante então entre nós, ficando a mulher desprovida de qualquer recurso, em benefício de parentes afastados do marido, em caso de falecimento de imigrantes.

A posição humana e construtiva do *Tribunal de Justiça de São Paulo* acabou estendendo-se aos demais tribunais do País, formando uma jurisprudência que foi adotada pelo *Supremo Tribunal Federal*, no sentido de que a ruptura de uma ligação *more uxorio* duradoura gerava consequências de ordem patrimonial.

A ideia que norteou a orientação firmada na jurisprudência foi, indubitavelmente, a de evitar um enriquecimento injusto e sem causa de um dos concubinos, em detrimento do outro. Esta a abalizada opinião de EDGARD DE MOURA BITTENCOURT a respeito do assunto:

"... o fundamento exato de toda a construção jurisprudencial não é, na rigidez dos conceitos, a sociedade de fato ou a prestação de serviços. O fulcro da decisão, confessada ou omitida, a verdadeira razão assenta-se na inadmissibilidade do enriquecimento ilícito, pois o homem que se aproveita do trabalho e da dedicação da mulher não pode abandoná-la sem indenização, nem seus herdeiros podem receber a herança sem desconto do que corresponderia ao ressarcimento. O equilíbrio econômico, que impede o enriquecimento ilícito, é a principal razão da sentença; a construção da partilha pela sociedade de fato ou da remuneração de serviços constituem, em última análise, simples técnica de julgamento"[70].

O *Supremo Tribunal Federal* acabou cristalizando a tendência jurisprudencial na *Súmula 380*, nestes termos:

"Comprovada a existência de sociedade de fato entre os concubinos, é cabível a sua dissolução judicial, com a partilha do patrimônio adquirido pelo esforço comum".

Veio a prevalecer na jurisprudência a corrente mais liberal e favorável à companheira, que reconhece o seu direito a participar do patrimônio deixado pelo companheiro, mesmo que não tenha exercido atividade econômica fora do lar. Assim, assentou o *Superior Tribunal de Justiça*:

"A simples convivência 'more uxorio' não confere direito à partilha de bens, mas à sociedade de fato que dela emerge pelo esforço comum dos concubinos na construção do patrimônio do casal. Para a formação de tal sociedade, contudo, não se exige que a concubina contribua com os rendimentos decorrentes do exercício de atividade economicamente rentável, bastando a sua colaboração nos labores domésticos, tais como a administração do lar e a criação e educação dos filhos, hipóteses em que a sua parte deve ser fixada em percentual correspondente à sua contribuição. Recurso conhecido e provido em parte"[71]. As *restrições ao*

---
[70] *O concubinato*, cit., v. 1, n. 7-D, p. 61.
[71] REsp 45.886-SP, 4ª T., rel. Min. Torreão Braz, *DJU*, 26-9-1994, p. 25657, Seção I, ementa.

concubinato existentes no Código Civil brasileiro de 1916, como a proibição de doações ou benefícios testamentários do homem casado à concubina, ou de sua inclusão como beneficiária de contrato de seguro de vida, passaram a ser aplicadas somente aos casos de *concubinato adulterino*, em que o homem vivia com a esposa e, concomitantemente, mantinha concubina. Quando, porém, encontrava-se separado de fato e estabelecia com a concubina um relacionamento *more uxorio*, isto é, de marido e mulher, tais restrições deixavam de ser aplicadas, passando a ser esta chamada de *companheira*.

Também começou a ser utilizada a expressão "*concubinato impuro*", em alusão ao *adulterino*, envolvendo pessoa casada em ligação amorosa com terceiro, ou aos que mantêm mais de uma união de fato. "Concubinato puro" ou companheirismo seria a convivência duradoura, como marido e mulher, sem impedimentos decorrentes de outra união (casos dos solteiros, viúvos, separados judicialmente, divorciados ou que tiveram o casamento anulado). A expressão "concubinato" é hoje reservada para designar o relacionamento amoroso com infração ao dever de fidelidade. No que se refere ao reconhecimento de duas uniões estáveis paralelas e o consequente rateio da pensão por morte entre os companheiros sobreviventes – seja a relação hétero ou homoafetiva –, a tese fixada pelo *Supremo Tribunal Federal* no RE 1.045.273-SE, em julgamento com repercussão geral, considerou: "A preexistência de casamento ou de união estável de um dos conviventes, ressalvada a exceção do artigo 1723, § 1º, do Código Civil, impede o reconhecimento de novo vínculo referente ao mesmo período, inclusive para fins previdenciários, em virtude da consagração do dever de fidelidade e da monogamia pelo ordenamento jurídico-constitucional brasileiro" (Tema 529)[72].

O grande passo em favor do companheirismo, no entanto, foi dado pela atual Constituição Federal, ao proclamar, no art. 226, § 3º:

"Para efeito da proteção do Estado, é reconhecida a união estável entre o homem e a mulher como entidade familiar, devendo a lei facilitar sua conversão em casamento".

A primeira regulamentação dessa norma constitucional adveio com a Lei n. 8.971, de 29 de dezembro de 1994, que definiu como "companheiros" o homem e a mulher que mantenham união comprovada, na qualidade de solteiros, separados judicialmente, divorciados ou viúvos, por mais de cinco anos, ou com prole (concubinato puro).

A Lei n. 9.278, de 10 de maio de 1996, alterou esse conceito, omitindo os requisitos de natureza pessoal, tempo mínimo de convivência e existência de prole. Preceituava o seu art. 1º que se considera entidade familiar a convivência

---

[72] STF, RE 1.045.273-SE, rel. Min. Alexandre de Moraes, *DJe* 9-4-2021.

duradoura, pública e contínua, de um homem e de uma mulher, estabelecida com o objetivo de constituição de família.

Parece-nos que, em face da regulamentação da união estável, reconhecida como entidade familiar, conferindo direito à meação e a alimentos aos companheiros, não mais se justifica o pagamento de indenização em caso de ruptura da convivência, como se entendia anteriormente.

Com efeito, na conformidade do que decidiu o *Tribunal de Justiça do Rio de Janeiro*, descabe a condenação do companheiro ao pagamento de indenização pela prestação de serviços domésticos, "por inexistência dessa espécie de relação entre pessoas que se propõem a viver maritalmente mediante mútua assistência, calcados na '*affectio maritalis*', que se distingue da '*affectio societatis*'. Não pode a mulher reclamar salário ou indenização como pagamento de 'pretium carnis' ou como preço pela posse do seu corpo ou do gozo sexual que dele tira a pessoa amada, devido à imoralidade que reveste tal pretensão"[73].

O Código Civil em vigor não trouxe grandes novidades no capítulo dedicado à união estável. Conceituou-a da seguinte forma:

"*Art. 1.723. É reconhecida como entidade familiar a união estável entre o homem e a mulher, configurada na convivência pública, contínua e duradoura e estabelecida com o objetivo de constituição de família*".

Assim como a Lei n. 9.278/96, não exigiu tempo mínimo de duração nem existência de prole.

No tocante às relações patrimoniais, proclamou, no art. 1.725:

"*Na união estável, salvo contrato escrito entre os companheiros, aplica-se às relações patrimoniais, no que couber, o regime da comunhão parcial de bens*".

Desse modo, salvo convenção em contrário, comunicam-se, em regra, os bens que sobrevierem ao casal na constância do casamento (art. 1.658). Assegurou-se, portanto, à companheira, o direito à meação dos bens adquiridos durante o período de convivência.

O Código Civil *distinguiu, também, companheirismo de concubinato*:

"*Art. 1.727. As relações não eventuais entre o homem e a mulher, impedidos de casar, constituem concubinato*".

É o que, anteriormente, como foi dito, a doutrina chamava de "concubinato impuro". A separação de fato não impedirá o reconhecimento da união estável (art. 1.723, § 1º). Ao inserir, dentre os deveres dos companheiros, o respeito e a assistência, admitiu o direito a alimentos, durante a convivência e após a sua ruptura, direito este já expressamente assegurado no art. 1.694.

---

[73] Ap. 3.846/99-Capital, 10ª Câm. Cív., rel. Des. Luiz Fux, *DJE*, 8-6-2000.

Permanecem válidas, portanto, as considerações feitas sobre a inadmissibilidade de os companheiros pleitearem indenização por serviços prestados, em caso de dissolução da união estável, devendo o relacionamento patrimonial entre eles reger-se pelas normas atinentes ao regime da comunhão parcial de bens e ao direito a alimentos.

Questão que suscitou polêmica, ao tempo do Código Civil de 1916, é a referente à possibilidade de ser promovida a partilha patrimonial, em caso de existência de uma sociedade de fato, estando o concubino ainda casado e apenas separado de fato da legítima esposa. Veio a prevalecer a corrente que a admitia, como se pode verificar:

"A sociedade de fato mantida com a concubina rege-se pelo Direito das Obrigações e não pelo de Família. Inexiste impedimento a que o homem casado, além da sociedade conjugal, mantenha outra, de fato ou de direito, com terceiro. Não há cogitar de pretensa dupla meação. A censurabilidade do adultério não haverá de conduzir a que se locuplete, com o esforço alheio, exatamente aquele que o pratica"[74].

O Código Civil de 2002, como já se afirmou, admite, expressamente, a constituição de união estável, no caso de a pessoa casada se achar separada de fato de seu cônjuge (cf. art. 1.723, § 1º).

A respeito da sociedade de fato entre homossexuais, decidiu o referido *Superior Tribunal de Justiça*:

"Sociedade de fato. Homossexuais. Partilha do bem comum.

O parceiro tem o direito de receber a metade do patrimônio adquirido pelo esforço comum, reconhecida a existência de sociedade de fato com os requisitos previstos no artigo 1.363 do Código Civil [*de 1916*]"[75].

Ressalte-se que, no dia 5 de maio de 2011, o *Supremo Tribunal Federal*, ao julgar a Ação Direta de Inconstitucionalidade (ADIn) 4.277 e a Arguição de Descumprimento de Preceito Fundamental (ADPF) 132, reconheceu a união homoafetiva como entidade familiar, regida pelas mesmas regras que se aplicam à união estável dos casais heterossexuais. Proclamou-se, com efeito vinculante, que o não reconhecimento da união homoafetiva contraria preceitos fundamentais como igualdade, liberdade (da qual decorre a autonomia da vontade) e o princípio da dignidade da pessoa humana, todos da Constituição Federal. A referida Corte reconheceu, assim, por unanimidade, a união homoafetiva como entidade familiar, tornando automáticos os direitos que até então eram obtidos com dificuldades na Justiça.

---

[74] REsp 47.103-6-SP, 3ª T., rel. Min. Waldemar Zveiter, j. 29-11-1994, v. u. No mesmo sentido: *RSTJ*, 138/262.
[75] REsp 148.897-MG, 4ª T., rel. Min. Ruy Rosado de Aguiar, j. 10-2-1998, v. u.

O *Superior Tribunal de Justiça*, logo depois, ou seja, no dia 11 de maio do mesmo ano, aplicou o referido entendimento do *Supremo Tribunal Federal*, por causa de seu efeito vinculante, reconhecendo também o *status* de união estável aos relacionamentos homoafetivos (2ª Seção, Rel. Min. Nancy Andrighi).

8. RESPONSABILIDADE CIVIL ENTRE CÔNJUGES

No tocante à indenização em caso de separação judicial com infração dos deveres conjugais, nada existe em nosso direito, tratado apenas no direito alienígena. Não estabelece a nossa lei nenhuma sanção pecuniária contra o causador da separação, por danos materiais ou morais sofridos pelo cônjuge inocente.

Não obstante, tem a jurisprudência proclamado que encontram origem completamente diferente a pensão alimentícia que o cônjuge culpado deve ao cônjuge inocente e pobre, pensão que substitui o dever de assistência, e a indenização por danos morais sofridos pelo cônjuge inocente.

Caio Mário da Silva Pereira, tratando dos efeitos da ruptura da sociedade conjugal, afirmou: "Afora os alimentos, que suprem a perda de assistência direta, poderá ainda ocorrer a indenização por perdas e danos (dano patrimonial e dano moral), em face do prejuízo sofrido pelo cônjuge inocente"[76].

Parece-nos que, se o marido agride a esposa e lhe causa ferimentos graves, acarretando, inclusive, diminuição de sua capacidade laborativa, tal conduta, além de constituir causa para a separação judicial, pode fundamentar ação de indenização de perdas e danos, com suporte nos arts. 186 e 950 do Código Civil. Da mesma forma deve caber a indenização, se o dano causado, e provado, for de natureza moral.

O que nos parece, contudo, carecer de fundamento legal, no atual estágio de nossa legislação, é o pedido fundado no só fato da ruptura conjugal, ainda que por iniciativa do outro cônjuge. Já se decidiu, efetivamente, que coração partido por casamento rompido, mesmo sem motivo, não enseja dano moral. "Para que se caracterize o dever de reparação, é preciso conduta ilícita, o dano e a ligação clara entre aquela e o dano. Mas, nesta situação (...) não há a menor possibilidade de se considerar tal fato como ação ilícita, partindo do princípio de que ninguém é obrigado a ficar com quem não queira". Acentuou o relator, no presente caso, ser incabível a utilização do Poder Judiciário para resolver situações cotidianas de mero dissabor afetivo[77].

---

[76] *Instituições de direito civil*, v. V, p. 155, n. 408. No mesmo sentido: *RT*, 560/178-86.
[77] TJSC, 6ª Câm. Dir. Priv., rel. Des. Alexandre D'Ivanenko, *in* <http://www.lex.com.br>, de 29-7-2014.

Provado, no entanto, que a separação, provocada por ato injusto do outro cônjuge, acarretou danos, sejam materiais ou morais, além daqueles já cobertos pela pensão alimentícia (sustento, cura, vestuário e casa), a indenização pode ser pleiteada, porque *legem habemus*: o art. 186 do Código Civil.

Mário Moacyr Porto comunga desse entendimento, obtemperando que a "concessão judicial da pensão não tira do cônjuge abandonado a faculdade de demandar o cônjuge culpado para obter uma indenização por outro prejuízo que porventura tenha sofrido ou advindo do comportamento reprovável do outro cônjuge, de acordo com o disposto no art. 159 do Código Civil"[78].

Referia-se ao Código Civil de 1916. O dispositivo do diploma de 2002 correspondente ao mencionado art. 159 é o art. 186.

Escudado em Oliveira Cruz e na doutrina francesa, sustenta o eminente jurista de Natal-RN que "a dívida de alimentos de que cuida o art. 19 da Lei 6.515, de 26-12-77, é, na verdade, uma indenização por ato ilícito, que se cumpre sob a forma de pensão alimentar". A pensão "é uma indenização que substitui o benefício do dever de socorro que a lei edita em relação aos cônjuges, como as 'perdas e danos' são o equivalente da obrigação descumprida"[79].

Menciona, a seguir, a respeito da ação relativa a outros danos, que "na França, cuja legislação, a este propósito, muito se aproxima da nossa, é tranquila a admissão, de longa data, da ação de responsabilidade civil entre marido e mulher, como procedimento autônomo ou como pedido adicionado ao pedido de alimentos, em consequência da cessação do dever de socorro por culpa do cônjuge demandado. É ponto assente na doutrina e na jurisprudência francesas que a pensão de alimentos que se impõe ao cônjuge culpado indeniza, só e só, o prejuízo que resultou da dissolução anormal e culposa da sociedade conjugal. Se outro prejuízo ocorreu, ainda que ligado a causas que justificaram a dissolução da sociedade conjugal ou do próprio casamento, faculta-se ao cônjuge inocente e duplamente prejudicado demandar o cônjuge culpado com apoio no art. 1.382 do Código de Napoleão, que corresponde ao art. 159 do Código Civil brasileiro"[80].

Aponta, como exemplos, prejuízos materiais ou morais resultantes de sevícia, de lesão corporal de natureza grave e de difamação.

Prossegue o autor, afirmando que a "ação fundamenta-se no art. 159 [*hoje, art. 186*] do Código Civil e é independente da ação que visa à dissolução litigiosa da sociedade conjugal e ao chamado 'divórcio-sanção'. As indenizações são, assim,

---

[78] *Temas de responsabilidade civil*, p. 65-73.
[79] Mário Moacyr Porto, *Temas*, cit., p. 66.
[80] *Temas*, cit., p. 70.

cumuláveis. Os dois pedidos podem ser formulados em uma mesma demanda (art. 292 do CPC/73 [*art. 327 do CPC/2015*]). Nada impede, porém, que a indenização, com apoio no art. 159 do Código Civil, seja pleiteada antes ou depois da instauração do processo para a obtenção da dissolução contenciosa da sociedade conjugal, o divórcio. Na demanda intentada pelo esposo prejudicado contra o esposo culpado, com apoio no art. 159 do Código Civil, não é necessário provar ou, mesmo, alegar que 'necessita' do dinheiro da indenização, como na hipótese prevista no art. 19 da Lei 6.515. A indenização não tem, absolutamente, caráter alimentar e se baseia nos pressupostos do direito comum, quanto ao ressarcimento do dano decorrente de um delito civil"[81].

Conclui afirmando, com apoio em Ripert: "A pensão a que alude o art. 19 da Lei do Divórcio repara tão somente o prejuízo que sofre o cônjuge inocente com a injusta supressão do dever de socorro. Outros prejuízos que resultarem da separação litigiosa ou do divórcio poderão ser ressarcidos com apoio nas regras do direito comum, isto é, na conformidade do art. 159 do Código Civil. Não ocorre, assim, uma dupla indenização pelo mesmo dano, mas indenizações diversas de prejuízos diferentes"[82].

Mário Moacyr Porto sustenta ainda, com razão e com suporte em Planiol e Ripert, a admissibilidade de ação de indenização do cônjuge inocente contra o cônjuge culpado, no caso de anulação do casamento putativo, afirmando: "... no caso de a boa-fé limitar-se a um dos cônjuges (parágrafo único do art. 221 do CC), afigura-se-nos fora de dúvida que o cônjuge inocente poderá promover uma ação de indenização do dano que sofreu contra o cônjuge culpado, com apoio no art. 159 do Código Civil"[83].

Também Álvaro Villaça Azevedo entende que, "provado o prejuízo decorrente do ato ilícito, seja qual for, o reclamo indenizatório não só de direito, como de justiça, é de satisfazer-se. De direito, porque o art. 159 de nosso Código Civil [*correspondente ao art. 186 do novo*] possibilita, genericamente, o pagamento de indenização para cobertura de qualquer dano causado por atuação ilícita, contratual ou extracontratual; e de justiça, porque quem causa prejuízo diminui o patrimônio alheio, desfalca-o, com seu comportamento condenável, daí não poder restar indene de apenação, repondo essa perda patrimonial ocasionada, de modo completo e eficaz"[84].

---

[81] *Temas*, cit., p. 71-72.
[82] *Temas*, cit., p. 73.
[83] *Temas*, cit., p. 83.
[84] Contrato de casamento, sua extinção e renúncia a alimentos na separação consensual, in *Estudos em homenagem ao Professor Washington de Barros Monteiro*, p. 52.

Por sua vez, REGINA BEATRIZ TAVARES DA SILVA, em síntese conclusiva, assevera: "A prática de ato ilícito pelo cônjuge, que descumpre dever conjugal e acarreta dano ao consorte, ensejando a dissolução culposa da sociedade conjugal, gera a responsabilidade civil e impõe a reparação dos prejuízos, com o caráter ressarcitório ou compensatório, consoante o dano seja de ordem material ou moral. O princípio da reparação civil de danos também se aplica à 'separação-remédio', em face do descumprimento de dever de assistência do sadio para com o enfermo mental, após a dissolução da sociedade e do vínculo conjugal. Por ser o casamento um contrato, embora especial e de Direito de Família, a responsabilidade civil nas relações conjugais é contratual, de forma que a culpa do infrator emerge do descumprimento do dever assumido, bastando ao ofendido demonstrar a infração e os danos oriundos para que se estabeleça o efeito, que é responsabilidade do faltoso".

Na demonstração dos danos, aduz, "não olvidamos que, sendo morais, surgem da própria ofensa, desde que grave e apta a produzi-los. Porém, os danos indenizáveis na responsabilidade contratual são aqueles decorrentes direta e imediatamente da inexecução do dever preestabelecido, de forma que os danos mediatos, que derivam do rompimento do matrimônio e somente têm ligação indireta com o descumprimento de dever conjugal, não são reparáveis no Direito posto"[85].

O *Tribunal de Justiça de São Paulo* condenou o marido a pagar indenização à mulher por tê-la acusado, infundada e injuriosamente, na demanda de separação judicial, atribuindo-lhe a prática de adultério, que não restou provada, e causando-lhe dano moral[86]. E o *Tribunal de Justiça de Minas Gerais*, por sua vez, condenou a mulher a pagar R$ 10.000,00 a título de reparação de danos morais ao seu ex-marido, por ter omitido, durante os anos de casamento, que ele não era pai biológico de seus dois filhos[87].

"A *esposa infiel* tem o dever de reparar por danos morais o marido traído na hipótese em que tenha ocultado dele, até alguns anos após a separação, o fato de que criança nascida durante o matrimônio e criada como filha biológica do casal seria, na verdade, filha sua e de seu cúmplice. Não é possível ignorar que a vida em comum impõe restrições que devem ser observadas, entre as quais se destaca o dever de fidelidade nas relações conjugais (art. 1.566, I, do Código Civil), o qual pode efetivamente acarretar danos morais. Esse o entendimento tranquilo da jurisprudência"[88].

---

[85] *Reparação civil na separação e no divórcio*, p. 184.
[86] Ap. 220.943-1/1, 4ª Câm. Dir. Priv., rel. Des. Olavo Silveira, j. 9-3-1995.
[87] TJMG, 16ª Câm. Cív., rel. Des. Otávio de Abreu Portes, disponível em <http://www.conjur.com.br>, de 19-4-2016.
[88] STJ, REsp 922.462-SP, 3ª T., rel. Min. Villas Bôas Cueva, j. 4-4-2013.

Esse também o entendimento da Corte Paulista: "Mentir sobre paternidade de filho gera indenização por danos morais a quem acreditou durante anos ter relação biológica com a criança". A mulher foi condenada a indenizar o ex-marido em R$ 30.000,00 por não esclarecer a verdadeira paternidade do filho. "Extrapola o razoável o fato de ela ter ficado silente durante 15 anos sobre a possibilidade da paternidade ser outra"[89].

Em princípio, animosidades ou desavenças de cunho familiar, ou mesmo relacionamentos extraconjugais (adultério), que constituem causas de ruptura da sociedade conjugal, não configuram circunstâncias ensejadoras de indenização. Já se decidiu, com efeito, que somente é devida verba ao cônjuge inocente se a violação do dever de fidelidade extrapolar a normalidade genérica, sob forma de *bis in idem*[90]. Ou, ainda: "Dano moral. Adultério. Indenização indevida. Contexto que não se apresentou de tal sorte excepcional, ou gerador de consequências mais pesarosas, a ponto de autorizar a indenização por dano moral"[91].

O *Superior Tribunal de Justiça* também se pronunciou sobre o assunto, proclamando:

"O sistema jurídico brasileiro admite, na separação e no divórcio, a indenização por dano moral. Juridicamente, portanto, tal pedido é possível: responde pela indenização o cônjuge responsável exclusivo pela reparação. Caso em que, diante do comportamento injurioso do cônjuge varão, a Turma conheceu do especial e deu provimento ao recurso por ofensa ao art. 159 do Cód. Civil [*de 1916*], para admitir a obrigação de se ressarcirem danos morais"[92].

A ação de divórcio e a de indenização são independentes. Os pedidos, contudo, são cumuláveis e podem ser formulados em uma mesma demanda (CPC/2015, art. 327). Nada impede, porém, que a indenização, com apoio no art. 186 do Código Civil, seja pleiteada antes ou depois da instauração do processo para a obtenção da dissolução contenciosa da sociedade conjugal, e até mesmo em reconvenção.

---

[89] Disponível *in* Revista *Consultor Jurídico* de 5-2-2018.
[90] *RT*, 836/173.
[91] TJRJ, Ap. 2004.001.15985, 4ª Câm. Cív., rel. Des. Alberto Filho, j. 17-8-2004. V. ainda, no mesmo sentido: "Dano moral. Adultério. Separação consensual, só por si, não induz a concessão de dano moral. Para que se possa conceder o dano moral é preciso mais que um simples rompimento da relação conjugal, mas que um dos cônjuges tenha, efetivamente, submetido o outro a condições humilhantes, vexatórias e que lhe afrontem a dignidade, a honra e o pudor. Não foi o que ocorreu nesta hipótese, porque o relacionamento já estava deteriorado e o rompimento era consequência natural (TJRJ, Ap. 2000.001.19674, 2ª Câm. Cív., rel. Des. Gustavo Kuhl Leite, j. 10-4-2001).
[92] REsp 37.051-0, 3ª T., rel. Min. Nilson Naves, j. 17-4-2001.

Não há consenso jurisprudencial quanto à competência para o julgamento do pedido de indenização por dano moral fundado nas relações familiares. A depender do Tribunal de Justiça, há decisões divergentes ao considerar que a ação deve tramitar na Vara Cível ou na Vara de Família:

"Ao apreciar conflito negativo de competência provocado pelo Juízo de Vara Cível em face do Juízo de Vara de Família, cujo objeto era o julgamento de ação de indenização por danos morais em virtude de abandono afetivo por parte de genitor, a Câmara declarou competente o Juízo suscitante. A Relatora explicou que o Juízo Cível suscitou o mencionado conflito ao fundamento de que, embora se trate de demanda indenizatória, a solução do litígio envolve o exame de matérias relacionadas ao direito de família, tais como os direitos decorrentes do poder familiar, o dever de assistência e de visitas entre pais e filhos e o abuso de autoridade dos pais. Nesse quadro, os Desembargadores esclareceram que a ação de indenização, ainda que fundamentada no abandono afetivo por parte do genitor, não se encontra inserida no rol de matérias submetidas à competência do Juízo de Família, que é absoluta. Com efeito, destacaram que por se tratar de ação de cunho indenizatório, a demanda encontra-se submetida à competência residual da Vara Cível, na forma prevista no art. 25 da Lei de Organização Judiciária do DF. Assim, o Colegiado declarou competente o Juízo da Vara Cível (vide Informativo n. 195 – 4ª Turma Cível)"[93].

"Pertence ao Juízo da Vara Cível comum a competência para o julgamento da ação de indenização por danos morais, ainda que o fato lesivo tenha ocorrido no contexto de relação conjugal"[94].

Súmula 274 do TJRJ: "A competência para conhecer e julgar pedido indenizatório de dano moral decorrente de casamento, união estável ou filiação é do juízo de família".

9. RESPONSABILIDADE CIVIL POR DANO ECOLÓGICO OU AMBIENTAL

9.1. O direito ambiental

A ação destruidora da natureza agravou-se neste século em razão do incontido crescimento da população e do progresso científico e tecnológico, que per-

---

[93] TJDFT, Acórdão 727.111, 20130020187589CCP, 1ª C. Cív., rel. Nídia Côrrea Lima, DJe 25-10-2013.
[94] TJES, 0020917-38.2016.8.08.0048, 4ª V. Família, Juíza Maria Goretti Sant'Ana Castello, j. 16-3-2021.

mitiu ao homem a completa dominação da terra, das águas e do espaço aéreo. Com suas conquistas, o homem está destruindo os bens da natureza, que existem para o seu bem-estar, alegria e saúde; contaminando rios, lagos, com despejos industriais, contendo resíduos da destilação do álcool, de plástico, de arsênico, de chumbo ou de outras substâncias venenosas; devastando florestas; destruindo reservas biológicas; represando rios, usando energia atômica ou nuclear[95].

Em razão disso, a saúde pública vem sendo grandemente sacrificada, ocorrendo uma verdadeira proliferação de doenças produzidas por agressões aos ecossistemas, como a anencefalia e leucopenia; intoxicações pelo uso desmedido de agrotóxicos e mercúrio e pela poluição dos rios, alimentos, campos e cidades.

O direito não poderia ficar inerte ante essa triste realidade. Viu-se, assim, o Estado moderno na contingência de preservar o meio ambiente, para assegurar a sobrevivência das gerações futuras em condições satisfatórias de alimentação, saúde e bem-estar. Para tanto, criou-se um direito novo – o direito ambiental – destinado ao estudo dos princípios e regras tendentes a impedir a destruição ou a degradação dos elementos da natureza[96].

A palavra "ambiente" indica o lugar, o sítio, o recinto, o espaço que envolve os seres vivos ou as coisas. A expressão "meio ambiente", embora redundante (porque a palavra "ambiente" já inclui a noção de meio), acabou consagrada entre nós. Em sentido amplo, abrange toda a natureza original e artificial, bem como os bens culturais correlatos, de molde a possibilitar o seguinte detalhamento: "meio ambiente natural" (constituído pelo solo, a água, o ar atmosférico, a flora, a fauna), "meio ambiente cultural" (integrado pelo patrimônio arqueológico, artístico, histórico, paisagístico, turístico) e "meio ambiente artificial" (formado pelas edificações, equipamentos urbanos, comunitários, enfim todos os assentamentos de reflexos urbanísticos).

O meio ambiente, elevado à categoria de bem jurídico essencial à vida, à saúde e à felicidade do homem, é objeto, hoje, de uma disciplina que já ganha foros de ciência e autonomia: a ecologia (do grego *oikos* = casa + *logos* = estudo). Visa a ecologia, portanto, considerar e investigar o mundo como "nossa casa", sendo conhecida, por isso mesmo, como "ciência do *habitat*", na medida em que estuda as relações dos seres vivos entre si e deles com o ambiente[97].

Há, hoje, no mundo todo uma grande preocupação com a defesa do meio ambiente, pelos constantes atentados que este vem sofrendo. O dano ecológico ou ambiental tem causado graves e sérias lesões às pessoas e às coisas. Como

---

[95] Maria Helena Diniz, *Curso de direito civil brasileiro*, v. 7, p. 390.
[96] Hely Lopes Meirelles, Proteção ambiental e ação civil pública, *RT*, 611/7.
[97] Edis Milaré, Meio ambiente: elementos integrantes e conceito, *RT*, 623/32.

qualquer outro dano, deve ser reparado por aqueles que o causaram, seja pessoa física ou jurídica, inclusive a Administração Pública.

9.2. A responsabilidade civil por dano ecológico

A responsabilidade jurídica por dano ecológico pode ser penal e civil.

O Código Penal brasileiro mostrava-se desatualizado para reprimir os abusos contra o meio ambiente, visto que ao tempo de sua elaboração não havia, ainda, preocupação com o problema ecológico. Urgia, portanto, que se reformulasse a legislação pertinente (Código Penal, Código de Águas, Código Florestal, Código de Caça, Código de Pesca, Código de Mineração) para que medidas de caráter preventivo e repressivo fossem estabelecidas no âmbito penal, capazes de proteger a sanidade do ambiente não só contra os atos nocivos de pessoas individuais como também de pessoas responsabilizadas pelos delitos ecológicos.

A Lei n. 9.605, de 12 de fevereiro de 1998, que trata dos crimes ambientais, veio atender a esse reclamo.

No campo da responsabilidade civil, o diploma básico em nosso país é a "*Lei de Política Nacional do Meio Ambiente*" (*Lei n. 6.938, de 31-8-1981*), cujas principais virtudes estão no fato de ter consagrado a responsabilidade objetiva do causador do dano e a proteção não só aos interesses individuais como também aos supraindividuais (interesses difusos, em razão de agressão ao meio ambiente em prejuízo de toda a comunidade), conferindo legitimidade ao Ministério Público para propor ação de responsabilidade civil e criminal por danos causados ao meio ambiente.

Dispõe, com efeito, o § 1º do art. 14 do mencionado diploma: "Sem obstar à aplicação das penalidades previstas neste artigo, é o poluidor obrigado, independentemente da existência de culpa, a indenizar ou reparar os danos causados ao meio ambiente e a terceiros, afetados por sua atividade. O Ministério Público da União e dos Estados terá legitimidade para propor ação de responsabilidade civil e criminal por danos causados ao meio ambiente".

A responsabilidade civil independe, pois, da existência de culpa e se funda na ideia de que a pessoa que cria o risco deve reparar os danos advindos de seu empreendimento. Basta, portanto, a prova da ação ou omissão do réu, do dano e da relação de causalidade.

Também se mostra irrelevante, *in casu*, a demonstração da legalidade do ato. Em matéria de direito de vizinhança já vem a jurisprudência, de há muito, proclamando que a licença ou permissão da autoridade para o exercício de determinada atividade não autoriza que se causem danos aos vizinhos.

Às vezes a atividade desempenhada pelo causador do incômodo é perfeitamente normal e não abusiva, estando até autorizada por alvará expedido pelo

Poder Público. Mesmo assim, se causar danos aos vizinhos, podem estes pleitear em juízo a redução e até a cessação do incômodo, se exercida no interesse particular, ou uma indenização, se preponderante o interesse público.

Na ação civil pública ambiental não se discute, necessariamente, a legalidade do ato. É a potencialidade do dano que o ato possa trazer aos bens e valores naturais e culturais que servirá de fundamento da sentença[98].

Assim, "ainda que haja autorização da autoridade competente, ainda que a emissão esteja dentro dos padrões estabelecidos pelas normas de segurança, ainda que a indústria tenha tomado todos os cuidados para evitar o dano, se ele ocorreu em virtude da atividade do poluidor, há o nexo causal que faz nascer o dever de indenizar"[99].

Contudo, decidiu o então *Tribunal Federal de Recursos* que "a simples alegação de dano ao meio ambiente não autoriza a concessão de liminar suspensiva de obras e serviços públicos prioritários e regularmente aprovados por órgãos técnicos competentes. A lei torna possível a instauração de inquérito civil, medida de caráter pré-processual e que se instaura até mesmo extrajudicialmente"[100].

A formulação de políticas de proteção ao meio ambiente nos diversos países gerou o princípio "poluidor-pagador", propagado pelos diversos setores que se preocupam com a tutela ambiental. Consiste em impor ao poluidor a responsabilidade pelos danos causados ao meio ambiente, arcando com as despesas de prevenção, repressão e reparação da poluição provocada.

Não se deve entender, no entanto, que tal princípio crie um direito de poluir, desde que o poluidor se predisponha a indenizar os danos causados. Na realidade, o seu objetivo primordial deve ser, em primeiro lugar, o de prevenir o dano, desestimulando a prática de atos predatórios e prejudiciais ao meio ambiente.

Dado o "caráter de ordem pública de que goza a proteção do meio ambiente, institui-se a solidariedade passiva pela reparação do dano ecológico, o que significa dizer que, por exemplo, em um distrito industrial onde seja impossível individualizar-se o responsável pelo dano ambiental, todos serão solidariamente responsáveis. Essa responsabilidade passiva visa atender ao interesse público de ser totalmente reparado o prejuízo causado, constituindo-se faculdade do credor vítima da poluição a escolha de mover o processo contra este ou aquele devedor, podendo escolher todos ou o que goza de melhor situação financeira...". "É, sobretudo, o interesse público que faz com que haja a solidariedade entre os degrada-

---

[98] Edis Milaré, Meio ambiente, cit., *RT*, 623/36.
[99] Nelson Nery Junior, Responsabilidade civil por dano ecológico e a ação civil pública, *Justitia*, 126/175.
[100] Pleno, rel. Min. Gueiros Leite, j. 15-12-1988, *DJU*, 10-4-1989, p. 4995, Seção I, ementa.

dores do ambiente, a fim de garantir uma real, mais eficaz e mais rápida reparação integral do dano"[101].

Não seria lógico, realmente, que o dano ambiental permanecesse sem reparação quando não se pudesse determinar de quem efetivamente partiu a emissão que o provocou, especialmente quando tal fato ocorresse em grandes complexos industriais, com elevado número de empresas em atividade.

A solidariedade, como se sabe, não se presume; resulta da lei ou da vontade das partes (CC, art. 265). No caso do dano ambiental, tem sido considerada decorrência lógica da adoção do sistema de responsabilidade objetiva pela legislação brasileira. Em regra, quem tem o dever de indenizar é o causador do dano ambiental. Havendo mais de um causador, todos são solidariamente responsáveis pela indenização, conforme preceitua o art. 942, *caput*, do Código Civil.

Assim já decidiu o *Tribunal de Justiça de São Paulo*, em ação civil pública movida contra diversas empresas poluidoras, pertencentes ao mesmo polo industrial, que foram responsabilizadas solidariamente[102].

Aduza-se que o art. 225, § 3º, da Constituição Federal sujeita todos os infratores das normas de proteção ambiental, pessoas físicas ou jurídicas, indistintamente, a "sanções penais e administrativas, independentemente da obrigação de reparar os danos causados".

Segundo NELSON NERY JUNIOR, a solidariedade consagrada no texto do direito positivo brasileiro torna "irrelevante tenha sido produzido o dano por 'causa principal' ou 'causas secundárias', ou ainda, 'concausas'. Havendo dano causado por mais de uma pessoa, *todos* são solidariamente responsáveis".

E aduz: "Em se tratando de dano ambiental, a continuidade delitiva é motivo bastante para a condenação *atual* da indústria poluente, não obstante tenha o dano sido provocado *também* por algum antecessor no tempo. É nisso que reside a indenização por responsabilidade objetiva solidária dos danos causados ao meio ambiente"[103].

9.3. A responsabilidade objetiva do poluidor e as excludentes do caso fortuito ou da força maior

A responsabilidade objetiva, como já dito, baseia-se na teoria do risco. Nela se subsume a ideia do exercício de atividade perigosa como fundamento da responsabilidade civil. O exercício de atividade que possa oferecer algum peri-

---

[101] Fábio Dutra Lucarelli, Responsabilidade civil por dano ecológico, *RT*, 700/16.
[102] *RT*, 655/83.
[103] *Dano ambiental*: prevenção, reparação e repressão, diversos autores, p. 284.

go representa, sem dúvida, um risco que o agente assume de ser obrigado a ressarcir os danos que venham resultar a terceiros. O princípio da responsabilidade por culpa é substituído pelo da responsabilidade por risco (socialização dos riscos). Neste passo, limita-se o campo das exonerações possíveis, com a absorção do caso fortuito.

No dizer de NELSON NERY JUNIOR, é irrelevante a demonstração do caso fortuito ou da força maior como causas excludentes da responsabilidade civil por dano ecológico. Essa interpretação, afirma, "é extraída do sentido teleológico da Lei de Política Nacional do Meio Ambiente, onde o legislador disse menos do que queria dizer ao estabelecer a responsabilidade objetiva. Segue-se daí que o poluidor deve assumir integralmente todos os riscos que advêm de sua atividade, como se isto fora um começo da socialização do risco e de prejuízo... Mas não só a população deve pagar esse alto preço pela chegada do progresso. O poluidor tem também a sua parcela de sacrifício, que é, justamente, a submissão à teoria do risco integral, subsistindo o dever de indenizar ainda quando o dano seja oriundo de caso fortuito ou força maior"[104].

O *Superior Tribunal de Justiça* conta com reiteradas decisões que aplicam o risco integral aos danos ambientais. Dentre os fundamentos, destaca-se que: "A teoria do risco integral constitui uma modalidade extremada da teoria do risco em que o nexo causal é fortalecido de modo a não ser rompido pelo implemento das causas que normalmente o abalariam (*v.g.* culpa da vítima, fato de terceiro, força maior). Essa modalidade é excepcional, sendo fundamento para hipóteses legais em que o risco ensejado pela atividade econômica também é extremado, como ocorre com o dano nuclear (art. 21, XXIII, 'c', da CF e Lei 6.453/1977). O mesmo ocorre com o dano ambiental (art. 225, *caput* e § 3º, da CF e art. 14, § 1º, da Lei 6.938/1981), em face da crescente preocupação com o meio ambiente. Nesse mesmo sentido, extrai-se da doutrina que, na responsabilidade civil pelo dano ambiental, não são aceitas as excludentes de fato de terceiro, de culpa da vítima, de caso fortuito ou de força maior. Nesse contexto, a colocação de placas no local indicando a presença de material orgânico não é suficiente para excluir a responsabilidade civil"[105].

---

[104] *Justitia*, 126/174.
[105] REsp 1.373.788-SP, 3ª T., rel. Min. Paulo de Tarso Sanseverino, j. 6-5-2014.
"A responsabilidade por dano ambiental é objetiva, informada pela teoria do risco integral, sendo o nexo de causalidade o fator aglutinante que permite que o risco se integre na unidade do ato, sendo descabida a invocação, pela empresa responsável pelo dano ambiental, de excludentes de responsabilidade civil para afastar a sua obrigação de indenizar" (REsp 1.374.284-MG, 2ª Seção, rel. Min. Luis Felipe Salomão, j. 27-8-2014).

"Os danos ambientais são regidos pela teoria do risco integral, colocando-se aquele que explora a atividade econômica na posição de garantidor da preservação ambiental, sendo sempre considerado responsável pelos danos vinculados à atividade, descabendo questionar sobre a exclusão da responsabilidade pelo suposto rompimento do nexo causal (fato exclusivo de terceiro ou força maior)"[106].

Ademais, em recente julgado, a 2ª Turma do Superior Tribunal de Justiça reafirmou o entendimento de que a responsabilidade civil por danos ambientais fundamenta-se na teoria do risco administrativo e decorre do princípio do poluidor-pagador, e, ainda que ausente prova técnica que comprove o efetivo dano ao meio ambiente e/ou saúde humana causado por poluição ou aviltamento da biota, basta a prova da conduta imputada ao agente[107].

JORGE ALEX NUNES ATHIAS entende assistir razão aos que defendem a responsabilização objetiva sob a modalidade do risco integral, embora tal modalidade não tenha sido admitida em relação à Fazenda Pública. Mas, como observa, no caso da Fazenda Pública o dano é experimentado pelo particular. No caso do dano ambiental, porém, "a titularidade da indenização, que há de ser a mais completa possível, repousa na coletividade. Destarte, da mesma forma que a apropriação do bônus decorrente da atividade potencialmente causadora de dano ambiental é feita por quem põe em jogo a atividade, também o ônus que dela venha a decorrer deve ser por ela arcado, sob modalidade do risco integral"[108].

Parece-nos, todavia, que tais excludentes devem ser admitidos, uma vez que não afastam eventual culpa do poluidor, mas afetam o nexo causal, rompendo-o.

9.4. Os instrumentos de tutela jurisdicional dos interesses difusos

A Lei n. 7.347, de 24 de julho de 1985, disciplinou a ação civil pública de responsabilidade por danos causados ao meio ambiente, legitimando precipuamente o Ministério Público para propô-la, como também a Defensoria Pública, as entidades estatais, autárquicas, paraestatais e as associações que especifica (art. 5º, com a redação dada pela Lei n. 11.448, de 15-1-2007), sem prejuízo da ação popular (art. 1º).

Essas duas ações têm objetivos assemelhados, mas legitimação de autores diferentes, pois a civil pública pode ser ajuizada pelo Ministério Público e pelas pessoas jurídicas acima indicadas, e a popular só pode ser proposta

---

[106] REsp 1.612.887-PR, 3ª T., rel. Min. Nancy Andrighi, *DJe* 7-5-2020.
[107] REsp 2.065.347-PE, 2ª T., rel. Min. Francisco Falcão, *DJe* 24-4-2024.
[108] *Dano ambiental*: prevenção, reparação e repressão, diversos autores, cit., p. 245-246.

por cidadão eleitor (Lei n. 4.717/65, art. 1º). Ambas têm em comum a defesa dos interesses difusos da coletividade, e não o amparo do direito individual de seus autores.

A Lei n. 7.347/85 é unicamente de caráter processual, devendo o pedido e a condenação basearem-se em disposição de alguma lei material da União, do Estado ou do Município que tipifique a infração ambiental a ser reconhecida e punida judicialmente, e independentemente de quaisquer penalidades administrativas ou de ação movida por particular para defesa de seu direito individual[109].

A criação, na Lei n. 7.347/85, de uma entidade beneficiária das indenizações (art. 13) visa possibilitar a mobilização e administração do dinheiro arrecadado à custa dos predadores condenados em prol da reconstituição do meio ambiente. O Fundo para Reconstituição de Bens Lesados foi regulamentado pelo Decreto n. 92.302, de 16 de janeiro de 1986.

Embora a ação civil pública seja de rito ordinário, admite a suspensão liminar do ato ou fato impugnado (art. 12), podendo ser precedida ou acompanhada de medida cautelar nominada ou inominada, bem como de pedido cominatório para impedir ou minimizar o dano ecológico, e ainda para preservar os bens de valor histórico, artístico, estético, turístico e paisagístico (art. 4º) ameaçados de destruição ou depredação.

A reparação do dano ambiental pode consistir na indenização dos prejuízos, reais ou legalmente presumidos, ou na restauração do que foi poluído, destruído ou degradado. A responsabilização do réu pode ser repressiva da lesão consumada ou preventiva de uma consumação iminente.

Melhor será, sempre, a ação preventiva, visto que há lesões irreparáveis *in specie*, como a derrubada ilegal de uma floresta nativa ou a destruição de um bem histórico, valioso pela sua origem e autenticidade. Daí por que a lei da ação civil pública admite a condenação em obrigação de fazer ou de não fazer (Lei n. 7.347/85, art. 3º). Em qualquer hipótese, a responsabilidade do réu é solidária, abrangendo todos os que cometeram ou participaram do fato lesivo[110].

Verifica-se, do que até aqui foi exposto, que existem, no direito brasileiro, dois instrumentos que servem à tutela jurisdicional dos interesses difusos: a ação popular (Lei n. 4.717/65) e a ação civil pública (Lei n. 7.347/85). No que toca à coisa julgada, ambas possuem a mesma disciplina, tendo a ação civil pública, inclusive, buscado inspiração na ação popular.

Preceitua o art. 16 da Lei n. 7.347/85: "A sentença civil fará coisa julgada 'erga omnes', nos limites da competência territorial do órgão prolator, exceto se o

---

[109] Hely Lopes Meirelles, Proteção ambiental, cit., *RT*, 611/11.
[110] Hely Lopes Meirelles, Proteção ambiental, cit., *RT*, 611/11.

pedido for julgado improcedente por insuficiência de provas, hipótese em que qualquer legitimado poderá intentar outra ação com idêntico fundamento, valendo-se de nova prova".

O mencionado dispositivo prevê as seguintes hipóteses: a) a ação é julgada *procedente*, adquirindo autoridade de coisa julgada *erga omnes*; b) a ação é julgada *improcedente*, por ser *infundada*, adquirindo também autoridade de coisa julgada *erga omnes*; c) a ação é julgada *improcedente* por *deficiência de provas*, não adquirindo autoridade de coisa julgada e permitindo, assim, a qualquer legitimado, inclusive ao que já a propôs, intentar novamente a ação, amparado por novas provas[111].

A Constituição Federal de 1988 dedicou um capítulo à proteção do meio ambiente (art. 225 e §§)[112], proclamando que "todos têm direito ao meio ambiente ecologicamente equilibrado, bem de uso comum do povo e essencial à sadia qualidade de vida, impondo-se ao Poder Público e à coletividade o dever de defendê-lo e preservá-lo para as presentes e futuras gerações". No § 1º estabeleceu, em seus incisos, medidas para assegurar a efetividade desse direito. As condutas e atividades consideradas lesivas ao meio ambiente, segundo dispõe o § 3º, sujeitarão os infratores, pessoas físicas ou jurídicas, a sanções penais e administrativas, independentemente da obrigação de reparar os danos causados.

A Floresta Amazônica Brasileira, a Mata Atlântica, a Serra do Mar, o Pantanal Mato-Grossense e a Zona Costeira foram considerados patrimônio nacional. Sua utilização far-se-á, na forma da lei, dentro de condições que assegurem a preservação do meio ambiente, inclusive quanto ao uso dos recursos naturais (art. 4º).

---

[111] Álvaro Luiz Valery Mirra, A coisa julgada nas ações para tutela de interesses difusos, *RT*, 631/79.

[112] "O art. 225, § 1º, V, da CF (a) legitima medidas de controle da produção, da comercialização e do emprego de técnicas, métodos e substâncias que comportam risco para a vida, a qualidade de vida e o meio ambiente, sempre que necessárias, adequadas e suficientes para assegurar a efetividade do direito fundamental ao meio ambiente ecologicamente equilibrado; (b) deslegitima, por insuficientes, medidas incapazes de aliviar satisfatoriamente o risco gerado para a vida, para a qualidade de vida e para o meio ambiente; e (c) ampara eventual vedação, banimento ou proibição dirigida a técnicas, métodos e substâncias, quando nenhuma outra medida de controle se mostrar efetiva. (...) À luz do conhecimento científico acumulado sobre a extensão dos efeitos nocivos do amianto para a saúde e o meio ambiente e à evidência da ineficácia das medidas de controle nela contempladas, a tolerância ao uso do amianto crisotila, tal como positivada no art. 2º da Lei 9.055/1995, não protege adequada e suficientemente os direitos fundamentais à saúde e ao meio ambiente equilibrado (arts. 6º; 7º, XXII; 196; e 225 da CF), tampouco se alinha aos compromissos internacionais de caráter supralegal assumidos pelo Brasil e que moldaram o conteúdo desses direitos, especialmente as Convenções 139 e 162 da OIT e a Convenção de Basileia" (ADI 4.066, rel. Min. Rosa Weber, *DJe* 7-3-2018).

No capítulo referente às funções institucionais do Ministério Público, inseriu-se a de "promover o inquérito civil e a ação pública, para a proteção do patrimônio público e social, do meio ambiente e de outros interesses difusos e coletivos" (art. 129, III).

A Constituição atual ampliou largamente o objeto da ação civil pública, ao incluir a "proteção de outros interesses difusos e coletivos" ao lado da proteção de valores já elencados na Lei n. 7.347/85, possibilitando com tal previsão a defesa de todo e qualquer interesse difuso e de todo interesse público, de cunho social e indisponível.

9.5. A reparação do dano ambiental

A reparação do dano ambiental, como já afirmado, pode consistir na indenização dos prejuízos, reais ou legalmente presumidos, ou na restauração do que foi poluído, destruído ou degradado. A responsabilidade do réu pode ser repressiva da lesão consumada ou preventiva de sua consumação iminente.

O dano deve ser certo e atual. Certo, no sentido de que não pode ser meramente hipotético ou eventual, que pode não vir a concretizar-se. Atual é o que já existe ou já existiu no momento da propositura da ação que visa à sua reparação.

A regra de que o dano deve ser sempre atual não é, porém, absoluta. Admite-se que seja também, em certos casos, futuro, em decorrência da alegação de fato novo, direta ou indiretamente relacionado com as consequências do fato danoso, mas inconfundível com o dano pelo lucro cessante e com o dano verificado no momento da liquidação. Pode, assim, ser objeto de reparação um prejuízo futuro, porém certo no sentido de que seja suscetível de avaliação na data do ajuizamento da ação de indenização[113].

Na questão do dano ambiental é bastante possível a previsão de reparação de um dano ainda não inteiramente realizado mas que fatalmente se produzirá, em decorrência de fatos já consumados e provados, como nas hipóteses de dano decorrente de atividades nucleares, danos à saúde e aos rios decorrentes do emprego de agrotóxicos, danos ao ecossistema de uma região em razão de vazamento de oleoduto etc.

Todos os danos aos elementos integrantes do patrimônio ambiental e cultural, bem como às pessoas (individual, social e coletivamente consideradas) e ao seu patrimônio, como valores constitucional e legalmente protegidos, são passíveis de avaliação e de ressarcimento, perfeitamente enquadráveis tanto na categoria

---

[113] Mazeaud e Mazeaud, *Responsabilité civile*, v. 1, n. 217.

do dano patrimonial (material ou econômico) como na categoria do dano não patrimonial (pessoal ou moral), tudo dependendo das circunstâncias de cada caso concreto, conforme acentua HELITA BARREIRA CUSTÓDIO[114].

Aduz a referida civilista que, "para os fins de avaliação de custos ambientais de ordem natural ou cultural, superada é, nos dias de hoje, a tradicional classificação civil de 'bens ou coisas suscetíveis do comércio' e 'bens ou coisas fora do comércio' (ar, água do mar), uma vez que estes últimos bens, indispensáveis à vida em geral, são suscetíveis de avaliação econômica e ressarcimento".

É de ponderar, ainda, que se devem considerar, na apuração do prejuízo, o dano emergente e o lucro cessante, a teor do estatuído no art. 402 do Código Civil. Para o ressarcimento do dano já consumado e do eventual lucro cessante, condena-se o responsável à restauração do que foi poluído, destruído ou degradado.

DARLAN R. BITTENCOURT e RICARDO K. MARCONDES, em trabalho a respeito do tema, apresentaram as seguintes conclusões:

"1. A responsabilidade é uma posição jurídica consequente, derivada da relação jurídica anterior, onde a inobservância de uma obrigação ou a ocorrência de um determinado fato previsto em norma legal ocasionou lesão a um bem jurídico tutelado, submetendo o violador (responsável) a deveres decorrentes desta lesão.

2. Um mesmo fato danoso ao meio ambiente pode ensejar as três espécies de responsabilização: civil, penal e administrativa, pois seus fundamentos são distintos e independentes.

3. O ordenamento jurídico adotou o sistema da responsabilidade objetiva como técnica de particular importância à reparação dos danos causados ao meio ambiente, contemplando a teoria do risco integral.

4. Todo homem e todo cidadão têm direito a uma qualidade de vida sadia e um meio ambiente ecologicamente equilibrado, que deve ser assegurado a todos como garantia constitucional.

5. O direito ao meio ambiente sadio, pleno e global pode ser incluído na categoria dos direitos difusos, pois trata-se de um bem indivisível do qual todos os indivíduos da sociedade desfrutam, sendo todos e cada um deles legítimos e titulares do interesse incidente, ainda que, em certas ocasiões, conflitem com interesses de certos grupos da mesma sociedade.

6. As reivindicações coletivas, baseadas nos interesses difusos, devem se mostrar claramente úteis e necessárias para o bem-estar social e para os objetivos fundamentais esculpidos no art. 3º da Carta Magna de 1988.

---

[114] Avaliação de custos ambientais em ações jurídicas de lesão ao meio ambiente, *RT*, 652/14.

7. A tutela do meio ambiente expressa-se como direito fundamental, indivisível, não particularizável individualmente, de conteúdo econômico-social, conexo a um dever, também fundamental de todos (Estado e cidadão), de defender e preservar, econômica e socialmente, o bem jurídico, meio ambiente ecologicamente equilibrado.

8. O nexo causal verifica-se objetivamente e de forma atenuada. Basta a existência de lesão e do risco preexistente de criá-la. O risco deve ser considerado condição da existência do dano, ainda que não se possa mostrar que foi sua causa direta.

9. São sujeitos responsáveis pela reparação do dano ambiental todos aqueles que, por conduta ou por força de lei, colocam-se em posição jurídica potencialmente lesiva à qualidade ambiental, criando assim risco de produzir tais danos. Todos que assim se comportarem respondem solidariamente na forma do art. 1.518, *in fine*, do CC [*de 1916, correspondente ao art. 942 do novo*].

10. Remanesce a responsabilidade objetiva e solidária do Estado nas questões ambientais, sem qualquer possibilidade de excludentes, pois o Poder Público é o sujeito responsável pelo controle, vigilância, planificação e fiscalização do meio ambiente. A responsabilidade do Estado por danos ambientais encontra fundamento no art. 225, § 3º, da CF e não no art. 37, § 6º, da mesma Carta, pois neste a proteção é de bens individuais, naquele, de direito difuso insuscetível de desamparo jurídico. O *Superior Tribunal de Justiça*, em julgamento realizado em junho de 2007, considerou a União Federal, por omissão no dever de fiscalizar, solidariamente responsável pelos danos causados ao meio ambiente, ao longo de duas décadas, por empresas mineradoras[115].

11. É impensável a prescrição da pretensão reparatória do dano ambiental, por tratar-se de matéria de ordem pública, indisponível, de titularidade difusa e para a qual a Carta Política de 1988 prevê proteção perpétua"[116].

A conclusão de n. 10, malgrado robustecida pela transcrição da opinião de Rodolfo de Camargo Mancuso no sentido de que "remanesce a responsabilidade objetiva e solidária do Estado nas questões ambientais", conflita com as corretas posições de Toshio Mukai e Nelson Nery Junior. Afirma o primeiro que "a responsabilidade solidária da administração se dará objetivamente nas atividades sujeitas à aprovação pelo Poder Público, quando o ato administrativo for lícito, e subjetivamente, quando for ilícito, quando houver

---

[115] REsp 647.493-SC, 2ª T., rel. Min. João Otávio de Noronha.
[116] Lineamentos da responsabilidade civil ambiental, *RT*, 740/53.

omissão do poder de polícia; quando de acidentes ecológicos com causas múltiplas e por fatos da natureza"[117].

Todavia, o mencionado autor considera a atividade clandestina, a culpa da vítima e a força maior como fatores que não ensejam a responsabilização do Estado, visto que está calcada na teoria do risco administrativo.

NELSON NERY JUNIOR, por seu turno, afirma que, "por timidez em se adotar a teoria do risco integral, não se chegou ainda a uma completa forma de responsabilização estatal nos danos causados ao meio ambiente"[118].

Confiram-se, ainda, teses que refletem a jurisprudência ambiental consolidada no *Superior Tribunal de Justiça*, publicadas em 18 de março de 2015 na *Jurisprudência em Teses*, n. 30:

Tese 1: "Admite-se a condenação simultânea e cumulativa das obrigações de fazer, de não fazer e de indenizar na reparação integral do meio ambiente".

Tese 2: "É vedado ao Instituto Brasileiro do Meio Ambiente e dos Recursos Naturais Renováveis (IBAMA) impor sanções administrativas sem expressa previsão legal".

Tese 3: "Não há direito adquirido a poluir ou degradar o meio ambiente, não existindo permissão ao proprietário ou posseiro para a continuidade de práticas vedadas pelo legislador".

Tese 4: "O princípio da precaução pressupõe a inversão do ônus probatório, competindo a quem supostamente promoveu o dano ambiental comprovar que não o causou ou que a substância lançada ao meio ambiente não lhe é potencialmente lesiva".

Tese 5: "É defeso ao IBAMA impor penalidade decorrente de ato tipificado como crime ou contravenção, cabendo ao Poder Judiciário referida medida".

Tese 6: "O emprego de fogo em práticas agropastoris ou floresta depende necessariamente de autorização do Poder Público".

Tese 7: "Os responsáveis pela degradação ambiental são coobrigados solidários, formando-se, em regra, nas ações civis públicas ou coletivas litisconsórcio facultativo".

Tese 8: "Em matéria de proteção ambiental, há responsabilidade civil do Estado quando a omissão de cumprimento adequado do seu dever de fiscalizar for determinante para a concretização ou o agravamento do dano causado".

Tese 9: "A obrigação de recuperar a degradação ambiental é do titular da propriedade do imóvel, mesmo que não tenha contribuído para a deflagração do dano, tendo em conta sua natureza *propter rem*".

---

[117] *Direito ambiental sistematizado*, p. 63.
[118] *Responsabilidade*, cit., p. 175.

Tese 10: "A responsabilidade por dano ambiental é objetiva, informada pela teoria do risco integral, sendo o nexo de causalidade o fator aglutinante que permite que o risco se integre na unidade do ato, sendo descabida a invocação, pela empresa responsável pelo dano ambiental, de excludentes de responsabilidade civil para afastar sua obrigação de indenizar".

Tese 11: "Prescreve em cinco anos, contados do término do processo administrativo, a pretensão da Administração Pública de promover a execução da multa por infração ambiental".

Posteriormente, em fevereiro de 2019, *o mencionado Tribunal Superior, na mesma Jurisprudência em Teses, divulgou novamente 11 teses sobre o dano ambiental*, quais sejam:

Tese 1: "A responsabilidade por dano ambiental é objetiva, informada pela teoria do risco integral, sendo o nexo de causalidade o fator aglutinante que permite que o risco se integre na unidade do ato, sendo descabida a invocação, pela empresa responsável pelo dano ambiental, de excludentes de responsabilidade civil para afastar sua obrigação de indenizar" (Tese julgada sob o rito do art. 543-C do CPC/1973 – TEMAS 681 e 707, letra "a").

Tese 2: "Causa inequívoco dano ecológico quem desmata, ocupa, explora ou impede a regeneração de Área de Preservação Permanente – APP, fazendo emergir a obrigação *propter rem* de restaurar plenamente e de indenizar o meio ambiente degradado e terceiros afetados, sob o regime de responsabilidade civil objetiva".

Tese 3: "O reconhecimento da responsabilidade objetiva por dano ambiental não dispensa a demonstração do nexo de causalidade entre a conduta e o resultado".

Tese 4: "A alegação de culpa exclusiva de terceiro pelo acidente em causa, como excludente de responsabilidade, deve ser afastada, ante a incidência da teoria do risco integral e da responsabilidade objetiva ínsita ao dano ambiental (art. 225, § 3º, da CF, e art. 14, § 1º, da Lei n. 6.938/1981), responsabilizando o degradador em decorrência do princípio do poluidor-pagador (Tese julgada sob o rito do art. 543-C do CPC/1973 – TEMA 438)".

Tese 5: "É imprescritível a pretensão reparatória de danos ao meio ambiente".

Tese 6: "O termo inicial da incidência dos juros moratórios é a data do evento danoso nas hipóteses de reparação de danos morais e materiais decorrentes de acidente ambiental".

Tese 7: "A inversão do ônus da prova aplica-se às ações de degradação ambiental (Súmula n. 618/STJ)".

Tese 8: "Não se admite a aplicação da teoria do fato consumado em tema de Direito Ambiental (Súmula n. 613/STJ)".

Tese 9: "Não há direito adquirido à manutenção de situação que gere prejuízo ao meio ambiente".

Tese 10: "O pescador profissional é parte legítima para postular indenização por dano ambiental que acarretou a redução da pesca na área atingida, podendo utilizar-se do registro profissional, ainda que concedido posteriormente ao sinistro, e de outros meios de prova que sejam suficientes ao convencimento do juiz acerca do exercício dessa atividade".

Tese 11: "É devida a indenização por dano moral patente o sofrimento intenso do pescador profissional artesanal, causado pela privação das condições de trabalho, em consequência do dano ambiental" (Tese julgada sob o rito do art. 543-C do CPC/1973 – TEMA 439)".

Ademais, a *aludida Corte Superior* editou duas súmulas atinentes ao direito ambiental. São elas:

a) *Súmula 623*: "As obrigações ambientais possuem natureza *propter rem*, sendo admissível cobrá-las do proprietário ou possuidor atual e/ou dos anteriores, escolha do credor".

b) *Súmula 629*: "Quanto ao dano ambiental, é admitida a condenação do réu à obrigação de fazer ou à de não fazer cumulada com a de indenizar".

c) *Súmula 652*: "A responsabilidade civil da Administração Pública por danos ao meio ambiente, decorrente de sua omissão no dever de fiscalização, é de caráter solidário, mas de execução subsidiária".

Merecem destaques as seguintes questões conceituais do Direito Ambiental elaboradas por TALDEN FARIAS e transmitidas em 24 de outubro de 2020:

1. A expressão "meio ambiente" não é a mais adequada tecnicamente, posto que meio e ambiente são sinônimos. Com efeito, enquanto *meio* significa "lugar onde se vive, com suas características e condicionamentos geofísicos", *ambiente* é "aquilo que cerca ou envolve os seres vivos ou as coisas". Por isso se utiliza em Portugal e na Itália apenas a palavra "ambiente", à semelhança do que acontece nas línguas francesas, com *milieu*; alemã, com *unwelt*, e inglesa, com *environment*. A despeito disso, a terminologia se consagrou definitivamente ao ser positivada primeiramente pela Lei n. 6.938/81 e, depois, pela Constituição da República de 1988, que deu à expressão o sentido mais aberto possível.

2. O *caput* do artigo 225 da Constituição Federal dispõe sobre o direito ao meio ambiente "ecologicamente" equilibrado. Trata-se de uma redundância, pois não pode existir meio ambiente equilibrado que não seja meio ambiente ecologicamente equilibrado.

3. É sabido que a Carta de 1988 foi apelidada de "Constituição Verde", tendo em vista as várias referências diretas ou indiretas ao tema meio ambiente ou ecologia ao longo do seu texto. Contudo, essa não foi a primeira Lei Fundamental

brasileira a fazer menção ao assunto, já que o artigo 172 da Emenda Constitucional n. 1/69, que alterou a Constituição de 1967, utilizou a expressão "ecológico" ao determinar que "A lei regulará, mediante prévio levantamento ecológico, o aproveitamento agrícola das terras sujeitas a intempéries e calamidades. O mau uso da terra impedirá o proprietário de receber incentivos e auxílios do Governo". Infelizmente, esse dispositivo não teve maiores desdobramentos práticos, a despeito de prenunciar, de algum modo, a dimensão que a questão ambiental assumiria nas décadas seguintes.

4. Com efeito, existem inúmeras referências à temática ambiental no Texto Constitucional, havendo inclusive um capítulo inteiro sobre a questão (que é o Capítulo VI do Título VIII, onde se encontram o artigo 225 e seus parágrafos e incisos). Todavia, é perfeitamente possível afirmar que a essência do direito ao meio ambiente equilibrado está no *caput* desse dispositivo, o qual determina que "todos têm direito ao meio ambiente ecologicamente equilibrado, bem de uso comum do povo e essencial à sadia qualidade de vida, impondo-se ao Poder Público e à coletividade o dever de defendê-lo e preservá-lo para as presentes e futuras gerações". Trata-se da norma-matriz do Direito Ambiental, a qual deverá fundamentar a interpretação e aplicação de todas as demais regras constitucionais e infraconstitucionais sobre o assunto. Com efeito, tamanha é sua importância que esse dispositivo é apontado como uma espécie de "mãe" de todos os direitos ambientais consagrados na Constituição da República.

5. Apesar de configurar o meio ambiente como direito fundamental ao dispor no *caput* do artigo 225 que se cuida de um valor essencial à sadia qualidade de vida, a Constituição não estabeleceu o conteúdo do conceito de meio ambiente, deixando essa tarefa a cargo da doutrina, da jurisprudência e da legislação infraconstitucional. O preenchimento desse conteúdo é essencial porque implica a delimitação do próprio objeto das normas constitucionais que versam sobre a matéria, bem como do Direito Ambiental brasileiro de uma forma geral. E óbvio que a opção do legislador constituinte originário por uma conceituação em aberto não foi aleatória, pois objetivava fazer com que a atualização de tal conteúdo ocorresse sem que a Carta Magna tivesse de sofrer emendas, seguindo o natural processo de mutação constitucional.

6. O meio ambiente equilibrado não é apenas um direito, mas também um dever de toda instituição e de qualquer cidadão. É que o *caput* do art. 225 da Constituição estabelece que cabe "ao poder público e à coletividade o dever de defendê-lo e preservá-lo para as presentes e futuras gerações".

7. O *caput* do artigo 225 da Constituição Federal dispõe que o meio ambiente é bem de uso comum do povo. Ocorre que pelo artigo 99 do Código Civil os bens de uso comum do povo são aqueles utilizados livremente pela população,

independentemente da chancela do Poder Público, a exemplo dos rios, mares, estradas, ruas e praças. No entanto, o meio ambiente e os seus recursos naturais podem ser encontrados tanto em propriedades privadas quanto públicas, de forma que o legislador constituinte originário não fez uso da melhor técnica legislativa. De toda forma, a interpretação doutrinária predominante é que se trata de um bem de interesse difuso, que pode se revestir de diversas formas de dominialidade.

8. A Lei n. 7.735/89 criou o Instituto Brasileiro do Meio Ambiente e dos Recursos Naturais Renováveis – Ibama, autarquia federal ligada ao Ministério do Meio Ambiente responsável pela execução da Política Nacional do Meio Ambiente em âmbito federal. O interessante é que o nome da instituição contém uma redundância e uma incongruência: o conceito de meio ambiente já inclui o de recursos naturais renováveis, e também não faz sentido só falar em recursos naturais renováveis deixando os não renováveis de fora.

9. O inciso XVI do artigo 3º da Lei n. 12.305/2020 (Lei da Política Nacional de Resíduos Sólidos) conceitua resíduos sólidos como o "material, substância, objeto ou bem descartado resultante de atividades humanas em sociedade, a cuja destinação final se procede, se propõe proceder ou se está obrigado a proceder, nos estados sólido ou semissólido, bem como gases contidos em recipientes e líquidos cujas particularidades tornem inviável o seu lançamento na rede pública de esgotos ou em corpos d'água, ou exijam para isso soluções técnica ou economicamente inviáveis em face da melhor tecnologia disponível". Isso implica dizer que o resíduo sólido pode ser gasoso, líquido, semissólido ou sólido.

10. No Direito Minerário é comum se dizer que o subsolo é da União e que o solo é do proprietário da área, que é chamado de superficiário. Mas não é bem assim: o minério é da União esteja ele no subsolo, aflorando no solo ou mesmo sob o solo. O inciso IX do artigo 20 da Constituição Federal dispõe que são bens da União "os recursos minerais, inclusive os do subsolo". No mesmo sentido é o inciso I do artigo 3 do Código de Minas, o qual regula "os direitos sobre as massas individualizadas de substâncias minerais ou fósseis, encontradas na superfície ou no interior da terra formando os recursos minerais do País".

Já em 2023, as *edições n. 214, 215 e 216 da Jurisprudência em Tese do Tribunal Superior de Justiça* foram responsáveis pela consolidação de 30 posicionamentos em matéria ambiental, dentre os quais se destacam:

Tese 1 (Edição n. 214): "A responsabilidade civil da Administração Pública por danos ao meio ambiente, decorrente de sua omissão no dever de fiscalização, é de caráter solidário, mas de execução subsidiária. (Súmula n. 652/STJ)".

Tese 2 (Edição n. 214): "A responsabilidade do Estado por dano ambiental decorrente de sua omissão no dever de controlar e fiscalizar, nos casos em que contribua, direta ou indiretamente, tanto para a degradação ambiental em si mesma, como para o seu agravamento, consolidação ou perpetuação, é objetiva, solidária e ilimitada".

Tese 3 (Edição n. 214): "A tutela ambiental é dever de todas as esferas de governo, à luz do princípio do federalismo cooperativo ambiental consolidado na Lei Complementar n. 140/2001".

Tese 4 (Edição n. 214): "O ordenamento jurídico brasileiro confere a todos os entes federativos o dever-poder de polícia ambiental, que engloba a competência de fiscalização, regida pelo princípio do compartilhamento de atribuição, e a competência de licenciamento, na qual prevalece o princípio da concentração mitigada de atribuição".

Tese 5 (Edição n. 215): "A cumulação de obrigação de fazer, de não fazer e de indenizar na reparação de dano ambiental não é obrigatória e está relacionada à impossibilidade de recuperação total da área degradada".

Tese 6 (Edição n. 215): "O termo inicial do prazo prescricional para o ajuizamento de ação de indenização decorrente de dano ambiental se inicia quando o titular do direito subjetivo violado tem conhecimento do fato e da extensão de suas consequências, conforme a Teoria da *Actio Nata*".

Tese 7 (Edição n. 215): "É possível o reconhecimento da figura do consumidor por equiparação (*bystander*) na hipótese de danos individuais decorrentes do exercício de atividade empresarial causadora de impacto ambiental, em virtude da caracterização do acidente de consumo".

Tese 8 (Edição n. 216): "A Justiça Federal é competente para processar e julgar os crimes ambientais quando houver evidente interesse da União, de suas autarquias ou empresas públicas federais".

Tese 9 (Edição n. 216): "A responsabilidade administrativa ambiental é de natureza subjetiva".

Tese 10 (Edição n. 216): "É possível a responsabilização penal da pessoa jurídica por crimes ambientais independentemente da persecução penal concomitante da pessoa física que a represente, logo não incide a Teoria da Dupla Imputação".

Tese 11 (Edição n. 216): "O termo inicial do prazo prescricional para a propositura da ação de indenização em razão do desenvolvimento de doença grave decorrente de dano ambiental é a data da ciência inequívoca dos efeitos danosos à saúde".

10. VIOLAÇÃO DO DIREITO À PRÓPRIA IMAGEM

O direito à própria imagem integra o rol dos direitos da personalidade. No sentido comum, imagem é a representação pela pintura, escultura, fotografia, filme etc. de qualquer objeto e, inclusive, da pessoa humana, destacando-se, nesta, o interesse primordial que apresenta o rosto.

Sobre o direito à própria imagem, não pode ser aceita, segundo ANTÔNIO CHAVES[119], a definição segundo a qual seria o direito de impedir que terceiros venham a conhecer a imagem de uma pessoa, pois não se pode impedir que outrem conheça a nossa imagem, e sim que a use contra a nossa vontade, nos casos não expressamente autorizados em lei, agravando-se evidentemente a lesão ao direito quando tenha havido exploração dolosa, culposa, aproveitamento pecuniário, e, pior que tudo, desdouro para o titular da imagem.

A proteção do direito à imagem resultou de um longo e paulatino trabalho pretoriano, visto não decorrer de texto expresso. À falta de melhor esteio, invocava-se o art. 666, X, do Código Civil de 1916, que focalizava, no entanto, antes uma limitação do direito do pintor e do escultor, em favor do proprietário de retratos ou bustos de encomenda particular e da própria pessoa representada e seus sucessores imediatos. Deu-lhe nova redação o art. 49, I, *f*, da Lei n. 5.988/73, que regulava os direitos autorais.

Outras vezes, eram mencionados os arts. 82 e 100 da mesma lei. O primeiro regulava a reprodução de obra fotográfica, e o segundo, o direito de arena, assegurado à entidade desportiva e ao atleta que participava de espetáculo desportivo público. Quando a veiculação de fotografia pela imprensa denegria a imagem, utilizavam-se, também, de dispositivos do Código Brasileiro de Telecomunicações (Lei n. 4.117, de 27-8-1962), revogado parcialmente, quanto aos preceitos relativos à radiodifusão, pela Lei de Imprensa (Lei n. 5.250, de 9-2-1967) e pela Lei n. 9.472/97, salvo quanto à matéria penal não tratada nesta lei.

Aresto do *Supremo Tribunal Federal*, depois de observar que o direito à própria imagem emanava das restrições dos arts. 666, X, *in fine*, do Código Civil de 1916 e 49, I, *f*, e 82 da Lei n. 5.988/73, justamente quando esta lei se referia às limitações aos direitos do autor, ao fazer depender do titular da imagem o exercício do direito de reprodução ou divulgação pelo autor da obra, acabou por proclamar que, "embora parcos os dispositivos legais que se dediquem ao momentoso tema, a proteção à imagem, como direito decorrente ou integrante dos direitos essenciais da personalidade, está firmemente posta em nosso Direito Positivo".

Na oportunidade, foi confirmada decisão do *Tribunal de Justiça do Rio de Janeiro*, no sentido de que a reprodução da imagem da embargada é emanação da própria pessoa e somente ela poderia autorizar sua reprodução, ainda que o fotógrafo seja o autor da obra protegida. E essa autorização não existiu. O referido aresto tem a seguinte ementa:

---

[119] Direito à própria imagem, *RT*, 451/12.

"Direito à imagem. Fotografia. Publicidade comercial. Indenização. A divulgação da imagem de pessoa, sem o seu consentimento, para fins de publicidade comercial, implica locupletamento ilícito à custa de outrem, que impõe a reparação do dano. Recurso extraordinário não conhecido"[120].

Na doutrina, destaca-se o trabalho de WALTER MORAES[121], citado em voto do Ministro DJACI FALCÃO[122], em que o ilustre professor pondera que "se a lei conferiu ao sujeito representado um direito de impedir a disposição de sua imagem é porque ofereceu tutela aos seus interesses relativos a tal bem, reservou-lhe um direito a ele. Ora, no plano dos fatos, seria absurda e ilusória a tutela da imagem que ao mesmo tempo facultasse a estranho dispor dela à revelia do sujeito, porque, no mais das vezes, a intervenção posterior do retratado poderia ser tardia e ineficaz; portanto, uma tutela frustrada *a priori*".

Esse trabalho pretoriano já se encontrava praticamente consolidado, quando a Constituição Federal de 1988 veio a afastar qualquer dúvida que porventura ainda pudesse pairar a respeito da tutela do direito à própria imagem.

Com efeito, a referida Constituição declara invioláveis "a intimidade, a vida privada, a honra e a *imagem* das pessoas, assegurado o direito a indenização pelo dano material ou moral decorrente de sua violação" (art. 5º, X). E o inciso V do mesmo dispositivo assegura "o direito de resposta, proporcional ao agravo, além da indenização por dano material, moral ou à imagem".

A nova Carta erigiu, assim, expressamente, o direito à própria imagem à condição de direito individual, conexo ao da vida, integrando o conjunto dos "direitos à privacidade", juntamente com o direito à intimidade, à vida privada e à honra.

Segundo JOSÉ AFONSO DA SILVA, a "inviolabilidade da imagem da pessoa consiste na tutela do aspecto físico, como é perceptível visivelmente, segundo Adriano de Cupis, que acrescenta: 'Essa reserva pessoal, no que tange ao aspecto físico – que, de resto, reflete também personalidade moral do indivíduo – satisfaz uma exigência espiritual de isolamento, uma necessidade eminentemente moral'"[123].

E, a respeito da indenização, aduziu o conceituado constitucionalista que "a Constituição foi explícita em assegurar, ao lesado, direito a indenização por dano material ou moral decorrente da violação da intimidade, da vida privada, da honra e da imagem das pessoas, em suma, do direito à privacidade".

Via de regra, as decisões judiciais têm determinado que o *quantum* da verba indenizatória seja arbitrado na fase de execução, por perito ligado ao ramo.

---

[120] *RT*, 568/215.
[121] Direito à própria imagem, *RT*, 444/11.
[122] *RTJ*, 103/205.
[123] *Curso de direito constitucional positivo*, p. 186, n. 12.

O Código Civil dedicou um *capítulo novo aos direitos da personalidade* (arts. 11 a 21), visando à sua salvaguarda, sob múltiplos aspectos, desde a proteção dispensada ao nome e à *imagem* até o direito de se dispor do próprio corpo para fins científicos ou altruísticos.

A transmissão da *palavra* e a divulgação de *escritos* já eram protegidas pela Lei n. 9.610, de 19 de fevereiro de 1998, que disciplina toda a matéria relativa a direitos autorais. O art. 20 do Código Civil de 2002, considerando tratar-se de direitos da personalidade, prescreve que *"poderão ser proibidas"*, a requerimento do autor *"e sem prejuízo da indenização que couber, se lhe atingirem a honra, a boa fama ou a respeitabilidade, ou se se destinarem a fins comerciais"*, salvo se autorizadas, ou se necessárias à administração da justiça ou à manutenção da ordem pública. Complementa o parágrafo único que, em se *"tratando de morto ou de ausente, são partes legítimas para requerer essa proteção o cônjuge, os ascendentes ou os descendentes"*.

O mesmo tratamento é dispensado à exposição ou à utilização da *imagem* de uma pessoa, que o art. 5º, X, da Constituição Federal considera um direito inviolável. A reprodução da imagem é emanação da própria pessoa e somente esta pode autorizá-la.

A Carta Magna foi explícita em assegurar, ao lesado, direito a indenização por dano material ou moral decorrente da violação da intimidade, da vida privada, da honra e da imagem das pessoas. Nos termos do art. 20 do Código Civil, a reprodução de imagem para fins comerciais, sem autorização do lesado, enseja o direito a indenização, ainda que não lhe tenha atingido a honra ou a respeitabilidade[124].

Confira-se, a propósito, a *Súmula 403 do Superior Tribunal de Justiça*: "Independe de prova do prejuízo a indenização pela publicação não autorizada de imagem de pessoa com fins econômicos ou comerciais".

Em menção ao art. 20 do Código Civil, foi editado o *Enunciado n. 279 pela IV Jornada de Direito Civil* com o seguinte teor: "A proteção à imagem deve ser ponderada com outros interesses constitucionalmente tutelados, especialmente

---

[124] *"Dano à imagem*. Publicação não autorizada de fotografia de modelo profissional seminua, em revista de grande tiragem. Ato ilícito absoluto. Verba devida. Arbitramento prudencial excessivo. Redução determinada. Aplicação do artigo 5º, incisos V e X, da Constituição da República. Recurso provido para esse fim" (*JTJ*, Lex, 223/62). "Direito à proteção da própria imagem, diante da utilização de fotografia em anúncio com fim lucrativo sem a devida autorização da pessoa correspondente. Indenização pelo uso indevido da imagem. Tutela jurídica resultante do alcance do Direito Positivo. Recurso extraordinário não conhecido" (*RT*, 558/230). "*Propaganda*. Imagem alheia em propaganda pela televisão, com fins inegavelmente lucrativos. Inexistência de autorização. Direito de personalidade. Ressarcimento devido. A ninguém é dado, sem a precisa autorização, televisar imagem alheia em propaganda lucrativa. Fazendo-o, o devido ressarcimento será uma consequência de direito" (*RT*, 464/226).

em face do direito de amplo acesso à informação e da liberdade de imprensa. Em caso de colisão, levar-se-á em conta a notoriedade do retratado e dos fatos abordados, bem como a veracidade destes e, ainda, as características de sua utilização (comercial, informativa, biográfica), privilegiando-se medidas que não restrinjam a divulgação de informações".

Decidiu o *Superior Tribunal de Justiça* que "o uso de imagem para fins publicitários, sem autorização, pode caracterizar dano moral se a exposição é feita de forma vexatória, ridícula ou ofensiva ao decoro da pessoa retratada. A publicação das fotografias depois do prazo contratado e a vinculação em encartes publicitários e em revistas estrangeiras sem autorização não enseja danos morais, mas danos materiais"[125].

Por sua vez, proclamou o *Tribunal de Justiça de São Paulo* que "a exploração comercial de fotografia, sem autorização do fotografado, constitui violação do direito à própria imagem, que é direito da personalidade, e, como tal, configura dano moral indenizável. Não se presume nunca a autorização tácita, de caráter gratuito, para uso comercial de fotografia, quando o fotografado não seja modelo profissional"[126].

Confira-se a *Súmula 403 do Superior Tribunal de Justiça*: "Independe de prova do prejuízo a indenização pela publicação não autorizada de imagem de pessoa com fins econômicos ou comerciais".

Dispõe o *Enunciado n. 587 do Conselho da Justiça Federal*: "O dano à imagem restará configurado quando presente a utilização indevida desse bem jurídico, independentemente da concomitante lesão a outro direito da personalidade, sendo dispensável a prova do prejuízo do lesado ou do lucro do ofensor para a caracterização do referido dano, por se tratar de modalidade de dano *in re ipsa*".

Usar o nome de uma pessoa em publicidade sem autorização é tão danoso quanto utilizar a imagem do indivíduo, gerando dever de indenizar mesmo sem prova de dano moral, proclamou o *Superior Tribunal de Justiça*. O caso teve início quando uma revista noticiou que o apresentador de programa de televisão comprou imóvel em empreendimento imobiliário da empresa. A construtora, então, teria utilizado essa reportagem em uma propaganda sobre o conjunto de imóveis. Asseverou o relator, Min. Paulo de Tarso Sanseverino, que "o dano é a própria utilização indevida da imagem com fins lucrativos, sendo dispensável a demonstração do prejuízo material ou moral", aduzindo que "a sutileza de, na espécie, não se tratar da exposição da imagem do autor, conhecido apresentador de programa televisivo,

---

[125] REsp 230.268-0-SP, 3ª T., rel. Min. Pádua Ribeiro, j. 13-3-2001.
[126] AgI 97.702-4-Pompeia, 2ª Câm. Dir. Priv., rel. Des. Cezar Peluso, j. 21-11-2000.

senão do uso desautorizado do seu nome, não altera a conclusão no sentido de que não é necessária a comprovação dos danos causados ao demandante"[127].

O *Supremo Tribunal Federal*, em 2015, julgou procedente ação direta de inconstitucionalidade, prestigiando a liberdade de expressão e afastando a censura prévia das biografias não autorizadas, para: "a) em consonância com os direitos fundamentais à liberdade de pensamento e de expressão, de criação artística, produção científica, declarar inexigível o consentimento de pessoa biografada relativamente a obras biográficas literárias ou audiovisuais, sendo por igual desnecessária autorização de pessoas retratadas como coadjuvantes (ou de seus familiares, em caso de pessoas falecidas; b) reafirmar o direito à inviolabilidade da intimidade, da privacidade, da honra e da imagem da pessoa, nos termos do inc. X do art. 5º da Constituição da República, cuja transgressão haverá de se reparar mediante indenização"[128].

Em atenção à superexposição de crianças e adolescentes na *internet*, foi editado o *Enunciado n. 691 pela IX Jornada de Direito Civil*: "A possibilidade de divulgação de dados e imagens de crianças e adolescentes na internet deve atender ao seu melhor interesse e ao respeito aos seus direitos fundamentais, observados os riscos associados à superexposição". Nessa esteira de pensamento, o *Superior Tribunal de Justiça* já havia se manifestado no sentido de que "o dever de indenização por dano à imagem de criança veiculada sem a autorização do representante legal é *in re ipsa*"[129].

11. A AIDS E A RESPONSABILIDADE CIVIL

O mundo todo tem-se preocupado com os problemas que a AIDS vem causando às pessoas. O Brasil figura entre os países recordistas em número de portadores do vírus da Aids; portanto, as consequências civis e criminais do contágio e da transmissão da doença ganham, aqui, relevância.

Já se proclamou que pratica crime de homicídio o portador do vírus da Aids que, consciente e dolosamente, transmite a doença a outra pessoa, sabedor que para esse mal inexiste cura.

De acordo com a teoria subjetiva adotada pelo Código Civil, só se pode atribuir responsabilidade civil a alguém com base na culpa em sentido lato, que abrange tanto o dolo como a culpa em sentido estrito ou aquiliana.

---

[127] STJ, REsp 1.645.614, 3ª T., rel. Min. Paulo de Tarso Sanseverino, disponível em *Revista Consultor Jurídico*, de 3-7-2018.
[128] STF, ADIn 4.815, rel. Min. Carmen Lúcia, j. 10-6-2015.
[129] REsp 1.628.700-MG, 3ª T., rel. Min. Ricardo Villas Bôas Cueva, *DJe* 1-3-2018.

Assim, a responsabilidade individual, em princípio, exige a prova do dolo (*animus laedendi*) ou da culpa *stricto sensu* (negligência, imprudência ou imperícia), sem o que não caberia a indenização[130].

São bastante comuns, no Brasil, os casos de transmissão da doença por bancos de sangue, hospitais e laboratórios, especialmente por fornecerem sangue contaminado para transfusão em hemofílicos e outras pessoas, e por uso de seringas não descartáveis. Todos conhecem o drama do jornalista Henfil e de seus irmãos, vítimas desse tipo de negligência. A responsabilidade, nesse caso, é profissional, contratual e, portanto, objetiva, isto é, configurável em face da suficiente relação de causa e efeito entre a pessoa jurídica responsável e a efetividade dos prejuízos[131].

Não se pode deixar de reconhecer culpa na pessoa que, tendo consciência de ser portador do vírus, mantém conjunção carnal, especialmente do tipo anal (mais suscetível de transmissão), sem tomar as necessárias cautelas, como o uso de preservativo. Sua culpa, nesse caso, corresponde ao dolo eventual, pois está assumindo, conscientemente, o risco da transmissão. Se, entretanto, ignora ter contraído o vírus da doença, nem tem razões para supor que o contraiu, não se lhe pode atribuir culpa.

Nesse sentido, o *Superior Tribunal de Justiça* manifestou-se nos seguintes termos: "O parceiro que suspeita de sua condição soropositiva, por ter adotado comportamento sabidamente temerário (vida promíscua, utilização de drogas injetáveis, entre outros), deve assumir os riscos de sua conduta, respondendo civilmente pelos danos causados. Na hipótese dos autos, há responsabilidade civil do requerido, seja por ter ele confirmado ser o transmissor (já tinha ciência de sua condição), seja por ter assumido o risco com o seu comportamento, estando patente a violação a direito da personalidade da autora (lesão de sua honra, de sua intimidade e, sobretudo, de sua integridade moral e física), a ensejar reparação pelos danos morais sofridos"[132].

---

[130] Limongi França, Aspectos jurídicos da AIDS, *RT*, 661/21.
[131] "*Indenização*. Ato ilícito. Hospital. Morte causada por transfusão de sangue contaminado pelo vírus da AIDS. Não realização dos testes de detecção. Ação procedente. A análise do sangue a ser transfundido é obrigatória, pois quem realiza a transfusão responde pelos danos que o ato cirúrgico possa vir a causar por sua imprudência, imperícia, negligência ou dolo" (*RJTJSP*, 149/175). "*Indenização. Aids*. Vírus adquirido através de infusão de sangue, em decorrência de ato e omissão de funcionários de nosocômio. Indenização que deve corresponder à dor suportada e à possibilidade do hospital. Majoração de verbas indenizatórias. Em se tratando de ato ilícito a indenização deve ser a mais completa possível, aquilatadas, além da posição socioeconômica dos ofendidos, as reais possibilidades do responsável, pena de tornar inexequível o julgado. Valor relativo a danos morais majorado, bem como aquele devido a título de pensão mensal, observados os parâmetros demonstrados nos autos" (*JTJ*, Lex, 196/91).
[132] REsp 1.760.943-MG, 4ª T., rel. Min. Luis Felipe Salomão, *DJe* 6-5-2019.

Não se deve olvidar a possibilidade de existir, em certos casos, culpa concorrente da vítima. Esta tem, também, a obrigação de se prevenir contra eventual contaminação, em certas circunstâncias. Quem procura uma prostituta de rua, ou um travesti, tem consciência de que está correndo um sério risco de contrair a doença. Se não usa preservativo, sem dúvida concorre para o evento. Em caso de dano, a indenização será reduzida proporcionalmente ao grau de culpa concorrente da vítima.

A reparação do dano abrange o dano emergente e os lucros cessantes. Compreende, assim, o pagamento de todas as despesas médico-hospitalares, bem como o que a vítima razoavelmente deixou de lucrar. A indenização deve cobrir tanto o prejuízo material como o moral, pois a Constituição Federal de 1988 afastou qualquer dúvida sobre a possibilidade de se pleitear indenização, também, por dano moral. Após a morte, a família terá direito a indenização, tanto material como moral[133]. A possibilidade de cumulação de danos morais e materiais restou confirmada na *Súmula 37 do Superior Tribunal de Justiça*.

Diante da independência da responsabilidade civil em face da responsabilidade penal (CC, art. 935), a ação de indenização pode ser ajuizada mesmo que não tenha havido condenação por crime de homicídio, de perigo de contágio de moléstia grave, de perigo para a vida ou saúde de outrem, ou de algum outro fato típico. Entretanto, a condenação criminal transitada em julgado faz coisa julgada no cível, podendo o lesado ou seus sucessores promover, desde logo, a execução do título executivo judicial que então se formou.

Aduza-se que os especialistas não têm considerado a AIDS uma doença venérea, pois, embora sexualmente transmissível, não é doença que se contrai exclusiva e primacialmente pelo ato sexual.

É possível ocorrer, ainda, em relação à AIDS, o crime de omissão de socorro por parte de hospitais e mesmo de órgãos públicos encarregados de cuidar de pessoa portadora do vírus da Aids. Comprovada a omissão e o agravamento da doença em razão dela, ou mesmo a contaminação, impõe-se o reconhecimento do dever de indenizar.

---

[133] "*Dano moral*. Candidato a emprego. 'Apto' em processo seletivo. AIDS. Não contratação. O candidato a emprego que, após passar por um rígido processo seletivo e obter o *apto* para ocupar o cargo dentro da empresa, ao ser submetido a exame hematológico, descobriu ser portador do vírus da AIDS, e, por tal motivo, não foi admitido, deve ser indenizado pelos danos morais, indiscutivelmente sofridos" (TJRJ, Ap. 21.180/99-Capital, 7ª Câm. Cív., relª Desª Marly Macedônio França, *DJE* de 28-9-2000), *"Dano moral*. Responsabilidade civil do Estado. Exame laboratorial, fornecido por ambulatório estadual, que apura que a paciente possui o vírus da AIDS. Comprovação posterior que o resultado não correspondia à verdade. Verba devida. Inexistência de comprovação dos prejuízos patrimoniais. Verba a esse título indevida" (*RT*, 778/246; *JTJ*, Lex, 226/71).

Ainda no tocante aos hospitais e outros órgãos de atendimento de pessoas doentes, é de lembrar que pode ocorrer, nesses locais, contaminação culposa de pessoas em decorrência de negligência de enfermeiros e outros funcionários no uso de seringas não descartáveis ou por ferirem, com a agulha ou com sangue ou algum outro instrumento, descuidadamente, alguma outra pessoa. Responde o hospital pela negligência de seus prepostos.

Também os cirurgiões-dentistas podem ser responsabilizados por negligência, se não tiverem o necessário cuidado na assepsia de seus instrumentos, especialmente os utilizados para anestesia, vindo a atuar como intermediários na transmissão da doença, de um para outro cliente.

12. RESPONSABILIDADE CIVIL NA INTERNET. *O MARCO CIVIL DA INTERNET.* O DIREITO AO ESQUECIMENTO

12.1. O comércio eletrônico

Crescem, a cada dia, os negócios celebrados por meio da Internet. Entretanto, o direito brasileiro não contém nenhuma norma específica sobre o comércio eletrônico, nem mesmo no Código de Defesa do Consumidor. Ressalve-se a tramitação no Congresso Nacional de vários projetos que tratam da regulamentação jurídica do comércio eletrônico e da assinatura digital, e a edição da Medida Provisória n. 2.200-2/2001, que confere às assinaturas eletrônicas o mesmo poder e validade jurídica daquelas lançadas de próprio punho nos documentos.

Destaque-se a Lei n. 12.965/2014, denominada *"O Marco Civil da Internet"*, atualizada pela Lei n. 13.709, de 14 de agosto de 2018, considerada uma espécie de Constituição da Internet por estabelecer princípios, garantias, direitos e deveres para uso da Internet no Brasil, tanto para os usuários quanto para os provedores de conexão e de aplicativos da Internet.

No estágio atual, a obrigação do empresário brasileiro que dele se vale para vender os seus produtos ou serviços, para com os consumidores, é a mesma que o referido diploma atribui aos fornecedores em geral. A transação eletrônica realizada entre brasileiros está, assim, sujeita aos mesmos princípios e regras aplicáveis aos demais contratos aqui celebrados.

No entanto, o contrato de consumo eletrônico internacional obedece ao disposto no art. 9º, § 2º, da Lei de Introdução às Normas do Direito Brasileiro, que determina a aplicação, à hipótese, da lei do domicílio do proponente. Por essa razão, se um brasileiro faz a aquisição de algum produto oferecido pela Internet por empresa estrangeira, o contrato então celebrado rege-se pelas leis do país do contratante que fez a oferta ou proposta.

Assim, malgrado o Código de Defesa do Consumidor brasileiro (art. 51, I), por exemplo, considere abusiva e não admita a validade de cláusula que reduza, por qualquer modo, os direitos do consumidor (cláusula de não indenizar), o internauta brasileiro pode ter dado sua adesão a uma proposta de empresa ou comerciante estrangeiro domiciliado em país cuja legislação admite tal espécie de cláusula, especialmente quando informada com clareza aos consumidores. E, nesse caso, não terá o aderente como evitar a limitação de seu direito.

Da mesma forma, o comerciante ou industrial brasileiro que anunciar os seus produtos no comércio virtual deve atentar para as normas do nosso Código de Defesa do Consumidor, especialmente quanto aos requisitos da oferta. Podem ser destacadas as que exigem informações claras e precisas do produto, em português, sobre o preço, qualidade, garantia, prazos de validade, origem e eventuais riscos à saúde ou segurança do consumidor (art. 31), e as que se referem à necessidade de identificação dos fabricantes pelo nome e endereço (art. 33).

Se as informações transmitidas são incompletas ou obscuras, prevalece a condição mais benéfica ao consumidor (CDC, arts. 30 e 47). E, se não forem verdadeiras, configura-se vício de fornecimento, sendo que a disparidade entre a realidade do produto ou serviço e as indicações constantes da mensagem publicitária, na forma dos arts. 18 e 20 do mencionado Código, caracteriza vício de qualidade.

Anote-se que essas cautelas devem ser tomadas pelo anunciante e fornecedor dos produtos e serviços, como único responsável pelas informações veiculadas, pois o titular do estabelecimento eletrônico onde é feito o anúncio não responde pela regularidade deste nos casos em que atua apenas como veículo. Do mesmo modo não responde o provedor de acesso à Internet, pois os serviços que presta são apenas instrumentais e não há condições técnicas de avaliar as informações nem o direito de interceptá-las e de obstar qualquer mensagem.

O mencionado *Marco Civil da Internet* foi regulamentado em 11 de maio de 2016 pelo Decreto n. 8.771, que se encontra em vigor desde 10 de junho e tem por foco a neutralidade da rede e a proteção a registros, dados pessoais e comunicações privadas, tendo sido atualizado pela Lei n. 13.709, de 14 de agosto de 2018, mediante alteração dos arts. 7º, 16, 61, 62, 63 e 65.

Segundo José Eduardo Pieri e Rebeca Garcia[134], "o decreto dá importante passo para usuários, provedores e empresas que se valem da internet para desenvolver e criar negócios – traz mais luz a um ambiente que ainda carece de

---

[134] Repercussões práticas da regulamentação do Marco Civil da Internet, disponível em *Revista Consultor Jurídico*, de 18-6-2016.

uma lei de proteção de dados e de maior segurança jurídica (...) O decreto deixa também incertezas, não só pela amplitude de conceitos ou por manter abertos temas como critérios de aplicação de sanções, mas por ser mesmo novidade. Seu esclarecimento dependerá, sobretudo, do amadurecimento pela prática comercial e jurídica, incluindo a interpretação a ser dada pelos tribunais. Uma coisa é certa: as repercussões da regulamentação são diversas e relevantes, e já estão na ordem do dia de usuários e empresas".

O denominado *"Direito ao Esquecimento"*, na Internet, tem sua origem associada a dois interesses: a) de ressocialização de criminosos que já tenham cumprido a pena que lhes foi imposta; e b) a proteção da pessoa quanto a informações vexatórias ou inverídicas relativas a fatos passados. A propósito, dispõe o *Enunciado n. 531 da VI Jornada de Direito Civil do Superior Tribunal de Justiça*: "A tutela da dignidade da pessoa humana na sociedade da informação inclui o direito ao esquecimento"[135]. Já o *Enunciado n. 576 da VII Jornada de Direito Civil* aduz que: "O direito ao esquecimento pode ser assegurado por tutela judicial inibitória".

Na ponderação de BRUNO MIRAGEM[136] "no âmbito da proteção de dados pessoais, o uso e a divulgação dos dados naturalmente devem ser limitados a critérios de adequação temporal e finalidade, de modo a consagrar-se o direito ao esquecimento, cuja violação geral gera responsabilidade por eventuais danos que venha a causar. Nesse sentido, aliás, o art. 7º, X, da Lei n. 12.965/2014 (*Marco Civil da Internet*) estabelece como direito do usuário de internet a 'exclusão definitiva dos dados pessoais que tiver fornecido a determinada aplicação da internet, a seu requerimento, ao término da relação entre as partes, ressalvadas as hipóteses de guarda obrigatória de registros previstas nesta Lei (...)'".

Todavia, a ideia de um direito ao esquecimento foi considerada incompatível com a Constituição Federal pelo *Supremo Tribunal Federal*[137]. A referida Corte aprovou a seguinte tese com repercussão geral: "É incompatível com a Constituição a ideia de um direito ao esquecimento, assim entendido como o poder de obstar, em razão da passagem do tempo, a divulgação de fatos ou dados verídicos e licitamente obtidos e publicados em meios de comunicação social analógicos ou digitais. Eventuais excessos ou abusos no exercício da liberdade de expressão e de informação devem ser analisados caso a caso, a partir dos parâmetros constitucionais – especialmente os relativos à proteção da honra, da imagem, da pri-

---

[135] Anderson Schreiber, Direito ao Esquecimento, *in Direito Civil – Diálogos entre a doutrina e a jurisprudência*, obra coletiva, GEN-Atlas, 2018, p. 70-71.
[136] Bruno Miragem, *Direito Civil: responsabilidade civil*, Saraiva, 2015, p. 836.
[137] STF, RE 1.010.606, Rel. Min. Dias Toffoli, j. 11-2-2021.

vacidade e da personalidade em geral – e as expressas e específicas previsões legais nos âmbitos penal e cível".

Ressaltou o relator, Min. Dias Toffoli, que "não há previsão legal do direito ao esquecimento e não se pode restringir a liberdade de expressão e imprensa. Eventuais abusos ou excessos devem ser analisados posteriormente, caso a caso".

12.2. A responsabilidade civil nos meios eletrônicos

A responsabilidade extracontratual pode derivar de inúmeros atos ilícitos, sendo de destacar os que dizem respeito à concorrência desleal, à violação da propriedade intelectual, ao indevido desrespeito à intimidade, ao envio de mensagens não desejadas e ofensivas da honra, à divulgação de boatos infamantes, à invasão de caixa postal, ao envio de vírus etc.

Identificado o autor, responde ele civilmente pelos prejuízos causados a terceiros. Especialmente no caso da transmissão ou retransmissão de vírus, demonstrada a culpa ou dolo do agente e identificado o computador, presume-se que o proprietário do equipamento, até prova em contrário, é o responsável pela reparação dos prejuízos materiais e morais, nos termos do art. 5º, X, da Constituição Federal.

É de ponderar, contudo, que muitas mensagens de ordem pessoal são recebidas e, inocentemente, retransmitidas com vírus, culminando com a contaminação de uma grande quantidade de aparelhos. Nessa hipótese, não há falar em responsabilidade civil dos transmitentes, por inexistir a intenção de causar prejuízo a outrem, salvo se evidenciada a negligência do usuário.

Diferente a situação dos provedores, cuja culpa é evidenciada pelo fato de permitirem que algum vírus passe por seus computadores e se aloje no equipamento de seu cliente. Ocorrerá, na hipótese, defeito do serviço, pois o cliente confia que a tecnologia empregada pelo prestador de serviço possa evitar o ataque ao seu computador.

Havendo ofensa à intimidade, à vida privada, à honra e à imagem das pessoas, podem ser responsabilizados não somente os autores da ofensa como também os que contribuíram para a sua divulgação.

A propósito, preleciona ANTONIO JEOVÁ SANTOS que é objetiva a responsabilidade do provedor, quando se trata da hipótese de *information providers*, em que incorpora a página ou o *site*, pois, "uma vez que aloja a informação transmitida pelo *site* ou página, assume o risco de eventual ataque a direito personalíssimo de terceiro".

A responsabilidade é estendida – prossegue – "tanto aos conteúdos próprios como aos conteúdos de terceiros, aqui estabelecidos como diretos e indiretos, respectivamente. Quando ocorre o conteúdo próprio ou direto, os provedores são os autores. As notas ou artigos foram elaborados pelo pessoal da empresa que administra o provedor. A respeito dos conteúdos de terceiros ou indiretos, também são responsáveis em forma objetiva, já que antes de realizar o *link* a outra página ou *site*, necessariamente, teve que ser analisada e estudada. De maneira tal que, ao eleger livremente a incorporação do *link*, necessariamente tem que ser responsável por isso"[138].

Mais adiante, aduz o mencionado autor: "O provedor, para tornar mais agradável seu portal e, assim, conseguir maior número de assinantes, contrata conhecidos profissionais da imprensa que passam a colaborar no noticiário eletrônico. Difundem notícias, efetuam comentários, assinam colunas, tal como ocorre em jornais impressos. São passíveis de ofender pessoas, sujeitando-se à indenização por dano moral".

E conclui: "Enquanto não houver lei específica que trate da matéria, a interpretação que os Tribunais vêm fazendo quanto à aplicação da Lei de Imprensa (Lei n. 5.250/67) serve perfeitamente para a aplicação de casos de ofensa pela Internet praticados por jornalistas. A notícia é a mesma. Houve mudança apenas do suporte. O que antes vinha em forma de jornal impresso, agora surge na tela do computador... É palmar a atuação dos provedores, em tudo similar à de editores quando oferecem este tipo de serviço. Prestando informações, atuam como se fossem um diretor de publicações, entre elas jornais, revistas e periódicos. A responsabilidade prevista na Lei de Imprensa é a mesma para editores de jornais e estes meios modernos de informação"[139].

Ressalva-se a revogação da Lei de Imprensa e a aplicação, em consequência, nesses casos, do Código Civil.

Desse modo, aplica-se à hipótese a *Súmula 221 do Superior Tribunal de Justiça*, *verbis*: "São civilmente responsáveis pelo ressarcimento de dano, decorrente de publicação pela imprensa, tanto o autor do escrito quanto o proprietário do veículo de divulgação".

No tocante à Internet *service providers* e ao *hosting service providers*, reconhece ANTONIO JEOVÁ SANTOS que o assunto encontra-se inçado de dificuldades. No seu entender, a responsabilidade de quem explora esses tipos de serviços será sempre subjetiva. No primeiro, há apenas a entrega de serviço para possibilitar a

---

[138] *Dano moral na internet*, p. 119.
[139] *Dano moral na internet*, cit., p. 120-121.

conexão à Internet, ao passo que o *hosting service providers* tem como função abrigar (hospedagem) *sites* e páginas, atuando como hospedeiro tecnológico virtual. Não há interferência no conteúdo que o usuário coloca na página ou *site*.

Para o mencionado doutrinador, a responsabilidade dos provedores, nesses casos, somente ocorrerá se atuarem com alguma modalidade de culpa, quando, por exemplo, são informados de que "algum *site* ou página está veiculando algum fato antijurídico e infamante e nada fazem para coibir o abuso. A responsabilidade decorre do fato de que, alertados sobre o fato, preferem manter a página ou *site* ofensivo. Se não derem baixa, estarão atuando com evidente culpa e sua responsabilidade é solidária com o dono da página ou sítio"[140].

Em resumo – acrescenta – "podemos concluir que às empresas que exploram a *information providers* a responsabilidade é plena pelo que ocorre em seus conteúdos. Com relação aos *hosting providers*, serão responsáveis desde que tenham sido notificados do conteúdo ilícito que estão propagando e houver demora para baixar a página ou *site*. As empresas de *access providers* não terão responsabilidade porque apenas entregam o ciberespaço aos demais servidores"[141].

Já se decidiu que o fato de as obras e as informações transmitidas pela Internet estarem sob a forma digital não retira delas a característica de criação humana, passíveis de proteção jurídica, configurando a verossimilhança do direito alegado, hábil à antecipação da tutela[142].

Proclamou-se, ainda, em pedido de abstenção do uso de nome de domínio na Internet, que este é concedido em função da ordem de prioridade da formulação do pedido perante a organização competente para registro, pois os nomes devem ser únicos para que sejam eficazes o funcionamento da rede e a localização exata dos seus inúmeros usuários[143].

A indenização por danos morais causados via Internet não é, todavia, tema pacífico na jurisprudência. Responsabilizando o provedor, proclamou a Segunda Turma do Superior Tribunal de Justiça: "Quem viabiliza tecnicamente, quem se beneficia economicamente e, ativamente, estimula a criação de comunidades e página de relacionamento na Internet é tão responsável pelo controle de eventuais abusos e pela garantia dos direitos da personalidade de internautas e terceiros como os próprios internautas que geram e disseminam informações ofensivas aos valores mais comezinhos da vida em comunidade, seja ela real ou virtual"[144].

---

[140] *Dano moral na internet*, cit., p. 122.
[141] *Dano moral na internet*, cit., p. 127.
[142] TJSP, AgI 122.834/4-SP, 2ª Câm. Dir. Priv., rel. Des. Cintra Pereira, j. 26-10-1999.
[143] TJSP, AgI 196.454-4-SP, 10ª Câm. Dir. Priv., rel. Des. Quaglia Barbosa, j. 26-6-2001.
[144] STJ, REsp 11.763-RO, 2ª T., rel. Min. Herman Benjamin, *DJU*, 9-3-2010.

Posteriormente, *a Terceira Turma da referida Corte proclamou que não cabe à empresa provedora o exame prévio de todo o conteúdo do material que transita pelo site, uma vez que atua ela,* in casu, *como provedora de conteúdo, já que apenas disponibiliza as informações inseridas por terceiros no* site. Desse modo, não responde de forma objetiva pelo conteúdo ilegal desses dados. Asseverou a relatora, Min. Nancy Andrighi, que o provedor deve assegurar o sigilo, a segurança e a inviolabilidade dos dados cadastrais de seus usuários, além de garantir o pleno funcionamento das páginas que hospeda. Entretanto, não pode ser obrigado a exercer um monitoramento prévio das informações veiculadas por terceiros, pois não se trata de atividade intrínseca ao serviço por ele prestado (controle, inclusive, que poderia resultar na perda de eficiência e no retrocesso do mundo virtual), razão pela qual a ausência dessa fiscalização não pode ser considerada falha do serviço.

Ressalvou, no entanto, a mencionada Relatora que, a partir do momento em que o provedor toma conhecimento da existência do conteúdo ilegal, deve promover a sua remoção imediata; do contrário, será responsabilizado pelos danos daí decorrentes. Nesse contexto, frisou que o provedor deve possuir meios que permitam a identificação dos seus usuários de forma a coibir o anonimato, sob pena de responder subjetivamente por culpa in omittendo[145].

Posteriormente, a mesma Turma Julgadora reconheceu que o fato de o serviço prestado pelo provedor de Internet ser gratuito não desvirtua a relação de consumo e que o provedor de pesquisa é uma espécie do gênero provedor de conteúdo, pois não inclui, hospeda, organiza ou de qualquer outra forma gerencia as páginas virtuais indicadas nos resultados disponibilizados, limitando-se a indicar *links* nos quais podem ser encontrados os termos ou expressões de busca fornecidos pelo próprio usuário. A filtragem do conteúdo das pesquisas feitas por cada usuário não constitui atividade intrínseca ao serviço prestado pelos provedores de pesquisa, de modo que não se pode reputar defeituoso, nos termos do art. 14 do CDC, o *site* que não exerce esse controle sobre os resultados das buscas.

Aduziu a relatora, Min. Nancy Andrighi, que "os provedores de pesquisa realizam suas buscas dentro de um universo virtual, cujo acesso é público e irrestrito, ou seja, seu papel se restringe à identificação de páginas na *web* onde determinado dado ou informação, ainda que ilícito, estão sendo livremente veiculados. Dessa forma, ainda que seus mecanismos de busca facilitem o acesso e a consequente divulgação de páginas cujo conteúdo seja potencialmente ilegal, fato é que essas páginas são públicas e compõem a rede mundial de computadores e, por isso, aparecem no resultado dos *sites* de pesquisa".

---

[145] STJ, REsp 1.193.764-SP, 3ª T., rel. Min. Nancy Andrighi, j. 14-12-2010.

Acrescentou o aresto que "os provedores de pesquisa não podem ser obrigados a eliminar do seu sistema os resultados derivados da busca de determinado termo ou expressão, tampouco os resultados que apontem para foto ou texto específico, independentemente da indicação do URL da página onde este estiver inserido. Não se pode, sob o pretexto de dificultar a propagação de conteúdo ilícito ou ofensivo na *web*, reprimir o direito da coletividade à informação. Sopesados os direitos envolvidos e o risco potencial de violação de cada um deles, o fiel da balança deve pender para a garantia da liberdade de informação assegurada pelo art. 220, § 1º, da CF/88, sobretudo considerando que a Internet representa, hoje, importante veículo de comunicação social de massa".

E concluiu: "Preenchidos os requisitos indispensáveis à exclusão, da *web*, de uma determinada página virtual, sob a alegação de veicular conteúdo ilícito ou ofensivo – notadamente a identificação do URL dessa página – a vítima carecerá de interesse de agir contra o provedor de pesquisa, por absoluta falta de utilidade da jurisdição. Se a vítima identificou, via URL, o autor do ato ilícito, não tem motivo para demandar contra aquele que apenas facilita o acesso a esse ato que, até então, se encontra publicamente disponível na rede para divulgação"[146].

Observa-se que o *Superior Tribunal de Justiça* fixou balizas para a responsabilização civil dos provedores: "Esta Corte fixou entendimento de que '(i) não respondem objetivamente pela inserção no site, por terceiros, de informações ilegais; (ii) não podem ser obrigados a exercer um controle prévio do conteúdo das informações postadas no site por seus usuários; (iii) devem, assim que tiverem conhecimento inequívoco da existência de dados ilegais no site, removê-los imediatamente, sob pena de responderem pelos danos respectivos; (iv) devem manter um sistema minimamente eficaz de identificação de seus usuários, cuja efetividade será avaliada caso a caso'"[147].

Destacam-se, ainda, as seguintes ponderações da corte em sede de julgamento que analisava a responsabilidade civil de provedor:

"Conforme a jurisprudência deste Tribunal Superior, não incide aos provedores de conteúdo da internet a responsabilidade objetiva prevista no art. 927, parágrafo único, do CC/02, sendo descabida, ainda, a exigência de fiscalização prévia. Aos provedores de conteúdo aplica-se a tese da responsabilidade subjetiva, segundo a qual o provedor torna-se responsável solidariamente com aquele que gerou o conteúdo ofensivo se, ao tomar conhecimento da lesão que determinada informação causa, não tomar as providências necessárias para removê-la. Precedentes"[148].

---

[146] STJ, REsp 1.316.921-RJ, 3ª T., rel. Min. Nancy Andrighi, j. 26-6-2012.
[147] STJ, AgInt no REsp 1.504.921-RJ, 4ª T., rel. Min. Luis Felipe Salomão, j. 16-8-2021.
[148] STJ, AgInt no AREsp 685.720-SP, 4ª T., rel. Min. Marco Buzzi, j. 12-10-2020.

Em pedido de indenização por dano moral decorrente de mensagens com conteúdo ofensivo, enviadas pelo usuário via *e-mail*, ressaltou a aludida 3ª Turma do *Superior Tribunal de Justiça* que não se aplica aos provedores de correio eletrônico a responsabilidade objetiva prevista no art. 927, parágrafo único, do Código Civil. Enfatizou ainda que, "por mais que se diga que um *site* é seguro, a internet sempre estará sujeita à ação de *hackers*, que invariavelmente conseguem contornar as barreiras que gerenciam o acesso a dados. Assim, a impossibilidade de identificação da pessoa responsável pelo envio da mensagem ofensiva não caracteriza necessariamente defeito na prestação do serviço de provedoria de *e-mail*, não se podendo tomar como legítima a expectativa da vítima, enquanto consumidora, de que a segurança imputada a esse serviço implicaria a existência de meios de individualizar todos os usuários que diariamente encaminham milhões de *e-mails*. Mesmo não exigindo ou registrando os dados pessoais dos usuários do Hotmail, a Microsoft mantém um meio suficientemente eficaz de rastreamento desses usuários, que permite localizar o seu provedor de acesso (este sim com recursos para, em tese, identificar o IP do usuário), medida de segurança que corresponde à diligência média esperada de um provedor de correio eletrônico"[149].

Na *VI Jornada de Direito Civil*, promovida pelo Conselho da Justiça Federal, *foi aprovado o Enunciado n. 554*, do seguinte teor: "Independe de indicação do local específico da informação a ordem judicial para que o provedor de hospedagem bloqueie determinado conteúdo ofensivo na internet".

Ao julgar Recurso Especial que tratava de pedido de remoção de conteúdo ofensivo a menor de idade, o Superior Tribunal de Justiça entendeu que: "Para atender ao princípio da proteção integral consagrado no direito infantojuvenil, é dever do provedor de aplicação na rede mundial de computadores (Internet) proceder à retirada de conteúdo envolvendo menor de idade – relacionado à acusação de que seu genitor havia praticado crimes de natureza sexual – logo após ser formalmente comunicado da publicação ofensiva, independentemente de ordem judicial"[150].

Registra-se que a Emenda Constitucional n. 115, de 10 de fevereiro de 2022, foi responsável por incluir a proteção de dados pessoais entre os direitos e garantias fundamentais, sendo incluído o *inciso LXXIX no art. 5º da Constituição Federal de 1988*: "é assegurado, nos termos da lei, o direito à proteção dos dados pessoais, inclusive nos meios digitais". Nesse contexto, a *IX Jornada de Direito Civil de 2022* foi a primeira a dedicar seção temática denominada "Direito digital e novos direitos". Dentre os enunciados aprovados, destacam-se:

---

[149] STJ, REsp 1.300.161-RS, 3ª T., rel. Min. Nancy Andrighi, j. 19-6-2012.
[150] STJ, REsp 1.783.269-MG, 4ª T., rel. Min. Antonio Carlos Ferreira, *DJe* 18-2-2022.

Enunciado n. 677: "A identidade pessoal também encontra proteção no ambiente digital".

Enunciado n. 682: "O consentimento do adolescente para o tratamento de dados pessoais, nos termos do art. 14 da LGPD, não afasta a responsabilidade civil dos pais ou responsáveis pelos atos praticados por aquele, inclusive no meio digital".

Enunciado n. 684: "O art. 14 da Lei n. 13.709/2018 (Lei Geral de Proteção de Dados – LGPD) não exclui a aplicação das demais bases legais, se cabíveis, observado o melhor interesse da criança".

Enunciado n. 686: "Aplica-se o sistema de proteção e defesa do consumidor, conforme disciplinado pela Lei n. 8.078, de 11 de setembro de 1990, às relações contratuais formadas entre os aplicativos de transporte de passageiros e os usuários dos serviços correlatos".

Enunciado n. 691: "A possibilidade de divulgação de dados e imagens de crianças e adolescentes na internet deve atender ao seu melhor interesse e ao respeito aos seus direitos fundamentais, observados os riscos associados à superexposição".

Enunciado n. 692: "Aplica-se aos conceitos de criança e adolescente, dispostos no art. 14 da Lei Geral de Proteção de Dados, o contido no art. 2º do Estatuto da Criança e do Adolescente".

Enunciado n. 693: "A proteção conferida pela LGPD não se estende às pessoas jurídicas, tendo em vista sua finalidade de proteger a pessoa natural".

Corroborando a ilação de que a incidência da internet e das redes sociais no nosso cotidiano tem sido uma constante, foram fixadas algumas teses no *Supremo Tribunal Federal,* com notório reconhecimento de repercussão geral:

Tema 533 do STF: "Dever de empresa hospedeira de sítio na internet fiscalizar o conteúdo publicado e de retirá-lo do ar quando considerado ofensivo, sem intervenção do Judiciário".

Tema 987 do STF: "Discussão sobre a constitucionalidade do art. 19 da Lei n. 12.965/2014 (Marco Civil da Internet) que determina a necessidade de prévia e específica ordem judicial de exclusão de conteúdo para a responsabilização civil de provedor de internet, websites e gestores de aplicativos de redes sociais por danos decorrentes de atos ilícitos praticados por terceiros".

Tema 1.141 do STF: "Responsabilidade civil por disponibilização na internet de informações processuais publicadas nos órgãos oficiais do Poder Judiciário, sem restrição de segredo de justiça ou obrigação jurídica de remoção".

13. RESPONSABILIDADE CIVIL POR DANO ATÔMICO

Alguns acidentes ocorridos em atividades e instalações nucleares e radioativas vêm preocupando o mundo todo, dadas as proporções dos danos coletivos que acarretaram, despertando a atenção dos juristas para os seus efeitos. Dentre esses acidentes de grande repercussão e de enormes proporções podem ser mencionados o ocorrido na usina nuclear de Chernobyl, em Kiew, na antiga União Soviética; o vazamento atômico na usina americana de Three Miles, nos Estados Unidos; e o acidente ocorrido em Goiânia, com a cápsula de Césio-137 apropriada por um particular, considerado o mais grave dos acidentes radiológicos (fora das instalações) e o de maior extensão acontecido até hoje.

No Brasil, a preocupação dos ecologistas está voltada principalmente para as usinas nucleares instaladas no Município de Angra dos Reis, no Estado do Rio de Janeiro, e em outras programadas para diversas localidades do País, em razão do risco de eventual vazamento, com prejuízos incalculáveis para a coletividade.

A questão primordial consiste em estabelecer a responsabilidade jurídica do causador do dano. Tal assunto é magistralmente desenvolvido por CARLOS ALBERTO BITTAR, com amparo em vasta bibliografia[151], em sua obra *Responsabilidade civil nas atividades nucleares*, publicada pela Editora Revista dos Tribunais em 1985.

A atividade nuclear está regulamentada não só por convenções e tratados internacionais, mas também pelas leis de nações mais desenvolvidas tecnologicamente, dando origem a um novo ramo jurídico, o direito nuclear, que consiste, nas palavras de GUIDO SOARES, no "conjunto de princípios e normas que regem as atividades relacionadas à utilização de energia nuclear com fins pacíficos"[152].

Devido às consequências danosas e aos grandes perigos das atividades nucleares, as convenções internacionais e as legislações optaram pela responsabilidade objetiva, fundada na teoria do risco.

Assim, todas as legislações, com exceção da dos Estados Unidos da América, adotaram um sistema de responsabilidade de que toda noção de culpa é "excluída"[153].

O Brasil, seguindo essa diretriz, promulgou diversos diplomas legais e regulamentadores da atividade nuclear ou atômica, merecendo destaque a Lei n. 6.453/77, que estabelece, em seu art. 4º, a responsabilidade civil do operador de instalação nuclear, independentemente da existência de culpa, pela reparação de dano causado por acidente nuclear.

---

[151] *Responsabilidade civil nas atividades nucleares*. São Paulo: Revista dos Tribunais, 1985.
[152] Apud Maria Helena Diniz, *Curso*, cit., v. 7, p. 400.
[153] Jean-Paul Piérard, *Responsabilité civile, énergie atomique et droit comparé*, p. 461.

No caso das usinas instaladas, a empresa exploradora é responsável pelos danos causados, independentemente de prova de culpa, a ser produzida pela vítima. Acidentes podem verificar-se em situações diversas, seja com o vazamento, seja com um abalroamento, seja com o transporte de material atômico. Em qualquer caso a responsabilidade é de quem explora a empresa, a usina ou o transporte[154].

É preciso lembrar que, no Brasil, é o Estado quem monopoliza a produção de energia nuclear, autorizando as instalações de usinas nucleares; fiscalizando suas atividades; controlando a tecnologia e o pessoal que manipula esse material e que trabalha em suas instalações; regendo e executando a sua política por meio da Comissão Nacional de Energia Nuclear (CNEN)[155].

O guardião do texto constitucional, *Supremo Tribunal Federal*, já invalidou normas dos Estados de Minas Gerais, de Mato Grosso, do Rio Grande do Norte e do Distrito Federal que tratavam do exercício de atividades nucleares e proibiam ou restringiam a instalação de depósito de lixo atômico ou de rejeitos radioativos em seus respectivos territórios[156].

A atual Constituição Federal atribui à União os serviços e instalações nucleares de qualquer natureza, e estabelece que os danos nucleares estão subordinados ao princípio da responsabilidade objetiva (art. 21, XXIII).

Embora a responsabilidade nuclear se configure mesmo se o dano for oriundo de caso fortuito e força maior, que não têm o condão de a elidir, a Lei n. 6.453/77 admite algumas atenuantes, pois: a) no art. 6º dispõe que, "provado haver o dano resultado exclusivamente de culpa da vítima, o operador será exonerado, apenas em relação a ela, da obrigação de indenizar"; b) no art. 7º prescreve que o operador "somente tem direito de regresso contra quem admitiu, por contrato escrito, o exercício desse direito, ou contra pessoa física que, dolosamente, deu causa ao acidente"; c) no art. 8º admite a exoneração do explorador por fatos excepcionais, salientando que não responde ele "pela reparação do dano resultante de acidente nuclear causado diretamente por conflito armado, hostilidade, guerra civil, insurreição ou fato de natureza excepcional"[157].

Tendo em vista que a irradiação, qualquer que seja a sua causa, pode provocar danos diretos, como também gerar moléstias graves cuja ação não será imediata, mas suscetível de ser detectada com o correr do tempo, CAIO MÁRIO DA SILVA PEREIRA[158] indaga da possibilidade de indenização do chamado "dano futuro". Baseado especialmente na doutrina francesa, afasta a possibilidade de indenização

---

[154] Caio Mário da Silva Pereira, *Responsabilidade civil*, p. 59.
[155] Carlos Alberto Bittar, *Responsabilidade civil nas atividades nucleares*, p. 113.
[156] ADI 6.906, ADI 6.894, ADI 6.900 e ADPF 926.
[157] Maria Helena Diniz, *Curso*, cit., v. 7, p. 405.
[158] *Responsabilidade civil*, cit., p. 55-59.

do "dano futuro hipotético", pois não se compadece com o dever de reparação a simples "eventualidade". Na etiologia da responsabilidade civil é indispensável a "certeza" do dano, embora não se requeira que seja "presente".

Depois de mencionar que as decisões das Cortes de Justiça dos Estados Unidos, tendo em vista que é difícil determinar o dano em nível de "certeza razoável", têm recorrido a dados estatísticos, além da opinião de técnicos, afirma que, na sua opinião, não se pode dispensar o elemento causal.

Em seguida, afirma: "A base estatística é muito falha, pois que na teoria norte-americana do *but for* a diferença mínima de um ou dois por cento reverte a obrigação ressarcitória. O que se compreende, em termos de responsabilidade atômica, é que haverá maior elasticidade na investigação da relação de causalidade entre o dano e o acidente atômico, levadas em consideração circunstâncias especiais de tempo e distância, a que não pode ser estranho o fator probabilidade"[159].

E conclui: "A determinação do dano mobiliza o desenvolvimento do conceito de 'certeza', que obedecerá a critério mais elástico, como acima referido. O exame de cada caso permitirá determinar que a certeza do prejuízo não pode deixar de atentar num critério de razoável probabilidade, uma vez que os efeitos da radiação atômica, detectados ou não no momento, poderão positivar-se num futuro mais ou menos remoto, e num raio de ação mais ou menos extenso"[160].

A Lei n. 6.453/77, no entanto, restringe o conceito de dano nuclear àquele que envolva materiais nucleares existentes em "instalação nuclear", ou dela procedentes ou a ela enviados, deixando a descoberto de seu rígido e adequado sistema protetivo os eventos danosos relativos a "instalações radioativas", que em outros países também se encontram sob a égide da responsabilidade nuclear.

Carlos Alberto Bittar[161] lembra que, em razão disso, tais atividades ficam subordinadas aos princípios e regras da teoria geral da responsabilidade civil e, quando muito, conforme o caso, aos das atividades perigosas, se possível o encarte. Por essa razão, "impõe-se, imediatamente, a formulação de projeto de lei, por parte de nossos legisladores, tendente a submeter aos efeitos da Lei 6.453, de 17-7-77, os acidentes radiológicos ocorridos fora de instalações nucleares ou de transporte de substâncias nucleares (estes, já por ela alcançados), abrangendo-se todas as situações possíveis, inclusive as decorrentes de desídia no uso, na guarda e na conservação de materiais nucleares".

Na sequência, acrescenta que, com isso, "objetivar-se-á a responsabilidade – que, no caso de Goiânia, embora solidária, alcançando todos que contribuíram

---

[159] *Responsabilidade civil*, cit., p. 56-57.
[160] *Responsabilidade civil*, cit., p. 59.
[161] Artigo publicado no *Jornal do Advogado*, dezembro de 1987, n. 148, p. 8-9, sob o título "Goiânia: responsabilidade civil nuclear".

para o evento, dentro do correspondente nexo causal, é insuficiente, face às limitações do direito comum – decorrendo, assim, o sancionamento e a consequente indenização ao lesado, da simples constatação da existência do acidente nuclear, independentemente, portanto, de prova de culpa (como naquela lei)".

Sem dúvida que merecem aplauso tais sugestões, pois, com a uniformidade de solução para as diversas situações, ajustar-se-ão ao espírito protetivo da legislação especial as atividades desenvolvidas nas "instalações radioativas", assim consideradas aquelas em que existam riscos de contaminação pelo grau de perigo que as substâncias empregadas concentrem, em face do respectivo espectro.

CASOS ESPECIAIS DE RESPONSABILIDADE POR ATO OU FATO DE TERCEIRO

Sumário: 14. Da presunção de culpa à responsabilidade independentemente de culpa. 15. A responsabilidade solidária das pessoas designadas no art. 932 do Código Civil. 16. Responsabilidade dos pais. 17. Responsabilidade dos tutores e curadores. 18. Responsabilidade dos empregadores ou comitentes pelos atos dos empregados, serviçais e prepostos. 18.1. Conceito de empregado, serviçal e preposto. 18.2. Responsabilidade presumida, *juris et de jure*. 18.3. Requisitos para a configuração da responsabilidade do empregador ou comitente. 19. Responsabilidade dos educadores. 20. Responsabilidade dos hoteleiros e estalajadeiros. 21. Responsabilidade dos que participaram no produto do crime. 22. A ação regressiva daquele que paga a indenização, contra o causador do dano. 22.1. Direito regressivo como consequência natural da responsabilidade indireta. 22.2. Exceções à regra.

14. DA PRESUNÇÃO DE CULPA À RESPONSABILIDADE INDEPENDENTEMENTE DE CULPA

No sistema da responsabilidade subjetiva, deve haver nexo de causalidade entre o dano indenizável e o ato ilícito praticado pelo agente. Só responde pelo dano, em princípio, aquele que lhe der causa. É a responsabilidade por fato próprio, que deflui do art. 186 do Código Civil. A lei, entretanto, estabelece alguns casos em que o agente deve suportar as consequências do fato de terceiro. Neste particular, estabelece o art. 932 do Código Civil:

"*São também responsáveis pela reparação civil:*

I – os pais, pelos filhos menores que estiverem sob sua autoridade e em sua companhia;

II – o tutor e o curador, pelos pupilos e curatelados, que se acharem nas mesmas condições;

III – o empregador ou comitente, por seus empregados, serviçais e prepostos, no exercício do trabalho que lhes competir, ou em razão dele;

IV – os donos de hotéis, hospedarias, casas ou estabelecimentos onde se albergue por dinheiro, mesmo para fins de educação, pelos seus hóspedes, moradores e educandos;

V – os que gratuitamente houverem participado nos produtos do crime, até a concorrente quantia".

Em complementação, prescreve o art. 933:

"As pessoas indicadas nos incisos I a V do artigo antecedente, ainda que não haja culpa de sua parte, responderão pelos atos praticados pelos terceiros ali referidos".

A responsabilidade por fato de outrem tem causado certa perplexidade na doutrina e na jurisprudência brasileiras, em face de haver o Código Civil de 1916, no caso, se desviado das rotas seguras traçadas por outras legislações.

Havia, de um lado, a direção indicada pelo mais que centenário Código Civil da França, que estabelece a presunção *juris tantum* de culpa dos indiretamente responsáveis pelos atos ilícitos de outrem, somente aceitando e admitindo escusa no caso em que possam provar lhes tenha sido, moral e materialmente, impossível evitar o evento danoso, não podendo isentar-se da responsabilidade mediante prova de não culpa.

De outro lado havia o sistema, cujo expoente é o Código Civil alemão, para o qual, em matéria de ato ilícito, a responsabilidade indireta não é tão grave, porque há a possibilidade de o demandado eximir-se, alegando que empregou diligência para evitar o ocorrido.

O Código Civil de 1916 afastou-se dos rumos assinalados, optando pela solução mais conservadora, que adotou no art. 1.523. Estipulou, assim, que o sujeito passivo da atividade delituosa ou ilícita devia provar que o responsável indireto concorreu com culpa ou negligência.

Originou-se tal anomalia, derrogadora dos princípios comuns, universais, que regulam a matéria, de uma emenda do Senado Federal ao projeto primitivo, como diz Clóvis Beviláqua: "Esta prova deverá incumbir aos responsáveis, por isso que há contra eles presunção legal de culpa; mas o Código, modificando a redação dos projetos, impôs o ônus da prova ao prejudicado. Essa inversão é devida à redação do Senado"[162].

A balbúrdia que então, de certo modo, estabeleceu-se no direito brasileiro foi atenuada pela jurisprudência, ao sopro renovador da boa doutrina, pois na maioria das vezes torna-se difícil para a vítima provar que houve negligência ou

---

[162] *Código Civil*, cit., v. 5, p. 288.

imprudência também do patrão (culpa *in vigilando, in eligendo*), e, assim, só podia cobrar a indenização do empregado, cujo patrimônio nem sempre era suficiente para responder pela reparação.

PONTES DE MIRANDA afirmou que o ônus da prova deixado ao que sofreu o dano constitui a doutrina desejada pelos mais fortes e afirma que a política social-democrática quer a solução extrema e oposta: a exclusão da possibilidade de desoneração dos patrões. Partindo de tais constatações, disse que "a solução tecnicamente conciliante e justa é a da presunção da culpa, ilidível pela prova de haver tido todos os cuidados reclamados pelas circunstâncias"[163].

A jurisprudência foi mais longe, pois há casos em que o dano pode ocorrer, não obstante aqueles cuidados reclamados pelas circunstâncias. Entendeu-se que, isso provado, não seria justo deixar o lesado sem nenhuma reparação. Seria necessário estabelecer uma presunção *juris et de jure* de culpa do patrão pelos atos culposos praticados por seu preposto.

E foi o que acabou acontecendo, com o advento da Súmula 341 do Supremo Tribunal Federal, que será comentada adiante (n. 17), e referente ao inciso III do art. 1.521 do Código Civil de 1916.

Em 1927, o Código de Menores (Dec. n. 17.943-A, de 12-10-1927) expressamente consignou a presunção de culpa dos genitores pelos atos ilícitos praticados por seus filhos. Suprimiu o requisito – do inciso I do art. 1.521 – de o menor estar sob o poder e em companhia do pai e reverteu o ônus da prova de culpa. Dispunha o art. 68, § 4º, do Código de Menores de 1927:

"São responsáveis pela reparação civil do dano causado pelo menor os pais ou a pessoa a quem incumbia legalmente a sua vigilância, salvo se provar que não houve de sua parte culpa ou negligência".

A presunção de culpa dos pais era relativa, pois admitia prova em contrário (presunção *juris tantum*). O legislador permitiu que o pai se exonerasse da responsabilidade desde que provasse não ter havido de sua parte culpa ou negligência. Portanto, não se adotou a teoria da responsabilidade independentemente de culpa, no caso dos pais. Preferiu-se solução um tanto tímida, presumindo-se a culpa e admitindo-se prova em contrário.

A solução mais avançada e consentânea com os novos rumos da responsabilidade civil sobreveio somente com o Código Civil de 2002, que expressamente adotou a responsabilidade *independentemente de culpa*, no caso dos pais, tutores, curadores, empregadores, donos de hotéis, hospedarias, casas ou estabelecimentos onde se albergue por dinheiro, mesmo para fins de educação. Tal posicionamento restou confirmado com a edição do *Enunciado n. 451 da V Jornada de Direito Civil*:

---

[163] Direito das obrigações, *in* Paulo de Lacerda, *Manual do Código Civil*, n. 291, p. 406.

"A responsabilidade civil por ato de terceiro funda-se na responsabilidade objetiva ou independente de culpa, estando superado o modelo de culpa presumida".

O Código de Defesa do Consumidor já havia adotado a responsabilidade objetiva, independentemente de culpa, em relação aos prestadores de serviços em geral.

Predomina assim, atualmente, o entendimento de que uma solução verdadeiramente merecedora de chamar-se justa só poderia achar-se na teoria do risco.

Com efeito, estaria longe de corresponder ao senso de justiça a solução por via da qual se permitisse deixar ao lesado o prejuízo por ele sofrido, simplesmente porque aquele que devia responder pelo dano conseguiu provar que usou de todos os recursos possíveis no sentido de evitar o resultado lesivo. Tal solução importaria transferir à vítima a responsabilidade do prejuízo por ela sofrido em decorrência de ato de outrem[164].

A ideia de risco é a que mais se aproxima da realidade. Se o pai põe filhos no mundo, se o patrão se utiliza do empregado, ambos correm o risco de que, da atividade daqueles, surja dano para terceiro. É razoável que, se tal dano advier, por ele respondam solidariamente com os seus causadores diretos aqueles sob cuja dependência estes se achavam[165].

Não será demasia acrescentar que incumbe ao ofendido provar a culpa do incapaz, do empregado, dos hóspedes e educandos. A exigência da prova da culpa destes se coloca como antecedente indeclinável à configuração do dever de indenizar das pessoas mencionadas no art. 932.

15. A RESPONSABILIDADE SOLIDÁRIA DAS PESSOAS DESIGNADAS NO ART. 932 DO CÓDIGO CIVIL

A responsabilidade civil é, em princípio, individual, consoante se vê do art. 942 do Código Civil. Responsável pela reparação do dano é todo aquele que, por ação ou omissão voluntária, negligência ou imprudência, haja causado prejuízo a outrem.

Há casos, entretanto, em que a pessoa pode responder não pelo ato próprio, mas pelo ato de terceiro ou pelo fato das coisas ou animais. Muitas vezes, para que "justiça se faça, é necessário levar mais longe a indagação, a saber se é possível desbordar da pessoa causadora do prejuízo e alcançar outra pessoa, à qual o agente esteja ligado por uma relação jurídica, e, em consequência, possa ela ser convocada a responder. Aí situa-se a responsabilidade por fato de outrem ou pelo fato das coisas, ou 'responsabilidade

---

[164] Afrânio Lyra, *Responsabilidade civil*, p. 75.
[165] Silvio Rodrigues, *Direito civil*, cit., v. 4, p. 68.

indireta' ou 'responsabilidade complexa', que Trabuchi explica, quando a lei chama alguém a responder pelas consequências de fato alheio, ou fato danoso provocado por terceiro"[166].

Pode acontecer, ainda, o concurso de agentes na prática de um ato ilícito. Tal concurso se dá quando duas ou mais pessoas praticam o ato ilícito. Surge, então, a solidariedade dos diversos agentes, assim definida no art. 942, segunda parte, do Código Civil: "... e, se a ofensa tiver mais de um autor, todos responderão solidariamente pela reparação".

E o parágrafo único do aludido dispositivo assim dispõe:

"*São solidariamente responsáveis com os autores os coautores e as pessoas designadas no art. 932*".

Assim, ocorre a solidariedade não só no caso de concorrer uma pluralidade de agentes, como também entre as pessoas designadas no art. 932 do Código Civil: pais e filhos, empregadores e empregados etc. Em consequência, a vítima pode mover a ação contra qualquer um ou contra todos os devedores solidários[167].

Com o art. 942 do Código Civil, "o direito positivo brasileiro instituiu um 'nexo causal plúrimo'. Em havendo mais de um agente causador do dano, não se perquire qual deles deve ser chamado como responsável direto ou principal. Beneficiando, mais uma vez, a vítima permite-lhe eleger, dentre os corresponsáveis, aquele de maior resistência econômica, para suportar o encargo ressarcitório". A ele, "no jogo dos princípios que disciplinam a teoria da responsabilidade solidária, é que caberá, usando da ação regressiva (*actio de in rem verso*), agir contra os coobrigados, para de cada um haver, *pro rata*, a quota proporcional no volume da indenização. Ou, se for o caso, regredir especificamente contra o causador direto do dano"[168].

Essa regra não vale para a área trabalhista, uma vez que o art. 223-E da Consolidação das Leis do Trabalho, introduzido pela Lei n. 13.367, de 13 de julho de 2017, dispõe que "São responsáveis pelo dano extrapatrimonial todos os que tenham colaborado para a ofensa ao bem jurídico tutelado, na proporção da ação ou da omissão".

16. RESPONSABILIDADE DOS PAIS

O art. 932, I, considera também responsáveis pela reparação civil "*os pais, pelos filhos menores que estiverem sob sua autoridade e em sua companhia*". Preferiu-se a expressão "*sob sua autoridade*" à "sob seu poder", utilizada pelo Código de 1916.

---

[166] Caio Mário da Silva Pereira, *Responsabilidade civil*, cit., p. 93, n. 77.
[167] *RJTJSP*, 86/174; *RT*, 613/70.
[168] Caio Mário da Silva Pereira, *Responsabilidade civil*, cit., p. 91, n. 73.

A responsabilidade paterna independe de culpa (CC, art. 933). Está sujeito à reparação do dano, por exemplo, o pai que permite ao filho menor de 18 anos sair de automóvel. Se o filho, culposamente, provoca acidente de trânsito, o lesado tem direito de acionar o pai, para obter a indenização. Da mesma forma, responde pelo ressarcimento do dano causado pelo filho o pai que não o educa bem ou não exerce vigilância sobre ele, possibilitando-lhe a prática de algum delito, como o incêndio, o furto, a lesão corporal e outros.

Em todos esses casos, comprovado o ato ilícito do menor, dele decorre, por via de consequência e independentemente de culpa do pai, a responsabilidade deste.

ORLANDO GOMES defende a tese de que, "se a responsabilidade do pai pressupõe a prática de ato ilícito pelo filho, isto é, ação ou omissão voluntária, negligência ou imprudência, é lógico que não há responsabilidade paterna enquanto o filho não tiver capacidade de discernimento. Um menor de 4 anos não sabe o que faz. Se a outrem causa dano, não se pode dizer que agiu culposamente; se não há culpa, ato ilícito não praticou; se não cometeu ato ilícito, o pai não responde pela reparação do dano, porque a responsabilidade indireta supõe a ilicitude no ato de quem causa o prejuízo"[169].

O ponto de vista do ilustre mestre baiano, entretanto, não tem sido aceito. Conforme assevera AFRÂNIO LYRA, "os filhos são, para os pais, fonte de alegrias e esperanças e são, também, fonte de preocupações. Quem se dispõe a ter filhos não pode ignorar os encargos de tal resolução. Assim, pois, em troca da razoável esperança de alegrias e amparo futuro, é normal contra o risco de frustrações, desenganos, decepções e desilusões. Portanto, menos que ao dever de vigilância, impossível de ser observado durante as 24 horas de cada dia, estão os pais jungidos ao risco do que pode acontecer aos filhos pequenos, ao risco daquilo que estes, na sua inocência ou inconsciência, possam praticar em prejuízo alheio. A realidade indica que é muito mais racional e menos complicado entender que a responsabilidade dos pais pelos danos causados por seus filhos menores se funda no risco"[170].

A verdade é que a responsabilidade dos pais não é afastada, quando inexiste imputabilidade moral em virtude da ausência de discernimento. Para os subjetivistas, o fundamento está na culpa direta dos pais, consistente na omissão do dever de vigilância. Para a teoria objetiva, a responsabilidade, no caso, funda-se na ideia do risco e da reparação de um prejuízo sofrido pelo lesado injustamente, estabelecendo o equilíbrio dos patrimônios, atendendo-se à segurança da vítima, na lição de ALVINO LIMA[171].

---

[169] *Obrigações*, p. 348.
[170] *Responsabilidade civil*, cit., p. 71.
[171] *Culpa e risco*, p. 174.

O Tribunal de Justiça de São Paulo reconheceu a responsabilidade civil do pai, em virtude de seu filho de 4 anos de idade ter cegado o olho de uma menina com uma pedrada, conforme acórdão assim ementado:

"Indenização. Responsabilidade civil. Menor de idade. Responsabilidade do pai, por presumida culpa *in vigilando*. Verbas devidas de despesas de assistência e tratamento, bem como dote por dano estético deformante"[172].

Se a responsabilidade paterna é decorrência do dever de guarda, com mais razão se configura no caso do menor sem discernimento, porque a obrigação de zelar por ele e de vigiá-lo é mais rigorosa. Afirma SAVATIER[173] que é precisamente esse estado de coisas (desenvolvimento incompleto da inteligência e da vontade) que, longe de poder desculpar os pais, lhes impõe a vigilância, de onde a lei terá, por sua conta, uma presunção de periculosidade.

Assim, nada impede o magistrado de apreciar o ato do menor inimputável – ato que ocasionou o dano – em face das suas circunstâncias objetivas, externas, para concluir se o ato incriminado foi normal, regular, coincidente com as regras do direito, ou não.

Se provado ficar que o ato do menor privado de discernimento, abstratamente considerado, não violou nenhuma obrigação preexistente, força é convir que a ação promovida pela vítima contra o pai do menor inimputável deverá ser prontamente repelida, pois não se compreenderia que os representantes do menor incapaz, culpados por presunção legal, continuassem "culpados" pela prática de um ato que ocasionou um prejuízo mas não vulnerou nenhuma norma jurídica. *A contrario sensu*: se o ato praticado pelo menor absolutamente incapaz foi "objetivamente ilícito", não importa indagar se o menor é ou não inimputável, pois o pai não responde pelo filho, mas pela sua própria culpa[174].

Nesse sentido a jurisprudência:

"*O fato de o agente do ato ilícito ser menor inimputável não retira seu caráter de ilicitude. Na órbita civil, havendo culpa dos pais por omissão, estes respondem solidariamente pela reparação do dano causado pelo filho em detrimento de outrem*"[175].

Malgrado a opinião de ALVINO LIMA[176] de que a responsabilidade dos pais é subsidiária, tem prevalecido a corrente que entende ser *solidária*, podendo a vítima, em consequência, mover a ação contra o menor ou contra seus pais, ou contra ambos (litisconsórcio passivo). Entretanto, segundo o critério adotado

---

[172] *RJTJSP*, 41/121.
[173] *Traité*, cit., p. 323.
[174] Mário Moacyr Porto, *Temas*, cit., p. 59.
[175] *RT*, 641/132.
[176] *A responsabilidade civil pelo fato de outrem*, p. 266.

pelo atual Código Civil, a responsabilidade do incapaz, esta sim, é subsidiária e mitigada, pois só responde pelos prejuízos que causar a terceiros se as pessoas por ele responsáveis não tiverem obrigação de fazê-lo ou não dispuserem de meios suficientes. A indenização, nesse caso, que deverá ser equitativa, não terá lugar se privar do necessário ao seu sustento o incapaz ou as pessoas que dele dependem (art. 928 e parágrafo único).

O referido sistema, como já dito, sofreu profunda alteração introduzida pela Lei n. 13.146, de 6 de julho de 2015, denominada "Estatuto da Pessoa com Deficiência", considerando o deficiente, o enfermo ou o excepcional pessoas plenamente capazes. A referida lei revogou expressamente os incisos II e III do art. 3º do Código Civil, que consideravam absolutamente incapazes os que, "por enfermidade ou deficiência mental, não tiverem o necessário discernimento para a prática desses atos" e os que, "mesmo por causa transitória, não puderem exprimir sua vontade". Revogou também a parte final do inciso II do art. 4º, que definia como relativamente incapazes os que, "por deficiência mental, tenham o discernimento reduzido", e deu nova redação ao inciso III, afastando "os excepcionais, sem desenvolvimento mental completo" da condição de incapazes.

As pessoas mencionadas nos dispositivos revogados, sendo agora "pessoas capazes" (salvo se não puderem exprimir a sua vontade, como prevê o art. 4º, III, do CC, como causa permanente), responderão pela indenização com os seus próprios bens, afastada a responsabilidade subsidiária prevista no mencionado art. 928 do Código Civil. Mesmo que, "quando necessário", sejam interditados e tenham um curador, como o permite o art. 84, § 1º, da retromencionada Lei n. 13.146/2015.

A única hipótese em que poderá haver responsabilidade solidária do menor de 18 anos com seu pai é se tiver sido emancipado aos 16 anos de idade. Fora isso, a responsabilidade será exclusivamente do pai, ou exclusivamente do filho, se aquele não dispuser de meios suficientes para efetuar o pagamento e este puder fazê-lo, sem privar-se do necessário (responsabilidade subsidiária e mitigada, como já dito).

O art. 942, parágrafo único, do Código Civil não deixa nenhuma dúvida, pois prescreve:

"*São solidariamente responsáveis com os autores os coautores e as pessoas designadas no art. 932*".

Além da responsabilidade solidária excepcional entre pai e filho, pode haver cumulação de responsabilidade paterna com a responsabilidade de terceiros, como lembra ANTONIO JUNQUEIRA DE AZEVEDO, citando os seguintes acórdãos:

"Tendo o menor perdido o globo ocular em razão de disparo efetuado com arma de pressão, são civilmente responsáveis pela indenização os pais do menor que disparou a arma e os pais do menor que emprestou a arma (*RJTJRS*, 90:285);

Responsabilidade civil. Acidente de trânsito. Condenação criminal de réu menor púbere, motorista do veículo emprestado, causador do acidente fatal. Indenizatória procedente, reconhecida a responsabilidade do pai e da empresa emprestadora do veículo (*JTACSP*, Saraiva, 74:23)"[177].

Nessa linha, sublinhou o *Superior Tribunal de Justiça*: "Em matéria de acidente automobilístico, o proprietário do veículo responde objetiva e solidariamente pelos atos culposos de terceiros que o conduz e que provoca o acidente[178].

O poder familiar cessa com a maioridade, aos 18 anos, ou com a emancipação, aos 16. Se o pai emancipa o filho, voluntariamente, a emancipação produz todos os efeitos naturais do ato, menos o de isentar o primeiro da responsabilidade solidária pelos atos ilícitos praticados pelo segundo, consoante proclama a jurisprudência. Tal não acontece quando a emancipação decorre do casamento ou das outras causas previstas no art. 5º, parágrafo único, do Código Civil[179].

Parece-nos defensável a responsabilidade solidária do pai somente quando se trata de emancipação voluntária, cessando, porém, totalmente quando deriva do casamento ou das outras causas previstas no art. 5º, parágrafo único, do Código Civil. Nesse sentido a lição de CAIO MÁRIO DA SILVA PEREIRA e de CARVALHO SANTOS. O primeiro escreveu:

"Em caso de emancipação do filho, cabe distinguir: se é a legal, advinda por exemplo do casamento, os pais estão liberados; mas a emancipação voluntária não os exonera, porque um ato de vontade não elimina a responsabilidade que provém da lei"[180].

E o segundo assim se manifestou:

"É preciso distinguir: na emancipação tácita, determinada pelo casamento, cessa a responsabilidade dos pais. Porque, se se trata de filho, torna-se ele próprio chefe de família; se é mulher, pelo casamento passa à autoridade marital. Se, porém, a emancipação é expressa, outra é a consequência. Pois a emancipação de um menor que se revela indigno da concessão que lhe foi outorgada é, no fim de contas, um ato inconsiderado e aos pais não se pode reconhecer o direito de exonerar-se por essa forma, da responsabilidade que a lei lhes impõe"[181].

---

[177] Responsabilidade civil dos pais, *Responsabilidade civil: doutrina e jurisprudência*, diversos autores, p. 64.
[178] STJ, REsp 1.637.884-SC, 3ª T., rel. Min. Nancy Andrighi, *DJe* 23-2-2018.
[179] *RT*, 494/92, 639/172; *RTJ*, 62/108; *JTACSP*, Revista dos Tribunais, 102/79.
[180] *Responsabilidade civil*, cit., p. 100.
[181] *Código Civil*, cit., v. 20, p. 216-217. Nesse sentido decidiu o extinto 1º Tribunal de Alçada Civil de São Paulo: *JTACSP*, Revista dos Tribunais, 103/173, 102/79.

O simples afastamento do filho da casa paterna por si só não elide a responsabilidade dos pais. "O pai não pode beneficiar-se com o afastamento do filho se decorrer o mesmo, precisamente, do descumprimento do pátrio poder de ter o menor em sua companhia e guarda, dirigindo-lhe a criação e a educação"[182]. Ou, conforme afirma ORLANDO GOMES[183], "o pai não deixa de responder pelo filho menor, mesmo que este, com o seu consentimento, esteja em lugar distante".

Nesse sentido, o *Enunciado n. 450 da V Jornada de Direito Civil* aduz que: "Considerando que a responsabilidade dos pais pelos atos danosos praticados pelos filhos menores é objetiva, e não por culpa presumida, ambos os genitores, no exercício do poder familiar, são, em regra, solidariamente responsáveis por tais atos, ainda que estejam separados, ressalvado o direito de regresso em caso de culpa exclusiva de um dos genitores".

Considerando-se que ambos os pais exercem o poder familiar, pode-se afirmar, pois, que a presunção de responsabilidade dos pais resultava antes da guarda que do poder familiar. E que a falta daquela pode levar à exclusão da responsabilidade.

O entendimento jurisprudencial, todavia, evoluiu no sentido de persistir a responsabilidade de ambos os pais quanto aos filhos menores, uma vez que o poder familiar não sofre alteração e não se extingue com a separação ou divórcio. Nessa linha, aresto da *4ª Turma do Superior Tribunal de Justiça*, nos seguintes termos:

"*De toda sorte, a mera separação do casal, passando os filhos a residir com a mãe, não constitui, salvo em hipóteses excepcionais, fator de isenção da responsabilidade paterna pela criação e orientação da sua prole*"[184].

Apoiam-se os adeptos da referida corrente no art. 1.634 do Código Civil, que disciplina o exercício do poder familiar, bem como nos arts. 227 e 229 da Constituição Federal, que tratam, dentre outros, do dever imposto aos pais, com absoluta prioridade, de educar os filhos menores.

A propósito, prelecionam CRISTIANO CHAVES DE FARIAS, FELIPE BRAGA NETTO e NELSON ROSENVALD[185] que "a separação dos pais não implica cessação do dever de educar – por parte de ambos. Por isso, não é a vigilância investigativa e diária (ou a ausência dela) que torna os pais responsáveis pelos danos causados pelos filhos menores. É muito mais o dever de educar, informar e contribuir – com amor e com limites – para a formação da personalidade dos

---

[182] TJSP, *RT*, 380/97.
[183] *Obrigações*, cit., p. 347.
[184] REsp 299.048-SP, 4ª T., rel. Min. Aldir Passarinho Júnior, *DJU*, 3-9-2001.
[185] *Novo tratado de responsabilidade civil*, 2. ed., São Paulo: Saraiva, 2017.

filhos. Bem por isso, mesmo o pai (ou a mãe) que não resida junto com o filho causador do dano pode – se as circunstâncias do caso autorizarem – ser chamado a responder civilmente".

Tal entendimento tem prevalecido no *Superior Tribunal de Justiça*, como se pode verificar:

"O fato de o menor não residir com o genitor, por si só, não configura excludente de responsabilidade civil. Há que se investigar se persiste o poder familiar com todos os deveres/poderes de orientação e vigilância que lhe são inerentes. Precedentes"[186].

Responsabilidade dos pais pelos atos praticados pelos filhos menores – art. 931, I, do Código Civil.

O art. 932, I, do CC, ao se referir a autoridade e companhia dos pais em relação aos filhos, quis explicitar o poder familiar (a autoridade parental não se esgota na guarda), compreendendo um plexo de deveres como proteção, cuidado, educação, informação, afeto, dentre outros, independentemente da vigilância investigativa e diária, sendo irrelevante a proximidade física no momento em que os menores venham a causar dano[187].

Concernente ao tema, o *Enunciado n. 450 do Conselho da Justiça Federal*: "Considerando que a responsabilidade dos pais pelos atos danosos praticados pelos filhos menores é objetiva, e não por culpa presumida, ambos os genitores, no exercício do poder familiar, são, em regra, solidariamente responsáveis por tais atos, ainda que estejam separados, ressalvado o direito de regresso em caso de culpa exclusiva de um dos genitores".

Quando o titular da guarda ou o responsável pelo menor é terceiro, a ilegitimidade passiva do pai para ser demandado não pode deixar de ser reconhecida.

O *Supremo Tribunal Federal* já decidiu que "responde solidariamente pelo dano causado por menor a pessoa que, não sendo seu pai, mãe, tutor, tem, como encarregada de sua guarda, a responsabilidade da vigilância, direção ou educação dele ou, voluntariamente, o traz em seu poder ou companhia"[188].

Quando o menor é empregado ou preposto de outrem, a responsabilidade será do patrão[189]. Nesse sentido a jurisprudência:

"O pai não responde por dano causado por filho menor que trabalha para outrem"[190];

---

[186] AgRg no ARESP 22.930, 3ª T., rel. Min. Sidnei Beneti, *DJe* 9-10-2012.
[187] STJ, REsp 1.436.401-MG, 4ª T., rel. Min. Luis Felipe Salomão, *DJe* 16-3-2017.
[188] 2ª T., RE 76.876-MG, j. 16-11-1976, rel. Min. Leitão de Abreu, *DJU*, 31-12-1976, p. 11238.
[189] Caio Mário da Silva Pereira, *Responsabilidade civil*, cit., p. 99.
[190] *RT*, 554/148.

"Menor. Ato ilícito. Responsabilidade do pai. Inadmissibilidade. Prática enquanto se encontrava sob a responsabilidade do patrão"[191].

"O pai responde pelos danos causados pelos filhos menores somente enquanto estiverem sob sua vigilância. Assim, se o menor, durante o horário de trabalho, apodera-se de veículo de terceiro que se encontrava para conserto e vem a colidi-lo contra poste de iluminação, causando prejuízos de elevada monta, cabe ao empregador a responsabilidade pela reparação"[192].

Se o filho está internado em estabelecimento de ensino, vigora a responsabilidade do educandário, por força do disposto no art. 932, IV, do Código Civil[193].

Tendo em vista que, na adoção, o poder familiar e, consequentemente, a guarda se transferem do pai natural para o adotivo, a responsabilidade se desloca para o adotante.

Finalmente, deve ser lembrado, como adverte AGUIAR DIAS, "que a responsabilidade dos pais só ocorre em consequência de ato ilícito de filho menor. O pai não responde, a esse título, por nenhuma obrigação do filho maior, ainda que viva em sua companhia (ac. do *Tribunal de Apelação do Distrito Federal*, em 16-10-42, no *Diário da Justiça* de 20-1-43). O mesmo não se pode dizer com relação ao filho maior, *mas alienado mental*. É claro que a responsabilidade do pai, nesse caso, não pode ser fundada no art. 932, n. I, mas sim no art. 186, pois decorre de omissão culposa na vigilância de pessoa privada de discernimento, não a fazendo internar ou não obstando ao ato danoso"[194].

17. RESPONSABILIDADE DOS TUTORES E CURADORES

Falecendo os pais, sendo julgados ausentes ou decaindo do poder familiar, os filhos menores são postos em *tutela* (CC, art. 1.728).

Estão sujeitos à *curatela*: os que, por enfermidade ou deficiência mental, não tiverem o necessário discernimento para os atos da vida civil; os que, por outra causa duradoura, não puderem exprimir a sua vontade; os deficientes mentais, os ébrios habituais e os viciados em tóxicos; os excepcionais sem completo desenvolvimento mental; os pródigos; o nascituro e o enfermo ou portador de deficiência física (CC, arts. 1.767 e 1.779).

---

[191] *RT*, 579/119.
[192] *RT*, 748/272.
[193] Sourdat, *Traité général de la responsabilité civile*, v. 2, n. 818; Caio Mário da Silva Pereira, *Responsabilidade civil*, cit., p. 99.
[194] *Da responsabilidade*, cit., p. 561, nota 908.

Segundo entendimento esboçado no *Enunciado n. 662 da IX Jornada de Direito Civil*: "A responsabilidade civil indireta do curador pelos danos causados pelo curatelado está adstrita ao âmbito de incidência da curatela tal qual fixado na sentença de interdição, considerando o art. 85, *caput* e § 1º, da Lei n. 13.146/2015".

O tutor, depois de nomeado, passa a ser o representante legal do incapaz menor. Por sua vez, o curador representa o incapaz maior.

Segundo a noção, já enunciada, da responsabilidade objetiva das pessoas mencionadas no art. 932, a situação dos tutores e curadores é idêntica à dos pais: respondem pelos pupilos e curatelados nas mesmas condições em que os pais respondem pelos filhos menores.

Com efeito, dispõe o art. 933 do Código Civil, retrotranscrito, que os pais, tutores, curadores, empregadores, donos de hotéis e de escolas, "*ainda que não haja culpa de sua parte, responderão pelos atos praticados pelos terceiros ali referidos*". O referido dispositivo criou, assim, uma *responsabilidade objetiva, independentemente da ideia de culpa*.

Durante a vigência do Código Civil de 1916, só a situação dos empregadores era assim considerada, em face da *Súmula 341 do Supremo Tribunal Federal*. O novo critério torna prejudicadas as considerações feitas por doutrinadores ao tempo do Código Civil de 1916, de que o juiz, ao analisar a hipótese de dano causado por menor sob tutela, ou por amental, deveria ser muito mais benigno no exame da ausência de culpa do tutor e do curador do que em relação ao pai, cumprindo-lhe exonerar aqueles cada vez que não houvesse manifesta negligência de sua parte.

Argumentava-se que não só a responsabilidade do tutor pelo ato danoso do pupilo, como também a do curador, pelo ato do curatelado, não deviam ser examinadas com o mesmo rigor com que se encarava a responsabilidade do pai pelo ato praticado pelo filho menor, visto que a tutela e a curatela representam um ônus, um *munus publicum* imposto ao tutor e ao curador, que muitas vezes não são sequer remunerados. Nem se pode mais aceitar com menor rigor a escusa do tutor fundada em defeito de educação anterior do menor.

Com maior intensidade se revelará, sem dúvida, a responsabilidade do curador, quando não tomar providências para internar o interdito em estabelecimento adequado, sendo evidente a necessidade de tal medida. Cessa, entretanto, a sua responsabilidade, providenciada a internação, transferida que fica a quem o interdito tenha sido confiado. Confira-se:

"A clínica psiquiátrica que recebe o amental em seu estabelecimento, mediante remuneração, não elide sua evidente culpa *in vigilando* pelos danos causados por ele a terceiros dentro ou fora de seu estabelecimento. É irrelevante contrato assinado entre a clínica e o curador liberando-a de qualquer responsabilidade por possíveis atos do internado, em caso de fuga, uma vez que a delegação de vigilância do demente transfere a responsabilidade por seus atos se feita a estabelecimento específico, mediante paga"[195].

18. RESPONSABILIDADE DOS EMPREGADORES OU COMITENTES PELOS ATOS DOS EMPREGADOS, SERVIÇAIS E PREPOSTOS

18.1. Conceito de empregado, serviçal e preposto

O art. 932, III, do Código Civil estabelece que o empregador ou comitente responde pelos atos dos empregados, serviçais ou prepostos, praticados no exercício do trabalho que lhes competir, ou em razão dele.

Consoante a lição de ANTÔNIO CHAVES, "essa modalidade de responsabilidade complexa não compreende todas as categorias de prestação de serviços, mas unicamente as que se caracterizam pelo vínculo de preposição. Doméstico, empregado ou serviçal é a pessoa que executa um serviço, trabalho ou função, sob as ordens de uma outra pessoa, de sua família, ou ainda relativa aos cuidados interiores do lar. Preposto é aquele que está sob a vinculação de um contrato de preposição, isto é, um contrato em virtude do qual certas pessoas exercem, sob a autoridade de outrem, certas funções subordinadas, no seu interesse e sob suas ordens e instruções, e que têm o dever de fiscalizá-la e vigiá-la, para que proceda com a devida segurança, de modo a não causar dano a terceiros".

E prossegue: "Seja ou não preposto salariado, tenha sido sua escolha feita pelo próprio patrão, ou por outro preposto, o que importa é que o ato ilícito do empregado tenha sido executado ou praticado no exercício do trabalho subordinado, caso em que o patrão responderá em regra, mesmo que não tenha ordenado ou até mesmo proibido o ato. Não responde pelos atos dos empregados em greve, nem pelos que pratiquem fora das funções"[196].

Na fixação da exata noção do que seja a condição de empregado, serviçal ou preposto, a doutrina destaca a subordinação hierárquica, explicada como a condição de dependência, isto é, a situação daquele que recebe ordens, sob poder ou direção de outrem, independentemente de ser ou não assalariado[197].

---

[195] *RT*, 560/201.
[196] *Tratado de direito civil*, v. 3, p. 97, n. 5.
[197] Mazeaud e Mazeaud, *Responsabilité civile*, cit., v. 1, n. 376 e 377; Serpa Lopes, *Curso de direito civil*, v. 5, n. 214 e 215; Aguiar Dias, *Da responsabilidade*, cit., 4. ed., v. 2, n. 190; Caio Mário da Silva Pereira, *Responsabilidade civil*, cit., p. 102, n. 82.

Requisito essencial, portanto, entre preponente e preposto é o vínculo de subordinação. A jurisprudência francesa caracteriza o vínculo de preposição como uma relação de subordinação, conceituando o comitente como aquele que tem o direito de dar ordens e instruções ao preposto. Preposto é, então, o indivíduo que trabalha sob a direção alheia, sem ter independência alguma nas funções que lhe foram confiadas.

Não basta, porém, o laço de subordinação para que haja preposição. Ainda é preciso que a atividade do preposto seja em proveito do comitente.

O vínculo de preposição há, pois, de ser entendido como "*relação funcional*", sendo "preposto todo indivíduo que pratica atos materiais por conta e sob a direção de outra pessoa"[198].

Nessa linha, decidiu o *Superior Tribunal de Justiça*: "Vínculo de preposição – Motorista prestador de serviço terceirizado – Reconhecimento.

Para o reconhecimento do vínculo de preposição, não é preciso que exista um contrato típico de trabalho; é suficiente a relação de dependência ou que alguém preste serviço sob o interesse e o comando de outrem"[199].

Observa-se que a aludida *Corte Superior* confere interpretação ampla à "preposição", não exigindo uma relação formal, mas bastando a existência de relação subordinada ou no interesse de outrem[200]. Por seu turno, a *Súmula 492 do Supremo Tribunal Federal* proclama: "A empresa locadora de veículos responde, civil e solidariamente com o locatário, pelos danos por este causados a terceiro, no uso do carro locado".

Segundo o art. 932, III, do Código Civil, "não se exige que o preposto esteja efetivamente em pleno exercício do trabalho, bastando que o fato ocorra 'em razão dele', mesmo que esse nexo causal seja meramente incidental, mas propiciado pelos encargos derivados da relação de subordinação. Na espécie, em virtude de desavenças relativas ao usufruto das águas que provinham das terras que pertencem aos requeridos, o recorrente foi ferido por tiro desferido pelo caseiro de referida propriedade. O dano, portanto, foi resultado de ato praticado no exercício das atribuições funcionais de mencionado empregado – de zelar pela manutenção da propriedade pertencente aos recorridos – e relaciona-se a desentendimento propiciado pelo trabalho a ele confiado – relativo à administração da fonte de água controvertida"[201].

---

[198] Arnoldo Wald, *Obrigações e contratos*, p. 380.
[199] *RSTJ*, 164/380.
[200] REsp 1.387.236-MS, 3ª T., rel. Min. Paulo de Tarso Sanseverino, DJe 2-12-2013.
[201] STJ, REsp 1.433.566-RS, 3ª T., rel. Min. Nancy Andrighi, DJe 31-5-2017.

Em outro julgado, o *Superior Tribunal de Justiça* destacou que "a conduta do empregado do condomínio demandado que, mesmo fora do seu horário de expediente, mas em razão do seu trabalho, resolve dirigir o veículo de um dos condôminos, causando o evento danoso, constitui causa adequada ou determinante para a ocorrência dos prejuízos sofridos pela vítima demandante"[202].

Por outro lado, não importa o fato de o dano resultar de ato praticado contra as ordens do empregador. Se, por exemplo, o empregado, dirigindo carro da empresa, dirige de forma abusiva, contra as instruções do seu chefe, fica caracterizada a responsabilidade solidária do empregador. Confira-se, a propósito:

"Ação indenizatória – Responsabilidade civil do empregador por ato de preposto (art. 932, III, do CC) – Teoria da aparência – Responsabilidade objetiva.

Nos termos em que descrita no acórdão recorrido a dinâmica dos fatos, tem-se que o autor do evento danoso atuou na qualidade de vigia do local e, ainda que em gozo de licença médica e *desobedecendo os procedimentos da ré*, praticou o ato negligente na proteção do estabelecimento. Nos termos da *jurisprudência do STJ, o empregador responde objetivamente pelos atos ilícitos de seus empregados e prepostos praticados no exercício do trabalho que lhes competir, ou em razão dele (arts. 932, III, e 933 do Código Civil). Precedentes*"[203].

Desde "que alguém execute serviços por ordem e sob a direção de outrem, em favor de quem reverte o benefício econômico desse trabalho, caracterizada está a relação de subordinação ou preposição. Na obra autônoma, a exemplo da empreitada, falta esse vínculo, porque o trabalho é executado por ordem e sob a direção do empreiteiro, que afinal vem a ser o verdadeiro beneficiário econômico, embora a utilidade venha a ser usufruída por outrem. O estado de subordinação ou preposição não exige necessariamente a presença de um contrato típico do trabalho. Comissário será tanto o mandatário quanto quem se incumbe de, gratuita ou onerosamente, prestar serviço ou comissão. Verifica-se, no fundo, que o nexo de preposição põe o assento no preponente, por ser ele o beneficiário econômico, de modo a justificar sua responsabilidade pelo dano causado a outrem"[204].

18.2. Responsabilidade presumida, *juris et de jure*

A *Súmula 341 do Supremo Tribunal Federal* tem a seguinte redação:

"É presumida a culpa do patrão ou comitente pelo ato culposo do empregado ou preposto".

---

[202] STJ, REsp 1.787.026-RJ, 3ª T., rel. Min. Paulo de Tarso Sanseverino, j. 26-10-2021.
[203] STJ, REsp 1.365.339-SP, 4ª T., rel. Min. Maria Isabel Gallotti, *DJe* 16-4-2013.
[204] Antonio Lindbergh C. Montenegro, *Responsabilidade civil*, p. 97, n. 41.

Tal presunção, segundo Wilson Melo da Silva, desde a vigência do Código Civil de 1916, era *juris et de jure*, uma vez que, provada a culpa do preposto, estaria, *ipso facto*, fixada a responsabilidade civil do preponente. Firmada a culpabilidade do preposto na efetivação dos injustificados danos, não assistiria defesa ao preponente capaz de afastar de si a responsabilidade que, para ele, defluiria do só fato delitual do preposto.

Quando alguém fica obrigado, *ope legis*, a reparar danos ocasionados por terceiros que não se encontrem sob sua guarda e vigilância – prossegue o mencionado autor –, o fato só se poderia explicar em virtude de uma responsabilidade objetiva, e nunca subjetiva[205].

A ideia de risco é a que mais se aproxima da realidade. Se o pai põe filhos no mundo, se o patrão se utiliza do empregado, ambos correm o risco de que, da atividade daqueles, surja dano para terceiro. É razoável que, se tal dano advier, por ele respondam solidariamente com os seus causadores diretos aqueles sob cuja dependência estes se achavam.

Procedente, sob esse aspecto, a crítica que se faz à redação da *Súmula 341 do Supremo Tribunal Federal*, pois o que deve ser presumida é a responsabilidade e não a culpa do patrão ou comitente.

Lembra, com efeito, Antonio Lindbergh C. Montenegro que um "dos campos onde o emprego da teoria subjetiva (culpa *in vigilando* e culpa *in eligendo*) tem recebido mais críticas é no da responsabilidade do empregador. Chega-se a tachar de ridícula a existência de um dever de fiscalização e de escolha que se exige do patrão, no mundo de hoje, quando em face das grandes organizações que proliferam nos centros urbanos ele sequer conhece dez por cento de seus empregados. Mais prático é explicar a responsabilidade do empregador através da teoria objetiva, através do princípio do risco proveito ou mesmo do risco da empresa".

Na verdade, prossegue, "em face da organização moderna do trabalho, com a transformação da economia de base patriarcal e artesanal em linha industrial, a figura do patrão se torna cada vez mais anônima, em relação ao controle da atividade do preposto. De par disso, como nota Bonvicini, a própria especialização do trabalho conduz a uma autonomia executiva no âmbito da diretriz empresarial. Isso sem falar na diminuição, cada vez maior, do poder de escolha e conservação dos empregados que se atribui ao empregador, em face das leis trabalhistas"[206].

Consoante anota Wilson Melo da Silva, a "jurisprudência, inclusive a do Supremo Tribunal Federal, com uma certa reiteração, tem conceituado a presunção

---
[205] *Da responsabilidade civil automobilística*, p. 286-287.
[206] *Responsabilidade civil*, cit., p. 95, n. 40.

de culpa que pesa sobre o patrão, amo ou comitente, pelo ilícito perpetrado por seu preposto no exercício de suas funções ou por ocasião delas, como sendo uma presunção, não mais apenas 'legis tantum', mas uma verdadeira presunção 'legis et de lege', irrefragável, equipolente, por isso mesmo, à própria responsabilidade objetiva"[207].

Também ARNOLDO WALD lembra que a "atitude dos nossos tribunais é de fato no sentido de não admitir a prova de que não houve culpa do patrão, uma vez provada a do preposto. A alegada presunção 'juris tantum' se transforma assim numa presunção 'juris et de jure', já que o patrão não se pode exonerar de sua responsabilidade alegando que escolheu preposto devidamente habilitado para o exercício da função"[208].

Tais considerações valem, hoje, como reminiscências históricas, pois o Código Civil de 2002, como já se afirmou, consagrou a *responsabilidade objetiva, independentemente da ideia de culpa*, dos empregadores e comitentes pelos atos de seus empregados, serviçais e prepostos (art. 933), afastando qualquer dúvida que ainda pudesse existir sobre o assunto e tornando prejudicada a referida *Súmula 341 do Supremo Tribunal Federal*, que se referia ainda à "culpa presumida" dos referidos responsáveis.

No mesmo sentido é a expressão do *Enunciado n. 451 da V Jornada de Direito Civil*: "A responsabilidade civil por ato de terceiro funda-se na responsabilidade objetiva ou independente de culpa, estando superado o modelo de culpa presumida".

Resta ao empregador somente a comprovação de que o causador do dano não é seu empregado ou preposto, ou que o dano não foi causado no exercício do trabalho que lhe competia, ou em razão dele.

Quando o art. 933 do Código Civil enuncia que os empregadores, ainda que não haja culpa de sua parte, responderão pelos atos praticados pelos seus empregados, serviçais e prepostos, está se referindo aos atos ilícitos, aos atos culposos em sentido lato, compreendendo a culpa e o dolo do empregado. Havendo dolo ou culpa *stricto sensu* do empregado na causação do dano, presume-se, *ipso facto* e de forma irrefragável, a responsabilidade (e não a culpa, por se tratar de responsabilidade objetiva) do empregador.

18.3. Requisitos para a configuração da responsabilidade do empregador ou comitente

Para que haja responsabilidade do empregador por ato do preposto, é necessário que concorram três requisitos, cuja prova incumbe ao lesado:

---

[207] *Da responsabilidade*, cit., p. 290, n. 94.
[208] *Obrigações*, cit., p. 397, n. 265.

1º) qualidade de empregado, serviçal ou preposto, do causador do dano (prova de que o dano foi causado por preposto);

2º) conduta culposa (dolo ou culpa *stricto sensu*) do preposto;

3º) que o ato lesivo tenha sido praticado no exercício da função que lhe competia, ou em razão dela.

Como já dito, o importante nessas relações é o vínculo hierárquico de subordinação.

Importa, também, o exame da normalidade do trabalho. Assim, se o ato ilícito foi praticado fora do exercício das funções e em horário incompatível com o trabalho, não acarreta a responsabilidade do empregador.

Em matéria de acidente de trânsito "a nossa jurisprudência vem sufragando a tese de que o proprietário do veículo, causador do desastre, responde pelo ato do preposto, embora estivesse a dirigi-lo abusivamente, fora do horário de trabalho. Nesses casos, via de regra, leva-se em conta ao mesmo tempo o caráter perigoso da coisa e a culpa *in vigilando*"[209], ou, principalmente, a teoria do guarda (proprietário) da coisa inanimada.

Tema que provoca dissensões é o relativo à responsabilidade do patrão em caso de uso abusivo do veículo.

Adverte ANTONIO LINDBERGH C. MONTENEGRO que, se o proprietário prova que tomava todas as precauções quanto à guarda da coisa e, mesmo assim, se deu o seu uso abusivo, restará isento de responsabilidade.

Na realidade, aduz, "não se compreende a responsabilidade do empregador, se ele comprova que guardava diligentemente o veículo e que empregou o motorista porque possui carteira de habilitação e não registrava antecedentes criminais. Se, a despeito dessas precauções, o motorista age abusivamente, tem-se que ele pratica um furto, como um ladrão qualquer"[210].

Nesses casos, não se pode dizer que o ato foi praticado no exercício da função ou por ocasião dela, inexistindo, pois, conexão de tempo, de lugar e de trabalho.

Assenta DE PAGE que a responsabilidade do preponente existe "desde que o ato danoso seja cometido durante o tempo do serviço, e esteja em relação com este serviço", não ocorrendo se o ato realmente verificou-se fora do serviço, isto é, sem conexão nem de tempo, nem de lugar de serviço com as funções confiadas ao agente[211].

Consoante consigna CAIO MÁRIO DA SILVA PEREIRA, respaldado em CARVALHO SANTOS e DEMOGUE, "em se apurando esses extremos, o empregador

---

[209] Antonio L. C. Montenegro, *Responsabilidade civil*, cit., p. 97.
[210] *Responsabilidade civil*, cit., p. 97-98.
[211] *Traité élémentaire de droit civil belge*, v. 2, n. 989, p. 949.

responde pelo dano causado, e é obrigado a repará-lo. Trata-se de um princípio de ordem pública. De nada vale o patrão anunciar que não se responsabiliza pelos acidentes, pois que se trataria de declaração unilateral de vontade, que não tem o efeito de elidir a responsabilidade"[212].

Para MARTINHO GARCEZ NETO, "haja ou não abuso de função, o que importa é que o ato, culposo ou doloso, seja cometido no exercício da função ou por ocasião dela, para que fique determinada a responsabilidade indireta pela reparação civil"[213].

De acordo com os exatos termos do inciso III do art. 932, o preponente é responsável pelo ato ilícito praticado, ainda que não mais durante a execução dos serviços que lhe são afetos, mas "em razão" deles.

Segundo WASHINGTON DE BARROS MONTEIRO[214] e outros autores de nomeada, como PONTES DE MIRANDA[215] e WILSON MELO DA SILVA[216], a expressão "no exercício do trabalho ou por ocasião dele", constante do art. 1.521, III, do Código Civil de 1916, que corresponde ao art. 932, III, do Código de 2002, deve ser entendida de modo amplo e não restrito. Para a caracterização dessa responsabilidade, pouco importa que o ato lesivo não esteja dentro das funções do preposto. Basta que essas funções facilitem sua prática.

Aduz WILSON MELO DA SILVA que, se "foi a função que possibilitou ao preposto a prática, colateral, do ato danoso, uma estreita relação de causa e efeito ter-se-ia estabelecido, aí, entre a função e o dano ocasionado a terceiro. Se na ausência da função, oportunidade não haveria para que o dano acontecesse, segue-se disso que a ela estaria ele ligado de maneira necessária. E quem responde pelo principal deve responder, ainda, pelo que lhe é conexo"[217].

O empregador não é responsável pelo dano se a vítima sabia que o preposto procedia fora de suas funções. Da mesma forma, se o lesado age de forma precipitada, sem observar as cautelas normais no seu relacionamento com o preposto.

Tem predominado, na jurisprudência, mediante aplicação da teoria da aparência, a orientação de que é suficiente a aparência de competência do preposto para acarretar a responsabilidade do comitente. Considera-se suficiente a razoável aparência do cargo. Exige-se, também, a boa-fé do lesado, ou seja, a convicção deste de que o preposto se achava no exercício de suas funções, na ocasião da prática do abuso.

---

[212] *Responsabilidade civil*, cit., p. 104, n. 82.
[213] *Responsabilidade civil*, cit., p. 238.
[214] *Curso*, cit., v. 5, p. 422.
[215] Direito das obrigações, in *Manual*, cit., v. 16, 3ª parte, t. 1, p. 328, n. 231.
[216] *Da responsabilidade*, cit., p. 294.
[217] *Da responsabilidade*, cit., p. 294-295.

Desse modo se justifica a aplicação da teoria em relação ao homem de trabalho que, em hospedaria, toma em depósito as bagagens do viajante, ou do empregado a quem o viajante confia uma soma ou objetos preciosos, parecendo razoável que fosse para este preposto[218].

No entanto, é preciso frisar que o dever de responder decorre do fato de a pessoa ter criado no tráfego jurídico uma situação capaz de merecer a confiança de outrem a respeito de determinado negócio jurídico, como lembra ANTONIO LINDBERGH C. MONTENEGRO[219], com base na doutrina alemã.

No campo da responsabilidade civil automobilística, tem-se entendido que, confiado um veículo a uma oficina mecânica para reparos, responsável pelos acidentes porventura ocorridos a tal veículo, durante o tempo de sua permanência na oficina, seria apenas o proprietário desta e não o dono do veículo, por inexistir qualquer vínculo de preposição entre o dono do carro e a oficina ou seus empregados. Os empregados da oficina são prepostos dos responsáveis pela mesma e não dos proprietários dos veículos ali deixados.

WILSON MELO DA SILVA[220] pondera que, no entanto, se o dono do carro entrega o veículo a empregado da oficina para que este, em momentos de folga, fora de seus horários normais de trabalho, promova os consertos reclamados, em casos tais estabelece-se um vínculo de preposição entre ambos. Assim, pelos acidentes ocorridos durante os consertos ou por ocasião das provas experimentais de rua com o veículo, a obrigação de reparar recairia sobre o dono deste, visto que, na espécie, surgiria ele como o verdadeiro preponente.

Diferente, porém, aduz, a hipótese em que o proprietário da oficina, por liberalidade, anui em que, por alguns instantes, dentro do horário de serviço do empregado, e em algum recanto da mesma oficina, o mecânico possa dar algum andamento à tarefa ajustada diretamente pelo preposto, em caráter particular. É que o acidente teria tido lugar "por ocasião" ou durante o momento do desempenho normal das tarefas do preposto para com seu preponente ordinário (o dono da oficina).

A propósito, já se decidiu:

"Pouco importa saber se o acidente ocorreu, ou não, em horário de trabalho do motorista, se não negada a sua condição de empregado e não demonstrado que o acesso à máquina não decorreu de outro fato senão o vínculo que mantinha com a demandada"[221].

---

[218] *Novissimo Digesto Italiano*, 1956, v. 1, p. 718.
[219] *Responsabilidade civil*, cit., p. 101-102.
[220] *Da responsabilidade*, cit., p. 299-300.
[221] TJMG, Ap. 50.467, in *Responsabilidade civil*, de Humberto Theodoro Júnior, p. 224, n. 90.

"A circunstância de ter o acidente ocorrido num domingo, fora do horário de trabalho do empregado da empresa demandada, é irrelevante. O que é decisivo é que o motorista tenha acesso ao veículo causador do evento danoso, em razão do vínculo empregatício existente. Estando comprovado que o evento decorreu de ato culposo do motorista, presume-se a corresponsabilidade do patrão"[222].

"Responde o empregador pela imprudência ou imperícia do seu empregado que, em dia de folga, dirigindo mal um caminhão de sua propriedade, ocasiona danos a terceiros"[223].

19. RESPONSABILIDADE DOS EDUCADORES

Os pressupostos de aplicação do princípio da responsabilidade dos educadores, e também dos donos de hospedarias em geral, consistem na apuração de que a instituição recolhe ou interna a pessoa com o fito de lucro. Não haveria a responsabilidade, *a contrario sensu*, para quem desse pousada gratuita, bem como pelo fato danoso dos que frequentassem a casa eventualmente[224].

No caso do hospedador e do educador a título gratuito, pondera, entretanto, com sabedoria, AGUIAR DIAS que "não se compreende que se albergue alguém para lhe proporcionar ou permitir o dano, através de terceiro". E acrescenta: "É indubitável que lhe incumbe (ao dono da casa), mesmo quando hospedador gratuito, um dever de segurança em relação à pessoa do hóspede"[225].

No entender do mencionado jurista, tudo estará em examinar, dado o caso concreto, até que ponto interveio a colaboração do dono da casa no fato danoso. E enfatiza, a seguir: "No caso, por exemplo, do educandário, de forma nenhuma se poderia julgar o aluno que goze desse favor a descoberto da garantia que o diretor do estabelecimento lhe deve".

Em nota a este comentário, afirma AGUIAR DIAS: "O mesmo ocorre nas escolas públicas de ensino gratuito. O Estado responde pelos danos sofridos pelo aluno em consequência de ato ilícito de outro (Carvalho Santos, ob. cit., vol. 20, pág. 240). É claro que na responsabilidade do educador influi consideravelmente a circunstância de má educação anterior do aluno".

---

[222] TAMG, Ap. 20.443, Boa Esperança, rel. Humberto Theodoro.
[223] *RT*, 491/66, 490/86, 483/84, 430/271.
[224] Caio Mário da Silva Pereira, *Instituições*, cit., p. 504, n. 281.
[225] *Da responsabilidade*, cit., p. 588 e nota 962.

Nos estabelecimentos de ensino exsurge uma concorrência de situações entre a responsabilidade do pai e a do professor. Os professores, no seu trabalho, exercem sobre os seus alunos um encargo de vigilância que é sancionado pela presunção de culpa.

No entender de conceituados autores, como Alvino Lima, Serpa Lopes e outros, em relação aos mestres e educadores preside a mesma ideia que influi na responsabilidade dos pais, com esta diferença de que a responsabilidade dos educadores é vinculada a um dever de vigilância pura e simplesmente, enquanto aos pais incumbe não só a vigilância como a educação[226].

Silvio Rodrigues não concorda com aqueles que vislumbram no inciso IV do art. 1.521 do Código Civil de 1916, que corresponde ao art. 932 do novo, uma responsabilidade ampla dos educadores. No seu entender, o aludido dispositivo legal somente tem aplicação aos diretores de colégios de "internato", por atos praticados por estudantes ali internos que, escapando à vigilância dos diretores ou de seus prepostos, causem dano a terceiros. E a responsabilidade, que normalmente competiria aos pais, transferida aos donos de casas de ensino onde se albergam estudantes, "é muito mais atenuada e só se caracteriza quando houver manifesta negligência do diretor ou seu preposto, sendo certo que o encargo de provar tal negligência compete à vítima"[227].

Entretanto com mais propriedade, *data venia*, Aguiar Dias preleciona que, embora o aludido dispositivo não faça referência a "educadores", como faz a lei francesa, "a nossa fórmula é mais geral: a ideia de vigilância é mais ampla do que a de educação, devendo entender-se que essas pessoas respondem pelos atos dos alunos e aprendizes, durante o tempo em que sobre eles exercem vigilância e autoridade".

Os danos por que respondem, acrescenta, "são, ordinariamente, os sofridos por terceiros, o que não quer dizer que os danos sofridos pelo próprio aluno ou aprendiz não possam acarretar a responsabilidade do mestre ou diretor do estabelecimento".

E menciona dois exemplos, tirados de Pontes de Miranda: o do "diretor do estabelecimento que se esquece de prevenir o pai ou parente sobre a doença de um dos colegiais ou pessoas internadas; e o do professor de química, que deixa no chão pedaços de fósforos com os quais se queima um aluno"[228].

Podemos lembrar, ainda, a hipótese em que um aluno fere um seu colega, não logrando a escola provar qualquer excludente de sua responsabilidade, como culpa exclusiva da vítima ou força maior, por exemplo.

---

[226] Alvino Lima, *Culpa e risco*, cit., n. 13; Serpa Lopes, *Curso*, cit., p. 283, n. 220.
[227] *Direito civil*, cit., v. 4, p. 80, n. 30.
[228] *Da responsabilidade*, cit., p. 587, n. 194.

Assim, quando o aluno se encontra em regime de externato, a "responsabilidade é restrita ao período em que o educando está sob a vigilância do educador (Serpa Lopes, ob. cit., n. 284), compreendendo o que ocorre no interior do colégio, ou durante a estada do aluno no estabelecimento, inclusive no recreio (Pontes de Miranda), ou em veículo de transporte fornecido pelo educandário. O mais que ocorra fora do alcance ou da vigilância do estabelecimento estará sujeito ao princípio geral da incidência de culpa. O *Tribunal de Justiça do Rio de Janeiro* reconheceu a responsabilidade do estabelecimento de ensino por dano sofrido durante a recreação (*ADCOAS*, 1986, n. 106.239)"[229].

Os educadores são prestadores de serviço. Com a entrada em vigor do Código Civil de 2002, preocuparam-se os operadores do direito em saber se essa atividade continuava regida pelo Código de Defesa do Consumidor, lei especial que responsabiliza os fornecedores e prestadores de serviço em geral de forma objetiva, só admitindo como excludente a culpa exclusiva da vítima, malgrado também se possa alegar a força maior, porque rompe o nexo de causalidade.

Embora o Código Civil seja bastante amplo, não esgota toda a matéria do direito privado. Se fosse essa a intenção do legislador, teria trazido para o seu bojo tudo o que consta da legislação especial. Todavia, o art. 593 do novel diploma dispõe:

"*A prestação de serviço, que não estiver sujeita às leis trabalhistas ou a lei especial, reger-se-á pelas disposições deste Capítulo*".

Verifica-se, portanto, que as regras do Código Civil sobre prestação de serviço têm caráter residual, aplicando-se somente às relações não regidas pela Consolidação das Leis do Trabalho e pelo Código do Consumidor, sem distinguir a espécie de atividade prestada pelo locador ou prestador de serviços, que pode ser profissional liberal ou trabalhador braçal.

Desse modo, o capítulo concernente à prestação de serviço, no Código Civil, teve sua importância diminuída, interessando mais ao prestador de menor porte, seja pessoa física ou jurídica, e ao trabalhador autônomo, como os profissionais liberais.

O aludido diploma cogita do contrato de prestação de serviço apenas enquanto civil no seu objeto e na disciplina, executado sem habitualidade, com autonomia técnica e sem subordinação.

No caso dos educadores, não há incompatibilidade entre o que dispõe o Código de Defesa do Consumidor a respeito dos prestadores de serviço em geral

---

[229] Caio Mário da Silva Pereira, *Responsabilidade civil*, cit., p. 107.

e o Código Civil, pois ambos acolheram a responsabilidade objetiva, independentemente de culpa.

Sendo remunerado, caracteriza-se na hipótese relação de consumo, atraindo a incidência do Código de Defesa do Consumidor que, no caso, prevalece sobre o regime do Código Civil[230].

Veja-se, a propósito:

"Responsabilidade civil – Escola maternal particular – Falecimento de menor por asfixia mecânica proveniente de aspiração de alimento – Ação de indenização por danos materiais e morais – Prestador de serviço – Responsabilidade objetiva.

No caso, o serviço prestado pela escola maternal foi defeituoso, a qual tem o dever de zelar pela segurança das crianças no período em que estão sob seus cuidados, de modo que, frustrada essa expectativa, deve a instituição responder objetivamente pelos danos ocorridos, em consonância com o art. 14 do Código de Defesa do Consumidor e 933 do Código Civil, sendo prescindível perquirir acerca da existência da culpa"[231].

Neste caso, não prevalece cláusula de não indenizar que, porventura, seja imposta pelo fornecedor do serviço. Nesses termos, quaisquer danos que decorram de serviços defeituosos prestados pelo fornecedor (dono do estabelecimento educacional) serão de sua responsabilidade, independentemente de culpa[232].

Também responde a escola por danos sofridos pelos alunos fora do estabelecimento educacional em atividade escolar, como ocorre nos passeios por ela organizados e acompanhados. Nessa conformidade, decidiu o *Superior Tribunal de Justiça*:

"Acidente ocorrido com aluno durante excursão organizada pelo colégio – Existência de defeito – Fato do serviço – Responsabilidade objetiva – Ausência de excludentes de responsabilidade"[233].

Assim, se o art. 933 do Código Civil preceitua que as pessoas indicadas nos incisos I a V do artigo antecedente (pais, tutores, curadores, empregadores, donos de hotéis e escolas e os que gratuitamente houverem participado nos produtos do crime) terão responsabilidade objetiva, respondendo pelos terceiros ali referidos "*ainda que não haja culpa de sua parte*", é porque quis afastá-los da culpa presumida consagrada no art. 1.521 do diploma de 1916. Neste, a presunção de culpa dos educadores era relativa, pois admitia prova em contrário (presunção *juris tantum*). A culpa consistia no fato de não haver exercido, como

---

[230] Bruno Miragem, *Direito civil: responsabilidade civil*, São Paulo: Saraiva, 2015, p. 319.
[231] STJ, REsp 1.376.460-RS, 3ª T., rel. Min. Maurélio Bellizze, *DJe* 30-9-2014.
[232] Bruno Miragem, cit., p. 320.
[233] STJ, REsp 762.075-DF, 4ª T., rel. Min. Luis Felipe Salomão, *DJe* 29-6-2009.

deveria, o dever de vigiar, de fiscalizar (culpa *in vigilando*). Permitia-se, assim, que se exonerasse da responsabilidade, desde que provasse não ter havido de sua parte culpa ou negligência.

O Código Civil de 2002 adotou solução mais severa, não os isentando de responsabilidade, ainda que não haja culpa de sua parte.

Podemos especificar as seguintes situações:

a) Se o dano é causado pelo aluno contra terceiros, a escola responde pelos prejuízos, independentemente de culpa. Tem ela, porém, ação regressiva contra os alunos (porque os seus pais não têm a obrigação de responder pelos atos praticados por seus filhos na escola), se estes puderem responder pelos prejuízos, sem se privarem do necessário (CC, art. 928 e parágrafo único).

Veja-se, a propósito, decisão do *Supremo Tribunal Federal* referente ao caso de um colégio que funcionava em um edifício e sofreu ação de indenização movida pelo condomínio, porque alunos estragaram o elevador: "Assim agindo, faltou o réu com a necessária vigilância, indiferente à indisciplina dos alunos no interior do edifício. Deve, portanto, responder pelos atos daqueles que, na escola, no seu recinto, estavam sujeitos ao seu poder disciplinar, ficando-lhe assegurado o direito de ação regressiva contra os responsáveis pelos menores e contra os alunos maiores que participaram dos fatos determinantes do dano"[234].

b) se o dano é sofrido pelo próprio aluno (na aula de química, por exemplo), a vítima pode mover, representada pelo pai, ação contra o estabelecimento. A propósito, veja-se:

"Responsabilidade civil. Acidente ocorrido em laboratório de Química de estabelecimento de ensino. Caso fortuito. Inocorrência. Falta de cautelas de segurança. Caracterização da culpa e do nexo causal. Vítima que não exerce atividade laborativa. Irrelevância. Indenização devida"[235].

"Responsabilidade civil. Faculdade de Educação Física. Morte de aluno no curso de aula de natação. Método arriscado de ensino. Culpa do professor. Responsabilidade solidária da Universidade, segunda ré. Indenização devida"[236].

A responsabilidade, quanto às escolas públicas, cabe ao Estado[237], vigorando as regras da responsabilidade civil das pessoas jurídicas de direito público[238].

---

[234] *RJTJSP*, 25/611.
[235] *RT*, 612/44; *RJTJSP*, 106/371.
[236] *RT*, 597/173.
[237] Carvalho Santos, *Código Civil*, cit., v. 20, p. 240; De Page, *Traité*, cit., n. 982.
[238] Caio Mário da Silva Pereira, *Responsabilidade*, cit., p. 107.

"Responsabilidade civil do Estado. Indenização. Lesão causada por professor em aluno de estabelecimento de ensino municipal durante partida de futebol realizada em aula de Educação

O *Tribunal de Justiça de Minas Gerais* condenou uma instituição de ensino a indenizar em R$ 70.000,00 um aluno que foi sequestrado no estacionamento da universidade, proclamando que o estabelecimento comercial ou de ensino tem obrigação de guarda e vigilância de veículos estacionados em suas dependências, nestes termos: "Incontroverso nos autos que os alunos da universidade utilizam o estacionamento. Sendo assim, a relação jurídica estabelecida não se restringe ao contrato de ensino, como faz crer a Parte ora apelante, uma vez que abarca todas as relações dele oriundas"[239].

CAIO MÁRIO DA SILVA PEREIRA comenta a situação descrita na letra *a*, *retro*, em que se reconheceu ao educandário direito regressivo contra os alunos ou seus pais, afirmando que "a questão é delicada, pois que, se o estabelecimento tem o dever de vigilância e responde pelos atos do educando, dificilmente se pode compreender que tenha ação regressiva para se ressarcir do dano causado ao estabelecimento, a outro aluno ou a terceiro. SOURDAT detém-se no assunto, para distinguir: se o aluno estava em condições de discernir, há ação contra ele; mas, contra o pai, a situação é diferente, porque, confiado o menor ao estabelecimento, assume este a sua vigilância (ob. cit., ns. 880 e 881)"[240].

Inteiramente procedente esta última assertiva. Com efeito, não se justifica o regresso contra os pais dos menores, relativa ou absolutamente incapazes, porque o estabelecimento, ao acolhê-los, recebe a transferência da guarda e vigilância, sendo portanto responsável, se o aluno pratica algum ato lesivo a terceiro[241], mesmo em regime de externato, restrita a responsabilidade ao período em que o educando está sob a vigilância do educador.

Assim, no caso mencionado na letra *a*, *retro*, decidido pelo *Supremo Tribunal Federal*, não parece correta a decisão na parte em que assegurou o direito de regresso também contra os responsáveis pelos menores, pois estão eles na mesma situação dos educadores (ambos são responsáveis por ato de outrem) e houve a transferência temporária dessa responsabilidade, dos primeiros para os últimos.

É pressuposto da responsabilidade do educador que o prejuízo tenha sido causado pelo educando no momento em que estava sob a sua vigilância.

Física. Alegação de ser consequência natural e inerente à atividade desportiva. Inadmissibilidade. Competição realizada como atividade obrigatória no *curriculum* e no interior da escola. Obrigação desta de zelar pela integridade física dos alunos, em razão da própria natureza do serviço prestado. Reparação de danos devida independentemente de prova de culpa" (*RT*, 642/104).
[239] TJMG, Ap. 1.0000.19.142984-4/001, rel. Des. Alberto Henrique, *in* Revista *Consultor Jurídico* de 5-4-2020.
[240] *Responsabilidade civil*, cit., p. 108.
[241] Caio Mário da Silva Pereira, *Responsabilidade civil*, cit., p. 107.

Noutro giro, ao julgar eventual responsabilidade civil da escola por agressões praticadas por aluno contra outro no intervalo das aulas, o *Superior Tribunal de Justiça* aclarou que:

"(...) Recurso interposto pela instituição de ensino. Responsabilidade civil da instituição de ensino firmada com base no art. 932, IV, do CC 2002. Inaplicabilidade à hipótese de fato delineada pelas instâncias ordinárias, considerando que não se trata de instituição de ensino 'onde se albergue por dinheiro'. Ausência, ademais, de nexo de causalidade entre a suposta omissão da instituição de ensino e o dano causado a um de seus alunos por outro. Caso em que, conforme o panorama de fato traçado pela corte revisora, a desavença ocorrida entre os dois alunos, adolescentes de dezessete anos, ocorreu de forma súbita, descaracterizando o nexo de causalidade material entre o evento danoso e a atividade imputável aos agentes da instituição de ensino, considerando que não havia a efetiva possibilidade de agir para impedir o resultado danoso (STF, RE 109615 e RE 841526) (...)"[242].

A expansão da prática de *bullying* entre crianças e adolescentes, especialmente no interior das escolas, tem preocupado a sociedade, a ponto de alguns estados e municípios brasileiros terem elaborado cartilhas destinadas a prevenir a violência nos estabelecimentos de ensino e aprovado leis dispondo sobre medidas de conscientização, prevenção e combate ao *bullying* escolar, que deverão integrar o projeto pedagógico das escolas públicas (cf. Lei Municipal n. 14.957, de 16 de julho de 2009, da cidade de São Paulo).

Bullying é palavra inglesa que significa usar o poder ou força para intimidar e humilhar, de modo repetitivo e intencional, sendo utilizada para descrever atos de violência física, verbal ou psicológica. A palavra bulicídio (do inglês *bullycide*) tem sido empregada para designar o suicídio cometido por vítimas de *bullying*.

Como já mencionado, os educadores são prestadores de serviço. O Código de Defesa do Consumidor responsabiliza os fornecedores e prestadores de serviço em geral de forma objetiva, só admitindo como excludente a culpa exclusiva da vítima, embora também possam alegar o caso fortuito ou força maior, porque rompem o nexo de causalidade. *O art. 933 do Código Civil também prevê a responsabilidade objetiva dos donos de escolas.*

A jurisprudência, por essa razão, tem corretamente reconhecido a responsabilidade objetiva, isto é, independentemente de culpa, dos estabelecimentos de ensino, nos casos de *bullying* praticados no período em que o educando está sob sua vigilância. Ao receber o estudante em seu estabelecimento, o educador, seja

---

[242] REsp 1.539.635-MG, 4ª T., rel. Min. Maria Isabel Gallotti, *DJe* 14-12-2021.

particular ou público, assume o compromisso de velar pela preservação de sua integridade física, moral e psicológica, devendo empregar todos os meios necessários ao integral desempenho desse encargo jurídico, sob pena de responder civilmente pelos danos ocasionados ao aluno.

Nessa linha, no julgamento da Ap. 0003372-37.2005.8.0208, a *13ª Câmara Cível do Tribunal de Justiça do Rio de Janeiro*, em 2 de fevereiro de 2011, tendo como Relator o Des. Ademir Pimentel, asseverou que, havendo falha na prestação de serviço por estabelecimento de ensino, a responsabilidade é objetiva, diante do reconhecimento de dano moral advindo da prática de *bullying*. Trata-se de relação de consumo, afirmou, "e a responsabilidade da ré, como prestadora de serviços educacionais, é objetiva, bastando a simples comprovação do nexo causal e do dano". No mesmo sentido já decidira a Segunda Turma do referido Tribunal, em 9 de julho de 2008, tendo como Relator o Des. Waldir Leôncio Lopes Júnior, em outro caso de *bullying* escolar.

O *Tribunal de Justiça de Minas Gerais*, por sua vez, condenou um colégio a pagar a um ex-aluno indenização por danos morais no valor de R$ 10.000,00 por um estudante ter sido vítima de *bullying* dentro da instituição de ensino e, também, ter sido vítima de mensagem difamatória, publicada por *hacker* no *site* da escola. Frisou o relator, Des. Tibúrcio Marques, que "restou demonstrado que o recorrente sofreu várias agressões verbais e físicas de um colega de sala, que iam muito além de pequenos atritos entre adolescentes, no interior do estabelecimento do réu, no ano de 2009, os quais caracterizam o fenômeno denominado *bullying*. É certo que tais agressões, por si só, configuram dano moral cuja responsabilidade de indenização seria do Colégio em razão de sua responsabilidade objetiva. (...) Resta evidenciado que a escola não tomou medidas para solucionar o problema, não proporcionou tratamento adequando ao caso, lesando o bem maior a ser protegido, ou seja, a dignidade do autor/adolescente"[243].

Também já foi dito que inexiste, nesses casos, responsabilidade solidária dos pais, uma vez que a obrigação destes é transferida temporariamente à escola. Descabe, portanto, ação regressiva desta contra os pais, que não são prestadores de serviço. Os pais somente poderão ser responsabilizados, excepcionalmente, quando comprovado o nexo de causalidade entre a sua conduta e o dano sofrido pela vítima, por exemplo, quando descuidou da guarda de arma de fogo, que foi levada pelo filho à escola. Ou, como afirma HENRI LALOU[244], quando o ato danoso "precede d'une faute du pére", como no caso de deixar uma faca nas mãos da

---

[243] TJMG, Proc. 1.0024.10.142345-7/002, 15ª Câm. Cív., rel. Des. Tibúrcio Marques, *in* Revista *Consultor Jurídico* de 19-5-2013.
[244] *Traité pratique de la responsabilité civile*, n. 980, p. 590.

criança. Dificilmente, em um sistema regido pelo Código de Defesa do Consumidor, poder-se-á responsabilizar os pais, que não são prestadores de serviço, pela má ou deficiente educação dos filhos.

Por considerar clara a omissão estatal, a 8ª Câmara de Direito Público do *Tribunal de Justiça de São Paulo* manteve decisão que condenou o Governo de São Paulo a indenizar um aluno agredido por um colega e ferido com um pedaço de vidro. A reparação foi fixada em R$ 50 mil por danos estáticos e R$ 20 mil por danos morais. Esses valores terão de ficar depositados em conta judicial até que o jovem complete 18 anos.

Consta nos autos que a vítima sofria *bullying* praticado pelo agressor, sem que a escola tomasse providências. No dia dos fatos, o aluno foi atacado dentro da sala de aula por um colega munido com caco de vidro retirado de uma janela quebrada da própria escola. O incidente ocorreu em momento que não havia nenhum responsável junto aos alunos. O autor da ação ficou com uma cicatriz visível e pediu transferência para outra escola.

Afirmou o relator do recurso, Desembargador Bandeira Lins, que "A omissão da administração é patente. A escola realmente se omitiu no que tange ao dever de zelar pela segurança do autor, que estava, no momento do incidente, sob sua custódia, devendo o Estado responder por isso[245].

Há, todavia, uma corrente minoritária, refletida em algumas poucas decisões judiciais (cf. TJSP, Ap. 251.173-4/0-00, 9ª Câm. "A" Dir. Priv., rel. Des. Durval A. Rezende Filho, j. 30-5-2006; Ap. 512.126-4/8-00, 6ª Câm. Dir. Priv., rel. Des. Sebastião Carlos Garcia, j. 26-3-2009), cujos seguidores reconhecem a responsabilidade das escolas e dos pais pelos atos de *bullying* ocorridos nas dependências daquelas.

Os adeptos dessa corrente fundamentam o seu entendimento no art. 227 da Constituição Federal, que estabelece ser dever da família "assegurar à criança e ao adolescente, com absoluta prioridade", o direito à educação, bem como no art. 205 do aludido diploma, que proclama ser a educação dever da família, "visando ao pleno desenvolvimento da pessoa, seu preparo para o exercício da cidadania". Reportam-se, ainda, ao art. 229 da Carta Magna, que prevê o dever dos pais de assistir, criar e educar os filhos menores, como um verdadeiro múnus público, bem como a dispositivos, no mesmo sentido, do Estatuto da Criança e do Adolescente (arts. 4º e 22).

Entretanto, tais dispositivos visam apenas à proteção dos direitos dos filhos menores, como preleciona Uadi Lammêgo Bulos[246], em comentário ao art. 227

---

[245] TJSP, 8ª Câm. Dir. Priv., rel. Des. Bandeira Lins, j. 15-2-2021.
[246] *Constituição Federal anotada*, Saraiva, 4. ed., p. 1289.

da Constituição Federal, retromencionado: "Norma que consagra uma recomendação em defesa da criança e do adolescente". O descumprimento das referidas normas pode acarretar a suspensão ou a perda do poder familiar. Não tratam elas, todavia, da responsabilidade civil dos pais pelos danos praticados pelos filhos menores contra terceiros. Essa matéria é disciplinada atualmente, como já dito, no Código de Defesa do Consumidor e no Código Civil.

A Lei n. 13.185, de 26 de novembro de 2015, instituiu o Programa de Combate à Intimidação Sistemática (*Bullying*) em todo o território nacional (art. 1º). Observa-se que a referida lei é voltada, essencialmente, ao assédio em estabelecimentos de ensino, em clubes e agremiações recreativas, uma vez que o art. 5º proclama expressamente que é dever dos *referidos estabelecimentos* "assegurar medidas de conscientização, prevenção, diagnose e combate à violência e à intimidação sistemática (*bullying*)", sendo um dos objetivos do aludido Programa "capacitar docentes e equipes pedagógicas para a implementação das ações de discussão, prevenção, orientação e solução do problema" (art. 4º, II).

A lei em apreço considera intimidação sistemática (*bullying*) "todo ato de violência física ou psicológica, intencional e repetitivo que ocorre sem motivação evidente, praticado por indivíduo ou grupo, contra uma ou mais pessoas, com o objetivo de intimidá-la ou agredi-la, causando dor e angústia à vítima, em uma relação de desequilíbrio de poder entre as partes envolvidas" (art. 1º, § 1º).

O legislador não foi feliz ao inserir, no texto legal, a expressão "sem motivação evidente". Constitui tal fato, efetivamente "um contrassenso legal", visto que "ainda que exista motivo evidente, ainda que se trate de um agressor (*bully*) que colhe os frutos da violência perpetrada contra suas vítimas, não existe no ordenamento jurídico a possibilidade de se fazer justiça com as próprias mãos, sob pena de se incorrer no crime previsto no art. 345 do Código Penal"[247].

Caracteriza-se a intimidação sistemática (*bullying*), aduz o art. 2º, em caráter exemplificativo e não taxativo, "quando há violência física ou psicológica em atos de intimidação, humilhação ou discriminação e, ainda: I – ataques físicos; II – insultos pessoais; III – comentários sistemáticos e apelidos pejorativos; IV – ameaças por quaisquer meios; V – grafites depreciativos; VI – expressões preconceituosas; VII – isolamento social consciente e premeditado; VIII – pilhérias". No parágrafo único do aludido dispositivo, a mencionada Lei n. 13.185/2015 preceitua que "há intimidação sistemática na rede mundial de computadores (*cyberbullying*) quando se usarem os instrumentos que lhe são próprios para depreciar, incitar a violência, adulterar fotos e dados pessoais com o intuito de criar meios de constrangimento psicossocial".

---

[247] Ana Paula S. Lazzareschi de Mesquita, "Recém-sancionada, lei de combate ao *bullying* é distante da realidade", disponível em <www.conjur.com.br>, de 16-11-2015.

A lei em epígrafe tem caráter *preventivo* e não punitivo, uma vez que um de seus objetivos é "evitar, tanto quanto possível, a punição dos agressores, privilegiando mecanismos e instrumentos alternativos que promovam a efetiva responsabilização e a mudança de comportamento hostil". Criminalizar o *bullying* é uma das propostas apresentadas pela Comissão de Reforma do Código Penal. De acordo com a inovação, o *bullying*, com a denominação de "intimidação vexatória", passaria a constituir o § 2º do art. 147 do Código Penal, com previsão de pena de prisão de um a quatro anos".

Embora a lei brasileira e a francesa silenciem a respeito da responsabilidade do educador, quando se trata de educando maior de idade, DEMOGUE[248] entende que, em se tratando de educandos maiores, nenhuma responsabilidade cabe ao educador ou professor, pois é natural pensar que somente ao menor é que se dirige essa responsabilidade, porquanto o maior não pode estar sujeito a essa mesma vigilância que se faz necessária a uma pessoa menor.

SOURDAT[249], igualmente, nega, sem distinção, a responsabilidade do professor pelo aluno maior, sob o fundamento de que as relações que existem entre eles resultam de uma vontade livre de sua parte e que o aluno maior não precisa ser vigiado como acontece com o menor: é senhor de seus atos e de seus direitos, e tem plena responsabilidade pelo que faz.

Exclui-se, pois, a responsabilidade dos estabelecimentos de ensino superior, em que há missão de instruir e não de vigiar, e o aluno não se encontra, normalmente, sob a vigilância do professor ou do educandário[250].

20. RESPONSABILIDADE DOS HOTELEIROS E ESTALAJADEIROS

O inciso IV do art. 932 também responsabiliza o hospedeiro pelos prejuízos causados pelos seus hóspedes, seja a terceiros, seja a um outro hóspede. Primeiramente, conforme lembra SERPA LOPES[251], em razão de o dono do hotel ser obrigado a uma vigilância permanente do comportamento dos seus hóspedes, estabelecendo regulamentos em torno da atividade de cada um deles em face dos demais; em segundo lugar, porque se impõe ao hoteleiro uma certa disciplina na escolha dos hóspedes que admite.

---

[248] *Traité des obligations en général*, t. 5, n. 854, p. 35.
[249] *Traité*, cit., n. 877, p. 119.
[250] Aguiar Dias, *Da responsabilidade*, cit., 4. ed., n. 194; Mazeaud e Mazeaud, *Responsabilité civile*, cit., v. I, n. 804; Demogue, *Traité*, cit., t. 5, n. 852, apud Caio Mário da Silva Pereira, *Responsabilidade*, cit., p. 107.
[251] *Curso*, cit., p. 283, n. 219.

Sendo o hoteleiro um prestador de serviços, encontra-se na mesma situação dos educadores, sujeitando-se, no tocante à responsabilidade por atos de seus hóspedes (responsabilidade indireta), ao Código de Defesa do Consumidor, como se afirmou no item anterior, tendo *responsabilidade objetiva*, independentemente de culpa.

As hipóteses cogitadas neste inciso são difíceis de ocorrer. Raramente se vê um dono de hotel ser responsabilizado por dano a terceiro causado por seu hóspede. Mas pode, eventualmente, ocorrer em atropelamentos verificados no pátio do hotel ou em brigas no interior da hospedaria, por exemplo.

Os casos mais frequentes são aqueles disciplinados no art. 649, parágrafo único, do Código Civil, que prevê a responsabilidade dos donos de hotéis, hospedarias ou casas de pensão, pelos furtos e roubos que perpetrarem as pessoas empregadas ou admitidas em suas casas[252]. O aludido dispositivo atribui aos hospedeiros a responsabilidade, como depositários, pelas bagagens dos viajantes, ainda quando o prejuízo decorra de roubos ou furtos perpetrados por pessoas empregadas em suas casas.

Reconheceu o *Superior Tribunal de Justiça* a responsabilidade do dono do hotel por ato de hóspede que lesionou o gerente, assinalando que "a lei presume a culpabilidade do hoteleiro por ato do seu hóspede. Cabe ao estabelecimento tomar todas as medidas de segurança e precaução, por cuja falta ou falha é responsável"[253].

Trata-se de responsabilidade contratual. Equipara-se ao depósito necessário. Só cessa provando-se que o dano não podia ser evitado (caso fortuito ou força maior) ou que a culpa foi do hóspede, que deixou a janela aberta, por exemplo.

Por força do depósito necessário previsto no art. 649 do Código Civil, "cumpre ao hospedeiro assegurar a incolumidade pessoal do hóspede no local, bem como a de seus bens que se achem em poder dele, sendo irrelevante o fato de os bens desaparecidos não serem de uso próprio, eis que caracterizados como bagagem"[254].

A responsabilidade dos hoteleiros só diz respeito aos bens que, habitualmente, costumam levar consigo os que viajam, como roupas e objetos de uso pessoal, não alcançando quantias vultosas ou joias, exceto se proceder culposamente ou se o hóspede fizer depósito voluntário com a administração da hospedaria. Isto é assim porque o hoteleiro, o hospedeiro e o estalajadeiro se oferecem à confiança

---

[252] "Nos termos do artigo 932, IV, do Código Civil, é dever dos hotéis e hospedarias a reparação por furto ocorrido em seu estabelecimento" (TJMG, Apelação Cível 1.0027.14.033259-7/001, 17ª C. Cív., rel. Des. Aparecida Grossi, j. 29-11-2018).
[253] REsp 69.437-SP, 4ª T., rel. Min. Barros Monteiro, j. 6-10-1998, *DJU*, 14-12-1998, p. 242.
[254] *RT*, 632/96.

do público, que não tem oportunidade de verificar a idoneidade dos estabelecimentos por eles explorados.

O hospedeiro tem o dever de manter a bagagem no estado em que a recebeu em seu estabelecimento; se esta se perder ou se deteriorar, será responsabilizado.

O hóspede lesado, para receber a indenização a que faz jus, só terá de comprovar o contrato de hospedagem e o dano dele resultante[255].

No caso do depósito necessário (bagagens), poderá o hoteleiro ter excluída tal responsabilidade se provar que o prejuízo não poderia ter sido evitado (CC, art. 650) por força maior, como no caso de roubo à mão armada ou violências semelhantes (CC, art. 642), e culpa exclusiva do hóspede.

O roubo à mão armada costuma ser considerado caso de força maior, excludente da responsabilidade dos depositários em geral[256], *desde que tenha sido executado em circunstâncias que excluam toda a culpa daquele que o invoca. Diante da manifesta negligência do depositário, não se configura a força maior*[257].

Assim, no caso de depósito voluntário (joias guardadas no cofre do hotel), pode o hoteleiro invocar a excludente da força maior, em caso de roubo à mão armada, provada a inexistência de negligência de sua parte e que o fato não pôde ser afastado ou evitado.

Já decidiu o *Tribunal de Justiça do Rio de Janeiro ser ineficaz aviso afixado nos quartos dos hotéis, no sentido de que o estabelecimento não se responsabiliza pelo furto de objetos deixados nos apartamentos, visto que a lei brasileira não fez distinção entre os valores integrantes da bagagem do hóspede, se de maior ou menor valor, se roupas, ou se dinheiro, de sorte a permitir ao julgador mandar indenizar determinados valores, e não outros. Simples aviso não tem o condão de postergar a regra legal*[258].

Também o *Tribunal de Justiça de São Paulo* determinou o pagamento de indenização pelo furto em quarto de hotel de aparelhos de videocassete pertencentes a hóspede, considerando-os como integrantes da bagagem e interpretando aviso de que "a gerência não se responsabiliza por objetos ou dinheiro deixados nos apartamentos porque existem cofres à disposição dos hóspedes, com os Caixas de recepção", como previsão relacionada com joias e valores, não a aparelhos como os desaparecidos[259].

É de ponderar que o art. 51, I, do Código de Defesa do Consumidor considera nulas de pleno direito as cláusulas contratuais que atenuem, por qualquer forma,

---

[255] Maria Helena Diniz, *Responsabilidade civil*, p. 245.
[256] V. RT, 604/84.
[257] *RJTJSP*, 101/141.
[258] RT, 572/177.
[259] *RJTJSP*, 114/150.

a responsabilidade do fornecedor de produtos e prestador de serviços. E, na relação entre hóspede e hospedeiro, que não envolva a responsabilidade indireta deste, mas constitua relação de consumo, continua aplicável a legislação consumerista.

Pondera AGUIAR DIAS que a expressão "*onde se albergue por dinheiro*" levaria a supor que, sendo gratuita a hospedagem, não há responsabilidade do hospedeiro pelo ato do preposto, o que não é exato, pois a responsabilidade pode basear-se no art. 932, III, do Código Civil de 2002, se se trata de ato de preposto. A questão se complica se o ato, porém, for de outro hóspede, morador ou educando.

O eminente jurista completa o seu pensamento, afirmando: "É indubitável que lhe incumbe, mesmo quando hospedador gratuito, um dever de segurança em relação à pessoa do hóspede, pois não se compreende que se albergue alguém para lhe proporcionar ou permitir o dano, através de terceiro"[260].

21. RESPONSABILIDADE DOS QUE PARTICIPARAM NO PRODUTO DO CRIME

No inciso V, o art. 932 do Código Civil trata da responsabilidade dos que gratuitamente houverem participado nos produtos do crime. São obrigados solidariamente à reparação civil até à concorrente quantia. Embora a "pessoa não tenha participado do delito, se recebeu o seu produto, deverá restituí-lo, não obstante ser inocente, do ponto de vista penal"[261].

O caso é de ação *in rem verso*. A utilidade do dispositivo é pura e simplesmente lembrar uma hipótese de *actio in rem verso*, que não depende de texto legal e a respeito da qual não se compreende a necessidade de afirmação expressa pelo legislador[262].

Se alguém participou gratuitamente nos produtos de um crime, está obrigado, é claro, a devolver o produto dessa participação até a concorrente quantia. O dispositivo somente consagra um princípio geralmente reconhecido, que é o da repetição do indevido[263].

AGUIAR DIAS critica a manutenção do mencionado inciso V, "que agasalha 'um estranho no ninho'. Com efeito, a previsão aí estabelecida, como aliás já o fazia o Código Beviláqua, refoge à definição do ato ilícito, assim como à índole da responsabilidade civil. O caso é de locupletamento indevido e a ação que lhe

---

[260] *Da responsabilidade*, 4. ed., cit., p. 588, n. 194.
[261] Washington de Barros Monteiro, *Curso*, cit., p. 423.
[262] Aguiar Dias, *Da responsabilidade*, cit., 4. ed., p. 589, n. 195.
[263] Miguel Maria de Serpa Lopes, *Curso*, cit., p. 284, n. 221.

corresponde é a *actio in rem verso*, que não depende de texto, por se tratar de norma supralegal, que dispensa afirmação expressa do codificador"[264].

22. A AÇÃO REGRESSIVA DAQUELE QUE PAGA A INDENIZAÇÃO, CONTRA O CAUSADOR DO DANO

22.1. Direito regressivo como consequência natural da responsabilidade indireta

Nos casos de responsabilidade por fato de outrem, aquele que paga a indenização (o responsável indireto) tem um direito regressivo (ação de *in rem verso*) contra o causador do dano. É o que dispõe o art. 934 do Código Civil:

"Aquele que ressarcir o dano causado por outrem pode reaver o que houver pago daquele por quem pagou, salvo se o causador do dano for descendente seu, absoluta ou relativamente incapaz".

Esse direito regressivo, de quem teve de ressarcir o dano causado por outrem, é de justiça manifesta, é uma consequência natural da responsabilidade indireta[265].

Direito que existe "com caráter geral", tanto no direito francês como expressamente assentado nos códigos respectivos.

Assevera PONTES DE MIRANDA: assim, o art. 1.904 do Código Civil espanhol, o art. 1.123 do Código Civil argentino ("... el que paga el daño causado por sus dependientes o domésticos puede repetir lo que hubiese pagado, del dependiente, o doméstico, que lo causó por su culpa o negligencia"), o art. 2.325 do Código Civil chileno, o art. 1.326 do Código Civil uruguaio[266].

Assim também dispunha o Código Civil português no art. 2.380; e, a seu respeito, ponderava CUNHA GONÇALVES[267] que o citado dispositivo mostrava que o comitente, na ação de regresso, podia exigir, ao seu preposto, tudo aquilo que pagara ao lesado. Não discrepou do mesmo teor o art. 500, 3, do estatuto vigente, de sorte que, se houver culpa do comissário, "o comitente que houver pago poderá exigir dele a restituição de tudo quanto pagou"[268].

Em referência ao art. 932, III, do Código Civil, o *Enunciado n. 44 da I Jornada de Direito Civil* dispõe: "Na hipótese do art. 934, o empregador e o comitente

---

[264] *Da responsabilidade*, cit., 10. ed., p. 33, n. 13.
[265] Clóvis Beviláqua, *Código Civil*, cit., v. 5, p. 305.
[266] *Tratado de direito privado*, t. 53, p. 164.
[267] *Tratado*, cit., v. 12, p. 883.
[268] João de Matos Antunes Varela, *Das obrigações em geral*, v. 1, p. 515.

somente poderão agir regressivamente contra o empregado ou preposto se estes tiverem causado dano com dolo ou culpa".

22.2. Exceções à regra

O citado art. 934 abre exceção para o caso de ser o causador do dano descendente de quem pagou, não importa se absolutamente incapaz, ou relativamente apenas. A razão jurídica dessa exceção reside "em considerações de ordem moral e da organização econômica da família"[269].

Pode parecer, à primeira vista, que nos demais casos de responsabilidade indireta sempre terá direito à ação regressiva quem houver suportado seus efeitos. SERPA LOPES, porém, com acuidade, observa: "Uma controvérsia de grande porte pode ser suscitada a propósito da aplicação desse direito regressivo: é ele assegurado, em todos os casos, aos tutores e curadores, em relação ao menor sob tutela ou ao incapaz?".

Em seguida, responde: "Quando cogitamos do problema da imputabilidade, assentamos o princípio de que os menores de 16 anos e o louco estavam fora de qualquer responsabilidade, precisamente não só pela sua condição de inimputáveis como ainda por se encontrarem sob a cobertura da responsabilidade dos respectivos tutores e curadores. Assim sendo, a obrigação que, em tais casos, pesa sobre os que têm a responsabilidade pela vigilância do *infans* e do louco fatalmente lhes sonega o direito regressivo: a sua culpa, nada obstante decorrer de fato de outrem, é igualmente uma culpa própria"[270].

Na mesma linha, escreve MÁRIO MOACYR PORTO: "Segundo os comentadores mais seguidos do art. 1.524 [*do CC de 1916, correspondente ao art. 934 do atual*], a exceção feita aos descendentes resultaria de considerações morais, solidariedade familiar etc. Mas nos parece que, independentemente das razões invocadas, os pais jamais poderão reaver do seu filho incapaz o que houver pago aparentemente por ele, pela simples e decisiva razão de que o pai não paga pelo filho incapaz. Solve, ao contrário, dívida própria. Aliás, o art. 936 do Projeto de reforma do Código Civil de 1975 [*art. 934 do texto aprovado*] reproduz o art. 1.524, com um acréscimo: 'exceto se o causador do dano for descendente seu, absoluta ou relativamente incapaz', acréscimo que, pelas razões expostas, carece de utilidade".

No parágrafo seguinte, aduz: "E que dizer sobre o tutor em relação ao seu pupilo (menor incapaz) e do curador em relação ao seu representado (maior in-

---
[269] Caio Mário da Silva Pereira, *Responsabilidade*, cit., p. 109.
[270] *Curso*, cit., v. 5, p. 285.

capaz)? Como se viu, a responsabilidade do tutor e do curador baseia-se, igualmente, na culpa presumida (arts. 1.521, II, e 431 do CC) [*de 1916*]. Se o tutor ou o curador, no cumprimento de uma decisão judicial, pagar à vítima o valor do dano praticado pelos seus representados absolutamente incapazes, a conclusão é a mesma. Não têm ação regressiva, não podem reaver o que houver pago, pois, considerados culpados por sentença, pagaram dívida própria e não dívida de seus representados inimputáveis. E se o menor, autor do dano, tiver mais de 16 anos, e o seu tutor houver pago a totalidade do prejuízo? Nesse caso, parece-nos, o tutor tem o direito a exigir do seu pupilo a quota que lhe couber (art. 913 do CC de 1916) [*correspondente ao art. 283 do atual*], desde que considerado, por decisão judicial, devedor solidário"[271].

Correta a asserção. Consoante anota WASHINGTON DE BARROS MONTEIRO, em comentário ao art. 913 do Código Civil de 1916 (art. 283 do atual), "satisfeita a obrigação por um dos devedores solidários, ela divide-se automaticamente, 'ope legis'. Pode o 'solvens', de tal arte, titulado pelo pagamento feito, voltar-se contra cada um dos demais coobrigados, para deles reclamar as respectivas quotas, ainda que a solidariedade, no caso, seja oriunda de ato ilícito e, pois, instituída pela lei"[272].

O *Superior Tribunal de Justiça* orientou a sua jurisprudência no seguinte sentido:

"O art. 462, § 2º, da CLT veda o desconto, nos salários do empregado, de importância correspondente a indenização por danos, quando não decorra de dolo, ou isso não for convencionado. Não exclui entretanto a responsabilidade por danos causados culposamente"[273]. A ação regressiva, no final das contas, acaba restrita aos empregadores; aos tutores, somente contra os tutelados que possam pagar a sua quota sem se privarem do necessário (art. 928, parágrafo único); aos curadores, somente contra os curatelados que se encontrarem na mesma situação dos referidos tutelados; aos educadores e donos de hospedarias em geral, contra, respectivamente, os educandos que também se encontrarem na mencionada situação e os hóspedes e moradores; e aos representantes das pessoas jurídicas de direito público, em casos de dolo ou culpa de seus agentes.

Fica, assim, excluída somente a possibilidade de haver ação regressiva dos pais contra os filhos menores e dos tutores, curadores e educadores contra os incapazes que não puderem privar-se do necessário.

---

[271] *Temas*, cit., p. 20-21.
[272] *Curso*, cit., v. IV, p. 209, n. 10.
[273] REsp n. 3.718-SP, 3ª T., rel. Min. Eduardo Ribeiro, j. 12-11-1990, *DJU*, 10-12-90, p. 14804, Seção I, ementa; *Bol. AASP*, n. 1.686, de 17 a 23-4-91, p. 96; *RT*, 666/200.

Aguiar Dias[274] lembra que, não obstante tenhamos, no art. 1.524 do Código Civil (art. 934 do atual), proibição formal a que o pai exerça ação regressiva contra o filho, sustenta Pontes de Miranda[275] que "o pai, nada podendo reaver do filho, pode, no entanto, ir à colação", consequência que o exímio jurista deduz da interpretação conjugada dos arts. 1.524 e 1.793 (do CC de 1916, correspondentes aos arts. 934 e 2.010 do atual), e que se não pode deixar de aceitar, sob pena de enfrentar inconciliável contradição entre esses dispositivos. Assim, os gastos extraordinários representados pelo ressarcimento do prejuízo poderão ir à colação.

Orlando Gomes coloca-se em posição diametralmente oposta: "Nem se pode admitir que a quantia paga seja conferida para igualar a legítima dos herdeiros. Admitir que deveria ser trazida à colação seria sustentar que o pai não respondeu por culpa própria, quando sabido que, em face da lei, responde por infração do dever de vigilância, que, em relação a ele, assume características próprias e pode ser exercido em condições especiais, dada a natureza do vínculo familiar"[276].

Parece-nos, entretanto, mais justa a primeira posição, por não prejudicar o direito dos demais descendentes. Se o filho reiterar nessa prática, de forma abusiva, e não se permitir a colação, poderá solapar o patrimônio do ascendente, em detrimento dos outros descendentes, de bom comportamento. Mesmo porque, no caso, não estará havendo nenhum ressarcimento ao ascendente.

Pontes de Miranda[277] entende, inclusive, injusta a exceção aberta pelo preceito do art. 1.524 (art. 934 do atual diploma) que, em caso de desigualdade de fortuna, pode recusar a um ascendente pobre ação regressiva contra o descendente rico, levando às vezes à absorção da fortuna do pai ou avô que pagou pelo ilícito do filho ou neto, sem direito à restituição.

Registre-se que Serpa Lopes, embora reconheça a existência da "desvantagem que esse dispositivo possa acarretar quando haja uma diferença de nível econômico entre o patrimônio do descendente em face do ascendente", objeta, no entanto, que é "uma circunstância excepcional que não diminui o valor do princípio geral consagrado em nosso Código". Aduz que se trata "de uma peculiaridade do nosso Direito, inspirada na ideia de resguardar um princípio de ordem moral e econômica pertinente à família. Entre ascendente e descendente há uma aproximação afetiva, um dever de vigilância e uma solidariedade moral"[278].

A questão da colação está, no entanto, em outro nível e não é afetada por essas considerações.

---

[274] *Da responsabilidade*, cit., 4. ed., p. 569, n. 188.
[275] *Tratado*, cit., v. 53, § 5.504, p. 196.
[276] *Obrigações*, cit., p. 356, n. 205.
[277] *Tratado*, cit., v. 53, § 5.504, p. 196.
[278] *Curso*, cit., v. 5, p. 285.

RESPONSABILIDADE CIVIL DOS EMPRESÁRIOS INDIVIDUAIS E DAS EMPRESAS PELOS PRODUTOS POSTOS EM CIRCULAÇÃO

Sumário: 23. Cláusula geral de responsabilidade objetiva. 24. Sintonia com a legislação consumerista.

23. CLÁUSULA GERAL DE RESPONSABILIDADE OBJETIVA

Dispõe o art. 931 do Código Civil:

"Ressalvados outros casos previstos em lei especial, os empresários individuais e as empresas respondem independentemente de culpa pelos danos causados pelos produtos postos em circulação".

A expressão "independentemente de culpa" evidencia ter o Código estabelecido nesse dispositivo mais uma cláusula geral de responsabilidade objetiva, acentuando ainda mais a sua indiscutível opção objetivista para melhor resolver a problemática dos acidentes de consumo[279].

24. SINTONIA COM A LEGISLAÇÃO CONSUMERISTA

O supratranscrito art. 931 do Código Civil tem a finalidade específica de proteger o consumidor. Entretanto, antes que entrasse em vigor o novo diploma, foi editado o Código de Defesa do Consumidor, que aborda a mesma matéria de forma ampla e completa.

Pode-se assim considerar que, na legislação especial ressalvada, concernente à responsabilidade pelo fato e vício do produto, insere-se o Código de Defesa do Consumidor.

Não havendo nenhuma incompatibilidade entre o referido diploma e o disposto no aludido art. 931 do Código Civil, permanecem válidas e aplicáveis às hipóteses de responsabilidade pelo fato ou pelo vício do produto as disposições da legislação especial consumerista. No mesmo sentido é o que dispõe o *Enunciado n. 190 da III Jornada de Direito Civil*: "A regra do art. 931 do novo Código Civil não afasta as normas acerca da responsabilidade pelo fato do produto previstas no art. 12 do Código de Defesa do Consumidor, que continuam mais favo-

---

[279] Carlos Alberto Menezes Direito e Sérgio Cavalieri Filho, *Comentários ao novo Código Civil*, v. XIII, p. 182.

ráveis ao consumidor lesado". O *Enunciado n. 378 da IV Jornada de Direito Civil* complementa: "Aplica-se o art. 931 do Código Civil, haja ou não relação de consumo".

AGUIAR DIAS critica a redação do art. 931 do Código Civil, dizendo que "padece, sem necessidade, de deselegante redação, pois a expressão 'empresários' abrange o termo 'empresas'. O empresário pode ser individual e pode ser coletivo, assim como a empresa não se define, necessariamente, como pessoa jurídica. Seria mais feliz uma fórmula abrangente, segundo a qual se estabelecesse que os empresários respondem pelos prejuízos resultantes dos riscos criados pelas suas atividades, à vida, à saúde e à segurança de terceiros, o que teria como campo de incidência todos os casos de proteção contra a poluição em geral e de danos relacionados com o abuso do direito de vizinhança, de incômodos e moléstias decorrentes dessas atividades"[280].

Na realidade, o dispositivo em questão terá sua aplicação restrita aos poucos casos em que a atividade empresarial não configurar relação de consumo.

Resumindo a situação, concluem CARLOS ALBERTO MENEZES DIREITO e SÉRGIO CAVALIERI FILHO:

"1) O dispositivo em exame contém uma cláusula geral de responsabilidade objetiva que abarca todos os produtos cujo fornecimento cria risco para o usuário e a sociedade.

2) Tal responsabilidade, embora ancorada na teoria do risco do empreendimento, tem por fato gerador o defeito do produto, que se configura quando este não oferece a segurança legitimamente esperada, noção que se extrai do artigo 12 e § 1º, do Código de Defesa do Consumidor.

3) Embora comuns as áreas de incidência do artigo 12 e a do artigo 931, as disciplinas jurídicas de ambos estão em perfeita sintonia, fundadas nos mesmos princípios e com vistas aos mesmos objetivos. A disciplina do primeiro, todavia, por sua especialidade, só tem incidência quando há relação de consumo, reservando-se ao Código Civil, muito mais abrangente, a aplicação de sua cláusula geral nas demais relações jurídicas, contratuais e extracontratuais"[281].

Nesse sentido, o *Enunciado n. 42 aprovado na Jornada de Direito Civil promovida pelo Centro de Estudos Judiciários do Conselho da Justiça Federal em Brasília, no período de 11 a 13 de setembro de 2002, do seguinte teor*: "O artigo 931 amplia o conceito de fato do produto existente no artigo 12 do Código de Defesa do Con-

---

[280] *Da responsabilidade*, cit., 10. ed., p. 33, n. 12.
[281] *Comentários*, cit., v. XIII, p. 194-195.

sumidor, imputando responsabilidade civil à empresa e aos empresários individuais vinculados à circulação dos produtos".

> **RESPONSABILIDADE DAS PESSOAS JURÍDICAS DE DIREITO PÚBLICO**
>
> *Sumário*: 25. Evolução: da fase da irresponsabilidade à da responsabilidade objetiva. 26. Responsabilidade civil da Administração Pública na Constituição Federal de 1988. 27. Responsabilidade civil do Estado pelos atos omissivos de seus agentes. 28. Sujeitos passivos da ação: Estado e funcionário. 29. Denunciação da lide ao funcionário ou agente público. 30. Responsabilidade civil do Estado em acidentes de veículos. 31. Culpa do funcionário, culpa anônima, deficiência ou falha do serviço público. 32. Dano resultante de força maior. 33. Culpa da vítima. 34. Atividade regular do Estado, mas causadora de dano. 35. Responsabilidade do Estado por atos judiciais. 35.1. Atos judiciais em geral. 35.2. Erro judiciário. 36. Responsabilidade do Estado por atos legislativos. 36.1. Danos causados por lei inconstitucional. 36.2. Dano causado por lei constitucionalmente perfeita. 36.3. Imunidade parlamentar.

25. EVOLUÇÃO: DA FASE DA IRRESPONSABILIDADE À DA RESPONSABILIDADE OBJETIVA

A responsabilidade civil do Estado é considerada, hoje, matéria de direito constitucional e de direito administrativo. Em sua evolução, podemos observar que, nos primórdios, subsistia o princípio da irresponsabilidade absoluta do Estado (*The King can do no wrong*). Após passar por vários estágios, atingiu o da responsabilidade objetiva, consignada no texto constitucional em vigor, que independe da noção de culpa.

O art. 15 do Código Civil brasileiro de 1916, pertencente à fase civilística da responsabilidade do Estado[282] pelos atos de seus representantes, condicionava-a à prova de que estes houvessem procedido de modo contrário ao direito, nestes termos:

"Art. 15. As pessoas jurídicas de direito público são civilmente responsáveis por atos dos seus representantes que nessa qualidade causem danos a terceiros, procedendo de modo contrário ao direito ou faltando a dever prescrito por lei, salvo o direito regressivo contra os causadores do dano".

---

[282] Aguiar Dias, *Da responsabilidade*, cit., 10. ed., p. 564, n. 201.

Tal dispositivo foi parcialmente revogado pela Constituição de 1946, dispensando aquele requisito, que não foi restaurado pelas que se lhe seguiram. O art. 107 e seu parágrafo único da Emenda Constitucional n. 1, de 17 de outubro de 1969, dispunham:

"Art. 107. As pessoas jurídicas de direito público responderão pelos danos que seus funcionários, nessa qualidade, causarem a terceiros.

Parágrafo único. Caberá ação regressiva contra o funcionário responsável, nos casos de culpa ou dolo".

Agora, expressa-se a Constituição de 1988 no sentido de que:

"As pessoas jurídicas de direito público e as de direito privado prestadoras de serviços públicos responderão pelos danos que seus agentes, nessa qualidade, causarem a terceiros, assegurado o direito de regresso contra o responsável nos casos de dolo ou culpa" (art. 37, § 6º).

Não se exige, pois, comportamento culposo do funcionário. Basta que haja o dano, causado por agente do serviço público agindo nessa qualidade, para que decorra o dever do Estado de indenizar. A jurisprudência nesse sentido, inclusive a do *Pretório Excelso*, é pacífica. Confira-se:

"*A responsabilidade civil das pessoas de Direito Público não depende de prova de culpa, exigindo apenas a realidade do prejuízo injusto*"[283].

Essa responsabilidade abrange as autarquias e as pessoas jurídicas de direito privado que exerçam funções delegadas do Poder Público, como as permissionárias e concessionárias de serviço público.

O Código Civil de 2002 tratou do assunto no art. 43, *verbis*:

"*As pessoas jurídicas de direito público interno são civilmente responsáveis por atos dos seus agentes que nessa qualidade causem danos a terceiros, ressalvado direito regressivo contra os causadores do dano, se houver, por parte destes, culpa ou dolo*".

Acrescentou, apenas, a palavra "*interno*", não trazendo nenhuma inovação, mesmo porque, como já se afirmou, esta matéria é hoje tratada em nível constitucional.

A Constituição Federal adotou a teoria da responsabilidade objetiva do Poder Público, mas sob a modalidade do risco administrativo. Desse modo, pode ser atenuada a responsabilidade do Estado, provada a culpa parcial e concorrente da vítima, e até mesmo excluída, provada a culpa exclusiva da vítima[284]. Não foi

---

[283] *RTJ*, 55/516; *JTJ*, Lex, 203/79; *RT*, 745/278.
[284] *RTJ*, 55/50.

adotada, assim, a teoria da responsabilidade objetiva sob a modalidade do risco integral, que obrigaria sempre a indenizar, sem qualquer excludente.

Nesse sentido, a lição de HELY LOPES MEIRELLES[285], refletida na jurisprudência:

"Assim, se o risco administrativo não significa que a indenização sempre será devida, pois não foi adotada a teoria do risco integral, e se a culpabilidade da vítima está reconhecida e está, quanto ao ofensor, afastada a ilicitude do fato, a douta sentença merece ser mantida. É que, 'enquanto não evidenciar a culpabilidade da vítima, subsiste a responsabilidade objetiva da Administração. Se total a culpa da vítima, fica excluída a responsabilidade da Fazenda Pública; se parcial, reparte-se o '*quantum*' da indenização' (Hely Lopes Meirelles, 'Direito Administrativo Brasileiro', 12ª ed., p. 561)"[286].

Há várias teorias tendentes a fundamentar o sistema da responsabilidade objetiva adotado pelo direito brasileiro, buscando atenuar as consequências de uma concepção levada a extremos.

Observa-se, até hoje, uma certa confusão na doutrina a respeito das teorias já mencionadas, a do risco integral e a do risco administrativo. Essa confusão, no entanto, é mais de ordem semântica, pois todos partilham do entendimento de que as regras constitucionais impuseram a responsabilidade objetiva do Estado pela reparação do dano, não significando, contudo, que tal responsabilidade subsista em qualquer circunstância, mas podendo ser excluída em caso de culpa da vítima ou de força maior.

Essa aparente divergência foi bem analisada por WEIDA ZANCANER BRUNINI, que assim se expressou: "Julgamos tratar-se de mera questão semântica, porque o simples exame de obras como a de, por exemplo, Octávio de Barros, faz ver que esse autor, declarando-se reiteradamente em comunhão com os adeptos da teoria do risco integral, em momento nenhum preceitua o ressarcimento nos casos de força maior ou de culpa da vítima: ao contrário, deixa bem claro o seu posicionamento, do qual, aliás, não se afastam os demais doutrinadores adeptos da modalidade do risco integral: '... se o fato foi imputado ao próprio prejudicado, não lhe socorre o direito à indenização. É o velho princípio do direito romano, adotado pela Constituição: *Qui culpa sua damnum sentit, non videtur damnum sentire*' (*Da responsabilidade pública*, p. 95). Prova disto é o preceituado por Mazagão e Pedro Lessa, que jamais deram à teoria do risco integral a interpretação emprestada a esta modalidade por Lopes Meirelles"[287].

---

[285] *Direito administrativo brasileiro*, p. 601-602.
[286] *RT*, 611/221, 613/63, 757/308.
[287] *Da responsabilidade extracontratual da Administração Pública*, p. 59-61.

Na realidade, como bem apreendeu a mencionada autora, usam-se rótulos diferentes para designar coisas iguais. Assim, quando Octávio de Barros[288], Washington de Barros Monteiro[289], Yussef Said Cahali[290] e outros afirmam que a teoria do risco integral é a que mais se identifica com a responsabilidade objetiva adotada pela Constituição Federal, de acordo com os princípios da igualdade dos ônus e encargos sociais, na realidade estão atribuindo ao dispositivo constitucional os mesmos efeitos atribuídos por Hely Lopes Meirelles e outros que afirmam a adoção da teoria do risco administrativo.

Daí, talvez, a razão de Caio Mário ter proclamado que "o direito positivo brasileiro consagra a teoria do risco integral ou risco administrativo"[291], praticamente identificando as duas teorias e explicando que o Estado responde sempre perante a vítima, independentemente de culpa do servidor, respondendo este perante o Estado em se provando que procedeu culposa ou dolosamente.

Mas – acrescentando – isso não significa que o Estado é responsável em qualquer circunstância, aplicando-se, no que couber, as excludentes de responsabilidade, podendo a culpa da vítima afastar ou diminuir essa responsabilidade.

No entender de Yussef Said Cahali, "deslocada a questão para o plano da causalidade, qualquer que seja a qualificação atribuída ao risco – risco integral, risco administrativo, risco proveito – aos tribunais se permite a exclusão ou atenuação daquela responsabilidade do Estado quando fatores outros, voluntários ou não, tiverem prevalecido ou concorrido como 'causa' na verificação do 'dano injusto'".

Na sequência, afirma: "Assim, a) o dano é injusto, e como tal sujeito ao ressarcimento pela Fazenda Pública, se tem como causa exclusiva a atividade, ainda que regular, da Administração; b) o dano deixa de qualificar-se juridicamente como injusto, e como tal não autoriza a indenização, se tem como causa exclusiva o fato da natureza, do próprio prejudicado ou de terceiro; c) o dano é injusto, mas sujeito a responsabilidade ressarcitória atenuada, se *concorre* com a atividade regular ou irregular da Administração, como *causa*, fato da natureza, do próprio prejudicado ou de terceiro. Desse modo, no pressuposto de que 'a Constituição Federal em tema de responsabilidade civil adotou a teoria do risco' (1ª Câmara Cível do TJSC, 21-7-77; *RT* 532/246), permite-se o reconhecimento da responsabilidade do Estado ainda que não se prove culpa ou falha da máquina administrativa".

---

[288] *Responsabilidade pública*.
[289] *Curso de direito civil*: parte geral.
[290] *Responsabilidade civil do Estado*, 1996, p. 38-39.
[291] *Responsabilidade civil*, p. 142.

Concluindo esse capítulo, asseverou: "Será, portanto, no exame das 'causas do dano injusto' que se determinam os casos de exclusão ou atenuação da responsabilidade do Estado, excluída ou atenuada esta responsabilidade em função da ausência do nexo da causalidade ou da causalidade concorrente na verificação do dano injusto indenizável"[292].

No plano da *responsabilidade objetiva*, "o dano sofrido pelo administrado tem como 'causa' o fato da atividade administrativa, regular ou irregular; incompatível, assim, com qualquer concepção de culpa administrativa, culpa anônima do serviço, falha ou irregularidade no funcionamento deste. A questão desloca-se, assim, para a investigação da 'causa' do evento danoso, objetivamente considerada mas sem se perder de vista a regularidade da atividade pública no sentido de sua exigibilidade, a anormalidade da conduta do ofendido, a eventual fortuidade do acontecimento, em condições de influírem naquela 'causa' do 'dano injusto', pois só este merece reparação"[293].

26. RESPONSABILIDADE CIVIL DA ADMINISTRAÇÃO PÚBLICA NA CONSTITUIÇÃO FEDERAL DE 1988

Houve alteração da Constituição de 1988, em relação à anterior, no tocante à responsabilidade civil da Administração Pública. Estendeu-se essa responsabilidade, expressamente, às pessoas jurídicas de direito público *e às de direito privado, prestadoras de serviços públicos*. E substituiu-se a expressão "funcionários" por outra mais ampla: "agentes". Essas inovações trouxeram à discussão dois temas ainda não inteiramente pacificados no âmbito do direito público: o de serviço público e o de agente público.

José da Silva Pacheco, depois de ampla digressão sobre essas alterações, apresentou as seguintes e corretas conclusões:

"3.1. Houve, pelo art. 37, § 6º, da CF de 1988, alteração no concernente à responsabilidade civil, inspirada no princípio basilar do novo Direito Constitucional de sujeição de todas as pessoas, públicas ou privadas, aos ditames da ordem jurídica, de modo que a lesão aos bens jurídicos de terceiros traz como consequência para o causador do dano a obrigação de repará-la.

3.2. Seguindo a evolução, que se observa como tendência universal, atingiu-se, com o § 6º do art. 37 da CF de 1988, novo patamar para envolver a responsabilidade das pessoas jurídicas de Direito Público (União, Estados, Distrito Fede-

---

[292] *Responsabilidade civil*, cit., p. 431.
[293] Yussef Cahali, *Responsabilidade civil*, cit., p. 35.

ral, Municípios e autarquias) e de Direito Privado (empresas públicas, sociedades de economia mista e sociedades privadas concessionárias) pelos danos causados, diretamente, pela execução de serviço público.

3.3. Tendo sido usada a expressão 'serviço público', há que concebê-la como gênero, de que o serviço administrativo seria mera espécie, compreendendo a atividade ou função jurisdicional e também a legislativa, e não somente a administrativa do Poder Executivo; e, no que se refere ao 'agente', deve ser entendido no sentido de quem, no momento do dano, exercia atribuição ligada à sua atividade ou função. Desse modo, abrange o § 6º do art. 37 da CF a responsabilidade da União, dos Estados, do Distrito Federal, Municípios e autarquias; dos Poderes Legislativo, Judiciário e Executivo; das empresas públicas, sociedades de economia mista e sociedades privadas, quando no exercício de serviço público e por dano diretamente causado pela execução desse serviço, para cuja caracterização exclui-se o critério orgânico ou subjetivo"[294].

A substituição do vocábulo "funcionário" pelo vocábulo "agente" atende sugestão de MIGUEL SEABRA FAGUNDES no sentido de que "no concernente à responsabilidade civil das pessoas jurídicas de direito público, pelos danos que seus 'agentes' causem a terceiros, temos que seria próprio substituir a expressão 'funcionários' (até aqui, aliás, entendida lucidamente pela jurisprudência como abrangente de quaisquer servidores e não apenas dos estritamente caracterizados como 'funcionários'), com propriedade, por 'quaisquer agentes públicos'. Com isso, incorporar-se-ia ao texto, afastando-se controvérsias acaso ainda suscetíveis, a lição dos tribunais, de sorte a ficar assente que do gari e do praça de pré ao Presidente da República, todo e qualquer servidor estatal compromete, quando agindo nessa qualidade, a responsabilidade civil por dano a terceiro, da entidade a que serve"[295].

Tem sido decidido que a "pessoa jurídica de direito privado, na qualidade de concessionária de serviço público, responde imediata e diretamente pelos danos que as empresas contratadas causarem a terceiros, não se necessitando indagar da culpa ou dolo, pois sua responsabilidade está ancorada na culpa objetiva e surge do fato lesivo, conforme dispõe o art. 37, § 6º, da CF"[296].

O *Supremo Tribunal Federal*, em julgamento com repercussão geral reconhecida por unanimidade, realizado no mês de agosto de 2009, definiu que há responsabilidade objetiva das empresas de ônibus, permissionárias de serviço público, mesmo em relação a terceiros que não sejam seus usuários (no caso, um ciclista). Acentuou o relator que a Constituição Federal não faz qualquer distinção

---

[294] Parecer publicado na *RT*, 635/103.
[295] O direito administrativo na futura Constituição, *Revista de Direito Administrativo*, 168/5, n. 4.
[296] *RT*, 745/278.

sobre a qualificação do sujeito passivo do dano, ou seja, "não exige que a pessoa atingida pela lesão ostente a condição de usuário do serviço"[297].

Indaga-se se o Poder Público tem responsabilidade subsidiária ou solidária pelos atos danosos causados pela concessionária no exercício da atividade transferida.

Celso Antônio Bandeira de Mello entende que a responsabilidade direta é da concessionária, porque gera o serviço por sua conta, risco e perigos. Aduz que, contudo, pode dar-se o fato de o concessionário encontrar-se em situação de insolvência e, nesse caso, "parece indubitável que o Estado terá de arcar com os ônus daí provenientes. Pode-se, então, falar em responsabilidade subsidiária (não solidária) existente em certos casos, isto é, naqueles em que os gravames suportados por terceiros hajam procedido do exercício, pelo concessionário, de uma atividade que envolveu poderes especificamente do Estado"[298].

Yussef Said Cahali, por sua vez, observa: "Tratando-se de concessão de serviço público, permite-se reconhecer que, em função do disposto no art. 37, § 6º, da nova Constituição, o Poder Público concedente responde objetivamente pelos danos causados pelas empresas concessionárias, em razão da presumida falha da Administração na escolha da concessionária ou na fiscalização de suas atividades, desde que a concessão tenha por objeto a prestação de serviço público, atividade diretamente constitutiva do desempenho do serviço público; responsabilidade direta e solidária, desde que demonstrado que a falha na escolha ou na fiscalização da concessionária possa ser identificada como a causa do evento danoso".

Como exemplos de hipóteses mais frequentes, o referido autor menciona as de "omissão de fiscalização das atividades econômicas privadas sujeitas a autorização governamental (estabelecimentos de crédito e financiamento; companhias de seguros; estabelecimentos de ensino; venda de fogos de artifício em estabelecimentos particulares), ou sob controle direto da Administração (manutenção de elevadores dos edifícios públicos)".

E, na sequência, aduz: "Tratando-se de danos oriundos de comportamentos alheios à própria prestação do serviço público (ou privado autorizado), a responsabilidade do Poder Público reveste-se de caráter subsidiário ou complementar, porém não em função de uma eventual insolvência da empresa concessionária, mas em função de omissão culposa na fiscalização da atividade da mesma"[299].

A propósito, decidiu a 7ª Câmara de Direito Público do *Tribunal de Justiça de São Paulo*:

---

[297] STF, RE 591.874-MS, rel. Min. Ricardo Lewandowski.
[298] *Prestação de serviços públicos e administração indireta*, p. 57-58.
[299] *Responsabilidade civil*, cit., p. 151.

"*Litisconsórcio*. Responsabilidade subsidiária da Fazenda do Estado, frente às obrigações de autarquia. Ilegitimidade de parte da Fazenda Pública, entretanto, na ação de indenização. Assenta a doutrina que sempre irrompe a possibilidade de o Estado atender, de modo subsidiário, às obrigações de autarquias. Entenda-se: tanto que esgotado o patrimônio da autarquia, ou entidade autárquica, responde o Estado, reforçando-o, apoiando-o. Não se cogita, portanto, de solidariedade. Inocorrendo ausência ou escassez de meios para pagar – garantia do credor – não se pode demandar primeiro, ou de forma conjunta, o garante subsidiário. Desútil tornar seguro o que, ainda, inseguro não se acha"[300].

O *Superior Tribunal de Justiça*, por sua vez, destacou:

"Ação de responsabilidade civil. Acidente com rede elétrica. Incidência na espécie do art. 17 do Código de Defesa do Consumidor. Responsabilidade objetiva da concessionária de serviço público. Denunciação da lide. Impossibilidade. Aplicação do art. 88 do Código de Defesa do Consumidor. *Súmula 83/STJ*"[301].

"O risco da atividade de fornecimento de energia elétrica é altíssimo sendo necessária a manutenção e fiscalização rotineira das instalações. Reconhecida, portanto, a responsabilidade objetiva e o dever de indenizar"[302].

Observa Yussef Said Cahali que esses mesmos princípios da responsabilidade civil objetiva aplicam-se também às empresas *permissionárias* de serviço público, em seus vários aspectos, "pois é manifesta a similitude das situações propiciadas por ambos os institutos de direito administrativo"[303].

Quanto ao dever do Estado de indenizar pela morte de vítima de disparo de arma de fogo durante operações policiais ou militares em comunidades, o tema restou enfrentado pelo *Supremo Tribunal Federal*, em julgamento com repercussão geral, restando fixada a seguinte tese: "(i) O Estado é responsável, na esfera cível, por morte ou ferimento decorrente de operações de segurança pública, nos termos da Teoria do Risco Administrativo; (ii) É ônus probatório do ente federativo demonstrar eventuais excludentes de responsabilidade civil; (iii) A perícia inconclusiva sobre a origem de disparo fatal durante operações policiais e militares não é suficiente, por si só, para afastar a responsabilidade civil do Estado, por constituir elemento indiciário"[304].

---

[300] AgI 048.265.5/8-SP, rel. Des. Sérgio Pitombo, j. 8-6-1998.
[301] STJ, REsp 1.680.693-RN, 2ª T., rel. Min. Herman Benjamin, *DJe* 20-10-2017
[302] STJ, REsp 1.095.575-SP, 3ª T., rel. Min. Nancy Andrighi, *DJe* 26-3-2013.
[303] *Responsabilidade*, cit., p. 158.
[304] STF, Recurso Extraordinário com Agravo 1.385.315-RJ, rel. Min. Edson Fachin, j. 11-4-2024.

27. RESPONSABILIDADE CIVIL DO ESTADO PELOS ATOS OMISSIVOS DE SEUS AGENTES

Não apenas a ação produz danos. Omitindo-se, o agente público também pode causar prejuízos ao administrado e à própria administração.

A omissão "configura a culpa 'in omittendo' e a culpa 'in vigilando'. São casos de 'inércia', casos de 'não atos'. Se cruza os braços ou se não vigia, quando deveria agir, o agente público omite-se, empenhando a responsabilidade do Estado por 'inércia' ou 'incúria' do agente. Devendo agir, não agiu. Nem como o 'bonus pater familiae', nem como o 'bonus administrator'. Foi negligente, às vezes imprudente e até imperito. Negligente, se a solércia o dominou; imprudente, se confiou na sorte; imperito, se não previu as possibilidades da concretização do evento. Em todos os casos, culpa, ligada à ideia de inação, física ou mental"[305].

Celso Antônio Bandeira de Mello, discorrendo sobre o tema, apresenta várias conclusões, algumas das quais, por relevantes, merecem ser aqui transcritas:

"*a*) A responsabilidade do Estado no Direito brasileiro é ampla. Inobstante, não é *qualquer* prejuízo patrimonial relacionável com ações ou omissões do Estado que o engaja na obrigação de indenizar.

(...)

f) Quando o comportamento lesivo é comissivo, os danos são *causados* pelo Estado. Causa é o evento que produz certo resultado. O art. 107 da Carta Constitucional estabelece que o Estado responde pelos danos *causados*.

g) No caso de dano por comportamento comissivo, a responsabilidade do Estado é *objetiva*. Responsabilidade objetiva é aquela para cuja irrupção basta o nexo causal entre a atuação e o dano por ela produzido. Não se cogita de licitude ou ilicitude, dolo ou culpa.

h) Quando o comportamento lesivo é omissivo, os danos são causados pelo Estado, mas por evento alheio a ele. A omissão é condição do dano, porque propicia sua ocorrência. Condição é o evento cuja ausência enseja o surgimento do dano.

i) No caso de dano por comportamento omissivo, a responsabilidade do Estado é *subjetiva*. Responsabilidade *subjetiva* é aquela cuja irrupção depende de procedimento contrário ao Direito, doloso ou culposo.

j) O Estado responde por omissão quando, devendo agir, não o fez, inocorrendo no ilícito de deixar de obstar àquilo que podia impedir e estava obrigado a fazê-lo.

---

[305] José Cretella Júnior, *Tratado de direito administrativo*, v. 8, p. 210, n. 161.

k) ..."[306].

Assim, para o conceituado administrativista, "a 'omissão' do Estado em debelar o incêndio, em prevenir as enchentes, em conter a multidão, em obstar ao comportamento injurídico de terceiro, terá sido 'condição' da ocorrência do dano, mas 'causa' não foi" e, assim, "a responsabilidade do Estado será 'subjetiva'".

Ao julgar demanda que analisava a responsabilidade civil por omissão de hospital público por erro médico, considerou-se que, "em se tratando de suposto erro médico por *faute du servisse* ou falha do serviço, respaldada pela omissão administrativa, a responsabilidade civil do Estado passa a ser subjetiva, hipótese em que, a par dos demais pressupostos, é necessária a comprovação de negligência, imperícia ou imprudência do agente estatal, ou seja, deve a parte ofendida demonstrar que o dano é consequência direta da culpa no mau funcionamento ou inexistência de um serviço afeto à Administração Pública. Precedentes"[307].

A 2ª Turma do *Supremo Tribunal Federal*, pelo voto do Min. CARLOS VELLOSO, reconhecendo a culpa do Poder Público por não zelar devidamente pela incolumidade física de detento, ameaçado por outros presos e por eles assassinado, proclamou que, em se tratando de "ato omissivo do Poder Público, a responsabilidade passa a ser subjetiva, exigindo dolo ou culpa, numa de suas três vertentes, negligência, imperícia ou imprudência, não sendo, entretanto, necessário individualizá-la"[308].

Esse posicionamento já foi sustentado, há muitos anos, por OSWALDO ARANHA BANDEIRA DE MELLO[309] e conta com o aplauso de MARIA HELENA DINIZ[310]. No entanto, foi refutado por TOSHIO MUKAI, ao fundamento de que "as obrigações, em direito, comportam causas, podendo elas ser a lei, o contrato ou o ato ilícito".

Assim – prossegue –, "causa, nas obrigações jurídicas (e a responsabilidade civil é uma obrigação), é todo fenômeno de transcendência jurídica capaz de produzir um poder jurídico pelo qual alguém tem o direito de exigir de outrem uma prestação (de dar, de fazer ou não fazer)".

Conclui, em consequência, que a omissão, ou o comportamento omissivo, pode ser causa e não condição. "Em outros termos, o comportamento omissivo do agente público, desde que deflagrador primário do dano praticado por terceiro, é a causa e não simples condição do evento danoso. Portanto, há que se examinar, em cada caso concreto, se o evento danoso teve como causa a omissão

---

[306] Responsabilidade extracontratual do Estado por comportamentos administrativos, *RT*, 552/11-20.
[307] TJDFT, Ap. 00342086220158070018, 6ª T. Cív., rel. Des. Arquibaldo Carneiro Portela, j. 13-5-2020.
[308] *RT*, 753/156.
[309] *Princípios gerais de direito administrativo*, v. 2, p. 487, n. 40.7.
[310] *Curso*, cit., v. 7, p. 416.

grave de representante do Estado; se teve, a responsabilidade subjetiva do Estado (por culpa 'in omittendo') aparece; se não teve, isto é, se o dano ocorreu por omissão do funcionário, incapaz de ser caracterizado como causa daquele, tal omissão não gerará a responsabilidade civil do Estado"[311].

Para ÁLVARO LAZZARINI, igualmente, "o artigo 107 da Constituição da República também contempla, além da responsabilidade por atos comissivos, aquela que decorra de atos omissivos".

Demonstra o mencionado autor o entendimento, em especial da jurisprudência, de que não só por ação, "mas também por omissão pode ocorrer o dano suscetível de reparação civil por parte do Estado", enfatizando: "Se presente a omissão em quaisquer dos três Poderes do Estado, e não só no Poder Executivo, e dessa omissão ocorrer dano a terceiros, o Estado deve recompor o patrimônio ofendido, respondendo, assim, civilmente pelo dano acarretado pelo agente estatal"[312].

Nesse trabalho apresenta, ainda, um panorama amplo da jurisprudência, mencionando vários casos em que se reconheceu a responsabilidade objetiva do Estado por atos omissivos, com aplicação do art. 107 da Constituição então em vigor[313].

---

[311] *Responsabilidade solidária da Administração por danos ao meio ambiente*, Conferência pronunciada no II Simpósio Estadual de Direito Ambiental, 11 a 13 de novembro de 1987, Curitiba, Paraná, SUREHMA.

[312] Artigo publicado na *RJTJSP*, 117/8, sob o título "Responsabilidade civil do Estado por atos omissivos de seus agentes".

[313] Como o publicado na *RJTJSP*, 97/342, em que se proclamou que mesmo quando a culpa é anônima pela omissão é possível reconhecer a responsabilidade civil do Estado, responsabilizando-se, no caso, Municipalidade que mantinha um balneário no qual morreu afogado um munícipe, em momentos de lazer; o publicado na *Lex-JTFR*, 9/288, em que o Tribunal Federal de Recursos se pronunciou no sentido de que o erro técnico na feitura de obras públicas, aliado à omissão de serviços indispensáveis a um mínimo de segurança devido aos habitantes do local, deve ser indenizado se causa lesão; o publicado na *RT*, 445/84, em caso em que oficial da Polícia Militar, portador de esquizofrenia, suicidou-se, quando internado em estabelecimento hospitalar da Corporação, em razão de deficiente vigilância que lhe possibilitou a fuga, por ele encontrada no Batalhão onde servia; o publicado na *RF*, 214/106, em que o extinto Tribunal Federal de Recursos responsabilizou a União por omissão do Exército, quando um petardo usado em exercícios e esquecido em um terreno baldio explodiu e causou mutilações e deformidades em um menor; o publicado na *RDP*, jul./dez. 1981, n. 59-60, p. 222, em que, por omissão do carcereiro, operário recolhido ao xadrez do II Exército, preso em cela isolada com fundamento no AI n. 5, de 1968, morreu por estrangulamento; os referentes à omissão na atividade de polícia, publicados na *RJTJSP*, 20/125 (omissão da autoridade policial de plantão), *RT*, 389/161 (inércia, ante movimento multitudinário, com depredação e saque); e o da Ap. 72.409-1-SP, da 1ª Câmara Cível, em que se reconheceu a responsabilidade do Estado pelo fato de a autoridade policial civil da cidade paulista de Matão ter efetuado a transferência de veículo, sem requisitar o seu prontuá-

Pode-se, assim, afirmar que a jurisprudência, malgrado alguma divergência, *tem entendido que a atividade administrativa a que alude o art. 37, § 6º, da Constituição Federal abrange tanto a conduta comissiva como a omissiva. No último caso, desde que a omissão seja a causa direta e imediata do dano.*

Com efeito, no julgamento de caso referente a acidente ocorrido nas dependências de escola municipal, por omissão da administração em evitar que uma criança, durante o recreio, atingisse o olho de outra, acarretando-lhe a perda total do globo ocular direito, proclamou o Supremo Tribunal Federal, pelo voto do relator, Ministro CELSO DE MELLO:

"A *teoria do risco administrativo*, consagrada em sucessivos documentos constitucionais brasileiros, desde a Carta Política de 1946, confere fundamento doutrinário à responsabilidade civil objetiva do Poder Público pelos danos a que os agentes públicos, *por ação ou omissão*, houverem dado caso. Essa concepção teórica, que informa o princípio constitucional da responsabilidade civil objetiva do Poder Público, *faz emergir*, da mera ocorrência de ato lesivo causado à vítima pelo Estado, o *dever* de indenizá-la pelo dano pessoal e/ou patrimonial sofrido, *independentemente* de caracterização de culpa dos agentes estatais ou de demonstração de falta do serviço público. As circunstâncias do presente caso – apoiadas em pressupostos fáticos soberanamente reconhecidos pelo Tribunal *a quo* – evidenciam que o nexo de causalidade material restou plenamente configurado *em face do comportamento omissivo* em que incidiu o agente do Poder Público (funcionário escolar), que se absteve de adotar as providências reparatórias que a situação estava a exigir..."[314].

Em outro caso, relatado pelo Ministro MOREIRA ALVES, a mesma Excelsa Corte manteve esse entendimento, afirmando que "não ofende o art. 37, § 6º, da Constituição Federal acórdão que reconhece o direito de indenizar a mãe do preso assassinado dentro da própria cela por outro detento"[315].

O Estado, com base nesse entendimento, foi responsabilizado objetivamente pela *omissão* no serviço de vigilância dos presos.

---

rio junto à autoridade policial de trânsito do seu Estado de origem, no caso o do Rio de Janeiro, em que se frisou não desculpar a omissão da autoridade policial civil de Matão o fato de o veículo ser objeto de crime patrimonial, pois, embora o Estado não seja responsável por atos criminosos de terceiros, na verdade ele o é pelos atos omissivos de seus agentes, seja qual for a sua investidura administrativa, quando, no exercício de suas atribuições legais, pratiquem erros ou se omitam, como na hipótese versada no aludido julgado.

[314] RE 109.615-RJ. Na mesma linha: "Responsabilidade civil do Estado. Transeunte atingido por disparo de arma de fogo, durante perseguição policial, causando-lhe sequelas permanentes. Danos morais. Pretendida redução do *quantum* indenizatório. Impossibilidade de revisão, na via judicial" (STJ, AgInt no AREsp 1.209.518-DF, 2ª T., rel. Min. Assusete Magalhães, *DJe* 19-5-2018).

[315] *RT*, 765/88.

O aludido Tribunal proclamou, no julgamento de outro recurso, que o Estado é responsável pela morte de detentos dentro de presídios, se for comprovado que seu dever de proteger as pessoas ali encarceradas não foi cumprido. Frisou o relator que, "se o Estado tem o dever de custódia, tem também o dever de zelar pela integridade física do preso. Tanto no homicídio quanto no suicídio há responsabilidade civil do Estado"[316]. A decisão teve sua repercussão geral reconhecida.

No mesmo sentido o posicionamento do *Superior Tribunal de Justiça*:

"Fortes chuvas – Danos causados à população – Omissão do poder público – Responsabilidade civil reconhecida.

O STJ admite que o Município seja responsabilizado por danos como os causados pelas fortes chuvas, desde que fique provado que, por sua omissão ou atuação deficiente, concorreu de modo decisivo para o evento, deixando de realizar as obras que razoavelmente lhe seriam exigíveis"[317].

Por sua vez, salientou o *Tribunal Regional Federal da 1ª Região*:

"Boletim de ocorrência da Polícia Federal, que destaca que o acidente ocorreu após o condutor do carro perder o controle do automóvel ao cruzar um buraco e que a condição da pista e a sinalização vertical eram ruins, além de não haver acostamento nem sinalização horizontal, o que evidencia a omissão do Estado em manter as condições de trafegabilidade. Configurada a responsabilidade do Estado por conduta omissiva por falta de conservação"[318].

Entretanto, o *Tribunal de Justiça de São Paulo já decidiu que o Município não responde por furto de veículo estacionado em local abrangido pela "zona azul", por não guardar a hipótese nenhuma similitude com o contrato de depósito gerado pelo estacionamento de veículos de usuários em terrenos ou garagens de estabelecimentos comerciais, como supermercados e shopping centers*. Veja-se a ementa:

"*Indenização. Furto de veículo estacionado em local abarcado pelo sistema 'zona azul'. Obrigação de indenizar inexistente. Potencial do contrato esgotado com a venda*

---

[316] RE com Agravo (ARE) 638.467-RS, rel. Min. Luiz Fux, disponível em *Revista Consultor Jurídico*, de 30-3-2016. No mesmo sentido: "Morte do genitor em cárcere. Filho menor. Responsabilidade do Estado configurada. Comprovada e incontroversa a morte do genitor da criança quando se encontrava sob a custódia do Estado, recolhido a estabelecimento prisional, e não configurada qualquer excludente da responsabilidade, faz jus o filho ao ressarcimento pelos danos morais e materiais por ele experimentados em razão da falta de observância pelo Estado de seu dever específico de proteção ao preso posto sob sua guarda, deixando de preservar a sua integridade física e moral (art. 5º, XLIX, CF/88)" (TJMG, Apel. 1.0313.11.002955-7/003, 7ª Câm. Dir. Priv., rel. Des. Peixoto Henriques, j. 30-1-2018).
[317] STJ, REsp 1.125.304, 2ª T., rel. Min. Castro Meira, *DJe* 28-2-2011.
[318] TRF, 1ª Região, Proc. 2007.36.00.010479, rel. Des. Jirair Meguerian, disponível *in* Revista Consultor Jurídico de 26-5-2018.

do talão autorizador do estacionamento e recebimento do respectivo preço. Inaplicabilidade da Lei Federal n. 8.078, de 1990. Recurso não provido"[319].

E o *Supremo Tribunal Federal* também entendeu inexistir responsabilidade civil do Estado por dano decorrente de assalto por quadrilha de que fazia parte preso foragido vários meses antes.

Proclamou a Corte que "a responsabilidade do Estado, embora objetiva por força do disposto no artigo 107 da Emenda Constitucional n. 01/69 (e, atualmente, no § 6º do artigo 37 da Carta Magna), não dispensa, obviamente, o requisito, também objetivo, do nexo de causalidade entre a ação ou a omissão atribuída a seus agentes e o dano causado a terceiros. No caso, é inequívoco que o nexo da causalidade inexiste e, portanto, não pode haver a incidência da responsabilidade prevista no § 6º da atual Constituição. Com efeito, o dano decorrente do assalto por uma quadrilha de que participava um dos evadidos da prisão não foi o efeito necessário da omissão da autoridade pública que o acórdão recorrido teve como causa da fuga dele, mas resultou de concausas, como a formação da quadrilha, e o assalto ocorrido cerca de vinte e um meses após a evasão. Recurso extraordinário conhecido e provido"[320].

Por sua vez, asseverou o *Tribunal de Justiça do Distrito Federal* que o suicídio de preso em delegacia de polícia não gera responsabilidade do Estado. O autor da ação de indenização alegou que seu pai, estando alcoolizado, envolveu-se em um acidente de trânsito com o veículo de um policial militar e foi preso. Segundo a inicial, os policiais, mesmo tendo constatado a situação de desespero do pai – que temia perder o emprego de motorista –, deixaram-no sozinho em uma cela. Enquanto aguardava o pagamento da fiança, o pai do autor da ação indenizatória acabou cometendo suicídio. Em razão disso, o filho ajuizou ação de indenização por falha do Estado em garantir a segurança e a integridade física do seu pai enquanto estava preso. Todavia, os Desembargadores mantiveram a sentença da Primeira Instância, que decidiu, analisando as provas colacionadas nos autos, "inexistir previsibilidade de que o preso praticaria o autoextermínio e que o evento deve ser previsível para que o Poder Público possa adotar medidas para evitar o dano e, dessa forma, configurar a omissão estatal". Os ilustres Desembargadores mantiveram a aludida sentença, obtemperando: "No caso em apreço, conforme as provas colacionadas aos autos, não há previsibilidade de que o preso praticaria o autoextermínio. O evento deve ser previsível para que

---

[319] *RJTJSP*, 152/91.
[320] RE 130.764-1-PR, 1ª T., rel. Min. Moreira Alves, j. 12-5-1992, v. u., *DJU*, 7-8-1992, p. 11782, Seção I, ementa, *RT*, 688/230.

o Poder Público possa adotar medidas para evitar o dano e, dessa forma, configurar a omissão estatal"[321].

É indubitável o direito à indenização quando há prova de que ocorreu prisão indevida. Em caso que envolve uma pessoa que, em virtude de equívocos, ficou cerca de quatro meses presa após a expedição do alvará de soltura, o Estado de Minas Gerais foi condenado a pagar indenização fixada em R$ 7.000,00 (sete mil reais)[322].

A *Edição n. 61* do banco de *Jurisprudência em Teses do Superior Tribunal de Justiça* reuniu 18 entendimentos acerca da responsabilidade civil do Estado:

Tese 1: "Os danos morais decorrentes da responsabilidade civil do Estado somente podem ser revistos em sede de recurso especial quando o valor arbitrado é exorbitante ou irrisório, afrontando os princípios da proporcionalidade e da razoabilidade".

Tese 2: "O termo inicial da prescrição para o ajuizamento de ações de responsabilidade civil em face do Estado por ilícitos praticados por seus agentes é a data do trânsito em julgado da sentença penal condenatória".

Tese 3: "As ações indenizatórias decorrentes de violação a direitos fundamentais ocorridas durante o regime militar são imprescritíveis, não se aplicando o prazo quinquenal previsto no art. 1º do Decreto n. 20.910/1932".

Tese 4: "O prazo prescricional das ações indenizatórias ajuizadas contra a Fazenda Pública é quinquenal (Decreto n. 20.910/1932), tendo como termo *a quo* a data do ato ou fato do qual originou a lesão ao patrimônio material ou imaterial. (Tese julgada sob o rito do art. 543-C do CPC/73 – Tema 553)".

Tese 5: "A responsabilidade civil do Estado por condutas omissivas é subjetiva, devendo ser comprovados a negligência na atuação estatal, o dano e o nexo de causalidade".

Tese 6: "Há responsabilidade civil do Estado nas hipóteses em que a omissão de seu dever de fiscalizar for determinante para a concretização ou o agravamento de danos ambientais".

Tese 7: "A Administração Pública pode responder civilmente pelos danos causados por seus agentes, ainda que estes estejam amparados por causa excludente de ilicitude penal".

---

[321] AP 0708913-74.2018.8.07.0018-TJDF, 2ª Turma Cível, *in* Revista *Consultor Jurídico* de 18-5-2020.
[322] TJMG, Ap. 1.0261.18.004956-9/001, rel. Des. Fábio Torres de Souza, *in* Revista *Consultor Jurídico* de 3-4-2020.

Tese 8: "É objetiva a responsabilidade civil do Estado pelas lesões sofridas por vítima baleada em razão de tiroteio ocorrido entre policiais e assaltantes".

Tese 9: "O Estado possui responsabilidade objetiva nos casos de morte de custodiado em unidade prisional".

Tese 10: "O Estado responde objetivamente pelo suicídio de preso ocorrido no interior de estabelecimento prisional".

Tese 11: "O Estado não responde civilmente por atos ilícitos praticados por foragidos do sistema penitenciário, salvo quando os danos decorrem direta ou imediatamente do ato de fuga".

Tese 12: "A despeito de situações fáticas variadas no tocante ao descumprimento do dever de segurança e vigilância contínua das vias férreas, a responsabilização da concessionária é uma constante, passível de ser elidida tão somente quando cabalmente comprovada a culpa exclusiva da vítima. (Tese julgada sob o rito do art. 543-C do CPC/73 – Tema 517)".

Tese 13: "No caso de atropelamento de pedestre em via férrea, configura-se a concorrência de causas, impondo a redução da indenização por dano moral pela metade, quando: (i) a concessionária do transporte ferroviário descumpre o dever de cercar e fiscalizar os limites da linha férrea, mormente em locais urbanos e populosos, adotando conduta negligente no tocante às necessárias práticas de cuidado e vigilância tendentes a evitar a ocorrência de sinistros; e (ii) a vítima adota conduta imprudente, atravessando a via férrea em local inapropriado. (Tese julgada sob o rito do art. 543-C do CPC/73 – Tema 518)".

Tese 14: "Não há nexo de causalidade entre o prejuízo sofrido por investidores em decorrência de quebra de instituição financeira e a suposta ausência ou falha na fiscalização realizada pelo Banco Central no mercado de capitais".

Tese 15: "A existência de lei específica que rege a atividade militar (Lei n. 6.880/1980) não isenta a responsabilidade do Estado pelos danos morais causados em decorrência de acidente sofrido durante as atividades militares".

Tese 16: "Em se tratando de responsabilidade civil do Estado por rompimento de barragem, é possível a comprovação de prejuízos de ordem material por prova exclusivamente testemunhal, diante da impossibilidade de produção ou utilização de outro meio probatório".

Tese 17: "É possível a cumulação de benefício previdenciário com indenização decorrente de responsabilização civil do Estado por danos oriundos do mesmo ato ilícito".

Tese 18: "Nas ações de responsabilidade civil do Estado, é desnecessária a denunciação da lide ao suposto agente público causador do ato lesivo".

28. SUJEITOS PASSIVOS DA AÇÃO: ESTADO E FUNCIONÁRIO

Observa Oswaldo Aranha Bandeira de Mello que "a ação de indenização, proposta pela vítima, pode ter como sujeito passivo o próprio agente público ou mesmo o Estado. Isso porque age aquele como elemento ativo do órgão de um organismo moral, cuja formação e exteriorização da vontade depende dele para atuar".

Assim, aduz, "isso pode fazer o particular, se fundada a ação em culpa ou dolo do agente público, propondo a ação contra ambos, agente público e Estado, como responsáveis solidários, ou mesmo só contra o agente público"[323].

Yussef Said Cahali mostra que, quando a pretensão indenizatória é deduzida com fundamento em ato doloso ou culposo do funcionário, nada há na lei que impeça a cumulatividade subjetiva da ação, de modo a obstar o seu exercício desde logo contra a Fazenda Pública e o funcionário faltoso. Mesmo quanto à possibilidade que tem o ofendido de propor a ação apenas contra o funcionário faltoso, nenhuma contestação séria é produzida em oposição à mesma[324].

Adilson Dallari[325], igualmente, sustenta que, se o administrado quiser, poderá apenas e tão somente acionar o funcionário, assinalando que, no caso, a vítima teria o inconveniente de ter de provar a culpa do funcionário, mas em compensação se livraria das notórias dificuldades da execução contra a Fazenda Pública: o particular tem o ônus da prova, mas vê facilitada a execução da sentença judicial.

O *Supremo Tribunal Federal* tem feito a distinção já apontada, como se pode verificar:

"Segundo a teoria do risco administrativo, a ação de indenização da vítima, em virtude da responsabilidade civil do Estado, há de ser dirigida unicamente contra a pessoa de direito público envolvida. Provada a culpa do servidor no ato lesivo ao particular, cabe apenas a ação regressiva do Estado. Como resume Hely Lopes Meirelles, 'o legislador constituinte bem separou as responsabilidades: o Estado indeniza a vítima; o funcionário indeniza o Estado'. Entretanto, demonstrada desde logo a responsabilidade subjetiva, isto é, a culpa do servidor, tem o *Supremo Tribunal Federal* admitido que a ação de indenização se exerça diretamente contra o causador do dano"[326].

---

[323] *Princípios gerais de direito administrativo*, p. 481-482.
[324] *Responsabilidade civil*, cit., p. 96-98.
[325] *Regime constitucional dos servidores públicos*, p. 122-123.
[326] *RTJ*, 118/1097, rel. Min. Carlos Madeira.

Acentua, ainda, o citado aresto: "O Ministro Cunha Peixoto bem situou a questão, ao dizer, no voto que proferiu como Relator do RE 90.071-SC: 'Há, pois, duas responsabilidades: a da Administração perante o lesado, baseada na teoria do risco administrativo, e a do autor do dano, com fundamento na teoria da culpa. Quem deve ao lesado, em princípio, é aquela; mas este também é responsável pela dívida, desde que tenha agido com culpa ou dolo'. E adiante, a propósito do art. 105 da Constituição de 1967, acrescentou: 'Por outro lado, a norma visa a proteção do lesado. Propondo ação apenas contra a Administração, compete-lhe provar apenas a materialidade do fato e o nexo de causalidade, isto é, de que do ato praticado pelo funcionário lhe adveio dano. Nada mais. Se dirigir o pleito contra o funcionário, terá de demonstrar também a culpa ou dolo do autor do dano' (*RTJ* 96/240)".

O Ministro Moreira Alves aduziu, no voto proferido em outro caso de que foi relator, que: "Essa é a orientação que se me afigura correta, e sua fundamentação demonstra que o disposto no artigo 107 da Constituição Federal [de 1969] não impede que a vítima promova ação direta contra o funcionário com base na responsabilidade subjetiva prevista no art. 159 do Código Civil [de 1916]".

Com efeito, prossegue, "o preceito constitucional, ao distinguir a responsabilidade do Estado como objetiva e a do funcionário como subjetiva, dando àquele ação regressiva contra este, visou apenas facilitar a composição do dano à vítima, que pode acionar o Estado independentemente de culpa do funcionário, não tendo, portanto, em mira impedir ação direta contra este, se se preferir arcar com os ônus da demonstração de culpa do servidor, para afastar os percalços da execução contra o Estado".

E conclui: "O artigo 107 [da CF de 1969], ao aludir à ação regressiva do Estado contra o funcionário, demonstrada a culpa em sentido amplo deste, se referiu ao 'quod plerumque accidit' (ao que ocorre comumente), não atribuindo ao funcionário faltoso o benefício de ordem, que não resulta implícito da referência à ação de regresso, uma vez que essa ação existe até em casos de solidariedade, e que contraria o princípio de que a Administração Pública, sem lei expressa em contrário, não pode isentar de responsabilidade seu servidor, por não ter aquela disponibilidade sobre o patrimônio público"[327].

Nesse mesmo sentido é o voto do Ministro Antonio Neder, no RE 77.169, do qual foi relator[328].

A ação deve ser proposta dentro do prazo prescricional de três anos. No Código Civil de 1916, prescreviam em cinco anos as ações contra a Fazenda

---

[327] RE 99.214-RJ, *RTJ*, 106/1185-186.
[328] *RTJ*, 92/144.

Pública (art. 178, § 10, VI). O Código Civil de 2002 unificou todos os prazos das ações de *ressarcimento de dano*, reduzindo-os a três anos, sem fazer nenhuma distinção entre os sujeitos passivos. Confira-se:

"*Art. 206. Prescreve:*

(...)

§ 3º Em três anos:

(...)

V – a pretensão de reparação civil".

Decidiu o *Superior Tribunal de Justiça*, ainda durante a vigência do Código de 1916, que, se o ato do qual pode exsurgir a responsabilidade civil do Estado está sendo objeto de processo criminal, o lapso prescricional da ação de reparação de dano começa a fluir, excepcionalmente, da data do trânsito em julgado da sentença penal.

Na hipótese, o recorrido foi ferido por policial militar e, ao invés de ajuizar, desde logo, ação cível (CC de 1916, art. 1.525), preferiu aguardar, por quinze anos, a sentença penal condenatória transitada em julgado. "O direito faz parte de um sistema. Assim, suas normas e princípios devem ser interpretados de modo coerente, harmônico, com resultado útil. Dessarte, não se pode invocar, como faz o recorrente, a prescrição do fundo de direito. Tal interpretação levaria ao absurdo e à iniquidade: se o próprio CPC [de 1973] confere executoriedade à sentença penal condenatória transitada em julgado (art. 584, II), não se poderia, coerentemente, obrigar a vítima a aforar a ação civil dentro dos cinco anos do fato criminoso. Afastamento do Decreto n. 20.910/32"[329].

O Código Civil de 2002 incorporou tal orientação, trazendo-a para o art. 200, que assim preceitua, genericamente:

"*Quando a ação se originar de fato que deva ser apurado no juízo criminal, não correrá a prescrição antes da respectiva sentença definitiva*".

29. DENUNCIAÇÃO DA LIDE AO FUNCIONÁRIO OU AGENTE PÚBLICO

Uma corrente doutrinária e jurisprudencial interpreta de forma restritiva o art. 125, II, do Código de Processo Civil de 2015, não admitindo a denunciação da lide em todos os casos em que há o direito de regresso, pela lei ou pelo contrato, mas somente quando se trata de garantia do resultado da demanda, ou seja, quando, resolvida a lide principal, torna-se automática a responsabilidade do

---

[329] REsp 137.942-RJ, 2ª T., rel. Min. Ari Pargendler, j. 5-2-1998.

denunciado, independentemente de discussão sobre sua culpa ou dolo (caso das seguradoras), isto é, sem a introdução de um fato ou elemento novo.

Vicente Greco Filho[330] entende que a admissão da denunciação ante a simples possibilidade de direito de regresso violaria a economia processual e a celeridade da justiça, porque num processo seriam citados inúmeros responsáveis ou pretensos responsáveis numa cadeia imensa e infindável, com suspensão do feito primitivo e em prejuízo da vítima, que teria de aguardar anos até a citação final de todos. E violar-se-ia, também, o princípio da singularidade da ação e da jurisdição, com verdadeira denegação de justiça.

Nessa linha de raciocínio decidiu o extinto *1º Tribunal de Alçada Civil de São Paulo*:

"O instituto, nem sempre adequadamente utilizado, não se destina ao indiscriminado chamamento ao processo de terceiros, pela só razão de se entrever a existência de direito regressivo, o que poderia levar a situações absurdas e perturbadoras da relação processual, com prejuízos a seu regular desenvolvimento. Assim, poder-se-ia admitir à Prefeitura Municipal também exercer o direito de regresso contra o fabricante do semáforo, mediante a denunciação, enquanto o denunciado teria condições de chamar seus empreiteiros, por exemplo, formando-se uma cadeia extensa e desproposital de intervenções"[331].

Entende Vicente Greco Filho que "a solução se encontra em admitir, apenas, a denunciação da lide nos casos de ação de garantia, não admitindo para os casos de simples ação de regresso, i.e., a figura só será admissível quando, por força da lei ou do contrato, o denunciado for obrigado a garantir o resultado da demanda, ou seja, a perda de primeira ação, 'automaticamente', gera a responsabilidade do garante. Em outras palavras, não é permitida, na denunciação, a intromissão de fundamento jurídico novo, ausente na demanda originária, que não seja responsabilidade direta decorrente da lei e do contrato"[332].

Yussef Said Cahali diz que o argumento mais vigoroso obstativo da denunciação da lide neste caso encontra seu fundamento no princípio da lealdade processual e na falta de legítimo interesse. Em realidade – acrescenta –, "a denunciação do funcionário público implica necessariamente na 'confissão' da responsabilidade civil do Estado pela denunciante, na medida em que se resolve no reconhecimento expresso do dolo ou culpa de seu servidor, como fundamento da

---

[330] *Direito processual civil brasileiro*, v. 1, p. 142-143.
[331] AgI 374.628/2, São Vicente, 7ª Câm., rel. Juiz Vasconcellos Pereira, j. 11-8-1987, *Boletim da AASP*, de 18-5-1988, n. 1.535, p. 117.
[332] *Direito processual civil*, cit., p. 143.

denúncia; exaurida nesses termos da lide principal, cumpre ao Estado simplesmente adimplir a obrigação ressarcitória, mostrando-se imoral e despropositado pretender servir-se do mesmo processo instaurado pelo ofendido para, inovando a fundamentação da ação, recuperar de terceiro aquilo que já deveria ter pago, na composição do dano sofrido pela vítima; e desde que só este pagamento efetivamente realizado legitima a pretensão fazendária regressiva contra o funcionário culpado, resta-lhe apenas a ação direta de regresso para o reembolso"[333].

No entanto, quando o Estado admite a culpa ou o dolo de seu funcionário, entende CAHALI[334] que se deve admitir a denunciação. Acertada, no seu entender, a jurisprudência que aplica à risca a regra do art. 125, II, do Código de Processo Civil de 2015, no sentido da obrigatoriedade da denunciação àquele que estiver obrigado, pela lei ou pelo contrato, em ação regressiva, a indenizar o prejuízo do que perder a demanda.

Várias decisões foram proferidas pelo *Superior Tribunal de Justiça* no sentido de se permitir a denunciação da lide pelo Estado ao seu funcionário (ressalvadas as ações de procedimento sumário, que não a admitem), sem estar obrigado, para tanto, a confessar a ação, afirmando que tal direito lhe é assegurado pelos arts. 37, § 6º, da Constituição Federal, e 70, III, do Código de Processo Civil de 1973 (art. 125, II, do CPC/2015), bem como pelo princípio processual da eventualidade.

Confiram-se, a propósito, os seguintes arestos:

"O Estado, quando réu, em processo de indenização por acidente de trânsito, tem direito de denunciar a lide ao motorista que conduzia o veículo oficial. Requerida a denunciação, em tal processo, é defeso ao Juiz condicioná-la à confissão de culpa, pelo Estado"[335].

"Na ação reparatória, pode a entidade pública promover a denunciação da lide ao seu preposto, sem necessidade de atribuir-lhe, desde logo, a culpa pela ocorrência. A exigência de que faça isso expressamente, sob pena de inépcia da respectiva petição, desnatura o instituto da denunciação da lide, inspirado pelo princípio da eventualidade"[336].

"A administração pública tem direito subjetivo processual de denunciar à lide, na qualidade de terceiro, o seu funcionário, na forma do art. 70, III, do CPC [*de 1973; art. 125, II, do CPC/2015*], nas ações de responsabilidade civil contra si intentadas. A referida denunciação, se requerida, não pode ser indeferida pelo

---

[333] *Responsabilidade civil*, cit., p. 187.
[334] *Responsabilidade civil*, cit., p. 188.
[335] REsp 159.958-0-SP, 1ª T., rel. Min. Humberto Gomes de Barros, *DJU*, 27-4-1998.
[336] *RSTJ*, 106/167-168; *DJU*, 16-3-1998.

juiz. Precedente: REsp 95.368-18, Rel. Min. José Delgado, *DJU* 18-11-96. Recurso provido, por maioria"[337].

Entretanto, a predominância de entendimento na mencionada Corte é no sentido de que, "se a litisdenunciação dificulta o andamento do processo, é de ser rejeitada[338]. Ademais, a Primeira Seção, por unanimidade, decidiu:

"Da análise do artigo 37, § 6º, da Constituição Federal, conclui-se que buscou o constituinte, ao assegurar ao Estado o direito de regresso contra o agente público que, por dolo ou culpa, cause danos a terceiros, garantir celeridade à ação interposta, com fundamento na responsabilidade objetiva do Estado. Dessarte, ainda que, a teor do que dispõe o artigo 125, II, do CPC/2015, seja admitida a denunciação da lide em casos como tais, não é ela obrigatória.

A anulação do feito baseada no indeferimento da denunciação da lide ofenderia a própria finalidade do instituto, que é garantir a economia processual na entrega da prestação jurisdicional. Mais a mais, a não aceitação da litisdenunciação não impede o exercício do direito de regresso, tendo em vista que a Constituição Federal o assegura ao Estado para que, em ação própria, obtenha o ressarcimento do prejuízo. Embargos de Divergência rejeitados"[339].

O *Superior Tribunal de Justiça* pondera que, tratando-se de responsabilidade civil estatal, a denunciação da lide não se trata de obrigatoriedade, até porque não podem ser acrescidos novos fundamentos que não fizeram parte da demanda originária:

"Agravo de Instrumento contra decisão que inadmitiu a denunciação à lide formulada pelo Estado do Rio de Janeiro, sob o argumento de que quando se trata de ação fundada na culpa anônima do serviço ou apenas na responsabilidade objetiva decorrente do risco, não cabe a denunciação uma vez que estaria incluindo novo fundamento na ação. A denunciação à lide do garantidor não pode acrescentar ao feito originário nova demanda, ou seja, fundamento novo não constante na ação principal acerca do dolo ou da culpa do funcionário. Resguarda-se ao Estado o direito de acionar regressivamente seu preposto em ação autônoma"[340].

"A denunciação da lide ao agente do Estado em ação fundada na responsabilidade prevista no art. 37, § 6º, da CF/88 não é obrigatória, vez que a primeira relação jurídica funda-se na culpa objetiva e a segunda na culpa subjetiva, fundamento novo não constante da lide originária. Não perde o Estado o direito de regresso se não denuncia a lide ao seu preposto (precedentes jurisprudenciais)"[341].

---
[337] REsp 100.158-0-DF, 1ª T., rel. Min. José Delgado, *DJU*, 27-1-1997.
[338] REsp 61.455-PA, 2ª T., rel. Min. Eliana Calmon, *DJU*, 20-11-2000.
[339] EREsp 128.051-RS, 1ª Seção, j. 25-6-2003.
[340] REsp 1.089.955-RJ, rel. Min. Denise Arruda, *DJe* 24-11-2009.
[341] EREsp 313.886-RN, 1ª Seção, rel. Min. Eliana Calmon, *DJ* 22-3-2004.

30. RESPONSABILIDADE CIVIL DO ESTADO EM ACIDENTES DE VEÍCULOS

O progresso material da sociedade moderna desenvolveu atividades que criaram grandes riscos, como o transporte, o fornecimento de energia elétrica, o funcionamento de grandes complexos industriais. O conceito tradicional de culpa e os estreitos limites do art. 159 do Código Civil de 1916 passaram a ser considerados injustos e insuficientes para a reparação dos danos causados pelo exercício dessas e de outras atividades consideradas perigosas.

O risco criado na utilização da coisa perigosa passou a ser o parâmetro para a aferição da responsabilidade, surgindo então as inovações legislativas que instituíram a responsabilidade civil objetiva em casos de danos pessoais causados por veículos de transportes, por meio do seguro obrigatório.

A responsabilidade presumida do transportador terrestre foi regulada inicialmente no Decreto n. 2.681, de 1912. Os danos causados por aeronaves a terceiros passaram a ser indenizados pelo Código Brasileiro do Ar, de forma objetiva. E os causados por barcos, pelo Decreto-Lei n. 116, de 1967. Assim, leis especiais começaram a ser editadas, apartando do regime comum de responsabilidade certas atividades perigosas, com destaque especial para os automóveis, dentre outras[342].

O Código de 2002, ao sopro da nova doutrina, no *parágrafo único do art. 927*, que trata da obrigação de indenizar com base na culpa, proclama:

"*Haverá obrigação de reparar o dano, independentemente de culpa, nos casos especificados em lei, ou quando a atividade normalmente desenvolvida pelo autor do dano implicar, por sua natureza, risco para os direitos de outrem*".

Esses novos rumos da responsabilidade civil automobilística, como anota Yussef Said Cahali, "informam particularmente a responsabilidade civil do Estado pelos danos causados aos particulares, quando da utilização dos veículos da Administração Pública, fazendo gerar daí, pelo menos, uma culpa presumida do servidor-motorista, suficiente para determinar a obrigação de reparar o dano. Impõe-se, assim, uma maior largueza no exame da responsabilidade do Estado pelos danos resultantes do risco criado com a utilização de veículos, com a inversão do ônus probatório da excludente de culpa na causação do evento"[343].

Não bastasse, a substituição do vocábulo "funcionário", no texto constitucional atualmente em vigor, pelo vocábulo "agente" alcança quaisquer servidores,

---

[342] Carlos Alberto Bittar, Responsabilidade civil nas atividades perigosas, in *Responsabilidade civil – Doutrina e jurisprudência*, p. 91.
[343] *Responsabilidade civil*, cit., p. 290.

inclusive os motoristas de veículos oficiais. Por danos que causarem a terceiro, agindo nessa qualidade, comprometem a entidade pública a que servem, nos exatos termos do art. 37, § 6º, da Constituição Federal. Significa dizer que a vítima, nesses casos, está dispensada da prova da culpa do motorista da viatura oficial, pois o Estado responde pela indenização, independentemente de prova de culpa de seu agente.

Mas, *admitida a inversão do ônus da prova*, poderá a Administração trazer à baila a questão da culpa ou da inexistência da relação de causalidade, demonstrando que o acidente ocorreu por fato ou culpa exclusiva da vítima. Neste caso, logrará exonerar-se da obrigação de indenizar. Se houver concorrência de culpa, do motorista-funcionário e do motorista do veículo particular, a indenização será devida apenas pela metade[344].

O importante, na espécie, é ressaltar que o particular está dispensado da prova de culpa do motorista-funcionário: ela é presumida. Assim, basta a prova do dano e da relação de causalidade entre ele e a ação ou omissão do agente público.

Se o Estado provar que o fato ocorreu em virtude de culpa exclusiva, ou concorrente, da vítima, poderá livrar-se por inteiro, ou parcialmente, da obrigação de indenizar. Mas se nada provar, ou seja, se a vítima não provar a culpa do motorista-funcionário (mas provar tão somente o dano e a mencionada relação de causalidade) e o Estado não provar a culpa exclusiva ou concorrente da vítima, arcará com a responsabilidade pela indenização integral reclamada.

Desse modo, a existência de provas conflitantes ou não suficientemente esclarecedoras dos fatos (qual dos motoristas é o culpado ou o causador do dano), ao invés de beneficiar o Estado-réu e de conduzir ao pronunciamento do *non liquet* e da improcedência da ação, importa o reconhecimento da obrigação de indenizar (desde que provado o dano e a relação de causalidade), por se tratar de responsabilidade presumida[345].

A contradição nos depoimentos ou a insuficiência de provas favorece, no entanto, o motorista-funcionário na lide secundária eventualmente instaurada, pois o regramento constitucional exige, para sua condenação, prova de culpa. Na via regressiva a responsabilidade do agente público é subjetiva.

Em abono às concepções expendidas, já se decidiu que "a tese aceitável, com base na teoria do risco, é a de que o Estado responde pelos danos causados ou produzidos diretamente por seus veículos, estejam ou não a seu serviço, independentemente da apuração de culpa de seus motoristas. Mas não pode responder pelos danos causados exclusivamente por motoristas de outros veículos que, em ultrapassagens proibidas e perigosas, se vejam forçados a manobras súbitas e desastrosas"[346].

---

[344] *RJTJSP*, 50/107; *RTJ*, 55/30; *RT*, 741/351, 755/327.
[345] 1º TASP, Ap. 402.850-6-SP; Ap. 412.831-4-Suzano.
[346] *RT*, 527/206.

31. CULPA DO FUNCIONÁRIO, CULPA ANÔNIMA, DEFICIÊNCIA OU FALHA DO SERVIÇO PÚBLICO

O maior número de casos julgados pelos tribunais diz respeito à responsabilidade civil da Administração quando o dano sofrido pelo particular (dano injusto) tem a sua causa exclusiva na culpa individuada do funcionário (ação ou omissão), na culpa anônima e na deficiência ou falha do serviço público (embora ocorrido o dano por ocasião de acontecimentos naturais). Assim:

"Colisão de veículos em decorrência de defeito de semáforo. Omissão da Administração em tomar as providências necessárias ao restabelecimento da segurança do tráfego. Indenização devida"[347].

"Acidente de trânsito em virtude de falta de sinalização em pista rodoviária. Indenização devida pelo DER. Ocorrido o acidente por falha exclusiva do serviço público, que mantinha pista defeituosa e sem sinalização adequada, responde a autarquia encarregada desse mister administrativo pelos prejuízos causados"[348].

"Perdas e danos resultantes de enchentes. Transbordamento de rio de domínio estatal. Comprovados o prejuízo causado em razão de transbordamento de rio de domínio estadual e a omissão do Estado em ampliar a capacidade de vazão, bem como a negligência da Municipalidade em promover a captação de águas pluviais, reconhece-se a responsabilidade solidária desses dois entes, que devem arcar com a indenização independentemente da demonstração de culpa ou dolo de qualquer agente público"[349].

"Veículo atingido por uma laje tombada da Ponte das Bandeiras. Aplicabilidade da teoria do risco administrativo, que abrange as culpas anônimas e as exclusivas do serviço. Desnecessidade de investigação de culpa pessoal do funcionário. Obrigação da Municipalidade de ressarcir os danos[350].

"Responsabilidade civil do Estado por morte de detento – Arts. 5º, XLIX, e 37, § 6º, da Constituição Federal – Repercussão geral constitucional que assenta a tese de que, em caso de inobservância do seu dever específico de proteção visto no art. 5º, inc. XLIX, da Constituição Federal, o Estado é responsável pela morte do detento.

A morte do detento pode ocorrer por várias causas, como, *v.g.*, homicídio, suicídio, acidente ou morte natural, sendo que nem sempre será possível ao Estado evitá-la, por mais que adote as precauções exigíveis. A responsabilidade civil

---

[347] RT, 636/161.
[348] RT, 606/133; JTACSP, Revista dos Tribunais, 100/86.
[349] RT, 636/79, 607/55, 530/70; RJTJSP, 69/103, 101/145.
[350] RJTJSP, 28/93.

estatal resta conjurada nas hipóteses em que o Poder Público comprova causa impeditiva da sua atuação protetiva do detento, rompendo o nexo de causalidade da sua omissão com o resultado danoso"[351].

32. DANO RESULTANTE DE FORÇA MAIOR

Há casos em que o dano resulta de força maior, de fatos inevitáveis da natureza, e não de qualquer atividade ou omissão do Poder Público, não se configurando a responsabilidade objetiva do Estado, como já explicitado. Assim, já decidiu o *Supremo Tribunal Federal*, em hipótese de "danos resultantes de enchentes ocasionadas por forte chuva, caracterizada a força maior, a qual, conjugada com as circunstâncias fáticas emergentes da prova, afastavam a responsabilidade do Município"[352].

Por outro lado, proclamou o *Tribunal de Justiça de São Paulo* que "não responde a Prefeitura Municipal por danos causados por enchentes, se não provado que elas decorreram de defeitos técnicos de córrego, mas resultaram de precipitação pluviométrica excepcional"[353].

Hipótese bastante comum é a de queda de árvores sobre veículos estacionados na via pública, provocada por temporais. Demonstrada a excepcionalidade e a fortuidade do fato, exonera-se de responsabilidade a Municipalidade. Veja-se:

"Indenização. Fazenda Pública. Queda de árvore sobre veículo estacionado na via pública. Vendaval. Fenômeno meteorológico inevitável. Defeito fisiológico na árvore não comprovado. Inexistência de doença, praga ou falta de poda. Caso fortuito ou força maior. Caracterização. Verba não devida"[354].

Yussef Said Cahali sustenta que somente nos casos de dano provocado por *força maior* se legitima a exclusão do dever de indenizar. "Com efeito, se, no plano do direito privado, o caso fortuito e a força maior se confundem nas suas consequências, para excluir igualmente a responsabilidade, diverso deve ser o tratamento dos dois institutos no âmbito da responsabilidade civil do Estado."

Na sequência, enfatiza: "Aqui se impõe – como adverte Themístocles Cavalcanti – a distinção entre caso fortuito e força maior, porque, se a força maior decorre de um fato externo, estranho ao serviço, o caso fortuito provém do seu mau funcionamento, de uma causa interna, inerente ao próprio serviço; admite-se, por conseguinte, a exclusão da responsabilidade no caso de força maior, subsistindo, entretanto, no caso fortuito, por estar incluído este último no risco do

---

[351] STF, RE 841.526-RS, Pleno, rel. Min. Luiz Fux, *DJe* 29-7-2016.
[352] *RTJ*, 78/243.
[353] *RT*, 275/319.
[354] *JTJ*, Lex, 211/39.

serviço; na força maior, nenhuma interferência tem a vontade humana, nem próxima nem remotamente, enquanto que, no caso fortuito, a vontade apareceria na organização e no funcionamento do serviço".

Acrescenta CAHALI que, malgrado a doutrina tenha encontrado dificuldade no discrímen das suas eventualidades, mostra-se "válido o magistério de Themístocles Cavalcanti: caso fortuito e força maior têm elementos comuns, a imprevisibilidade e a irresistibilidade, mas separam-se quanto à interioridade (caso fortuito) ou exterioridade (força maior); enquanto na força maior é um elemento estranho à atividade exercida, e da qual decorre a obrigação, que determina o dano, no caso fortuito é uma causa interna, inerente ao próprio serviço, à própria atividade, que ocasionou o dano: força maior será a tempestade, será a inundação, será o raio; caso fortuito será o cabo de uma instalação que se rompe, será a peça de uma máquina que despenca, produzindo acidente e danos materiais ou pessoais"[355].

33. CULPA DA VÍTIMA

Outras vezes o dano não se qualifica, também, como injusto porque encontra sua causa exclusiva no procedimento doloso ou culposo do próprio lesado. Como já exposto anteriormente (item 25, *retro*), pode ser atenuada a responsabilidade do Estado, provada a culpa parcial e concorrente da vítima, bem como pode até ser excluída, provada a sua culpa exclusiva[356].

A Constituição Federal não adotou a teoria da responsabilidade objetiva sob a modalidade do risco integral, que obrigaria o Estado sempre a indenizar, sem qualquer excludente. A teoria do risco administrativo, embora dispense a prova da culpa da Administração, permite-lhe demonstrar a culpa da vítima, para excluir ou atenuar a indenização[357].

A Administração Pública isenta-se totalmente da obrigação de indenizar quando se desincumbe satisfatoriamente do ônus, que lhe pertence, de demonstrar que o fato decorreu de culpa exclusiva do ofendido[358].

Quando, porém, a causa dos danos decorre de culpa administrativa e, também, de imprudência ou negligência do particular, reduz-se a indenização pleiteada, em proporção ao grau da culpa concorrente, em geral pela metade[359].

---

[355] *Responsabilidade civil*, cit., p. 55-56.
[356] *RTJ*, 55/50.
[357] *RT*, 434/94; *RTJ*, 91/377; *RJTJSP*, 37/32.
[358] *RJTJSP*, 126/154.
[359] *RT*, 455/74 e *RJTJSP*, 51/72.

Portanto, "tendo ocorrido o fato da administração, o dano e havendo nexo causal entre eles, cabe ao Estado, para se eximir do dever de indenizar, a comprovação de alguma das excludentes da responsabilidade, que são caso (i) fortuito e força maior; (ii) fatos de terceiros ou (iii) culpa concorrente ou exclusiva da vítima"[360].

34. ATIVIDADE REGULAR DO ESTADO, MAS CAUSADORA DE DANO

Há casos, no entanto, em que a atividade da Administração é regular, mas, por causar dano (injusto), legitima a ação de ressarcimento contra o Estado.

O *Supremo Tribunal Federal*, nessa linha, frisou que a responsabilidade civil do Estado, responsabilidade objetiva, com base no risco administrativo, que admite pesquisa em torno da culpa do particular, para o fim de abrandar ou mesmo excluir a responsabilidade estatal, ocorre, em síntese, diante dos seguintes requisitos: a) do dano; b) da ação administrativa; e c) desde que haja nexo causal entre o dano e a ação administrativa.

Assim, "a consideração no sentido da licitude da ação administrativa é irrelevante, pois o que interessa é isto: sofrendo o particular um prejuízo, em razão da atuação estatal, regular ou irregular, no interesse da coletividade, é devida a indenização, que se assenta no princípio da igualdade dos ônus e encargos sociais"[361].

Também desse modo decidiu o *Tribunal de Justiça de São Paulo*:

"Danos causados à lavoura por obra pública. Responsabilidade objetiva da Administração. Departamento de Estradas de Rodagem. Responsabilidade solidária da firma empreiteira e construtora"[362].

Verifica-se, assim, que o Estado é obrigado a ressarcir prejuízos causados a particular, embora tais prejuízos sejam consequência indireta de atividade legítima do Poder Público[363].

Entretanto, o art. 37, § 6º, da Constituição Federal somente envolve a responsabilidade objetiva da administração pelos danos causados a terceiros por seus agentes, nessa qualidade. Decorrendo o dano de ato predatório de terceiro, como no caso de a vítima fatal ter sido atingida por bala perdida quando assistia a um jogo de futebol em estádio público, a responsabilidade do ente público só ocor-

---
[360] TJDFT, Ap. 07521186220188070016, 1ª T. Cív., rel. Des. Carlos Rodrigues, *DJe* 5-11-2020.
[361] RE 113.587-5-SP, 2ª T., rel. Min. Carlos Velloso, *DJU*, 3-4-1992, n. 65, p. 4292.
[362] *RJTJSP*, 40/96, 87/1.220.
[363] *RT*, 447/76, 543/102; *RTJ*, 95/434.

rerá se comprovada a sua culpa subjetiva. Inexistindo prova de omissão específica ou atuação deficiente, não há como acolher-se o pretendido ressarcimento, como decidiu o *Tribunal de Justiça do Rio de Janeiro*[364].

No tocante a tombamento para proteção do patrimônio histórico e artístico nacional, tem-se entendido que tal fato, "por si só, não gera ao Poder Público a obrigação de conservar ou indenizar, salvo em circunstâncias especiais, não se aplicando ao caso a norma do art. 216, § 1º, da CF, que é, em essência, de conteúdo programático". E que, "se no ato de tombamento, não foram estabelecidas condições que acarretassem despesas extraordinárias para o proprietário, interdição do bem, prejuízo a sua utilização ou depreciação, não se pode falar em dever da União em indenizar ou conservar o bem; porém, ocorrendo desapropriação do imóvel tombado por Município, cumpre a esse o dever de reparar eventuais danos causados no imóvel"[365].

35. RESPONSABILIDADE DO ESTADO POR ATOS JUDICIAIS

35.1. Atos judiciais em geral

A antiga tese da irreparabilidade do prejuízo causado pelo ato judicial danoso vem, aos poucos, perdendo terreno para a da responsabilidade objetiva, que independe de culpa do agente, consagrada na Constituição Federal.

Durante muito tempo entendeu-se que o ato do juiz é uma manifestação da soberania nacional. O exercício da função jurisdicional se encontra acima da lei e os eventuais desacertos do juiz não poderão envolver a responsabilidade civil do Estado. No entanto, soberania não quer dizer irresponsabilidade. A responsabilidade estatal decorre do princípio da igualdade dos encargos sociais, segundo o qual o lesado fará jus a uma indenização toda vez que sofrer um prejuízo causado pelo funcionamento do serviço público.

A independência da magistratura também não é argumento que possa servir de base à tese da irresponsabilidade estatal, porque a responsabilidade seria do Estado e não atingiria a independência funcional do magistrado. Igualmente, não constitui obstáculo a imutabilidade da coisa julgada.

Segundo João Sento Sé, a coisa julgada tem um valor relativo: "... se o que impede a reparação é a presunção de verdade que emana da coisa julgada, a prer-

---

[364] Ap. 3.257/00-RJ, 1ª Câm. Cív., rel. Des. Amaury Arruda de Souza, j. 15-8-2000.
[365] STF, *RT*, 744/152.

rogativa da Fazenda Pública não pode ser absoluta, mas circunscrita à hipótese de decisão transitada em julgado. Logo, se o ato não constitui coisa julgada, ou se esta é desfeita pela via processual competente, a indenização é irrecusável"[366].

Cumpre distinguir as diversas atividades desenvolvidas no âmbito do Poder Judiciário. O gênero "funções judiciais" comporta diversas espécies, como as funções "jurisdicionais" ("contenciosas" ou "voluntárias") e as "administrativas". Neste último caso, o juiz ou o tribunal atua como se fosse um agente administrativo. É quando, por exemplo, concede férias a servidor, realiza concurso para provimento de cargos ou faz tomada de preços para a aquisição de materiais ou prestação de serviços. A responsabilidade do Estado, então, não difere da dos atos da Administração Pública.

A propósito, preleciona Yussef Said Cahali: "Como Poder autônomo e independente, com estrutura administrativa própria e serviços definidos, o Judiciário, pelos seus representantes e funcionários, tem a seu cargo a prática de atos jurisdicionais e a prática de atos não jurisdicionais, ou de caráter meramente administrativo; quanto a estes últimos, os danos causados a terceiros pelos servidores da máquina judiciária sujeitam o Estado à responsabilidade civil segundo a regra constitucional, no que se aproximam dos atos administrativos, em seu conteúdo e na forma (Themístocles Brandão Cavalcanti, 'Tratado de Direito Administrativo', p. 439; e se aproveitando da distinção preconizada por Léon Duguit, 'Traité de Droit Constitutionnel', 3, p. 538)"[367].

A atuação judiciária propriamente dita, que compreende a atividade jurisdicional típica de dizer o direito no caso concreto contencioso e a denominada jurisdição voluntária, sujeita o magistrado à responsabilidade de que trata o art. 133, II, do Código de Processo Civil de 1973 (art. 143, II, do CPC/2015), reproduzido, na sua essência e com pequena alteração de redação, no art. 49 da Lei Orgânica da Magistratura Nacional[368].

Nesse campo, cabe ainda outra distinção: saber se o ato foi praticado no exercício regular da função jurisdicional, ou se o juiz exorbitou dela. Observa CAHALI que a jurisprudência de nossos tribunais, nas mais diversas hipóteses submetidas a julgamento, timbra em reconhecer a irresponsabilidade civil do Estado pelas falhas do aparelhamento judiciário. No seu entender, tem-se associado a responsabilidade civil do Estado à responsabilidade civil do juiz, quando é certo que aquela responsabilidade deve ser perquirida no contexto mais amplo,

---

[366] *Responsabilidade civil do Estado por atos judiciais*, p. 99-103.
[367] *Responsabilidade civil*, cit., p. 638.
[368] Álvaro Lazzarini, Responsabilidade civil do Estado por atos omissivos de seus agentes, *RJTJSP*, 11/21.

nele se inserindo a questão da responsabilidade pelos atos judiciais danosos. Analisando separadamente as situações que eventualmente podem causar danos aos particulares, conclui:

"1 – No caso do 'erro judiciário', a regra específica do art. 630 do Código de Processo Penal, com o elastério preconizado anteriormente, resolve a problemática da responsabilidade civil do Estado pela reparação dos danos. Do mesmo modo, nos casos de danos resultantes do abuso da autoridade judiciária da Lei 4.898, de 9-12-65, a responsabilidade reparatória estende-se à Fazenda Pública (Gilberto e Vladimir Passos de Freitas, 'Abuso de Autoridade', n. 56, pp. 63-64).

2 – Quando o juiz, 'no exercício de suas funções, proceder com dolo ou fraude', ou 'recusar, omitir ou retardar, sem justo motivo, providência que deva ordenar de ofício, ou a requerimento da parte', a sua responsabilidade por perdas e danos (art. 133 do CPC/73; art. 143 do CPC/2015) não exclui a correspansabilidade objetiva e direta do Estado, a teor do art. 107 da Constituição da República, pela sua reparação. Nesses casos, diz-se, há provisão legal explícita.

3 – Nos demais casos de danos ocasionados aos administrados pelo órgão do Estado investido das funções judiciais, admissível o reconhecimento da responsabilidade civil do Estado 'sem que isto moleste a soberania do Judiciário ou afronte o princípio da autoridade da coisa julgada' (aspectos, na realidade, impertinentes, para referendar a tese da irresponsabilidade). A pretensão indenizatória se legitima naqueles casos de culpa anônima do serviço judiciário, de falhas do aparelhamento encarregado da distribuição da Justiça, envolvendo inclusive as deficiências pessoais dos magistrados recrutados; assim, nos casos de morosidade excessiva da prestação jurisdicional com equivalência à própria denegação da Justiça, de 'erros grosseiros' dos juízes, relevados sob o pálio candente da falibilidade humana. Em tais casos, a regra constitucional do art. 107 assegura o direito à indenização dos danos efetivamente verificados"[369].

Em princípio, o fato jurisdicional regular não gera a responsabilidade civil do Estado. A esse propósito, anota CAIO MÁRIO DA SILVA PEREIRA: "... força é concluir que o fato jurisdicional regular não gera responsabilidade civil do juiz, e portanto a ele é imune o Estado. Daí a sentença de Aguiar Dias, que bem o resume, ao dizer que, segundo a doutrina corrente, os atos derivados da função jurisdicional 'não empenham a responsabilidade do Estado, salvo as exceções expressamente estabelecidas em lei' ('Da Responsabilidade Civil', vol. II, n. 214)"[370].

---

[369] *Responsabilidade civil*, cit., p. 599 e s.
[370] *Responsabilidade civil*, cit., p. 151.

Assim, o simples fato de alguém perder uma demanda e com isso sofrer prejuízo, sem que tenha havido erro, falha ou demora na prestação jurisdicional, não autoriza a responsabilização do Estado pelo ato judicial.

Segundo MÁRIO MOACYR PORTO, "não é indispensável a verificação da ocorrência de culpa dos juízes e funcionários para que se caracterize a responsabilidade do Estado. Basta que o serviço se revele falho, deficiente, inoperante, para que o Poder Público responda pelo mau desempenho da prestação judicial a que está obrigado". Acrescenta, transcrevendo trechos das Constituições espanhola, portuguesa, italiana, iugoslava e soviética, que "há, hoje, uma tendência universal para se responsabilizar o Estado pelo insatisfatório funcionamento dos seus serviços judiciários"[371].

Discorrendo sobre o tema, JOSÉ GUILHERME DE SOUZA também concorda em que, "seja voluntário ou involuntário, todo erro que produza consequências danosas – em outras palavras, toda atividade judiciária danosa – deve ser reparado, respondendo o Estado civilmente pelos prejuízos, a ele assegurado o direito de regresso contra o agente público responsável pela prática do ato"[372].

MARIA SYLVIA ZANELLA DI PIETRO igualmente entende inadmissível afastar-se a responsabilidade do Estado por atos jurisdicionais danosos, "porque podem existir erros flagrantes não só em decisões criminais, em relação às quais a Constituição adotou a tese da responsabilidade, como também nas áreas cível e trabalhista. Pode até ocorrer o caso em que o juiz tenha decidido com dolo ou culpa". Mesmo "em caso de inexistência de culpa ou dolo – acrescenta – poderia incidir essa responsabilidade, se comprovado o erro da decisão"[373].

Verifica-se, em conclusão, que as mais modernas tendências apontam no sentido da admissão da responsabilidade civil do Estado pelos danos experimentados por particulares, decorrentes do exercício da atividade judiciária.

Todavia, proclamou o *Superior Tribunal de Justiça*: "Em benefício da própria sociedade, não se pode cogitar de responsabilidade objetiva do juiz pelas decisões tomadas no curso de um processo judicial. Se os juízes tivessem de decidir sob uma espada ameaçando-os de responsabilidade pessoal em caso de erro, as decisões não seriam tomadas com liberdade para aplicar o Direito aos fatos. O art. 133, I, do CPC/1973, em norma reproduzida pelo art. 143, I, do CPC/2015, e, em especial, o art. 49, I, da Lei Orgânica da Magistratura Nacional – LOMAN (LC 35/79), estabelecem a responsabilidade pessoal do magistrado apenas quando ele proceder com dolo ou fraude"[374].

---

[371] *Temas*, cit., p. 155-156.
[372] A responsabilidade civil do Estado pelo exercício da atividade judiciária, *RT*, 652/29.
[373] *Direito administrativo*, p. 364.
[374] STJ, REsp 1.221.997-AM, 2ª T., rel. Min. Herman Benjamin, *DJe* 5-2-2018.

Os representantes do Ministério Público receberam o mesmo tratamento que o art. 143, I, do Código de Processo Civil de 2015 dispensa aos magistrados. Dispõe, com efeito, o art. 181 do referido diploma legal:
"O membro do Ministério Público será civil e regressivamente responsável quando agir com dolo ou fraude no exercício de suas funções".

35.2. Erro judiciário

A responsabilidade do Estado em decorrência de erro judiciário é expressamente reconhecida no art. 5º, LXXV, da Constituição Federal, nestes termos: "O Estado indenizará o condenado por erro judiciário, assim como o que ficar preso além do tempo fixado na sentença".

O texto assegura a reparação à vítima do erro judiciário, sem condicioná-la à revisão da sentença condenatória. E, por outro lado, "impondo ao Estado a obrigação de indenizar àquele que 'ficar preso além do tempo fixado na sentença', estará implicitamente também assegurando ao sentenciado o direito de ser indenizado em virtude de prisão 'sem sentença condenatória'.

Com efeito, não se compreende que, sendo injusta a prisão no que exceder o prazo fixado na sentença condenatória, seja menos injusta a prisão do réu que nela é mantido se ao final vem a ser julgada improcedente a denúncia pela sentença absolutória"[375].

Tem-se decidido que a "configuração de erro judiciário, para efeito de indenização, não se compatibiliza com a absolvição pela inexistência de prova suficiente para condenação. Decisão com o suporte processual do art. 386, VI, do CPP, não é demonstrativa da certeza da inocência do réu. É técnica processual que se apoia na dúvida, em que prefere o erro judiciário que desfavorece a sociedade ao erro judiciário que ofenda o denunciado"[376].

Igualmente, decidiu-se que "é indiscutível o direito do condenado de ser indenizado pelo período de tempo em que permaneceu preso (por erro cometido pelas autoridades judiciárias e policiais), cumprindo pena de outro indivíduo, seu homônimo"[377]. E ainda que, "se uma pessoa foi encarcerada injustamente, sem qualquer motivo, e se, em tal situação, tinha o Poder Público a obrigação de manter e assegurar sua incolumidade física, por certo que deve responder pelas consequências dos danos que ele sofreu na prisão, pagando-lhe uma indenização que há de ser a mais completa possível"[378].

---

[375] Yussef Said Cahali, *Responsabilidade civil*, cit., 2. ed., p. 603.
[376] TJRS, Embs. 597.222.652-Capital, rel. Des. Tupinambá M. C. do Nascimento, j. 5-3-1999.
[377] TJSP, *RT*, 464/101.
[378] TJSP, *RT*, 511/88.

A desconstituição do julgado, pela revisão criminal ou pela ação rescisória, não é condição para o ajuizamento da ação de indenização, como já mencionado.

Como obtempera, com acuidade, MARIA SYLVIA ZANELLA DI PIETRO, nem seria obstáculo ao reconhecimento da responsabilidade do Estado por ato jurisdicional o argumento de que tal solução acarretaria ofensa à coisa julgada, pois "o fato de ser o Estado condenado a pagar indenização decorrente de dano ocasionado por ato judicial não implica mudança na decisão judicial. A decisão continua a valer para ambas as partes; a que ganhou e a que perdeu continuam vinculadas aos efeitos da coisa julgada, que permanece intangível. É o Estado que terá que responder pelo prejuízo que a decisão imutável ocasionou a uma das partes, em decorrência de erro judiciário"[379].

A propósito, enfatiza YUSSEF SAID CAHALI: "Embora seja certo que 'não é o *habeas corpus* meio adequado para obter o reconhecimento do erro judiciário', pretendeu-se que 'somente a revisão propiciará o exame da questão com pleno conhecimento de causa'. Sempre afirmamos, porém, que a preterição do pedido incidente na revisão criminal, ou a própria inexistência de uma prévia revisão criminal, não deve constituir óbice para o exercício da ação indenizatória por erro judiciário"[380].

Realmente, conforme se tem decidido, aduz, "o inocente, condenado por crime que não cometeu, ou não praticou, tem direito de reclamar em sua reabilitação, no processo de revisão, indenização por perdas e danos, relativos aos prejuízos materiais ou morais que sofreu – mormente se cumpriu a pena. O Código de Processo Penal, em seu art. 630, faculta ao interessado requerer ao Tribunal de Justiça que reconheça o seu direito a essa indenização. Entretanto, quando não for feita essa reclamação no tempo próprio, o interessado não decai do direito de exigir a indenização por ação ordinária' (*RT, 329*:744)".

Por sua vez, LUIZ ANTONIO SOARES HENTZ assim se expressa: "A sustentação que se faz aqui é no sentido da desnecessidade de desconstituir o julgado cível ou criminal, podendo a indenização ser postulada como ação autônoma, já que a coisa julgada não opera impedimento a considerações sobre eventual desacerto do julgamento"[381].

A reparação do dano decorrente do erro judiciário deve ser, assim, como se tem proclamado, a mais completa possível, compreendendo o *material* efetivamente ocorrido, que abrange os danos emergentes e os lucros cessantes, e o *moral*, cumulativamente (*cf. Súmula 37 do STJ*).

---

[379] *Direito administrativo*, cit., p. 364.
[380] *Responsabilidade civil*, cit., 2. ed., p. 601.
[381] *Indenização do erro judiciário*, p. 43.

Dispõe o art. 954 do Código Civil que a indenização por ofensa à liberdade pessoal *"consistirá no pagamento das perdas e danos que sobrevierem ao ofendido"*. Acrescenta, porém, que *"tem aplicação o disposto no parágrafo único do artigo antecedente"*, se o ofendido não puder provar prejuízo material. O referido parágrafo único diz que, nesse caso, *"caberá ao juiz fixar, equitativamente, o valor da indenização, na conformidade das circunstâncias do caso"*. Refere-se ao dano moral.

Por essa razão, correto se nos afigura afirmar que, reconhecida a responsabilidade civil do Estado pelo erro judiciário, a indenização há de ser a mais completa possível. E que a indenização por "perdas e danos deve compreender os prejuízos materiais e morais que sofreu o ofendido, e que serão apurados em execução, por arbitramento"[382].

Nenhuma indenização, contudo, será devida "se o erro ou a injustiça da condenação proceder de ato ou falta imputável ao próprio impetrante, como a confissão ou a ocultação de prova em seu poder" (CPP, art. 630, § 2º, *a*). Tal ressalva não se mostra incompatível com o texto constitucional. Trata-se de uma situação que decorre da inexistência da relação de causalidade. Se o erro tem por causa a conduta do próprio autor da ação de revisão penal, não se pode atribuir responsabilidade civil ao Estado. Falta, na hipótese, o necessário nexo causal.

Entretanto, a ressalva contida na letra *b* do mencionado § 2º do art. 630, no sentido de que "a indenização não será devida, se a acusação houver sido meramente privada", não foi recepcionada pela nova Constituição. A propósito do aludido dispositivo, que considerava estranhável, já dizia Mário Moacyr Porto: "Ora, quem julga é o juiz, é o Estado, pouco importando que a ação tenha se instaurado por iniciativa do Ministério Público ou queixa privada. A restrição, ao que parece, é de todo descabida"[383].

Por sua vez, Yussef Said Cahali entende que a referida ressalva "já não mais prevalece diante da literalidade do art. 5º, LXXV, da Constituição de 1988, que não estabelece nenhuma distinção entre os processos criminais em que terá falhado a máquina judiciária na prestação jurisdicional. Aqui, a iniciativa da ação penal de que resultou a sentença condenatória desconstituída representa a causa remota do dano sofrido pelo ofendido; a causa imediata, eficiente e adequada, e que se sobrepõe àquela, é representada pelo erro judiciário na prolação da sentença condenatória. O que se pode admitir, apenas, é que, tendo a Justiça sido induzida em erro por fato imputável ao querelante, contra este caberia ação de regresso"[384].

---

[382] *RT*, 511/88; *RT*, 329/744.
[383] Responsabilidade do Estado pelos atos de seus juízes, *RT*, 563/14.
[384] *Responsabilidade civil*, cit., 2. ed., p. 609.

Por seu turno, proclamou o *Superior Tribunal de Justiça*:

"Em benefício da própria sociedade, não se pode cogitar de responsabilidade objetiva do juiz pelas decisões tomadas no curso de um processo judicial. Se os juízes tivessem de decidir sob uma espada ameaçando-os de responsabilidade pessoal em caso de erro, as decisões não seriam tomadas com liberdade para aplicar o Direito aos fatos. O art. 133, I, do CPC/1973, em norma reproduzida pelo art. 143, I, do CPC/2015, e, em especial, o art. 49, I, da Lei Orgânica da Magistratura Nacional – LOMAN (LC 35/79), estabelecem a responsabilidade pessoal do magistrado apenas quando ele proceder com dolo ou fraude"[385].

No mesmo sentido, destaca-se que: "Afirma consolidado pelo *Supremo Tribunal Federal* o entendimento de que o Estado não responde objetivamente pelos atos jurisdicionais"[386]. A relatora Ministra Rosa Weber afirmou ainda que "o dano moral sofrido é presumível (*in re ipsa*), consequência lógica do ato, em face da ilegalidade da conduta perpetrada por preposto do Estado (*lato sensu*)".

36. RESPONSABILIDADE DO ESTADO POR ATOS LEGISLATIVOS

Diversos autores sustentam a tese da irresponsabilidade do Estado por atos legislativos causadores de dano injusto. Argumenta-se com a soberania do Poder Legislativo e a imunidade parlamentar. As funções do Legislativo, como poder soberano, são sempre legais.

Outros, porém, em posição diversa, admitem que o Estado responde sempre por atos danosos, causados quer por lei inconstitucional, quer por lei constitucional.

36.1. Danos causados por lei inconstitucional

CAIO MÁRIO DA SILVA PEREIRA, partindo do pressuposto de que o Poder Legislativo não pode exorbitar dos termos da outorga constitucional, afirma: "Votando lei cuja inconstitucionalidade é declarada formalmente pelo Judiciário, e com ela trazendo lesão a direito individual, o Legislador transpõe o limite de liceidade. Como o Legislativo é um poder através do qual o Estado procede no cumprimento de suas funções, força é concluir que o ilícito, cometido por via da atuação legislativa, sujeita o Estado à reparação do dano causado"[387].

---

[385] STJ, REsp 1.221.997-AM, 2ª T., rel. Min. Herman Benjamin, *DJe* 5-2-2018.
[386] STF, RE 1.374.769-RS, rel. Min. Rosa Weber, *DJe* 28-4-2022.
[387] *Responsabilidade civil*, cit., p. 146.

Por sua vez, assevera José Cretella Júnior: *"Se da lei inconstitucional resulta algum dano aos particulares, caberá a responsabilidade do Estado, desde que a inconstitucionalidade tenha sido declarada pelo Poder Judiciário"*. E aduz: *"O que é imprescindível é que se verifique o nexo causal entre a lei inconstitucional e o dano ocorrido"*[388].

Assim, o "Estado responde civilmente por danos causados aos particulares pelo desempenho inconstitucional da função de legislar"[389].

36.2. Dano causado por lei constitucionalmente perfeita

Sobreleva indagar, entretanto, da responsabilidade do Estado em face da atividade legislativa normal, visto que mesmo a lei constitucionalmente perfeita pode causar um dano injusto aos particulares ou a uma certa categoria de particulares.

Yussef Said Cahali, depois de afirmar que a questão não comporta ser solucionada *in genere*, mas examinada *in specie*, menciona as situações mais frequentemente discutidas na doutrina como passíveis de acarretar o dano indenizável: "... o particular desfruta de certas vantagens econômicas asseguradas por um ato legislativo, e sendo este modificado ou revogado, resulta para ele a supressão ou diminuição daquelas vantagens; o Estado estabelece a seu benefício um monopólio industrial ou comercial de certa atividade, que assim fica interdita aos particulares, sofrendo aqueles que a exercem a sua privação"[390].

Cita, em relação à primeira situação, o reconhecimento, pela jurisprudência, em arestos publicados na *RT*, 431/141 e *JTACSP*, 17/28, da responsabilidade ressarcitória do Estado.

Quanto ao estabelecimento de monopólio, menciona a lição de Themístocles Cavalcanti, no sentido de que, quando "a Constituição admite a intervenção do Estado na ordem econômica, inclusive a nacionalização e o monopólio de qualquer atividade comercial ou industrial, expressamente ressalva as garantias da Constituição, o que vale dizer, o direito à indenização, toda vez que esse monopólio importar na eliminação de empreendimentos já existentes, com prejuízo para a economia privada. Essa obrigação de indenizar é que constitui uma das características do regime ocidental, baseado ainda na economia individual e no direito de propriedade que as Constituições garantem em toda a sua plenitude, salvo o direito de desapropriação e, portanto, a obrigação para o Estado de indenizar a propriedade privada"[391].

---

[388] Responsabilidade civil do Estado legislador, in *Responsabilidade civil*: doutrina e jurisprudência, coord. Yussef Said Cahali, p. 181.
[389] STF, RE 153.464, rel. Min. Celso de Mello, *RDP*, 189/305.
[390] *Responsabilidade civil*, cit., p. 230.
[391] Apud Cahali, *Responsabilidade civil*, cit., p. 234.

Caio Mário da Silva Pereira, fundado em estudo de Jean-F. Brunet (*De la responsabilité de l'État legislateur*, p. 149), afirma que é na teoria do risco social que encontra suporte o princípio da responsabilidade do Estado pela atividade legislativa, quando esta rompe o "equilíbrio dos encargos e vantagens sociais em prejuízo de certas pessoas somente".

No seu entender, o mesmo princípio constitucional que proclama a responsabilidade do Estado-Administração pelo dano causado, independentemente da apuração da culpa do servidor, que somente será levada em conta para a determinação do direito de regresso, serve de fundamento para a responsabilidade do Poder Legislativo. "Se assim é para os danos causados pela Administração, assim deve ser em se tratando de ato legislativo. O mesmo princípio da distribuição dos ônus e encargos sociais, acima proclamado, habilita a conclusão de que sendo o dano causado pelo Estado legislador, o lesado tem direito à reparação, com o mesmo fundamento"[392].

Cretella Júnior, em trabalho monográfico apoiado em excelentes doutrinadores, resumiu o seu pensamento sustentando a responsabilidade civil do Estado em decorrência: a) de ato legislativo danoso, embora perfeito e constitucional, desde que, configurando-se como medida geral e impessoal, na aparência, na verdade se apresente como pseudolei em tese; b) de ato legislativo danoso imperfeito, ilegal ou inconstitucional; c) de ato regulamentar ou decreto que exorbite da lei, em que se apoia, hipótese esta que o Poder Judiciário tem examinado, inexplicavelmente, como "ato legislativo" e não como "ato administrativo"[393].

Malgrado algumas decisões em contrário, tem sido proclamado pelos tribunais, com mais propriedade, que as Câmaras Municipais não têm personalidade jurídica, não podendo integrar o polo passivo de ação indenizatória[394]. A ação deve ser movida "contra a Fazenda Municipal, que, unitariamente, representa os órgãos do poder a nível do Município. Inclusive a Câmara não é detentora de recursos próprios e, por conseguinte, não teria condições, em execução, de suportar o ônus de eventual condenação"[395].

As edilidades, "embora disponham de capacidade processual ativa e passiva, para defesa de suas prerrogativas institucionais, como órgãos autônomos da Administração, não possuem personalidade jurídica, mas, apenas, a judiciária. Daí a desnecessidade de integrar a lide, como litisconsorte necessária, a

---

[392] *Responsabilidade civil*, cit., p. 148.
[393] Responsabilidade civil do Estado legislador, in *Responsabilidade civil*, cit., p. 190.
[394] *RJTJSP*, 122/52.
[395] *RJTJSP*, 131/124.

Câmara Municipal em ação indenizatória proposta por seu funcionário contra a Municipalidade"[396].

Nesse sentido, com efeito, o posicionamento do *Superior Tribunal de Justiça*:
"Em nossa organização jurídica, as Câmaras Municipais não têm personalidade jurídica. A capacidade processual é limitada a defender interesses institucionais próprios e vinculados à sua independência e funcionamento. Executivo fiscal promovido contra Câmara Municipal não tem condições de prosseguir, pela absoluta ilegitimidade do ente passivo demandado. Extinção do processo sem julgamento do mérito"[397].

Assim também já decidiu o *Supremo Tribunal Federal*:
"Tal como se dá no plano federal, também no plano estadual não se pode acionar uma Secretaria, a Assembleia Legislativa, o Tribunal de Justiça ou o Tribunal de Contas. Nessa ordem de considerações, os apelantes não poderiam dirigir sua pretensão de direito material contra a Assembleia Legislativa, que não tem orçamento, não tem receita e não pode ter despesa. Deveria demandar a Fazenda Pública, que é o mesmo Estado no seu aspecto financeiro"[398].

36.3. Imunidade parlamentar

No tocante à imunidade parlamentar, por palavras, opiniões e votos, entendeu a 3ª Câmara de Direito Privado do Tribunal de Justiça de São Paulo que o art. 29, VIII, da Constituição Federal diz respeito tão somente à não possibilidade de ser o membro do Poder Legislativo processado criminalmente, não se estendendo à responsabilidade civil. Segundo a ementa do referido acórdão, "não cabe a aplicação da analogia à norma constitucional que preserva o direito dos representantes do Poder Legislativo de não serem processados criminalmente por suas opiniões, palavras e votos. A imunidade parlamentar não afasta o direito do cidadão comum de acioná-los civilmente por palavras e ofensas que ao mesmo causar prejuízos"[399].

Diverso, porém, o entendimento do *Supremo Tribunal Federal*, como se pode ver: "A imunidade material prevista no art. 29, VIII, da CF (*'inviolabilidade dos vereadores por suas opiniões, palavras e votos no exercício do mandato e na circunscrição do Município'*) alcança o campo da responsabilidade civil". Com esse entendimento, a Turma deu provimento a recurso extraordinário interposto por vereador, para reformar acórdão proferido pela Turma do Tribunal de Alçada do Estado de

---

[396] *RSTJ*, 93/149.
[397] REsp 88.856-SP, 1ª T., rel. Min. José Delgado, j. 18-6-1996, *DJU*, 19-8-1996.
[398] *RTJ*, 65/799, rel. Min. Barros Monteiro, j. 2-4-1973.
[399] Ap. 86.879-4-Santos, rel. Des. Alfredo Migliore, j. 31-8-1999.

Minas Gerais, em ação de reparação de dano moral. Precedentes citados: RE 140.867-MS (j. 3-6-1996); HC 75.621-PR (*DJU* de 27-3-1998); RHC 78.026-ES (*DJU* de 9-4-1999); RE 210.917-RJ (j. 12-8-1998)[400].

E, ainda: "A imunidade parlamentar prevista no art. 53, *caput*, da CF ('Os Deputados e Senadores são invioláveis por suas opiniões, palavras e votos') alcança a responsabilidade civil decorrente dos atos praticados por parlamentares no exercício de suas funções. É necessário, entretanto, analisar-se caso a caso as circunstâncias dos atos questionados para verificar a relação de pertinência com a atividade parlamentar"[401].

No caso em tela, o Tribunal deu provimento a recurso extraordinário para restabelecer a sentença de primeiro grau que, nos autos de ação de indenização por danos morais movida contra deputada federal, determinara a extinção do processo sem julgamento de mérito devido à vinculação existente entre o ato praticado e a função parlamentar de fiscalizar o poder público (tratava-se, na espécie, de divulgação jornalística da *notitia criminis* apresentada pela deputada ao procurador-geral de justiça do Estado do Rio de Janeiro contra juiz estadual por suposto envolvimento em fraude no INSS).

A Emenda Constitucional n. 35, de 20 de dezembro de 2001, deu nova redação ao art. 53 da Constituição Federal, para permitir a instauração, pelo *Supremo Tribunal Federal*, de processo-crime contra deputados e senadores pela prática de crimes comuns, mantida a inviolabilidade por suas opiniões, palavras e votos no exercício do mandato, mas acrescentando-se e explicitando-se que tal inviolabilidade abrange tanto a *responsabilidade civil* como a penal.

Na mesma linha, a Assembleia Legislativa do Estado de São Paulo aprovou a Emenda Constitucional n. 14, de 12 de março de 2002, dando nova redação ao art. 14 da Constituição do Estado, que passou a vigorar com a seguinte redação: "Os Deputados são invioláveis, civil e penalmente, por quaisquer de suas opiniões, palavras e votos".

Assentou o *Superior Tribunal de Justiça* que "as opiniões ofensivas proferidas por deputados federais e veiculadas por meio da imprensa, em manifestações que não guardam nenhuma relação com o exercício do mandato, não estão abarcadas pela imunidade material prevista no art. 53 da CF/88 e são aptas a gerar dano moral"[402].

---

[400] RE 220.687-MG, rel. Min. Carlos Velloso, j. 13-4-1999.
[401] RE 210.907-RJ, rel. Min. Sepúlveda Pertence, j. 12-8-1998.
[402] STJ, REsp 1.642.310-DF, 3ª T., rel. Min. Nancy Andrighi, *DJe* 18-8-2017.

RESPONSABILIDADE PELO FATO DA COISA

Sumário: 37. A responsabilidade na guarda da coisa inanimada: origem, evolução e aplicação no direito brasileiro. 38. Privação da guarda e responsabilidade. 39. Responsabilidade pela ruína do edifício. 39.1. A presunção de responsabilidade. 39.2. Extensão da regra às benfeitorias incorporadas ao edifício. 40. Responsabilidade resultante de coisas líquidas e sólidas (*effusis e dejectis*) que caírem em lugar indevido. 41. Responsabilidade decorrente do exercício de atividade perigosa. 41.1. O exercício de atividade perigosa como fundamento da responsabilidade civil. 41.2. A inovação introduzida pelo parágrafo único do art. 927 do Código de 2002. 42. Responsabilidade em caso de arrendamento e de parceria rural. 43. Responsabilidade das empresas locadoras de veículos. 44. Responsabilidade em caso de arrendamento mercantil (*leasing*). 45. Responsabilidade em caso de alienação fiduciária.

37. A RESPONSABILIDADE NA GUARDA DA COISA INANIMADA: ORIGEM, EVOLUÇÃO E APLICAÇÃO NO DIREITO BRASILEIRO

A origem da teoria da responsabilidade na guarda da coisa inanimada remonta ao art. 1.384 do Código de NAPOLEÃO, que atribui responsabilidade à pessoa não apenas pelo dano por ela causado, mas, ainda, pelo dano causado pelas coisas sob sua guarda.

Comenta SAVATIER que "autores, como Josserand, preocupados com o problema da equidade levantado pela reparação dos acidentes do trabalho, tiveram a ideia de utilizar o art. 1.384 para tornar sistematicamente o dono de uma coisa inanimada responsável pelos danos por esta causados. Embora seja certo que o sentido dos textos deva evoluir com a vida do direito e as novas necessidades sociais, a fórmula utilizada se prestava muito mal ao resultado procurado: não era, realmente, o dono da coisa que ela tornava responsável pelo dano por esta produzido, mas aquele que tivesse a guarda da coisa. Ora, o fim perseguido pelos intérpretes do art. 1.384 fora fazer o patrão responsável pelos acidentes causados por suas máquinas, mas o texto levava a atribuir a responsabilidade ao operário encarregado de manejar essas máquinas, visto ser este o verdadeiro guardião delas. Tornou-se necessário, portanto, considerar que o 'guardião' não era o 'operador', mas o 'dono da máquina'"[403].

---

[403] *Cours de droit civil*, t. 2, p. 149, n. 301.

Acrescenta, ainda, Savatier que a doutrina e a jurisprudência não hesitaram diante dessa acomodação e "o risco do fato de uma coisa tornaria o dono desta responsável pelo dano causado por acidente no qual a sua coisa houvesse desempenhado um papel direto e ativo. O responsável dirige a coisa em seu proveito, devendo, em contrapartida, suportar os seus riscos"[404].

Todas as dúvidas foram sendo aplainadas pelo direito pretoriano e, ao final, a responsabilidade na guarda da coisa já não mais admitia distinções nem quanto a móveis ou imóveis, vícios da coisa ou fatos do homem, guarda jurídica ou a simples custódia a qualquer título, coisas perigosas ou não perigosas, compreendendo até mesmo os animais, notadamente os domésticos, como informa Besson[405].

A teoria da responsabilidade na guarda da coisa consagra inteiramente o princípio da responsabilidade objetiva, como é do magistério de Wilson Melo da Silva[406]. Por ela, os elementos da conduta normal e da diligência da imputabilidade moral não são apreciados, di-lo Alvino Lima[407]. Responsabiliza-se objetivamente o guarda ou dono da coisa pelos danos que ela venha a causar a terceiros. A responsabilidade só é ilidível pela prova, a ser por ele produzida, de que o dano adveio de culpa da vítima ou de caso fortuito.

Tal concepção representa um avanço em relação ao tradicional sistema baseado na ideia de culpa do agente causador do dano, a ser demonstrada pela vítima. Isto equivalia, muitas vezes, a deixá-la irressarcida, ante a impossibilidade de se produzir tal prova. A teoria da responsabilidade objetiva do guardião da coisa, animada ou inanimada, veio reverter o ônus da prova, além de limitar a elisão da responsabilidade às hipóteses de culpa da vítima e caso fortuito.

Não há, no Código Civil brasileiro, nenhum dispositivo que estabeleça, de forma genérica, a responsabilidade dos donos de objetos ou coisas que provoquem dano. Entretanto, inspirados na jurisprudência francesa, e usando da analogia com os arts. 1.527, 1.528 e 1.529 do Código Civil (*de 1916, correspondentes, respectivamente, aos arts. 936, 937 e 938 do diploma de 2002*), os doutrinadores de nosso país passaram a defender a aplicação da aludida teoria no Brasil. Aguiar Dias, Alvino Lima, Wilson Melo da Silva e Agostinho Alvim, dentre outros, a defenderam.

Aguiar Dias entende ser ilógico "responsabilizar-se o proprietário do animal (art. 1.527) ou o dono do imóvel (arts. 1.528 e 1.529) e não responsabili-

---

[404] *Cours*, cit., p. 151, n. 303.
[405] *La notion de garde dans la responsabilité du fait des choses*, p. 115.
[406] *Responsabilidade sem culpa e socialização do risco*, p. 159.
[407] *Culpa e risco*, p. 89-90.

zar-se, em medida igual, o proprietário das demais coisas inanimadas". E enfatiza: "Se o Código Civil francês admitiu a solução, nenhuma dúvida pode existir de que ela tem cabimento também em nosso direito, que se inspirou naquele, no tocante à definição e fundamentação da responsabilidade civil"[408].

Segundo ALVINO LIMA, a "apregoada culpa na guarda, criando uma verdadeira presunção *juris et de jure* de culpa, sem que o autor do dano possa provar a ausência de culpa, é, irretorquivelmente, a proclamação da teoria do risco"[409].

WILSON MELO DA SILVA lembra que, "não obstante a regra geral, ampla, das disposições do art. 159 do Código Civil, exceções a essa regra, e que consagram a teoria da responsabilidade objetiva, vamos encontrar, *v. g.*, nos arts. 1.519, 1.520, 1.528 e 1.284 (*do CC de 1916, correspondentes, respectivamente, aos arts. 929, 930, 937 e 649 do novo diploma*)"[410].

Na jurisprudência, a aceitação da teoria da responsabilidade do guarda foi lenta. Tem sido aplicada atualmente, entretanto, em muitos casos, como, por exemplo, quando estoura uma caldeira, ou se desprende o aro da roda de um veículo, ocorrendo danos, ou se rompe um fio de alta-tensão[411].

Na realidade, na maioria das vezes não se torna necessário recorrer à teoria do guarda da coisa, solução pretoriana, para responsabilizar o causador do dano. No juízo cível, a culpa, ainda que levíssima, obriga a indenizar. Assim, em matéria de acidente de veículo, se é o próprio dono que está dirigindo o automotor causador do sinistro, e a culpa pode ser vislumbrada, aplica-se o art. 186 do Código Civil. Não paira dúvida de que há uma tendência para extrair o elemento culpa das circunstâncias do evento, a fim de admiti-la, ainda que de pouca intensidade. Entretanto, o contrário é verdadeiro: se não ficar demonstrada nenhuma parcela de culpa do condutor e dono do veículo, exonerada estará a sua responsabilidade. É que a jurisprudência não chegou ao ponto de responsabilizar o dono do veículo, quando ele próprio o está dirigindo e colide com outro, sem prova de negligência, imprudência ou imperícia. Pois haverá necessidade de se apurar qual dos dois motoristas, por sua culpa, deu causa ao evento.

No entanto, diferentemente, tem sido decidido quando se trata de atropelamento ou de colisão com poste ou mesmo com outro veículo que se encontra

---

[408] *Da responsabilidade*, cit., p. 463, n. 164.
[409] *Culpa*, cit., n. 26.
[410] *Responsabilidade*, cit., p. 143.
[411] *RT*, 655/100. Poderíamos mencionar ainda, como exemplos, as decisões insertas nas *RT*, 703/70 (explosão de caldeira), 737/336 (queda de fio elétrico), 745/234 (explosão em *shopping center*), 741/384 (queda de placa de propaganda), 742/375 (queda de árvore), 745/261 (queda de carga transportada em carreta), 746/368 (rompimento de rede de alta--tensão), 573/163 (queda de ponte).

estacionado. Nestes casos, como já se afirmou, tem-se feito referência à teoria do risco objetivo para responsabilizar o proprietário, independentemente de culpa[412].

Hipótese em que a teoria do guarda tem sido invariavelmente aplicada é a do acidente provocado por culpa do condutor, que não é parente nem empregado ou preposto do dono do veículo. Neste caso, como não pode ser observado o art. 932, III, do Código Civil, aplica-se a teoria do guarda para responsabilizar o dono do veículo que o empresta a terceiro[413]. Essa responsabilidade, no entanto, somente existirá se este for o causador do acidente, por culpa[414].

O proprietário, por sua vez, tem ação contra o motorista a quem confiara a direção de seu veículo e que, por culpa, veio a danificá-lo, causando prejuízos ao primeiro[415].

Em casos de danos a pessoas que são transportadas em veículos, como ônibus, bondes, trens etc., também é dispensável a aplicação da referida teoria, porque existe outro fundamento legal para responsabilizar o transportador. A jurisprudência, neste particular, tem entendido que se trata de responsabilidade "contratual" (contrato de adesão). A obrigação do transportador seria a de conduzir o passageiro incólume ao seu destino. Se aconteceu um acidente, houve inadimplemento contratual, surgindo a obrigação de indenizar, com base no art. 389 do Código Civil. O Código de Defesa do Consumidor (Lei n. 8.078, de 11-9-1990) responsabiliza os prestadores de serviço (dentre os quais se incluem os transportadores), independentemente da existência de culpa (art. 14).

38. PRIVAÇÃO DA GUARDA E RESPONSABILIDADE

Guardião da coisa é, ordinariamente, o seu proprietário. Ficando privado da guarda por furto e perdendo, pois, o seu controle, desaparece a sua responsabilidade. Entretanto, se a perda da posse decorreu de culpa sua, a ser provada pela vítima (como quando deixa as chaves do veículo em local em que possam ser

---

[412] *RT*, 610/111.
[413] "*Responsabilidade civil*. Acidente de trânsito. Condenação do proprietário pelo fato da coisa perigosa. Responsabilidade presumida do proprietário que entrega o veículo à direção de terceiro, seja seu preposto ou não" (*RJTJSP*, 32/61; *RT*, 450/99, 550/130 e 741/345; *JTACSP*, 168/225).
[414] "Contra o proprietário de veículo dirigido por terceiro *considerado culpado* pelo acidente conspira a presunção *iuris tantum* de culpa *in eligendo* e *in vigilando*, em razão do que sobre ele recai a responsabilidade pelo ressarcimento do dano que a outrem possa ter sido causado" (STJ, REsp 109.309-0-MG, 4ª T., rel. Min. Asfor Rocha, *DJU*, 20-10-1998).
[415] *RT*, 635/293.

apanhadas com facilidade por terceiros), responde, então, por negligência ou imprudência, com base no art. 186 do Código Civil.

Assim, em se tratando de veículo roubado ou furtado que tenha ocasionado dano a terceiros, uma primeira indagação se faz necessária: se o dono contribuiu ou não com alguma parcela de culpa para que a subtração ocorresse.

Responde pelo dano causado a terceiros pelo ladrão que esteja na posse do veículo o proprietário que não mantém sobre ele a adequada vigilância e o deixa, por exemplo, em local ermo em hora avançada da noite; ou em local de escassa iluminação e sem movimento; ou, mesmo durante o dia, em via pública, sem trancar as portas à chave, ou ainda com as chaves no contato. Nestes casos, incorre ele nas sanções do art. 186 do diploma civil, que obriga a reparar o dano todo aquele que o causa por ação ou omissão voluntária, com imprudência ou negligência.

Se, no entanto, o dono do veículo se mostra cuidadoso e vigilante, não o deixando em locais ou em situações que facilitem a ação dos ladrões, vulgarmente chamados de "puxadores", e até mesmo protegendo a sua posse por meio de alarmes ou outros sistemas e engenhos técnicos contra furtos, nenhuma parcela de culpa lhe pode ser atribuída se, mesmo assim, o veículo lhe é furtado ou roubado e o meliante, assumindo o volante, causa danos a terceiros. Neste caso, somente o ladrão poderia ser responsabilizado pelo acidente.

Assim têm decidido os nossos tribunais. Com efeito, entendendo que, nas circunstâncias, não se podia afirmar que a proprietária do veículo tivesse agido culposamente, por ter o veículo sido subtraído por assaltantes armados, o *Tribunal de Justiça de São Paulo* isentou-a de qualquer responsabilidade pelos danos causados pelo marginal que dirigia o veículo e acabou por perder sua direção, projetando-o contra um prédio[416].

Em outro caso, entretanto, em que evidente se mostrava a negligência do proprietário do veículo furtado, *o mesmo Tribunal assim se pronunciou*:

"*Indenização*. Responsabilidade civil. Furto de veículo com posterior acidente de trânsito. Culpa de proprietário que deixa seu automóvel com a porta aberta e as chaves no contato ou no quebra-sol. Omissão no dever de vigilância. Responsabilidade pelos danos causados"[417].

Pode ocorrer, ainda, a hipótese de nem o proprietário nem o ladrão serem considerados responsáveis pelo evento danoso: quando a culpa pelo acidente foi unicamente da vítima. Neste caso, não teria importância o fato de se tratar de veículo roubado ou furtado. Isto porque a vítima, para reclamar indenização, tem

---
[416] RT, 466/68.
[417] RJTJSP, 46/105.

sempre de demonstrar a culpa do motorista do veículo. Se o ladrão que o dirigia não se houve com culpa no sinistro, porque a culpa foi exclusivamente da vítima, não há que se falar em responsabilidade do meliante nem do proprietário.

Quando o proprietário é considerado responsável, por ter negligenciado a guarda do veículo e ensejado o furto, assiste-lhe o direito regressivo contra o ladrão causador do acidente, se ele tiver bens com que responder pela cota-parte do montante dos danos causados, uma vez que entre ambos, pela produção do *eventus damni*, uma solidariedade se estabeleceria, *ex vi* do disposto no art. 942 do Código Civil, conforme lembra Wilson Melo da Silva[418].

Acrescenta, ainda, o emérito jurista que a responsabilidade pura e simples do dono do veículo em face de terceiros, em toda e qualquer circunstância, culpado ou não pelo fato do seu apossamento indébito, só se justificaria em face da adoção, no setor automobilístico, de uma responsabilidade objetiva pelo risco criado ou, mesmo, pelo risco-proveito. E acrescenta: "Até lá, porém, ainda não chegamos, *de lege lata*, muito embora, *de lege ferenda*, uma tendência pronunciada pareça fazer encaminhar a responsabilidade civil automobilística nesse rumo"[419].

No direito francês fazia-se a distinção entre a guarda material e a guarda jurídica da coisa. O proprietário, como detentor da guarda jurídica, tendo o poder de direção sobre a coisa, seria o responsável pelos danos por ela causados, ainda que lhe houvesse sido furtada. A moderna doutrina francesa não pensa mais como Besson[420] a respeito da guarda jurídica. Hoje, considera guarda da coisa o poder de fato sobre ela e não mais o poder jurídico. No Brasil, Mário Moacyr Porto, com supedâneo em Capitant, Josserand e outros, sustentava a inocuidade de uma guarda jurídica sem a posse, sem a possibilidade de exercício, sobre o veículo, de qualquer direção e vigilância[421].

Em conclusão, pode-se afirmar que se acha consagrado, hoje, o princípio de que a guarda da coisa implica o poder que sobre ela tenha determinada pessoa em um dado instante. Assim, o responsável pelo evento danoso tanto pode ser o proprietário que esteja ao volante de seu veículo, ou um preposto seu, como ainda o próprio ladrão que o mantenha sob seu controle e direção. Dependendo das circunstâncias em que ocorreu a ilícita subtração, tanto pode ser responsabilizado o proprietário como o ladrão.

---

[418] *Responsabilidade*, cit., p. 323, n. 107.
[419] *Responsabilidade*, cit., p. 325, n. 108.
[420] *La notion*, cit., p. 91.
[421] *Ação de responsabilidade civil e outros estudos*, p. 57 e s., cap. 6.

39. RESPONSABILIDADE PELA RUÍNA DO EDIFÍCIO

39.1. A presunção de responsabilidade

Dispõe o art. 937 do Código Civil:

"*O dono do edifício ou construção responde pelos danos que resultarem de sua ruína, se esta provier de falta de reparos, cuja necessidade fosse manifesta*".

Há uma presunção de responsabilidade do dono do edifício ou construção, quando a casa cai sobre as propriedades vizinhas ou sobre os transeuntes. Ressalva-se, apenas, a ação regressiva contra o construtor. Facilita-se a ação de reparação para a vítima, que só precisa provar o dano e a relação de causalidade.

Embora o dispositivo em estudo dê a impressão de que a vítima tenha de provar também que a ruína do edifício ocorreu devido à falta de reparos cuja necessidade era manifesta, AGUIAR DIAS entende que a manifesta falta de reparos decorre do simples fato de ter havido a ruína: "tanto necessitava de reparos que caiu". Ao dono do prédio é que incumbe provar o contrário. Enfatiza AGUIAR DIAS: "Muito mais rara, quase impossível, é a hipótese de cair um edifício que não necessitasse de reparos. Faça o proprietário, que tem tão evidente dever de vigilância, prova de que ela ocorreu"[422].

Desse modo, embora o legislador presuma a responsabilidade do dono do prédio pelos danos causados com a sua ruína, e malgrado a regra geral nesta matéria seja a de que tal presunção somente cede ante a prova de culpa da vítima ou de força maior, no caso ora em estudo pode-se dizer que tal presunção cede também ante a segura prova produzida pelo proprietário de que a ruína não derivou de falta de reparo, cuja necessidade fosse manifesta. É uma prova difícil porque, como já observou AGUIAR DIAS, se caiu é porque necessitava de reparos. A este respeito, assim se expressou CLÓVIS BEVILÁQUA:

"A responsabilidade do proprietário do edifício funda-se, no caso deste artigo, na violação do dever de reparar o edifício, ou qualquer construção, como canalizações, pontes, comportas, esgotos, andaimes. Mas o proprietário não se poderá escusar, alegando que ignorava o mau estado do edifício, ou que a culpa não lhe cabe, e sim ao construtor ou inquilino do prédio ou zelador da construção. Se a construção desaba, total ou parcialmente, por falta de reparo, cuja necessidade fosse manifesta, pelo dano causado a outrem responde o dono, ainda que em seguida lhe caiba o direito de se ressarcir contra o construtor ou contra o vendedor, segundo as hipóteses".

---

[422] *Da responsabilidade*, cit., 4. ed., v. 2, p. 503, n. 176.

Na sequência, Clóvis mostra a diferença entre o nosso direito e o francês: "É porém de notar-se que a responsabilidade do proprietário não é tão absoluta no direito pátrio, como no francês. A necessidade de reparo deve ser manifesta. Esta restrição parece tirar à responsabilidade estabelecida no Código Civil brasileiro o caráter puramente objetivo que apresenta no direito francês, no suíço e em outras legislações. Mas a objetividade não desaparece inteiramente, porque o proprietário poderá achar-se ausente, ignorar, de fato, a necessidade do reparo, aliás manifesta aos olhos dos vizinhos ou transeuntes, e no entanto responderá pelo dano resultante da ruína"[423].

A ideia inspiradora do legislador, no Brasil e na França, consoante muito bem sintetizou Silvio Rodrigues, é a de "criar uma presunção de responsabilidade para o proprietário, nos casos contemplados na lei, a fim de facilitar a tarefa da vítima que reclama indenização pelos prejuízos por ela experimentados e defluentes da ruína de edifícios. De modo que a vítima não tem que buscar descobrir quem foi o responsável pelo defeito de construção do prédio, nem que indagar se o inquilino é o culpado pela falta de reparos da qual resultou o desabamento de uma casa; não lhe compete averiguar se a queda da construção resultou de imperícia do arquiteto que a projetou, ou do engenheiro que fiscalizou o andamento da obra; e assim por diante. Houve desabamento decorrente da falta de reparos, ou de vício de construção? O proprietário é responsável. Este, após pagar a indenização, pode, se quiser, promover ação regressiva contra o culpado, quer seja o empreiteiro da construção, quer seja o inquilino que não procedeu aos reparos, nem de sua necessidade deu ciência ao locador, seja quem for enfim. A lei, em face da vítima, presume a responsabilidade do proprietário, que é a única pessoa com legitimação passiva para a ação"[424].

Confira-se a jurisprudência:

"Desabamento parcial e risco de desabamento total de prédio. Laudo pericial. Tutela antecipada deferida para determinar ao réu que pague aluguéis em imóvel semelhante ao atingido, sob pena de multa diária"[425].

O *Enunciado n. 556 da VI Jornada de Direito Civil* considera que: "A responsabilidade civil do dono do prédio ou construção por sua ruína, tratada pelo art. 937 do CC, é objetiva".

39.2. Extensão da regra às benfeitorias incorporadas ao edifício

O Código Civil de 2002 reproduz, no art. 937, *ipsis litteris*, o art. 1.528 do Código de 1916.

---

[423] *Código Civil*, cit., v. 5, p. 238.
[424] *Direito civil*, cit., v. 4, p. 125-126.
[425] TJ-PA, AgI 00459987720128140301, *DJe* 23-9-2015.

A solução não nos parece a melhor, porque continua permitindo ao proprietário que se exima da responsabilidade, provando que, apesar da ocorrência de danos em virtude da falta de reparos no prédio que lhe pertence, a necessidade de efetuá-los não era manifesta. Tal orientação destoa da tendência hodierna do direito de proporcionar às vítimas dos sinistros maiores facilidades para a obtenção da indenização pelos danos sofridos.

Convém aduzir que "se deve assimilar ao edifício ou construção tudo que no edifício está incorporado em caráter permanente, como, por exemplo, os elevadores, escada rolante etc., pois a lei se refere tanto aos imóveis pela natureza como aos que o são por destinação. O que não se pode fazer é aplicar, por 'analogia', o estatuto das estradas de ferro para solver questões resultantes de acidentes em elevadores, como, vez por outra, acontece"[426].

40. RESPONSABILIDADE RESULTANTE DE COISAS LÍQUIDAS E SÓLIDAS (*EFFUSIS* E *DEJECTIS*) QUE CAÍREM EM LUGAR INDEVIDO

A reparação do dano consequente ao lançamento de coisas (matérias líquidas ou corpos duros) de uma casa à rua é prevista no art. 938 do Código Civil, que assim dispõe:

"Aquele que habitar prédio, ou parte dele, responde pelo dano proveniente das coisas que dele caírem ou forem lançadas em lugar indevido".

A responsabilidade, no caso, é puramente objetiva. Não se cogita da culpa. Já no direito romano a *actio de effusis et dejectis* se destinava a definir a responsabilidade em face do dano causado por uma coisa lançada de uma habitação para o exterior. Não se indagava se foi lançada propositadamente à rua ou se caiu aci-

---

[426] Mário Moacyr Porto, *Temas*, cit., p. 116, n. 7.

"Queda de elevador. Ineficiência de equipamento instalado pela corré Crel para impedir a movimentação do elevador com sobrepeso, bem como da ausência de cautelas do condomínio para impedir a entrada de usuários em excesso. Laudo pericial conclusivo, ainda, no que tange aos danos materiais e morais sofridos pelo autor, portador de sequela permanente. Responsabilidade mantida" (TJSP, Apel. 0002545-21.2009.8.26.0554, 3ª Câm. Dir. Priv., rel. Des. Carlos Alberto de Salles, *DJe* 15-2-2017); "Responsabilidade civil. Queda de elevador. Falta dos cuidados necessários manifesta. Indenização devida (*RT*, 433/86, 504/92, 638/91); "Queda de veneziana de unidade condominial sobre veículo estacionado. Irrelevância da perquirição de defeito de construção. Indenização devida pelo proprietário, ante o descumprimento do dever de vigilância. Direito, no entanto, à ação de regresso contra a construtora. Inocorrência de caso fortuito. Evento que era previsível" (*RJTJSP*, 10/146); "Desabamento de prédio. Vítimas. Ação de indenização. Propositura contra o proprietário. Procedência" (*RT*, 521/267).

dentalmente. Se se havia despejado uma coisa líquida (*effusum*) ou lançado um objeto (*dejectum*) de um edifício sobre um lugar destinado à passagem pública, concedia-se contra o "*habitator*, independentemente de culpa", uma ação, variável em seu objeto de acordo com as hipóteses[427].

No direito francês, embora inexistente dispositivo expresso, aplica-se ao caso a presunção de responsabilidade do guarda da coisa. Com o mesmo caráter de responsabilidade objetiva, a legislação de vários países regulou a hipótese, como o Código Civil espanhol, que estabeleceu, no art. 1.910: "El cabeza de família que habita una casa o parte de ella es responsable de los daños causados por las cosas que se arrojaren o cayeren de la misma".

O art. 938 do Código Civil brasileiro pode ser considerado como exemplo mais flagrante da presunção de responsabilidade do guarda da coisa inanimada, em nosso direito. A vítima só tem de provar a relação de causalidade entre o dano e o evento. A presunção de responsabilidade do chefe de família que habita a casa (dono, locatário, usufrutuário, comodatário) só é removível mediante prova de culpa exclusiva da vítima (por ter provocado a queda do objeto) ou força maior (que afasta a relação de causalidade). Na demonstração da culpa da vítima pode ser alegado que a coisa foi lançada em local adequado, destinado a esse fim (depósito de lixo, terreno interno), e que a vítima ali não deveria estar.

Embora a ideia inspiradora da regra tenha sido a de garantir o transeunte contra algum objeto que caia ou seja lançado, imprudentemente, do interior de uma residência, a jurisprudência a tem estendido a diversas situações. Assim é que já se decidiu que a construtora de uma obra deve indenizar o proprietário de veículo danificado em virtude da queda de andaime[428]; que a queda de um eucalipto é fato previsível e torna o proprietário do prédio onde ele se encontra responsável pelo dano causado[429]; que a queda de argamassa de cimento que se desprende de sacada de edifício e atinge transeunte sujeita os responsáveis pela obra a repararem os danos por este sofridos[430].

Conforme ensina CLÓVIS, a responsabilidade é puramente objetiva: "Pouco importa que não haja postura municipal ou regulamento de higiene proibindo atirar coisas para fora da casa em lugar não destinado a esse mister. O ponto de vista do Código Civil é o dano à pessoa ou aos bens de outrem. A responsabilidade é objetiva e recai sobre o habitante da casa, que não se escusa alegando que o ato prejudicial foi praticado por outra pessoa"[431].

---

[427] Serpa Lopes, *Curso*, cit., v. 5, p. 309.
[428] *RT*, 506/256.
[429] *RT*, 413/324.
[430] *RT*, 412/160.
[431] *Código Civil*, cit., p. 239.

Em relação às coisas e líquidos lançados ou caídos de edifícios, sem que se consiga apurar de qual apartamento tombou, afirma AGUIAR DIAS que "a solução não pode ser outra senão a que já oferecia o Edito: responsabilidade solidária de todos os moradores"[432]. Comenta, a seguir, o referido doutrinador: "É evidente que 'todos os moradores' corresponde a todos os habitantes a cuja responsabilidade seja possível atribuir o dano. Nos grandes edifícios de apartamentos, o morador da ala oposta à em que se deu a queda ou lançamento de objeto ou líquido não pode, decerto, presumir-se responsável pelo dano"[433].

Na mesma esteira o pensamento de PONTES DE MIRANDA: "No direito brasileiro, a solidariedade é por parte de todos os que poderiam ser os responsáveis. Assim, se o edifício tem duas alas de apartamentos, só uma das quais está em posição de ter coisas que caiam ou sejam lançadas, os habitantes dos apartamentos aí situados é que são legitimados passivos. Dá-se o mesmo a respeito dos andares"[434].

Acolhendo a orientação de AGUIAR DIAS, a 7ª Câmara do extinto 1º Tribunal de Alçada Civil de São Paulo firmou a responsabilidade objetiva do condomínio, por não identificado o apartamento de onde o objeto fora atirado[435]. Parece-nos, entretanto, procedente a crítica que, a esse entendimento, faz SILVIO RODRIGUES, nestes termos:

"O dispositivo em comentário refere-se à responsabilidade daquele que habita uma casa 'ou parte dela'. O que vale dizer que, quando um prédio é habitado por muitas pessoas, cada uma ocupando fração delimitada do edifício, a responsabilidade pelo dano causado a terceiro com a queda de objetos é do ocupante daquela parte do edifício de onde caiu a coisa causadora do prejuízo. Pois é óbvio que, se a coisa caiu de um apartamento do quarto andar, não pode ser responsabilizado aquele que mora no décimo"[436].

Tal concepção, além de se ajustar aos termos da lei, parece-nos realmente mais consentânea com a equidade e com o senso de justiça. Afigura-se-nos injusto responsabilizar solidariamente todos os moradores de uma ala de edifício de muitos andares pela morte de um pedestre atingido por algum objeto, sem que se saiba de qual apartamento caiu. Nesse sentido já decidiu o *Tribunal de Justiça de São Paulo*:

---

[432] *Da responsabilidade*, cit., 4. ed., p. 505, n. 177.
[433] *Da responsabilidade*, cit., 4. ed., nota 836.
[434] *Tratado*, cit., t. 53, p. 409.
[435] *JTACSP*, Revista dos Tribunais, 87/138.
[436] *Direito civil*, cit., v. 4, p. 134, n. 47.

"Dano causado por ocupante de unidade autônoma condominial. Autor da lesão que permanece no anonimato. Hipótese de ilegitimidade passiva *ad causam* do condomínio. Carência decretada"[437].

Em casos dessa natureza, merece acolhida, pois, a opinião de CAIO MÁRIO DA SILVA PEREIRA:

"Cumpre, nesse caso, apurar de onde veio o objeto causador do dano. Aguiar Dias lembra o critério de apurar a ala em que se deu a queda do objeto, para eximir o da ala oposta (ob. cit., n. 177). Neste sentido de se identificar a unidade de onde ele proveio, é de se considerar que, nos termos do que dispõe a Lei n. 4.591, de 16 de dezembro de 1964, art. 2º, cada unidade autônoma é tratada como objeto de propriedade exclusiva... é necessário assentar que, se de um edifício coletivo cai ou é lançada uma coisa, a inteligência racional do art. 1.529 [*hoje, art. 938*] não autoriza condenar todos os moradores, rateando a indenização ou impondo-lhes solidariedade (Silvio Rodrigues, ob. cit., n. 47). Se se impõe ao 'habitador' a responsabilidade, é preciso conciliá-la com a noção de unidade autônoma, pois que, se de uma delas ocorreu o fato danoso, somente quem a habita é o responsável, e não todos, indiscriminadamente"[438].

O *Superior Tribunal de Justiça*, embora admitindo a hipótese de a totalidade dos condôminos arcar com a responsabilidade repartida por danos causados a terceiros quando ocorre a impossibilidade de se identificar o exato ponto de onde partiu a conduta lesiva, isentou, no caso em julgamento, os titulares de apartamentos que não contam com janelas ou sacadas para a via pública onde a recorrida foi atingida, responsabilizando apenas os proprietários de unidades de onde poderia ter caído ou sido lançado o objeto que atingiu a vítima, aceitando o "princípio da exclusão" daqueles que certamente não poderiam ter concorrido para o fato[439].

Decidiu, também, o *extinto 1º Tribunal de Alçada Civil de São Paulo* que não é razoável que o lesado haja de investigar de qual unidade partiu a agressão ao seu imóvel, se toda a massa condominial é responsável pelo dano proveniente das coisas que caírem ou forem lançadas do prédio em que habita. A repartição dos prejuízos pelos condôminos é questão de economia interna do condomínio, que poderá se ressarcir de todos os condôminos, ou exclusivamente daqueles de cujas unidades foram lançados os objetos, ou apenas das unidades de final "2" e "4"[440].

---

[437] *RJTJSP*, 89/173.
[438] *Responsabilidade civil*, cit., p. 125.
[439] *RSTJ*, 116/259.
[440] *RT*, 714/152.

Também já se decidiu que a responsabilidade a que se refere o art. 938 do CC é objetiva, recaindo sobre o habitante da casa e não sobre o proprietário que a aluga e reside em outro local[441].

Tratando-se de coisas caídas ou lançadas de condomínio edilício, o *Enunciado n. 557 da VI Jornada de Direito Civil* dispõe: "Nos termos do art. 938 do CC, se a coisa cair ou for lançada de condomínio edilício, não sendo possível identificar de qual unidade, responderá o condomínio, assegurado o direito de regresso".

41. RESPONSABILIDADE DECORRENTE DO EXERCÍCIO DE ATIVIDADE PERIGOSA

41.1. O exercício de atividade perigosa como fundamento da responsabilidade civil

A teoria do risco teve o seu desenvolvimento acentuado a partir da introdução das máquinas no processo industrial e com os problemas relacionados aos acidentes de trabalho. O surto industrial do início do século XX provocou a disseminação do uso de máquinas, criando risco maior para certas atividades.

Logo se percebeu a necessidade de dar maior proteção às vítimas, a quem a teoria clássica, baseada na culpa, impunha enormes dificuldades para a obtenção do ressarcimento dos prejuízos sofridos. Passou-se, então, à concepção de que aquele que, no seu interesse, criar risco de causar dano a outrem terá de repará-lo, se este dano ocorrer. Impunha-se a responsabilidade pela criação ou pelo controle do risco pelo homem, baseada na máxima de que deve suportar os ônus e encargos do exercício de determinada atividade aquele que aufere os lucros dela resultantes. A responsabilidade objetiva funda-se, efetivamente, num princípio de equidade, existente desde o direito romano: aquele que lucra com uma situação deve responder pelo risco ou pelas desvantagens dela resultantes (*Ubi emolumentum, ibi onus; ubi commoda, ibi incommoda*). Quem aufere os cômodos (lucros) deve suportar os incômodos (riscos). Tem a doutrina anotado, dentro da teoria do risco, uma responsabilidade decorrente do *exercício de atividade perigosa*, tomada em sentido dinâmico, relativa à utilização de diferentes veículos, máquinas, objetos e utensílios; e outra responsabilidade, de cunho estático dos bens, que se incluem na responsabilidade pelo fato das coisas. A primeira resultou da constatação da existência de atividades que, embora legítimas, por sua periculosidade frequentemente ocasionavam danos, devendo os seus agentes,

---

[441] *RT*, 528/62; *RJTJSP*, 124/165.

por essa razão, sujeitar-se à responsabilidade pela simples criação do risco decorrente do exercício de atividade potencialmente perigosa.

Essa noção, de caráter objetivo, passou a integrar os Códigos de diversos países. Na legislação italiana encontra-se o exercício de atividade perigosa como fundamento da responsabilidade civil, com inversão do ônus da prova:

"Chiunque cagiona danno ad altri nello svolgimento di un'attività pericolosa, per sua natura o per la natura dei mezzi adoperati, è tenuto al risarcimento se non prova di avere adottato tutte le misure idonee a evitare il danno" (CC italiano, art. 2.050)[442].

O agente, no caso, só se exonerará da responsabilidade se provar que adotou todas as medidas idôneas para evitar o dano.

O Código Civil português, na mesma linha do italiano, refere-se a "atividade perigosa por sua própria natureza ou pela natureza dos meios empregados", exonerando o agente dos danos apenas se mostrar "que empregou todas as providências exigidas pelas circunstâncias com o fim de os prevenir" (art. 493º, n. 2).

Já o Código Civil mexicano responsabiliza o agente pela utilização de "mecanismos, instrumentos, aparelhos ou substâncias perigosas por si mesmas, pela velocidade que desenvolvem, por sua natureza explosiva ou inflamável, pela energia de corrente elétrica que conduzem ou outras causas análogas", mesmo "que não obre ilicitamente", admitindo apenas a demonstração de que o prejuízo foi causado por culpa da vítima (art. 1.913).

O Código de Obrigações libanês, por sua vez, dispõe sobre a responsabilidade pelo fato de coisas, afirmando-a mesmo quando estas não se encontrem sob o controle do agente, como um automóvel em movimento, um avião em voo, um elevador em funcionamento, admitindo como excludentes a força maior ou a culpa da vítima (art. 131).

41.2. A inovação introduzida pelo parágrafo único do art. 927 do Código de 2002

O Código Civil brasileiro adotou solução mais avançada e mais rigorosa que a do direito italiano, também acolhendo a teoria do exercício de atividade perigosa e o princípio da responsabilidade independentemente de culpa nos casos especificados em lei, a par da responsabilidade subjetiva como regra geral, não prevendo, porém, a possibilidade de o agente, mediante a inversão do ônus da

---

[442] "Art. 2.050. Aquele que ocasionar perigo a outrem no exercício de uma atividade perigosa pela sua natureza ou pela natureza dos meios empregados, ficará obrigado à indenização se não provar ter adotado todas as medidas idôneas para evitar o prejuízo".

prova, exonerar-se da responsabilidade se provar que adotou todas as medidas aptas a evitar o dano.

Dispõe, com efeito, o art. 927 do diploma de 2002:

"*Aquele que, por ato ilícito (arts. 186 e 187), causar dano a outrem, fica obrigado a repará-lo.*

Parágrafo único. Haverá obrigação de reparar o dano, independentemente de culpa, nos casos especificados em lei, ou quando a atividade normalmente desenvolvida pelo autor do dano implicar, por sua natureza, risco para os direitos de outrem".

Nessa linha de pensamento: "A responsabilidade fundada no risco da atividade, como prevista na segunda parte do parágrafo único do art. 927 do novo Código Civil, configura-se quando a atividade normalmente desenvolvida pelo autor do dano causar a pessoa determinada um ônus maior do que aos demais membros da coletividade" (*Enunciado n. 38 da I Jornada de Direito Civil*). E mais: "A responsabilidade civil prevista na segunda parte do parágrafo único do art. 927 do Código Civil deve levar em consideração não apenas a proteção da vítima e a atividade do ofensor, mas também a prevenção e o interesse da sociedade" (*Enunciado n. 446 da V Jornada de Direito Civil*).

É fora de dúvida, no entanto, que a culpa exclusiva da vítima ou de terceiro e a força maior, por romperem o nexo causal, afastam a responsabilidade do agente.

A posição adotada representa, indubitavelmente, um elogiável avanço em matéria de responsabilidade civil, pois aproxima o nosso Código Civil dos de outros países, que já alcançaram, nesse ponto, estágio superior, como os citados no item anterior.

A obrigação de reparar o dano independe de prova de culpa nos casos especificados em lei e quando o autor do dano criar um risco maior para terceiros, em razão de sua atividade. Toda atividade perigosa por sua natureza cria um risco de causar danos a terceiros. O proprietário que a desenvolve, de acordo com o seu interesse, deve reparar os danos experimentados pelas vítimas, se tal prejuízo se concretizar em decorrência do risco criado, independentemente de culpa.

Trata-se da mais relevante inovação introduzida no atual Código Civil, no que tange à responsabilidade civil. Antes, a responsabilidade, independentemente de culpa, somente existia nos casos especificados em leis especiais. Atualmente, mesmo inexistindo lei que regulamente o fato, pode o juiz aplicar o princípio da responsabilidade objetiva (independentemente de culpa), baseando-se no dispositivo legal mencionado, "*quando a atividade normalmente desenvolvida pelo autor do dano implicar, por sua natureza, risco para os direitos de outrem*".

Tem-se, então, o risco como fundamento de responsabilidade. A obrigação de reparar surge do simples exercício da atividade que o agente desenvolve em seu interesse e sob seu controle, em função do perigo que dela decorre para terceiros. Como assinala CARLOS ALBERTO BITTAR, "passou-se de um ato ilícito (teoria subjetiva) para um lícito, mas gerador de perigo (teoria objetiva), para caracterizar-se a responsabilidade civil. Com efeito, inseriram-se dentro desse novo contexto atividades que, embora legítimas, merecem, pelo seu caráter de perigosas – seja pela natureza (fabricação de explosivos e de produtos químicos, produção de energia nuclear etc.), seja pelos meios empregados (substâncias, máquinas, aparelhos e instrumentos perigosos, transportes etc.) –, tratamento jurídico especial em que não se cogita da subjetividade do agente para a sua responsabilização pelos danos ocorridos"[443].

A doutrina italiana tem acentuado que a atividade deve ser considerada, ou não, perigosa, sob o prisma substancial, tendo-se em conta uma objetiva periculosidade, ínsita em si mesma ou posta em relação aos meios empregados, com base em extensas referências, inclusive jurisprudenciais. Assim, na conceituação de atividade perigosa ingressam, como meios hábeis, diferentes veículos, máquinas, objetos e utensílios, mas tomados em um sentido dinâmico – postos em ação, como meios, nas mãos do homem –, diferente, portanto, do cunho estático dos bens que se incluem na responsabilidade pelo fato de coisas, não havendo necessidade, pois, sequer da técnica da presunção de culpa para a caracterização da responsabilidade.

Deve ser considerada perigosa, pois, "aquela atividade que contenha em si uma grave probabilidade, uma notável potencialidade danosa, em relação ao critério da normalidade média e revelada por meio de estatísticas, de elementos técnicos e da própria experiência comum... Embora não seja fácil a determinação da periculosidade, devem ingressar nessa noção aquelas atividades que, pelo grau de risco, justifiquem a aplicação de uma responsabilidade especial. Isso significa que não somente as enumeradas em disposições legais ou em leis especiais merecem essa qualificação, mas aquelas que revelem 'periculosidade intrínseca ou relativa aos meios de trabalho empregados', na fórmula consagrada pela Suprema Corte Italiana"[444].

Haveria necessidade de a atividade perigosa ser exercida reiteradamente para o agente incidir na responsabilidade objetiva, independente de culpa? Penso que não.

O advérbio "*normalmente*", empregado no dispositivo ora comentado, não consta dos códigos de outros países, como Itália, Portugal, Líbano, México etc., que adotaram a teoria do exercício da atividade perigosa antes de nós. Ao utilizá-la,

---

[443] Responsabilidade civil nas atividades perigosas, in *Responsabilidade civil*, cit., p. 90.
[444] Carlos Alberto Bittar, Responsabilidade civil nas atividades perigosas, in *Responsabilidade civil*, cit., p. 93-94.

pretendeu o novel legislador apenas deixar claro que a responsabilidade do agente será objetiva quando a atividade por ele exercida contiver uma notável potencialidade danosa, em relação ao critério da normalidade média. É a aplicação da teoria dos atos *normais* e *anormais*, medidos pelo padrão médio da sociedade. Basta que, mesmo desenvolvida *"normalmente"* pelo autor do dano, a atividade seja, *"por sua natureza"*, por implicar *"riscos para os direitos de outrem"*, potencialmente perigosa, não havendo necessidade de um exercício anormal, extraordinário, para que assim seja considerada.

Parece-nos, também, que o legislador não teve a intenção de restringir às atividades lucrativas a aplicação, entre nós, da teoria do exercício da atividade perigosa, uma vez que adotou, como foi dito, solução mais avançada e mais rigorosa que a do direito italiano e do direito português, afastando a possibilidade de o agente, mediante a inversão do ônus da prova, exonerar-se da responsabilidade se provar que adotou todas as medidas aptas a evitar o dano.

Ademais, tendo sido acolhida, no dispositivo em tela, a teoria do *risco criado*, e não do *risco-proveito*, como entende a melhor doutrina, não se pode atribuir à vítima o ônus de demonstrar que o causador do dano exerce atividade lucrativa.

42. RESPONSABILIDADE EM CASO DE ARRENDAMENTO E DE PARCERIA RURAL

Tanto a doutrina como a jurisprudência já vinham aceitando, mesmo antes do Código Civil de 2002, a teoria que responsabiliza os proprietários de bens, móveis ou imóveis, utilizados em atividades perigosas, especialmente se para fins lucrativos.

A exploração de canaviais e de alguns outros tipos de cultura constitui, por exemplo, atividade dessa natureza, por envolver sempre perigo de dano às propriedades vizinhas em virtude da necessidade de queimadas, que se sucedem em épocas próprias. Tais queimadas exigem cuidados especiais que, se não forem tomados, acarretam, quase sempre, consequências danosas e a responsabilidade do rurícola negligente[445].

Assim, já se decidiu que não só o arrendatário, mas também o proprietário da terra, que igualmente aufere os cômodos da atividade exercida por aquele, seja na condição de arrendador ou de parceiro-outorgante, podem ser responsabilizados pelos referidos danos[446].

---

[445] *RT*, 535/149, 526/65; *JTACSP*, Saraiva, 79/15.
[446] *JTACSP*, Revista dos Tribunais, 101/92.

Na maioria das vezes, no entanto, o fundamento invocado tem sido outro:

"Os princípios que vigoram para a vizinhança regem os casos de prejuízo ocasionado a imóvel rural por queimada feita em propriedade vizinha", tendo aplicação o art. 1.299 do Código Civil[447].

Com base no aludido dispositivo legal tem-se responsabilizado o proprietário do imóvel, solidariamente com o engenheiro responsável ou construtor, pelos danos causados por construção a prédio vizinho.

Assim também é de considerar solidariamente responsáveis, pelos danos causados às propriedades vizinhas, resultantes de queimadas, o arrendador e o arrendatário do imóvel em que o fogo teve início, ou o parceiro e o proprietário. Provada a negligência do arrendatário, contra ele terá o proprietário direito de regresso. Veja-se:

"Fogo ateado em mato por meeiro. Imóvel vizinho atingido. Separação por estrada. Irrelevância. Pelo prejuízo causado por fogo a imóvel vizinho responde o dono do imóvel onde foi ateado, mesmo por meeiro ou arrendatário"[448].

Da mesma forma pode ocorrer essa responsabilidade se a atividade diz respeito à cria ou engorda de animais e estes invadem e danificam a propriedade vizinha. Diferente, porém, deve ser a solução se outra é a atividade e algum animal que o arrendatário conserva no imóvel para uso particular causa dano à propriedade vizinha. Neste caso, somente este pode ser acionado, na condição de dono do animal.

43. RESPONSABILIDADE DAS EMPRESAS LOCADORAS DE VEÍCULOS

A responsabilidade solidária do locador de veículos pelos prejuízos causados pelo locatário foi firmada pela jurisprudência pátria e é objeto da *Súmula 492 do Supremo Tribunal Federal*, verbis:

"A empresa locadora de veículos responde, civil e solidariamente com o locatário, pelos danos por este causados a terceiro, no uso do carro locado".

Tal Súmula acrescentou, segundo alguns, um novo caso de responsabilidade por fato de terceiro, consagrando a responsabilidade objetiva do locador, tenha este agido com culpa ou não[449]. Para outros, a responsabilidade da locadora, nos

---

[447] TJSP, *RT*, 270/299.
[448] *RT*, 411/148, 421/118, 440/97 e 490/94.
[449] Maria Helena Diniz, *Curso*, cit., v. 7, 1984, p. 362; Arnaldo Rizzardo, *A reparação nos acidentes de trânsito*, p. 218.

termos da aludida Súmula, não é direta nem indireta, não se apoia na lei ou doutrina pátria: é um novo tipo de responsabilidade, puramente pretoriano[450].

O *Supremo Tribunal Federal*, por mais de uma vez decidindo a respeito do assunto, proclamou que, na locação mercantil, age com "culpa" e responde solidariamente o locador que não destina parte do seu lucro à cobertura da eventual insolvência do condutor para indenizar[451]. De um desses acórdãos consta o seguinte trecho:

"Que a solidariedade passiva da empresa proprietária na composição do dano se regula pelo art. 159 [*novo art. 186*] do C. Civ. e no Código Nacional de Trânsito (*RTJ*, 37/594). Assim, resulta a solidariedade de lei, no caso, o invocado art. 159 do C. Civ., pois que será irrisório pretender-se que proceda com a diligência e cautela normais aquele que explora o comércio de aluguel de automóveis e, com fins de lucro, põe ao alcance de qualquer pessoa, mesmo que regularmente habilitada, a locação de tais veículos, sem antes prover à solvência do usuário, em caso de responsabilidade civil. A necessidade de reparar o dano é a mais imperiosa determinação da lei. Daí se ter de conceituar como culposa negligência a falta de adequada cobertura da eventual incapacidade econômica do arrendatário, que, como no caso presente, era um desconhecido, que desapareceu sem compor os prejuízos que causou ao recorrente"[452].

Parece-nos, no entanto, que a solução melhor se ajusta à responsabilidade objetiva, que se funda num princípio de equidade segundo o qual aquele que lucra com uma situação deve suportar os ônus e encargos dela decorrentes (*Ubi emolumentum, ibi opus; ubi commoda, ibi incommoda*). Tem a doutrina anotado, como já frisado, dentro da teoria do risco, uma responsabilidade decorrente do exercício de atividade perigosa, tomada em sentido dinâmico, relativa à utilização de diferentes veículos, máquinas, objetos e utensílios.

Como observou CARLOS ALBERTO BITTAR[453], a obrigação de reparar o dano surge do simples exercício da atividade que o agente desenvolve em seu interesse e sob seu controle, em função do perigo que dela decorre para terceiros.

Enquanto nas atividades não perigosas domina a noção de ilícito, exigindo-se prova de dolo ou culpa do agente, aduz, nas perigosas, ao revés, a atividade é lícita, mas perigosa, sujeitando o exercente – que se tem por obrigado a velar para que dela não resulte prejuízo – ao ressarcimento pelo simples implemento do nexo

---

[450] Mário Moacyr Porto, *Temas*, cit., p. 120; Wilson Melo da Silva, *Da responsabilidade*, cit., p. 333, n. 112.
[451] *RTJ*, 37/594, 41/796, 45/65.
[452] *RTJ*, 41/796.
[453] *Responsabilidade civil*, cit., p. 100.

causal. Nas primeiras, a responsabilidade é individual, podendo ser direta ou indireta (própria, ou de pessoa ou de coisa relacionada); nas perigosas, a responsabilidade é da empresa exploradora, existindo tendência concretizada, em certas situações, de socialização dos riscos, não se cogitando, no entanto, da responsabilidade indireta.

O *Tribunal de Justiça do Rio de Janeiro* invocou também, como fundamento legal, os arts. 2º, 14 e 17 do Código de Defesa do Consumidor[454].

44. RESPONSABILIDADE EM CASO DE ARRENDAMENTO MERCANTIL (*LEASING*)

Já foi bastante polêmica a responsabilidade solidária das empresas que exploram o ramo de arrendamento mercantil de veículos.

Uma corrente jurisprudencial bastante expressiva seguia a orientação do *Supremo Tribunal Federal, que proclamava a inaplicabilidade da Súmula 492 aos contratos de arrendamento mercantil*[455]. Outra corrente, no entanto, sustentava a existência de responsabilidade solidária entre o arrendador e o arrendatário, em razão da semelhança do contrato de *leasing* com o de locação.

Argumentavam os adeptos dessa corrente que são indisfarçáveis as semelhanças entre o *leasing* e a locação, devendo por isso ser aplicada, também ao primeiro, a *Súmula 492 do Supremo Tribunal Federal*. Ademais, a propriedade do bem objeto de contrato de *leasing* permanece com a entidade financeira enquanto não exercido o direito de opção de compra por parte do arrendatário. Sendo o automóvel coisa perigosa, o seu proprietário deve responder pelos danos que possa causar a outrem pelo simples fato de permitir a sua circulação.

Assim, uma empresa comercial que, com o objetivo de lucro, adquire veículos e os arrenda, está a admitir que tais veículos sejam postos em circulação para atenderem à sua finalidade econômica, pelo que não pode deixar de responder pelos danos que venham a causar. É o risco próprio da atividade econômica (*Ubi emolumentum, ibi onus*). Embora a locação de veículos não se confunda com o contrato de *leasing*, em ambas as hipóteses o proprietário não tem o menor poder de vigilância sobre a forma como está sendo usado o veículo, nem se pode dizer que escolheu bem ou mal o condutor. São situações análogas que merecem o mesmo tratamento.

---

[454] Embs. 206/98 na Ap. 3.441/98-Capital, 7º Gr. de Câms., rel. Des. Rudi Loewenkron, *DJE*, 4-3-1999.
[455] STF, *RT*, 634/213.

Para essa corrente, pois, não é o fato de a arrendadora não ter a direção ou o poder de fato sobre a coisa que afasta a sua responsabilidade pelos danos causados pelo locatário. O que caracteriza essa responsabilidade é o risco criado com o exercício de uma atividade lucrativa (risco-proveito).

No entanto, as situações são diversas e não devem ser confundidas. Basta verificar o conceito de *leasing* expendido por ARNOLDO WALD para bem se perceber a finalidade do instituto e a sua natureza jurídica, nitidamente diferentes da locação: "O 'leasing', também denominado na França 'crédit bail' e na Inglaterra 'hirepurchase', é um contrato pelo qual uma empresa, desejando utilizar determinado equipamento ou um certo imóvel, consegue que uma instituição financeira adquira o referido bem, alugando-o ao interessado por prazo certo, admitindo-se que, terminado o prazo locativo, o locatário possa optar entre a devolução do bem, a renovação da locação ou a compra pelo preço residual fixado no momento inicial do contrato"[456].

Trata-se, segundo o mencionado autor, de uma fórmula intermediária entre a compra e venda e a locação.

JOSÉ WILSON NOGUEIRA DE QUEIROZ[457] e PAULO ROBERTO TAVARES PAES[458] também destacam, nos conceitos que apresentam do instituto, a necessidade de a empresa utilizar determinado equipamento e o fato de conseguir que outra o adquira e o alugue à empresa interessada; esta consegue, assim, utilizar determinado bem de que necessita, por intermédio de uma sociedade de financiamento.

O que mais distingue os dois institutos é o fato de o exercício de atividade perigosa com fins lucrativos, ou seja, a exploração econômica da máquina ou do veículo tido como perigoso, ser feito, na locação, pelo locador, e, no arrendamento mercantil, pelo arrendatário, servindo o arrendador, preponderantemente, como mero intermediário. Quem, na verdade, explora a máquina na sua atividade comercial ou industrial, ou seja, com fins lucrativos e completa autonomia, é o arrendatário.

Na locação, o que se destaca é a exploração econômica do veículo, pela locadora. Lucra ela com a circulação do veículo, para uso temporário do locatário, escolhendo-o livremente na ocasião da compra e locando-o a diversas pessoas, sem mesmo se assegurar de sua idoneidade financeira para garantir eventual dano causado a terceiros, e sendo a responsável por sua conservação.

Locação e arrendamento mercantil têm finalidades distintas. Conforme acentua CELSO BENJÓ, o instituto do *leasing* "visa, primordialmente, ao aumento

---

[456] A introdução do *leasing* no Brasil, *RT*, 415/9.
[457] *Arrendamento mercantil (leasing)*, p. 6.
[458] *Leasing*, p. 1.

de produtividade das empresas através do seu reaparelhamento, e não à satisfação de financiamento a pessoas naturais"[459].

Com efeito, reza o art. 1º da Lei n. 6.099/74, que introduziu o *leasing* no Brasil, em seu parágrafo único: "Considera-se arrendamento mercantil a operação realizada entre pessoas jurídicas, que tenha por objeto o arrendamento de bens adquiridos a terceiros pela arrendadora, para fins de uso próprio da arrendatária e que atendam às espécies desta".

No caso do *leasing*, a máquina é usada para atender às necessidades da arrendatária, que sobre ela mantém a posse direta, podendo contratar um preposto para, em nome e por conta da preponente, operá-la. Destarte, "não existe como ver qualquer culpa da arrendante no uso indevido da máquina pela arrendatária ou por preposto desta, nem relação de causalidade entre o dano porventura causado a terceiro, em face do ato ilícito praticado com a máquina, e a atividade de financiador do arrendante"[460].

A responsabilidade civil por ato ilícito decorrente da utilização de veículo objeto de leasing *é, pois, do arrendatário, até porque não pode o arrendante interferir nas condições de uso da coisa.* Inexiste, pois, vínculo de atributividade em relação ao *lessor* de maneira a justificar sua posição no polo passivo da demanda[461].

Aduza-se que não cabe à empresa de *leasing* aprovar o equipamento a ser adquirido, definir as suas condições e serventia. Compete-lhe apenas a aquisição, ou, em última instância, o financiamento. Serão os profissionais da locatária que examinarão o bem e concluirão quanto à aprovação. Em face de tais relações, não é aceita a reclamação por eventuais defeitos do equipamento, junto à locadora.

Justamente porque o arrendador adquire o bem conforme indicações técnicas do arrendatário, não se lhe aplicam as normas sobre vícios redibitórios – assinala Fábio Konder Comparato, um dos primeiros estudiosos do *leasing* no Brasil. Paulo Roberto Tavares Paes explica a razão: "A instituição financeira exerce, em última análise, a função de simples intermediária entre aquela e o vendedor do material, o que faz com que não se lhe possa imputar qualquer responsabilidade"[462].

Esses traços do instituto realçam ainda mais o papel de simples intermediária da empresa arrendadora, enquanto a arrendatária faz do veículo o objeto de sua

---

[459] *RF*, 274/25.
[460] *RT*, 574/218.
[461] *RT*, 640/121.
[462] Apud Arnaldo Rizzardo, *A reparação*, cit., p. 255.

atividade e por isso deve responder pelos danos que o exercício dessa atividade causar a terceiros. Não há solidariedade passiva entre ambas, como bem proclamou o *Supremo Tribunal Federal* ao não aplicar a Súmula 492 aos casos de *leasing*.

Nesse mesmo sentido também já se pronunciou o *Superior Tribunal de Justiça*:

"A arrendadora não é responsável pelos danos provocados pelo arrendatário. O 'leasing' é operação financeira na qual o bem, em regra objeto de promessa unilateral de venda futura, tem a sua posse transferida antecipadamente. A atividade, aliás, própria do mercado financeiro, não oferece potencial de risco capaz de por si acarretar a responsabilidade objetiva, ainda que a coisa arrendada seja automotor. Recurso especial conhecido e provido"[463].

45. RESPONSABILIDADE EM CASO DE ALIENAÇÃO FIDUCIÁRIA

Em sentido lato, a alienação fiduciária é o negócio jurídico pelo qual uma das partes adquire, em confiança, a propriedade de um bem, obrigando-se a devolvê-lo quando se verifique o acontecimento a que se tenha subordinado tal obrigação, ou lhe seja pedida a restituição[464].

É o negócio jurídico mediante o qual o adquirente de um bem móvel transfere o domínio deste ao credor que emprestou o dinheiro para pagar-lhe o preço, continuando, entretanto, o alienante a possuí-lo pelo *constituto possessorio*, resolvendo-se o domínio do credor, quando for ele pago de seu crédito[465].

Pelo *constituto possessorio*, o adquirente do veículo transfere para o financiador a propriedade resolúvel do bem e a posse indireta, permanecendo na posse direta. No momento em que for satisfeito todo o crédito, o domínio da empresa financiadora se resolve automaticamente e a propriedade plena se reincorpora ao patrimônio do adquirente.

Enquanto está pagando as prestações, o devedor fiduciante assume a condição de depositário e de possuidor direto do bem; e o credor fiduciário a de titular do domínio resolúvel e possuidor indireto.

No entanto, nenhuma razão existe para responsabilizar o último, solidariamente com o devedor fiduciante, pelos atos ilícitos que este praticar na utilização

---

[463] REsp 5.508-SP, 3ª T., j. 30-10-1990, rel. Min. Cláudio Santos, v. u., *DJU*, 3-12-1990, n. 230, p. 14321.
[464] Orlando Gomes, *Alienação fiduciária em garantia*, p. 18, n. 16.
[465] Silvio Rodrigues, *Direito civil*, cit., v. 3, p. 184.

do veículo. É ainda mais acentuada no caso da alienação fiduciária, em comparação com o do *leasing*, a inaplicabilidade da *Súmula 492 do Supremo Tribunal Federal*, pois naquele a propriedade vai se transferindo ao fiduciante à medida que se efetua a satisfação das prestações. E se reintegra no seu patrimônio a propriedade plena quando do pagamento da última parcela, automaticamente, independentemente de qualquer outra manifestação da vontade.

Tanto "se expressa a consolidação do domínio na alienação fiduciária que na venda decorrente da busca e apreensão a quantia restante, após satisfeito o crédito da sociedade financeira, será entregue ao alienante fiduciário"[466].

A transferência da propriedade resolúvel ao credor fiduciário não passa de um expediente técnico criado pelo legislador para garantia das instituições financeiras especializadas em financiar o crédito ao consumidor final – o que não é suficiente para enredá-las com o devedor fiduciante e responsabilizá-las solidariamente pelos danos que este causar a terceiros no uso do veículo.

O *Superior Tribunal de Justiça* declarou descabida a pretensão do devedor, em caso de inadimplemento somente das últimas parcelas, declarando inaplicável à hipótese a teoria do adimplemento substancial. Veja-se:

"Ação de busca e apreensão. Contrato de financiamento de veículo, com alienação fiduciária em garantia regido pelo Decreto-Lei 911/69. Incontroverso inadimplemento das quatro últimas parcelas (de um total de 48). Extinção da ação de busca e apreensão (ou determinação para aditamento da inicial, para transmudá-la em ação executiva ou de cobrança), a pretexto da aplicação da teoria do adimplemento substancial. Descabimento. Absoluta incompatibilidade da citada teoria com os termos da lei especial de Regência. Reconhecimento. Emancipação do bem ao devedor condicionada ao pagamento da integralidade da dívida, assim compreendida como os débitos vencidos, vincendos e encargos apresentados pelo credor, conforme entendimento consolidado da Segunda Seção, sob o rito dos recursos especiais repetitivos (REsp 1.418.593-MS)"[467].

RESPONSABILIDADE PELO FATO OU GUARDA DE ANIMAIS

Sumário: 46. A responsabilidade objetiva do dono ou detentor do animal. 47. As excludentes admitidas e a inversão do ônus da prova.

---

[466] Arnaldo Rizzardo, *A reparação*, cit., p. 277.
[467] STJ, REsp 1.622.555-MG, 2ª Seção, rel. Min. Marco Aurélio Bellizze, *DJe* 16-3-2017.

46. A RESPONSABILIDADE OBJETIVA DO DONO OU DETENTOR DO ANIMAL

O art. 936 do Código Civil estabelece a *presunção juris tantum* de responsabilidade do dono do animal, nestes termos:

"*Art. 936. O dono, ou detentor, do animal ressarcirá o dano por este causado, se não provar culpa da vítima ou força maior*".

A responsabilidade do dono do animal é, portanto, objetiva. Basta que a vítima prove o dano e a relação de causalidade entre o dano por ela sofrido e o ato do animal. Trata-se de presunção vencível, suscetível de prova em contrário. Permite-se, com efeito, ao dono do animal que se exonere da responsabilidade, provando qualquer uma das excludentes mencionadas: culpa da vítima ou força maior.

Assim, "tratando-se de acidente de veículo ao atropelar uma rês, em estrada oficial, ao dono do carro cabe apenas provar o fato e o dano. O proprietário da rês só pode exonerar-se oferecendo a prova das excludentes do art. 1.527 do Código Civil [de 1916; correspondente ao art. 936 do novo diploma]"[468].

Adverte Silvio Rodrigues que "a prova da relação de causalidade, que incumbe à vítima, é fundamental. Assim, se o agricultor promove ação de ressarcimento do dano por ele experimentado em sua lavoura, pela sua destruição por porcos pertencentes a seu vizinho, e se não consegue provar que os animais que destruíram a sua lavoura pertenciam ao réu, certamente verá sua ação julgada improcedente, pois não conseguiu demonstrar a relação de causalidade entre o dano e o evento que o gerou"[469].

A responsabilidade ainda compete ao dono quando o animal se encontra sob a guarda de um seu preposto, pois este age por aquele[470]. Pode, no entanto, passar ao arrendatário, comodatário ou depositário, a quem a guarda foi transferida[471]. Ou mesmo ao ladrão, quando o dono é privado da guarda em virtude de furto ou roubo.

Tem-se decidido que o fato de o Departamento de Estradas de Rodagem (DER) construir cerca ao longo da rodovia não implica sua responsabilidade por acidente ocasionado por animais que, varando a cerca, ganham a estrada[472].

---

[468] TJSP, *RT*, 465/77.
[469] *Direito civil*, cit., v. 4, p. 140, n. 49.
[470] Silvio Rodrigues, *Direito civil*, cit., v. 4, p. 141, n. 50.
[471] Aguiar Dias, *Da responsabilidade*, cit., 4. ed., p. 512, n. 179.
[472] *RT*, 446/101.

As cercas que o DER levanta ao longo das rodovias têm por objetivo simples demarcação de limites, uma vez que pela rodovia só trafegam veículos; aos proprietários lindeiros cabe reforçá-las de modo a evitar a saída de animais[473].

Mas o DERSA responde por acidente com automóvel causado por animais na Rodovia dos Imigrantes[474], por se tratar de via de trânsito rápido, de acesso controlado. A propósito, decidiu o antigo Tribunal Federal de Recursos:

"Tratando-se de via expressa para a qual são estabelecidas condições especiais de conservação e segurança e por cujo uso é cobrado preço público, responsável é a autarquia por omissão do dever de vigilância, permitindo o ingresso de animais que surpreendem os usuários, causando-lhes danos"[475].

Assim também decidiu *o extinto 1º Tribunal de Alçada Civil de São Paulo*:

"Atropelamento de animal em rodovia. Empresa responsável pela administração de estradas de rodagem que tem o dever jurídico de fiscalizar as cercas lindeiras da rodovia, exigindo que os proprietários reforcem-nas, evitando, assim, o transpasse de semoventes. Verba devida ao particular, pois trata-se de fato previsível e não fortuito. Voto vencido"[476].

Podem ser responsabilizados, pelos danos causados por animais em rodovias, os seus proprietários e a concessionária de serviços públicos encarregada de sua conservação e exploração. Dispõe, com efeito, o art. 1º, §§ 2º e 3º, do Código de Trânsito Brasileiro (Lei n. 9.503, de 23-9-1997):

"Art. 1º (...)

§ 2º O trânsito, em condições seguras, é um direito de todos e dever dos órgãos e entidades componentes do Sistema Nacional de Trânsito, a estes cabendo, no âmbito das respectivas competências, adotar as medidas destinadas a assegurar esse direito.

§ 3º Os órgãos e entidades componentes do Sistema Nacional de Trânsito respondem, no âmbito das respectivas competências, objetivamente, por danos causados aos cidadãos em virtude de ação, omissão ou erro na execução e manutenção de programas, projetos e serviços que garantam o exercício do direito do trânsito seguro".

O trânsito, em condições seguras, passou a ser um direito de todos e um dever do Estado, representado pelos órgãos e entidades componentes do Sistema Nacional de Trânsito, especialmente as concessionárias e permissionárias desses serviços, que exploram as rodovias com a obrigação de administrá-las e de fiscalizá-las.

---

[473] *RT*, 493/54.
[474] *RT*, 523/96, 715/178.
[475] Ap. Cív. 52.634-RS, 4ª T., rel. Min. Carlos Alberto Madeira, *ADCOAS*, n. 69.822/80.
[476] *RT*, 780/270.

O Código de Defesa do Consumidor, por sua vez, no art. 14, responsabiliza os prestadores de serviços em geral (inclusive, portanto, as referidas concessionárias e permissionárias), independentemente da verificação de culpa, pelo defeito na prestação dos serviços, podendo assim ser considerada a permanência de animal na pista de rolamento, expondo a risco os usuários. Nesse sentido, já se pronunciou o *Superior Tribunal de Justiça*:

"Todavia, com efeito ficou reconhecido que o acidente ocorreu em Rodovia Federal, em razão da presença de animal transitando na pista, situação que denotaria negligência na manutenção e fiscalização pelo DNIT, além de não haver nos autos quaisquer indícios de culpa exclusiva da vítima e de força maior. Não há que se falar no afastamento da Responsabilidade Civil do Ente Estatal, isso porque é dever do Estado promover vigilância ostensiva e adequada, proporcionando segurança possível àqueles que trafegam pela rodovia. Trata-se, desse modo, de valoração dos critérios jurídicos concernentes à utilização da prova e à formação da convicção, e não de reexame do contexto fático-probatório dos autos"[477].

Não bastasse, a Constituição Federal, no art. 37, § 6º, responsabiliza objetivamente as pessoas jurídicas de direito privado, prestadoras de serviço público, pelos danos que seus agentes causarem a terceiros, por ação ou omissão.

Desse modo, responde o dono do animal, objetivamente, pelos danos que este causar a terceiros, inclusive nas rodovias, somente se exonerando se provar culpa da vítima ou força maior. Responde, também de forma objetiva, a concessionária ou permissionária encarregada da administração e fiscalização da rodovia, nos termos do art. 14 do Código de Defesa do Consumidor e do art. 37, § 6º, da Constituição Federal, salvo se provar culpa exclusiva da vítima ou força maior. O primeiro responde por ser o dono do animal, encarregado de sua guarda, devendo manter em ordem os muros e cercas de seus imóveis, para evitar que fuja para as estradas. A segunda, por permitir que o animal ingresse ou permaneça na rodovia, provocando risco de acidentes e criando insegurança para os usuários.

Preceitua o art. 942, segunda parte, do Código Civil que, "*se a ofensa tiver mais de um autor, todos responderão solidariamente pela reparação*". A concessionária, se condenada, terá ação regressiva contra o dono do animal, para

---

[477] STJ, AgInt no REsp 1.632.985-PE, 1ª T., rel. Min. Napoleão Nunes Maia Filho, *DJe* 19-11-2019. No mesmo sentido: "Caracterizada a culpa do Estado em acidente envolvendo veículo e animal parado no meio da rodovia, pela ausência de policiamento e vigilância da pista" (STJ, REsp 1.198.534/RS, rel. Min. Eliana Calmon, *DJe* 20-8-2010).

cobrar deste a sua quota-parte. Decidiu, com efeito, o Tribunal Regional Federal da 4ª Região:

"A responsabilidade pela presença de animais em rodovia, que se destina ao tráfego de alta velocidade – e, como tal, pressupõe perfeito isolamento de seus terrenos marginais –, recai sobre a autarquia encarregada da construção e manutenção das estradas de rodagem nacionais. Na via de regresso, demonstrada a ilicitude do comportamento do proprietário de animais, poderá o ente público ressarcir-se do valor pago a título de indenização"[478].

O interesse dos proprietários em evitar a saída dos animais advém da circunstância de pesar sobre eles a responsabilidade presumida, que os obriga a indenizar os danos causados a terceiros por seus animais, na forma do art. 936 do Código Civil, permitida a exoneração somente se lograrem provar alguma das excludentes previstas.

De acordo com a jurisprudência do *Superior Tribunal de Justiça*, a concessionária da rodovia responde objetivamente por qualquer defeito na prestação do serviço e pela manutenção da rodovia em todos os aspectos. Responde, até mesmo, pelos acidentes provocados pela presença de animais na pista[479].

Contudo, cabe assinalar que a *Corte Especial do Superior Tribunal de Justiça* afetou para julgamento, sob o rito dos repetitivos, o Recurso Especial 1.908.738, no qual se discute a responsabilidade civil da concessionária de rodovia em acidente causado por animal na pista, sendo facultada a intervenção de interessados como *amici curiae*. Registrado como Tema Repetitivo 1.122, que conta com a seguinte questão submetida a julgamento: (a) responsabilidade (ou não) das concessionárias de rodovia por acidente de trânsito causado por animal doméstico na pista de rolamento; e (b) caráter objetivo ou subjetivo dessa responsabilidade à luz do Código de Defesa do Consumidor e da Lei das Concessões, a tese ainda não está firmada[480]. De observar se que o recurso repetitivo foi julgado em 26 de agosto de 2024, tendo sido firmada a seguinte tese: "As concessionárias de rodovias respondem, independentemente da existência de culpa, pelos danos oriundos de acidentes causados pela presença de animais domésticos nas pistas de rolamento, aplicando-se as regras do Código de Defesa do Consumidor e da Lei das Concessões".

---

[478] Ap. 17.273-RS, 1ª T., rel. Ellen Gracie, *DJU*, 22-5-1991.
[479] STJ, REsp 573.260, 4ª T., rel. Min. Aldir Passarinho Júnior, j. 10-11-2009.
[480] "Corte Especial definiu em repetitivo que concessionária é responsável por acidente causado por animal na rodovia". Disponível em: <https://www.stj.jus.br/sites/portalp/Paginas/Comunicacao/Noticias/11032022-Corte-Especial-definira-em-repetitivo-se-concessionaria--e-responsavel-por-acidente-causado-por-animal-na-rodovia.aspx>. Acesso em: 10-10-2024.

47. AS EXCLUDENTES ADMITIDAS E A INVERSÃO DO ÔNUS DA PROVA

Pelo sistema do Código Civil (art. 936), cabendo aos donos ou detentores de animais a sua custódia, a responsabilidade pelos acidentes por eles provocados recai, *ipso facto*, sobre os respectivos donos ou detentores. Trata-se de responsabilidade presumida, *ope legis*. Sendo uma presunção vencível, ocorre a inversão do ônus da prova.

Assim, aos donos ou detentores dos animais causadores de acidentes incumbe provar, se pretenderem exonerar-se de tal responsabilidade, que o acidente ocorreu por imprudência da vítima ou por força maior.

O aludido art. 936 somente permite a exoneração da responsabilidade do dono ou detentor do animal em casos de culpa da vítima ou força maior, equiparando tal responsabilidade à do guarda da coisa inanimada, na forma elaborada pela jurisprudência francesa, conforme já anotara Silvio Rodrigues[481]. O *Enunciado n. 452 da V Jornada de Direito Civil* acresce que: "A responsabilidade civil do dono ou detentor de animal é objetiva, admitindo-se a excludente do fato exclusivo de terceiro".

Tem a jurisprudência proclamado:

"*Ação reparatória de danos*. Atropelamento de animal. Rodovia. Concessionária de serviço público. Riscos a que essa prestação se sujeita ao garantir tráfego em condições de segurança em troca de recebimento de 'pedágio'. Na responsabilidade objetiva do Estado, encontra-se a obrigação mais ampla de reparar que ao Estado se atribuiu, tornando-o sujeito passivo da ação, independentemente de apuração de culpa, como se verifica do § 6º do art. 37 da Constituição Federal. Defeitos na prestação dos serviços por parte das concessionárias impõem o dever de reparar os danos causados pelo serviço defeituoso. Aplicação do § 1º do art. 14 do Código de Defesa e Proteção do Consumidor. Recurso provido"[482].

---

[481] *Direito civil*, cit., v. 4, p. 146, n. 52.
[482] TJRJ, AC 5.481/99-RJ, 18ª Câm. Cív., rel. Des. Jorge Luiz Habib, j. 25-5-1999.

V. ainda: "*Responsabilidade civil*. Choque de veículos com animais em rodovia. Ação contra o dono dos animais. Procedência. O caso fortuito só pode resultar de causa estranha à vontade do devedor (*fortuito externo*). O rompimento da cerca não é, evidentemente, um fato assim. Todo homem prudente pode preveni-lo e obstá-lo, com adoção de cuidados precisos (*RT*, 526/60)". No mesmo sentido: *RT*, 495/217, 465/77, 458/199, 444/81; *JTACSP, RT*, 119/195.

"Cabe ao dono do animal o ônus da prova das excludentes da responsabilidade previstas no art. 936 do Código Civil. E a falta de prova torna-o responsável pelo ressarcimento dos danos e lucros cessantes advindos de colisão havida com veículo" (*RT*, 518/228).

Capítulo II
RESPONSABILIDADE CONTRATUAL

A RESPONSABILIDADE DECORRENTE DOS TRANSPORTES

Sumário: 1. Introdução. 2. Contrato de transporte. Disposições gerais. 3. O transporte de pessoas. 3.1. O transporte terrestre. 3.2. O transporte aéreo. 3.3. O transporte marítimo. 4. O transporte de bagagem. 5. O Código de Defesa do Consumidor e sua repercussão na responsabilidade civil do transportador. 5.1. O fortuito e a força maior. 5.2. Transporte aéreo e indenização tarifada. 6. O transporte de coisas. 7. O transporte gratuito.

1. INTRODUÇÃO

A responsabilidade do transportador pode ser apreciada em relação aos seus empregados, em relação a terceiros e em relação aos passageiros.

No tocante aos seus *empregados*, como o cobrador, a responsabilidade será derivada de acidente de trabalho, em razão da relação de emprego existente. A indenização, hoje, é devida pelo INSS. Contudo, se houver dolo ou qualquer grau de culpa do empregador, poderá ser pleiteada também contra ele uma indenização pelo direito comum (CF, art. 7º, XXVIII).

Em relação a *terceiros*, como o dono do outro veículo abalroado, ou o pedestre atropelado, a responsabilidade do transportador é extracontratual. Não há vínculo contratual entre os personagens envolvidos. O fundamento da responsabilidade era, originariamente, o art. 159 do Código Civil de 1916, que consagrava a responsabilidade subjetiva. Entretanto, com o advento do art. 37, § 6º, da atual Constituição Federal, tornou-se ela objetiva, na modalidade do risco administrativo, pois o referido dispositivo a estendeu às pessoas jurídicas de direito privado prestadoras de serviço público. O transporte coletivo é serviço público, transferido às empresas mediante concessão ou permissão.

Como o referido dispositivo constitucional prevê a responsabilidade objetiva das permissionárias de serviço público por danos que causarem a *terceiros*, entendendo-se por esta expressão os que não têm com elas relação jurídica contratual, a sua aplicação está restrita aos casos de responsabilidade extracontratual, só podendo ser afastada se o transportador provar força maior ou culpa exclusiva da vítima, bem como fato exclusivo de terceiros.

O Código de Defesa do Consumidor também atribui responsabilidade objetiva ao prestador ou fornecedor de serviços (art. 14). E, no art. 17, equipara ao consumidor todas as vítimas do sinistro, inclusive o que, embora não tendo relação contratual com o fornecedor, sofre as consequências de um acidente de consumo.

Segundo SÉRGIO CAVALIERI FILHO, "nada mudou o Código de Defesa do Consumidor quanto à natureza dessa responsabilidade porque já era objetiva a partir da Constituição de 1988; mudou, entretanto, a sua base jurídica. Não mais necessitamos agora do mecanismo da *responsabilidade pelo fato de terceiro* porque o transportador não responde pelo fato do preposto (art. 1.521, III, Código Civil [*de 1916, correspondente ao art. 932, III, do Código de 2002*]), mas sim por fato próprio – o defeito do serviço"[1].

O art. 22 e parágrafo único do Código de Defesa do Consumidor estabelecem que os órgãos públicos, por si ou suas empresas, concessionárias, permissionárias ou sob qualquer outra forma de empreendimento, além de serem obrigados a fornecer serviços adequados, eficientes e seguros, respondem pelos danos que causarem aos usuários, na forma prevista no referido diploma.

A incidência do Código de Defesa do Consumidor nos casos de acidentes ocorridos por ocasião do transporte de passageiros não ficou prejudicada pela entrada em vigor do atual Código Civil. Dispõe este, no art. 731, que o "*transporte exercido em virtude de autorização, permissão ou concessão, rege-se pelas normas regulamentares e pelo que for estabelecido naqueles atos, sem prejuízo do disposto neste Código*". E o art. 732 ressalva a aplicabilidade da legislação especial aos contratos de transporte em geral, desde que não contrarie as disposições do estatuto civil. Da mesma forma, dispõe o art. 593 do mesmo diploma que "*a prestação de serviço, que não estiver sujeita às leis trabalhistas ou a lei especial, reger-se-á pelas disposições deste Capítulo*".

Não há incompatibilidade entre o Código Civil e o Código de Defesa do Consumidor, visto que ambos adotam a responsabilidade objetiva do transpor-

---

[1]*Programa de responsabilidade civil*, p. 211, n. 60.1.

tador, só elidível mediante a prova de culpa exclusiva da vítima, da força maior e do fato exclusivo de terceiro, porque tais excludentes rompem o nexo de causalidade. Malgrado não sejam todas mencionadas expressamente nos referidos diplomas, não podem deixar de ser aceitas como excludentes da responsabilidade do transportador, por afastarem, como mencionado, o nexo causal.

O presente item trata especificamente da responsabilidade do transportador em relação ao *passageiro*, de natureza contratual.

O atual Código Civil disciplinou o contrato de transporte em capítulo próprio (Capítulo XIV do Título VI do Livro I da Parte Especial), dividindo-o em três seções, intituladas: "Disposições gerais" (arts. 730 a 733), "Do transporte de pessoas" (arts. 734 a 742) e "Do transporte de coisas" (arts. 743 a 756). A análise e exegese do contrato de transporte foi feita no volume 3 desta obra, correspondente aos arts. 730 a 756 do referido diploma. O presente item restringir-se-á à responsabilidade civil do transportador.

2. CONTRATO DE TRANSPORTE. DISPOSIÇÕES GERAIS

Preceitua o art. 730 do Código Civil:

"Pelo contrato de transporte alguém se obriga, mediante retribuição, a transportar, de um lugar para outro, pessoas ou coisas".

Trata-se de típico *contrato de adesão*, em que as partes não discutem amplamente as suas cláusulas, como no modelo tradicional. No contrato de adesão as cláusulas são previamente estipuladas por uma das partes, às quais a outra simplesmente adere. Há uma espécie de preponderância da vontade de um dos contratantes.

O transporte de passageiros constitui típico exemplo dessa categoria de contrato. Quem toma um ônibus, ou qualquer outro meio de transporte, tacitamente celebra um contrato de adesão com a empresa transportadora. Com o pagamento da passagem, o transportado adere ao regulamento da empresa. Esta, implicitamente, assume a obrigação de conduzi-lo ao seu destino, são e salvo. Se, no trajeto, ocorre um acidente e o passageiro fica ferido, configura-se o inadimplemento contratual, que acarreta a responsabilidade de indenizar, nos termos do art. 389 do Código Civil.

O art. 732 do referido diploma procura compatibilizar as normas deste item com a legislação especial referente a transportes, prescrevendo:

"Aos contratos de transporte, em geral, são aplicáveis, quando couber, desde que não contrariem as disposições deste Código, os preceitos constantes da legislação especial e de tratados e convenções internacionais".

Foi, assim, ressalvada a legislação especial sobre transportes, como o Código de Defesa do Consumidor, o Código Brasileiro de Aeronáutica, a Convenção de Varsóvia etc., no que não contrariam as disposições do Código Civil.

No transporte denominado *"cumulativo"*, de responsabilidade de mais de uma empresa, *"cada transportador se obriga a cumprir o contrato relativamente ao respectivo percurso, respondendo pelos danos nele causados a pessoas e coisas"* (CC, art. 733). O dano, resultante do atraso ou da interrupção da viagem, será determinado em razão da totalidade do percurso (§ 1º). Se houver substituição de algum dos transportadores no decorrer do percurso, a responsabilidade solidária estender-se-á ao substituto.

3. O TRANSPORTE DE PESSOAS

A responsabilidade do transportador é objetiva. No direito brasileiro, a fonte dessa responsabilidade encontra-se no Decreto n. 2.681, de 7 de dezembro de 1912, que regula a responsabilidade civil das estradas de ferro.

Tal diploma, considerado avançado para a época em que foi promulgado, destinava-se a regular tão somente a responsabilidade civil das ferrovias. Entretanto, por uma ampliação jurisprudencial, teve sua aplicação estendida a qualquer outro tipo de transporte: ônibus, táxis, lotações, automóveis etc.

Inicialmente, referido decreto teve a sua aplicação estendida aos bondes elétricos, dada a semelhança com os trens. Posteriormente, a ideia foi transferida para os ônibus, automóveis e todas as espécies de transportes, até mesmo aos elevadores!

O Decreto n. 2.681 contém em si, conforme observa Wilson Melo da Silva[2], implícita, a obrigação de o transportador levar, são e salvo, o passageiro até o local de seu destino, obrigação essa apenas elidível pelo caso fortuito, força maior ou culpa exclusiva (não concorrente) da vítima. Dispõe, com efeito, o art. 17 do referido regulamento:

"Art. 17. As estradas de ferro responderão pelos desastres que nas suas linhas sucederem aos viajantes e de que resulte a morte, ferimento ou lesão corpórea.

A culpa será sempre presumida, só se admitindo em contrário alguma das seguintes provas:

1ª) caso fortuito ou força maior;

2ª) culpa do viajante, não concorrendo culpa da estrada".

É mister lembrar que, sendo o transporte um contrato de adesão, a vítima (que não chegou incólume ao seu destino porque sofreu um dano no trajeto) não

---

[2] *Da responsabilidade civil automobilística*, p. 68, n. 22.

está obrigada a provar a culpa do transportador. Basta provar o fato de transporte e o dano para que se caracterize a responsabilidade deste pelo "inadimplemento contratual". Entretanto, tomando-se como fundamento dessa responsabilidade o Decreto n. 2.681, de 1912, *não haverá redução da indenização em caso de culpa concorrente*. Porque só admite o referido decreto a exclusão da responsabilidade do transportador por culpa do viajante, não concorrendo culpa daquele.

A jurisprudência brasileira, contudo, mostrava-se rigorosa no exame da responsabilidade do transportador, mesmo quando não invocado o Decreto n. 2.681, *mas apenas a responsabilidade contratual, que envolve a obrigação de conduzir o passageiro ao seu destino, são e salvo*. Qualquer dano sofrido pelo passageiro durante o transporte *importa inadimplemento contratual de parte do transportador, que deve ressarcir as perdas e danos nos termos do art. 389 do Código Civil, por deixar de cumprir aquela obrigação na forma devida*.

De acordo, pois, com o Decreto n. 2.681, de 1912, a culpa concorrente da vítima não exonera o transportador da obrigação de compor os danos. Somente a *culpa exclusiva da vítima* pode exonerá-lo. A presunção de culpa representa a plena aceitação da teoria do risco, na criação dos riscos no seu próprio interesse[3]. Tem prevalecido a tese da incidência do princípio da responsabilidade objetiva, sendo indiferente que o passageiro tenha contribuído também com culpa. Em tais hipóteses, não há de indagar da existência de culpa concorrente, porque a lei estabelece presunção de culpa do transportador.

Com a entrada em vigor do Código de Defesa do Consumidor mudou o fundamento da responsabilidade civil do transportador, que passou a ser o defeito do produto ou do serviço, causador de um acidente de consumo. Porém, o referido estatuto manteve o princípio da responsabilidade objetiva do prestador de serviços, admitindo como excludentes somente a comprovada inexistência do defeito e a culpa exclusiva da vítima ou de terceiro (art. 14, § 3º), que rompem o nexo causal (sendo admissível, pelo mesmo motivo, a força maior).

A culpa concorrente do consumidor não foi considerada excludente, nem causa de redução da indenização, sendo indiferente, pois, no sistema da legislação consumerista, que o passageiro tenha contribuído também com culpa.

Contudo, o Código Civil veio modificar essa situação, malgrado tenha mantido a responsabilidade objetiva do transportador e proibido qualquer cláusula de não indenizar. Com efeito, ao tratar dos deveres do passageiro, o art. 738 dispôs que "*a pessoa transportada deve sujeitar-se às normas estabelecidas pelo transportador, constantes no bilhete ou afixadas à vista dos usuários, abstendo-se de quaisquer atos*

---
[3] STF, *RTJ*, 84/634.

que causem incômodo ou prejuízo aos passageiros, danifiquem o veículo, ou dificultem ou impeçam a execução normal do serviço".

Aduziu o parágrafo único: "*Se o prejuízo sofrido pela pessoa transportada for atribuível à transgressão de normas e instruções regulamentares, o juiz reduzirá equitativamente a indenização, na medida em que a vítima houver concorrido para a ocorrência do dano*".

Verifica-se, assim, que a culpa concorrente da vítima constitui causa de redução do montante da indenização pleiteada, em proporção ao grau de culpa comprovado nos autos. No título específico "Da responsabilidade civil", esse princípio já havia sido adotado, *verbis*:

"*Art. 945. Se a vítima tiver concorrido culposamente para o evento danoso, a sua indenização será fixada tendo-se em conta a gravidade de sua culpa em confronto com a do autor do dano*".

Desse modo, havendo incompatibilidade entre o Código de Defesa do Consumidor e o Código Civil, nesse particular, prevalecem as normas deste. Sendo assim, não poderão mais os tribunais condenar as empresas de transporte a pagar indenização integral às vítimas de acidentes, em casos de culpa concorrente destas, como vinha ocorrendo, por exemplo, nas hipóteses de passageiros que viajam no estribo do vagão ou como "pingentes", dependurados nas portas, que permanecem abertas, caracterizando a culpa do passageiro e também a da ferrovia, por não prestar o serviço com a segurança que dele legitimamente se espera, obrigando as pessoas que têm necessidade de usá-lo a viajar em condições perigosas, e por não vigiar para que tal não se verifique.

A jurisprudência do *Superior Tribunal de Justiça* já se encontra alinhada nesse rumo. Com efeito, no julgamento do Recurso Especial n. 729.397-SP, a Quarta Turma da aludida Corte reconheceu a culpa de jovem que viajava na escada externa de trem da Companhia Paulista de Trens Metropolitanos como "pingente", bem como a negligência da ferrovia por permitir tal situação. O relator, Ministro Aldir Passarinho Júnior, enfatizou que ambas, empresa e vítima, têm culpa concorrente no episódio. No mesmo sentido decidiu a Terceira Turma, em hipótese em que a vítima igualmente viajava como pingente sem que houvesse lotação no vagão, conforme aresto publicado em 24 de setembro de 2006, relatado pelo Ministro Castro Filho.

A respeito da responsabilidade civil da concessionária de transporte ferroviário, por morte decorrente de atropelamento em via férrea, o *Superior Tribunal de Justiça* já se manifestou: "A despeito de situações fáticas variadas no tocante ao descumprimento do dever de segurança e vigilância contínua das vias férreas, a responsabilização da concessionária é uma constante, passível de ser elidida tão somente quando cabalmente comprovada a culpa exclusiva da vítima. No caso de atropelamento de pedestre em via férrea, configura-se a concorrência de causas, impondo a redução da indenização por dano moral pela metade, quando: (i) a concessionária do transporte ferroviário descumpre o dever de cercar e fiscalizar os limites da linha férrea, mormente em locais urbanos e populosos, adotando conduta negligente no tocante às necessárias práticas de cuidado e vigilância tendentes a evitar a ocorrência de sinistros; e (ii) a vítima adota conduta imprudente, atravessando a via férrea em local inapropriado"[4] (Tema Repetitivo 518 do STF).

Ao julgar demanda que aferia se a sociedade empresarial responsável pelo metrô de São Paulo deve ser responsabilizada por ataque realizado por pessoa que ficou conhecida pela alcunha de "maníaco da seringa" contra outro passageiro, que teve sua mão perfurada por uma agulha, dentro do vagão da empresa-ré, quando era transportado, o *Superior Tribunal de Justiça* destacou que:

"Na hipótese, partindo-se da própria causa de pedir da ação indenizatória, evidencia-se que o caso trata de nítido fato de terceiro, o qual rompe o nexo causal e, por consequência, afasta a responsabilidade civil objetiva da concessionária de serviço público responsável pelo transporte metroviário. Com efeito, o fatídico dano sofrido pelo autor, ora recorrido, foi causado diretamente por pessoa estranha aos quadros da ora recorrente e sem qualquer relação com o serviço de transporte metroviário prestado, não se tratando, portanto, de fortuito interno. Ademais, a presença de mais seguranças e monitoramento no local não seriam capazes de evitar o dano, pois não é factível que haja um funcionário da recorrente para cada passageiro que utiliza o metrô e tampouco se mostra possível que se descubra, a tempo de se evitar algum dano, a presença de agulhas nas vestimentas, sacolas ou mochilas dos usuários do serviço metroviário, mesmo porque não se trata nem sequer de objeto proibido de transportar"[5].

Dispõe o art. 734 do Código Civil:

"O transportador responde pelos danos causados às pessoas transportadas e suas bagagens, salvo motivo de força maior, sendo nula qualquer cláusula excludente da responsabilidade".

Embora não mencionadas expressamente, devem ser admitidas também as excludentes da culpa exclusiva da vítima e do fato exclusivo de terceiro, por extinguirem o nexo de causalidade.

Considerando que, em outros dispositivos, o Código refere-se conjuntamente ao caso fortuito e à força maior, pode-se inferir, da leitura do dispositivo

---

[4] STJ, REsp 1.172.421-SP, 2ª Seção, rel. Min. Luis Felipe Salomão, *DJe* 19-9-2012.
[5] STJ, REsp 1.849.987-SP, 3ª T., rel. Min. Marco Aurélio Bellizze, *DJe* 29-8-2023.

supratranscrito, que o fato de ter sido mencionada somente a força maior revela a intenção do legislador em considerar excludente da responsabilidade do transportador somente os acontecimentos naturais, como raio, inundação, terremoto etc., e não os fatos decorrentes da conduta humana, alheios à vontade das partes, como greve, motim, guerra etc.

Mesmo porque a jurisprudência já, de há muito, tem feito, com base na lição de Agostinho Alvim, a distinção entre *"fortuito interno"* (ligado à pessoa, ou à coisa, ou à empresa do agente) e *"fortuito externo"* (força maior, ou *Act of God* dos ingleses). *Somente o fortuito externo, isto é, a causa ligada à natureza, estranha à pessoa do agente e à máquina, exclui a responsabilidade deste em acidente de veículos. O fortuito interno, não.*

Assim, tem-se decidido que o estouro dos pneus, a quebra da barra da direção, o rompimento do "burrinho" dos freios e outros defeitos mecânicos em veículos não afastam a responsabilidade do condutor, *porque previsíveis e ligados à máquina*.

3.1. O transporte terrestre

Os problemas relacionados com o transporte terrestre (acidentes ocorridos em estradas de ferro, ou com ônibus, bondes, táxis, elevadores etc.) eram solucionados à luz do Decreto n. 2.681, de 1912, ou no plano contratual (contrato de adesão). Podia-se falar, pois, em dever legal e contratual do transportador em conduzir o passageiro são e salvo ao seu destino. Em qualquer desses casos, presumia-se a responsabilidade do transportador, que somente a afastava se provasse a ocorrência de força maior ou culpa exclusiva da vítima.

A elaboração pretoriana em nosso país contribuiu decisivamente para a construção dogmática dessa responsabilidade, sendo exemplos as *Súmulas 187 e 161 do Supremo Tribunal Federal*, que estabelecem, respectivamente, que "a responsabilidade contratual do transportador, pelo acidente com passageiro, não é elidida por culpa de terceiro, contra o qual tem ação regressiva", e que, "em contrato de transporte, é inoperante a cláusula de não indenizar".

Pode-se considerar, pois, que o transportador assume uma obrigação de resultado: transportar o passageiro são e salvo, e a mercadoria sem avarias, ao seu destino. A não obtenção desse resultado importa o inadimplemento das obrigações assumidas e a responsabilidade pelo dano ocasionado. Não se eximirá da responsabilidade provando apenas ausência de culpa. Incumbe-lhe o ônus de demonstrar que o evento danoso se verificou por força maior, culpa exclusiva da vítima ou ainda por fato exclusivo de terceiro. Segundo o *Superior Tribunal de Justiça*, "o acidente ocorrido no interior de ônibus afeto a transporte público coletivo, que venha a causar danos aos usuários, caracteriza defeito do serviço, nos termos do art. 14 do CDC, a atrair o prazo de prescrição quinquenal previsto no art. 27 do mesmo diploma legal. Hipótese em que não houve o implemento da prescrição, na medida em que o acidente ocorreu em 4-9-2002 e a ação indenizatória foi ajuizada pela usuária na data de 16-5-2006"[6].

Denomina-se *cláusula de incolumidade* a obrigação tacitamente assumida pelo transportador de conduzir o passageiro são e salvo ao local do destino.

A jurisprudência, inclusive a do *Superior Tribunal de Justiça*, tem considerado causa estranha ao transporte, equiparável à força maior, disparos efetuados por terceiros contra os trens, ou pedras que são atiradas nas janelas, ferindo passageiros[7], ou ainda disparos efetuados no interior de ônibus, inclusive durante assaltos aos viajantes[8], exceto se, no caso das pedras atiradas contra trens, o incidente se torna frequente e em áreas localizadas, excluindo a existência do *casus*[9].

A questão relativa a assalto no interior de composição ferroviária ou de ônibus é, entretanto, controvertida, havendo decisões no sentido de que tal fato, tamanha a habitualidade de sua ocorrência, deixou de configurar caso fortuito ou força maior, não sendo lícito invocá-lo como causa de exclusão da responsabilidade do transportador[10].

Pode-se afirmar, malgrado as divergências apontadas, que são encontradas na jurisprudência, em maior número, decisões no sentido de que o assalto à mão armada em interior de ônibus, embora se pudesse ter meios de evitá-lo, equipara-se à força maior, assim considerado o fato imprevisível e inevitável, que isenta de responsabilidade o transportador, ao fundamento, especialmente, de que o dever de prestar segurança pública ao passageiro é do Estado, mercê do art. 144 da Constituição Federal, não se podendo transferi-lo ao transportador. E também em razão das dificuldades naturais para a empresa permissionária de transporte público dar segurança aos passageiros, não podendo manter prepostos armados dentro dos coletivos, nem transformá-los em carros blindados. As providências possíveis de serem tomadas envolvem, indubitavelmente, a adoção de medidas sofisticadas, que encarecem o preço da passagem. Este, contudo, não pode ser aumentado pela empresa, porque é fixado pelo Poder Público que outorga a permissão.

O contrato de transporte de pessoas abrange a obrigação de transportar *a bagagem do passageiro ou viajante* no próprio compartimento em que ele viajar ou

---

[6] STJ, REsp 1.461.535-MG, 3ª T., rel. Min. Nancy Andrighi, *DJe* 23-2-2018.
[7] *RT*, 642/150, 643/219; *RSTJ*, 781/176.
[8] *RT*, 429/260; *RTJ*, 96/1201.
[9] *RT*, 650/124; *JTACSP*, Lex, 109/174.
[10] STJ, REsp 74.534-RJ, rel. Min. Nilson Naves, j. 4-3-1997, v.u.; TJRJ, *RT*, 742/139; TJSP, EI 20.781.4/6-01-Ribeirão Preto, rel. Des. Vasconcelos Pereira, *Boletim da AASP*, n. 2.051.

em depósitos apropriados dos veículos, mediante despacho, hipótese em que o transportador fornecerá uma "nota de bagagem", que servirá de documento para a sua retirada no local de destino.

O transporte de bagagem é acessório do contrato de pessoa, de modo que o viajante, ao contratar o transporte, pagando o bilhete de passagem, adquirirá o direito de transportar, consigo, sua bagagem, e o condutor assumirá a obrigação de fazer esse transporte. O passageiro só pagará o transporte de sua bagagem se houver excesso de peso, de tamanho ou de volumes[11].

Quando é que tem início a responsabilidade do transportador? Distingue Serpa Lopes o início do contrato de transporte do começo da obrigação de segurança: "A partir do momento em que um indivíduo acena para um veículo de transporte público, já o contrato teve início, diante da oferta permanente em que se encontra o veículo em trânsito. A responsabilidade pela integridade da pessoa do passageiro só se inicia, porém, a partir do momento em que esse mesmo passageiro incide na esfera da direção do transportador. Segue-se que o próprio ato do passageiro galgar o veículo já o faz entrar na esfera da obrigação de garantia"[12].

Observa que a responsabilidade contratual do transportador pressupõe a formação de um contrato de transporte, de modo que afasta essa responsabilidade quando se trata de um passageiro clandestino. Também essa responsabilidade supõe um acidente ocorrido durante a vigência do contrato, mantendo-se até o momento de sua cessação, ou seja, até o momento em que um passageiro deixa a condução e atravessa o portão de saída da estação de desembarque. Assim, o transportador é responsável pelo acidente sofrido por um viajante no momento da descida de um ônibus, mesmo que se trate de um escorregão no estribo, ou mesmo quando já no solo se ainda não se havia desprendido inteiramente do veículo.

Adite-se que ao passageiro assiste o direito de segurança, que lhe deve ser garantido ainda que o contrato de transporte não se complete. Mesmo que, verificando ter tomado condução errada, dê sinal para descer; não se consumando o contrato, a obrigação de garantia existiu[13].

No tocante à responsabilidade das ferrovias, dois aspectos devem ser considerados: em relação às pessoas e coisas transportadas, e em face de terceiros, ambos com notória repercussão no alargamento do conceito de responsabilidade.

Prescreve o art. 735 do Código Civil:

"A responsabilidade contratual do transportador por acidente com o passageiro não é elidida por culpa de terceiro, contra o qual tem ação regressiva".

---

[11] Maria Helena Diniz, *Responsabilidade civil*, p. 414.
[12] *Curso de direito civil*, 1971, v. 5, p. 333-334.
[13] Antônio Chaves, *Tratado de direito civil*, v. 3, p. 464.

O citado dispositivo tem a mesma redação da Súmula 187 do Supremo Tribunal Federal. Mais uma vez, a jurisprudência antecipa-se à lei.

Ocorrendo um acidente de transporte, não pode o transportador, assim, pretender eximir-se da obrigação de indenizar o passageiro, após haver descumprido a obrigação de resultado tacitamente assumida, atribuindo culpa ao terceiro (ao motorista do caminhão que colidiu com o ônibus, por exemplo). Deve, primeiramente, indenizar o passageiro, para depois discutir a culpa pelo acidente, na ação regressiva movida contra o terceiro.

Diversa a solução em caso de dolo de terceiro, como na hipótese de assalto à mão armada, que se equipara ao fortuito, constituindo causa estranha ao transporte.

Em relação à responsabilidade extracontratual, ou seja, a danos causados a terceiros, o que prevalece é o art. 37, § 6º, da Constituição Federal, que responsabiliza de forma objetiva, na modalidade do risco administrativo, as pessoas jurídicas de direito público e as de direito privado, prestadoras de serviço público, pelos danos que seus agentes, nessa qualidade, causarem a terceiros. Assim, pertença a ferrovia ao Estado, ou a uma permissionária ou concessionária de serviço público, a sua responsabilidade pelos danos causados a terceiro será sempre objetiva, podendo ser elidida, porém, provada a culpa exclusiva da vítima, força maior ou o fato exclusivo de terceiro.

No tocante, ainda, à responsabilidade contratual, a do transportador, no caso das ferrovias, tem início quando o passageiro passa pela roleta e ingressa na estação de embarque. Daí por diante, estará sob a proteção da cláusula de incolumidade, respondendo a companhia de estrada de ferro pelos acidentes ocorridos com o passageiro ao subir ou descer do trem, por escorregar ou ser empurrado. Só não será responsabilizada se o dano decorrer de fato exclusivo de terceiro, estranho ao transporte.

Em certos meios de transporte distinguem-se perfeitamente o momento da celebração do contrato e o de sua execução. Nas viagens aéreas, por exemplo, é comum a passagem ser comprada com antecedência. Nestes casos, a responsabilidade do transportador só terá início com a execução da avença.

No transporte rodoviário, tendo em vista que a estação não pertence à transportadora, a execução se inicia somente com o embarque do passageiro, e só termina com o desembarque. Se o passageiro vem a se ferir em razão de queda ocorrida durante o embarque, porque o ônibus movimentou-se abruptamente, configura-se a responsabilidade do transportador, porque já se iniciara a execução do contrato. Do mesmo modo se a queda ocorrer por ocasião do desembarque.

Observa Serpa Lopes[14] que, em face da obrigação de segurança gerada contra o transportador pelo contrato de transporte, cria-se, por seu turno, para o viajante uma verdadeira obrigação de velar pela sua própria segurança. Numerosas são as obrigações que os tribunais obrigam a tomar, numerosas as exigências e imprudências que tomam em consideração para eximir o transportador da responsabilidade pelo dano sofrido pelo viajante culposo.

A mesma observação é feita por Caio Mário da Silva Pereira, citando Philippe le Tourneau: "Não se pode considerar que o usuário é dispensado de velar pela própria segurança; a responsabilidade da ferrovia é elidida se o acidente proveio de culpa do usuário"[15].

Por essa razão, o *Superior Tribunal de Justiça* vem decidindo, em caso de queda de trem por praticante de "surfismo ferroviário", que: "Descaracteriza o contrato de transporte a atitude da vítima, que, podendo viajar no interior do trem, se expõe voluntariamente a grave risco, optando injustificadamente por viajar no teto"[16].

A propósito, preceitua o art. 738 do Código Civil:

"A pessoa transportada deve sujeitar-se às normas estabelecidas pelo transportador, constantes no bilhete ou afixadas à vista dos usuários, abstendo-se de quaisquer atos que causem incômodo ou prejuízo aos passageiros, danifiquem o veículo, ou dificultem ou impeçam a execução normal do serviço.

Parágrafo único. Se o prejuízo sofrido pela pessoa transportada for atribuível à transgressão de normas e instruções regulamentares, o juiz reduzirá equitativamente a indenização, na medida em que a vítima houver concorrido para a ocorrência do dano".

3.2. O transporte aéreo

Com relação aos acidentes aéreos, é preciso observar não só o que dispõe o Código Brasileiro de Aeronáutica (Lei n. 7.565, de 19-12-1986), como também a Convenção de Varsóvia de 1929, a Convenção de Budapeste de outubro de 1930, a Convenção de Haia de 1955 e o Protocolo Adicional de Montreal de 1975.

A Convenção de Varsóvia estabelece uma responsabilidade subjetiva, com culpa presumida, do transportador aéreo, ao afirmar que responde "o transportador pelo dano ocasionado por morte, ferimento ou qualquer outra lesão corpórea

---

[14] *Curso*, cit., p. 35, n. 226.
[15] *La responsabilité civile*, n. 440 e 441, apud Caio Mário da Silva Pereira, *Responsabilidade civil*, p. 225.
[16] AgI 34.427-1-RJ, rel. Min. Fontes de Alencar, j. 24-3-1993, *DJU*, 6-4-1993, p. 5954, n. 65. No mesmo sentido decisão do Tribunal de Justiça do Rio de Janeiro: Ap. 12.202/98-Capital, 13ª Câm. Cív., *DJE*, 30-11-1998.

sofrida pelo viajante, desde que o acidente, que causou o dano, haja ocorrido a bordo da aeronave, ou no curso de quaisquer operações de embarque ou desembarque" (art. 17), aduzindo que "o transportador não será responsável se provar que tomou, e tomaram os seus prepostos, todas as medidas necessárias para que se não produzisse o dano, ou que lhes não foi possível tomá-las" (art. 20, n. I). O fato do passageiro, concorrente ou exclusivo, pode atenuar ou elidir a responsabilidade do transportador (art. 21).

O que se tem observado, contudo, é que os tribunais, interpretando os mencionados dispositivos, têm atribuído responsabilidade objetiva ao transportador, não elidível nem pela força maior.

A Convenção de Varsóvia disciplina o transporte aéreo internacional, assim considerando aquele cujos ponto de partida e ponto de destino, haja ou não interrupção de transporte ou baldeação, estejam situados no território de duas Altas Partes Contratantes, ou mesmo no de uma só, havendo escala prevista em território sujeito à soberania ou autoridade de outro Estado, seja ou não contratante (art. 1º).

O que caracteriza, portanto, o transporte internacional é o fato de o ponto de partida ou de chegada do voo localizar-se em um dos países signatários da Convenção. Não se tratando de voo doméstico, inaplicável se torna o Código Brasileiro de Aeronáutica.

É da competência exclusiva da Justiça brasileira processar e julgar ações oriundas de contrato de transporte aéreo internacional, quando no bilhete de transporte figura o Brasil como ponto de destino, aplicando-se à hipótese o art. 28 da Convenção de Varsóvia[17].

O Código Brasileiro de Aeronáutica disciplina o transporte aéreo realizado exclusivamente dentro do território nacional e foi elaborado à luz dos preceitos estatuídos na Convenção de Varsóvia.

Segundo se tem entendido, o referido diploma legal "abraçou a *teoria objetiva,* visto que impôs responsabilidade ao transportador como decorrência do risco da sua atividade, somente podendo este exonerar-se nas hipóteses fechadas previstas na lei"[18].

A presunção de responsabilidade só pode ser elidida "se a morte ou lesão resultar, exclusivamente, do estado de saúde do passageiro, ou se o acidente decorrer de sua culpa exclusiva" (art. 256, § 1º, *a*). Não há referência a fortuito interno ou externo, nem a fato exclusivo de terceiro.

---

[17] TARJ, Ap. 8.185, AReg. 1.184, 2ª Câm., rel. Juiz Rodrigues Lema.
[18] Luis Camargo Pinto de Carvalho, Observações em torno da responsabilidade civil no transporte aéreo, *Revista do Advogado*, São Paulo, n. 46.

Dispõe, ainda, o mencionado art. 256 que a responsabilidade do transportador aéreo se estende aos *passageiros gratuitos*, que viajarem por cortesia, e aos tripulantes, diretores e empregados que viajarem na aeronave acidentada, *sem prejuízo da eventual indenização por acidente de trabalho* (§ 2º, a e b).

De qualquer forma, a Constituição Federal de 1988 dispôs, no art. 21, XII, c, competir à União "explorar, diretamente ou mediante autorização, concessão ou permissão, a navegação aérea, aeroespacial e a infraestrutura aeroportuária". E o art. 37, § 6º, estendeu a responsabilidade objetiva, fundada no risco administrativo, às pessoas jurídicas de direito privado prestadoras de serviços públicos (empresas aéreas concessionárias e permissionárias). Tais dispositivos sobrepõem-se ao Código Brasileiro de Aeronáutica e à Convenção de Varsóvia, prevalecendo, pois, a responsabilidade objetiva prevista na Carta Magna.

O Plenário do *Supremo Tribunal Federal* decidiu que os conflitos que envolvem extravios de bagagem e prazos prescricionais ligados à relação de consumo em transporte aéreo internacional de passageiros devem ser resolvidos pelas regras estabelecidas pelas convenções internacionais sobre a matéria, ratificadas pelo Brasil.

A mencionada Corte, apreciando o tema 210 da repercussão geral, por maioria e nos termos do voto do Relator, em 25-5-2017 deu provimento ao recurso extraordinário, para reduzir o valor da condenação por danos materiais, limitando-o ao patamar estabelecido no art. 22 da Convenção de Varsóvia, com as modificações efetuadas pelos acordos internacionais posteriores. Em seguida, o Tribunal fixou a seguinte tese: *"Nos termos do art. 178 da Constituição da República, as normas e os tratados internacionais limitadores da responsabilidade das transportadoras aéreas de passageiros, especialmente as Convenções de Varsóvia e Montreal, têm prevalência em relação ao Código de Defesa do Consumidor"*. Proclamou-se, assim, que deve ser dada prevalência à concretização dos comandos das mencionadas convenções, ratificadas pelo Brasil e compatíveis com a Constituição de 1988, às quais se confere *status* supralegal.

Em consequência, decidiu o *Superior Tribunal de Justiça*:

"Extravio de bagagem. Transporte aéreo internacional. Ação regressiva. Seguradora contra o causador do dano. Não aplicação do Código de Defesa do Consumidor. Convenção de Montreal. Incidência. Tese fixada em repercussão geral. Inovação recursal"[19].

"Responsabilidade civil. Extravio de bagagem. Transporte aéreo internacional. Danos materiais reconhecidos. Limites da responsabilidade civil. Convenção de Montreal. Regime de indenização tarifada. Incidência. Tese fixada em repercussão geral"[20].

---

[19] STJ, AgInt no REsp 1.711.866, 3ª T., rel. Min. Villas Bôas Cueva, *DJe* 27-3-2018.
[20] REsp 1.707.806, 3ª T., rel. Min. Villas Bôas Cueva, *DJe* 18-12-2017.

O art. 732 do Código Civil, como já visto, dispõe que "*aos contratos de transporte, em geral, são aplicáveis, quando couber, desde que não contrariem as disposições deste Código, os preceitos constantes da legislação especial e de tratados e convenções internacionais*". Continuam aplicáveis ao transporte aéreo, portanto, no que não contrariam o Código Civil, o Código Brasileiro de Aeronáutica, a Convenção de Varsóvia e o Código de Defesa do Consumidor.

É objetiva a responsabilidade do proprietário das aeronaves por danos causados a pessoas em terra por coisas que delas caírem, ou lançadas por necessidade de aliviar o peso, conforme já dispunha o Código Brasileiro do Ar (Dec. n. 483, de 8-6-1938), princípio esse não modificado pelos diplomas posteriores que alteraram o referido Código (Dec.-Lei n. 32, de 18-11-1966, Dec.-Lei n. 234, de 28-12-1967, Lei n. 7.565, de 1986, art. 268). Mesmo em caso de força maior o proprietário é responsável e o cálculo da indenização está sujeito ao direito comum[21].

O art. 269 do Código Brasileiro de Aeronáutica, que limita a responsabilidade das empresas aéreas pelos *danos causados a terceiros*, perdeu eficácia a partir da entrada em vigor da Constituição Federal de 1988, que estendeu a responsabilidade objetiva, atribuída ao Estado, às pessoas jurídicas de direito privado prestadoras de serviços públicos, pelos danos que seus agentes, nessa qualidade, causarem a terceiros (art. 37, § 6º), sem estabelecer qualquer limite para a indenização. Assim como não há limite para a responsabilidade civil do Estado, igualmente não há para a das concessionárias e permissionárias de serviços públicos, que emana da mesma fonte.

A perda de eficácia do aludido dispositivo foi reafirmada com a promulgação do Código de Defesa do Consumidor. Em caso de dolo ou culpa grave, o art. 272 do citado Código Brasileiro de Aeronáutica já afastava a responsabilidade limitada do explorador da atividade aérea ou de seus prepostos. Pelos mesmos fundamentos, já não vige a responsabilidade limitada da administração dos aeroportos, em serviços de infraestrutura, pelos danos causados por seus agentes a passageiros ou coisas dentro do aeroporto, prevista no art. 280, II, do mesmo diploma, pois os operadores dos referidos serviços se enquadram na expressão *agentes públicos*.

O *transportador* responde pelo atraso no transporte aéreo, indenizando o passageiro que tinha confirmação de reserva. Dispõe, com efeito, o art. 737 do Código Civil que "*o transportador está sujeito aos horários e itinerários previstos, sob pena de responder por perdas e danos, salvo motivo de força maior*". Desse modo, a companhia aérea que presta serviço de transporte de passageiros deve indenizá-los por prática de *overbooking*, como decidiu o *Tribunal de Justiça de São Paulo*: "Con-

---

[21] *RT*, 543/108.

figurado o inadimplemento contratual e o defeito do serviço prestado pela transportadora, consistente na prática de *overbooking*, e não caracterizada nenhuma excludente de sua responsabilidade, de rigor o reconhecimento da responsabilidade e a condenação da ré na obrigação de indenizar os autores pelos danos decorrentes do ilícito em questão"[22].

De acordo com a orientação do *Superior Tribunal de Justiça*, "Atraso inferior a 4 (quatro) horas não gera danos morais. Jurisprudência da Corte, na esteira do art. 3º da Resolução ANAC n. 141/2-10"[23]. Todavia, se o atraso é superior ao mencionado, a companhia aérea responderá por danos materiais e morais. Confira-se: "Transporte aéreo. Voo internacional. Atraso de 14 horas a mais durante a conexão. Prejuízo ao desempenho de atleta em torneio internacional de tênis nos Estados Unidos, pois necessitava se adaptar ao local para a prévia climatização e descanso, por se tratar de local com variação de altitude. Indenização fixada em R$ 12.000,00"[24].

O transportador não pode recusar passageiros, salvo os casos previstos nos regulamentos, ou se as condições de higiene ou de saúde do interessado o justificarem (CC, art. 739). Questões de segurança, previstas nos regulamentos, podem justificar a referida recusa.

O Código Civil disciplina algumas questões que, embora aplicáveis ao transporte de pessoas em geral, ocorrem com mais frequência no transporte aéreo. Preceitua o art. 740, *verbis*:

"*O passageiro tem direito a rescindir o contrato de transporte antes de iniciada a viagem, sendo-lhe devida a restituição do valor da passagem, desde que feita a comunicação ao transportador em tempo de ser renegociada*".

Mesmo depois de iniciada a viagem, é facultado ao passageiro desistir do transporte, sendo-lhe devida a restituição do valor correspondente ao trecho não utilizado, desde que provado que outra pessoa haja sido transportada em seu lugar (§ 1º). O usuário que deixar de embarcar não terá direito ao reembolso do valor da passagem, salvo se provado que outra pessoa foi transportada em seu lugar,

---

[22] TJSP, Ap. 0001146-94.2013.8.26.0269, 38ª Câm. Dir. Privado, rel. Des. Flávio Cunha da Silva, j. 29-1-2014. "Ação de indenização por danos morais. Empresa aérea. *Overbooking*. A autora alega ter sido impedida de embarcar em voo nacional com destino à cidade de Navegantes, com conexão no aeroporto de Congonhas, em razão de *overbooking*, havendo um longo período de espera e reclamação, restando realocada em outro voo e destino final para Florianópolis, ou seja, local diverso do inicial previsto. Sentença de procedência do pedido" (TJPR, Apel. 0006254-04.2016.8.19.0202, 26ª Câm. Cív. Consumidor, rel. Des. Natacha Gonçalves de Oliveira, j. 20-7-2017.
[23] STJ, EDcl no REsp 1.280.372-SP, 3ª T., rel. Min. Villas Bôas Cueva, j. 19-3-2015.
[24] TJRJ, Apel. 0022446882016.8.19.0209, 2ª Câm. Cív., rel. Des. Alexandre Freitas, disponível in Revista *Consultor Jurídico* de 23-6-2018.

caso em que lhe será restituído o valor do bilhete não utilizado (§ 2º). Em todas as hipóteses previstas no art. 740 e parágrafos mencionados, o transportador terá direito de reter até 5% da importância a ser restituída ao passageiro, a título de multa compensatória (§ 3º).

Se a viagem se interromper, por qualquer motivo alheio à vontade do transportador, ainda que em consequência de evento imprevisível, fica ele obrigado a concluir o transporte contratado em outro veículo da mesma categoria, ou, com a anuência do passageiro, por modalidade diferente, à sua custa, correndo também por sua conta as despesas de estada e alimentação do usuário, durante a espera de novo transporte (CC, art. 741).

Em contrapartida, o transportador, uma vez executado o transporte, tem direito de retenção sobre a bagagem de passageiro e outros objetos pessoais deste, para garantir-se do pagamento do valor da passagem que não tiver sido feito no início ou durante o percurso (art. 742).

Segundo o *Superior Tribunal de Justiça*, a "companhia aérea que condiciona a validade do bilhete de volta à utilização do bilhete de ida fere a lógica da razoabilidade e obtém enriquecimento indevido em detrimento do usuário dos serviços, que pagou previamente pelos dois trechos". No caso em julgamento, a aludida Corte condenou a companhia aérea "ao pagamento de indenização de R$ 25.000,00 por danos morais à passageira que teve o voo de volta cancelado após não ter se apresentado para embarque no voo de ida", sendo "abusiva a prática comercial sob a justificativa de não ter o passageiro se apresentado para embarque em voo antecedente, por afrontar direitos básicos do consumidor, tais como a vedação ao enriquecimento ilícito, a falta de razoabilidade nas sanções impostas e, ainda, a deficiência na informação sobre os produtos e serviços prestados"[25].

Registra-se que o *Enunciado n. 369 da VI Jornada de Direito Civil* considera que: "Observado o Enunciado 369 do CJF, no transporte aéreo, nacional e internacional, a responsabilidade do transportador em relação aos passageiros gratuitos, que viajarem por cortesia, é objetiva, devendo atender à integral reparação de danos patrimoniais e extrapatrimoniais".

3.3. O transporte marítimo

No transporte marítimo, a jurisprudência anterior admitia a cláusula limitativa de responsabilidade, desde que aposta em termos claros na passagem ou no conhecimento de transporte, de modo que o aderente não pudesse ignorar a sua

---

[25] STJ, REsp 1.595.731-RO, 4ª T., rel. Min. Luis Felipe Salomão, j. 14-11-2017.

existência. Por isso, devia ser recusada quando fundada em impresso estranho ao contrato ou que a ela apenas fizesse referência[26].

Exigia-se, também, que houvesse, em contrapartida, redução no preço do frete.

A jurisprudência, contudo, mudou o entendimento, passando a desprezar a cláusula limitativa de responsabilidade, por equiparação à cláusula de não indenizar[27].

Há vários precedentes do *Superior Tribunal de Justiça*, reputando não escrita a cláusula que, por limitar a responsabilidade do transportador marítimo, tornou irrisória a indenização relativa aos danos causados[28].

4. O TRANSPORTE DE BAGAGEM

Prescreve o art. 734 do Código Civil:
"*O transportador responde pelos danos causados às pessoas transportadas e suas bagagens, salvo motivo de força maior, sendo nula qualquer cláusula excludente da responsabilidade*".

O transporte de bagagem é acessório do contrato de transporte de pessoa. O viajante, ao comprar a passagem, adquire o direito de transportar consigo a sua bagagem. Ao mesmo tempo, o transportador assume, tacitamente, a obrigação de efetuar esse transporte. Se houver excesso de peso ou de volume, poderá ser cobrado um acréscimo.

Acrescenta o parágrafo único do mencionado art. 734 que "*é lícito ao transportador exigir a declaração do valor da bagagem a fim de fixar o limite da indenização*".

Neste caso, o valor declarado determinará o montante a ser pago. Não tendo feito tal exigência não poderá pretender limitar o montante da indenização. Mas poderá cobrar o pagamento de prêmio extra de seguro, para a necessária cobertura de valores elevados.

Tendo havido extravio de bagagem em transporte aéreo nacional (doméstico), acentuou o *Superior Tribunal de Justiça*, em ação regressiva da seguradora contra o causador do dano, que, "Partindo-se da premissa de que a seguradora recorrente promoveu o pagamento da indenização securitária à passageira (titular

---

[26] Antonio Lindbergh C. Montenegro, *Responsabilidade civil*, p. 167, n. 74.
[27] *JTACSP*, 130/148, 133/99, 139/181, 143/164, 160/125.
[28] REsp 644-SP, 4ª T., rel. Min. Barros Monteiro, j. 17-10-1989, in *JTACSP*, 121/276; REsp 9.787-0-RJ, 3ª T., rel. Min. Nilson Naves, j. 13-10-1992, *Lex, Jurisprudência do STJ e TRF*, 43/113; REsp 29.121-9-SP, 3ª T., rel. Min. Waldemar Zveiter, j. 16-12-1992, *RT*, 696/235.

do cartão de crédito) pelo extravio de sua bagagem, é inegável que esta sub-rogou-se nos direitos da segurada, ostentando as mesmas prerrogativas para postular o ressarcimento pelo prejuízo sofrido pela própria passageira. Dentro do prazo prescricional aplicável à relação jurídica originária, a seguradora sub-rogada pode buscar o ressarcimento do que despendeu com a indenização securitária, nos mesmos termos e limites que assistiam ao segurado. Precedentes"[29].

5. O CÓDIGO DE DEFESA DO CONSUMIDOR E SUA REPERCUSSÃO NA RESPONSABILIDADE CIVIL DO TRANSPORTADOR

Com a evolução das relações sociais e o surgimento do consumo em massa, bem como dos conglomerados econômicos, os princípios tradicionais da nossa legislação privada já não mais bastavam para reger as relações humanas, sob determinados aspectos. E, nesse contexto, surgiu o Código de Defesa do Consumidor atendendo a princípio constitucional relacionado à ordem econômica.

Partindo da premissa básica de que o consumidor é a parte vulnerável das relações de consumo, o Código pretende restabelecer o equilíbrio entre os protagonistas de tais relações. Assim, declara expressamente o art. 1º que o Código estabelece normas de proteção e defesa do consumidor, acrescentando serem tais normas de ordem pública e interesse social.

É fora de dúvida que o fornecimento de transportes em geral é atividade abrangida pelo Código de Defesa do Consumidor, por constituir modalidade de prestação de serviço. Aplica-se aos contratos de transporte em geral, desde que não contrarie as normas que disciplinam essa espécie de contrato no Código Civil (art. 732).

5.1. O fortuito e a força maior

Prescreve o § 3º do art. 14 do Código de Defesa do Consumidor:
"O fornecedor de serviços só não será responsabilizado quando provar:
I – que, tendo prestado o serviço, o defeito inexiste;
II – a culpa exclusiva do consumidor ou de terceiro".

A interpretação literal do aludido dispositivo pode conduzir a equivocado entendimento, no sentido da inaplicabilidade da excludente do caso fortuito ou força maior aos casos regidos pelo Código de Defesa do Consumidor. Na realida-

---

[29] STJ, REsp 1.651.936-SP, 3ª T., rel. Min. Nancy Andrighi, *DJe* 13-10-2017.

de, o dispositivo em questão cuida exclusivamente do fator *culpa*. O fato inevitável, porém, rompe o *nexo de causalidade*, especialmente quando não guarda nenhuma relação com a atividade do fornecedor, não se podendo, destarte, falar em defeito do produto ou do serviço. O *Superior Tribunal de Justiça* assim vem decidindo:

"O fato de o art. 14, § 3º, do Código de Defesa do Consumidor não se referir ao caso fortuito e à força maior, ao arrolar as causas de isenção de responsabilidade do fornecedor de serviços, não significa que, no sistema por ele instituído, não possam ser invocados. Aplicação do art. 1.058 do Código Civil [*de 1916*]"[30].

O mesmo Tribunal vem acolhendo a arguição de força maior, para isentar de responsabilidade os transportadores, autênticos prestadores de serviços, que são vítimas de roubos de carga, à mão armada, nas estradas. Confira-se:

"*Transporte de mercadoria*. Roubo da carga durante o trajeto do veículo. Responsabilidade do transportador. Força maior. A presunção de culpa do transportador pode ser elidida pela prova da ocorrência de força maior (Decreto n. 2.681/1912, art. 1º, § 2º). O roubo da mercadoria em trânsito, uma vez comprovado que o transportador não se desviou das cautelas e precauções a que está obrigado, configura força maior, suscetível, portanto, de excluir a responsabilidade, nos termos da regra jurídica acima referida"[31].

Segundo ARRUDA ALVIM, "reconhece-se na força maior o caráter de seccionadora do nexo de causalidade, indispensável para que haja responsabilidade civil, mesmo nos sistemas em que se prescinde da culpa, o que a faz servir como exoneradora da responsabilidade mesmo que não prevista expressamente na lei como eximente, porque permanece válida a regra de Direito Civil que reconhece à força maior a virtude de excluir a responsabilidade aquiliana"[32].

SÉRGIO CAVALIERI FILHO entende pertinente a distinção entre o fortuito interno e o externo, no que respeita aos acidentes de consumo, observando: "*O fortuito interno*, assim entendido o fato imprevisível e, por isso, inevitável ocorrido no momento da fabricação do produto ou da realização do serviço, não exclui a responsabilidade do fornecedor porque faz parte da sua atividade, liga-se aos riscos do empreendimento, submetendo-se à noção geral de defeito de concepção do produto ou de formulação do serviço. (...) O mesmo já não ocorre com o *fortuito externo*, assim entendido aquele fato que não guarda nenhuma relação com a atividade do fornecedor, absolutamente estranho ao produto ou serviço, via de regra ocorrido em momento posterior ao da sua fabricação ou formulação"[33].

---

[30] REsp 120.647-SP, 3ª T., rel. Min. Eduardo Ribeiro, *DJU*, 15-5-2000, p. 156.
[31] REsp 43.756-3-SP, 4ª T., rel. Min. Torreão Braz, j. 13-6-1994, *DJU*, 1º-8-1994, p. 18658, n. 145.
[32] *Código do Consumidor comentado*, p. 127-128.
[33] *Programa*, cit., p. 375-376.

É imperioso anotar, como o fez ARNOLDO MEDEIROS DA FONSECA, que "não há acontecimentos que possam, *a priori*, ser sempre considerados casos fortuitos; tudo depende das condições de fato em que se verifique o evento. O que é hoje caso fortuito, amanhã deixará de sê-lo, em virtude do progresso da ciência ou da maior previdência humana"[34].

Assim, a "tempestade que desestabiliza e derruba uma aeronave pode justificar a admissão do caso fortuito. Contudo, se, antes mesmo de iniciar a decolagem, havia notícia do mau tempo e recomendação de se permanecer em terra, então não se poderá atribuir a essa condição desfavorável a causa do acidente, senão e apenas em razão da desídia, descaso e absurdo destemor dos responsáveis pelo aparelho"[35].

5.2. Transporte aéreo e indenização tarifada

A Convenção de Varsóvia limita a responsabilidade do transportador (art. 22). O sistema tarifado por ela adotado restringe a indenização, no transporte de pessoas, a 250.000 francos franceses por passageiro. Fazendo-se a conversão determinada pelo Decreto n. 97.505/89, tal montante transforma-se em 16.600 DES (Direitos Especiais de Saque), conforme dispõe o inciso I do art. 22.

No transporte de mercadorias ou de bagagem registrada, a responsabilidade é limitada à quantia de 250 francos, equivalente a 17 DES, por quilograma, até o limite de vinte quilogramas ou 5.000 francos, representando 332 DES. A responsabilidade do transportador com relação aos objetos que o passageiro conservar sob sua guarda limita-se também a 5.000 francos por passageiro ou 332 DES.

A respeito da indenização tarifada, escreveu NELSON NERY JUNIOR: "No sistema brasileiro do CDC sobre a responsabilidade do fornecedor, não existe limitação para a indenização, também denominada indenização tarifada. Em alguns ordenamentos jurídicos, o legislador impôs limite à responsabilidade, fixando um teto máximo a fim de garantir a continuidade da empresa e evitar-lhe a quebra. No Brasil não houve essa limitação pelo CDC, de modo que, havendo danos causados aos consumidores, o fornecedor deve indenizá-los em sua integralidade"[36].

O art. 1º do Código de Defesa do Consumidor declara que o referido diploma estabelece normas de proteção e defesa do consumidor, acrescentando serem tais normas de ordem pública e interesse social. De pronto, percebe-se que, tratando-se de relações de consumo, as normas de natureza privada estabelecidas no Código Civil e em leis esparsas deixam de ser aplicadas. O mencionado Código

---

[34] *Caso fortuito e teoria da imprevisão*, p. 147.
[35] Rui Stoco, *Responsabilidade civil*, p. 156.
[36] Aspectos da responsabilidade civil do fornecedor no Código de Defesa do Consumidor, *Revista do Advogado*, n. 33, p. 78.

retirou da legislação civil, bem como de outras áreas do direito, a regulamentação das atividades humanas relacionadas com o consumo, criando uma série de princípios e regras em que se sobressai não mais a igualdade formal das partes, mas a vulnerabilidade do consumidor, que deve ser protegido.

Basta lembrar que a *Constituição Federal de 1988* elevou a defesa do consumidor à esfera constitucional de nosso ordenamento. Em um primeiro momento, incluiu o legislador a defesa do consumidor entre os direitos e deveres individuais e coletivos, estabelecendo que "o Estado promoverá, na forma da lei, a defesa do consumidor" (art. 5º, XXXII), e, em um segundo momento, erigiu a defesa do consumidor à categoria de "princípio geral da atividade econômica" (art. 170, V), emparelhando-o com princípios basilares para o modelo político-econômico brasileiro, como o da soberania nacional, da propriedade privada, da livre-concorrência e outros.

O *Supremo Tribunal Federal*, no julgamento do RE 80.004-SE, realizado em 1977, analisando as correntes que se formaram a respeito da prevalência ou não dos tratados internacionais sobre as leis dos países que os firmarem, refutou a teoria *monista*, que prefere o Direito Internacional, e acolheu a *dualista*, que concede primazia ao direito positivo interno, decidindo, na ocasião, que embora "a Convenção de Genebra, que previu uma lei uniforme sobre letras de câmbio e notas promissórias, tenha aplicabilidade no direito interno brasileiro, não se sobrepõe ela às leis do País"[37].

Entretanto, como mencionado no item 3.2., *retro*, o citado "*Supremo Tribunal Federal*, no julgamento do RE n. 636.331-RJ, sob o regime da repercussão geral, consolidou o entendimento de que, 'nos termos do art. 178 da Constituição da República, as normas e os tratados internacionais limitadores da responsabilidade das transportadoras aéreas de passageiro, especialmente as Convenções de Varsóvia e Montreal, têm prevalência em relação ao Código de Defesa do Consumidor'. Diante da tese fixada pelo STF, é necessária a reorientação da jurisprudência anteriormente consolidada nesta Corte Superior"[38].

6. O TRANSPORTE DE COISAS

O transporte de coisas está disciplinado nos arts. 743 a 756 do Código Civil, aplicando-se, no que couber e não conflitar com este, o Código de Defesa do Consumidor.

---

[37] *RTJ*, 28/809.
[38] REsp 1.707.876-SP, 3ª T., rel. Min. Villas Bôas Cueva, *DJe* 18-12-2017.

A coisa, entregue ao transportador, deve estar caracterizada pela sua natureza, valor, peso e quantidade, devendo este, ao recebê-la, emitir conhecimento, com a menção dos dados que a identifiquem, obedecido o disposto em lei especial (arts. 743 e 744). Poderá o transportador recusar a coisa cuja embalagem seja inadequada, bem como a que possa pôr em risco a saúde das pessoas, ou danificar o veículo e outros bens, e ainda a cujo transporte ou comercialização não sejam permitidos, ou venha desacompanhada dos documentos exigidos por lei ou regulamento (arts. 747 e 748).

Até a entrega da coisa, pode o remetente desistir do transporte e pedi-la de volta, ou ordenar seja entregue a outro destinatário, pagando, em ambos os casos, os acréscimos de despesa decorrentes da contraordem, mais as perdas e danos que houver (art. 748). O transportador tomará todas as cautelas necessárias para manter a coisa em bom estado e entregá-la no destino no prazo ajustado ou previsto (art. 749).

A responsabilidade do transportador, que é presumida e limitada ao valor constante do conhecimento, começa no momento em que ele, ou seus prepostos, recebem a coisa; e só termina quando é entregue ao destinatário, ou depositada em juízo, se aquele não for encontrado (art. 750, que não prevê tarifação).

As mercadorias devem ser entregues ao destinatário, ou a quem apresentar o conhecimento endossado, devendo aquele que as receber conferi-las e apresentar as reclamações que tiver, sob pena de decadência dos direitos. No caso de perda parcial ou de avaria não perceptível à primeira vista, o destinatário conserva a sua ação contra o transportador, desde que denuncie o dano em dez dias a contar da entrega (art. 754).

Havendo dúvida acerca de quem seja o destinatário, o transportador deve depositar a mercadoria em juízo, se não lhe for possível obter instruções do remetente; se a demora puder ocasionar a deterioração da coisa, o transportador deverá vendê-la, depositando o saldo em juízo (art. 756).

No caso de transporte cumulativo, todos os transportadores respondem solidariamente pelo dano causado perante o remetente, ressalvada a apuração final da responsabilidade entre eles, de modo que o ressarcimento recaia, por inteiro, ou proporcionalmente, naquele ou naqueles em cujo percurso houver ocorrido o dano (art. 756).

Se o transporte não puder ser feito ou sofrer longa interrupção, o transportador solicitará, incontinenti, instruções ao remetente, e zelará pela coisa, por cujo perecimento ou deterioração responderá, salvo força maior. Perdurando o impedimento, sem motivo imputável ao transportador e sem manifestação do remetente, poderá aquele depositar a coisa em juízo, ou vendê-la, obedecidos os preceitos legais e regulamentares, ou os usos locais, depositando o valor (art. 753 e § 1º).

7. O TRANSPORTE GRATUITO

Muito se tem discutido sobre se a responsabilidade do transportador, em hipótese de vítima transportada gratuitamente, é contratual ou extracontratual.

Em um desses acidentes, causados pela imprudência e imperícia do motorista de uma motoneta que deu carona à autora, causando-lhe danos, o *Tribunal de Justiça de São Paulo* o condenou ao pagamento de indenização, entendendo tratar-se de culpa aquiliana. Eis o acórdão:

"A circunstância de ter, o réu, atendido a pedido da autora para que a transportasse, não exclui a obrigação de indenizar. Como observa Cunha Gonçalves ('Tratado de Direito Civil', 2. ed., vol. 13, p. 253), 'a relação de cortesia é *voluntária*; o homem cortês não está isento de causar danos, até no exercício de sua amabilidade, porque a cortesia não é incompatível com a negligência ou a imprudência; tanto basta para que a sua responsabilidade seja exigível'. Na espécie, provada na ação penal a culpa do réu, por imprudência e imperícia, no evento, a responsabilidade pela indenização se impõe"[39].

Na doutrina, AGUIAR DIAS afirma ser contratual a responsabilidade do transportador a título benéfico, como SAVATIER na França e PERETTI GRIVA na Itália. Eis o magistério de AGUIAR DIAS: "O caráter contratual do transporte gratuito transparece do acordo de vontades sobre a condução, solicitada, oferecida, imposta por uma conveniência social etc. Tem o transportador a liberdade de não transportar, de não entrar em relações com o passageiro e só aí existe um sinal de que o acordo necessário ao contrato se fez"[40].

WILSON MELO DA SILVA sustentava que, no Brasil, não há razão para qualquer dúvida, porque *legem habemus*. O transportador gratuito, segundo propunha, só deve ser responsabilizado em caso de dolo ou culpa gravíssima, porque esta ao dolo se equipara. Aplicável às hipóteses de transporte gratuito de pessoas seria o art. 1.057 do Código Civil – de 1916 (em correspondência com as disposições do art. 392 do diploma atual, que reza: "*Nos contratos benéficos, responde por simples culpa o contratante, a quem o contrato aproveite, e por dolo aquele a quem não favoreça; nos contratos onerosos, responde cada uma das partes por culpa, salvo as exceções previstas em lei*"). O referido dispositivo apresenta melhor redação que o art. 1.057 do Código Civil de 1916, pois utiliza a expressão "contratos benéficos" em vez de "contratos unilaterais"[41].

---

[39] *RJTJSP*, Lex, 2/174.
[40] *Da responsabilidade civil*, 4. ed., p. 199, n. 87.
[41] *Da responsabilidade*, cit., p. 214, n. 65.

O transporte gratuito, benéfico, aduz, não traz vantagem ao transportador. É a ele que o contrato não favorece. Portanto, só deve ser responsabilizado, em caso de acidente, por dolo ou culpa gravíssima, ficando exonerado de qualquer responsabilidade em caso de culpa leve ou levíssima.

Se, por exemplo, enfatiza WILSON MELO DA SILVA "atira, sem motivo plausível, o transportador, o próprio veículo contra um caminhão ou um muro, resultando disso ferimento ao transportado gratuitamente, fixada estaria sua obrigação de indenizá-lo pelos prejuízos que a vítima sofresse. Do mesmo modo, se, em condições notoriamente adversas, o transportador benévolo tenta, em alta velocidade, numa curva, uma ultrapassagem, daí surgindo o acidente que vitimou o gratuitamente transportado, tal culpa, equiparável ao dolo, compeli-lo-ia ao ressarcimento, *vis-à-vis* do passageiro do transporte gratuito, desinteressado, de simples cortesia ou até mesmo caritativo. Se, por um ato de culpa ligeira, *id est,* por uma desatenção ou distração momentânea, acontece o desastre que acarrete dano à vítima, o transportador a título de beneficência ou cortesia não ficaria sujeito, juridicamente, a nenhuma obrigação ressarcitória".

SILVIO RODRIGUES, que comunga da mesma opinião, enfatiza: "Se o desastre decorreu de ato abusivo, tal como a travessia de uma rua principal em alta velocidade, ou se o condutor arriscou-se a travessar a rua quando o semáforo se encontrava fechado, em hipóteses desse jaez a culpa grave ao dolo se equipara e deve ser o motorista obrigado a reparar o dano experimentado pelo passageiro, embora o transporte fosse desinteressado. Todavia, em caso de culpa leve ou levíssima, e aplicando-se a regra do art. 1.057 do Código Civil [*de 1916, correspondente ao art. 392 do atual diploma*], o transportador que conduz gratuitamente o seu passageiro não está sujeito a reparar"[42].

Diversos arestos do *Tribunal de Justiça de Minas Gerais* e do *Tribunal de Alçada do Rio de Janeiro* acolheram essa orientação. O *Superior Tribunal de Justiça*, por sua vez, em acórdão relatado pelo Ministro SÁLVIO DE FIGUEIREDO, proclamou:

"Segundo autorizada doutrina, o transportador somente responde perante o gratuitamente transportado se por dolo ou falta gravíssima houver dado origem ao dano"[43].

As reiteradas decisões nesse sentido do *Superior Tribunal de Justiça* deram origem à *Súmula 145*, do seguinte teor: "*No transporte desinteressado, de simples cortesia, o transportador só será civilmente responsável por danos causados ao transportado quando incorrer em dolo ou culpa grave*".

---

[42] *Direito civil*, v. 4, p. 108, n. 41.
[43] REsp 3.035-RS, 4ª T., j. 28-8-1990, *DJU*, 24-9-1990, n. 184, p. 9984.

Malgrado a tese da responsabilidade aquiliana tenha o inconveniente de punir o transportador cortês até por culpa levíssima, além de impor à vítima o ônus da prova, a solução que apresenta é a melhor. Com efeito, a tese contratualista com responsabilidade atenuada pelo art. 392 do Código Civil não oferece nenhuma vantagem para a vítima, pois a obriga a provar culpa grave ou dolo do transportador e não lhe confere direito à indenização em caso de culpa leve ou levíssima.

Pondera, com efeito, Mário Moacyr Porto: "Se o propósito dos que, entre nós, se empenham em demonstrar a índole contratual do transporte gratuito é alcançar um mais vantajoso tratamento jurídico para o transportado de favor, raciocinam, ao que parece, de modo inconsequente, pois, no plano extracontratual, a culpa, mesmo levíssima, do transportador (*in lege Aquilia et culpa levissima venit*) acarreta a sua responsabilidade pelos danos causados ao passageiro. No plano contratual, porém, o transportador só é responsável quando tiver agido 'dolosamente' (art. 1.057), o que, na prática, importa excluir a sua responsabilidade"[44].

Por outro lado, a tese contratualista sem restrições, com presunção de culpa, como se dá no transporte oneroso (com cláusula de garantia ínsita), afigura-se injusta para com o motorista que faz uma cortesia, como bem assinala Caio Mário da Silva Pereira: "Não me parece de boa fundamentação jurídica que o motorista que faz um obséquio sem auferir qualquer proveito e muitas vezes movido por puro altruísmo (como no caso de conduzir um ferido ou doente apanhado na rua e levado a um hospital) possa ser questionado pelo que venha a ocorrer com a pessoa transportada, e compelido a indenizar pelo dano sofrido pelo passageiro durante o trajeto. Entendo eu que, com esse raciocínio, deve sustentar-se alteração conceitual, deslocando-se a ocorrência do terreno da responsabilidade contratual para a aquiliana, com aplicação do art. 159 do Código Civil [*de 1916*], em vez de se invocar uma presunção de culpa, caso em que o condutor somente se eximiria com a prova da 'não culpa'. Caberia, portanto, ao prejudicado evidenciar que a lesão ocorreu por culpa do transportador"[45].

É inegável que o legislador, ao inserir o art. 392 no Código Civil, teve em mira outras espécies de contratos benéficos e não os de transporte gratuito. A responsabilidade civil tem princípios e objetivos próprios, destacando-se os que se preocupam em não deixar as vítimas irressarcidas. Os seus rumos atuais apontam cada vez mais na direção de uma responsabilidade independentemente de culpa, fundada no risco. Assim, não se coadunaria com esses novos rumos a afir-

---

[44] *Temas de responsabilidade civil*, p. 130, n. 4.
[45] *Responsabilidade civil*, cit., p. 229-230.

mação de que a vítima só faria jus à indenização se lograsse provar culpa grave ou dolo do transportador, nada percebendo se demonstrasse somente a culpa leve.

A tese da responsabilidade aquiliana é, portanto, a que melhor se ajusta ao chamado transporte benévolo ou de cortesia.

MÁRIO MOACYR PORTO entende artificioso e forçado pretender-se que os gestos de pura cortesia possam ser catalogados como autênticos contratos. Citando MAZEAUD e TUNC, afirma que "os atos de pura liberalidade ou cortesia, decorrentes dos hábitos sociais, não constituem contratos, pois tais gestos não criam obrigações e permitem a quem os prodigaliza a potestativa faculdade de suspendê--los ou revogá-los. Na verdade – aduz, com suporte ainda nos aludidos juristas franceses (n. 110) –, se, por exemplo, convido um meu amigo para jantar e o convite é aceito, sem dúvida que entre nós se fez um acordo de vontades para um fim determinado, mas nunca um contrato para jantar"[46].

O Código Civil em vigor define o contrato de transporte no art. 730:

"*Pelo contrato de transporte alguém se obriga, mediante retribuição, a transportar, de um lugar para outro, pessoas ou coisas*".

É, portanto, contrato oneroso. Logo adiante, preceitua:

"*Art. 736. Não se subordina às normas do contrato de transporte o feito gratuitamente, por amizade ou cortesia.*

Parágrafo único. Não se considera gratuito o transporte quando, embora feito sem remuneração, o transportador auferir vantagens indiretas".

Percebe-se claramente, pela leitura dos aludidos dispositivos, a adoção da responsabilidade extracontratual ou aquiliana no transporte puramente gratuito (restando prejudicada, em consequência, a retrotranscrita *Súmula 145 do Superior Tribunal de Justiça*) e a da contratual, com a cláusula de garantia, no transporte aparentemente gratuito.

A questão, todavia, continua polêmica, tendo o *Superior Tribunal de Justiça* proclamado que "em matéria de acidente automobilístico, o proprietário do veículo responde objetiva e solidariamente pelos atos culposos do terceiro que o conduz e que provoca o acidente. Transporte de cortesia. Condutor menor. Responsabilidade dos pais e do proprietário do veículo. No transporte desinteressado, de simples cortesia, o transportador só será civilmente responsável por danos causados ao transportado quando incorrer em dolo ou culpa grave (*Súmula 145/STJ*). Hipótese em que o Tribunal de origem aferiu a culpa grave do menor que conduzia o veículo"[47].

---

[46] *Traité*, v. 1, p. 112, in *Temas*, cit., p. 128-129, n. 2, e *RT*, 582/15.
[47] STJ, REsp 1.637.884-SC, 3ª T., rel. Min. Nancy Andrighi, *DJe* 23-3-2018.

No direito italiano faz-se a distinção entre o transporte de cortesia ou benévolo (inteiramente gratuito e regido pela responsabilidade extracontratual) e o transporte gratuito (caracterizado por um interesse econômico e regido pelas normas da responsabilidade contratual).

No transporte *não oneroso* há, realmente, o transporte inteiramente gratuito (transporte gratuito típico) e o transporte aparentemente e falsamente gratuito. Naquele, o transportador atua por pura complacência, sem interesse no transporte. Neste, há uma utilidade das partes, seja porque o transportador pode ter algum interesse em conduzir o convidado não por pura e estrita cortesia, seja porque o transporte aparece vinculado a outras relações entre as mesmas partes, e daquelas apenas constitui um acessório. É aquele em que o transportador não tem um interesse patrimonial ou de qualquer ordem, ligado à aparente liberalidade[48].

Embora aparentemente o transporte seja gratuito, na verdade há uma compensação para o transportador, que, agindo na defesa de seu interesse, tira do ato o caráter de pura liberalidade. A relação jurídica determinada pelo transporte é, então, contratual, pois, como escreve AGUIAR DIAS, "embora a aparência indique um transporte gratuito, a realidade estabelece que há uma obrigação contratual ou legal, equiparada ao contrato oneroso de transporte"[49].

CAIO MÁRIO DA SILVA PEREIRA também observa que a "caracterização da 'gratuidade do transporte' tem suscitado indagação a saber se é 'benévolo ou liberal' somente quando o condutor do veículo nada recebe em termos estritos, ou se se considera excluída a 'cortesia' se o transportado concorre de alguma forma, como por exemplo pagando o combustível ou estabelecendo reciprocidade com o transportador em dias ou horas alternados. Em hipóteses como estas ocorre o que se pode denominar 'gratuidade aparente', uma vez que existe contrapartida que teria o efeito de uma paga indireta".

Não se configurando, destarte, transporte de pura cortesia, porém assemelhado ao oneroso ou remunerado, afirma, "caracterizar-se-ia a responsabilidade contratual, vigorando como nesta qualidade a 'presunção de culpa' do motorista transportador ou 'presunção de causalidade", como prefere dizer Aguiar Dias. Transporte a título gratuito não se considera o dos empregadores quando conduzem empregado ao local de trabalho"[50].

Não se pode, pois, afirmar que o transporte é totalmente gratuito quando o transportador, embora nada cobrando, tem algum interesse no transporte do pas-

---

[48] Wladimir Valler, *Responsabilidade civil e criminal nos acidentes automobilísticos*, v. 1, n. 70, p. 125.
[49] *Da responsabilidade*, cit., 10. ed., p. 186.
[50] *Responsabilidade civil*, cit., p. 230, n. 13.

sageiro. É o que acontece, *verbi gratia*, com o vendedor de automóveis, que conduz o comprador para lhe mostrar as qualidades do veículo; com o corretor de imóveis, que leva o interessado a visitar diversas casas e terrenos à venda; com o transportado, que paga uma parte do combustível; com o amigo, que é conduzido para fazer companhia ao motorista e conversar durante a viagem, afastando o sono etc.

Tais casos não constituem hipóteses de contratos verdadeiramente gratuitos, devendo ser regidos, pois, pelas disposições do art. 734 do Código Civil, que estabelece a responsabilidade objetiva do transportador, só elidível em caso de culpa exclusiva da vítima e força maior.

A RESPONSABILIDADE CIVIL DOS ESTABELECIMENTOS BANCÁRIOS

Sumário: 8. Natureza jurídica do depósito bancário. 9. Responsabilidade pelo pagamento de cheque falso. 10. Responsabilidade dos bancos pela subtração de bens depositados em seus cofres. 11. A responsabilidade dos bancos em face do Código de Defesa do Consumidor. 12. Responsabilidade dos bancos pela segurança dos clientes.

8. NATUREZA JURÍDICA DO DEPÓSITO BANCÁRIO

À falta de legislação específica, as questões suscitadas a respeito da responsabilidade civil dos estabelecimentos bancários têm sido solucionadas à luz da doutrina e da jurisprudência. A responsabilidade pode ser contratual (na relação entre o banco e seus clientes) e aquiliana (danos a terceiros, não clientes). Os casos mais frequentes dizem respeito à responsabilidade contratual, oriunda do pagamento de cheques falsificados.

Nesse particular, tem prevalecido o entendimento de AGUIAR DIAS: "O depósito bancário é, com efeito, considerado depósito irregular de coisas fungíveis. Neste, os riscos da coisa depositada correm por conta do depositário, porque lhe são aplicáveis as disposições acerca do mútuo (Cód. Civil [*de 1916*], art. 1.280 [*correspondente ao art. 645 do Código de 2002*]). Na ausência de culpa de qualquer das partes, ao banco toca suportar os prejuízos. Assumir o risco é, na hipótese, o mesmo que assumir a obrigação de vigilância, garantia, ou segurança sobre o objeto do contrato"[51].

---

[51] *Da responsabilidade*, cit., 4. ed., v. 1, n. 150-A.

Ainda que se possa considerá-lo depósito regular, faz-se mister lembrar a regra, como o fez o consagrado doutrinador, do art. 1.277 do Código Civil de 1916 (correspondente ao art. 642 do Código de 2002), segundo a qual o depositário não responde pelos casos fortuitos nem de força maior, desde que os comprove.

9. RESPONSABILIDADE PELO PAGAMENTO DE CHEQUE FALSO

AGUIAR DIAS[52] entende que, não havendo culpa de ninguém (caso do falsificador que obtém cheque avulso e o preenche na hora, com assinatura idêntica à do correntista), o banco deve responder civilmente e ressarcir o cliente, pois o dinheiro utilizado foi o seu. O cliente é, no caso, apenas um terceiro. O crime de falsidade foi dirigido contra o banco.

Apesar de o problema estar indubitavelmente adstrito ao campo da responsabilidade civil contratual, os julgados ainda se referem à culpa e, muitas vezes, nela se baseiam. Poderíamos resumir a situação atual desta forma: quando nem o banco nem o cliente têm culpa, a responsabilidade é do primeiro. Esta é ainda evidenciada se houve culpa de sua parte, quando, por exemplo, a falsificação é grosseira e facilmente perceptível. A responsabilidade do banco pode ser diminuída, em caso de culpa concorrente do cliente, ou excluída, *se a culpa for exclusivamente da vítima*.

A propósito, dispõe a *Súmula 28 do Supremo Tribunal Federal*: "O estabelecimento bancário é responsável pelo pagamento de cheque falso, ressalvadas as hipóteses de culpa exclusiva ou concorrente do correntista".

A doutrina, porém, divide-se em três teorias principais que tentam solucionar o problema: a da culpa (clássica), a do risco profissional e a contratualista.

A teoria do risco profissional funda-se no pressuposto de que o banco, ao exercer a sua atividade com fins de lucro, assume o risco dos danos que vier a causar. A responsabilidade deve recair sobre aquele que aufere os cômodos (lucros) da atividade, segundo o basilar princípio da teoria objetiva: *Ubi emolumentum, ibi onus*.

SÉRGIO CARLOS COVELLO[53] entende que a teoria da culpa é insuficiente para o deslinde da questão, até porque casos há em que não é possível determinar a quem cabe a culpa, se ao emitente ou ao sacado. Por sua vez, a teoria do risco

---

[52] *Da responsabilidade*, cit., 4. ed., n. 150-1, 398.
[53] Responsabilidade dos bancos pelo pagamento de cheques falsos e falsificados, in *Responsabilidade civil*: doutrina e jurisprudência, diversos autores, p. 280.

profissional tem em seu favor o fato de o estabelecimento de crédito ser uma entidade de fins altamente lucrativos, com melhores condições de arcar com o prejuízo. Mas, nem por isso o banco há de ser sempre responsabilizado, de maneira absoluta pelo cheque fraudado – o que seria injusto.

Na sua opinião, a teoria contratualista parece ser a mais adequada, pois dosa essas duas correntes doutrinárias, buscando, assim, um equilíbrio.

AGUIAR DIAS também vê, nesses casos, "um problema de responsabilidade civil contratual"[54].

CAIO MÁRIO DA SILVA PEREIRA igualmente assevera: "Em linhas gerais, e na necessidade de enunciar um princípio global, o que eu entendo deva prevalecer é que nas relações do estabelecimento bancário com o cliente prevalece a tese da responsabilidade contratual. A tendência de nossos Tribunais é agravar a responsabilidade dos bancos. Naqueles outros, que exorbitam do inadimplemento de contrato com o cliente, a tendência é pela aceitação da teoria do risco profissional"[55].

ARNOLDO WALD[56] menciona que a doutrina estrangeira indica dois fundamentos que estão levando os tribunais a reconhecer um regime próprio de responsabilidade para o banqueiro. De um lado, a assemelhação aos concessionários de serviços públicos que exercem uma função delegada do Estado. De outro, a sofisticação crescente da ideia do risco profissional, na qual se introduziram certos fatores agravantes, decorrentes do conhecimento especializado do banqueiro e da dimensão cada vez maior das instituições financeiras, fazendo com que o cliente desconheça os chamados "mecanismos bancários" e se encontre numa incontestável situação de inferioridade ao contratar com o banqueiro. Daí, inclusive, as discussões sobre a legalidade de algumas cláusulas de não indenizar que costumam ser incluídas em contratos-padrão aos quais o cliente deve aderir.

Para o mencionado jurista a ideia de que o banco participa de um verdadeiro serviço público de distribuição de crédito se justifica no Brasil pelo texto expresso da Lei da Reforma Bancária, que define o Sistema Financeiro Nacional, nele integrando, além do Conselho Monetário Nacional e dos bancos oficiais, "as demais instituições financeiras públicas e privadas" (art. 1º, V, da Lei n. 4.595, de 31-12-1964). Essa ideia se consolidou e se desenvolveu com a legislação posterior sobre intervenção e liquidação das instituições financeiras (Lei n. 6.024, de 13-3-1974) e sobre utilização do IOF (Dec.-Lei n. 1.342, de 8-8-1974).

---

[54] *Da responsabilidade*, cit., 4. ed., p. 398, n. 150-A.
[55] *Responsabilidade civil*, cit., p. 193, n. 150.
[56] A responsabilidade contratual do banqueiro, *RT*, 582/263, n. 37.

Assim sendo, aduz, "pela própria natureza dos serviços prestados pela instituição financeira, entendemos que se impõe a sua responsabilidade objetiva pelos mesmos motivos por que se estabeleceu a do Estado, que mereceu até ser consagrada constitucionalmente. Na realidade, sendo impossível ao cliente conhecer a vida interna da instituição financeira, pelo grau de complexidade que alcançou, justifica-se que esta responda objetivamente pelos danos causados, com base na teoria da culpa do serviço, consolidada e consagrada no campo do Direito Público"[57].

Estes parecem ser, efetivamente, os rumos que a questão da responsabilidade dos bancos deverá tomar em nosso país. No momento, no entanto, como já se afirmou, as diretrizes que norteiam a jurisprudência podem ser resumidas desta forma: a) quando o correntista não concorreu para o evento danoso, os prejuízos decorrentes do pagamento de cheques fraudados devem ser suportados pelo banco: b) provada, pelo banco, a culpa do correntista na guarda do talonário, fica aquele isento de culpa; c) em caso de culpa concorrente (negligência do correntista, na guarda do talonário, e do banco, no pagamento de cheque com assinatura grosseiramente falsificada), os prejuízos se repartem; d) não provada a culpa do correntista, nem do banco, sobre este é que deve recair o prejuízo.

É de salientar, no entanto, que, com a entrada em vigor do Código de Defesa do Consumidor (Lei n. 8.078/90), os bancos em geral, como prestadores de serviços, passaram a responder pelo pagamento de cheque falso mesmo em caso de culpa concorrente do correntista, pois o novo diploma somente admite a exclusão da responsabilidade do fornecedor em caso de culpa exclusiva do consumidor ou de terceiro (art. 14, § 3º).

Consentâneo com a orientação dominante e com a responsabilidade contratual dos banqueiros, antigo acórdão proclamou que todas as vezes em que um falsário apresenta ao banco um saque com a assinatura falsificada, a vítima visada é o banco e não o correntista. "Se a falsidade for descoberta oportunamente, nenhum prejuízo sofrerá o banco; se for bem-sucedida, é ele a vítima. Isso aliás constitui risco próprio do seu comércio. A regra da responsabilidade do banco desaparece, ou fica atenuada, se se prova que o depositante concorreu com dolo ou culpa para o evento"[58].

Nesse sentido a opinião de CAIO MÁRIO DA SILVA PEREIRA: "O banco, ao acatar o cheque falso, efetua o pagamento com dinheiro seu, uma vez que o depósito de coisa fungível (depósito irregular) equipara-se ao mútuo, e por este o banco (mutuário) adquire a propriedade da quantia recebida em depósito. Assim

---

[57] Responsabilidade civil do banqueiro por atividade culposa, *RT*, 595/40, n. 51 e 52.
[58] *RT*, 169/614.

considerado, o cheque falso é um ato fraudulento montado 'contra o banco', e, portanto, cabe a este suportar-lhe as consequências"[59].

Cabe salientar a orientação dos nossos tribunais em determinadas situações: a) ao banco cabe arcar com os prejuízos decorrentes de cheque falso, salvo prova de culpa do depositante; b) o banco é responsável no caso de atraso na remessa de fundos determinada pelo cliente; c) o banco, na sua qualidade de mandatário incumbido da cobrança de títulos, responde perante o cliente pelo prejuízo decorrente da falência do devedor, quando consente em prorrogação do prazo de pagamento sem expressa autorização do cliente ou quando retarda indevidamente o protesto de duplicata ou o faz de modo irregular; d) o banco é responsável quando recebe do devedor valor inferior ao devido.

Pode-se acrescentar, ainda, a responsabilidade do banco pela recusa de pagamento de cheques regulares, embora cobertos por suficiente provisão. O *Tribunal de Justiça de São Paulo* condenou também o banco a indenizar em R$ 15.000,00, por danos morais, uma cliente que foi cobrada insistentemente por um débito inexistente, teve o seu nome encaminhado aos cadastros restritivos de créditos por quatro vezes e recebeu diversas mensagens intimidadoras para fazer acordo para o pagamento dos valores, além de 15 ligações por dia[60].

Ao contrário, tem sido entendido que o banco não é responsável quando se recusa a pagar cheque em virtude de contraordem expressa dada pelo cliente ou quando protesta cambial, embora advertido da eventual falsidade da assinatura do devedor.

No entanto, é reconhecida a sua responsabilidade quando descumpre contraordem de pagamento apresentada pelo emitente do cheque, pela impossibilidade de examinar a legitimidade da sustação do pagamento. O banco sacado, liberando o pagamento e contrariando a contraordem do sacador, responde perante o emitente do cheque[61].

Dispõe o art. 944, *caput*, do Código Civil: "*A indenização mede-se pela extensão do dano*". Por essa razão, o *Superior Tribunal de Justiça* exige comprovação do dano moral como pressuposto do dever de indenizar, na hipótese de saque indevido de valores depositados em conta-corrente. Nessa trilha, proclama a *Súmula 385 da aludida Corte Superior*: "Da anotação irregular em cartório de proteção ao crédito, não cabe indenização por dano moral, quando preexistente legítima inscrição, ressalvado o direito ao cancelamento".

---

[59] *Responsabilidade civil*, cit., p. 191, n. 146.
[60] TJSP, Proc. 1003934-05.2018.8.26.0038, 22ª Câm. Dir. Priv., rel. Des. Roberto Mac Cracken, disponível *in* Revista *Consultor Jurídico* de 2-4-2019.
[61] *RJTJSP*, 86/126.

A jurisprudência dominante do STJ não prescinde do prejuízo, já que a teoria do dano *in re ipsa* permite a comprovação de sua inexistência, como ocorre na hipótese da *Súmula 385*. Ademais, "na violação de direitos patrimoniais não se opera nem mesmo a presunção de dano moral, como já decidia a Corte a respeito da violação de contrato e, agora, no desconto indevido em conta. O dano *in re ipsa* afasta tão somente a necessidade de prova do prejuízo, mas não a sua presença como um dos pressupostos da matéria"[62].

No tocante aos *cartões de crédito*, os riscos do negócio correm por conta do empreendedor e regulam-se pelo art. 14 e § 3º do Código de Defesa do Consumidor. Assim, o furto, o roubo ou o seu extravio constituem riscos de responsabilidade do emissor, que só se exonerará provando a culpa exclusiva do titular e usuário do cartão de crédito.

Este, segundo o magistério de Sérgio Cavalieri Filho, "não pode responder pelo fato culposo dos estabelecimentos comerciais filiados ao sistema por não ter com eles nenhum vínculo contratual; nessa esfera o vínculo é com o próprio emissor do cartão, perante quem deve o estabelecimento responder pela sua falta de cautela. Em suma, o risco de aceitar o cartão, sem conferir assinaturas e sem exigir qualquer outro documento, é do vendedor. Se por falta de cautela acaba vendendo mercadoria a quem não é o legítimo portador do cartão, torna-se vítima de um estelionato, cujos prejuízos deve suportar".

Continua dizendo que "não há que se falar no caso em compra e venda, mas em crime. Nesse caso, pode o emissor do cartão, como já vimos, negar-se a pagar a dívida alegando a má utilização do cartão. Se, não obstante essa exceção, prefere assumir a dívida por conveniência do seu negócio, não pode depois transferir o seu prejuízo para o titular do cartão, que não tem nenhum vínculo com o estabelecimento comercial filiado ao sistema de cartão de crédito"[63].

Na sequência, aduz o mencionado autor: "Os mesmos princípios devem ser aplicados nos casos de compras fraudulentas e saques criminosos em caixas eletrônicos, tão comuns em nossos dias, realizados por quadrilhas especializadas em falsificações e desvio de cartões de crédito ou eletrônicos. No regime do CDC, os riscos do negócio correm por conta do empreendedor – os bancos que exploram esse tipo de negócio – que, como vítimas do ilícito, devem suportar os prejuízos. De sorte que, constatada a fraude, o consumidor – titular da conta ou cartão – sequer deve ser molestado com qualquer tipo de cobrança"[64].

---

[62] Venceslau Tavares Costa Filho e Silvano José Gomes Flumignan, *in* Revista *Consultor Jurídico* de 26-3-2018.
[63] *Programa*, cit., p. 302.
[64] *Programa*, cit., p. 302-303.

Confira-se a jurisprudência:

"Cartão de crédito. Transações bancárias realizadas por terceiro. Contratação de cartão de crédito e emissão de faturas com dados cadastrais discrepantes. Fraude. Não comprovação pela instituição financeira de que a transação foi realizada pela parte autora. Falha na prestação do serviço. Risco do negócio. *Súmula 479 do STJ*. Dano material comprovado. Dano moral caracterizado. Dever de indenizar. Inscrição nos órgãos de proteção ao crédito"[65].

"*Cartão de crédito. Cobrança indevida lançada em fatura de cartão de crédito. Fraude. Ausência de prova da contratação.* Engano justificável não configurado. Falha na prestação de serviços. Responsabilidade da instituição bancária. Dano material configurado. Restituição simples. Envio de cartão de crédito sem solicitação. Prática abusiva. *Inteligência da Súmula 532 do STJ. Dano moral configurado*"[66].

"O Código de Defesa do Consumidor prevê que o banco responde por defeito na prestação do serviço, independentemente da existência de culpa. Condenação deste a indenizar cliente, vítima de golpe conhecido como 'chupacabra' em caixa eletrônico. Dever da instituição bancária em indenizar a vítima em danos materiais e morais"[67].

10. RESPONSABILIDADE DOS BANCOS PELA SUBTRAÇÃO DE BENS DEPOSITADOS EM SEUS COFRES

Não resta nenhuma dúvida de que o banqueiro responde contratualmente perante os clientes pelas suas deficiências, inclusive em casos de subtração ilícita de objetos e valores depositados pelos clientes nos cofres que lhes são postos à disposição, tenha ou não havido violência.

O que se pode discutir é apenas a exata configuração da responsabilidade do banco nesses casos. Para tanto, faz-se mister o exame da natureza jurídica do contrato que se estabelece entre a entidade de crédito e o usuário dos cofres.

As regras de direito comum que mais se aproximam dessa realidade são as referentes à locação, ao depósito e à cessão de uso. Tendo em vista, porém, que o banqueiro, ao alugar as caixas de segurança, assume mais do que a simples guarda,

---

[65] TJPR, Proc. Cív./Trab., RI 0001778-82.2014.8.16.0037/0, 2ª T. Recursal, rel. James Hamilton de Oliveira Macedo, j. 16-2-2016.
[66] TJPR, Proc. Cív./Trab., RI 0008150-79.2015.8.16.0112/0, 2ª T. Recursal, rel. Manuela Benke, *DJe* 22-8-2016.
[67] TJSP, Proc. 1000145-47.2018.8.26.02.48, 22ª Câm. Dir. Priv., rel. Des. Roberto Mac Craken, disponível *in* Revista *Consultor Jurídico* de 1º-6-2019.

pois coloca à disposição do cliente um verdadeiro serviço bancário, a avença não se ajusta perfeitamente a nenhuma dessas modalidades de contrato.

As restrições existentes a respeito da equiparação do contrato em questão a uma dessas figuras jurídicas levaram Yussef Said Cahali[68], fundado em considerações de Garrigues, a afirmar a configuração, na espécie, de contrato misto, integrado por elementos próprios do contrato de depósito e de elementos outros extraídos do contrato de locação, não se permitindo afirmar a primazia de uns sobre os outros.

Assim, a cessão de uso é essencial; porém, o cliente não se limita à obtenção do arrendamento de uma caixa onde pretende depositar os bens que deseja guardar, senão que se exigem do banco, igualmente, a custódia e a proteção dessa mesma caixa; essa custódia não representa mero elemento secundário, mas se coloca no mesmo nível da cessão de uso; da concorrência desses elementos heterogêneos resulta uma duplicidade de causas (contrato com causa mista), que se fundem em um contrato único; se esse contrato se limitasse ao gozo de uma coisa alheia, converter-se-ia em pura locação; se aquele dever de custódia a que se obriga o banco atuasse sobre as coisas introduzidas pelo cliente na caixa, transformar-se-ia em um contrato de depósito; mas não é nem um nem outro, senão um contrato atípico, integrado por elementos heterogêneos.

Quem toma em locação um cofre de banco objetiva colocar em segurança os objetos que pretende ali depositar. O banco, ao oferecer esse serviço de segurança, assume um dever de vigilância e, portanto, uma obrigação de resultado e não simples obrigação de meio. Ao fazê-lo, passa a responder, portanto, pelo conteúdo do cofre. Entender de outra forma seria desconfigurar o contrato na sua finalidade específica. Identificada como de resultado, a obrigação da instituição bancária somente pode ser excluída diante da força maior.

Mesmo assim, a natureza dos serviços de segurança oferecidos e da obrigação assumida exigem que faça a prova da absoluta inevitabilidade ou irresistibilidade do desfalque do patrimônio colocado sob sua custódia, devendo-se considerar, por exemplo, que o furto ou o roubo, como fatos previsíveis, não podem conduzir à aceitação da *vis major*, mas, sim, ao reconhecimento de que terá falhado o esquema de segurança e vigilância prestado pelo banco[69].

Como assinala novamente Garrigues, citado por Yussef Said Cahali, só o estudo *in concreto* das circunstâncias de fato é que permitirá decidir se estamos ou não em presença de causa que exonera o banco. Assim, "não bastará invocarem-

---

[68] Responsabilidade dos bancos pelo roubo em seus cofres, *RT*, 591/12.
[69] *RJTJSP*, 125/216.

-se certos acontecimentos que constituem os exemplos clássicos de caso fortuito ou de força maior, como são o incêndio, a inundação, o roubo, a greve etc. No caso de furto com arrombamento ou mediante emprego de chaves falsas, justamente o serviço de vigilância que o banco oferece e o sistema de segurança da caixa é que terão falhado, e, assim sendo, o banco é responsável por este fato"[70].

O grande problema nesses casos reside, na realidade, na prova do efetivo prejuízo sofrido pelo cliente. Sem essa prova não há condições de obrigar o banco a indenizar o prejuízo simplesmente alegado pelo lesado.

Quanto a este requisito – adverte YUSSEF SAID CAHALI[71] – nenhuma presunção favorece a quem quer que seja, cumprindo à parte que tem interesse na demonstração do dano ministrar-lhe a respectiva prova. Remarcado o serviço bancário de caixa de segurança pelo caráter sigiloso de seu conteúdo, manipulado a critério exclusivo do próprio cliente, ou de seu mandatário, terá ele, em consequência disto, de demonstrar a preexistência de valores e objetos depositados na caixa, se pretende ajuizar com êxito ação de responsabilidade civil contra o banco.

Este, prossegue, não tem a relação ou o controle direto dos bens depositados ou retirados, e a simples declaração unilateral do cliente não tem eficácia a seu benefício; e mesmo a prova testemunhal deve ser recebida com reserva, seja em função do caráter sigiloso da utilização da caixa, seja, igualmente, porque, segundo a praxe, apenas o cliente tem acesso ao cofre-forte para sua abertura. A prova do dano, contudo, não se revela absolutamente impossível, citando os autores a hipótese de furto em que o assaltante tenha confessado a prática do delito e pelo menos uma parte dos bens subtraídos tenha sido recuperada em seu poder.

O *Tribunal de Justiça de São Paulo* já teve a oportunidade de condenar instituição financeira a indenizar cliente cujas joias e valores foram furtados de cofre alugado, reconhecendo a responsabilidade da empresa guardadora por existir a possibilidade de a depositante possuir joias e valores, dada sua posição socioeconômica, roborado o fato por prova testemunhal idônea. Afirmou o aresto, proferido em embargos infringentes:

"O fato do furto é incontroverso, consoante se lê do trabalho técnico trazido exordialmente. Que deve a empresa guardadora responder pela higidez e segurança dos bens sob sua responsabilidade depositados é cediço, ou não teria sentido a própria existência da prática, de resto onerosa. Que a embargada-autora podia possuir as joias e valores que afirmou ter, também se aceita porquanto compatível o patrimônio com seu extrato socioeconômico. O particular de resto foi 'quantum satis' corroborado por prova testemunhal isenta, cujo valor não pode

---

[70] Responsabilidade dos bancos, cit., *RT*, 591/15.
[71] Responsabilidade dos bancos, cit., *RT*, 591/16.

ser depreciado. Exigência maior de comprovação inviabilizaria o próprio pedido, desobrigando o ente bancário sempre de qualquer responsabilidade. Compete ao Magistrado, sopesando as provas postas diante de si, ditar seu convencimento, sem que fique adstrito a comprovações quando as sabe impossíveis. Houvesse o embargante cumprido corretamente a obrigação primária pela qual foi pago, de manter a inviolabilidade do cofre e nem esta ação existiria, menos nos termos em que foi proposta"[72].

A prova do dano, em casos dessa natureza – escreveu RODOLFO DE CAMARGO MANCUSO –, "há que ser admitida com uma certa liberalidade, necessária para se evitarem injustiças. Assim, fará o autor prova, através do inquérito policial, de testemunhas, de depoimento pessoal, de documentos (especialmente a declaração de bens, no Imposto de Renda), dos fatos seguintes: que por sua posição social, econômica e profissional era possuidor de certos valores mobiliários em qualidade e quantidade compatíveis com seu *status*; que não locava o cofre para mantê-lo vazio ou para guardar objetos de pouca valia; que, *v.g.*, em virtude de constantes viagens ao exterior, via-se na contingência de manter uma reserva de dólares em local que pressupunha seguro; que, *v.g.*, no tocante às joias, pessoas probas e idôneas que delas tinham conhecimento podem descrevê-las e estimar seu valor etc.".

É claro que, aduz, "além da persuasão que exsurja do conjunto probatório, será de enorme valia a pessoa mesma do autor da ação, isto é, sua honorabilidade pessoal, seu prestígio social que induzam no julgador a convicção de se tratar de cidadão que presumivelmente não viria a juízo para falsear a verdade ou para se aventurar em busca de lucro fácil"[73].

Em conclusão, afirma: "Descartada, por juridicamente ineficaz, a cláusula de exclusão de responsabilidade do banco, a prova do dano há que ser feita por todos os meios lícitos disponíveis. Da 'qualidade' e da 'idoneidade' dessa prova dependerá, mais do que em qualquer demanda, o sucesso da pretensão ressarcitória formulada pelo locatário do cofre bancário. Em todo caso, é o particular desde logo favorecido pela presunção 'juris tantum' de culpa *in eligendo* ou *in vigilando* do banco, se já antes não for acolhida a tese do 'risco profissional' deste último, que já tangencia a responsabilidade objetiva".

O *Superior Tribunal de Justiça* decidiu que "não cabe denunciação da lide de empresa de vigilância para a eventual apuração de responsabilidade decorrente

---

[72] *RJTJSP*, 122/377.

[73] Responsabilidade civil do banco em caso de subtração fraudulenta do conteúdo do cofre locado a particular, *RT*, 616/32.

Decisões favoráveis a locatários de cofres bancários podem ser encontradas na *RT*, 676/151 e na *RJTJSP*, 125/216, dentre outras.

de ato delituoso de empregado seu, em ação de indenização, por roubo de valores, proposta contra o Banco locador do cofre, onde se encontravam aqueles bens – Recurso não provido"[74].

11. A RESPONSABILIDADE DOS BANCOS EM FACE DO CÓDIGO DE DEFESA DO CONSUMIDOR

Em face do Código de Defesa do Consumidor, a responsabilidade dos bancos, como prestadores de serviços, é *objetiva*. Dispõe, com efeito, o art. 14 do aludido diploma que o "fornecedor de serviços responde, independentemente da existência de culpa, pela reparação dos danos causados aos consumidores por defeitos relativos à prestação dos serviços, bem como por informações insuficientes ou inadequadas sobre sua fruição e riscos".

O § 1º esclarece que "o serviço é defeituoso quando não fornece a segurança que o consumidor dele pode esperar, levando-se em consideração as circunstâncias relevantes, entre as quais: I – o modo de seu fornecimento; II – o resultado e os riscos que razoavelmente dele se esperam; III – a época em que foi fornecido".

O fornecedor de serviços "só" não será responsabilizado, nos termos do § 3º, quando provar: "I – que, tendo prestado o serviço, o defeito inexiste; II – a culpa exclusiva do consumidor ou de terceiro".

O Código de Defesa do Consumidor incluiu expressamente as atividades bancárias, financeiras, de crédito e securitárias no conceito de serviço (art. 3º, § 2º).

Malgrado a resistência das referidas instituições em se sujeitarem às suas normas, sustentando que nem toda atividade que exercem (empréstimos, financiamentos, poupança etc.) encontra-se sob sua égide, o *Superior Tribunal de Justiça* não vem admitindo qualquer interpretação restritiva ao aludido § 2º do art. 3º, afirmando que a expressão "natureza bancária, financeira, de crédito" nele contida não comporta que se afirme referir-se apenas a determinadas operações de crédito ao consumidor. Os bancos, "como prestadores de serviços especialmente contemplados no mencionado dispositivo, estão submetidos às disposições do Código do Consumidor. A circunstância de o usuário dispor do bem recebido através da operação bancária, transferindo-o a terceiros, em pagamento de outros bens ou serviços, não o descaracteriza como consumidor dos serviços prestados pelo banco"[75].

---

[74] REsp 8.972-SP, rel. Min. Cláudio Santos, *DJU*, 27-5-1991. No mesmo sentido decidiu o Tribunal de Justiça de São Paulo: *RJTJSP*, 144/167.
[75] REsp 57.974-0-RS, 4ª T., rel. Min. Ruy Rosado de Aguiar Júnior.

O Ministro José Augusto Delgado, do referido Tribunal, também teve a oportunidade de comentar que a expressão "natureza bancária, financeira, de crédito" contida no § 2º do art. 3º não comporta que se afirme referir-se, apenas, a determinadas operações de crédito ao consumidor. Se a vontade do legislador fosse essa – afirmou – "ele teria explicitamente feito a restrição, que, se existisse, daria ensejo a se analisar da sua ruptura com os ditames da Carta Magna sobre o tema"[76].

Tal orientação veio a se consolidar com a edição da *Súmula 297 do aludido Superior Tribunal de Justiça*, do seguinte teor: "O Código de Defesa do Consumidor é aplicável às instituições financeiras". Idêntica posição assumiu o *Supremo Tribunal Federal* no julgamento da ADIn 2.591, realizado aos 4 de maio de 2006, proclamando que as instituições financeiras se submetem às regras do Código de Defesa do Consumidor.

O Código de Defesa do Consumidor não admite cláusula de não indenizar. A indenização derivada do fato do produto ou serviço não pode ser excluída contratualmente. O art. 51, I, considera abusiva e, portanto, nula a cláusula contratual que impossibilitar, exonerar ou atenuar a responsabilidade civil do fornecedor por vícios de qualquer natureza.

Considera-se nula a cláusula que impõe ao portador do cartão, com exclusividade, a responsabilidade pelas despesas realizadas anteriormente à comunicação de sua perda, extravio, furto ou roubo, ou ainda quando houver suspeita da sua utilização por terceiros[77].

Com relação ao ônus da prova, é de ressaltar que, em linhas gerais, a alteração da sistemática da responsabilização, prescindindo do elemento culpa e adotando a teoria objetiva, não desobriga o lesado da prova do dano e do nexo de causalidade entre o produto ou serviço e o dano. No caso dos cofres em bancos locados a particulares, continua a pertencer ao lesado o ônus da prova referente ao conteúdo do cofre violado. No entanto, de acordo com o art. 6º, VIII, do Código de Defesa do Consumidor, o juiz pode inverter o ônus da prova quando "for verossímil a alegação" ou quando o consumidor for "hipossuficiente", sempre de acordo com "as regras ordinárias de experiência".

Responde, ainda, o estabelecimento bancário por informação falsa, dada a cliente, sobre a idoneidade financeira da pessoa com quem aquele vem a negociar[78].

---

[76] Interpretação dos contratos regulados pelo Código de Proteção ao Consumidor. *Informativo Jurídico*, Biblioteca Ministro Oscar Saraiva, v. 8, n. 2, p. 109.
[77] STJ, REsp 1.737.411-SP, 3ª T., rel. Min. Nancy Andrighi, *DJe* 12-4-2019.
[78] *RT*, 410/378.

Pertinente ao assunto, Aguiar Dias[79], citando critério alvitrado por Josserand, analisa os atos cometidos pelo preposto, no exercício do trabalho, e com este relacionados, mas que importem deformação, abuso ou desvio de poder ou de funções. Tais atos geram a responsabilidade do preponente se o terceiro prejudicado estava de boa-fé e foi iludido pela "aparência" de que se revestia o preposto. Em consequência, "o patrão é responsável pelo ato ilícito do empregado que age na esfera de suas atribuições aparentes, e não pode opor ao prejudicado a circunstância de haver o dependente abusado de suas funções efetivas, se o terceiro não tinha conhecimento dessa delimitação"[80].

Decidiu o *Tribunal de Justiça de São Paulo* que instituição bancária que deixa de atender a solicitações e de transmitir informações ao consumidor, colocando em risco um compromisso de compra e venda, provoca danos morais. Consta do acórdão que resta evidente "o completo descaso da instituição financeira em relação aos ora apelados, o que extrapola os limites do mero aborrecimento. Além do pagamento de R$ 5 mil para cada autor, a instituição deve fornecer em até 10 dias tudo o que for necessário para a quitação do financiamento, sob pena de multa diária de R$ 500, limitada em R$ 10 mil"[81].

Cumpre salientar que "a cobrança abusiva é vedada pelo Código de Defesa do Consumidor, mesmo nos casos em que há inadimplemento, nos termos do artigo 42 do aludido Código, ultrapassando o exercício regular de direito e os meros dissabores do cotidiano, pois atenta contra a paz do consumidor. Hoje em dia, por exemplo, tornou-se comum receber cobranças de débitos de terceiros por meio de ligações telefônicas, mensagens no celular, correspondências e *e-mails*, entre outros meios de comunicação. Além do dano moral provocado pelas inoportunas atitudes inconsequentes de algumas empresas, também existe a perda do tempo útil do consumidor, que consiste no tempo que se gasta com aquela importunação provocada pelo 'cobrador', ou seja, com as ligações telefônicas, leitura de mensagens etc.

Neste contexto, conclui-se que a indenização por danos morais em decorrência da cobrança indevida de débito, inclusive, de terceiros ao consumidor que nada tem a ver com a dívida, bem como a indenização com fulcro na teoria da perda do tempo útil, possuem embasamento legal, doutrinário e jurisprudência que geram repercussões jurídicas, devendo, no entanto, analisar cada caso com as devidas peculiaridades que lhe são pertinentes"[82].

---

[79] *Da responsabilidade*, cit., 4. ed., t. 2, p. 585.
[80] Cassação italiana, in Aguiar Dias, *Da responsabilidade,* cit., 4. ed., t. 2, p. 585.
[81] TJSP, Apel. 1004274-54.2017.8.26.0564, 9ª Câm. Dir. Priv., rel. Des. Alexandre Lazzarini, disponível *in* Revista *Consultor Jurídico* de 17-3-2018.
[82] TJDF, Rita de Cássia Lima Rocha, Juíza do 5º Juizado Especial Cível de Brasília, *in* Revista *Consultor Jurídico* de 16-2-2021.

A mencionada corte também firmou o entendimento de que o "banco não é responsável por fraude em compra *on-line* paga via boleto quando não se verificar qualquer falha na prestação do serviço bancário". Assim, considerou-se que, "não pertencendo à cadeia de fornecimento em questão, não há como responsabilizar o banco recorrido pelos produtos não recebidos. Ademais, também não se pode considerar esse suposto estelionato como uma falha no dever de segurança dos serviços bancários prestados pelo recorrido"[83].

12. RESPONSABILIDADE DOS BANCOS PELA SEGURANÇA DOS CLIENTES

A Lei n. 7.102, de 20 de junho de 1983, obriga as instituições financeiras a garantir a segurança de todas as pessoas, clientes ou não, que procuram as suas agências, mediante sistema aprovado pelo Banco Central, que inclui, dentre outros requisitos, a presença de vigilantes, a colocação de alarmes e outros equipamentos eletrônicos e de filmagens, bem como artefatos que retardem e dificultem a ação de assaltantes.

Verifica-se, desse modo, que a lei, tendo em vista os riscos inerentes à atividade bancária, impôs às instituições financeiras um dever de segurança às pessoas que utilizam os seus serviços. Não podem se eximir da responsabilidade alegando força maior, por ser o roubo fato previsível na atividade bancária. Assim decidiu o *Superior Tribunal de Justiça*, reconhecendo a responsabilidade do banco por roubo ocorrido no interior da agência, "por ser a instituição financeira obrigada por lei a tomar todas as cautelas necessárias a assegurar a incolumidade dos cidadãos"[84].

O *Tribunal de Justiça do Rio de Janeiro* reconheceu a responsabilidade dos bancos nos casos conhecidos como "saidinha bancária", em que a vítima, que fez um saque de numerário, é escolhida por "olheiros", que transmitem a informação aos comparsas postados fora da agência. Estes seguem a vítima até local que permita a abordagem, muitas vezes nas imediações do estabelecimento bancário, para roubar-lhe o dinheiro. Veja-se:

"Responsabilidade civil – '*Saidinha de banco*' – Reserva de numerário de vultosa quantia entregue ao cliente em caixa de deficiente – Ausência de privacidade – Acesso visual do valor sacado por demais usuários do banco – Assalto sofrido pelo cliente ao sair da agência bancária – Dever de cautelas mínimas para garantia do consumidor – Fortuito interno – Responsabilidade do banco configurada.

---

[83] REsp 1.786.157-SP, 3ª T., rel. Min. Nancy Andrighi, *DJe* 5-9-2019.
[84] STJ, REsp 17.364-AL, 4ª T., rel. Min. Sálvio de Figueiredo Teixeira.

1. O fornecedor de serviços responde pelos prejuízos causados por defeito na prestação do serviço, consoante dispõe o artigo 14 do CDC.

2. Cabe ao banco destinar espaço reservado e sistema que evite exposição dos consumidores que saquem valores expressivos nos caixas de bancos, garantindo a inexistência de exposição aos demais usuários.

3. Dever de zelar pela segurança dos destinatários de seus serviços, notadamente quando realizam operações de retirada de valores elevados"[85].

E o *Tribunal de Justiça de Minas Gerais* condenou o Banco Itaú a indenizar uma cliente mediante o pagamento de indenização por danos materiais e morais, pelo fato de ter sofrido um assalto após haver sacado dinheiro em uma agência. Frisou a referida Corte que o evento em si já ensejava indenização por danos morais, pois quem sofre ameaça com arma de fogo está sujeito a intenso sofrimento, angústia e abalo emocional. Frisou a relatora, Desembargadora Shirley Fenzi Bertão, que compete a estabelecimentos dessa natureza instalar biombos ou divisórias nos caixas físicos e câmera do lado externo, entre outros cuidados básicos de segurança, sob pena de se responsabilizar pela ação de criminosos nas proximidades das agências. "O fato de ter o assalto ocorrido fora das dependências da agência bancária não exime a responsabilidade do banco, que é objetiva, sendo seu dever garantir a privacidade e segurança de seus clientes no momento do saque, que ocorreu no interior da agência, onde se iniciou a ação criminosa, tendo sua funcionária comunicado ao comparsa o saque de elevada quantia pela vítima"[86].

Em outro julgado, o Tribunal mineiro reconheceu que, "Não obstante ter o roubo se dado fora das dependências do banco, este fato, por si só, não exime a instituição bancária de ser responsabilizada pelo evento danoso. Compete a instituição financeira a obrigação legal de garantir a segurança de seus clientes no momento em que realizam operações bancárias em suas dependências. Sua ocorrência implica violação do dever legal de segurança, que cabe à instituição financeira. A vítima da chamada 'saidinha de banco' sofre, inegavelmente, angústias e aflições, sendo devida a indenização não só pelos prejuízos materiais, quando comprovados, mas também pelos prejuízos morais"[87].

Como assinala SÉRGIO CAVALIERI FILHO[88], "A circunstância de contratar empresas especializadas para fazer a segurança, mesmo que idôneas e conceitua-

---

[85] TJRJ, Ap. 2009.001.49066, rel. Des. Antonio Saldanha Palheiro.
[86] TJ-MG, 11ª Câm. Cív., rel. Des. Shirley Fenzi Bertão, *in* Revista *Consultor Jurídico* de 3-4-2020.
[87] TJMG, Ap. 1.0000.19.167039-7/001, 13ª C. Cív., rel. Des. Newton Teixeira Carvalho, j. 6-11-2020.
[88] *Programa*, 9. ed., cit., p. 430.

das, não desonera o banco desse dever, nem acarreta a sua transferência. A segurança prestada por empresa contratada corre por conta e risco do banco, configurando *res inter alios* em relação ao cliente. O assalto, em si, evidencia a falta do serviço, devendo o banco responder perante a vítima".

Nessa linha, *aresto do Tribunal de Justiça do Rio de Janeiro*:

"Responsabilidade civil – Morte de cliente no interior de estabelecimento bancário, em meio a tiroteio travado entre assaltantes e seguranças – Dever indenizatório do banco.

Ao banco incumbe o dever de resguardar a segurança dos clientes que acorrem ao seu estabelecimento, em horário em que este, por profissão e destinação, se abre ao público. Esse dever não se transfere à empresa de segurança contratada para tal fim. O dano sofrido pelo cliente, morto em tiroteio travado entre assaltantes e vigilantes, deve ser ressarcido pelo banco, dada a inoportunidade da reação. A falha no serviço indica *per se* culpa *in eligendo* do banco, do qual os vigilantes assumem a posição de prepostos, assim apresentando-se diante dos clientes"[89].

O *Superior Tribunal de Justiça* tem responsabilizado o banco mesmo no caso de assalto em caixa eletrônico, desde que instalado no interior da agência ou no seu *hall* eletrônico. Confira-se:

"Assalto em caixa eletrônico ocorrido dentro da agência bancária – Morte da vítima – Dever de indenizar.

Inocorrendo o assalto, em que houve vítima fatal, na via pública, porém, sim, dentro da agência onde o cliente sacava valor de caixa eletrônico após o horário do expediente, responde a instituição-ré pela indenização respectiva, pelo seu dever de proporcionar segurança adequada no local, que está sob a sua responsabilidade exclusiva"[90].

O Tribunal de Justiça de Minas Gerais reconheceu que o banco deve responder objetivamente pelo assalto ocorrido em seu estacionamento:

"Compete às instituições financeiras, em razão da sua atividade, tanto de seu estabelecimento comercial, quanto no interior do estacionamento conveniado, zelar pela segurança e integridade de todos aqueles que adentrarem em seus estabelecimentos no horário aberto ao público. Ocorrendo assalto no interior do estacionamento conveniado, a instituição financeira responde objetivamente pelos danos morais e materiais experimentados por seus clientes em decorrência do fato criminoso"[91].

---

[89] TJRJ, Ap. 3.834-93, 6ª Câm., rel. Des. Laerson Mauro.
[90] STJ, REsp 488.310-RJ, 4ª T., rel. Min. Aldir Passarinho Júnior.
[91] TJMG, Ap. 1.0000.23.025778-4/001, 18ª C. Cív., rel. Des. Habib Felippe Jabour, j. 14-3-2023.

Nessa linha, a *Primeira Turma do Tribunal Regional do Trabalho da 4ª Região (TRT-RS)* condenou o banco a indenizar, em R$ 15.000,00, sua empregada, vítima de assalto na agência em que trabalhava. A referida empregada lidava com dinheiro dentro da agência e, após o assalto, teve que ser afastada das atividades e necessitou de atendimento psicológico. Frisou a mencionada Corte que o banco responde objetivamente pelo empregado vítima de assalto, porque se trata de uma atividade de risco[92].

Reconhecendo a responsabilidade objetiva do banco, em caso de sequestro sofrido por um gerente quando chegava em casa, em razão do cargo que ocupava, o *Tribunal Superior do Trabalho* condenou a instituição financeira a pagar indenização, afirmando que "o sequestro ocorreu em razão da função exercida pelo gerente, que permitia acesso a valores depositados no cofre da agência, criando uma situação de risco"[93].

A RESPONSABILIDADE DOS MÉDICOS, CIRURGIÕES PLÁSTICOS E CIRURGIÕES-DENTISTAS

Sumário: 13. A responsabilidade dos médicos. 14. Erro médico: erro profissional, erro de diagnóstico, iatrogenia. 15. A responsabilidade dos cirurgiões plásticos. 16. A responsabilidade do anestesista. 17. A responsabilidade dos hospitais e dos laboratórios. 18. Planos de saúde. 19. A responsabilidade dos cirurgiões-dentistas.

13. A RESPONSABILIDADE DOS MÉDICOS

Não se pode negar a formação de um autêntico contrato entre o cliente e o médico, quando este o atende. Embora muito já se tenha discutido a esse respeito, hoje já não pairam mais dúvidas sobre a natureza contratual da responsabilidade médica.

Pode-se falar, assim, em tese, em inexecução de uma obrigação, se o médico não obtém a cura do doente, ou se os recursos empregados não satisfizerem. Entretanto, "o fato de se considerar como contratual a responsabilidade médica não tem, ao contrário do que poderia parecer, o resultado de presumir a culpa"[94].

---

[92] Proc. 0001496-81.2012.5.04.0301, disponível *in* Revista *Consultor Jurídico* de 1º-4-2019.
[93] TRT, 20ª Região, RR 523-59.2015.5.20.0016, *in* Revista *Consultor Jurídico* de 15-3-2020.
[94] Aguiar Dias, *Da responsabilidade*, cit., p. 296.

Explica SAVATIER[95] que a responsabilidade contratual pode ou não ser presumida, conforme se tenha o devedor comprometido a um resultado determinado ou a simplesmente conduzir-se de certa forma. É o que sucede na responsabilidade do médico, que não se compromete a curar, mas a proceder de acordo com as regras e os métodos da profissão.

Portanto, para o cliente é limitada a vantagem da concepção contratual da responsabilidade médica, porque o fato de não obter a cura do doente não importa reconhecer que o médico foi inadimplente. Isto porque a obrigação que tais profissionais assumem é uma obrigação de "meio" e não de "resultado". O objeto do contrato médico não é a cura, obrigação de resultado, mas a prestação de cuidados conscienciosos, atentos, e, salvo circunstâncias excepcionais, de acordo com as aquisições da ciência[96].

Comprometem-se os médicos a tratar o cliente com zelo, utilizando-se dos recursos adequados, não se obrigando, contudo, a curar o doente. Serão, pois, civilmente responsabilizados somente quando ficar provada qualquer modalidade de culpa: imprudência, negligência ou imperícia.

Daí o rigor da jurisprudência na exigência da produção dessa prova. Ao prejudicado incumbe a prova de que o profissional agiu com culpa, a teor do estatuído no art. 951 do Código Civil, *in verbis*:

"*O disposto nos arts. 948, 949 e 950 aplica-se ainda no caso de indenização devida por aquele que, no exercício de atividade profissional, por negligência, imprudência ou imperícia, causar a morte do paciente, agravar-lhe o mal, causar-lhe lesão, ou inabilitá-lo para o trabalho*".

No mesmo sentido dispõe o art. 14, § 4º, do Código de Defesa do Consumidor: "A responsabilidade pessoal dos profissionais liberais será apurada mediante a verificação de culpa"[97].

A prova da negligência e da imperícia constitui, na prática, verdadeiro tormento para as vítimas. Sendo o médico, no entanto, prestador de serviço, a sua responsabilidade, embora subjetiva, está sujeita à disciplina do Código de Defesa

---

[95] *Traité de la responsabilité civile en droit français*, n. 113, p. 147.
[96] Aguiar Dias, *Da responsabilidade*, cit., p. 297.
[97] Assim a jurisprudência: "*Médico*. Reparação de danos na eventualidade da atuação do profissional da medicina não levar ao resultado objetivado, gerando, ao revés, prejuízo. Verba devida somente se demonstrada convincentemente sua culpa, seja na modalidade de imprudência, negligência ou imperícia" (*RT*, 782/253). "*Médico*. Morte de paciente decorrente de transfusão sanguínea por ele determinada. Sangue utilizado incompatível com o do enfermo. Facultativo que não era responsável pela comparação das amostras sanguíneas nem pela conferência do material a ser utilizado. Culpa do médico inocorrente. Recurso não provido" (*JTJ-Lex*, 23/87).

do Consumidor, que permite ao juiz *inverter o ônus da prova* em favor do consumidor (art. 6º, VIII).

Deve ser lembrado, ainda, que a hipossuficiência nele mencionada não é apenas econômica, mas precipuamente técnica. O profissional médico encontra-se, sem dúvida, em melhores condições de trazer aos autos os elementos probantes necessários à análise de sua responsabilidade. Decidiu, com efeito, o *Tribunal de Justiça de São Paulo*:

"Erro médico. Inversão do ônus da prova. Saneador que afasta preliminar de ilegitimidade passiva e que, ao inverter os ônus da prova em ação de ressarcimento de danos por erro médico, não só valoriza a função do Judiciário no quesito 'perseguição da verdade real', como faz absoluto o princípio da igualdade substancial das partes, suprindo a inferioridade da parte hipossuficiente (artigos 125, I, do CPC [*de 1973; art. 139, I, do CPC/2015*]; 5º, LV, da Constituição Federal; e 6º, VIII, da Lei n. 8.078/90)"[98].

Poderá, no entanto, o facultativo responsabilizar-se expressamente pelo resultado do tratamento ou operação. Neste caso, afirma TERESA ANCONA LOPES, "haverá implícita uma obrigação de segurança ou incolumidade, pela qual o profissional se compromete chegar ao final do tratamento com o doente são e salvo, só se admitindo, então, como excludentes de sua responsabilidade a força maior, o caso fortuito ou a culpa exclusiva da vítima"[99].

Acrescenta a mencionada civilista que pode também haver responsabilidade delitual dos médicos quando, por exemplo, negam socorro, quando dão atestados falsos, quando, por causa da falta de vigilância que deveriam ter exercido sobre o doente, este vem a causar dano a outra pessoa, como nos exemplos fornecidos por SAVATIER sobre o alienado mental que escapa do asilo ou no caso em que, por culpa do médico, há contágio de outra pessoa por seu cliente[100].

O médico responde não só por fato próprio como pode vir a responder por fato danoso praticado por terceiros que estejam diretamente sob suas ordens. Assim, por exemplo, presume-se a culpa do médico que mandou sua enfermeira aplicar determinada injeção da qual resultou paralisia no braço do cliente.

Convém lembrar que não se exige que a culpa do médico seja grave, para responsabilizá-lo. Esta severidade é ainda maior no tocante aos médicos especialistas.

Ao médico "que diz ter conhecimento e habilidade especiais para o tratamento de um órgão ou doença ou ferimentos específicos, é exigido desempenhar

---

[98] AgI 099.305.4/6-SP, 3ª Câm. Dir. Privado, rel. Des. Ênio Zuliani, j. 2-3-1999.
[99] *O dano estético*, p. 95.
[100] *O dano estético*, cit., p. 58-59.

seu dever para com o paciente, empregando, como tal especialista, não meramente o grau normal de habilidade possuído pelos praticantes em geral, mas aquele grau especial de habilidade e cuidado que os médicos de igual posição, que dedicam especial estudo e atenção ao tratamento de tal órgão, doença ou ferimento, normalmente possuem, considerando-se o estágio do conhecimento científico àquele tempo"[101].

Embora o contrato médico integre o gênero *"contrato de prestação de serviços"*, o seu conteúdo atende à especialidade própria a esse campo da atividade humana, não se confundindo com qualquer outro ajuste de prestação de serviços, até porque não há o dever de curar o paciente. Por isso, concorrem elementos e fatores que distinguem a culpa dos médicos da exigida para responsabilizar integrantes de outras profissões. A obrigação principal consiste no atendimento adequado do paciente e na observação de inúmeros deveres específicos. O dever geral de cautela e o saber profissional próprios do médico caracterizam o dever geral de bom atendimento. Dele se exige, principalmente, um *empenho* superior ao de outros profissionais.

O dever de informar, previsto no art. 6º, III, do Código de Defesa do Consumidor, está ligado ao *princípio da transparência* e obriga o fornecedor a prestar todas as informações acerca do produto e do serviço. Esse princípio é detalhado no art. 31, que enfatiza a necessidade de serem fornecidas informações corretas, claras, precisas e ostensivas sobre os serviços, "bem como sobre os riscos que apresentam à saúde e segurança dos consumidores". O aludido dever abrange o de se informar o médico acerca do progresso da ciência e sobre a composição e as propriedades das drogas que administra, bem como sobre as condições particulares do paciente, realizando, o mais perfeitamente possível, a completa anamnese.

Integra ainda o grupo dos deveres de informação o de orientar o paciente ou seus familiares a respeito dos riscos existentes, no tocante ao tratamento e aos medicamentos a serem indicados.

Assinala-se que o retardamento nos cuidados, desde que provoque dano ao paciente, pode importar em responsabilidade pela *perda de uma chance*. Consiste esta na interrupção, por um determinado fato antijurídico, de um processo que propiciaria a uma pessoa a possibilidade de vir a obter, no futuro, algo benéfico, e que, por isso, a oportunidade ficou irremediavelmente destruída. Frustra-se a chance de obter uma vantagem futura. Essa perda de chance, em si mesma, carac-

---

[101] Angela R. Holder, apud Wanderby Lacerda Panasco, *A responsabilidade civil, penal e ética dos médicos*, p. 21.

teriza um dano, que será reparável quando estiverem reunidos os demais pressupostos da responsabilidade civil.

A construção dessa hipótese – o dano derivado da "perda de uma chance" – deve-se à jurisprudência francesa, que desde o final do século XIX entende indenizável o dano resultante da diminuição de probabilidades de um futuro êxito, isto é, nos casos em que o fato gerador da responsabilidade faz perder a outrem a possibilidade (chance) de realizar um lucro ou evitar um prejuízo. Se a chance existia, e era séria, então entra no domínio do dano ressarcível.

A mais recente jurisprudência brasileira tem-se ocupado do tema. Assim, acórdão do *Tribunal de Justiça do Rio Grande do Sul* assentou:

"Comporta-se contra a prudência médico que dá alta a paciente, a instâncias deste, apesar de seu estado febril não recomendar a liberação, e comunicado, posteriormente, do agravamento do quadro, prescreve sem vê-lo pessoalmente. O retardamento dos cuidados, se não provocou a doença fatal, tirou do paciente razoável chance de sobreviver"[102]. O art. 15 do Código Civil consagra importante direito da personalidade ao dispor: *"Ninguém pode ser constrangido a submeter-se, com risco de vida, a tratamento médico ou a intervenção cirúrgica"*. A regra obriga os médicos, nos casos mais graves, a não atuarem sem prévia autorização do paciente, que tem a prerrogativa de se recusar a se submeter a um tratamento perigoso. A sua finalidade é proteger a inviolabilidade do corpo humano. Vale ressaltar, *in casu*, a necessidade e a importância do fornecimento de informação detalhada ao paciente sobre o seu estado de saúde e o tratamento a ser observado, para que a autorização possa ser concedida com pleno conhecimento dos riscos existentes.

Na impossibilidade de o doente manifestar a sua vontade, deve-se obter a autorização escrita, para o tratamento médico ou a intervenção cirúrgica de risco, de qualquer parente maior, da linha reta ou na colateral até o 2º grau, ou do cônjuge, por analogia com o disposto no art. 4º da Lei n. 9.434/97, que cuida da retirada de tecidos, órgãos e partes do corpo de pessoa falecida.

Se não houver tempo hábil para ouvir o paciente ou para tomar essas providências, e se se tratar de emergência que exige pronta intervenção médica, como

---

[102] *RJTJRGS*, 158/214. No mesmo sentido: "Responsabilidade civil. Falha do atendimento hospitalar. Paciente portador de pneumonia bilateral. Tratamento domiciliar ao invés de hospitalar. Perda de uma chance. É responsável pelos danos patrimoniais e morais, derivados da morte do paciente o hospital, por ato de médico de seu corpo clínico que, após ter diagnosticado pneumonia dupla, recomenda tratamento domiciliar ao paciente, ao invés de interná-lo, pois, deste modo, privou-o da chance (*perte d'une chance*) de tratamento hospitalar, que talvez o tivesse salvo" (TJRGS, Ap. 596.070.979, 5ª Câm. Cív., rel. Des. Araken de Assis, j. 15-8-1996).

na hipótese de parada cardíaca, por exemplo, terá o profissional a obrigação de realizar o tratamento, independentemente de autorização, eximindo-se de qualquer responsabilidade por não a ter obtido. Responsabilidade haverá somente se a conduta médica se mostrar inadequada, fruto de imperícia, constituindo-se na causa do dano sofrido pelo paciente ou de seu agravamento.

O *Tribunal de Justiça de São Paulo* teve a oportunidade de apreciar o caso de uma jovem que dera entrada no hospital inconsciente e necessitando de aparelhos para respirar, encontrando-se sob iminente risco de morte, em estado comatoso, quando lhe foram aplicadas as transfusões de sangue. Por questões religiosas, afirmou ela em juízo, na ação de reparação por danos morais movida contra o hospital e o médico que a salvou, que preferia a morte a receber a transfusão de sangue que poderia evitar a eliminação física. Outra pessoa havia apresentado ao médico, no momento da internação, um documento que vedava a terapia da transfusão, previamente assinado pela referida jovem e que permanecia com o portador, para eventual emergência.

Entendeu o Tribunal, ao confirmar a sentença de improcedência da ação, que à apelante, embora o direito de culto que lhe é assegurado pela Lei Maior, não era dado dispor da própria vida, de preferir a morte a receber a transfusão de sangue, "a risco de que se ponha em xeque direito dessa ordem, que é intangível e interessa também ao Estado, e sem o qual os demais, como é intuitivo, não têm como subsistir"[103].

14. ERRO MÉDICO: ERRO PROFISSIONAL, ERRO DE DIAGNÓSTICO, IATROGENIA

Não se tem considerado como culpável o *erro profissional* que advém da incerteza da arte médica, sendo ainda objeto de controvérsias científicas. É que a imperfeição da ciência é uma realidade. Daí a escusa que tolera a falibilidade do profissional, como anota Rui Stoco[104]. O *erro de técnica*, na expressão de Aguiar Dias, "é apreciado com prudente reserva pelos Tribunais. Com efeito, o julgador não deve nem pode entrar em apreciações de ordem técnica quanto aos métodos científicos que, por sua natureza, sejam passíveis de dúvidas e discussões"[105].

Também não acarreta a responsabilidade civil do médico a "iatrogenia", expressão usada para indicar o dano que é causado pelo médico, ou seja, o prejuízo provo-

---

[103] Ap. 123.430.4-4-00-Votorantim-Sorocaba, 3ª Câm. Dir. Privado, rel. Des. Flávio Pinheiro.
[104] *Responsabilidade civil*, cit., p. 291.
[105] *Responsabilidade dos médicos*, COAD, p. 10.

cado por ato médico em pessoas sadias ou doentes, cujos transtornos são imprevisíveis e inesperados. Aproxima-se de uma simples imperfeição de conhecimentos científicos, escudada na chamada falibilidade médica, sendo por isso escusável.

Diferente, porém, a situação quando o profissional se mostra imperito e desconhecedor da arte médica, ou demonstra falta de diligência ou de prudência em relação ao que se podia esperar de um bom profissional. Neste caso, exsurge a responsabilidade civil decorrente da violação consciente de um dever ou de uma falta objetiva do dever de cuidado, impondo ao médico a obrigação de reparar o dano causado.

Da mesma forma se tem afirmado que o *erro de diagnóstico,* que consiste na determinação da doença do paciente e de suas causas, não gera responsabilidade, desde que escusável em face do estado atual da ciência médica e não lhe tenha acarretado danos.

Porém, diante do *avanço médico-tecnológico de hoje, que permite ao médico apoiar-se em exames de laboratório, ultrassom, ressonância magnética, tomografia computadorizada e outros*, maior rigor deve existir na análise da responsabilidade dos referidos profissionais quando não atacaram o verdadeiro mal e o paciente, em razão de diagnóstico equivocado, submeteu-se a tratamento inócuo e teve a sua situação agravada, principalmente se se verificar que deveriam e poderiam ter submetido o seu cliente a esses exames e não o fizeram, optando por um diagnóstico precipitado e impreciso.

O *Superior Tribunal de Justiça* em caso de *erro médico* decidiu:

"Ação de compensação por danos morais. Inexistência de administração de medicação. Estado vegetativo irreversível. Óbito precoce da genitora. Dano moral em ricochete. Hipótese em que o erro médico configurado no particular foi concausa para concretos elementos de aflição moral, tais como: I) a parada cardiorrespiratória na paciente; II) período de internação hospitalar, em coma, de cento e cinquenta dias; III) estado vegetativo irreversível; IV) quatro anos de cuidados ininterruptos em casa; V) óbito precoce aos 58 anos de idade da genitora dos recorrentes. Compensação por danos morais fixada em 150 salários mínimos para cada recorrente"[106].

15. A RESPONSABILIDADE DOS CIRURGIÕES PLÁSTICOS

Quanto aos *cirurgiões plásticos, a situação é outra*. A obrigação que assumem é de "resultado". Os pacientes, na maioria dos casos de cirurgia estética, não se

---

[106] STJ, REsp 1.698.812-RJ, 3ª T., rel. Min. Nancy Andrighi, *DJe* 16-3-2018.

encontram doentes, mas pretendem corrigir um defeito, um problema estético. Interessa-lhes, precipuamente, o resultado. Se o cliente fica com aspecto pior, após a cirurgia, não se alcançando o resultado que constituía a própria razão de ser do contrato, cabe-lhe o direito à pretensão indenizatória.

Da cirurgia malsucedida surge a obrigação indenizatória pelo resultado não alcançado. A indenização abrange, geralmente, todas as despesas efetuadas, danos morais em razão do prejuízo estético, bem como verba para tratamentos e novas cirurgias[107].

O cirurgião plástico assume obrigação de resultado porque o seu trabalho é, em geral, de natureza estética. No entanto, em alguns casos a obrigação continua sendo de meio, como no atendimento a vítimas deformadas ou queimadas em acidentes, ou no tratamento de varizes e de lesões congênitas ou adquiridas, em que ressalta a natureza corretiva do trabalho.

Ruy Rosado de Aguiar Júnior, depois de reconhecer que, no Brasil, a maioria da doutrina e da jurisprudência defende a tese de que se trata de uma obrigação de resultado, quando o paciente é saudável e apenas pretende melhorar a sua aparência, manifesta a sua opinião no sentido de que o "acerto está, no entanto, com os que atribuem ao cirurgião estético uma obrigação de meios. Embora se diga que os cirurgiões plásticos prometam corrigir, sem o que ninguém se submeteria, sendo são, a uma intervenção cirúrgica, pelo que assumiriam eles a obrigação de alcançar o resultado prometido, a verdade é que a álea está presente em toda intervenção cirúrgica, e imprevisíveis as reações de cada organismo à agressão do ato cirúrgico".

Pode acontecer, aduz, "que algum cirurgião plástico ou muitos deles assegurem a obtenção de um certo resultado, mas isso não define a natureza da obrigação, não altera a sua categoria jurídica, que continua sendo sempre a obrigação de prestar um serviço que traz consigo o risco"[108].

Igualmente, o cirurgião plástico Juarez Moraes Avelar[109] menciona a existência de componentes psicológicos que podem interferir decisivamente nas reações orgânicas dos pacientes, bem como uma série de outros fatores, como a conduta pós-operatória individual, que o levaram a optar pelo título de sua obra. Sustenta o mencionado autor que a cirurgia plástica é uma especialidade, como as demais áreas da medicina, exposta às reações imprevisíveis do organismo humano e indesejadas consequências, sendo justo e humano considerá-la obrigação de meio e não obrigação de fim ou de resultado.

---

[107] *RJTJSP*, 65/174.
[108] Responsabilidade civil do médico, *RT*, 718/40.
[109] *Cirurgia plástica*: obrigação de meio, 2000.

Contudo, malgrado a reconhecida autoridade e competência do consagrado jurista e do conceituado cirurgião e professor, tem sido reconhecida a existência de uma relação contratual de *resultado* entre médico e paciente nesses casos.

Correta se nos afigura a assertiva de TERESA ANCONA LOPES quando afirma que, "na verdade, quando alguém, que está muito bem de saúde, procura um médico somente para melhorar algum aspecto seu, que considera desagradável, quer exatamente esse resultado, não apenas que aquele profissional desempenhe seu trabalho com diligência e conhecimento científico. Caso contrário, não adiantaria arriscar-se a gastar dinheiro por nada".

Em outras palavras, assevera, *"ninguém se submete a uma operação plástica se não for para obter um determinado resultado, isto é, a melhoria de uma situação que pode ser, até aquele momento, motivo de tristezas"*[110].

Por essa razão, a *3ª Turma do Superior Tribunal de Justiça* firmou entendimento no sentido de que o cirurgião plástico, quando realiza trabalho de natureza estética, assume obrigação de resultado. Confira-se:

"Contratada a realização da cirurgia estética embelezadora, o cirurgião assume obrigação de resultado (responsabilidade contratual ou objetiva), devendo indenizar pelo não cumprimento da mesma, decorrente de eventual deformidade ou de alguma irregularidade. No procedimento cirúrgico estético, em que o médico lida com paciente saudável que apenas deseja melhorar sua aparência física e, consequentemente, sentir-se psiquicamente melhor, estabelece-se uma obrigação de resultado que impõe ao profissional da medicina, em casos de insucesso da cirurgia plástica, presunção de culpa, competindo-lhe ilidi-la com a inversão do ônus da prova, de molde a livrá-lo da responsabilidade contratual pelos danos causados ao paciente em razão de ato cirúrgico"[111].

A indenização deve abranger tanto os danos materiais acarretados ao paciente (despesas realizadas e as decorrentes de nova cirurgia, com o próprio cirurgião ou com outro profissional, de confiança daquele) como os danos morais decorrentes da frustração provocada e, muitas vezes, do agravamento da situação. O *Tribunal de Justiça de São Paulo* condenou cirurgião a pagar outra cirurgia à autora de ação de indenização, facultando-lhe escolher o médico, dentre os atuantes residentes no País[112].

No mesmo sentido é o entendimento da *4ª Turma do Superior Tribunal de Justiça*:

---

[110] *O dano estético*, cit., p. 62.
[111] REsp 81.101-PR, rel. Min. Waldemar Zveiter, *DJU*, 31-5-1999, *RSTJ*, 119/290 e *RT*, 767/111.
[112] *RJTJSP*, 99/315.

"De acordo com vasta doutrina e jurisprudência, a cirurgia plástica estética é obrigação de resultado, uma vez que o objetivo do paciente é justamente melhorar sua aparência, comprometendo-se o cirurgião a proporcionar-lhe o resultado pretendido"[113].

No entanto, como observa Rui Stoco, há, "porém, casos em que o cirurgião, embora aplicando corretamente as técnicas que sempre utilizou em outros pacientes com absoluto sucesso, não obtém o resultado esperado. Se o insucesso parcial ou total da intervenção ocorrer em razão de peculiar característica inerente ao próprio paciente e se essa circunstância não for possível de ser detectada antes da operação, estar-se-á diante de verdadeira escusa absolutória ou causa excludente da responsabilidade"[114].

O *Superior Tribunal de Justiça* proclamou que "são passíveis de alegação e comprovação pelo médico as tradicionais causas excludentes da responsabilidade, quais sejam, o caso fortuito, a força maior e a culpa exclusiva da vítima. Com efeito, somente eventual intercorrência de fatores e reações estranhas à cirurgia, embora não infirme a tese da obrigação de resultado do cirurgião plástico, consubstancia causa eficiente e autônoma que, por si só, seria capaz de romper o nexo de causalidade entre o dano e conduta médica[115].

Nesses casos, inverte-se o ônus da prova. "*A cirurgia estética é uma obrigação de resultado*, pois o contratado se compromete a alcançar um resultado específico, que constitui o cerne da própria obrigação, sem o que haverá a inexecução desta. Nessas hipóteses, há a presunção de culpa, com inversão do ônus da prova. O uso da técnica adequada na cirurgia estética não é suficiente para isentar o médico da culpa pelo não cumprimento de sua obrigação"[116].

Ganha relevo a responsabilidade desses profissionais se a operação oferecia riscos e não advertiram o paciente, deixando de obter o seu consentimento.

Entretanto, como adverte Aguiar Dias, "embora reconhecida a necessidade da operação, deve o médico recusar-se a ela, se o perigo da intervenção é maior que a vantagem que poderia trazer ao paciente. Sempre e em todos os casos, compete ao médico a prova de que existia esse estado de necessidade e de que a operação, normalmente encarada, não oferecia riscos desproporcionados ao fim colimado. Não vale, para nenhum efeito, neste particular, a prova do consentimento do cliente. Na matéria, em que predomina o princípio da inte-

---

[113] STJ, AgRg nos EDcl no AREsp 328.110-RS, 4ª T., rel. Min. Luis Felipe Salomão, *DJe* 25-9-2013.
[114] *Responsabilidade civil*, cit., p. 299.
[115] STJ, REsp 985.888-SP, 4ª T., rel. Min. Luis Felipe Salomão, j. 16-2-2012.
[116] STJ, REsp 1.395.254, 3ª T., rel. Min. Nancy Andrighi, j. 15-10-2013.

gridade do corpo humano, norma de ordem pública, não vale a máxima *volenti non fit injuria*. Mas, ainda que não corresponda ao sucesso esperado, a operação estética pode bem deixar de acarretar a responsabilidade do profissional, desde que: a) seja razoavelmente necessária; b) o risco a correr seja menor que a vantagem procurada; c) seja praticada de acordo com as normas da profissão"[117].

16. A RESPONSABILIDADE DO ANESTESISTA

Dentro de uma equipe, em princípio, é o médico-chefe quem se presume culpado pelos danos que acontecem, pois é ele quem está no comando dos trabalhos e só sob suas ordens é que são executados os atos necessários ao bom desempenho da intervenção.

Mas a figura do anestesista é, nos dias atuais, de suma importância não só dentro da sala de operação, mas também no período pré e pós-operatório. Dessa forma, não pode mais o operador-chefe ser o único responsável por tudo o que aconteça antes, durante e após uma intervenção cirúrgica. A sua responsabilidade vai depender do exame do caso concreto. Em caso de erro médico, salientou o *Superior Tribunal de Justiça*: "O Tribunal *a quo*, com base no conjunto fático-probatório dos autos, concluiu pela negligência dos profissionais médicos, que não acompanharam a paciente até a sua saída do quadro anestésico, nem sequer lhe prestaram assistência imediata no momento em que sofreu complicações decorrentes da anestesia"[118].

Fora de dúvida é a existência de responsabilidade autônoma do anestesista no pré e pós-operatório. A divergência ainda remanesce no caso do anestesista dentro da sala de operação e sob o comando do cirurgião, podendo nesse caso a responsabilidade ser dividida entre os dois: cirurgião e anestesista.

Na responsabilidade pelos atos dos auxiliares e enfermeiros é preciso distinguir entre os danos cometidos por aqueles que estão diretamente sob as ordens do cirurgião, ou os destacados especialmente para servi-lo, daqueles cometidos por funcionários do hospital. No primeiro caso, o cirurgião responderá. No segundo, a culpa deverá ser imputada ao hospital, a menos que a ordem tenha sido mal dada ou que tenha sido executada sob a fiscalização do médico-chefe, como, por exemplo, injeção aplicada diante dos médicos[119].

---

[117] *Da responsabilidade*, cit., 4. ed., p. 324-325.
[118] STJ, REsp 1.679.588-DF, 3ª T., rel. Min. Moura Ribeiro, *DJe* 8-8-2017.
[119] Teresa Ancona Lopes, Responsabilidade civil dos médicos, in *Responsabilidade civil*, diversos autores, p. 316-318.

A propósito, decidiu o *Superior Tribunal de Justiça*:

"A escolha do médico anestesista pelo cirurgião-chefe atribui a este a responsabilidade solidária pela culpa *in eligendo*, quando comprovado o erro médico pela imperícia daquele, pois, ao médico-chefe é a quem se presume a responsabilidade, em princípio, pelos danos ocorridos em cirurgia, eis que no comando dos trabalhos e sob suas ordens é que executam-se os atos necessários ao bom desempenho da intervenção"[120].

Acrescentou o referido aresto: *"Escolhido que fosse o anestesista pelo paciente, induvidosamente sua seria a responsabilidade exclusiva".*

No entanto, em recente julgado, a *Terceira Turma do Superior Tribunal de Justiça*, por maioria dos votos, reformou acórdão do Tribunal de Justiça de São Paulo, atribuindo responsabilidade pelo estado vegetativo do paciente unicamente ao anestesiologista:

"O acórdão recorrido está em manifesta dissonância com o entendimento pacificado na Segunda Seção do Superior Tribunal de Justiça, que, por ocasião do julgamento do EREsp 605.435/RJ, entendeu que o médico cirurgião, ainda que se trate de chefe de equipe, não pode ser responsabilizado por erro médico cometido exclusivamente pelo médico anestesista, como ocorrido na hipótese"[121]. Os erros do anestesista, preleciona Ruy Rosado de Aguiar Júnior, "podem ser de diagnóstico (avaliar o risco anestésico, a resistência do paciente), terapêutico (medicação pré-anestésica ineficaz, omissões durante a aplicação) e técnica (uso de substância inadequada, oxigenação insuficiente, etc.). Sustenta-se que ele assume uma obrigação de resultado, desde que tenha tido oportunidade de avaliar o paciente antes da intervenção, e concluir pela existência de condições para a anestesia, assumindo a obrigação de anestesiá-lo e de recuperá-lo (Guilherme Chaves Sant'ana, *Responsabilidade civil dos médicos anestesistas*, p. 133 e ss.)"[122].

Parece, todavia, aduz o mencionado jurista, "que a álea a que estão submetidos o anestesista e seu paciente não é diferente das demais situações enfrentadas pela medicina, razão pela qual não deixa de ser uma obrigação de meios, ainda que se imponha ao profissional alguns cuidados especiais, na preparação do paciente, na escolha do anestésico, etc. Dele se exige acompanhamento permanente, não podendo afastar-se da cabeceira do paciente durante o ato cirúrgico, até a sua recuperação".

---

[120] *RT*, 748/182.
[121] STJ, REsp 1.790.014-SP, 3ª T., rel. Min. Paulo de Tarso Sanseverino, j. 11-5-2021.
[122] Responsabilidade civil do médico, cit., *RT*, 718/43.

17. A RESPONSABILIDADE DOS HOSPITAIS E DOS LABORATÓRIOS

Se o médico tem vínculo empregatício com o hospital, integrando a sua equipe médica, responde objetivamente a casa de saúde, como prestadora de serviços, nos termos do art. 14, *caput*, do Código de Defesa do Consumidor, provada a culpa daquele. No entanto, se o profissional apenas utiliza o hospital para internar os seus pacientes particulares, responde com exclusividade pelos seus erros, afastada a responsabilidade do estabelecimento.

Assim, no tocante à responsabilidade civil de clínicas e entidades hospitalares, o *Superior Tribunal de Justiça* firmou o seguinte convencimento:

"(i) as obrigações assumidas diretamente pelo complexo hospitalar limitam-se ao fornecimento de recursos materiais e humanos auxiliares adequados à prestação dos serviços médicos e à supervisão do paciente, hipótese em que a responsabilidade objetiva da instituição (por ato próprio) exsurge somente em decorrência de defeito no serviço prestado (artigo 14, *caput*, do CDC); (ii) os atos técnicos praticados pelos médicos, sem vínculo de emprego ou subordinação com o hospital, são imputados ao profissional pessoalmente, eximindo-se a entidade hospitalar de qualquer responsabilidade (artigo 14, § 4º, do CDC); e (iii) quanto aos atos técnicos praticados de forma defeituosa pelos profissionais da saúde vinculados de alguma forma ao hospital, respondem solidariamente a instituição hospitalar e o profissional responsável, apurada a sua culpa profissional. Nesse caso, o hospital é responsabilizado indiretamente por ato de terceiro, cuja culpa deve ser comprovada pela vítima de modo a fazer emergir o dever de indenizar da instituição, de natureza absoluta (artigos 932 e 933 do Código Civil), sendo cabível ao juiz, demonstrada a hipossuficiência do paciente, determinar a inversão do ônus da prova (artigo 6º, inciso VIII, do CDC)"[123].

Ademais, o Superior Tribunal de Justiça considera que "O reconhecimento da responsabilidade solidária do hospital não transforma a obrigação de meio do médico, em obrigação de resultado, pois a responsabilidade do hospital somente se configura quando comprovada a culpa do médico integrante de seu corpo plantonista, conforme a teoria de responsabilidade subjetiva dos profissionais liberais abrigada pelo Código de Defesa do Consumidor. Precedentes"[124].

---

[123] STJ, AgInt no AREsp 1.595.158-MG, 4ª T., rel. Min. Raul Araújo, *DJe* 1º-6-2020.
[124] REsp 1.579.954-MG, 3ª T., rel. Min. Nancy Andrighi, *DJe* 18-5-2018.

Estão também sujeitos à disciplina do referido Código, com responsabilidade *objetiva* e de *resultado*, os laboratórios de análises clínicas, bancos de sangue e centros de exames radiológicos, como prestadores de serviços[125]. Não se tem, todavia, admitido a denunciação da lide ao estabelecimento hospitalar[126].

Também já se decidiu:

"Não respondem por indenização decorrente de ato ilícito pela morte de paciente por infecção hospitalar os médicos que cuidaram da vítima, e sim o hospital onde permaneceu internada. A entidade hospitalar, como fornecedora de serviços, responde, independentemente de culpa, pela reparação de danos causados à família de paciente internado que veio a falecer em decorrência de infecção hospitalar, eximindo-se desta responsabilidade somente se conseguir provar a inexistência do defeito ou culpa exclusiva do consumidor ou de terceiro, nos termos do art. 14, *caput* e § 3º, I e II, da Lei 8.078/90"[127].

Conforme observa Ruy Rosado de Aguiar Júnior, "o hospital responde pelo dano produzido pelas coisas (instrumentos, aparelhos) utilizadas na prestação dos seus serviços: 'ao dono da coisa incumbe, ocorrido o dano, suportar os encargos dele decorrentes, restituindo o ofendido ao *statu quo* ideal, por meio da reparação. Essa presunção não é irrefragável. Mas ao dono da coisa cabe provar que, no seu caso, ela não tem cabimento' (Aguiar Dias, *Da Responsabilidade Civil*, Forense, n. 165)".

E prossegue: "Também responde pelos atos do seu pessoal, com presunção de culpa: 'É presumida a culpa do patrão ou comitente pelo ato culposo do empregado ou preposto' (*Súmula 341, do STF*). Isso, contudo, não dispensa que se prove a culpa do servidor, na prática do ato danoso. Isto é, o hospital não responde objetivamente, mesmo depois da vigência do Código de Defesa do Consumidor, quando se trata de indenizar dano produzido por médico integrante de seus quadros (AgI 179.184-1 – 5ª CC – TJSP), pois é preciso provar a culpa deste, para somente depois se ter como presumida a culpa do hospital"[128].

---

[125] Confira-se a jurisprudência: "Laboratório clínico. Danos moral e material. Incorreção no resultado de exame de tipagem sanguínea e determinação do fator RH. Morte de recém-nascido pela incompatibilidade sanguínea. Nexo etimológico inquestionável. Verba devida" (*JTJ*, Lex, 224/78). "Dano moral. Ambulatório. Diagnóstico equivocado. Apuração da presença do vírus da AIDS em paciente sadio. Verba devida" (*JTJ*, Lex, 226/71).
[126] "Erro médico. Denunciação da lide ao hospital. Inadmissibilidade. Hipótese que não se enquadra nas previstas no artigo 70 do Código de Processo Civil. Caso de chamamento ao processo (art. 77 do CPC). Erro inescusável. Denunciação rejeitada" (*JTJ*, Lex, 231/245).
[127] *RT*, 755/269.
[128] Responsabilidade, cit., *RT*, 718/41.

18. PLANOS DE SAÚDE

Já se decidiu que "a empresa locadora direta de serviços médico-hospitalares, credenciando médicos e nosocômios para suprir as deficiências de seus próprios serviços, compartilha da responsabilidade civil dos profissionais e hospitais que seleciona". Na hipótese, reconheceu-se a responsabilidade solidária da operadora de plano de saúde e do hospital credenciado[129].

Do *Informativo de Jurisprudência n. 666 do STJ* consta decisão no sentido de que "a operadora de plano de saúde tem responsabilidade solidária por defeito na prestação de serviço médico, quando o presta por meio de hospital próprio e médicos contratados, ou por meio de médicos e hospitais credenciados"[130].

A responsabilidade das empresas de assistência médica, que administram planos de saúde, tem sido, com efeito, reconhecida, como se pode verificar nos repertórios de jurisprudência[131].

Os contratos celebrados com as instituições privadas de assistência médica são tipicamente de adesão e suas cláusulas, muitas vezes, conflitam com o princípio da boa-fé e, principalmente, com as regras protetivas do Código de Defesa do Consumidor. Assim, por exemplo, a que limita o período de internação hospitalar de seus segurados.

A *2ª Seção do Superior Tribunal de Justiça*, sob esse fundamento, obrigou empresa de plano de saúde a pagar todo o tratamento de uma associada, por considerar abusiva cláusula contratual dessa espécie.

Segundo o relator, Ministro Sálvio de Figueiredo, a corrente que admite a validade da referida cláusula se baseia no princípio da autonomia da vontade, que assegura a liberdade de contratar, considerando obrigação do Estado, e não da iniciativa privada, a de garantir a saúde da população. Contudo, considerou mais adequada a que a considera abusiva, tendo em vista a hipossuficiência do consumidor, o fato de o contrato ser de adesão, a nulidade de cláusula que restringe direitos e a necessidade de se preservar o maior dos valores humanos, que é a vida.

O mencionado relator não encontrou justificativa na limitação de internação imposta pelas seguradoras, afirmando que, "se a doença é coberta pelo

---

[129] TJSP, Ap. 67.929.4-SP, j. 16-3-1999.
[130] STJ, AgInt no AREsp 1.414.776-SP, 4ª T., rel. Min. Raul Araújo, *DJe* 4-3-2020.
[131] "Empresa de assistência médica. Lesão corporal provocada por médico credenciado. Responsabilidade solidária da selecionadora pelos atos ilícitos do selecionado" (TJSP, EI 106.119-1, rel. Des. Walter Moraes). "Se há solidariedade da empresa de assistência médica, do médico por ela credenciado e do hospital, na reparação dos danos, contra qualquer deles pode dirigir-se o pedido" (TJRJ, AgI 1.475/92).

contrato de seguro, não se mostra razoável a limitação ao seu tratamento. Até porque o consumidor não tem como prever quanto tempo durará a sua recuperação"[132].

Esse posicionamento encontra-se atualmente sedimentado na *Súmula 302* da aludida Corte, que assim dispõe: "*É abusiva a cláusula contratual de plano de saúde que limita no tempo a internação hospitalar do segurado*".

Podem ser mencionadas, ainda, as seguintes *Súmulas do Superior Tribunal de Justiça*:

a) *Súmula 587*: "A cláusula contratual de plano de saúde que prevê carência para utilização dos serviços de assistência médica nas situações de emergência ou de urgência é considerada abusiva se ultrapassado o prazo máximo de 24 horas contado da data da contratação".

b) *Súmula 608*: "Aplica-se o Código de Defesa do Consumidor aos contratos de plano de saúde, salvo os administrados por entidades de autogestão" (revogada a Súmula 469).

c) *Súmula 609*: "A recusa de cobertura securitária, sob a alegação de doença preexistente, é ilícita se não houve a exigência de exames médicos prévios à contratação ou a demonstração de má-fé do segurado".

Segundo a aludida *Corte Superior*, substituições da rede credenciada de plano de saúde devem ser notificadas aos segurados com no mínimo 30 dias de antecedência. Quando o consumidor não é informado sobre o descredenciamento de algum hospital e ainda tem o atendimento negado pela instituição médica por causa de distrato, a responsabilidade pela situação embaraçosa é solidária entre as duas empresas, assim como os custos do tratamento de saúde. O Egrégio Tribunal, em consequência, condenou as duas empresas a responderem pela continuidade de um tratamento de quimioterapia em paciente diagnosticada com câncer de mama e ovário[133].

A mencionada Corte também reafirmou a não obrigatoriedade do custeio de fertilização *in vitro* pelos planos de saúde. Tal entendimento já havia sido dado no julgamento dos REsp 1.590.221 e 1.692.179, respectivamente de novembro e dezembro de 2017, afastando a alegação de que o plano de saúde seria obrigado a oferecer atendimento nos casos de planejamento familiar, o que incluiria a inseminação artificial. Frisou a relatora, Min. Nancy Andrighi, que "a limitação da lei quanto à inseminação artificial (art. 10, III, LPS) apenas representa uma exceção à regra geral de atendimento obrigatório em casos que envolvem o planejamento

---

[132] REsp 251.024-SP, j. 4-1-2000.
[133] STJ, REsp 1.725.092-SP, 3ª T., rel. Min. Nancy Andrighi, disponível em *Revista Consultor Jurídico*, de 17-6-2018.

familiar (art. 35-C, III, LPS). Não há, portanto, abusividade na cláusula contratual de exclusão de cobertura de inseminação artificial, o que tem respaldo na LPS e na RN 338/2013".

Em caso em que a vítima sofreu um acidente vascular cerebral e foi hospitalizada, recebendo posteriormente alta médica com a recomendação de que continuasse o seu tratamento pelo sistema de *home care*, que foi negado pelo Plano de Saúde e veio a falecer, decidiu o *Tribunal de Justiça de São Paulo*:

"Plano de saúde. '*Home Care*'. Morte da beneficiária, substituída por seu espólio. Abrangência de todos os serviços necessários à manutenção de sobrevida condigna. Danos morais configurados.

Evidente que não se pode negar ao consumidor o direito ao adequado tratamento, *sob pena de quebra dos princípios da boa-fé objetiva e da função social do contrato*, além do dever lateral de colaboração que devem nortear as relações contratuais, quanto mais se o caso exige para manutenção da saúde, de modo que inadmissível a negativa de tratamento na forma descrita na inicial. Interpretação de cláusula contratual envolvendo o tratamento em '*home care*'. *Súmula 90 do TJSP*: 'Havendo expressa indicação médica para a utilização dos serviços de 'home care', revela-se abusiva a cláusula de exclusão inserida na avença, que não pode prevalecer'. Precedentes: STJ, Ag em REsp n. 65.735-RS, rel. Min. Sidnei Beneti, *DJe* 25-10-2011; TJSP, Apel. n. 9057916-29.2006.8.26.0000, rel. Des. Francisco Loureiro, j. 11-8-2011"[134].

A 10ª Câmara de Direito Privado da referida Corte Estadual proclamou, ao anular a cobrança de multa de uma empresa de estética que decidiu rescindir o contrato com uma operadora de plano de saúde, *que o segurado não deve pagar multa por rescindir mencionado plano. Ainda que a cláusula estabeleça multa em caso de rescisão contratual, é direito do segurado cancelar o plano de saúde sem ser penalizado por isso*[135].

19. A RESPONSABILIDADE DOS CIRURGIÕES-DENTISTAS

No que tange aos cirurgiões-dentistas, embora em alguns casos se possa dizer que a sua obrigação é de meio, na maioria das vezes apresenta-se como obrigação de "resultado". GUIMARÃES MENEGALE, citado por AGUIAR DIAS,

---

[134] TJSP, Apel. n. 1003863-45.2017.8.26.0100-SP, 9ª Câm. Dir. Priv., rel. Des. Alexandre Lazzarini, j. 24-10-2017.
[135] TJSP, Proc. 1005194-33.2020.8.26.0011, 10ª Câm. Dir. Priv., rel. Des. Jair de Souza, j. 16-2-2021.

observa com propriedade que o compromisso profissional do cirurgião-dentista envolve mais acentuadamente uma obrigação de resultados, porque "à patologia das infecções dentárias corresponde etiologia específica e seus processos são mais regulares e restritos, sem embargo das relações que podem terminar com desordens patológicas gerais; consequentemente, a sintomatologia, a diagnose e a terapêutica são muito mais definidas e é mais fácil para o profissional comprometer-se a curar"[136].

A obrigação de resultado se torna mais evidente quando se trata de colocação de jaqueta, *pivot* e implantes, em que existe uma preocupação estética de parte do cliente.

São válidos para os dentistas os comentários *retro*, a respeito da responsabilidade dos médicos e dos profissionais liberais em geral em face do Código de Defesa do Consumidor. Confira-se a jurisprudência:

"O tratamento odontológico, com fins de implantação de dentes, é obrigação de resultado, cabendo à clínica requerida demonstrar que o serviço foi prestado adequadamente ou a frustração de resultado proveio de alguma excludente de responsabilidade ou culpa exclusiva do cirurgião dentista"[137].

"*Responsabilidade civil* – Ato ilícito – Danos decorrentes de cirurgia ortodôntica – Imprudência pelo uso de técnicas cirúrgicas não aprovadas pela comunidade científica e imperícia em virtude do comprometimento de enervações e da estrutura óssea – Ação procedente – Recurso não provido"[138].

"Nos procedimentos odontológicos, mormente os ortodônticos, os profissionais da saúde especializados nessa ciência, em regra, comprometem-se pelo resultado, visto que os objetivos relativos aos tratamentos, de cunho estético e funcional, podem ser atingidos com previsibilidade"[139].

Ao analisar a responsabilidade solidária entre o profissional de saúde e a clínica/hospital, o Superior Tribunal de Justiça firmou o seguinte entendimento:

"(i) as obrigações assumidas diretamente pelo complexo hospitalar limitam-se ao fornecimento de recursos materiais e humanos auxiliares adequados à prestação dos serviços médicos e à supervisão do paciente, hipótese em que a responsabilidade objetiva da instituição (por ato próprio) exsurge somente em decorrência de defeito no serviço prestado (artigo 14, *caput*, do CDC); (ii) os

---

[136] Responsabilidade profissional do cirurgião-dentista, *RF*, 80/47 e s., apud Aguiar Dias, *Da responsabilidade*, cit., 4. ed., p. 332, n. 121.
[137] TJDFT, Ap. 07188327520178070001, 3ª T., Rel. Des. Maria de Lourdes Abreu, *DJe* 21-7-2020.
[138] *RJTJSP*, 121/90.
[139] STJ, REsp 1.238.746-RS, 4ª T., rel. Min. Luis Felipe Salomão.

atos técnicos praticados pelos médicos, sem vínculo de emprego ou subordinação com o hospital, são imputados ao profissional pessoalmente, eximindo-se a entidade hospitalar de qualquer responsabilidade (artigo 14, § 4º, do CDC); e (iii) quanto aos atos técnicos praticados de forma defeituosa pelos profissionais da saúde vinculados de alguma forma ao hospital, respondem solidariamente a instituição hospitalar e o profissional responsável, apurada a sua culpa profissional. Nesse caso, o hospital é responsabilizado indiretamente por ato de terceiro, cuja culpa deve ser comprovada pela vítima de modo a fazer emergir o dever de indenizar da instituição, de natureza absoluta (artigos 932 e 933 do Código Civil), sendo cabível ao juiz, demonstrada a hipossuficiência do paciente, determinar a inversão do ônus da prova (artigo 6º, inciso VIII, do CDC)"[140].

> **RESPONSABILIDADE CIVIL DOS ADVOGADOS**
>
> *Sumário*: 20. Fundamento e configuração da responsabilidade. 21. Responsabilidade pela perda de uma chance. 22. Inviolabilidade profissional.

20. FUNDAMENTO E CONFIGURAÇÃO DA RESPONSABILIDADE

O mandato é uma das formas de contrato previstas no Código Civil. *O mandato judicial impõe responsabilidade de natureza contratual do advogado perante seus clientes.*

Diferentemente do direito francês, em que, conforme ressalta AGUIAR DIAS, a função do advogado representa um *munus* público, em razão do que ela é tipicamente legal, no sistema do nosso direito, o "advogado não é oficial público e, assim, sua responsabilidade é puramente contratual, salvo o caso de assistência judiciária"[141].

A responsabilidade do advogado se assemelha à do médico, pois não assume ele a obrigação de sair vitorioso na causa. São *obrigações de meio* as decorrentes do exercício da advocacia e *não de resultado*[142]. Suas obrigações contratuais, de modo geral, consistem em defender as partes em juízo e dar-lhes conselhos profissionais.

---
[140] STJ, REsp 1.145.728-MG, 4ª T., rel. Min. Luis Felipe Salomão, *DJe* 8-9-2011.
[141] *Da responsabilidade*, cit., 4. ed., p. 342, n. 123.
[142] Serpa Lopes, *Curso*, cit., p. 261, n. 206.

O que lhes cumpre é representar o cliente em juízo, defendendo pela melhor forma possível os interesses que este lhe confiou[143]. Se as obrigações de meio são executadas proficientemente, não se lhe pode imputar nenhuma responsabilidade pelo insucesso da causa[144].

Admite-se, no entanto, que a obrigação assumida pelo advogado possa, em determinados casos, ser considerada, em princípio, de *resultado*, como na elaboração de um contrato ou da minuta de uma escritura pública, por exemplo, em que se compromete, em tese, a ultimar o resultado. Somente o exame do caso concreto, todavia, poderá apurar a ocorrência de eventual falha do advogado e a extensão de sua responsabilidade[145].

O advogado responde pelos erros de fato e de direito cometidos no desempenho do mandato. Quanto aos últimos, é necessário que o erro em si se revista de gravidade, para conduzir à responsabilidade do advogado. AGUIAR DIAS[146] fornece alguns exemplos de erros graves: a desatenção à jurisprudência corrente, o desconhecimento de texto expresso de lei de aplicação frequente ou cabível no caso, a interpretação abertamente absurda...

Não se deve olvidar que o advogado é o primeiro juiz da causa. A propositura de uma ação requer estudo prévio das possibilidades de êxito e eleição da via adequada. É comum, hoje, em razão da afoiteza de alguns advogados, e do despreparo de outros, constatar-se o ajuizamento de ações inviáveis e impróprias, defeitos esses detectáveis *ictu oculi*, que não ultrapassam a fase do saneamento, quando são então trancadas. Amiúde percebe-se que a pretensão deduzida seria atendível. Mas, escolhida mal a ação, o autor, embora com o melhor direito, torna-se sucumbente.

É fora de dúvida que o profissional incompetente deve ser responsabilizado, nesses casos, pelos prejuízos acarretados ao cliente.

Pode responder o advogado pelo parecer desautorizado pela doutrina ou pela jurisprudência, induzindo o cliente a uma conduta desarrazoada, que lhe acarretou prejuízos.

A perda de prazo constitui erro grave. Por constar expressamente da lei, não se tolera que o advogado o ignore. Na dúvida entre prazo maior ou menor, deve a medida judicial ser tomada dentro do menor, para não deixar nenhuma possibilidade de prejuízo ao cliente.

---

[143] Aguiar Dias, *Da responsabilidade*, cit., p. 341 e 143, n. 123.
[144] *RJTJSP*, 68/45.
[145] Sílvio Venosa, *Direito civil*, v. IV, p. 244.
[146] *Da responsabilidade*, cit., 4. ed., p. 343, n. 124.

O advogado deve ser diligente e atento, não deixando perecer o direito do cliente por falta de medidas ou omissão de providências acauteladoras, como o protesto de títulos, a notificação judicial, a habilitação em falência, o atendimento de privilégios e a preferência de créditos. Deve, inclusive, ser responsabilizado quando dá causa à responsabilidade do cliente e provoca a imposição de sanção contra este, nas hipóteses dos arts. 16 a 18 do Código de Processo Civil de 1973 (arts. 79 a 81 do CPC/2015).

Aguiar Dias[147] diz não ter dúvida em afirmar que o advogado que, incumbido de uma causa difícil, de duvidoso êxito, em face da jurisprudência dominante, contra a opinião do próprio cliente, recusar um acordo proposto pela parte contrária, fica responsável – se vem, como tudo indicava, a perder a demanda – pela quantia que o constituinte teria recebido, se não fosse a obstinação do seu procurador.

Carvalho Santos[148] entende que não se deve exigir que o advogado recorra sempre. Só admite a sua responsabilidade quando haja probabilidade de reforma da sentença de que deveria ter recorrido, cabendo ao cliente a prova de que tal aconteceria. É fora de dúvida, no entanto, que incorre em responsabilidade se deixa de recorrer, contrariando os desejos manifestados pelo cliente. A desobediência às instruções do cliente sempre pode acarretar a responsabilidade do advogado, já que tem ele o direito de renunciar ao mandato, se com elas não concordar.

Se o advogado se associa a um colega de profissão, torna-se responsável perante o cliente pelos atos prejudiciais do colega.

Não será, entretanto, qualquer erro que irá dar causa à responsabilidade civil do profissional, proporcionando a respectiva ação de ressarcimento. E só quando ele for inescusável, patente, demonstrativo apenas de ignorância profunda é que terá justificativa o pedido de perdas e danos[149].

Proclamou o *Tribunal de Justiça de São Paulo* que tão só a circunstância de os autores terem sido julgados carecedores da ação, por inteiramente inadequada, extinguindo-se o processo sem exame do mérito, não proporciona, automaticamente, o direito a eventual ressarcimento pelos danos sofridos, sendo necessária a comprovação da total inépcia do profissional e de sua autoria como causador direto do dano[150].

Frisou o aresto que desde longa data têm as leis responsabilizado o advogado quando este, em razão de dolo, culpa ou ignorância, acaba causando prejuízo ao seu patrocinado (Código de Justiniano, 4, 35, 13; Ordenações Afonsinas, 1, 13,

---

[147] *Da responsabilidade*, cit., 4. ed., p. 348, n. 128.
[148] *Código Civil brasileiro interpretado*, v. 21, p. 321.
[149] Mário Guimarães de Souza, *O advogado*, p. 359.
[150] *RJTJSP*, 125/177.

§§ 3º e 7º; Ordenações Manoelinas, 1, 318, §§ 29 e 35; Ordenações Filipinas, 1, 48, §§ 7º e 10).

E esta responsabilidade, que é, em princípio, tão só disciplinar – quer dizer, sujeita apenas às sanções previstas na legislação específica (Estatuto da OAB e Código de Ética Profissional) –, pode ser também civil e até penal, dependendo da gravidade do ato praticado.

Embora já afastada a ideia de gradação da culpa, mesmo porque, em tema de responsabilidade civil, aquela, por mínima que seja, se devidamente comprovada, já obriga a indenizar, realçam os autores a dificuldade da matéria quando a questão envolve a atividade do advogado no exercício de sua profissão. Atente-se, por primeiro, que o advogado não pode ser responsabilizado civilmente pelos eventuais conselhos que deu, convicta e honestamente, ao seu cliente, só porque não houve sucesso na ação que em seguida propôs, mas perdeu.

"O advogado não é responsável se os meios invocados podem ser honestamente sustentados" – dizia DEMOGUE apoiando-se na jurisprudência francesa de então. E era este, também, o entendimento de APPLETON, GARSONNET e outros, consoante menciona GUIMARÃES DE SOUZA[151].

ERNESTO LIPPMANN escreveu que "a responsabilidade civil do advogado significa que este deverá, se considerado culpado, arcar com aquilo que seria razoavelmente ganho na demanda, ou ainda com os prejuízos que, comprovadamente, a parte perdedora sofrer em função da má atuação profissional. E há outras perdas, pois ser vencido numa demanda, sem dúvida, se traduz naquele estado depressivo, o que leva a uma compensação em dinheiro pelo dano moral"[152].

21. RESPONSABILIDADE PELA PERDA DE UMA CHANCE

Aspecto relevante no estudo da responsabilidade civil do advogado é o que diz respeito à sua desídia ou retardamento na propositura de uma ação judicial. Utiliza-se, nesses casos, a expressão *"perda de uma chance"*, como nos casos de responsabilidade civil dos médicos tratada na Seção III, *retro*, n. 12, simbolizando, aqui, a perda, pela parte, da oportunidade de obter, no Judiciário, o reconhecimento e a satisfação íntegra ou completa de seus direitos.

O *Enunciado n. 444 da V Jornada de Direito Civil* não deixa dúvidas de que a teoria em estudo se aplica aos danos de natureza material e imaterial: "A responsabilidade civil pela perda de chance não se limita à categoria de danos extrapa-

---

[151] *O advogado*, cit., p. 359-360.
[152] *A responsabilidade civil do advogado vista pelos tribunais*, RT, 787/141.

trimoniais, pois, conforme as circunstâncias do caso concreto, a chance perdida pode apresentar também a natureza jurídica de dano patrimonial. A chance deve ser séria e real, não ficando adstrita a percentuais aprioristícos".

O advogado que, por exemplo, não apresenta recurso e ajuíza ação apenas depois do prazo prescricional *deve pagar pelos danos materiais gerados ao cliente*[153].

Segundo preleciona ÊNIO ZULIANI, o cliente "*não perde uma causa certa; perde um jogo sem que lhe permitisse disputá-lo, e essa incerteza cria um fato danoso. Portanto, na ação de responsabilidade ajuizada pelo profissional do direito, o juiz deverá, em caso de reconhecer que realmente ocorreu a perda dessa chance, criar um segundo raciocínio dentro da sentença condenatória, ou seja, auscultar a probabilidade ou o grau de perspectiva favorável dessa chance*"[154].

Aduz o mencionado autor que o "*único parâmetro confiável para o arbitramento da indenização, por perda de uma chance, continua sendo a prudência do juiz*", acrescentando que "a hipótese de culpa do advogado que, por omissão, não ingressa com a ação rescisória no prazo decadencial (art. 495 do CPC [de 1973; art. 975 do CPC/2015]), não produz, de imediato ou de forma automática, o fato 'perda de uma chance', porquanto a probabilidade de sucesso de uma ação rescisória é sempre menor, por envolver o requisito 'vício' de julgamento ou 'erro de fato ou de direito', pressupostos difíceis de serem reunidos para apresentação".

Na busca do diagnóstico da conduta do advogado que perpetrou um dano ao seu cliente, afirmam PABLO STOLZE GAGLIANO e RODOLFO PAMPLONA FILHO[155], inevitável é a ocorrência de situações em que a lesão ao patrimônio jurídico do cliente tenha ocorrido por uma conduta omissiva do profissional. Como se trata da "perda de uma chance, jamais se poderá saber qual seria o resultado do julgamento se o ato houvesse sido validamente realizado. Nessas situações, há hipóteses extremas em que fatalmente se reconhecerá que uma ação ajuizada é fadada à procedência ou à rejeição como uma aventura processual. A imensa gama de situações intermediárias, porém, *impõe admitir que só há possibilidade de responsabilização se for sobejamente demonstrado o nexo de causalidade e a extensão do dano*".

Conforme a melhor doutrina, a indenização da chance perdida será *sempre inferior* ao valor do resultado útil esperado. Como assinala SÉRGIO SAVI[156], "se fosse possível afirmar, com certeza, que o recurso acaso interposto seria provido,

---

[153] TJ-DF, Proc. 2011011114722425, 5ª Câm. Cív., rel. Des. João Egmont, j. 23-7-2014.
[154] Responsabilidade civil do advogado, *Seleções Jurídicas*, COAD, out./nov. 2002, p. 8.
[155] *Novo curso de direito civil*, v. 3, p. 294.
[156] Responsabilidade civil por perda de uma chance, p. 63.

a hipótese seria de indenização dos lucros cessantes e não da perda da chance, entendida, repita-se, como dano material emergente".

Na sequência, obtempera o mencionado autor: "Para a valoração da chance perdida, deve-se partir da premissa inicial de que a chance no momento de sua perda tem um certo valor que, mesmo sendo de difícil determinação, é incontestável. É, portanto, o valor econômico desta chance que deve ser indenizado, independentemente do resultado final que a vítima poderia ter conseguido se o evento não a tivesse privado daquela possibilidade (...). Assim, a chance de lucro terá sempre um *valor menor* que a vitória futura, o que refletirá no montante da indenização".

Mera possibilidade não é passível de indenização, pois a chance deve ser *séria e real* para ingressar no domínio do dano ressarcível. *A teoria da perda de uma chance só pode ser aplicada aos casos em que o dano seja real, atual e certo, dentro de um juízo de probabilidade, e não de mera possibilidade, porque o dano potencial ou incerto, no âmbito da responsabilidade civil, em regra não é indenizável*[157].

A quantificação do dano será feita por arbitramento (CC, art. 946) de modo equitativo pelo magistrado, que deverá partir do resultado útil esperado e fazer incidir sobre ele o percentual de probabilidade de obtenção da vantagem esperada. Desse modo, se o juiz competente para julgar a ação de indenização movida pelo cliente contra seu advogado desidioso entender, depois de uma análise cuidadosa das probabilidades de sucesso da ação em que este perdeu o prazo para a interposição do recurso adequado, que a chance de obter o resultado útil esperado era, por exemplo, de 70%, *fará incidir essa porcentagem sobre tal resultado. Assim, a indenização pela perda da chance será fixada em 70% do valor pretendido na ação tornada infrutífera em razão da negligência do advogado.*

O advogado, como todo prestador de serviços zeloso e prudente, não deve sonegar informações ao cliente, devendo mantê-lo atualizado sobre o andamento da lide (CDC, art. 6º, III). Pode, por isso, ser responsabilizado se, em virtude de sua omissão, o cliente desistir da ação ou fizer um mau acordo.

O *Superior Tribunal de Justiça*, ao julgar falha na prestação de serviços advocatícios por desídia dos causídicos, considerou:

"A falha na prestação de serviços advocatícios, caracterizada pela ausência de qualquer atuação do advogado na demanda para a qual foi contratado pode, em tese, caracterizar responsabilidade civil pela perda de uma chance, desde que houvesse efetiva probabilidade de sucesso, não fosse a conduta desidiosa do causídico. Na hipótese dos autos, partindo do arcabouço fático-probatório delineado

---

[157] STJ, REsp 1.236.809, 3ª T., rel. Min. Sidnei Beneti, j. 22-5-2014.

pelas instâncias ordinárias, é forçoso concluir que se encontram cristalizados os requisitos indispensáveis à configuração da responsabilidade civil pela perda de uma chance, máxime porque a incontroversa desídia dos réus – que deixaram a ação de prestação de contas tramitar por quase três anos sem qualquer intervenção, culminando com a condenação dos autores ao pagamento de vultosa quantia – retirou destes a chance real e séria de obterem uma prestação jurisdicional que lhes fosse mais favorável"[158].

"Em caso de responsabilidade de profissionais da advocacia por condutas apontadas como negligentes, e diante do aspecto relativo à incerteza da vantagem não experimentada, as demandas que invocam a teoria da 'perda de uma chance' devem ser solucionadas a partir de detida análise acerca das reais possibilidades de êxito do postulante, eventualmente perdidas em razão da desídia do causídico"[159].

22. INVIOLABILIDADE PROFISSIONAL

Preceitua o art. 7º, § 2º, do Estatuto da Ordem dos Advogados do Brasil (Lei n. 8.906, de 4-7-1994) que "o advogado tem imunidade profissional, não constituindo injúria, difamação ou desacato puníveis qualquer manifestação de sua parte, no exercício de sua atividade, em juízo ou fora dele, sem prejuízo das sanções disciplinares perante a OAB, pelos excessos que cometer".

A expressão "ou desacato" teve a sua eficácia suspensa pelo *Supremo Tribunal Federal* na ADIn 1.127-8-DF.

Decidiu o *Superior Tribunal de Justiça*, a propósito, que seria "odiosa qualquer interpretação da legislação vigente conducente à conclusão absurda de que o novo Estatuto da OAB teria instituído, em favor da nobre classe dos advogados, imunidade penal ampla e absoluta, nos crimes contra a honra e até no desacato, imunidade essa não conferida ao cidadão brasileiro, às partes litigantes, nem mesmo aos juízes e promotores. O nobre exercício da advocacia não se confunde com um ato de guerra em que todas as armas, por mais desleais que sejam, possam ser utilizadas"[160].

A jurisprudência tem-se manifestado da seguinte forma:

"*Advogado*. Imunidade profissional. Admissibilidade somente quando o causídico, agindo em seu *munus*, não extrapole os limites da lei nem utilize expres-

---

[158] STJ, REsp 1.877.375-RS, 3ª T., Rel. Min. Nancy Andrighi, *DJe* 15-3-2022.
[159] STJ, AgInt no AREsp 2.214.851-DF, 4ª T., rel. Min. Isabel Gallotti, *DJe* 22-6-2023.
[160] *RSTJ*, 69/129.

sões injuriosas de caráter pessoal, conforme interpretação do art. 7º, § 2º, da Lei 8.906/94. Ofensas à dignidade do juiz. Indenização devida"[161].

"*Advogado*. Dano moral. Verba indevida.

Conforme interpretação do art. 7º, § 2º, da Lei 8.906/94, palavras classificadas de ofensivas à honra do agente, insertas na defesa à ação por este proposta, não dão direito à indenização por dano moral, se os advogados não extrapolaram os limites dos autos, nem deram conhecimento das palavras a estranhos ao litígio. Expressões injuriosas, no entanto, que devem ser coibidas na forma do art. 15 do CPC [de 1973; art. 78 do CPC/2015]"[162].

Advogado não pode ser responsabilizado por opinião emitida em parecer. Com efeito, não pode ser responsabilizado apenas por opiniões jurídicas e técnicas emitidas em razão de sua função, pois a culpa e o dolo não são presumidos. O sistema da OAB tem posição consolidada no sentido de defender os advogados públicos que emanam pareceres opinativos nos processos que lhes são afetos. O dolo ou a culpa do administrador público não se presume. Por isso, no mínimo deve estar assentada em fatos indicativos da existência do dolo ou culpa grave (dolo eventual) do administrador público[163].

> **RESPONSABILIDADE CIVIL DO FORNECEDOR NO CÓDIGO DE DEFESA DO CONSUMIDOR**
>
> *Sumário*: 23. Aspectos gerais da responsabilidade civil no Código de Defesa do Consumidor. 24. A responsabilidade pelo fato do produto e do serviço. 25. A responsabilidade por vício do produto e do serviço. 26. As excludentes da responsabilidade civil.

23. ASPECTOS GERAIS DA RESPONSABILIDADE CIVIL NO CÓDIGO DE DEFESA DO CONSUMIDOR

Os dois principais protagonistas do Código de Defesa do Consumidor são o consumidor e o fornecedor. Este é toda pessoa física ou jurídica, pública ou privada, nacional ou estrangeira, bem como os entes despersonalizados que de-

---

[161] *RT*, 747/399.
[162] *RT*, 761/225, 781/355.
[163] TJDF, Apel. 0010579-59.2015.8.07.0018, disponível *in* Revista *Consultor Jurídico* de 2-4-2018.

senvolvem atividades de produção, montagem, criação, construção, transformação, importação, exportação, distribuição ou comercialização de produtos ou prestação de serviços (art. 3º).

Incluídos se acham nesse conceito, portanto, o produtor, o fabricante, o comerciante, o prestador de serviços, bem como os órgãos do Poder Público que desenvolvam as mencionadas atividades ou prestem serviços que caracterizem relação de consumo.

Observe-se que a lei se refere a fornecedor como aquele que desenvolve "atividade" de produção, montagem, comercialização etc., mostrando que é a atividade que caracteriza alguém como produtor. Ora, atividade significa não a prática de atos isolados, mas a de atos continuados e habituais.

Assim, *não é considerado fornecedor quem celebra um contrato de compra e venda, mas aquele que exerce habitualmente a atividade de comprar e vender*. Assim como não é fornecedor quem vende a sua casa ou seu apartamento, mas o construtor que exerce a atividade de venda dos imóveis que constrói, habitual e profissionalmente.

O conceito de fornecedor está, assim, intimamente ligado à ideia de atividade empresarial. Desse modo, continua regida pelo Código Civil a compra e venda de carro usado entre particulares, inserindo-se, porém, no âmbito do Código de Defesa do Consumidor a compra do mesmo carro usado efetuada perante uma revendedora.

No campo específico da responsabilidade civil, já havia sido detectada a profunda transformação do conceito tradicional de culpa, como fundamento do dano indenizável, e a evolução lenta, mas contínua em direção à responsabilidade objetiva, fundada no risco, notadamente no campo dos transportes, dos danos causados ao meio ambiente, das atividades nucleares etc.

O Código de Defesa do Consumidor, atento a esses novos rumos da responsabilidade civil, também consagrou a responsabilidade objetiva do fornecedor, tendo em vista especialmente o fato de vivermos, hoje, em uma sociedade de produção e de consumo em massa, responsável pela despersonalização ou desindividualização das relações entre produtores, comerciantes e prestadores de serviços, em um polo, e compradores e usuários do serviço, no outro.

Em face dos grandes centros produtores, o comerciante perdeu a preeminência de sua função intermediadora.

No sistema codificado, tanto a responsabilidade pelo fato do produto ou serviço como a oriunda do vício do produto ou serviço são de natureza objetiva, prescindindo do elemento culpa a obrigação de indenizar atribuída ao fornecedor.

Em linhas gerais, segundo o ensinamento de Carlos Alberto Bittar, estipula-se "a reparação de danos, tanto patrimoniais como morais, na tutela da própria Constituição de 1988 (art. 5º, V) e sem prejuízo de sancionamentos outros cabíveis. Compreendem-se, em seu contexto, tanto danos a pessoa como a bens, prevalecendo a obrigação de ressarcimento nos casos de vício, falta ou insuficiência de informações, ou seja, tanto em razão de problemas intrínsecos como extrínsecos do bem, ou do serviço".

A "responsabilidade", continua, "é estendida, solidariamente, a todos os que compõem o elo básico na colocação de produtos no mercado quando autores da ofensa (art. 7º, parágrafo único). São limitadas as excludentes invocáveis pelos agentes, ampliando, assim, as possibilidades de êxito do lesado. Além disso, no caso de existência de lesões ou problemas com bens, consideram-se equiparadas a consumidor todas as vítimas (como, por exemplo, em uma família, as pessoas que tenham contraído doenças face a vícios de produto)".

Finaliza dizendo que se determina, por expresso, "a aplicação da teoria da desconsideração da personalidade jurídica (ou do superamento, ou do *disregard*), em relação a pessoas jurídicas e a grupos de sociedades, permitindo, assim, atingir-se o patrimônio dos sócios ou acionistas, para a satisfação de direitos dos lesados, quando ficar caracterizado o uso indevido da empresa para locupletamento pessoal. Nas hipóteses de grupos e de interligações de sociedades, estipula-se a responsabilidade subsidiária ou solidária, conforme o caso, das unidades agentes, para efeito de elidir-se evasivas relacionadas com a textura jurídica das concentrações de empresas. Mas, a fim de evitar dúvidas, e preso, nesse passo, ao regime convencional, o Código submete a responsabilidade dos profissionais liberais ao princípio da culpa, sujeitando-os, portanto, às prescrições do direito comum"[164].

Ao adotar o sistema da responsabilidade civil objetiva pelos danos causados a direitos do consumidor, o legislador brasileiro tomou o mesmo passo das modernas legislações dos países industrializados, como os Estados Unidos, a Inglaterra (Consumeer Protection Act, de 1987), a Áustria, a Itália (Lei n. 183/87), a Alemanha e Portugal.

No sistema brasileiro, não existe limitação para a indenização, também denominada *"indenização tarifada"*. De modo que, havendo danos causados aos consumidores, o fornecedor deve indenizá-los em sua integralidade. Essa indenização derivada do fato do produto ou serviço não pode ser excluída contratualmente. O art. 51 do Código de Defesa do Consumidor considera abusiva e, portanto, nula, a cláusula contratual que impossibilitar, exonerar ou atenuar a

---

[164] *Direitos do consumidor*, p. 71-72.

responsabilidade civil do fornecedor por vícios de qualquer natureza, incluídos aqui os acidentes de consumo e os vícios redibitórios[165].

Hoje em dia é muito comum vermos essas cláusulas de exclusão da responsabilidade civil em avisos existentes em estacionamentos de automóveis, por exemplo, as quais, a partir da entrada em vigor do Código de Defesa do Consumidor, não mais têm eficácia.

Como o *art. 6º, VI, do Código de Defesa do Consumidor diz ser direito básico do consumidor a efetiva prevenção e reparação de danos patrimoniais e morais, individuais, coletivos e difusos, não resta mais nenhuma dúvida sobre a cumulatividade das indenizações por danos patrimoniais e morais causados ao consumidor. A conjuntiva "e", ao invés da disjuntiva "ou", do art. 6º, VI, do Código de Defesa do Consumidor, deixa expressa a possibilidade de haver cumulação das indenizações por danos morais e patrimoniais ao direito do consumidor*[166].

Nesse sentido proclama a *Súmula 37 do Superior Tribunal de Justiça*: "*São cumuláveis as indenizações por dano material e dano moral oriundos do mesmo fato*".

Como regra ampla, sempre que for causado ao consumidor desconforto, transtorno e incômodo haverá lugar para a indenização por danos morais. A 4ª Turma Recursal Cível do Colégio Recursal de Santo Amaro-SP condenou a TIM a pagar R$ 10 mil por danos materiais e R$ 15 mil por danos morais a consumidores que caíram em um golpe feito pelo aplicativo WhatsApp. Ocorreu que o telefone de um dos autores foi clonado e usado para solicitar transferências de emergência. O valor acabou sendo pago. O juízo recursal reconheceu a responsabilidade por parte da TIM, que falhou ao não fiscalizar a possibilidade de fraude em seu sistema de segurança, "Mostra-se evidente que a empresa ré integra a cadeia de consumo. O aplicativo WhatsApp utiliza-se do chip da empresa ré para viabilizar o uso do serviço de mensagens. Sendo assim, a TIM se beneficia dos serviços fornecidos pelo aplicativo", afirmou o juiz Alexandre Malfatti, relator do processo. Sendo assim – prossegue a decisão –, a ré deve responder pelo prejuízo causado aos autores, diante da falha na prestação de serviços, além de reparar os clientes pelos transtornos gerados pela fraude. "Uma vez provada a violação de direitos do consumidor, surgirá em seu benefício, *ipso facto*, o reconhecimento da indenização dos danos morais independentemente da análise subjetiva do sentimento do ofendido ou da produção de outras provas", diz a decisão[167].

---

[165] Nelson Nery Junior, Aspectos da responsabilidade civil, cit., *Revista do Advogado*, n. 33, p. 78-79.
[166] Nelson Nery Junior, *Revista do Advogado*, cit., p. 79.
[167] Colégio Recursal de Santo Amaro-SP, 4ª T., rel. Juiz Alexandre Malfatti, Proc. 1006022-53.2020.8.26.0003, j. 12-2-2021.

24. A RESPONSABILIDADE PELO FATO DO PRODUTO E DO SERVIÇO

Duas são as espécies de responsabilidade civil reguladas pelo Código de Defesa do Consumidor: *a responsabilidade pelo fato do produto e do serviço e a responsabilidade por vícios do produto ou do serviço. Tanto uma como outra são de natureza objetiva, prescindindo do elemento culpa para que haja o dever de o fornecedor indenizar, exceção feita aos profissionais liberais, cuja responsabilidade pessoal continua sendo de natureza subjetiva (art. 14, § 4º).*

A primeira é derivada de danos do produto ou serviço, também chamados de acidentes de consumo (*extrínseca*). A segunda, relativa ao vício do produto ou serviço (*intrínseca*), tem sistema assemelhado *ao dos vícios redibitórios*, ou seja, quando o defeito torna a coisa imprópria ou inadequada para o uso a que se destina, há o dever de indenizar.

Para efeito de indenização, é considerado fato do produto todo e qualquer acidente provocado por produto ou serviço que causar dano ao consumidor, sendo equiparadas a este todas as vítimas do evento (art. 17).

Enquadram-se nesses casos os danos, materiais e pessoais, decorrentes de acidente automobilístico ocorrido em virtude de defeito de fabricação da direção ou dos freios; de incêndio ou curto-circuito provocado por defeito de eletrodoméstico; de uso de medicamento nocivo à saúde; de emprego de agrotóxico prejudicial à plantação ou à pastagem etc.

Com relação ao fornecimento de serviços defeituosos, podem ser lembradas as hipóteses de danos materiais ou pessoais causados aos usuários dos serviços de transporte (acidentes aeroviários, p. ex.), dos serviços de guarda e estacionamento de veículo, de hospedagem, de construção etc.

De acordo com o § 1º do art. 12, é defeituoso o produto que não revele a segurança que se poderia esperar, levados em consideração sua apresentação, o uso e o risco que razoavelmente dele se presume e a época em que foi introduzido no mercado. Também se considera defeituoso, para efeitos de indenização, o produto que contenha informações insuficientes ou inadequadas sobre sua utilização e risco, inclusive as de caráter publicitário (art. 30).

Desde que o produto não contenha nenhum dos defeitos mencionados no art. 12, o simples fato de existir no mercado de consumo outro produto similar e de qualidade superior não o torna defeituoso (art. 12, § 2º).

A responsabilidade principal é exclusiva do fabricante, produtor, construtor ou importador do produto, sendo que o comerciante somente responde, subsidiariamente, quando os responsáveis principais não puderem ser identificados, bem como quando não conservar, adequadamente, os produtos perecíveis. Ressalva o parágrafo único do art. 13 o direito de regresso, na medida de sua participação no evento danoso, àquele que indenizar o prejudicado quando havia outros devedores solidários.

25. A RESPONSABILIDADE POR VÍCIO DO PRODUTO E DO SERVIÇO

Os bens ou serviços fornecidos podem ser afetados por vícios de qualidade ou quantidade que os tornem impróprios ou inadequados ao consumo a que se destinam ou lhes diminuam o valor, assim como por aqueles decorrentes da disparidade com as indicações constantes do recipiente, da embalagem, rotulagem ou mensagem publicitária (art. 18).

A responsabilidade decorre dos vícios inerentes aos bens ou serviços e, nesses casos, o evento danoso está *in re ipsa*.

O referido art. 18 do Código de Defesa do Consumidor estabelece a responsabilidade solidária de todos aqueles que intervierem no fornecimento dos produtos de consumo de bens duráveis ou não duráveis, em face do destinatário final.

O consumidor, em razão da solidariedade passiva, tem direito de endereçar a reclamação ao fornecedor imediato do bem ou serviço, quer se trate de fabricante, produtor, importador, comerciante ou prestador de serviços, como também pode, querendo, acionar o comerciante e o fabricante do produto, em litisconsórcio passivo. Se o comerciante for obrigado a indenizar o consumidor, poderá exercer o direito de regresso contra os demais responsáveis, segundo sua participação no evento danoso (sem perquirição de culpa), nos termos do art. 13, parágrafo único, do mesmo Código.

Para evitar prejuízo ao consumidor com a demora que a denunciação da lide, como exercício do direito de regresso, acarretaria, *o art. 88 veda expressamente o seu uso*. Tendo em vista, porém, que o art. 90 proclama aplicarem-se às ações que objetivam a defesa do consumidor as normas do Código de Processo Civil, pode o fornecedor acionado chamar ao processo os demais devedores solidários (CPC/2015, arts. 130 a 132), para haver deles a respectiva cota-parte, prosseguindo no mesmo processo ou ajuizando contra eles ação autônoma.

A lei presume, entretanto, a participação exclusiva do fornecedor imediato na causação do dano, restringindo a ele a responsabilidade perante o consumidor, nos casos de fornecimento de produtos *in natura*, a não ser quando identificado claramente seu produtor (art. 18, § 5º), e nos casos de vícios de quantidade decorrentes de pesagem ou medição (art. 19, § 2º).

Constatado vício de qualidade dos bens fornecidos, o consumidor pode exigir a substituição das partes viciadas. Não sendo o vício sanado no prazo máximo de trinta dias, pode o consumidor, nos termos do § 1º do art. 18, exigir, alternativamente e à sua escolha:

"I – a substituição do produto por outro da mesma espécie, em perfeitas condições de uso;

II – a restituição imediata da quantia paga, monetariamente atualizada, sem prejuízo de eventuais perdas e danos;

III – o abatimento proporcional do preço".

Decidiu-se, a propósito: *"Comprado veículo novo com defeito de fábrica, é responsabilidade do fabricante entregar outro do mesmo modelo, a teor do art. 18, § 1º, do Código de Defesa do Consumidor"*[168].

Em linha de princípio, o consumidor só poderá fazer uso das alternativas supradescritas se o vício não for sanado no prazo máximo de trinta dias, contados do ato aquisitivo. Sem embargo, o consumidor poderá fazer uso imediato dessas alternativas sempre que, em razão da extensão do vício, a simples restituição das partes avariadas puder comprometer a qualidade ou características essenciais do produto, inclusive diminuindo-lhe o valor (art. 18, § 3º). Poderá também exigir a substituição do produto viciado por outro de espécie, marca ou modelo diversos, mediante complementação ou restituição de eventual diferença de preço (art. 18, § 4º).

O Código permite ainda que as partes (fornecedores e consumidores) convencionem a redução ou ampliação do prazo legal de garantia retrocitado, *não podendo ser inferior a sete, nem superior a cento e oitenta dias*[169].

O art. 26 do Código de Defesa do Consumidor dispõe que o direito de reclamar por vícios aparentes caduca em trinta dias para os bens não duráveis e em noventa dias tratando-se de bens duráveis, iniciando-se a contagem do prazo decadencial da entrega efetiva do produto. O § 3º aduz que, tratando-se de vícios ocultos, o prazo decadencial inicia sua contagem na data em que ficar evidenciado o defeito.

Assim, o consumidor que apresenta reclamação perante o fornecedor, devidamente comprovada, para que seja sanado o vício, obsta a decadência (art. 26, § 2º) e deve aguardar o decurso do prazo de trinta dias para exercer o direito de formular um dos pedidos alternativamente previstos nos incisos do § 1º do art. 18. Essa nova reclamação, que tem agora novo objeto, deve também obedecer aos prazos do art. 26.

---

[168] STJ, REsp 195.659-SP, 3ª T., rel. Min. Menezes Direito, *DJU*, 12-6-2000.
[169] Zelmo Denari, Responsabilidade civil do fornecedor, *Revista do Advogado*, n. 33, p. 66.

Com relação aos prazos decadenciais, é de frisar que os dias que antecederam a primeira reclamação e aqueles que transcorrerem entre a negativa do fornecedor ou o decurso do prazo, legal ou contratual, para que sanasse o vício, e a nova reclamação, são computados para efeito de contagem do prazo decadencial. Se o vício não for sanado e não for atendida a alternativa escolhida pelo consumidor, pode ele ir a juízo, respeitado o prazo decadencial do citado art. 26.

O Código prevê, ainda, nos arts. 18, 19 e 20, a possibilidade de, não sanado o vício, ser pedida a restituição da quantia paga pelo consumidor, monetariamente atualizada, "*sem prejuízo de eventuais perdas e danos*". Estas abrangem, conforme o art. 402 do Código Civil, *o dano emergente e o lucro cessante*.

Assim, se o vício do material adquirido impediu o funcionamento de máquina ou a prestação de serviço que proporcionaria lucro ao consumidor, a indenização deve abranger também o lucro cessante, da mesma forma se o dinheiro devolvido, mesmo atualizado monetariamente, for insuficiente para adquirir o mesmo material.

O art. 19 do Código de Defesa do Consumidor trata dos vícios de quantidade do produto e assemelha-se aos dispositivos do Código Civil que regulam os vícios redibitórios. Prevê que, se o conteúdo líquido do produto for inferior às indicações constantes do recipiente, da embalagem, rotulagem ou de mensagem publicitária, pode o consumidor exigir, alternativamente e à sua escolha:

"I – o abatimento proporcional do preço;

II – complementação do peso ou medida;

III – a substituição do produto por outro da mesma espécie, marca ou modelo, sem os aludidos vícios;

IV – a restituição imediata da quantia paga, monetariamente atualizada, sem prejuízo de eventuais perdas e danos".

Pode, também, o consumidor optar pela substituição do bem por outro de espécie, marca ou modelo diversos (art. 19, § 1º).

A questão dos vícios de qualidade atinentes a serviços prestados é regulada no art. 20 do Código de Defesa do Consumidor, que faculta ao consumidor pleitear, à sua escolha, as seguintes reparações:

"I – a reexecução dos serviços, sem custo adicional e quando cabível;

II – a restituição imediata da quantia paga, monetariamente atualizada, sem prejuízo de eventuais perdas e danos;

III – o abatimento proporcional do preço".

O § 1º dispõe que "a reexecução dos serviços poderá ser confiada a terceiros devidamente capacitados, por conta e risco do fornecedor", não destoando, pois, do que já prevê o art. 881 do Código Civil e o art. 633 do Código de Processo Civil de 1973 (art. 816 do CPC/2015).

São considerados "impróprios os serviços que se mostrem inadequados para os fins que razoavelmente dele se esperam, bem como aqueles que não atendam as normas regulamentares de prestabilidade" (§ 2º).

Assim, caso o pedido seja posto em juízo, terá o magistrado de valer-se das regras de experiência comum (CPC/2015, art. 375), para decidir se o serviço se mostra inadequado para os fins que dele se espera, dentro do critério da razoabilidade, bem como de eventual perícia, se necessária, decidindo de acordo com o seu livre-convencimento. No entanto, não terá o Judiciário a mesma liberdade para decidir sobre a adequação ou não de normas regulamentares de prestabilidade.

Ressalte-se, por fim, que os órgãos públicos, por si ou suas empresas, concessionárias, permissionárias ou sob qualquer outra forma de empreendimento, são obrigados a fornecer serviços adequados, eficientes, seguros e, quanto aos essenciais, contínuos.

Nos termos do parágrafo único do art. 22, "nos casos de descumprimento, total ou parcial, das obrigações referidas neste artigo, serão as pessoas jurídicas compelidas a cumpri-las e a reparar os danos causados, na forma prevista neste Código".

Observa-se, assim, que a responsabilidade das pessoas jurídicas de direito público e das pessoas jurídicas de direito privado prestadoras de serviço público não se limita à reparação do dano sob a forma de indenização, como previsto na Constituição Federal (art. 37, § 6º), pois nas ações movidas em defesa dos interesses e direitos dos consumidores pode já ser obtida a tutela pleiteada, *determinando o juiz providências que assegurem o resultado prático equivalente ao cumprimento da obrigação, conforme o estabelecido no art. 84 do Código de Defesa do Consumidor.*

26. AS EXCLUDENTES DA RESPONSABILIDADE CIVIL

O Código de Defesa do Consumidor prevê, de forma taxativa ou exaustiva, as hipóteses de exclusão de responsabilidade do fabricante, produtor, construtor ou importador, ao proclamar, no art. 12, § 3º, que "só" não será responsabilizado quando provar:

"I – que não colocou o produto no mercado;

II – que, embora haja colocado o produto no mercado, o defeito inexiste;

III – a culpa exclusiva do consumidor ou de terceiro".

A exoneração da responsabilidade depende, pois, de prova, a ser produzida pelo acionado, de não ter colocado o produto no mercado, isto é, de ter sido introduzido no mercado de consumo sem seu conhecimento; ou de inexistência do defeito ou de culpa exclusiva do consumidor ou de terceiro.

Nesse sentido, o *Superior Tribunal de Justiça* se manifestou:

"O fornecedor responde, independentemente de culpa, pela reparação dos danos causados aos consumidores por defeitos do produto (art. 12 do CDC). O defeito, portanto, se apresenta como pressuposto especial à responsabilidade civil do fornecedor pelo acidente de consumo. Todavia, basta ao consumidor demonstrar a relação de causa e efeito entre o produto e o dano, que induz à presunção de existência do defeito, cabendo ao fornecedor, na tentativa de se eximir de sua responsabilidade, comprovar, por prova cabal, a sua inexistência ou a configuração de outra excludente de responsabilidade consagrada no § 3º do art. 12 do CDC"[170].

Com relação ao *ônus da prova*, é de ressaltar que, em linhas gerais, a alteração da sistemática da responsabilização, prescindindo do elemento da culpa e adotando a teoria objetiva, não desobriga o lesado da prova do dano e do nexo de causalidade entre o produto ou serviço e o dano. Em relação a esses elementos, entretanto, o juiz pode inverter o ônus da prova quando "for verossímil a alegação" ou quando o consumidor for "hipossuficiente", sempre de acordo com "as regras ordinárias de experiência" (art. 6º, VIII).

A inversão se dará pela decisão entre duas alternativas: *verossimilhança das alegações ou hipossuficiência*. Presente uma das duas, está o magistrado obrigado a determiná-la. O significado de hipossuficiência não é econômico, mas técnico. Para fins da possibilidade de inversão do ônus da prova, "tem sentido de desconhecimento técnico e informativo do produto e do serviço, de suas propriedades, de seu funcionamento vital e/ou intrínseco, dos modos especiais de controle, dos aspectos que podem ter gerado o acidente de consumo e o dano, das características do vício etc. Por isso, o reconhecimento da hipossuficiência do consumidor para fins de inversão do ônus da prova não pode ser visto como forma de proteção ao mais pobre...". "Mesmo no caso de o consumidor ter grande capacidade econômica, a inversão do ônus da prova deve ser feita na constatação de sua hipossuficiência (técnica e de informação)", como preleciona Luiz Antonio Rizzatto Nunes[171].

Provados, portanto, o dano e o nexo causal com o produto ou o serviço, ou desobrigado o consumidor dessa prova, ao fornecedor cumpre a prova das excludentes mencionadas, se não quiser arcar com a responsabilidade pela sua reparação. Dentre elas, a prova de que, embora haja colocado o produto no mercado, o defeito inexiste. O que dispensa o consumidor do ônus de provar o

---

[170] STJ, REsp 1.955.890-SP, 3ª T., rel. Min. Nancy Andrighi, j. 5-10-2021.
[171] *Comentários ao Código de Defesa do Consumidor*, p. 123-124, n. 13.4.

defeito. O Código também inverteu o ônus da prova, no art. 38, ao proclamar que a prova da veracidade e correção da informação ou comunicação publicitária cabe a quem as patrocina.

Só se admite como causa exonerativa da responsabilidade a culpa exclusiva do consumidor ou de terceiro, não a culpa concorrente.

A excludente da força maior não foi inserida no rol das excludentes da responsabilidade do fornecedor. Mesmo assim, a arguição da aludida excludente é admitida pela jurisprudência, pois o fato inevitável rompe o nexo de causalidade, especialmente quando não guarda nenhuma relação com a atividade de fornecedor, não se podendo, destarte, falar em defeito do produto ou do serviço.

O *Superior Tribunal de Justiça* assim vem decidindo:

"O fato de o art. 14, § 3º, do Código de Defesa do Consumidor não se referir ao caso fortuito e à força maior, ao arrolar as causas de isenção de responsabilidade do fornecedor de serviços, não significa que, no sistema por ele instituído, não possam ser invocadas. A inevitabilidade, e não a imprevisibilidade, é que efetivamente mais importa para caracterizar o fortuito. E aquela há de entender-se dentro de certa relatividade, tendo-se o acontecimento como inevitável em função do que seria razoável exigir-se"[172]. O mesmo Tribunal *vem acolhendo a arguição de força maior, para isentar de responsabilidade os transportadores, autênticos prestadores de serviços, que são vítimas de roubos de carga, à mão armada, nas estradas*[173].

Em se tratando de fornecimento de serviços, o prestador "só" não será responsabilizado quando provar:

"I – que, tendo prestado o serviço, o defeito inexiste;

II – a culpa exclusiva do consumidor ou de terceiro" (art. 14, § 3º).

A responsabilidade pessoal dos profissionais liberais será apurada mediante a verificação da culpa (art. 14, § 4º), podendo, pois, arguir as excludentes da responsabilidade civil geral, como a culpa da vítima, exclusiva ou concorrente, e o caso fortuito e a força maior.

De igual modo é o julgado do *Tribunal de Justiça do Distrito Federal*:

"Nos termos do artigo 14 do CDC, a responsabilidade do fornecedor pelos danos causados ao consumidor é objetiva, fundada no risco da atividade por ele desenvolvida, só podendo ser afastada nos casos em que restar comprovada a inexistência do defeito do serviço, a ocorrência de caso fortuito (externo) ou força maior, a culpa exclusiva do consumidor ou de terceiro"[174].

---

[172] REsp 120.647-SP, 3ª T., rel. Min. Eduardo Ribeiro, *DJU*, 15-5-2000, p. 156.
[173] REsp 43.756-3-SP, 4ª T., rel. Min. Torreão Braz, *DJU*, 1º-8-1994, p. 18658.
[174] TJDFT, Ap. 07001967820198070005, 7ª C. Cív., rel. Des. Getúlio de Moraes Oliveira, *DJe* 6-5-2020.

Relembre-se, por derradeiro, que a indenização derivada do fato do produto ou do serviço não pode ser excluída contratualmente. O art. 51, I, do Código de Defesa do Consumidor considera abusiva e, portanto, nula a cláusula contratual que impossibilitar, exonerar ou atenuar a responsabilidade civil do fornecedor por vícios de qualquer natureza, incluídos aqui os acidentes de consumo e os vícios redibitórios. Não vale, portanto, *"cláusula de não indenizar"*, nem mesmo em favor dos profissionais liberais, que apenas não respondem de forma objetiva, mas depois de verificada a culpa.

O regime jurídico da responsabilidade pelos vícios do produto ou serviço é mais extenso do que o do Código Civil, por não admitir cláusula exonerativa (art. 25) e também porque o Código de Defesa do Consumidor não só contempla o vício redibitório, que torna a coisa imprópria ao uso a que se destina, como também estabelece o dever de indenizar pelo vício por inadequação, assim como por aqueles decorrentes da disparidade, com as indicações constantes do recipiente, da embalagem, rotulagem ou mensagem publicitária, respeitadas as variações de sua natureza (art. 18).

A RESPONSABILIDADE DOS EMPREITEIROS E CONSTRUTORES

Sumário: 27. Contrato de construção. 28. Construção por empreitada. 29. Construção por administração. 30. A responsabilidade do construtor. 31. Responsabilidade pela perfeição da obra. 32. Responsabilidade pela solidez e segurança da obra. 33. Responsabilidade pelos vícios redibitórios. 34. Responsabilidade por danos a vizinhos e a terceiros. 35. O contrato de construção como relação de consumo (Código de Defesa do Consumidor).

27. CONTRATO DE CONSTRUÇÃO

Na definição de HELY LOPES MEIRELLES, contrato de construção é "todo ajuste para execução de obra certa e determinada, sob direção e responsabilidade do construtor, pessoa física ou jurídica legalmente habilitada a construir, que se incumbe dos trabalhos especificados no projeto, mediante as condições avençadas com o proprietário ou comitente"[175].

Ao celebrar o contrato, o construtor assume uma obrigação de resultado, que só se exaure com a entrega da obra pronta e acabada a contento de quem a encomendou.

---

[175] *Direito de construir*, p. 218.

O seu trabalho deve-se pautar pelas normas técnicas e imposições legais que regem os trabalhos de engenharia e arquitetura. Sendo um técnico, presume-se conhecedor da ciência e arte de construir.

A expressão "contrato de construção" é mais ampla e se desdobra em duas modalidades: a empreitada e a administração. Pode-se dizer que contrato de construção é o gênero, enquanto o contrato de empreitada é uma das espécies desse gênero[176].

28. CONSTRUÇÃO POR EMPREITADA

Do contrato de empreitada resultam obrigações recíprocas para os contratantes, e da execução da obra podem advir responsabilidades para com terceiros.

A obrigação que o empreiteiro de construções assume é uma obrigação de resultado. Assim, deve ele garantir ao dono da obra, nos termos do contrato, a solidez desta e a sua capacidade para servir ao destino para que foi encomendada[177].

O construtor de hoje é sempre um técnico, com responsabilidade ético-profissional pela segurança e perfeição da obra, razão pela qual não se admite, qualquer que seja a modalidade de contrato, possa o proprietário obrigá-lo a executar a obra em desacordo com o projeto aprovado pelo Poder Público, ou com desatendimento de normas técnicas, ou com materiais que comprometam a sua solidez. A responsabilidade técnica pela solidez e perfeição da obra é sempre pessoal e intransferível do profissional ao proprietário.

A lei considera duas espécies de empreitada: a de mão de obra (ou de lavor), em que o empreiteiro contribui apenas com o seu trabalho, e a de material, em que fornece também os materiais necessários à execução da obra. Dispõe, com efeito, o art. 610 do Código Civil:

"O empreiteiro de uma obra pode contribuir para ela só com seu trabalho ou com ele e os materiais".

Quando o empreiteiro fornece os materiais, os riscos por caso fortuito estão a seu cargo até o momento da entrega da obra. Se, no entanto, na época da entrega, o dono deixa de recebê-la sem justo motivo, incorrendo em mora, suportará os riscos. É o que determina o art. 611 do Código Civil.

Quando é o dono da obra quem fornece os materiais, os riscos correm por sua conta, desde que o empreiteiro não tenha concorrido com culpa (art. 612).

---

[176] Iolanda Moreira Leite, Responsabilidade civil do construtor, in *Responsabilidade civil*: doutrina e jurisprudência, diversos autores, p. 126.
[177] Aguiar Dias, *Da responsabilidade*, cit., 4. ed., p. 367, n. 137.

Se a obra vier a se danificar ou a perecer antes da entrega, sem que o dono esteja em atraso no recebimento, e não tenha havido culpa do empreiteiro, este perderá a retribuição, se não provar que a perda resultou de defeito dos materiais e que em tempo reclamara contra a sua quantidade ou qualidade (art. 613).

Perante o proprietário, o empreiteiro é obrigado a cumprir o contrato em todas as suas cláusulas e a executar fielmente o projeto da obra contratada, empregando a técnica e os materiais adequados à construção, e realizando os trabalhos com a perícia que se exige de todo profissional. Faltando a qualquer destas obrigações, dará ensejo à resolução do contrato, com a consequente indenização dos prejuízos à parte prejudicada (art. 389).

Embora somente concorrendo com o serviço, e recebendo do dono da obra os materiais a serem empregados, o engenheiro contratado para elaborar o projeto e fiscalizar a construção é civilmente responsável pelo evento danoso, pois é de seu dever examinar os materiais empregados e recusá-los se frágeis ou defeituosos.

O *Tribunal Superior do Trabalho* decidiu que o empreiteiro tem responsabilidade por acidente de pedreiro, mesmo que este tenha sido contratado como autônomo. A 7ª Turma da aludida Corte reconheceu a responsabilidade do dono de um galpão pelo pagamento de indenização por danos morais e materiais a um pedreiro contratado como autônomo pelo empreiteiro da obra e vítima de acidente de trabalho no local da construção. Afirmou o relator que "a jurisprudência do TST afasta a responsabilidade do dono da obra pelas obrigações trabalhistas assumidas pelo empreiteiro contratado para gerenciar a construção ou reforma, mas essa isenção não alcança ações indenizatórias decorrentes de acidente de trabalho"[178].

Concluída e entregue a obra, subsiste a responsabilidade do empreiteiro pela solidez e segurança da construção (art. 618).

29. CONSTRUÇÃO POR ADMINISTRAÇÃO

Segundo HELY LOPES MEIRELLES, contrato de construção por administração "é aquele em que o construtor se encarrega da execução de um projeto, mediante remuneração fixa ou percentual sobre o custo da obra, correndo por conta do proprietário todos os encargos econômicos do empreendimento"[179].

---

[178] TST, RR 677-10.2012.5.24.0004, 7ª T., rel. Min. Cláudio Brandão, disponível *in* Revista *Consultor Jurídico* de 8-4-2018.
[179] *Direito de construir*, cit., p. 240.

Não se confunde com o de empreitada, em que o construtor-empreiteiro assume os encargos técnicos da obra e também os riscos econômicos da construção e ainda custeia a construção, por preço fixado de início. Na construção por administração o construtor se responsabiliza unicamente pela execução técnica do projeto e é o proprietário quem custeia a obra, somente conhecendo o seu preço a final. A remuneração do construtor consiste numa porcentagem sobre o custo da obra.

Pode ser convencionado, nessa espécie de contrato, que os materiais serão adquiridos pelo próprio dono da obra ou, a seu mando, pelo construtor-administrador, que atua como um preposto ou mandatário do proprietário, em cujo nome até a mão de obra será contratada.

Embora o Código Civil não regulamente o contrato de construção por administração, aplicam-se-lhe, subsidiariamente, as regras sobre a empreitada. Os riscos correm por conta do dono da obra, a menos que seja provada a culpa do construtor.

30. A RESPONSABILIDADE DO CONSTRUTOR

A responsabilidade do construtor pode ser *contratual* ou *extracontratual*. A primeira decorre da inexecução culposa de suas obrigações. Violando o contrato ao não executar a obra ou ao executá-la defeituosamente, inobservando as normas nele estabelecidas, o construtor responderá civilmente, como contratante inadimplente, pelas perdas e danos, com base nos arts. 389 e 402 do Código Civil.

Na avaliação do lucro cessante podem ser incluídos: "a valorização do prédio, o resultado do negócio que nele seria explorado, os aluguéis que renderia, e tudo mais que a construção pudesse produzir para o seu dono. Incluem-se, ainda, na indenização de perdas e danos a correção monetária, os juros, as custas judiciais, os salários dos peritos e os honorários do advogado que demandou os prejuízos"[180].

O construtor *inadimplente* somente se exonerará da responsabilidade contratual se provar que a inexecução total ou parcial da obra resultou de caso fortuito ou força maior (CC, art. 393). Mas o atraso na entrega de imóvel comprado na planta, em regra, não dá ao comprador o direito de receber pagamento de *dano moral* da construtora responsável pela obra. Decidiu, a propósito, o *Superior Tribunal de Justiça* que "o simples inadimplemento contratual não é capaz, por si só, de gerar dano moral indenizável, devendo haver consequências fáticas que repercutam na esfera de dignidade da vítima"[181].

---

[180] Hely Lopes Meirelles, *Direito de construir*, cit., p. 275-276.
[181] STJ, REsp 1.536.354, 3ª T., rel. Min. Villas Bôas Cueva, disponível em *Revista Consultor Jurídico*, de 16-6-2016.

A responsabilidade extracontratual ou legal *é de ordem pública e diz respeito especialmente à responsabilidade pela perfeição da obra, à responsabilidade pela solidez e segurança da obra e à responsabilidade por danos a vizinhos e a terceiros, incluindo-se sanções civis e penais previstas na Lei n. 5.194/66 (Código de Ética, que regula a profissão de engenheiro, arquiteto e agrônomo), no Código Penal (que prevê o crime de desabamento ou desmoronamento, no art. 256) e na Lei das Contravenções Penais (que prevê as contravenções de desabamento e de perigo de desabamento, nos arts. 29 e 30), além das sanções administrativas pela construção de obra clandestina.*

31. RESPONSABILIDADE PELA PERFEIÇÃO DA OBRA

A responsabilidade pela perfeição da obra, embora não consignada no contrato, *é de presumir-se em todo ajuste de construção como encargo ético-profissional do construtor. Isto porque a construção civil é, modernamente, mais que um empreendimento leigo, um processo técnico-artístico de composição e coordenação de materiais e de ordenação de espaços para atender às múltiplas necessidades do homem.*

Dentro dessa conceituação, o construtor contemporâneo está no dever ético-profissional de empregar em todo trabalho de sua especialidade, além da *peritia artis* dos práticos do passado, a *peritia technica* dos profissionais da atualidade[182].

É uma responsabilidade decorrente não só dos conhecimentos técnicos, *mas também das noções de estética e arte*. Fundado nessa responsabilidade é que o Código Civil autoriza o cliente a rejeitar a obra imperfeita ou defeituosa (art. 615) ou a recebê-la com abatimento no preço, se assim lhe convier (art. 616).

Daí a importância do ato verificatório, pois, "recebida a obra como boa e perfeita, nenhuma reclamação poderá ser posteriormente formulada por quem a encomendou, a menos que se trate de vícios ocultos ou redibitórios, que evidentemente não ficarão cobertos pelo simples ato de recebimento"[183].

O prazo de um ano para reclamar dos defeitos inaparentes ou ocultos só abrange os que não afetam a segurança e a solidez da obra, *pois para estes há o prazo de garantia de cinco anos do art. 618 do Código Civil.*

No que concerne à perfeição da obra, o Código Civil utiliza-se da teoria tradicional dos vícios redibitórios, possibilitando ao dono, no caso de defeito,

---

[182] Hely Lopes Meirelles, *Direito de construir*, cit., p. 290.
[183] Alfredo de Almeida Paiva, *Aspectos do contrato de empreitada*, p. 39; Hely Lopes Meirelles, *Direito de construir*, cit., p. 292; Iolanda Moreira Leite, *Responsabilidade civil*, cit., p. 136.

enjeitar a coisa, redibindo o contrato com perdas e danos, ou recebê-la, com abatimento do preço (arts. 615 e 616).

O Código do Consumidor, no entanto, fornece um leque maior de opções ao consumidor, em caso de vícios na obra. Na hipótese de empreitada de lavor, caberá ao consumidor optar entre as possibilidades oferecidas pelos incisos do art. 20 do mesmo Código. Em caso de empreitada mista, será necessário verificar se o vício vem da qualidade do material, caso em que se terá a aplicação do art. 18, ou se decorre de vícios na prestação de serviços, com a aplicação do mencionado art. 18.

32. RESPONSABILIDADE PELA SOLIDEZ E SEGURANÇA DA OBRA

Concluída e entregue a obra, subsiste a responsabilidade do empreiteiro, durante cinco anos, pela solidez e segurança da construção. Prescreve, com efeito, o art. 618 do Código Civil:

"*Nos contratos de empreitada de edifícios ou outras construções consideráveis, o empreiteiro de materiais e execução responderá, durante o prazo irredutível de cinco anos, pela solidez e segurança do trabalho, assim em razão dos materiais, como do solo.*

Parágrafo único. Decairá do direito assegurado neste artigo o dono da obra que não propuser a ação contra o empreiteiro, nos cento e oitenta dias seguintes ao aparecimento do vício ou defeito".

O prazo de cinco anos é de garantia da obra. Mas a ação derivada de falta de solidez, apurada no prazo ou período de garantia, *deve ser ajuizada no prazo de cento e oitenta dias, contado do surgimento do defeito, sob pena de decadência do direito.* Embora referido dispositivo se aplique somente às construções de vulto (edifícios e construções consideráveis, como prédios, pontes, viadutos, metrô), a jurisprudência tem alargado o conceito de solidez e segurança, para abranger outros defeitos, como infiltrações, obstruções na rede de esgoto e outros.

A responsabilidade do construtor permanece não só perante o dono da obra como também perante quem o suceda na propriedade, ou adquire direitos reais, de promissário-comprador do imóvel, pois a alienação não pode ser causa de isenção de responsabilidade do construtor pela solidez e segurança da construção, que é de natureza legal[184].

---

[184] STF, *RT*, 567/242.

33. RESPONSABILIDADE PELOS VÍCIOS REDIBITÓRIOS

Se os defeitos da construção são visíveis, cessa a responsabilidade do construtor com o recebimento da obra, sem reclamação (CC, art. 615); *se são ocultos, persiste a responsabilidade do construtor por um ano após a entrega da obra (CC, art. 445)*.

Tal prazo, embora não se refira especificamente às construções, aplica-se genericamente aos imóveis havidos por contrato comutativo que se apresentem com vícios redibitórios ensejadores de abatimento no preço ou rescisão do ajuste. "Na ausência de disposição peculiar dos contratos de construção – que são também avenças comutativas – é de se lhes aplicar, por analogia, o prazo prescricional próprio dos ajustes comutativos"[185].

Caio Mário da Silva Pereira também defende a aplicabilidade da teoria dos vícios redibitórios às construções que apresentem defeitos ocultos não prejudiciais à solidez e segurança da obra, afirmando: "Pode ocorrer, todavia, que, no momento da entrega, a obra esteja aparentemente perfeita e, no entanto, ocorra a existência de vícios ou defeitos que, por serem ocultos, somente com o tempo venham a ser notados. Aqui se insinua a teoria dos vícios redibitórios... Acusando vícios ocultos a coisa entregue pelo empreiteiro, tais como infiltrações, vazamentos, defeitos nas instalações elétricas e/ou hidráulicas, o comitente pode enjeitá-la (CC, art. 1.101 [*art. 441 do novo*]), uma vez que a tornem imprópria ao uso a que é destinada ou lhe diminuam o valor ('*actio redhibitoria*'). Em vez de rejeitar a coisa (art. 1.105 [*correspondente ao art. 442 do atual*]), pode o dono da obra reclamar abatimento no preço ('*actio quanti minoris*')"[186].

Aduza-se que os pequenos defeitos, que não afetam a segurança e a solidez da obra, são considerados vícios redibitórios, que devem ser alegados no prazo decadencial de um ano, contado da entrega efetiva. Se o lesado já estava na posse do imóvel, o prazo é reduzido à metade. Quando o vício, por sua natureza, só puder ser conhecido mais tarde, o prazo contar-se-á do momento em que dele se tiver ciência, até o prazo máximo de um ano (CC, art. 445 e § 1º).

Se o contrato estiver sob a égide do Código de Defesa do Consumidor, o prazo será de noventa dias, contado da tradição, se o vício for aparente, e do seu surgimento, se for oculto. Mas o consumidor poderá utilizar o prazo que lhe for mais favorável, abrindo mão do sistema protetivo do referido diploma (art. 7º).

---

[185] Hely Lopes Meirelles, *Direito de construir*, cit., p. 292.
[186] *Responsabilidade civil*, cit., p. 216-217.

34. RESPONSABILIDADE POR DANOS A VIZINHOS E A TERCEIROS

Os danos causados aos vizinhos hão de ser ressarcidos por quem der origem a eles e por quem aufere os proveitos da construção. A jurisprudência pátria tem reconhecido a responsabilidade solidária do construtor e do proprietário, admitindo, porém, a redução da indenização quando a obra prejudicada concorreu efetivamente para o dano, por insegurança ou ancianidade. O proprietário, porém, tem ação regressiva contra o construtor, se os danos decorreram de imprudência, negligência e, especialmente, imperícia de sua parte[187].

A responsabilidade solidária *decorre da simples nocividade da obra, independentemente de culpa de qualquer deles*.

Com relação aos danos causados aos vizinhos ou a terceiros, provenientes de desabamentos, queda de materiais, ruído, poeira e de outras causas, *a responsabilidade decorre do art. 186 (aquiliana) e deve ser atribuída diretamente àquele que executa a obra, ou seja, ao construtor, que tem a guarda da coisa e a direção dos trabalhos*. Assim, "*o dano sofrido por um transeunte durante o período de construção é da responsabilidade do construtor, pois este é quem tem a guarda da coisa e direção dos trabalhos. Idêntica conclusão, se os danos resultam de ruído, poeira, fumaça etc., decorrentes da execução da obra*"[188].

A doutrina, em relação aos danos a terceiros, segue, de modo geral, a distinção que faz Hely Lopes Meirelles[189]: se se trata de vizinhos, haveria solidariedade entre o proprietário e o construtor, e seria independente da culpa de um e de outro. Em relação ao terceiro "não vizinho", a responsabilidade é do construtor; o proprietário somente com ele se solidariza se houver confiado a obra a pessoa inabilitada para os trabalhos de engenharia e arquitetura.

Sérgio Cavalieri Filho[190] discorda desse entendimento, afirmando ser indiferente para o terceiro prejudicado o ajuste celebrado entre o proprietário e o construtor. O que solidariza e vincula o proprietário e o construtor pela reparação do dano sofrido por terceiro é, objetivamente, a lesão decorrente do fato da construção, fato este proveitoso tanto para o dono da obra como para quem a executa com fim lucrativo. E, sendo princípio de direito que quem aufere os cômodos

---

[187] *RT*, 489/96.
[188] Mário Moacyr Porto, Responsabilidade civil do construtor, *RT*, 623/11, n. 5.
[189] *Direito de construir*, cit., p. 295-300; Caio Mário da Silva Pereira, *Responsabilidade civil*, cit., p. 215; Iolanda Moreira Leite, *Responsabilidade civil*, cit., p. 144.
[190] *Programa*, cit., p. 262.

suporta os ônus, ambos devem responder pelos danos que o fato da construção causar a terceiros. O que o dono da obra poderá fazer – aí, sim, baseado no contrato – é promover ação regressiva contra o construtor para se ressarcir daquilo que tiver indenizado ao terceiro.

Quando se trata de danos causados às construções vizinhas, a responsabilidade solidária do proprietário e do construtor decorre da simples nocividade da obra, independentemente da culpa de qualquer deles. Sendo solidária, o que pagar sozinho a indenização terá direito de exigir do outro a sua quota, nos termos dos arts. 283 do Código Civil e 130, III, e 132 do Código de Processo Civil de 2015. No entanto, se o dano resultou de culpa do construtor e o proprietário pagou a indenização, assistir-lhe-á direito à ação regressiva contra o construtor culpado, para haver dele o que pagou[191].

No primeiro caso, o proprietário, ao ser citado para a ação, poderá valer-se do instituto do chamamento ao processo (art. 130, III, do CPC/2015) para voltar-se contra o construtor culpado; no segundo, do instituto da denunciação da lide (CPC/2015, art. 125, II).

A responsabilidade do construtor permanece não só perante o dono da obra como também perante quem o suceda na propriedade, ou adquire direitos reais, de promissário-comprador do imóvel[192], pois a alienação não pode ser causa de isenção de responsabilidade do construtor pela solidez e segurança da obra, que é de natureza legal. O comprador, assim, pode opor defeitos, relativos à solidez e segurança da obra. Se assim não for, "o art. 1.245 [*do Código Civil de 1916, correspondente ao art. 618 do atual*] se torna letra morta, na hipótese de alienação, logo após o recebimento da obra"[193].

35. O CONTRATO DE CONSTRUÇÃO COMO RELAÇÃO DE CONSUMO (CÓDIGO DE DEFESA DO CONSUMIDOR)

A grande maioria dos contratos de construção integra a categoria dos contratos de consumo. Desde a entrada em vigor do Código de Defesa do Consumidor, as relações jurídicas entre as partes contratantes, nos contratos de empreitada que constituíam relação de consumo, passaram a ser reguladas diretamente por aquele diploma, a ponto de serem destacadas do Código Civil de 1916, que só tinha aplicação subsidiária.

---

[191] Mário Moacyr Porto, *RT*, 623/11, n. 5; Silvio Rodrigues, *Direito civil*, cit., v. 5, p. 159, n. 92.
[192] STF, *RT*, 567/242; TJSP, *RT*, 620/88, 621/76, 627/123.
[193] *RT*, 621/78.

O atual Código Civil, que é posterior àquele e disciplinou o contrato de empreitada, aplica-se aos contratos celebrados entre particulares que não configuram relações de consumo. A estas, tendo sido ressalvada a legislação especial, continua aplicável o Código de Defesa do Consumidor. Exige este, expressamente, a culpa do profissional liberal para a responsabilização pelos defeitos do produto ou do serviço, não estabelecendo qualquer exceção à regra; pode, contudo, ser invertido o ônus da prova, para que referido profissional demonstre que não obrou com culpa e se exonere da responsabilidade. Por sua vez, dispõe o art. 612 do Código Civil que, *"se o empreiteiro só forneceu mão de obra, todos os riscos em que não tiver culpa correrão por conta do dono"*.

A responsabilidade das construtoras em geral (pessoas jurídicas) *continua sendo objetiva, pelos danos causados ao consumidor, tanto pelo fato do produto ou do serviço como pelo vício do produto ou do serviço, nos termos dos arts. 12, 14, 18 e 20 daquele diploma, admitindo-se somente as excludentes já mencionadas no n. 25*, retro. Observa-se que a proteção por ele conferida ao consumidor é mais ampla, considerando-se que o construtor responde objetivamente quer se trate de obra de vulto ou de pequeno porte, quer o defeito diga ou não respeito a sua solidez e segurança.

Aplica-se, também, o referido diploma aos casos em que o defeito venha a surgir depois de cinco anos, considerando-se que o prazo para reclamar dos vícios ocultos somente se conta a partir do momento em que se manifestam.

Nas *incorporações* de imóveis, respondem solidariamente o incorporador e o construtor pelos defeitos da construção. A responsabilidade do construtor decorre da garantia legal já comentada, bem como do fato de ser o substituto do incorporador na execução do contrato de construção. A do incorporador é contratual e regulada no art. 43 da Lei n. 4.591/64.

Os condôminos estão legitimados a reclamar o ressarcimento dos danos decorrentes de defeitos em suas respectivas unidades condominiais. O condomínio, por sua vez, tem legitimidade, no que se refere aos defeitos verificados nas partes comuns.

Aos contratos de *incorporação imobiliária*, embora regidos pelos princípios e normas que lhes são próprios (Lei n. 4.591/1964), também se aplica subsidiariamente a legislação consumerista sempre que a unidade imobiliária for destinada a uso próprio do adquirente ou de sua família. "Não pode ser considerada abusiva a cláusula de tolerância no compromisso de compra e venda de imóvel em construção desde que contratada com prazo determinado e razoável, já que possui amparo não só nos usos e costumes do setor, mas também em lei especial (art. 48, § 2º, da Lei n. 4.591/64). *Deve ser reputada razoável a cláusula que prevê no máximo o lapso de 180 (cento e oitenta) dias de prorrogação*"[194].

A RESPONSABILIDADE DOS DEPOSITÁRIOS E ENCARREGADOS DA GUARDA E VIGILÂNCIA DOS VEÍCULOS (ESTACIONAMENTOS, SUPERMERCADOS, RESTAURANTES, *SHOPPING CENTERS* ETC.)

> *Sumário*: 36. Contrato de depósito, de guarda e análogos. 37. A responsabilidade dos donos de estacionamentos e postos de gasolina. 38. A responsabilidade dos donos de oficinas mecânicas. 39. A responsabilidade dos donos de restaurantes e hotéis. 40. A responsabilidade das escolas e universidades. 41. A responsabilidade dos donos de supermercados e *shopping centers*. 42. A responsabilidade dos condomínios edilícios.

36. CONTRATO DE DEPÓSITO, DE GUARDA E ANÁLOGOS

Segundo a unanimidade dos autores, *o depósito é contrato real; perfaz-se com a tradição do objeto. É contrato pelo qual uma pessoa recebe um objeto móvel alheio, com a obrigação de devolvê-lo e restituí-lo. Para que se aperfeiçoe não basta o consentimento das partes, pois exige-se a entrega da coisa ao depositário*[195].

O que se identifica na essência das obrigações do depositário, segundo ensina AGUIAR DIAS[196], é um dever de segurança sobre a coisa depositada, obrigação de resultado que tem por efeito a presunção de culpa contra ele, se não a restitui ao termo do depósito.

Sendo um contrato de natureza real, somente se aperfeiçoa com a entrega do veículo à guarda e custódia do depositário. Pode, no entanto, existir obrigação de vigilância do veículo em outras modalidades de contratos, que poderiam ser chamados de contratos de guarda ou de vigilância ou simplesmente de contratos inominados, onerosos ou gratuitos, em que não ocorre a tradição e as chaves do veículo permanecem com o proprietário, assumindo o outro contratante a obrigação de vigiá-lo e de garantir a sua incolumidade, contra furtos e contra colisões e danos provocados por terceiros.

---

[194] STJ, REsp 1.582.318-RJ, 3ª T., rel. Min. Villas Bôas Cueva, *DJe* 21-9-2017.
[195] Clóvis Beviláqua, *Código Civil comentado*, obs. 2 ao art. 1.265; Washington de Barros Monteiro, *Curso de direito civil*, v. 5, p. 234; Caio Mário da Silva Pereira, *Instituições de direito civil*, v. 3, p. 245, n. 247.
[196] *Da responsabilidade*, cit., t. 1, p. 397, n. 145.

37. A RESPONSABILIDADE DOS DONOS DE ESTACIONAMENTOS E POSTOS DE GASOLINA

O dono do estacionamento que explora a guarda de veículos mediante paga dos usuários *responde como depositário*. E nessa conformidade só se escusava de responsabilidade pelo desaparecimento da coisa depositada, no sistema do Código Civil de 1916, provando caso fortuito ou força maior. No capítulo que tratava do depósito necessário, referido diploma considerava ocorrer tal hipótese em caso de roubo à mão armada e violências semelhantes (art. 1.285, II).

A jurisprudência, por essa razão, entendia que, se a hipótese era de furto simples, a responsabilidade do depositário permanecia incólume. Mas era afastada, quando demonstrava que o veículo fora objeto de roubo à mão armada.

O atual Código Civil não contém dispositivo similar ao mencionado art. 1.285, II, do diploma de 1916, que excluía a responsabilidade do depositário em caso de força maior, como nas hipóteses de escalada, invasão da casa, roubo à mão armada, ou violências semelhantes. Mas enfatiza, no art. 650, que essa responsabilidade cessa, se os depositários provarem que "*os fatos prejudiciais*" aos depositantes "*não podiam ser evitados*".

O fato inevitável exclui, portanto, a responsabilidade do depositário. Como proclamado pelo *Superior Tribunal de Justiça*, "a inevitabilidade e não a imprevisibilidade é que efetivamente mais importa para caracterizar o fortuito. E aquela há de entender-se dentro de certa relatividade, tendo-se o acontecimento como inevitável em função do que seria razoável exigir-se"[197].

Cabe aos tribunais decidir, pois, em cada caso, se o assalto à mão armada, nas condições em que foi realizado, no caso em julgamento, era inevitável, equiparado ao fortuito ou força maior, ou não, dizendo se era de se presumir, em face da atividade do depositário, tivessem sido tomadas especiais providências, visando à segurança.

Destaca-se o conteúdo da *Súmula 130 do Superior Tribunal de Justiça*: "A empresa responde, perante o cliente, pela reparação do dano ou furto de veículo ocorridos em seu estacionamento".

O boletim de ocorrência é considerado prova hábil da existência do furto, por gerar presunção *juris tantum* de veracidade[198].

Todavia, a empresa que administra estacionamento privado não tem responsabilidade pela segurança do cliente, mas apenas do veículo. A propósito, decidiu o *Tribunal de Justiça do Rio Grande do Sul*, em caso de vítima de sequestro-relâm-

---

[197] *RSTJ*, 132/311.
[198] *RT*, 638/92; *RJTJSP*, 110/165.

pago ocorrido dentro do estacionamento, que "não se pode exigir que o réu mantenha força armada privada a prevenir ou evitar os crimes perpetrados à mão armada em suas dependências, seja contra o seu próprio patrimônio, seja contra o patrimônio de seus consumidores"[199].

Nessa linha, proclamou o *Superior Tribunal de Justiça* que "o estacionamento se responsabiliza apenas pela guarda do veículo, não sendo razoável lhe impor o dever de garantir a segurança do usuário, sobretudo quando este realiza operação sabidamente de risco, consistente no saque de valores em agência bancária"[200].

Quanto aos postos de gasolina, são eles responsáveis pelos danos que os veículos sofrerem enquanto estiverem sob sua guarda, para fins de lavagem, lubrificação e outros serviços. Respondem inclusive pelos atos de seus empregados e prepostos, que porventura venham a se utilizar dos veículos e a causar danos a terceiros. A responsabilidade, neste caso, deixa de ser do proprietário e passa a ser do dono do posto, a quem a guarda foi transferida.

O Código de Defesa do Consumidor deu novos rumos à jurisprudência nesse particular, pois os donos de estacionamentos e de estabelecimentos análogos são prestadores de serviços e respondem, independentemente de culpa, pela reparação de danos causados aos consumidores por defeitos relativos à prestação de serviços (art. 14). O § 1º do aludido dispositivo considera defeituoso o serviço quando não fornece a segurança que o consumidor dele pode esperar, levando-se em consideração as circunstâncias relevantes, dentre as quais "o resultado e os riscos que razoavelmente dele se esperam" (inciso II).

Malgrado algumas discrepâncias ainda encontradas na jurisprudência, o *Superior Tribunal de Justiça* vem proclamando:

"Empresa que explora estacionamento, cobrando pelo serviço prestado, tem dever de guarda e vigilância sobre os veículos parqueados, respondendo por indenização em caso de subtração. O roubo, a exemplo do furto, não pode ser alegado como motivo de força maior por quem, em razão do seu ramo de atividade, tem por obrigação e especialidade prestar segurança"[201].

A jurisprudência consolidou-se no sentido de que as empresas que exploram comercialmente estacionamentos respondem pelos danos que os veículos, que deles se utilizem, venham a sofrer, inclusive nos casos de roubo à mão armada. *A*

---

[199] TJRS, Ap. 70.046.273.702, rel. Des. Alberto Pestana, disponível *in* Revista *Consultor Jurídico*, de 6-1-2013.
[200] STJ, REsp 1.232.795-SP, 3ª T., rel. Min. Nancy Andrighi, j. 2-4-2013, in <www.editoramagister.com> de 3-5-2013.
[201] *RT*, 704/232, rel. Min. Dias Trindade; REsp 31.206-5-SP, 4ª T., rel. Min. Sálvio de Figueiredo; REsp 181.390, 4ª T., rel. Min. Barros Monteiro.

Segunda Seção do Superior Tribunal de Justiça proclamou: "É assente na jurisprudência de ambas as Turmas julgadoras e integrantes da Segunda Seção que a prática do crime de roubo no interior de estacionamento de veículos, pelo qual seja direta ou indiretamente responsável a empresa exploradora de tal serviço, não caracteriza caso fortuito ou motivo de força maior capaz de desonerá-la da responsabilidade pelos danos suportados por seu cliente vitimado. Precedentes"[202].

O Código de Defesa do Consumidor, que representa significativa evolução do direito positivo brasileiro, aplica-se aos depositários, no que não contrariar o Código Civil, especialmente o art. 51 daquele diploma, que fulmina de nulidade as cláusulas abusivas, e seu § 1º, que proíbe a cláusula de não indenizar.

Os dispositivos da legislação consumerista citados não se mostram incompatíveis com o atual Código Civil, pois este também considera objetiva a responsabilidade dos donos de estacionamentos e de estabelecimentos análogos, somente podendo ter excluída a sua responsabilidade pela reparação dos danos causados aos usuários que ali deixaram os seus veículos, provando que o dano inexistiu, ou a culpa exclusiva do consumidor ou de terceiro, ou ainda a força maior.

38. A RESPONSABILIDADE DOS DONOS DE OFICINAS MECÂNICAS

O proprietário que entrega seu veículo a uma oficina mecânica para reparos transfere ao dono desta a guarda e a obrigação de por ele zelar, e de restituí-lo quando solicitado. *Dessa relação se origina um contrato de depósito, do qual decorre a responsabilidade do estabelecimento por danos sofridos pelo veículo, especialmente os decorrentes de sua movimentação pelos mecânicos e prepostos.*

Em virtude dessa transferência da guarda, respondem os donos de oficinas também pelos danos causados, por eles ou por seus prepostos, a terceiros, na condução dos veículos, e não seus proprietários.

Respondem, também, por seu desaparecimento, se não provarem a "culpa exclusiva do consumidor ou terceiro" (CDC, art. 14, § 3º). Confira-se: "Tendo a posse do veículo sido transferida à oficina mecânica, cujo titular passou a ter a sua guarda jurídica, não havendo negligência atribuível à proprietária do mesmo, descabe a pretensão ressarcitória, que, em face dela, foi distribuída"[203].

---

[202] STJ, AgInt no EREsp 1.118.454-RS, Segunda Seção, rel. Min. Villas Bôas Cueva, *DJe* 31-10-2017.
[203] TJRJ, Ap. 7.233/98-Capital, 11ª Câm., j. 12-11-1998.

39. A RESPONSABILIDADE DOS DONOS DE RESTAURANTES E HOTÉIS

Nas grandes cidades, os restaurantes costumam manter manobristas que ficam à disposição dos clientes; entregam um *ticket* a estes, recebem as chaves dos veículos e os estacionam em locais próprios ou até mesmo nas ruas próximas. O veículo é devolvido, mediante a apresentação do *ticket*, na saída.

A entrega do veículo ao preposto do estabelecimento transfere a este a guarda e a responsabilidade pela sua vigilância, configurando autêntico contrato de depósito. Responde, assim, o dono do restaurante, como depositário, pelo furto do veículo.

A propósito da responsabilidade das empresas em geral por furto de veículos, proclama a *Súmula 130 do Superior Tribunal de Justiça*: "A empresa responde, perante o cliente, pela reparação do dano ou furto de veículo ocorridos em seu estacionamento".

Decidiu o *Tribunal de Justiça de São Paulo*, em aresto relatado pelo Desembargador YUSSEF CAHALI:

"A gratuidade do serviço prestado aos proprietários de veículos que se servem do estabelecimento não exclui a responsabilidade pela guarda dos mesmos. Tal responsabilidade emerge exatamente do serviço complementar assim prestado pelo estabelecimento comercial àqueles que o buscam, em razão da comodidade que propicia"[204].

O Código de Defesa do Consumidor (Lei n. 8.078, de 11-9-1990), que se aplica aos prestadores de serviços em geral, não admite a estipulação de qualquer cláusula excludente da responsabilidade, nas relações de consumo.

Com efeito, em seu art. 24 o aludido diploma diz que "é vedada a exoneração contratual do fornecedor". E, no art. 25, proclama: "É vedada a estipulação contratual de cláusula que impossibilite, exonere ou atenue a obrigação de indenizar prevista nesta e nas Seções anteriores". Não bastasse, em seu art. 51, ao tratar das cláusulas abusivas, considera nulas de pleno direito as cláusulas que "impossibilitem, exonerem ou atenuem a responsabilidade do fornecedor por vícios de qualquer natureza dos produtos e serviços ou impliquem renúncia ou disposição de direitos".

Decidiu o *Tribunal de Justiça do Rio de Janeiro* que inexiste responsabilidade do dono do restaurante pelo furto, em seu interior, de bolsa pertencente a cliente. O acórdão fundamenta o *decisum* na excludente do fato exclusivo de terceiro[205]. Por sua vez, o *Tribunal de Justiça do Distrito Federal* deu provimento ao recurso de

---
[204] RT, 610/77.
[205] TJRJ, Proc. 2006.001.31464, 12ª Câm. Cível, j. 10-10-2006.

um restaurante, por entender não ser cabível indenização por furto de bolsa dentro do estabelecimento, uma vez constatada culpa exclusiva da consumidora, por deixar a bolsa na mesa ao se dirigir ao toalete, acentuando que "não há dever de guarda e vigilância a ser imposto às rés (restaurante e *shopping*), pois a prestação de serviços contratada não inclui tal incumbência às fornecedoras, estranha à sua atividade"[206].

O Tribunal de Justiça de Minas Gerais também eximiu restaurante de indenizar pelo furto de bolsa de cliente sob o argumento de que, "apesar de os estabelecimentos estejam obrigados a manter condições mínimas de segurança, não se olvidam certos limites para a atuação do prestador de serviços, pois a bolsa furtada é objeto pessoal e, evidentemente, o estabelecimento não pode sobre eles exercer controle total, ante a impossibilidade para tanto"[207].

Por sua vez, proclamou o *Superior Tribunal de Justiça*, no julgamento de caso de roubo de motocicleta mediante emprego de arma de fogo na área externa de lanchonete (estacionamento): "No caso, a prática do crime de roubo, com emprego inclusive de arma de fogo, de cliente de lanchonete *fast food*, ocorrido no estacionamento externo e gratuito por ela oferecido, constitui verdadeira hipótese de caso fortuito (ou motivo de força maior) que afasta do estabelecimento comercial proprietário da mencionada área o dever de indenizar (art. 393 do Código Civil)"[208].

Situação análoga à do restaurante é a do hotel, que recebe o veículo do hóspede e o guarda no próprio estabelecimento ou em algum outro local sob sua responsabilidade. Decorre esta da entrega do carro ao dono do hotel ou a seu preposto, que o recebe para guardar. Não importa, na espécie, se é cobrada ou não alguma remuneração pelo depósito, valendo aqui as mesmas observações que foram feitas a esse respeito no tocante à responsabilidade dos donos de restaurantes. A propósito, decidiu o *Superior Tribunal de Justiça*:

"A empresa que explora hotel é responsável pela indenização de furto de automóvel, verificado em estacionamento que mantém, ainda que não cobre por esse serviço destinado a atrair clientela, por falta ao seu dever de vigilância"[209].

Se, no entanto, o hotel não "recebe" as chaves do veículo e não o guarda, mas apenas permite que o hóspede estacione em suas dependências, por mera cortesia, sendo tal circunstância do conhecimento deste, não se caracteriza o contrato de depósito. Já se decidiu, com efeito:

---

[206] TJDFT, Proc. 20100111900363 ACJ, 3ª T., Revista *Consultor Jurídico* de 5-1-2012.
[207] TJMG, Proc. 1.0024.14.310104-6/001, 13ª C. Cív., rel. Des. Newton Teixeira Carvalho, j. 16-2-2017.
[208] STJ, REsp 1.431.606-SP, 3ª T., Min. Villas Bôas Cueva, *DJe* 13-10-2017.
[209] REsp 6.069-SP, 3ª T., rel. Min. Dias Trindade, j. 11-3-1991, *DJU*, 17-6-1991, p. 8204, n. 114.

"Havendo depósito, há obrigação de indenizar, mas, não se caracterizando esse contrato, não há responsabilidade. Se o hóspede é costumeiro, não ignorando o regulamento do hotel, expresso em não se responsabilizar pelos veículos deixados em seu estabelecimento gratuito, e não invocada a culpa do estabelecimento, sob qualquer modalidade, a ação de indenização improcede"[210].

40. A RESPONSABILIDADE DAS ESCOLAS E UNIVERSIDADES

Poucas vezes se configura a responsabilidade das escolas e universidades pelos furtos de veículos ocorridos em suas dependências. Isto porque, na maioria das vezes, não ocorre a entrega da coisa e a transferência da obrigação de guarda, limitando-se tais estabelecimentos a permitir que alunos e professores deixem seus carros em área destinada a estacionamento.

Nesses casos, não se caracteriza o contrato de depósito, porque as chaves do veículo permanecem em poder do proprietário e não se dá a emissão de *ticket* comprovando a entrega do veículo à guarda do estabelecimento. Diferente, no entanto, será a situação se o veículo for entregue à guarda do estabelecimento, mediante remuneração e controle de entrada e saída de veículos pela emissão de *tickets* ou outro sistema de vigilância.

Decidiu o *Superior Tribunal de Justiça* que, em caso de furto de automóvel em estacionamento de universidade pública, a ação deve ser proposta somente contra esta, sendo parte ilegítima passiva *ad causam* a empresa contratada para prestar serviços de vigilância. Poderá esta, no entanto, figurar na ação como litisdenunciada, com base no contrato em que assumiu a obrigação de indenizar[211].

Por sua vez, assentou o *Tribunal Regional Federal da 1ª Região*:

"Furto de veículo em *campus* de Universidade Federal. Ausência de demonstração de que a instituição oferecia o estacionamento com garantia de policiamento. Verba indevida"[212].

O *Tribunal de Justiça de São Paulo*, contudo, decidiu:

"Fazenda Pública. Responsabilidade civil. Veículo de professor danificado no pátio interno de escola. Omissão do zelador demonstrada. Irrelevante que fosse mera liberalidade da direção a permissão para estacionamento. Interpretação do artigo 37, § 6º, da Constituição da República. Ação procedente"[213].

---

[210] RT, 563/84.
[211] RT, 693/264.
[212] RT, 773/396.
[213] JTJ, Lex, 228/59.

41. A RESPONSABILIDADE DOS DONOS DE SUPERMERCADOS E *SHOPPING CENTERS*

Há supermercados que integram os *shopping centers*. Outros há, no entanto, que constituem estabelecimentos autônomos e também possuem uma área destinada a estacionamento dos fregueses.

Se esses estacionamentos têm um aparato de segurança com a finalidade de inspirar confiança a quem vai ter ao supermercado, caracterizado por grades, portões de entrada e de saída para os carros, guaritas para os guardas, não resta dúvida de que existe o dever de vigilância e a consequente responsabilidade em caso de furto, mesmo que as chaves do veículo permaneçam em poder do proprietário e o estacionamento seja gratuito. Assim, com efeito, tem sido decidido[214].

Quando, no entanto, não existe esse aparato e se trata de um simples estacionamento (geralmente uma área ao lado ou defronte ao estabelecimento, consistente num simples recuo da construção) cedido gratuitamente aos fregueses, não se pode dizer que foi assumido o dever de vigilância dos veículos, nem que existe responsabilidade do estabelecimento, em caso de furto.

Uma rede de supermercados foi condenada a ressarcir ex-empregado que teve o veículo furtado no estacionamento da unidade em que trabalhava: "A empresa não pode eximir-se de sua responsabilidade pelo ato criminoso ocorrido em suas dependências, máxime quando auferia lucros pela existência e utilização de seu estacionamento pelo reclamante, que fazia o uso do mesmo em razão do contrato"[215].

A situação dos *shopping centers* é complexa e mais abrangente. É uma nova realidade consistente em um sistema de concentração de comércio em espaços, dentro do princípio moderno de *marketing*, conhecido como *tennant mix*, ou simplesmente *mix*.

A jurisprudência tem considerado que se trata de uma atividade empresarial que configura uma unidade de serviços, que integra, em espaço determinado, o empreendedor, os lojistas e o público, daí decorrendo relações jurídicas típicas que envolvem a todos eles.

Ao contrário daquele tipo antigo de comércio, sempre instalado o mais próximo possível dos centros de maior densidade demográfica, o *shopping center* fica em regra afastado desses locais para ter terreno de dimensões amplas e bastantes ao empreendimento, a fim de que não haja falta de espaço interno e externo, no último caso para um grande estacionamento de veículos.

---

[214] *RJTJSP*, 111/401.
[215] TRT, 4ª Reg., 8ª T., rel. Des. Marcos Fagundes Salomão, disponível *in* Revista *Consultor Jurídico* de 9-6-2019.

O estacionamento existe como parte essencial do negócio, gerando para o cliente uma verdadeira expectativa de guarda, isto é, a certeza de que é melhor frequentar o *shopping center* para compra ou lazer, pela segurança e facilidades oferecidas, dentre as quais está o estacionamento.

Não é somente no contrato de depósito que existe o dever de guarda e vigilância. Tal dever pode ser assumido, mesmo tacitamente, em outras circunstâncias. Se não há contrato de depósito, pela falta de entrega das chaves do veículo ao empreendedor ou a seu preposto, nem por isso deixará de existir o dever de guarda ou de vigilância quando houver todo um aparato destinado a atrair clientes em razão das facilidades de compras e de estacionamento seguro que lhes são acenados.

O que se deve ter presente nesses casos, como bem afirmou CARLOS ALBERTO MENEZES DIREITO[216], é que a visibilidade do estacionamento, como integrante do *shopping center*, impõe a este o dever de custódia, independentemente das circunstâncias específicas de ser pago, ou não, de ter controle de entrada e saída, ou de ter suficiente proteção, ou não.

Também o pensamento de AGUIAR DIAS mostra-se afinado com os novos rumos da matéria: "Por outro lado, o depósito de automóveis se caracteriza pela sua entrega, não sendo necessário o ato simbólico da entrega das chaves. Inegável, ainda, que o estabelecimento comercial fornece esse estacionamento para seus clientes, tanto assim que pode impedir que ali estacione quem não vai fazer compras no supermercado. O supermercado assim procede porque essa prática lhe fornece lucros, pela facilidade do estacionamento, lucros indiretos, por isto que o estacionamento é gratuito, mas incontestáveis, através do aumento de seu volume de vendas. É claro que, assim sendo, a ele incumbe arcar com a segurança dos veículos estacionados naquele local, não podendo excluir essa responsabilidade a tabuleta colocada na entrada do estacionamento, pois a mesma decorre de um princípio imperativo de Direito"[217].

Em outros dois pareceres, AGUIAR DIAS repete a lição, sendo explícito, ainda, a respeito da extensão da responsabilidade a todos os prestadores de serviço que mantenham estacionamento, como, também, a respeito da questão relativa à entrega das chaves do automóvel: "Foi um importante passo adiante na evolução da responsabilidade civil no Brasil. A todo prestador de serviços incumbe a garantia da incolumidade dos usuários, pois o risco que contra ela existe é risco dos empresários, e não dos cidadãos que lhe dão lucro"[218]. "Quanto ao depósito de chaves em mãos do preposto, só apresenta relevância escusa-

---

[216] Anotações sobre a responsabilidade civil por furto de automóveis em *shopping centers*, RT, 651/239.
[217] *Boletim ADV*, 1986.
[218] *Boletim ADV*, 1986.

tória quando é solicitado e não é aceito pelo hóspede, o que, ao que se vê dos autos, não aconteceu"[219].

O fato de o proprietário do veículo não adquirir nenhum produto no interior do *shopping* não afasta a responsabilidade indenitária. Seja qual for o objetivo do frequentador ao ingressar nesses complexos comerciais – consumo, passeio, lazer, refeição, esporte, retirada de dinheiro em caixas eletrônicos, negócios etc. –, subsistirá sempre a potencialidade de consumo e a responsabilidade da empresa, pois sua utilização não é exclusiva da clientela, nem condicionada a que o usuário efetue alguma compra ou utilize algum serviço. É franqueada a quem quer que estacione o carro, entrando e saindo livremente[220].

Confira-se a jurisprudência:

"A empresa que fornece estacionamento aos veículos de seus clientes responde objetivamente pelos furtos, roubos e latrocínios ocorridos no seu interior, uma vez que, em troca dos benefícios financeiros indiretos decorrentes desse acréscimo de conforto aos consumidores, o estabelecimento assume o dever – implícito em qualquer relação contratual – de lealdade e segurança, como aplicação concreta do princípio da confiança. *Inteligência da Súmula 130 do STJ*"[221].

"Tiroteio ocorrido em loja de *shopping center* – Disparo de arma de fogo que atingiu cliente do centro de compras – Responsabilidade civil configurada – Caso fortuito – Não ocorrência.

Nos termos da orientação jurisprudencial do *Superior Tribunal de Justiça*, faz parte do dever dos estabelecimentos comerciais, como *shopping centers* e hipermercados, zelar pela segurança de seus clientes, não sendo possível afastar sua responsabilidade civil com base em excludentes de força maior ou caso fortuito"[222].

---

[219] *Informativo semanal* 6, ano 1985, p. 49, *Boletim ADV*.
[220] TJSP, EI 084.518.4/5-01, rel. Des. Munhoz Soares.
[221] STJ, REsp 1.269.691-PB, 4ª T., rel. p/acórdão Min. Luis Felipe Salomão, *DJe* 5-3-2014. "Shopping Center. Roubo em estacionamento. Obrigação de indenizar. O risco da atividade e a ideia de segurança transmitidas por supermercados e *shoppings centers* tornam esses tipos de estabelecimento responsáveis pela integridade física dos clientes. Nítida a opção do consumidor por um local que ofereça estrutura e segurança, propiciando uma alternativa para fugir da violência típica de um grande centro urbano. Inválido o argumento de que o episódio envolveria fortuito externo ou causado por força maior" (TJRJ, Apel. 0018601-23.2011.8.19.0209, rel. Des. Maria Aglaé Tedesco, disponível *in* Revista *Consultor Jurídico* de 1º-7-2018; "Shopping Center. Não isolamento de área em que ocorriam obras. Queda de objeto da fachada, atingindo funcionária de uma loja. Responsabilidade objetiva do Condomínio e da companhia de seguros ao pagamento solidário de indenização" (TJRJ, Apel. 0297101.94.2013.8.19.0001, rel. Des. Maldonado de Carvalho, disponível *in* Revista *Consultor Jurídico* de 3-6-2018).
[222] STJ, AgInt no AREsp 790.302-RJ, 4ª T., rel. Min. Raul Araújo, *DJe* 6-3-2017.

Ao julgar pedido de reparação de danos pelo desabamento de teto de shopping center, que acabou por atingir e causar lesões à consumidora que estava no interior de suas dependências, o *Superior Tribunal de Justiça* compreendeu que "A responsabilidade civil do shopping center no caso de danos causados à integridade física dos consumidores ou aos seus bens não pode, em regra, ser afastada sob a alegação de caso fortuito ou força maior, pois a prestação de segurança devida por este tipo de estabelecimento é inerente à atividade comercial exercida por ele. 9. Um consumidor que está no interior de uma loja, em um shopping center, não imagina que o teto irá desabar sobre si, ainda que haja uma forte tempestade no exterior do empreendimento, afinal, a estrutura do estabelecimento deve – sempre, em qualquer época do ano – ser hábil a suportar rajadas de vento e fortes chuvas. Nesse diapasão, não é possível isentar o empreendimento pelas lesões sofridas pela recorrente"[223].

42. A RESPONSABILIDADE DOS CONDOMÍNIOS EDILÍCIOS

Um condomínio não tem, em princípio, a obrigação de guardar os bens de seus condôminos. Mas é preciso distinguir: se estes dispõem de todo um aparato destinado a zelar pela guarda de tais bens (vigias, dispositivos de segurança etc.), a responsabilidade pelo furto de veículo pertencente a condômino, ou de toca-fitas, pode ser-lhes tributada, porque os prepostos contratados para cuidar desses bens negligenciaram, permitindo a consumação do furto[224].

Decidiu o *Superior Tribunal de Justiça* que é lícito aos condôminos estabelecer, na convenção, "não ser devida indenização, pelo condomínio, em virtude de danos sofridos por veículos estacionados na garagem do edifício"[225].

Também reconheceu a referida Corte a responsabilidade de empresa de vigilância em razão de falha na prestação de serviços, pelo fato de moradora ter dinheiro e joias de valor sentimental furtados de seu apartamento. Confira-se:

"Ficou demonstrado no processo que o acesso dos assaltantes ao condomínio se deu a partir do comportamento negligente do preposto da empresa recorrente e que não estava em funcionamento o circuito de TV, cuja manutenção competia à firma – o que torna inequívoca a ocorrência não apenas de uma, mas de duas graves falhas no serviço de segurança prestado"[226].

---

[223] REsp 1.764.439-SP, 3ª T., rel. Min. Nancy Andrighi, *DJe* 24-5-2019.
[224] *RJTJSP*, 123/331.
[225] REsp 10.285-SP, 3ª T., rel. Min. Nilson Naves, *DJU*, 16-12-1991, p. 18534.
[226] STJ, REsp 1.330.225, 3ª T., rel. Min. Villas Bôas Cueva, disponível *in* Revista *Consultor Jurídico* de 11-2-2018.

ACIDENTE DE TRABALHO E RESPONSABILIDADE CIVIL

Sumário: 43. Indenização acidentária. 44. Avanço representado pela Constituição Federal de 1988.

43. INDENIZAÇÃO ACIDENTÁRIA

A indenização decorrente da infortunística, tarifada, não cobre todos os danos sofridos pelo trabalhador. O seguro de acidentes do trabalho, na atual legislação, está integrado na Previdência Social, em forma de monopólio. Sob a égide do Decreto-Lei n. 7.036, de 1944, o empregador era responsável, em decorrência do contrato de trabalho, pela indenização acidentária, e deveria manter seguro para garantir ao trabalhador o pagamento da respectiva indenização em caso de infortúnio, sendo que o prêmio era pago pela empresa.

Hoje, com a integração do seguro de acidentes na Previdência Social, alteraram-se as formas de indenização, não havendo mais o pagamento de uma indenização fixa, mas a adoção de novos critérios para a compensação previdenciária específica do trabalhador pelo dano sofrido em razão do infortúnio. A ação, agora, é ajuizada contra o órgão previdenciário que detém o monopólio do seguro de acidentes.

No seguro contra acidentes do trabalho a responsabilidade é objetiva, sendo suficiente apenas a ocorrência do acidente para exsurgir ao acidentado o direito de socorrer-se da legislação acidentária, cabendo ao órgão securitário a obrigação de indenizar a incapacidade para o trabalho.

44. AVANÇO REPRESENTADO PELA CONSTITUIÇÃO FEDERAL DE 1988

A Constituição Federal de 1988, no capítulo dos direitos sociais, dentre outros direitos assegurados aos trabalhadores urbanos e rurais, estabeleceu o "seguro contra acidentes de trabalho, a cargo do empregador, sem excluir a indenização a que este está obrigado, quando incorrer em dolo ou culpa" (art. 7º, XXVIII).

Nota-se um grande avanço em termos de legislação, pois admitiu-se a possibilidade de ser pleiteada a indenização pelo direito comum, cumulável com a acidentária, no caso de dolo ou culpa do empregador, sem fazer qualquer distinção quanto aos graus de culpa.

O avanço, no entanto, não foi completo, adotada apenas a responsabilidade subjetiva, que condiciona o pagamento da indenização à prova de culpa ou dolo do empregador, enquanto a indenização acidentária e securitária é objetiva. Os novos rumos da responsabilidade civil, no entanto, caminharam no sentido de considerar objetiva a responsabilidade das empresas pelos danos causados aos empregados, com base na teoria do risco criado, cabendo a estes somente a prova do dano e do nexo causal.

Esses dois requisitos não podem ser dispensados. Já se decidiu, com efeito, ser incabível a indenização se não demonstrado que a vítima se encontrava em serviço e que tivesse se dirigido ao estabelecimento comercial a mando ou no interesse da empresa, embora se tivesse apossado de trator desta para seu transporte pessoal"[227]. E, ainda:

"A empresa responde objetivamente em caso de acidente de trabalho ocorrido durante atividade de risco acentuado. Ajudante geral que durante 10 anos fazia viagens a cidades do interior e do litoral de São Paulo e a outros estados para fazer reparos em redes elétricas e que foi 'fechado' por outro carro e acabou falecendo no acidente. Ainda que a empresa não tenha agido com culpa, o fato de o empregado ter de fazer viagens para fazer seu trabalho o colocava em situação de risco, caracterizando a responsabilidade objetiva da empresa"[228].

"Atividade profissional desempenhada com o uso de motosserra deve ser considerada de risco, "cabendo à empresa indenizar o empregado em caso de acidente. O art. 927, parágrafo único, do Código Civil preconiza que a responsabilidade independerá da existência de culpa quando a atividade desenvolvida pelo autor do dano implicar, por sua natureza, risco para os direitos de outrem. Está-se diante da responsabilidade objetiva, em que, mesmo ausente a culpa ou o dolo do agente, a reparação será devida"[229].

HUMBERTO THEODORO JÚNIOR observou que "a existência, enfim, de culpa grave ou dolo, até então exigida pela jurisprudência para condicionar a responsabilidade civil paralela à indenização acidentária, foi inteiramente abolida nos termos da inovação trazida pelo art. 7º, XXVIII, da nova Constituição. Qualquer falta cometida pelo empregador, na ocasião de evento lesivo ao empregado, acarretar-lhe-á o dever indenizatório do art. 159 do CC [*de 1916, correspondente ao art. 186 do atual*], mesmo as levíssimas, porque '*in lege Aquilia et levissima culpa venit*'"[230].

---

[227] *RT*, 608/98.
[228] TST, RR-795-07.2011.5.02.0271-SP, 2ª T., rel. Min. José Roberto Freire Pimenta, disponível *in* Revista *Consultor Jurídico* de 29-4-2019.
[229] TST, RR-347-77.2012.5.09.0053, 2ª T., rel. Min. José Roberto Freire Pimenta, disponível *in* Revista *Consultor Jurídico* de 15-5-2019.
[230] Acidente do trabalho após o advento da Constituição de 1988, *RT*, 662/10, n. 5.

Qualquer que seja, portanto, o grau de culpa, terá o empregador de suportar o dever indenizatório, segundo as regras do Direito Civil, sem qualquer compensação com a reparação concedida pela Previdência Social. Somente a ausência total de culpa do patrão (em hipóteses de caso fortuito ou força maior, ou de culpa exclusiva de vítima ou de terceiro) é que o isentará da responsabilidade civil concomitante à reparação previdenciária.

Quando a responsabilidade pelo acidente de trabalho é de ambos, ou seja, da empresa e também do empregado, a indenização deve ser dividida em 50% para cada um[231].

Proclamou a *Segunda Turma do Tribunal Regional do Trabalho da 18ª Região, no dia 6 de maio de 2020*: "Conforme a jurisprudência dominante, em se tratando de atividade que, pela sua natureza, pressupõe a utilização de motocicleta, aplica-se a teoria da responsabilidade objetiva, prevista no parágrafo único do artigo 927 do Código Civil" (0010616-05.2019.5.18.0111).

A Primeira Turma, por seu turno, proclamou que não cabe indenização se o acidente do trabalho ocorrer por culpa da vítima. No caso *sub judice* apurou-se que a funcionária, durante viagem de trabalho, dirigia em velocidade incompatível com a via de Goiânia (GO) a Uberlândia (MG) quando perdeu o controle do carro e colidiu com outro veículo. Assim, "o contexto probatório dos autos indica que o acidente foi causado por culpa exclusiva da vítima, não havendo como se responsabilizar a empregadora por esse infortúnio"[232].

Nos termos do julgado da 3ª Turma do Tribunal Superior do Trabalho, observam-se três requisitos para aferição da responsabilidade civil do empregador nos casos de doença ocupacional:

"a) ocorrência do fato deflagrador do dano ou do próprio dano, que se constata pelo fato da doença ou do acidente, os quais, por si sós, agridem o patrimônio moral e emocional da pessoa trabalhadora (nesse sentido, o dano moral, em tais casos, verifica-se pela própria circunstância da ocorrência do malefício físico ou psíquico); b) nexo causal, que se evidencia pela circunstância de o malefício ter ocorrido em face das circunstâncias laborativas; c) culpa empresarial, a qual se presume em face das circunstâncias ambientais adversas que deram origem ao malefício. Embora não se possa presumir a culpa em diversos casos de dano moral – em que a culpa tem de ser provada

---

[231] TST, Proc. n. TST-RR-45700-98.2007.5.17.0181, 1ª T., rel. Min. Hugo Carlos Scheuermann, j. 3-2-2016.
[232] Processo-ROT-0010954-40.2018.5.18.0005, redator designado Wellington Luis Peixoto, j. 19-9-2019.

pelo autor da ação –, tratando-se de doença ocupacional, profissional ou de acidente do trabalho, essa culpa é presumida, em virtude de o empregador ter o controle e a direção sobre a estrutura, a dinâmica, a gestão e a operação do estabelecimento em que ocorreu o malefício"[233].

> **A RESPONSABILIDADE DOS TABELIÃES**
> *Sumário*: 45. A disciplina na Constituição Federal de 1988. 46. Responsabilidade objetiva do Estado e subjetiva do tabelião.

45. A DISCIPLINA NA CONSTITUIÇÃO FEDERAL DE 1988

Entende MARIA HELENA DINIZ que "os notários, tabeliães e escreventes de notas assumem obrigação de resultado perante as pessoas que contratam o exato exercício de suas funções, tendo responsabilidade civil contratual se não as cumprir. As funções do notário decorrem de lei; seus deveres são, por isso, legais. A circunstância de ser o notário um oficial público não atingirá o caráter contratual de sua responsabilidade (*RF*, 42:37, 45:510). Além do mais, os tabeliães responderão perante terceiros: a) pelos erros graves que cometerem no desempenho de sua função, prejudicando-os, dando lugar, p. ex., a uma anulação de testamento por falta de formalidades essenciais (*RT*, 67:339, 47:723; CC [*de 1916*], art. 1.634, parágrafo único), pois deve ter certo conhecimento de direito; e b) pelas inexatidões e lacunas dos atos que lavrou, desde que causem danos a outrem"[234].

Os casos mais comuns de responsabilidade civil dos tabeliães relacionam-se com os cartórios de notas. São numerosos os casos de indenização por prejuízos decorrentes de reconhecimento de firmas falsas, quando se trata de falsificação relativamente grosseira, perceptível a olho nu.

Segundo CLAUDINEI DE MELO, "ao Estado, sim, caberá responder pelos prejuízos causados às partes, ou terceiros, pelos serventuários por ele escolhidos e indicados para os respectivos cargos"[235].

A *Constituição Federal* dispõe, em seu art. 236, *caput*:

---

[233] TST, AIRR226-03.2013.5.15.0100, 3ª T., rel. Min. Mauricio Godinho Delgado, *DEJT* 19-8-2016.
[234] *Curso de direito civil brasileiro*, 16. ed., v. 7, p. 252.
[235] Da responsabilidade civil dos tabeliães, *RT*, 557/263.

"Os serviços notariais e de registro são exercidos em caráter privado, por delegação do Poder Público".

Afirma CAIO MÁRIO DA SILVA PEREIRA que a Constituição considerou os serviços notariais e de registro exercidos em caráter privado, "por delegação do Poder Público". Assim havendo estabelecido, "não afastou a responsabilidade do Estado pelas faltas e abusos que cometam os servidores, uma vez que as atividades são exercidas por delegação do Poder Público"[236].

Parece-nos que se justifica plenamente a inserção dos serventuários da Justiça no rol dos servidores públicos, dos funcionários públicos em sentido lato, a despeito do "caráter privado" como são exercidos os serviços que lhes são pertinentes, pois ocupam cargos criados por lei, com denominação própria e em número certo, são nomeados pelo Poder Público, mediante concurso público, gozam do direito a férias e licenças; estão sujeitos a regime disciplinar; contribuem para o Instituto de Previdência do Estado; fazem jus à aposentadoria nos termos do Estatuto dos Funcionários Públicos. E, embora não remunerados diretamente pelos cofres públicos, o preço de seus serviços, pagos pelos usuários, decorre de tabelas também aprovadas pelo Poder Público.

Como observa JOSÉ RENATO NALINI, "o notariado brasileiro é o do tipo latino. O notário é um funcionário público a título 'sui generis', pois remunerado diretamente pela parte, mediante custas e emolumentos. Além disso, é titular da fé pública e está vinculado ao Poder Judiciário, que lhe fiscaliza os atos de ofício e exerce disciplina administrativa. A Constituição da República não inovou a respeito. A delegação apenas restou explicitada na lei fundamental. Continuam os notários exercentes de função pública. E é simples concluir que não fora pública a função exercida e não haveria necessidade de delegação. O Poder Público apenas delega aquilo que detém"[237].

46. RESPONSABILIDADE OBJETIVA DO ESTADO E SUBJETIVA DO TABELIÃO

Consoante entendimento de CLAYTON REIS, "o Estado responde pelos atos praticados pelos seus prepostos ainda que erigidos através da função delegada, que na realidade é uma *longa manus* do poder estatal", tendo direito de regresso "no caso de culpa ou dolo dos lesionadores do direito, conforme, aliás, prevê o art. 37, § 6º, da Constituição Federal"[238].

---

[236] *Instituições*, cit., v. III, p. 184, n. 137.
[237] A responsabilidade civil do notário, *RJTJSP*, 130/19.
[238] A responsabilidade civil do notário e do registrador, *RT*, 703/19. V. a jurisprudência: "A responsabilidade civil por dano causado a particular por ato de oficial do Registro de Imóveis

ARNALDO MARMITT, por sua vez, afirma com razão que "a vítima não é obrigada a endereçar sua ação contra o poder público, mas, se a dirigir diretamente contra o servidor, deve comprovar a culpa ou dolo, vez que a responsabilidade objetiva só condiz com o poder público"[239].

A responsabilidade civil existirá quando o notário causar dano a seus clientes: "1. Pelos defeitos formais do instrumento que determinam a frustração do fim perseguido com a intervenção notarial; 2. Por vícios de fundo que determinem a nulidade absoluta (pois se os há, o notário deve abster-se de intervir) ou a relativa (a menos que esta se produza por vício previsto pelo notário e advertido aos outorgantes); 3. Pela desacertada eleição do meio jurídico para a consecução do fim proposto; 4. Pelo deficiente assessoramento quanto às consequências do ato notarial (parte tributária, etc.); 5. Pela incorreta conduta do notário como depositário ou mandatário de seus clientes (paga de impostos, apresentação de documentos, etc.)"[240].

JOSÉ RENATO NALINI menciona ainda as principais hipóteses de responsabilidade do notário, dentre as quais "o reconhecimento de firma falsa (*RT*, 404:152); falta de especificação, no testamento, de haverem sido observadas todas as formalidades legais, dando causa à sua nulidade (art. 1.634 do CC [de 1916]); não recolhimento de selo em papéis passados em notas de seu ofício (*RTJ*, 48:132); venda invalidada devido à falsidade da procuração outorgada pelos vendedores, sendo a ação movida contra a tabeliã que lavrou o ins-

---

é pessoal, não podendo o seu sucessor, atual titular da serventia, responder pelo ato ilícito praticado pelo sucedido, antigo titular. Recurso especial não conhecido" (STJ, REsp 443.467-PR, 3ª T., rel. Min. Castro Filho, *DJU* de 1º-7-2005, p. 510). "Tabelião. Denunciação da lide ao escrevente que praticou o ato apontado como ilícito. Admissibilidade. Precedentes do STJ. Assim como a administração pública tem o direito de denunciar à lide o seu funcionário, também o tabelião pode fazê-lo, quando acionado diretamente pelo lesado, mesmo tendo responsabilidade equiparada àquela (TJSP, AgI 185.843-4-SP, 3ª Câm. Dir. Priv., rel. Des. Carlos R. Gonçalves, j. 6-2-2001).

[239] *Perdas e danos*, p. 240. V. a jurisprudência: "Tabelião. Ato notarial. Lavratura de instrumento de falsa procuração. Transferência de direito imobiliário. Perda do bem adquirido. Insuficiência das cautelas adotadas. Ligeira culpa que produz a obrigação de indenizar. Em se tratando de ação de responsabilidade civil, resultante de ato notarial, a mais ligeira culpa produz a obrigação de indenizar, respondendo o Tabelião perante aquele que perdeu o imóvel adquirido, pelo qual o criminoso, mediante artifício, conseguiu lavrar instrumento procuratório" (TJSP, Ap. 228.034-1, 6ª Câm. Dir. Priv., j. 8-6-1995, rel. Des. Testa Marchi). "Ato ilícito praticado por escrevente de Cartório não oficializado, no exercício do seu cargo. Culpa induvidosa do funcionário, que culminou em condenação. Definição ampla do conceito de funcionário" (*RJTJSP*, 27/89). "Responsabilidade civil do Estado. Ato ilícito praticado por serventuário. Reparação do dano. Obrigação solidária. Direito de regresso assegurado" (*RT*, 609/163).

[240] Pedro Ávila Alvarez, *Derecho notarial*, p. 450.

trumento público do mandato (*RT*, 594:254); lavratura de escritura com violação das prescrições da Lei n. 5.709, de 7 de outubro de 1971, referente a aquisição de imóvel rural"[241].

Segundo o mencionado articulista, há outros casos em que o notário pode ser responsabilizado, embora não mencionados na jurisprudência, tais como: 1) danos emergentes de sua negativa a prestar serviço, quando infundada; 2) falta de imparcialidade; 3) falhas no assessoramento funcional; 4) violação do segredo funcional; 5) omissão de comunicar a existência de testamentos; 6) vícios extrínsecos ou de forma, que possam provocar nulidades ou anulabilidades.

No seu entender, assim como o tabelião é civilmente responsável por ato de seu escrevente e tem direito de regresso contra o seu preposto ou auxiliar, também "é do sistema o direito de regresso do Estado contra o tabelião, se o prejudicado preferir acionar diretamente o poder público por lesão causada pelo detentor do serviço público delegado".

Como assinala Maria Helena Diniz, não haverá, todavia, responsabilidade do tabelião ou escrevente de notas pelo dano se o ato que praticou for ato de vontade das partes e não ato de autoridade, quando, por exemplo, "o tabelião lavra escritura de venda de ascendente a descendente sem o consentimento dos demais. Tal compra e venda é permitida em direito (CC, art. 496), mas será anulável em razão da inocorrência de um requisito legal: a anuência dos demais descendentes. O ascendente é que terá o dever de declarar a existência de outros filhos, de modo que o tabelião, mesmo que saiba da existência de outros descendentes, não poderá impedir a venda"[242].

É, acrescenta, a hipótese também da venda simulada (CC, art. 167) ou fraudatória de direitos creditórios (CC, art. 158), da declaração de preço diverso do ajustado ou de estado civil que não é o real. O notário "não responderá por tais atos por não ter a função de verificar se as declarações das partes são verídicas ou não; deve tão somente observar a regularidade das formas exteriores do ato (*RT*, 103:214). Entretanto, isso não excluirá totalmente o tabelião da obrigação de ter maior cautela nos atos que lhe vêm às mãos, como na identificação documental e pessoal das partes, na comprovação por meio de documentos de que o vendedor é proprietário do imóvel; na exigência de assinatura de todas as partes que compareceram ao ato etc.".

A Lei n. 8.935, de 18 de novembro de 1994, que regulamentou o art. 236 da Constituição Federal, vem roborar as considerações até aqui expendidas. Em seu art. 3º proclama: "Notário, ou tabelião, e oficial de registro, ou registrador, são

---

[241] A responsabilidade, cit., *RJTJSP*, 130/24.
[242] *Curso*, cit., v. 7, p. 253.

profissionais do direito, dotados de fé pública, a quem é *delegado* o exercício da atividade notarial e de registro".

No tocante à responsabilidade civil e criminal, dispõe a referida lei:

"Art. 22. Os notários e oficiais de registro responderão pelos danos que eles e seus prepostos causem a terceiros, na prática de atos próprios da serventia, assegurado aos primeiros direito de regresso no caso de dolo ou culpa dos prepostos.

Art. 23. A responsabilidade civil independe da criminal.

Art. 24. A responsabilidade criminal será individualizada, aplicando-se, no que couber, a legislação relativa aos crimes contra a administração pública.

Parágrafo único. A individualização prevista no *caput* não exime os notários e os oficiais de registro de sua responsabilidade civil".

Como já por nós anotado, a ação pode ser direcionada diretamente contra o Estado, baseada na responsabilidade objetiva consagrada no art. 37, § 6º, da Constituição Federal, ou diretamente contra o notário ou registrador, desde que o autor se proponha, neste caso, malgrado opiniões contrárias, a provar culpa ou dolo deste[243].

A questão da responsabilidade civil do notário, se subjetiva ou objetiva, era, todavia, controvertida, havendo divergência até mesmo no *Supremo Tribunal Federal*, que já decidiu: "Em se tratando de atividade cartorária exercida à luz do art. 236 da CF, a responsabilidade objetiva é do notário, no que assume posição semelhante à das pessoas jurídicas de direito privado prestadoras de serviços públicos"[244].

Todavia, a matéria foi pacificada pela Lei n. 13.286, de 10 de maio de 2016, que promoveu: a) a alteração do art. 22 da Lei n. 8.935/94 para estabelecer a responsabilidade civil subjetiva dos notários e oficiais de registro (art. 2º), e b) a fixação do prazo prescricional de 3 (três) anos para a pretensão de reparação civil, contado o prazo da data de lavratura do ato registral ou notarial (art. 2º, parágrafo único).

No caso de "dano decorrente de má prestação de serviços notariais, somente o tabelião à época dos fatos e o Estado possuem legitimidade passiva para a ação

---

[243] "Natureza estatal das atividades exercidas pelos serventuários titulares de cartórios e registros extrajudiciais, exercidas em caráter privado, por delegação do Poder Público. Responsabilidade objetiva do Estado pelos danos praticados a terceiros por esses servidores no exercício de tais funções, assegurado o direito de regresso contra o notário, nos casos de dolo ou culpa" (STF, RE 209.354, rel. Min. Carlos Velloso, j. 2-3-1999, *RTJ*, 170/685). "Tabelião. Reconhecimento de firma falsa. Negócio jurídico fundamentado neste ato. Responsabilidade objetiva do Estado que decorre do dano causado ao denunciante. Direito de regresso, no entanto, que depende de prova de culpa do serventuário" (*RJTJSP*, 120/290).

[244] STF, RE 201.595, 2ª T., rel. Min. Marco Aurélio, j. 28-11-2000.

indenizatória"[245]. "O tabelionato não detém personalidade jurídica ou judiciária, sendo a responsabilidade pessoal do titular da serventia"[246].

O *Tema 777 do Supremo Tribunal Federal* encerrou a discussão ao estipular: "O Estado responde, objetivamente, pelos atos dos tabeliães e registradores oficiais que, no exercício de suas funções, causem dano a terceiros, assentado o dever de regresso contra o responsável, nos casos de dolo ou culpa, sob pena de improbidade administrativa".

Diante do exposto, infere-se que "a responsabilidade civil dos Tabeliães e Registradores por atos da serventia ocorridos sob a égide do art. 22 da Lei n. 8.935/94, em sua redação original, é direta e objetiva, dispensando, portanto, demonstração de culpa ou dolo. Apenas com o advento da Lei n. 13.286/2016 é que esses agentes públicos passaram a responder de forma subjetiva"[247].

---

[245] STJ, REsp 545.613-MG, 4ª T., rel. Min. Asfor Rocha, j. 8-5-2007.
[246] TJSP, Ap. 7.285.716-SP, 21ª Câm. Dir. Priv., Des. Silveira Paulilo, j. 5-11-2008.
[247] STJ, REsp 1.849.994-DF, 3ª T., rel. Min. Moura Ribeiro, j. 21-3-2023.

Título II
DA CULPA

Capítulo I
CONCEITO

> *Sumário*: 1. Culpa *lato sensu*. Elementos da culpa. 1.1. O dever de cuidado. 1.2. Previsão e previsibilidade. 1.3. Imprudência, negligência e imperícia. 1.4. Espécies. 1.4.1. Culpa grave, leve e levíssima. 1.4.2. Culpa contratual e extracontratual. 1.4.3. Culpa *in eligendo*, *in vigilando* e *in custodiendo*; culpa *in comittendo* e *in omittendo*. 1.4.4. Culpa presumida. 1.4.5. Culpa contra a legalidade. 1.4.6. Culpa exclusiva e culpa concorrente. 2. Culpa e risco.

1. CULPA *LATO SENSU*. ELEMENTOS DA CULPA

A culpa é um dos pressupostos da responsabilidade civil. Nesse sentido, preceitua o art. 186 do Código Civil que a ação ou omissão do agente seja "voluntária" ou que haja, pelo menos, "negligência" ou "imprudência".

Para que haja obrigação de indenizar, não basta que o autor do fato danoso tenha procedido ilicitamente, violando um direito (subjetivo) de outrem ou infringindo uma norma jurídica tuteladora de interesses particulares. A obrigação de indenizar não existe, em regra, só porque o agente causador do dano procedeu objetivamente mal. *É essencial que ele tenha agido com culpa: por ação ou omissão voluntária, por negligência ou imprudência, como expressamente se exige no art. 186 do Código Civil.*

Agir com culpa significa atuar o agente em termos de, pessoalmente, merecer a censura ou reprovação do direito. E o agente só pode ser pessoalmente censurado, ou reprovado na sua conduta, quando, em face das circunstâncias concretas da situação, caiba a afirmação de que ele podia e devia ter agido de outro modo[1].

---

[1] Antunes Varela, *Das obrigações em geral*, v. 1.

Se a atuação desastrosa do agente é deliberadamente procurada, voluntariamente alcançada, diz-se que houve culpa *lato sensu* (dolo). Se, entretanto, o prejuízo da vítima é decorrência de comportamento negligente e imprudente do autor do dano, diz-se que houve culpa *stricto sensu*.

O juízo de reprovação próprio da culpa pode, pois, revestir-se de intensidade variável, correspondendo à clássica divisão da culpa em dolo e negligência, abrangendo esta última, hoje, a imprudência e a imperícia. Em qualquer de suas modalidades, entretanto, a culpa implica a violação de um dever de diligência, ou, em outras palavras, a violação do dever de previsão de certos fatos ilícitos e de adoção das medidas capazes de evitá-los.

O critério para aferição da diligência exigível do agente, e, portanto, para caracterização da culpa, é o da comparação de seu comportamento como o do *homo medius*, do homem ideal, que diligentemente prevê o mal e precavidamente evita o perigo. A culpa *stricto sensu* é também denominada *culpa aquiliana*.

Para obter a reparação do dano, a vítima geralmente tem de provar dolo ou culpa *stricto sensu* do agente, segundo a teoria subjetiva adotada em nosso diploma civil. Entretanto, como essa prova muitas vezes se torna difícil de ser conseguida, o direito positivo admite, em hipóteses específicas, alguns casos de responsabilidade sem culpa: a responsabilidade objetiva, com base especialmente na teoria do risco, como na hipótese do parágrafo único do art. 927 do Código Civil, que trata da responsabilidade decorrente do exercício de atividade perigosa.

A culpa em sentido amplo, como violação de um dever jurídico, imputável a alguém, em decorrência de fato intencional ou de omissão de diligência ou cautela, compreende: o *dolo*, que é a violação intencional do dever jurídico, e a *culpa em sentido estrito*, caracterizada pela imperícia, imprudência ou negligência, sem qualquer deliberação de violar um dever. Portanto, não se reclama que o ato danoso tenha sido, realmente, querido pelo agente, pois ele não deixará de ser responsável pelo fato de não ter percebido seu ato nem medido as suas consequências[2].

O dolo consiste na vontade de cometer uma violação de direito, e a culpa, na falta de diligência. Dolo, portanto, é a violação deliberada, consciente, intencional, do dever jurídico.

Tanto no dolo como na culpa há conduta voluntária do agente. Só que no primeiro caso a conduta já nasce ilícita, porquanto a vontade se dirige à concretização de um resultado antijurídico – *o dolo abrange a conduta e o efeito lesivo dele*

---

[2] Maria Helena Diniz, *Curso de direito civil brasileiro*, 16. ed., v. 7, p. 40, b.2.2.

resultante –, enquanto no segundo a conduta nasce lícita, tornando-se ilícita na medida em que se desvia dos padrões socialmente adequados. O juízo de desvalor no dolo incide sobre a conduta, ilícita desde a sua origem; na culpa, incide apenas sobre o resultado. *Em suma, no dolo o agente quer a ação e o resultado, ao passo que na culpa ele só quer a ação, vindo a atingir o resultado por desvio acidental de conduta decorrente da falta de cuidado*[3].

A culpa em sentido lato abrange o dolo e a culpa em sentido estrito. Havendo qualquer dessas espécies, mesmo culpa levíssima, exsurge a obrigação de indenizar. No entanto, nos contratos benéficos, responde só por dolo o contratante a quem o contrato não favoreça (CC, art. 392).

1.1. O dever de cuidado

A responsabilidade é necessariamente uma reação provocada pela infração a um dever preexistente. Em qualquer atividade o homem deve observar a necessária cautela para que sua conduta não venha a causar danos a terceiros, ainda que ausente o *animus laedendi*. A inobservância desse dever geral de cautela ou dever de cuidado, imposto genericamente no art. 186 do Código Civil, configura a culpa *stricto sensu* ou aquiliana.

Algumas atividades, por sua natureza perigosa, são regulamentadas pela lei, que procura estabelecer os deveres e cuidados que o agente deve ter ao exercê-las, como ocorre com a direção de veículos. Mesmo não havendo lei ou regulamento – porque o legislador não pode prever e disciplinar todas as atividades e condutas humanas –, deve ser observado o dever genérico de não lesar a outrem, previsto no mencionado art. 186 do estatuto civil.

O ponto de partida da culpa, portanto, a sua *ratio essendi*, é a violação de uma norma de conduta por falta de cuidado; *geral, quando contida na lei; particular, quando consignada no contrato, mas sempre por falta de cautela*. E a observância dessa norma é fator de harmonia social. A conduta culposa deve ser aferida pelo que ordinariamente acontece, e não pelo que extraordinariamente possa ocorrer. Jamais poderá ser exigido do agente um cuidado tão extremo que não seria aquele usualmente adotado pelo homem comum[4].

1.2. Previsão e previsibilidade

É consenso geral que não se pode prescindir, para a correta conceituação de culpa, dos elementos "previsibilidade" e comportamento do *homo medius*. Só se

---

[3] Sérgio Cavalieri Filho, *Programa de responsabilidade civil*, p. 36, n. 8.1.
[4] Sérgio Cavalieri Filho, *Programa*, cit., p. 39, n. 8.5.

pode, com efeito, cogitar de culpa quando o evento é previsível. Se, ao contrário, é imprevisível, não há cogitar de culpa. O art. 186 do Código Civil pressupõe sempre a existência de culpa *lato sensu*, que abrange o dolo (pleno conhecimento do mal e perfeita intenção de o praticar) e a culpa *stricto sensu* ou aquiliana (violação de um dever que o agente podia conhecer e observar, segundo os padrões de comportamento médio)[5].

Embora *involuntário*, o resultado poderá ser previsto pelo agente. Não o sendo, terá de, pelo menos, ser *previsível*. Esse o limite mínimo da culpa – a previsibilidade, entendendo-se como tal a possibilidade de previsão. Embora não previsto, não antevisto, não representado mentalmente, o resultado poderia ter sido previsto e, consequentemente, evitado.

Não havendo previsibilidade, estaremos fora dos limites da culpa, já no terreno do *caso fortuito* ou da *força maior*. Ninguém pode responder por fato imprevisível porque, na realidade, não lhe deu causa[6].

1.3. Imprudência, negligência e imperícia

A culpa *stricto sensu* ou aquiliana abrange a imprudência, a negligência e a imperícia. *Imprudência* é a precipitação ou o ato de proceder sem cautela. *Negligência* é a inobservância de normas que nos ordenam agir com atenção, capacidade, solicitude e discernimento. E *imperícia* é falta de habilidade ou inaptidão para praticar certo ato. Não há responsabilidade sem culpa, exceto disposição legal expressa, caso em que se terá responsabilidade objetiva[7].

Pode-se ainda afirmar que *imprudência* é conduta positiva, consistente em uma ação da qual o agente deveria abster-se, ou em uma conduta precipitada. Por exemplo, o condutor de um automóvel ingere bebidas alcoólicas antes de dirigir; um médico dá uma injeção no paciente sem verificar previamente se este é ou não alérgico ao medicamento.

A Terceira Turma do *Superior Tribunal de Justiça* reconheceu, no julgamento de acidente em que o ciclista perdeu a perna, a *imprudência* de caminhoneiro, afirmando a relatora, Min. Nancy Andrighi, que, se o local possui tráfego intenso de veículos e motocicletas, deveria ele dar preferência aos ciclistas, já que a bicicleta é um veículo menor. O caminhoneiro, assim, "agiu de maneira imprudente, violando o seu dever de cuidado na realização de conversão à direita, ao se deslocar antes para a esquerda, 'abrindo a curva', sem observar a presença da bicicleta,

---

[5] Washington de Barros Monteiro, *Curso de direito civil*, v. 5, p. 412.
[6] Sérgio Cavalieri Filho, *Programa*, cit., p. 40, n. 8.8.
[7] Maria Helena Diniz, *Curso*, cit., 16. ed., p. 40, n. 6.2.2.

vindo assim a colher o ciclista com a parte dianteira esquerda do caminhão", provocando-lhe a perda de uma perna[8].

A *negligência* consiste em uma conduta omissiva: não tomar as precauções necessárias, exigidas pela natureza da obrigação e pelas circunstâncias, ao praticar uma ação. Por exemplo, a pessoa que faz uma queimada e se afasta do campo sem verificar se o fogo está completamente apagado.

Por fim, *imperícia* é a incapacidade técnica para o exercício de uma determinada função, profissão ou arte. Por exemplo, um médico que desconhece que determinado medicamento pode produzir reações alérgicas, não obstante essa eventualidade estar cientificamente comprovada[9].

O *Enunciado n. 445 da V Jornada de Direito Civil dispõe que* "O dano moral indenizável não pressupõe necessariamente a verificação de sentimentos humanos desagradáveis como dor ou sofrimento".

1.4. Espécies

1.4.1. Culpa grave, leve e levíssima

Com relação aos graus, a culpa pode ser grave, leve e levíssima. A culpa *grave* consiste em não prever o que todos preveem, omitir os cuidados mais elementares ou descuidar da diligência mais evidente. Por exemplo, dirigir um veículo em estado de embriaguez alcoólica ou em velocidade excessiva, ingressar em cruzamento sinalizado com o semáforo fechado etc. Equipara-se ao dolo, nos seus efeitos (*culpa lata dolus equiparatur*).

Assim, quando a lei prescreve que, em determinada situação, o agente só responderá civilmente por seu ato se agir com dolo, como ocorre no art. 392 do Código Civil, pode-se entender que responderá também em caso de culpa grave, que àquele se equipara.

Na realidade, a culpa grave é a decorrente de uma violação mais séria do dever de diligência que se exige do homem mediano. É a que resulta de uma negligência extremada.

A culpa será *leve* quando a falta puder ser evitada com atenção ordinária. A doutrina em geral a ela se refere como a falta de diligência própria do bom pai de família.

---

[8] STJ, REsp 1.761.956, 3ª T., rel. Min. Nancy Andrighi, *in* Revista *Consultor Jurídico* de 8-3-2019.
[9] Jorge Mosset Iturraspe, *Responsabilidade civil*, p. 143-144.

A culpa *levíssima* é a falta só evitável com atenção extraordinária, com extremada cautela. Esta a distinção que faz Teixeira de Freitas mencionado por Washington de Barros Monteiro[10].

O Código Civil não faz nenhuma distinção entre dolo e culpa, nem entre os graus de culpa, para fins de reparação do dano. Tenha o agente agido com dolo ou culpa levíssima, existirá sempre a obrigação de indenizar, obrigação esta que será calculada exclusivamente sobre a extensão do dano. Em outras palavras, mede-se a indenização pela extensão do dano e não pelo grau de culpa. Adotou o legislador a norma romana, segundo a qual a culpa, ainda que levíssima, obriga a indenizar (*in lege Aquilia et levissima culpa venit*).

Assim, provado o dano, deve ser ele ressarcido integralmente por seu causador, tenha agido com dolo, culpa grave ou mesmo levíssima. O montante da indenização nunca pode exceder o valor dos danos causados ao lesado. Por outro lado, não deve ser menor que estes.

Entretanto, a muitos tal solução pode não se revelar justa, em casos de culpa extremamente leve. Melhor seria que a indenização pudesse ser fixada em montante inferior ao dano, em certos casos. É a solução adotada no art. 944 do Código Civil brasileiro, consagrada no Código português vigente e que na Alemanha conta com grande número de defensores.

O parágrafo único do aludido dispositivo confere ao juiz o poder de agir equitativamente, facultando-lhe reduzir a indenização quando excessiva se mostrar a desproporção entre seu valor e o grau de culpa do responsável.

1.4.2. Culpa contratual e extracontratual

A culpa será contratual ou extracontratual conforme a natureza do dever violado. Se tal dever se fundar em uma relação jurídica obrigacional preexistente, ter-se-á a culpa contratual, respondendo o devedor por perdas e danos, nos termos do art. 389 do Código Civil. O credor deverá comprovar a mora do inadimplente, mas não precisará demonstrar a sua culpa, porque em princípio todo inadimplemento se presume culposo. Inverte-se o ônus da prova: ao devedor competirá provar a ocorrência de caso fortuito, força maior, ou de outra causa excludente de responsabilidade, para elidir a referida presunção.

Se o dever violado for o genérico, imposto no art. 186 do Código Civil (*neminem laedere*), a culpa será extracontratual. Neste caso, a sua prova, a ser produzida pela vítima, tornar-se-á imperiosa, ressalvadas as hipóteses de responsabilidade independentemente de culpa, como as previstas, *verbi gratia*, nos arts. 927, parágrafo único, 933 e 938 do referido diploma.

---

[10] *Curso*, cit., v. 5, p. 413.

1.4.3. Culpa *in eligendo*, *in vigilando* e *in custodiendo*; culpa *in comittendo* e *in omittendo*

A culpa *in eligendo* é a que decorre da má escolha do representante ou preposto. *In vigilando* é a que resulta da ausência de fiscalização sobre pessoa que se encontra sob a responsabilidade ou guarda do agente. E *in custodiendo* é a que decorre da falta de cuidados na guarda de algum animal ou objeto.

O Código Civil de 1916 (art. 1.521) presumia a culpa *in vigilando* dos pais, tutores, curadores, donos de hotéis e escolas, encarregados da fiscalização, respectivamente, dos filhos menores, tutelados, curatelados, hóspedes e alunos; e a culpa *in eligendo* dos patrões, amos e comitentes pela má escolha de seus empregados, serviçais e prepostos. Entendia a jurisprudência que, na primeira hipótese, a presunção era relativa (*juris tantum*) e, na última, absoluta (*juris et de jure*).

O art. 933 do Código Civil de 2002 dispõe, todavia, que as pessoas mencionadas no art. 932 (pais, tutores, empregadores etc.), "*ainda que não haja culpa de sua parte, responderão pelos atos praticados pelos terceiros ali referidos*". Não mais se indagará, portanto, para condenar as referidas pessoas a indenizar, se agiram com culpa *in vigilando* ou *in eligendo*, pois respondem objetivamente, isto é, independentemente de culpa, pelos atos dos terceiros mencionados.

O art. 936 do Código Civil presume a culpa *in custodiendo* do dono do animal, mas não de forma absoluta, pois admite a inversão do ônus da prova, permitindo-lhe provar culpa da vítima ou força maior com o objetivo de elidi-la.

A culpa *in comittendo* ou *in faciendo* resulta de uma ação, de um ato positivo do agente. A culpa *in omittendo* decorre de uma omissão, só tendo relevância para o direito quando haja o dever de não se abster.

1.4.4. Culpa presumida

A concepção clássica é a de que a vítima tem de provar a culpa do agente para obter a reparação. Esta solução passou por diversos estágios evolutivos, em virtude da necessidade de melhor se ampararem os lesados, facilitando-lhes a tarefa, muitas vezes inglória, de busca da justa indenização. Um dos processos utilizados foi o estabelecimento de casos de presunção de culpa.

Tem-se observado, com efeito, várias situações em que a lei, com o escopo de facilitar a prova da culpa e do ato ilícito, estabelece presunções *juris tantum*. Nestes casos ocorre a inversão do ônus da prova, melhorando muito a situação da vítima. Esta não terá de provar a culpa psicológica, subjetiva, do agente, que é presumida. Basta a prova da relação de causa e efeito entre o ato por este praticado e o dano experimentado. *Para livrar-se da presunção de culpa, o causador da lesão patrimonial ou moral é que terá de produzir prova de inexistência de culpa ou de caso fortuito.*

O Código Civil de 1916, por exemplo, presumia a culpa dos pais, tutores, curadores, patrões, donos de hotéis e estabelecimentos de ensino pelos atos, respectivamente, dos filhos, tutelados, curatelados, empregados, hóspedes e alunos.

A jurisprudência tem, também, estabelecido várias presunções *juris tantum* de culpa, como, por exemplo, a do motorista que colide contra a traseira do veículo que lhe vai à frente e a do que sobe com o carro na calçada e atropela o transeunte, entendendo-se, neste caso, que a culpa decorre do próprio fato, isto é, está *in re ipsa*. Igualmente, dirigir embriagado implica presunção relativa de culpa, por representar grave infração de trânsito e comprometer a segurança viária – o que é motivo suficiente para a caracterização de culpa presumida do infrator em caso de acidente[11].

1.4.5. Culpa contra a legalidade

A teoria da chamada "culpa contra a legalidade" considera que a simples inobservância de regra expressa de lei ou regulamento serve para configurar a culpa do agente, sem necessidade de outras indagações. O só fato da transgressão de uma norma regulamentária materializaria, assim, uma culpa *tout cour*[12].

Tal teoria aplicar-se-ia especialmente aos casos de acidentes de veículos e encontraria fundamento no fato de as autoridades competentes se basearem na experiência daquilo que normalmente acontece, ao expedirem os regulamentos e instruções de trânsito para segurança do tráfego em geral.

É notório que o motorista cauteloso, respeitador das normas regulamentares de trânsito, tem enormes possibilidades de não provocar acidentes. Ao contrário, as infrações às normas que estabelecem os limites máximos e mínimos de velocidade, às regras de ultrapassagem, de parada obrigatória, de conversões à esquerda e à direita, de sinalização em geral e a outras, quase sempre acarretam acidentes. É o *quod plerumque accidit*.

Dentro desse princípio, seria o motorista que se envolvesse em um acidente desde logo considerado culpado, se comprovada a inobservância de algumas dessas determinações regulamentares.

A teoria da culpa contra a legalidade, no entanto, não tem encontrado, na jurisprudência pátria, o acolhimento almejado por seus defensores. Na realidade, tem sido proclamado que a simples inobservância de disposição regulamentar, sem a prova de culpa do condutor, não autoriza sua condenação por acidente de trânsito.

---

[11] STJ, REsp 1.749.954, 3ª T., rel. Min. Marco Aurélio Bellizze, 27-3-2019.
[12] Wilson Melo da Silva, *Da responsabilidade civil automobilística*, p. 62.

Muitas vezes quem é culpado pelo acidente é o motorista do outro veículo e não o que violou o regulamento de trânsito. Inúmeras vezes se decidiu que o estacionamento irregular ou a falta de habilitação legal, por si sós, não configuram culpa, justificando apenas a aplicação de penalidade administrativa ou de multa prevista na Lei das Contravenções Penais.

Verifica-se, assim, como observou Antônio Lindbergh C. Montenegro, "que a denominada culpa contra a legalidade não passa da aplicação do princípio da culpa presumida, hoje com franca aceitação nos Códigos Civis da Itália e de Portugal. Sob o manto da teoria da culpa contra a legalidade, os seus prosélitos buscam, em verdade, adotar o princípio da culpa presumida a acidentes do trânsito em países onde a legislação se mostra omissa, ou, talvez, justificar a diversidade de julgamento nas jurisdições civil e criminal a respeito do mesmo evento. A teoria peca, porém, pelas origens. É que na sistemática civilista a culpa presumida depende de lei expressa, tal como se fez na Itália e em Portugal. Isso porque a unidade conceitual da culpa constitui um dos postulados do direito moderno"[13].

A jurisprudência pátria tem admitido a presunção de culpa em determinados casos de infração aos regulamentos de trânsito: colisão na traseira de outro veículo, por inobservância da regra que manda o motorista guardar distância de segurança entre o veículo que dirige e o que segue imediatamente à sua frente; invasão de preferencial, em desrespeito à placa "Pare" ou à sinalização do semáforo; invasão da contramão de direção, em local de faixa contínua; velocidade excessiva e inadequada para o local e as condições do terreno; pilotagem em estado de embriaguez etc.

Por outro lado, como argutamente pondera Wilson Melo da Silva[14], não colhe a arguição de que não possa ser responsabilizado o autor de um dano apenas pela circunstância de não haver violado nenhum preceito de natureza regulamentária. Isto porque, nos regulamentos, notadamente nos de trânsito, as normas editadas abarcam, via de regra, menos do que deveriam abarcar. Não alcançam toda a gama infinita das causas possíveis ou prováveis de acidentes.

Disso resulta, portanto, aduz, que *as regras dos códigos de trânsito se completam com os princípios gerais do direito comum, quando tornam responsáveis todos aqueles que, por ação ou omissão voluntária, negligência, imperícia ou imprudência, tenham violado direitos alheios.* Uma coisa (as regras dos códigos de trânsito) não exclui outra (as regras do direito comum, calcadas no dever genérico do *neminem laedere*). Ambas se completam. Assim, o trafegar com um automóvel por alguma via preferencial nos grandes centros citadinos não significa que se possa ficar desa-

---

[13] *Responsabilidade civil*, p. 135.
[14] *Da responsabilidade*, cit., p. 64-66.

tento nos cruzamentos ou que tenhamos o direito de acelerar um pouco mais, descuidosamente, a velocidade de nosso carro, nas retas de maior visibilidade. O direito de preferência não assegura a ninguém a faculdade de abusar ou de desenvolver velocidade superior à normal.

1.4.6. Culpa exclusiva e culpa concorrente

Quando o evento danoso acontece por culpa exclusiva da vítima, desaparece a responsabilidade do agente. Nesse caso, deixa de existir a relação de causa e efeito entre o seu ato e o prejuízo experimentado pela vítima. Pode-se afirmar que, no caso de culpa exclusiva da vítima, o causador do dano não passa de mero instrumento do acidente. Não há liame de causalidade entre o seu ato e o prejuízo da vítima.

É o que se dá quando a vítima é atropelada ao atravessar, embriagada, uma estrada de alta velocidade ou quando o motorista, dirigindo com toda a cautela, vê-se surpreendido pelo ato da vítima que, pretendendo suicidar-se, atira-se sob as rodas do veículo. Impossível, nestes casos, falar em nexo de causa e efeito entre a conduta do motorista e os ferimentos, ou o falecimento, da vítima.

Em muitos casos o dano não decorre de uma só causa, mas da concorrência da atividade culposa da vítima e do autor. Não é correto falar em compensação de culpas, pois a compensação é um modo extintivo de obrigações (CC, art. 368) e, na hipótese, a culpa de um não extingue a do outro, mas a conduta de ambos será valorada para se estabelecer a proporção do dano que cada um deverá suportar.

Quando a culpa da vítima é apenas parcial, ou concorrente com a do agente causador do dano, ambos contribuem, ao mesmo tempo, para a produção de um mesmo fato danoso. É a hipótese, para alguns, de "*culpas comuns*", e, para outros, de "*culpa concorrente*". Nesses casos, existindo uma parcela de culpa também do agente, haverá repartição de responsabilidades, de acordo com o grau de culpa. A indenização poderá ser reduzida pela metade, se a culpa da vítima corresponder a uma parcela de 50%, como também poderá ser reduzida de 1/4, 2/5, dependendo de cada caso.

Wilson Melo da Silva comenta, a propósito: "Modernamente, não obstante a existência de alguns códigos que determinam o partilhamento dos danos entre seus coautores, o princípio vitorioso, mais generalizadamente aceito e que tende a se tornar uniforme, é aquele de acordo com o qual o partilhamento dos danos deve ser levado a efeito na proporção da gravidade da culpa de cada agente. Nesse sentido exatamente é que, segundo depoimento de Mazeaud e Mazeaud, tem-se inclinado avassaladoramente a jurisprudência na França, onde os tribunais que, de início, adotavam a tese romanística, por bem houveram de mudar de rumo passando a julgar, como agora vem acontecendo, no sentido de que, na hipótese da culpa comum, os danos se repartam entre os autores e vítimas, na proporção das respectivas culpas, numa gama percentual fracionária variada e oscilante (1/4, 1/3, 1/2, 1/8, 1/5 etc.), tudo segundo o prudente arbítrio do juiz"[15].

No Brasil, a tese aceita é a mesma da jurisprudência e dos doutrinadores franceses. Confira-se:

"Impõe-se a condenação do causador do acidente, atendendo-se à gravidade de sua falta; e, havendo culpa recíproca, deve a condenação ser proporcional, usando-se as frações na fixação da indenização"[16].

"Morte do carona. Veículo conduzido por preposto da ré. Culpa incontroversa. Vítima que não utilizava cinto de segurança. Fato relevante para as consequências do acidente. Configuração de culpa concorrente e não exclusiva. Redução proporcional das verbas indenizatórias"[17].

O art. 945 do Código Civil de 2002, suprimindo omissão do diploma de 1916, por sua vez preceitua: *"Se a vítima tiver concorrido culposamente para o evento danoso, a sua indenização será fixada tendo-se em conta a gravidade de sua culpa em confronto com a do autor do dano"*. Nesse sentido, é o entendimento do *Enunciado n. 459 da V Jornada de Direito Civil* que assim disciplina: "A conduta da vítima pode ser fator atenuante do nexo de causalidade na responsabilidade civil objetiva".

2. CULPA E RISCO

Sabemos que a concepção clássica é a de que a vítima tem de provar a culpa do agente para obter a reparação. Essa solução, no entanto, passou por diversos estágios evolutivos, em virtude da necessidade de melhor amparar os acidentados, facilitando-lhes a tarefa de busca da justa indenização.

Tal evolução foi motivada especialmente pelo desenvolvimento industrial, pelo advento do maquinismo e do crescimento populacional. O conceito tradicional de culpa apresentava-se, então, inadequado para servir de suporte à teoria da responsabilidade civil, pois o fato de impor à vítima, como pressuposto para ser ressarcida do prejuízo experimentado, o encargo de demonstrar não só o liame de causalidade, como por igual o comportamento culposo do agente causador do

---

[15] *Da responsabilidade*, cit., p. 70.
[16] *RT*, 356/519.
[17] TJ-PR, Ap. 7.131.946, *DJE*,16-6-2011. No mesmo sentido: TJ-PR, Ap. Cív. 6.847.545, *DJE*, 14-10-2010; TJ-SC, Ap. Cív. 2011.001216-4, 1ª Câm. de Direito Civil, rel. Des. Raulino Jacó Bruning, j. 5-6-2014.

dano, equivalia a deixá-la irressarcida, visto que em inúmeros casos o ônus da prova surgia como barreira intransponível[18].

E sobreviria, então, o que DE PAGE denominaria "processos técnicos", cuja principal função consistiu em tornar possível, em nome, ainda, da culpa, a solução das espécies novas que transbordavam dos lindes da velha concepção. Consoante o mesmo DE PAGE, tais processos seriam em número de três: a multiplicação das presunções de culpa (*juris tantum* e *juris et de jure*); a transformação, em contratual, da culpa aquiliana, em alguns casos; e um maior rigorismo na apuração dessa mesma culpa subjetiva, pela mais frequente aplicação da regra *in lege Aquilia et levissima culpa venit*. Para JOSSERAND, quatro seriam esses processos técnicos: restrição maior da responsabilidade aquiliana por via da responsabilidade contratual, especialmente em acidentes do trabalho e nos transportes; majoração das presunções de culpa; teoria do abuso do direito; e admissão de uma responsabilidade francamente sem culpa em diversas hipóteses[19].

Poderíamos relacionar as seguintes fases pelas quais passou a teoria da responsabilidade civil, abrandando, pouco a pouco, o rigor de exigir a prova de culpa do agente, até chegar à teoria do risco, como última etapa da evolução:

a) primeiramente, procurou-se proporcionar maior facilidade à prova da culpa. Os tribunais, em muitos casos, passaram a examinar com benignidade a prova de culpa produzida pela vítima, extraindo-a de circunstâncias do fato e de outros elementos favoráveis;

b) admissão da teoria do abuso de direito como ato ilícito;

c) estabelecimento de casos de presunção de culpa (Código de Menores de 1927, art. 68, § 4º; *Súmula 341 do STF*; a lei sobre a responsabilidade das estradas de ferro etc.), casos estes que invertiam sempre o ônus da prova, melhorando muito a situação da vítima. Para livrar-se da presunção de culpa, o causador da lesão patrimonial ou moral é que teria de produzir prova de inexistência de culpa, ou de ocorrência de caso fortuito. Quando, porém, se foi à frente, e, no direito francês, acabou por se admitir, na responsabilidade complexa por fato das coisas, a chamada teoria da culpa na guarda, com presunção *juris et de jure*, irrefragável, então, sim, foi que se começou a pisar, de maneira efetiva, no terreno firme do risco;

d) admissão de maior número de casos de responsabilidade contratual (transportes em geral), que oferecem vantagem para a vítima no tocante à prova, visto que esta precisa provar apenas que não chegou incólume ao seu destino, e que houve, pois, inadimplemento contratual;

---

[18] Josserand, *Évolutions e actualités*, apud Silvio Rodrigues, *Direito civil*, v. 4, p. 155.
[19] *In* Wilson Melo da Silva, *Responsabilidade sem culpa e socialização do risco*, p. 155-156.

e) adoção da teoria do risco, pela qual não há falar em culpa. Basta a prova da relação de causalidade entre a conduta e o dano.

A teoria do risco, embora admitida em algumas hipóteses específicas pelo legislador, não se generalizou, pois na maioria dos casos ainda prevalece a teoria da culpa.

No Brasil, podem ser mencionados os seguintes casos de adoção da teoria do risco em sua essência: a) Decreto n. 2.681, de 7 de dezembro de 1912, que trata da responsabilidade das estradas de ferro por danos causados aos proprietários marginais (art. 26); b) a Lei de Acidentes do Trabalho de 1934 e as que se lhe seguiram; c) o Código Brasileiro do Ar (Dec.-Lei n. 483, de 8-6-1938, substituído pelo Dec.-Lei n. 32, de 1966) e o Código Brasileiro de Aeronáutica, de 1986; d) a Lei n. 6.453, de 17 de outubro de 1977, que estabelece, em seu art. 4º, a responsabilidade civil do operador de instalação nuclear, independentemente da existência de culpa, pela reparação de dano causado por acidente nuclear; e) os arts. 937 e 938 do Código Civil, que se referem, respectivamente, ao dono do prédio que venha a ruir por falta de reparos e àquele que habitar prédio, ou parte dele, de onde venham a cair ou forem lançadas coisas em lugar indevido; f) o parágrafo único do art. 927 do mesmo diploma, que estabelece a obrigação de reparar o dano, independentemente de culpa, nos casos especificados em lei, ou quando a atividade normalmente desenvolvida pelo autor do dano implicar, por sua natureza, risco para os direitos de outrem; g) o art. 933 do Código Civil, pelo qual os pais, tutores, curadores, empregadores etc. respondem, independentemente de culpa, pelos atos danosos de terceiros; h) a responsabilidade objetiva do dono ou guarda da coisa inanimada; i) o seguro obrigatório; j) a Lei n. 6.938/81, que trata dos danos causados ao meio ambiente; k) a Constituição Federal de 1988 (art. 37, § 6º); l) a Lei n. 8.078/90 (Código de Defesa do Consumidor) e outras.

Algumas dessas leis são rigorosas, responsabilizando o causador do dano independentemente de culpa e não admitindo nenhuma excludente. A exonerativa da força maior, contudo, quando comprovada, deve ser sempre acolhida, mesmo quando não mencionada, por romper o nexo causal. Outras, no entanto, mais benignas, malgrado responsabilizem o causador do dano, admitem expressamente algumas excludentes, como a culpa exclusiva da vítima (não em caso de culpa concorrente) e o fortuito e a força maior.

Capítulo II
A CULPA NO CÍVEL E NO CRIME

> *Sumário*: 1. Unidade da jurisdição e interação civil e penal. 2. A sentença condenatória proferida no juízo criminal. 2.1. Fundamentos legais. 2.2. Medidas processuais adequadas. 2.3. Competência. 2.4. Legitimidade ativa e passiva. 3. A sentença absolutória proferida no crime. 4. Efeitos da coisa julgada civil na esfera criminal. 5. Suspensão do curso da ação civil.

1. UNIDADE DA JURISDIÇÃO E INTERAÇÃO CIVIL E PENAL

A jurisdição, como função soberana atribuída ao Judiciário, é uma só. A divisão que se estabelece entre jurisdição civil e jurisdição penal é apenas de ordem prática, ou seja, para facilitar o seu exercício.

FERNANDO DA COSTA TOURINHO FILHO[1] preleciona que, como função soberana, consubstanciada no Poder Judiciário, a jurisdição é única em si e nos seus fins. A divisão que se estabelece entre a "jurisdição penal" e a "jurisdição civil" assenta, única e exclusivamente, na natureza do conflito intersubjetivo e, assim mesmo, pelas vantagens que a divisão do trabalho proporciona.

É, pois, a natureza da lide por dirimir e não a diversidade funcional que se leva em conta para se distinguir a jurisdição civil da penal. A diversidade de matérias sobre as quais se pode exercer a atividade jurisdicional e certas necessidades sentidas pelo Estado de atribuir a órgãos especializados o processo e julgamento de determinadas causas levaram-no a repartir a jurisdição.

Verifica-se, assim, que a jurisdição, em si mesma, como um dos aspectos da soberania nacional, é una e indivisível e que, no entanto, por uma questão prática

---
[1] *Processo penal*, v. 2, p. 76.

de divisão do trabalho, as questões cíveis são julgadas no que se convencionou chamar de "*jurisdição civil*", enquanto as criminais são julgadas na "*jurisdição penal*".

Como na maioria das vezes *o ilícito penal é também ilícito civil, porque acarreta dano ao ofendido, pode ser apurada a responsabilidade penal do agente no juízo criminal e, concomitantemente, a responsabilidade civil, no juízo cível*. Uma vez que nos dois juízos haverá pronunciamento judicial a respeito do mesmo fato, corre-se o risco de se ter duas decisões conflitantes: uma afirmando a existência do fato ou da autoria e a outra negando; uma reconhecendo a ilicitude da conduta do réu e a outra a licitude.

Tendo em vista que tal acontecimento representaria um desprestígio para a justiça, criou-se um mecanismo destinado a promover a interação entre as jurisdições civil e penal, mecanismo este composto de dispositivos legais encontrados no Código Civil (art. 935), no Código Penal (art. 91, I), no Código de Processo Penal (arts. 63 a 68), no Código de Processo Civil de 2015 (art. 515, VI) e destinado a evitar a ocorrência de decisões que não se compatibilizam.

Dispõe o art. 935 do Código Civil:

"*A responsabilidade civil é independente da criminal, não se podendo questionar mais sobre a existência do fato, ou sobre quem seja o seu autor, quando estas questões se acharem decididas no juízo criminal*".

O Código Civil estabeleceu, assim, na primeira parte, a independência da responsabilidade civil da responsabilidade criminal, pois diversos são os campos de ação da lei penal e da lei civil. Mas a segunda parte do dispositivo mostra que tal separação não é absoluta e que o sistema adotado é o da independência relativa.

Segundo o *Enunciado n. 45 da I Jornada de Direito Civil*, no caso do art. 935, "não mais se poderá questionar a existência do fato ou quem seja o seu autor se essas questões se acharem categoricamente decididas o juízo criminal". Em síntese, pode-se considerar que:

"O artigo 935 do Código Civil adotou o sistema da independência entre as esferas cível e criminal, sendo possível a propositura de suas ações de forma separada. Tal independência é relativa, pois uma vez reconhecida a existência do fato e da autoria no juízo criminal, estas questões não poderão mais ser analisadas pelo juízo cível. A partir da doutrina e da jurisprudência do Superior Tribunal de Justiça acerca do tema, é possível concluir que a) em caso de sentença condenatória com trânsito em julgado, há incontornável dever de indenizar, e b) em caso de sentença absolutória em virtude do reconhecimento de inexistência do fato, da negativa de autoria, não haverá dever de indenizar"[2].

---

[2] REsp 1.829.682-SP, 3ª T., rel. Min. Ricardo Vilas Bôas Cueva, *DJe* 9-6-2020.

A respeito da *responsabilidade civil por fato de animais*, verifica-se que o legislador afasta responsabilidade do dono do animal apenas quando restar provada a culpa da vítima ou força maior, embora, a rigor, a responsabilidade objetiva possa ser afastada pela demonstração de qualquer evento que ocasione a ruptura do nexo de causalidade.

Confira-se acerca da interpretação deste dispositivo, o *Enunciado n. 452 da V Jornada de Direito Civil*: "A responsabilidade civil do dono ou detentor de animal é objetiva, admitindo-se a excludente do fato exclusivo de terceiro".

O art. 91, I, do Código Penal, por sua vez, considera como um dos efeitos da condenação criminal o de "tornar certa a obrigação de indenizar o dano causado pelo crime", em harmonia com a segunda parte do art. 935 do Código Civil.

Assim, transitada em julgado a sentença criminal condenatória, poderá ser promovida a sua execução no juízo cível, para o efeito da reparação do dano (art. 63 do CPP), onde não se poderá questionar mais sobre a existência do fato, ou quem seja o seu autor (CC, art. 935). Se a sentença criminal for absolutória, poderá ou não ter influência no juízo cível, dependendo do fundamento da absolvição.

Para evitar, pois, que um mesmo fato tenha julgamentos discrepantes, reconhecendo-se, por exemplo, sua existência num juízo e sua inexistência em outro, pode, em certos casos, haver influência, no cível, da decisão proferida no crime, e vice-versa, malgrado a proclamada independência (relativa, como visto) da responsabilidade civil perante a responsabilidade penal. "Não seria prestigioso para a justiça decidir-se na justiça penal que determinado fato ocorreu e depois, na justiça civil, decidir diferentemente que o mesmo não se verificou. Como bem diz Clóvis, não existiria ordem jurídica possível, se se admitisse tal discrepância nos julgamentos"[3].

Com esse intuito de evitar contradições de julgamento, o legislador, no art. 63 do Código de Processo Penal e no art. 515, VI, do Código de Processo Civil de 2015, atribuiu à sentença penal condenatória com trânsito em julgado o valor de título executivo judicial, a fim de possibilitar à vítima ou aos seus sucessores exigir a reparação, vedada a rediscussão, no cível, sobre a existência do fato, de sua autoria ou de sua ilicitude.

Araújo Cintra, Ada Pellegrini Grinover e Cândido Dinamarco[4] ponderam que a distribuição dos processos à jurisdição penal e à jurisdição civil atende apenas a uma conveniência de trabalho.

Mencionam os referidos autores, na sequência, como caracterizadores da interação que deve existir entre elas, algumas situações, como: a da chamada "sus-

---

[3] Washington de Barros Monteiro, *Curso de direito civil*, v. 5, p. 424.
[4] *Teoria geral do processo*, p. 95.

pensão prejudicial" do processo-crime, quando, por ser relevante para o julgamento o deslinde de uma questão civil, suspende-se o processo criminal à espera da solução da lide no cível (CPP, arts. 92 a 94); a situação decorrente da autoridade que às vezes tem no cível a sentença penal condenatória passada em julgado (CP, art. 91, I; CPP, arts. 65 e 66); a faculdade concedida ao juiz de suspender o andamento do processo civil, até a solução da lide penal (CPP, art. 64); a utilização, no cível, da prova emprestada do processo-crime, respeitado o princípio do contraditório; a possibilidade de servir de base para ação rescisória civil a prova da falsidade de um documento realizada em processo-crime por delito de falsidade material, falsidade ideológica, falso reconhecimento de firma ou letra, uso de documento falso, falso testemunho, falsa perícia, não sendo necessária a sua repetição no curso da rescisória (CPC/73, art. 485, VI; CPC/2015, art. 966, VI); e, finalmente, a disciplina do processo criminal por crimes falimentares, em que a ação penal só pode ser proposta após a sentença declaratória de falência (LF, art. 183).

Indaga-se: transitada em julgado a sentença penal condenatória, será ela exequível, no cível, contra o patrão? *Quanto ao empregado, condenado, não paira nenhuma dúvida: a sentença condenatória transitada em julgado constituirá título executório.* Passa-se à *actio judicati*.

FERNANDO DA COSTA TOURINHO FILHO entende que a situação do patrão é diferente, pois a execução para a cobrança de crédito fundar-se-á sempre em título de obrigação certa, líquida e exigível (CPC/73, art. 586; CPC/2015, art. 783). E a certeza, no caso do patrão, está na dependência de prova, a ser feita pelo autor, de que o fato ocorreu no exercício do trabalho que competia ao empregado, ou por ocasião dele. Por isso, contra o patrão deverá ser proposta a *actio civilis* e não a *actio judicati*[5].

Esse entendimento tem prevalecido, na doutrina e na jurisprudência. HUMBERTO THEODORO JÚNIOR, com efeito, de forma peremptória, proclama: "Por outro lado, a eficácia civil da responsabilidade penal só atinge a pessoa do condenado na justiça criminal, sem alcançar os corresponsáveis pela reparação do ato ilícito, como é o caso de preponentes, patrões, pais etc. Contra estes, a vítima do delito não dispõe de título executivo. Terá de demonstrar a corresponsabilidade em processo civil de conhecimento e obter a sentença condenatória para servir de título executivo"[6].

---

[5] *Processo penal*, cit., v. 2, p. 37-45.
[6] *Processo de execução*, p. 100, n. 3.

V. a jurisprudência: "Execução. Ajuizamento com base em sentença penal condenatória contra empregador do preposto condenado. Inadmissibilidade, posto responder apenas o patrimônio

Para Fernando da Costa Tourinho Filho, na *actio civilis* movida contra o patrão, tendo o preposto já sido condenado em sentença definitiva e transitada em julgado, "não se discutirá mais sobre a existência do fato e da respectiva autoria. Tampouco da sua ilicitude"[7].

A possibilidade de ser ou não rediscutida a ilicitude da conduta do preposto é controvertida. Ada Pellegrini Grinover[8] sustenta, com base na teoria de Liebman sobre a coisa julgada, que o civilmente responsável não pode ser atingido pela sentença condenatória penal, em sua imutabilidade. No seu entender, é um princípio constitucional, ligado ao direito de defesa e às garantias do "devido processo legal", que o terceiro não possa suportar as consequências nocivas de uma sentença proferida em processo do qual não participou.

A coisa julgada, prossegue, só pode atingir o réu do processo penal; não o responsável civil, alcançado apenas pela eficácia natural da sentença. Donde a conclusão inarredável de que, proposta a ação civil de reparação do dano contra o civilmente responsável (jamais a execução, como já se disse), poderá ele discutir não apenas a sua responsabilidade civil, como também voltar, se quiser, a suscitar as questões atinentes ao fato e à autoria, questões estas que se revestem da autoridade da coisa julgada, por força do disposto no art. 91, I, do Código Penal, mas só com relação a quem foi parte no processo penal. Entendimento diverso contraria, também, o disposto no art. 472 do Código de Processo Civil de 1973 (art. 506 do CPC/2015), que textualmente prescreve que a sentença faz coisa julgada às partes entre as quais é dada, não beneficiando nem prejudicando terceiros.

Tourinho Filho[9], no entanto, sustenta que o princípio da amplitude de defesa não pode ser levado às últimas consequências, sob pena de uma infinidade de normas, dos vários ramos do direito, cair por terra, com profundo abalo da ordem jurídica, e inversão, eversão e subversão de outros princípios.

De maior consistência jurídica, entretanto, os argumentos de Ada Pellegrini Grinover[10], já mencionados, com suporte na teoria de Liebman sobre a

---

do condenado. Recurso provido para decretar a inépcia da inicial" (*JTACSP*, Revista dos Tribunais, 91/118).
[7] *Processo penal*, cit., v. 2, p. 38.
[8] *Eficácia e autoridade da sentença penal*, p. 49-54.
[9] *Processo penal*, cit., v. 2, p. 38-43.
[10] Nesse sentido a jurisprudência: "Empregador que não foi parte no processo-crime e, portanto, não é atingido pela coisa julgada penal. Plena possibilidade de apreciação da culpa concorrente. Faz coisa julgada penal apenas o dispositivo da sentença condenatória, com efeitos somente para as partes do processo. É, portanto, admissível a propositura pelo empregador do condenado, no âmbito civil, de ação condenatória em face da vítima, para apreciação do fato sob o ângulo de possível culpa concorrente" (*RT*, 647/129).

coisa julgada, e harmonizados com o art. 472 do Código de Processo Civil de 1973 (art. 506 do CPC/2015), com os princípios constitucionais do devido processo legal e com as conquistas da moderna ciência processual.

Há vários sistemas a respeito da propositura da ação penal e da ação civil, quando o fato gerador das respectivas responsabilidades for o mesmo. *Um deles é o sistema da "confusão"*, em que as duas pretensões podem ser deduzidas num só pedido, como ocorre no México. Outro, é o da *"solidariedade"*, em que as duas pretensões podem ser deduzidas num mesmo processo, mas em pedidos distintos. Outro, ainda, é o da *"livre escolha"*, pelo qual o interessado tanto pode ingressar com a ação civil na jurisdição civil como pleitear o ressarcimento no próprio processo penal. Por fim, o sistema da *"separação"* ou da *"independência"*, em que a ação civil deve ser proposta na sede civil e a ação penal perante a justiça penal.

No direito pátrio, como já se viu, o sistema adotado é o da independência, com certa mitigação. A parte interessada, se quiser, poderá promover a ação para a satisfação do dano apenas na sede civil. Se houver sentença penal condenatória com trânsito em julgado, em face da influência que tal decisão exerce no cível, será ela exequível na jurisdição civil, onde não mais se discutirá o *an debeatur* (se deve) e sim o *quantum debeatur* (quanto é devido). Se, proposta a ação civil, estiver em curso a ação penal, deverá o juiz sobrestar o andamento da primeira[11].

É possível ocorrer a satisfação do dano na própria esfera penal. O Código de Processo Penal prevê a possibilidade da restituição ao lesado de coisas apreendidas no juízo criminal e até mesmo na fase investigatória que precede à propositura da ação penal (cf. arts. 118 a 120). Medidas acautelatórias, no campo penal, são também admitidas, como o sequestro, o arresto e a hipoteca legal (CPP, arts. 125 *usque* 144).

2. A SENTENÇA CONDENATÓRIA PROFERIDA NO JUÍZO CRIMINAL

2.1. Fundamentos legais

Se a infração penal houver acarretado dano, a sentença condenatória terá também o efeito de tornar certa a obrigação de indenizar.

Para condenar, o juiz criminal se pronuncia sobre a existência do fato, admitindo-o e definindo também quem é o seu autor. Não pode haver senten-

---

[11] Fernando da Costa Tourinho Filho, *Processo penal*, cit., v. 2, p. 28.

ça condenatória sem prova da existência do fato e da sua autoria. Assim, em face do disposto na segunda parte do art. 935 do Código Civil, movida a ação cível, não poderão mais ser discutidas a existência do fato e a questão da autoria, pois tais circunstâncias já estão decididas no crime e produzem efeito absoluto no cível.

Conforme preleciona Washington de Barros Monteiro, "no tocante à sentença condenatória proferida no crime, não há possibilidade de qualquer dúvida; o juiz criminal, para que possa lavrar condenação, terá que reconhecer o fato e quem seja o seu autor; nessas condições, a decisão proferida no crime terá irretorquivelmente decisiva influência no cível; onde houve prova de dolo ou culpa criminal, capaz de determinar condenação, transparece positivamente a responsabilidade civil de reparar o dano"[12].

De nada adianta o réu, no cível, alegar que não teve culpa ou não foi o autor, ou que o fato não existiu, ou mesmo que agiu em legítima defesa. *Se já foi condenado criminalmente é porque já se lhe reconheceu o dolo, ou a culpa, não podendo ser reexaminada a questão no juízo cível*[13].

O Código Penal menciona, como efeito da sentença condenatória, "tornar certa a obrigação de indenizar o dano resultante do crime" (art. 91, I). E, em perfeita sintonia, o art. 63 do Código de Processo Penal estabelece: "Transitada em julgado a sentença condenatória, poderão promover-lhe a execução, no juízo cível, para o efeito da reparação do dano, o ofendido, seu representante legal ou seus herdeiros".

Por sua vez, o *Código de Processo Civil de 2015* arrola a "sentença penal condenatória transitada em julgado" como título executivo judicial (art. 515, VI).

É evidente que a sentença condenatória só terá tal efeito se a infração produzir dano, conforme lembra Fernando da Costa Tourinho Filho[14], pois em certas contravenções, de caráter meramente preventivo, como a vadiagem, o porte ilegal de arma, e mesmo em certos crimes, como o de uso de entorpecente

---

[12] *Curso*, cit., v. 5, p. 425.
[13] "A sentença penal condenatória faz coisa julgada no cível no tocante à obrigação do réu de indenizar os danos suportados pela vítima. Resulta, implicitamente, condenação civil, ficando, portanto, prejudicado o julgamento da lide, uma vez que a sentença penal já a dirimiu definitivamente, cumprindo ao lesado promover a execução forçada, precedida de liquidação de danos" (*RT*, 629/140). "Ao condenado no processo criminal não é dado opor-se quando no juízo cível. Proferido o veredicto condenatório, já a Justiça Civil não poderá mais examinar o problema ligado à sua culpabilidade" (*RT*, 520/140; *JTACSP*, Lex, 74/140, 77/128; 81/106). "Responsabilidade civil. Condenação na justiça penal. Impossibilidade de reexame da culpabilidade na justiça civil. Art. 935 do Código Civil" (*RJTJSP*, 40/165, 46/99).
[14] *Processo penal*, cit., v. 2, p. 35.

e o de exposição da saúde de outrem a perigo iminente, por exemplo, o decreto condenatório não terá semelhante efeito.

A "sentença penal condenatória", que enseja a execução civil da indenização, é, a final, a que aplicou sanção ao réu, e que tenha transitado em julgado. As sentenças de pronúncia ou de impronúncia, nos processos de competência do Tribunal do Júri, não terão efeito algum para o fim de permitir ou de obstar a execução no cível, pois ainda não há qualquer condenação, da qual pudesse decorrer dano. Além disso, não é qualquer condenação criminal. "É necessário que haja efetivamente dano resultante do crime, *ex vi* do citado art. 74, I (atual art. 91, I), do Código Penal"[15].

A sentença condenatória na esfera criminal, com trânsito em julgado, sempre faz, assim, coisa julgada no cível, visto que estariam comprovados a autoria, a materialidade do fato ou dano, o nexo etiológico e a culpa (dolo ou culpa *stricto sensu*) do agente.

A ação civil que se intenta visando à satisfação do dano produzido pela infração penal é comumente denominada *actio civilis ex delicto*.

A execução civil é resultante direta da condenação do réu no processo criminal, ainda que a sentença penal nada mencione quanto à responsabilidade civil que, mesmo assim, será apurada no juízo cível competente. O fato de o juiz indicar ou não a responsabilidade civil do condenado não aumenta nem diminui o direito de o credor promover a execução. Esse direito decorre da condenação em si mesma, que, por força de lei, já origina pretensão de executar a sentença penal pelo credor à indenização pelo dano[16].

No tocante ao eventual reconhecimento da prescrição na esfera criminal, o *Superior Tribunal de Justiça* concluiu pela ausência de vinculação do juízo cível: "o ordenamento jurídico estabelece a relativa independência entre as jurisdições cível e penal, de tal modo que quem pretende ser ressarcido dos danos sofridos com a prática de um delito pode escolher, de duas, uma das hipóteses: ajuizar a correspondente ação cível de indenização ou aguardar o desfecho da ação penal, para, então, liquidar ou executar o título judicial eventualmente constituído pela sentença penal condenatória transitória em julgado. A decretação da prescrição da pretensão punitiva do Estado impede, tão somente, a formação do título exe

---

[15] Alcides de Mendonça Lima, *Comentários ao Código de Processo Civil*, v. 6, t. 1, p. 303, n. 678.
[16] Alcides de Mendonça Lima, *Comentários*, cit., v. 6, t. 1, p. 303, n. 681. Confira-se, ainda: "A responsabilidade civil não depende da criminal. Conquanto haja condenação penal, tal não impede se reconheça, na ação cível, a culpa concorrente da vítima. O que o art. 1.525 do Código Civil (*de 1916, correspondente ao art. 935 do novo*) proíbe é que se questione sobre a existência do fato e a autoria" (*RJTJSP*, 121/255).

cutivo judicial na esfera penal, indispensável ao exercício da pretensão executória pelo ofendido, mas não fulmina o interesse processual no exercício da pretensão indenizatória a ser deduzida no juízo cível pelo mesmo fato"[17].

A Lei n. 11.719, de 20 de junho de 2008, deu nova redação ao inciso IV do art. 387 do Código de Processo Penal, estabelecendo que o juiz, ao proferir sentença condenatória, "fixará *valor mínimo* para reparação dos danos causados pela infração, considerando os prejuízos sofridos pelo ofendido". Tal inovação agiliza o pagamento da indenização devida pelo infrator condenado criminalmente. Todavia, é necessário que o Ministério Público ou o particular, no caso de ação penal privada, formalizem o pedido de indenização na peça inicial, possibilitando a observância do princípio constitucional da ampla defesa.

Anote-se que o juízo cível permanece com competência para fixação de indenização de natureza civil. O que a supramencionada lei determinou foi apenas que o juiz criminal fixe *"valor mínimo* para reparação dos danos causados pela infração". Desse modo poderá a vítima, mesmo durante a tramitação da ação penal, com fundamento no art. 64 do Código de Processo Penal, mover a *actio civilis ex delicto*, visando à fixação ampla da indenização por danos materiais e morais.

2.2. Medidas processuais adequadas

Segundo observa ALCIDES DE MENDONÇA LIMA, "há duas espécies de o ressarcimento do dano ser pleiteado: a) pela execução no cível da sentença penal condenatória (art. 63); b) pela própria ação da indenização, que independe de sentença condenatória, e que pode ser proposta paralelamente com a ação penal (arts. 64 a 67)".

A primeira espécie, prossegue, "a) já tem caráter absoluto, 'juris et de jure', pois a responsabilidade do condenado não mais pode ser discutida, apenas faltando apurar o valor do dano a ser ressarcido ao credor. Na segunda espécie b), porém, como a ação penal pode nem ter sido intentada ou estar ainda em curso, o réu, que é o autor do crime, tem direito de defender-se, para eximir-se de responsabilidade, alegando, até, razões vinculadas diretamente ao ato delituoso de que é acusado. Na prática, porém, funciona o parágrafo único do art. 64 do Código de Processo Penal, que permite a suspensão da ação civil pelo juiz até o julgamento definitivo da ação penal. Com tal providência evitam-se complicações no caso de serem contraditórias as duas sentenças"[18].

Transitada em julgado a sentença penal condenatória, esta valerá, *ex vi legis*, como título certo, porém ilíquido, em favor do titular do direito à indenização.

---

[17] STJ, REsp 1.802.170-SP, 3ª T., rel. Min. Nancy Andrighi, j. 20-2-2020.
[18] *Comentários*, cit., v. 6, t. 1, p. 301, n. 674.

Como a condenação criminal não fixa o valor do dano civil a ser reparado, a responsabilidade do condenado, embora certa, necessita de ulterior apuração no tocante ao *quantum debeatur*.

Segundo o art. 509 do *Código de Processo Civil de 2015*, "quando a sentença condenar ao pagamento de quantia ilíquida, proceder-se-á à sua liquidação, a requerimento do credor ou do devedor".

É o que ocorre com a sentença penal condenatória. A liquidação nesses casos é feita, em regra, "por artigos", em razão da necessidade de alegar e provar fato novo (art. 475-E do CPC/73; art. 509 do CPC/2015). Se se trata, por exemplo, de morte de um chefe de família, os legitimados a pleitear a indenização terão de provar, na liquidação, dentre outros fatos, os rendimentos do falecido e, em alguns casos, a relação de dependência deste em que se encontravam.

Em algumas hipóteses, no entanto, a liquidação pode ser feita por "*arbitramento*" (CPC, art. 475-C/73; art. 509 do CPC/2015), quando, por exemplo, versa sobre o valor dos danos materiais em acidente automobilístico.

Julgada a liquidação, a parte promoverá a execução, nos termos do art. 475-I do Código de Processo Civil de 1973 (art. 513 do CPC/2015). Como afirma COSTA MANSO, citado por FREDERICO MARQUES[19], o pedido de reparação dos danos no crime, após passar em julgado a sentença penal condenatória, tem a estrutura de verdadeira *actio judicati*.

Segundo TOURINHO FILHO[20], como a execução não se processa nos autos originais para efeito de satisfação-dano, mas em outro juízo e outra jurisdição, deverá a parte munir-se de carta de sentença. FREDERICO MARQUES, no entanto, afirma que, se "o título executório se consubstancia em sentença penal condenatória, que passou em julgado, é suficiente certidão em inteiro teor da condenação seguida da do trânsito em julgado. Quando ilíquido o título executório, é preciso que em procedimento prévio de liquidação da sentença se fixe o *quantum debeatur*"[21].

Sem prejuízo do disposto no art. 63, pode o lesado propor ação para o ressarcimento do dano no juízo cível (CPP, art. 64). Antes mesmo de ser iniciada a ação penal, poderá a vítima intentar, no juízo cível, a ação de ressarcimento do dano. Se, em andamento a *actio civilis*, for proposta a ação penal, o juiz do cível diz a lei – pode suspender o andamento da ação civil até que se decida definitivamente a questão penal[22].

---

[19] *Elementos de direito processual penal*, v. 3, p. 94, n. 646.
[20] *Processo penal*, cit., v. 2, p. 47.
[21] *Instituições de direito processual civil*, v. 5, p. 101, n. 1.122.
[22] Tourinho Filho, *Processo penal*, cit., v. 2, p. 47.

A ação penal que teve impacto na área cível suspende a prescrição da indenização[23].

Cumpre ressaltar que a prescrição da pretensão executória da condenação, que só ocorre depois do trânsito em julgado da sentença, não retira a força executiva desta, exercitável no âmbito civil, já que não se confundem os seus efeitos com os decorrentes da prescrição da pretensão punitiva. Na prescrição da pretensão executória, a ação penal foi declarada procedente e apenas não haverá o cumprimento da pena principal, persistindo, porém, as consequências secundárias da condenação, inclusive aquelas projetadas no campo civil, quanto à sua executoriedade indenizatória.

Mas a prescrição retroativa e a prescrição intercorrente são formas de prescrição da *pretensão punitiva* e, por esse motivo, afastam todos os efeitos, principais e secundários, penais e extrapenais, da condenação.

Por outro lado, tem-se entendido que, por ser o *perdão judicial* uma causa extintiva da punibilidade, a sentença que o concede é declaratória, não subsistindo, assim, qualquer efeito, inclusive de natureza secundária. Nesse sentido prescreve a *Súmula 18 do Superior Tribunal de Justiça*: "*A sentença concessiva do perdão judicial é declaratória da extinção da punibilidade, não subsistindo qualquer efeito condenatório*".

2.3. Competência

Dispõe o Código de Processo Civil de 2015 que a ação visando à reparação de dano deverá ser proposta no foro do local onde ocorreu o "ato ou fato" causador do dano (art. 53, IV, *a*).

O objetivo é a economia de movimentos para eventuais perícias e também o de evitar que, conforme as circunstâncias, a viabilidade de reparação dos danos se torne muito difícil, se a ação somente pudesse ser movida no domicílio do réu. Vale a regra, ainda que a Fazenda do Estado figure como autora ou ré, conforme já se decidiu[24].

Desse modo, tanto a responsabilidade penal como também a responsabilidade civil serão apuradas no local da infração.

O atual estatuto processual contém regra especial de competência para as ações de reparação de danos decorrentes de acidentes automobilísticos, qual seja, o art. 53, V, *verbis*:

---

[23] STJ, REsp 1.631.870-SE, 3ª T., rel. Min. Villas Bôas Cueva, *DJe* 24-10-2017.
[24] *RJTJSP*, 55/160.

"Art. 53. É competente o foro:

(...)

V – de domicílio do autor ou do local do fato, para a ação de reparação do dano sofrido em razão de delito ou acidente de veículos, inclusive aeronaves".

A ação civil será processada, assim, no juízo cível do lugar em que a infração penal foi praticada ou no do domicílio do autor. Têm a doutrina e a jurisprudência proclamado que a regra do precitado dispositivo legal foi estabelecida em proveito do credor da indenização, do lesado, de forma que pode ele abrir mão desse privilégio, que excepciona a regra geral do art. 46 do Código de Processo Civil de 2015, e propor a ação no domicílio do réu.

Pode, assim, a infração penal automobilística ser cometida em um lugar e a ação civil para a reparação do dano ser promovida em outro, ou seja, no domicílio do autor ou no do réu. Como pode, também, ser ajuizada no próprio local onde se praticou o fato punível. Assim também a execução (*actio judicati*).

2.4. Legitimidade ativa e passiva

As pessoas legitimadas a promover a execução estão mencionadas no art. 63 do Código de Processo Penal: "o ofendido, seu representante legal ou seus herdeiros". Como assinala ALCIDES DE MENDONÇA LIMA[25], de certo modo são os mesmos que se acham habilitados pelos arts. 566 e 567 do Código de Processo Civil de 1973 (art. 778, *caput* e § 1º, do CPC/2015).

O art. 943 do Código Civil, por sua vez, dispõe que o "*direito de exigir reparação e a obrigação de prestá-la transmitem-se com a herança*".

Se o credor da reparação for pobre, a execução será promovida pelo representante do Ministério Público, se o interessado o requerer, pois o art. 68 do Código de Processo Penal estabelece: "Quando o titular do direito à reparação for pobre (art. 32, §§ 1º e 2º) a execução da sentença condenatória (art. 63) ou a ação civil (art. 64) será promovida a seu requerimento, pelo Ministério Público".

Malgrado a divergência anteriormente existente nos tribunais sobre o assunto, já decidiu o *Supremo Tribunal Federal* que o *Ministério Público é parte ativa legítima* para a ação civil de indenização, *em favor da vítima pobre*, a teor do art. 68 do Código de Processo Penal, que foi recepcionado pela Constituição Federal em vigor, uma vez que, não podendo o titular do direito arcar com as despesas processuais, não se lhe poderia negar o direito fundamental de acesso ao Judiciário, assegurado no art. 5º, XXXV[26].

---

[25] *Comentários*, cit., v. 6, t. 1, p. 302, n. 677.
[26] RE 136.206-5-SP, *DJU*, 18-10-1996, p. 39883.

Posteriormente, o mesmo Tribunal afirmou:

"No contexto da Constituição de 1988, a atribuição anteriormente dada ao Ministério Público pelo art. 68 do Cód. de Processo Penal – constituindo modalidade de assistência judiciária – deve reputar-se transferida para a Defensoria Pública: essa, porém, para esse fim, só se pode considerar existente, onde e quando organizada, de direito e de fato, nos moldes do art. 134 da própria Constituição e da lei complementar por ela ordenada: até que – na União ou em cada Estado considerado – se implemente essa condição de viabilização da cogitada transferência constitucional de atribuições, o art. 68 do Código de Processo Penal será considerado ainda vigente; é o caso do Estado de São Paulo, como decidiu o plenário no RE 135.328"[27].

Por sua vez, o *Superior Tribunal de Justiça* proclamou:

"O Ministério Público detém legitimidade para promover ação civil indenizatória *ex delicto* em favor de necessitado, se a sua intervenção decorre da inexistência de Defensoria Pública no Estado. Precedentes do STF e STJ"[28].

"Com o advento da Constituição de 1988, a defesa judicial dos necessitados passou a ser atribuição da Defensoria Pública. Mas, tem entendido o Supremo Tribunal Federal, interpretando o texto constitucional e acolhendo a tese da inconstitucionalidade progressiva, subsistir a legitimidade do Ministério Público onde ainda não instituída a Defensoria Pública para propor a ação civil *ex delicto* (CPP, art. 68)"[29].

O Estado procurou dar, assim, um caráter público à obrigação de reparar o dano *ex delicto*, especialmente para que, segundo expressão do Ministro Francisco Campos, na Exposição de Motivos, ficasse "sem fundamento a crítica, segundo a qual, pelo sistema do direito pátrio, a reparação do dano 'ex delicto' não passa de uma promessa vã e platônica da lei".

Segundo Alcides de Mendonça Lima, "será um caso de substituição processual, que se insere no art. 566, II, deste Código [*CPC/73; art. 778, § 1º, I, do CPC/2015*]. Se for pobre e incapaz, não é necessário requerer que o Ministério Público aja, porque isso já lhe compete"[30].

No tocante à legitimação passiva, a execução civil decorrente do dano causado pelo delito recai exclusivamente sobre o patrimônio do próprio condenado, exatamente porque a responsabilidade criminal é pessoal. Como já foi visto, condenado criminalmente o empregado ou o filho menor, a execução não pode ser promovida contra o patrão ou contra os pais. Contra estes não há título executivo judicial.

---

[27] RE 147.776-SP, *DJU*, 19-6-1998.
[28] *RSTJ*, 133/237.
[29] REsp 180.890-SP, 3ª T., rel. Min. Sálvio de Figueiredo, *DJU*, 3-11-1998.
[30] *Comentários*, cit., v. 6, t. 1, p. 303, n. 679.

Mas a ação civil poderá ser proposta "contra o autor do crime e, se for o caso, contra o responsável civil", como proclama o art. 64 do Código de Processo Penal. Tendo em vista o disposto no art. 943 do Código Civil, já mencionado, e o art. 779, II, do Código de Processo Civil de 2015, a execução pode prosseguir contra os herdeiros ou ser movida diretamente contra estes, que responderão apenas dentro das forças da herança que o falecido lhes deixou.

3. A SENTENÇA ABSOLUTÓRIA PROFERIDA NO CRIME

Diferentemente do que ocorre com a sentença penal condenatória, a sentença absolutória nem sempre faz coisa julgada no juízo cível. Quer dizer: mesmo tendo o réu sido absolvido no juízo penal, pode ele, em certos casos, vir a ser condenado, no juízo cível, a ressarcir o dano causado à vítima.

Dispõe, com efeito, o art. 66 do Código de Processo Penal:

"Não obstante a sentença absolutória no juízo criminal, a ação civil poderá ser proposta quando não tiver sido, categoricamente, reconhecida a inexistência material do fato".

Por sua vez, o art. 386 do mesmo estatuto processual arrola as causas que podem determinar um decreto absolutório, *in verbis*:

"Art. 386. O juiz absolverá o réu, mencionando a causa na parte dispositiva, desde que reconheça:

I – estar provada a inexistência do fato;

II – não haver prova da existência do fato;

III – não constituir o fato infração penal;

IV – estar provado que o réu não concorreu para a infração penal;

V – não existir prova de ter o réu concorrido para a infração penal;

VI – existirem circunstâncias que excluam o crime ou isentem o réu de pena (arts. 20, 21, 22, 23, 26 e § 1º do art. 28, todos do Código Penal), ou mesmo se houver fundada dúvida sobre sua existência;

VII – não existir prova suficiente para a condenação" (redação de acordo com a Lei n. 11.690, de 9-6-2008)".

Conforme o fundamento da absolvição, a sentença criminal produzirá ou não efeitos de coisa julgada no cível, isto é, fechará ou não as portas do cível para o pedido de ressarcimento do dano. Toda vez que ela se basear em "falta de prova" (incisos II, V e VII), nenhum efeito produzirá no juízo cível. Porque a vítima poderá produzir, no cível, as provas que faltaram ao processo-crime.

Também nenhum efeito produzirá no juízo cível a sentença absolutória criminal que reconhecer "não constituir o fato infração penal" (inciso III), porque, embora não constitua ilícito penal, o fato poderá constituir ilícito civil.

Igualmente, não produzirá efeitos no juízo cível, deixando abertas as portas deste à vítima, a sentença criminal absolutória que se fundar em "inexistência de culpa" do réu, porque o juízo criminal é mais exigente em matéria de aferição da culpa para a condenação, enquanto no juízo cível a mais leve culpa obriga o agente a indenizar.

Assim, embora o juiz criminal tenha entendido que a culpa criminal inexistiu, pode o juiz cível entender que o réu se houve com culpa levíssima (insuficiente para uma condenação criminal) e condená-lo a reparar o dano. Porque, na conformidade do art. 66 do Código de Processo Penal, o juiz penal deixou em aberto a questão da existência do fato. E, ainda, porque se diversificam sensivelmente a culpa penal e a culpa civil.

Há casos, entretanto, em que ocorre o contrário: a sentença criminal absolutória faz coisa julgada no cível, fechando as portas deste ao ressarcimento do dano. Por exemplo: quando se reconhece, categoricamente, a inexistência material do fato (CPP, art. 386, I), ou quando se afirma não ter sido o réu o autor do crime (CPP, art. 66; CC, art. 935). Porque, nesses casos, houve um pronunciamento, embora de caráter negativo, "sobre a existência do fato, ou quem seja o seu autor", *não se podendo mais questionar sobre essas questões no cível (CC, art. 935, segunda parte; CPP, art. 66).*

Também faz coisa julgada no juízo cível a sentença criminal que reconhecer existir circunstância que exclua o crime ou isente o réu de pena (CPP, art. 65).

Dispõe o art. 65 do estatuto processual penal:

"Faz coisa julgada no cível a sentença penal que reconhecer ter sido o ato praticado em estado de necessidade, em legítima defesa, em estrito cumprimento de dever legal ou no exercício regular de direito".

Por sua vez, o art. 188 do Código Civil, em harmonia com o referido art. 65, proclama não constituírem atos ilícitos os praticados em legítima defesa, estado de necessidade ou no exercício regular de um direito. "O próprio 'cumprimento de dever legal', não explícito no artigo 188, nele está contido, porquanto atua no exercício regular de um direito reconhecido aquele que pratica um ato 'no estrito cumprimento de dever legal'"[31].

Assim, *se o juiz penal reconhece ter o agente praticado o ato em legítima defesa, em estado de necessidade, no estrito cumprimento do dever legal ou no exercício regular*

---

[31] Frederico Marques, *Tratado de direito penal*, v. 3, p. 295.

de um direito, tal decisão faz coisa julgada no cível, onde não se poderá mais negar a existência de qualquer dessas excludentes. Porém, apesar de reconhecer a licitude do ato praticado em estado de necessidade, a lei civil não exonera o seu autor da responsabilidade pelo ressarcimento do dano, como expressamente dispõe nos arts. 929 e 930.

Reconhecidas no juízo penal, entretanto, as demais excludentes (estrito cumprimento do dever legal, exercício regular de um direito e legítima defesa praticada contra o autor de injusta agressão), tal decisão será observada no cível e o agente ficará exonerado de qualquer responsabilidade.

No tocante à legítima defesa, há que frisar que somente a real, e praticada contra o agressor, impede a ação de ressarcimento de danos. Se o agente, por erro de pontaria (*aberratio ictus*), atingir terceiro, ficará obrigado a indenizar os danos a este causados. E terá ação regressiva contra o injusto ofensor.

Não altera essa situação o fato de o Código Civil de 2002 não ter reproduzido o art. 1.540 do Código Civil de 1916, de redação confusa, mas que responsabilizava o causador de dano a terceiro, e não ao injusto ofensor, agindo em legítima defesa, mas errando a pontaria, pois quem causa dano a outrem fica obrigado a reparar o prejuízo (CC, arts. 186 e 927). A legítima defesa só afasta a responsabilidade do agente perante o injusto agressor. O terceiro, que não participava dos fatos e foi lesado, pode mover a ação indenizatória contra o lesante, tendo este ação regressiva contra o ofensor.

Também não exime o réu de indenizar o dano a legítima defesa putativa, que somente exclui a culpabilidade, mas não a antijuridicidade do ato. A legítima defesa real, esta sim, exclui a ilicitude. Na putativa, porém, a vítima deve ser ressarcida.

Em comentários ao art. 65 do Código de Processo Penal, Frederico Marques observa que, "no mencionado dispositivo legal, não há qualquer referência às causas excludentes da culpabilidade, ou seja, às denominadas dirimentes penais. Se o que é penalmente lícito não pode ser civilmente ilícito – o ato ilícito que não é punível pode ser civilmente ressarcível".

E acrescenta: "As causas excludentes da culpabilidade vêm previstas nos artigos 17, 18, 22 e 24 do Código Penal, enquanto que as justificativas penais capituladas se acham no artigo 19 e, repetidas, por isso mesmo, no artigo 65, do Código de Processo Penal. Se a absolvição, portanto, se funda nas primeiras, a não punição do autor do fato ilícito, na justiça criminal, longe está de o isentar da obrigação de indenizar a vítima do ato antijurídico. O problema da 'legítima defesa putativa', que já foi objeto de apreciação de mais de um aresto do Tribunal de Justiça do Estado de São Paulo (*Rev. dos Tribunais*, 156/229 e 155/217), facilmente se resolve em função desses dados. Uma vez que se trata de erro de fato, não há que cogitar da aplicação do artigo 65, do Código de Processo Penal. Na legítima defesa putativa, o ato de quem a pratica é ilícito, embora não punível por não ser reprovável (isto é, por ausência de culpabilidade)"[32].

Nessa linha decidiu o *Tribunal de Justiça de São Paulo*:

"Responsabilidade civil. Disparo de arma de fogo feito por quem imaginava estar sendo assaltado. Alegação de legítima defesa putativa. Absolvição sumária na esfera criminal. Hipótese que não afasta o dever de indenizar. Excludente de responsabilidade que só se aplica em sendo a legítima defesa real"[33].

O Código de Processo Penal dispõe, ainda, no art. 67:

"Não impedirão igualmente a propositura da ação civil:

I – o despacho de arquivamento do inquérito ou das peças de informação;

II – a decisão que julgar extinta a punibilidade;

III – a sentença absolutória que decidir que o fato imputado não constitui crime".

Quanto ao inciso III do art. 67, é oportuno se lembre a opinião de VICENTE DE PAULA VICENTE DE AZEVEDO: "Se a sentença afirmou a existência do fato e, por não encontrar os elementos que nele integram a qualidade de crime, absolveu o réu, o mesmo fato pode ser fundamento de ação civil de indenização; não já, porém, com a mesma denominação de crime, mas como simples ato ilícito da vida civil"[34].

A absolvição, "por não constituir crime o fato imputado ao réu, não exclui a responsabilidade civil, pois o fato poderá ser civilmente ilícito. Donde a regra do art. 67, n. III, do CPP"[35].

4. EFEITOS DA COISA JULGADA CIVIL NA ESFERA CRIMINAL

Cumpre lembrar, por derradeiro, a existência de situações em que a sentença proferida no juízo cível é que vai influenciar o processo-crime, fazendo coisa julgada. Nas questões de estado, como, por exemplo, nos casos de bigamia, a sentença criminal ficará na dependência da decisão que vier a ser proferida na ação anulatória do primeiro ou do segundo casamento.

Assim também nas questões relativas à posse e à propriedade. O crime de esbulho possessório é um exemplo. A sentença criminal se apoiará em uma situação jurídica da ordem civil. Se a sentença cível negar a existência dessa situação jurídica, aniquilará o fundamento da ação penal[36].

---

[32] *Tratado*, cit., v. 3, p. 295-296.
[33] *RT*, 808/224.
[34] *Crime – dano – reparação*, n. 80, p. 226.
[35] Frederico Marques, *Elementos*, cit., v. 3, n. 650, p. 110 e 111.
[36] Washington de Barros Monteiro, *Curso*, cit., v. 5, p. 427.

Também, conforme lembra Aguiar Dias, "se, porventura, em ação cível se declarar, em controvérsia sobre a autenticidade de um documento, a improcedência da arguição de falsidade, não há como admitir, em juízo penal, a ação de falso"[37].

A sentença civil, no entanto, em regra não tem influência no juízo criminal. Não se pode afirmar que a sentença proferida no juízo cível, condenatória ou absolutória, faz coisa julgada no juízo criminal.

O *Supremo Tribunal Federal* já teve a oportunidade de frisar, em aresto relatado pelo Min. Rafael Mayer, que "a sentença civil não tem influência nem precedência lógica sobre o juízo criminal, ainda quando negue a existência do fato e da autoria constitutivos da responsabilidade penal, salvo no caso das prejudiciais heterogêneas contempladas nos arts. 92 e 93 do Código de Processo Penal"[38].

5. SUSPENSÃO DO CURSO DA AÇÃO CIVIL

Como em alguns casos a sentença criminal tem influência na decisão a ser proferida no juízo cível, proposta a ação civil quando em curso a ação penal, faculta-se ao juiz do cível sobrestar o andamento da primeira.

Dispõe, com efeito, o art. 64 do Código de Processo Penal:

"Sem prejuízo do disposto no artigo anterior, a ação para ressarcimento do dano poderá ser proposta no juízo cível, contra o autor do crime e, se for caso, contra o responsável civil.

Parágrafo único. Intentada a ação penal, o juiz da ação civil poderá suspender o curso desta, até o julgamento definitivo daquela".

Estatui, por outro lado, o art. 315 do Código de Processo Civil de 2015:

"Se o conhecimento do mérito depender de verificação da existência de fato delituoso, o juiz pode determinar a suspensão do processo, até que se pronuncie a justiça criminal".

No mesmo sentido dispõe o art. 313, V, *a*, do referido Código, isto é, a suspensão será determinada quando a "sentença" de mérito "depender do julgamento de outra causa, ou da declaração da existência ou inexistência da relação jurídica, que constitua o objeto principal de outro processo pendente".

O juiz civil tem a mera faculdade de determinar ou não a suspensão do andamento da ação, enquanto a questão penal não for definitivamente decidida.

---

[37] *Da responsabilidade civil*, 4. ed., t. 2, p. 901.
[38] *RTJ*, 102/127.

Entretanto, há casos em que o juiz deve determinar a suspensão, para evitar decisões contraditórias (quando se alega, no juízo criminal, legítima defesa real ou se nega a existência do fato ou a autoria). Há outros, contudo, em que tal suspensão se mostra desnecessária, como quando se argui insuficiência de provas para a condenação, inexistência de culpa ou que o fato não constitui infração penal[39].

Na realidade, a "suspensão do processo civil é providência que cabe ao prudente discernimento do juiz da causa, devendo, porém, observar para que o período de suspensão seja condicionado ao art. 265, § 5º, do CPC [*de 1973; art. 313, § 5º, do CPC/2015*]"[40]. O referido dispositivo proíbe a suspensão da ação civil por tempo superior a um ano. Findo esse prazo, o juiz mandará prosseguir no processo.

"A simples existência de inquérito policial não autoriza a suspensão da ação civil, porquanto a investigação não é fase da relação processual. Cumpre, ainda, registrar que a interposição de revisão criminal não autoriza o juiz, ou Tribunal, a suspender o curso da ação civil"[41].

A absolvição conseguida em sede de revisão criminal em nada altera a situação que decorre do pronunciamento exarado na Justiça Cível, que não depende das conclusões prolatadas na Justiça Penal, máxime se o acórdão proferido na revisão não declarou que o fato não constituía infração penal ou que o réu não concorrera para que o fato se consumasse, decidindo tão somente que não existiam provas suficientes para a sua condenação no juízo criminal.

Incabível ação rescisória, visto não ter sido contemplada no rol dos motivos para a rescisão dos julgados (CPC/73, art. 485; CPC/2015, art. 966) a hipótese de, pronunciada e transitada em julgado uma primeira sentença, esta servir de base a uma segunda sentença, mas que logicamente depende da decisão contida na primeira, e, passada em julgado a segunda sentença, surgirem depois elementos para impugnar a primeira sentença[42].

---

[39] "Responsabilidade civil. Existência de ação penal onde se objetiva o reconhecimento da legítima defesa. Circunstância que excluiria 'ipso facto' a própria noção de ato ilícito. Artigo 160, inciso I, do Código Civil (*de 1916, correspondente ao art. 188, I, do novo diploma*). Decisão determinando a suspensão da ação civil até o julgamento do processo criminal que não ofendeu a lei e evitará a ocorrência de decisões conflitantes e ofensivas ao prestígio da Justiça" (*RJTJSP*, 110/293, 126/329). "A ação de reparação de dano causado em acidente de veículos não se suspende até que seja decidida ação criminal em decorrência do mesmo acidente, instaurada contra um dos réus, se no crime não está sendo questionada a existência do fato ou quem seja o seu autor" (*RT*, 505/233).
[40] *RT*, 542/232.
[41] Frederico Marques, *Elementos*, cit., v. 3, p. 95, n. 647.
[42] *RT*, 600/103.

Se a ação civil estiver em andamento e sobrevier sentença criminal condenatória com trânsito em julgado, nenhum interesse processual haverá em dar continuidade ao processo de conhecimento, que deverá, assim, ser extinto por falta de interesse de agir[43], pois o ofendido já passou a dispor de título executivo judicial. Já se decidiu que, nessa hipótese, o julgamento da lide deve ser tido por prejudicado, havendo voto vencido no sentido de que o processo devia ser declarado extinto sem julgamento do mérito, com base no art. 485, V, do Código de Processo Civil de 2015, em face da existência da coisa julgada material[44].

Se a ação civil, não suspensa, for julgada improcedente e a sentença transitar em julgado, poderá ocorrer a hipótese de o réu vir a ser condenado, posteriormente, na esfera criminal.

Para HUMBERTO THEODORO JÚNIOR, "ainda que tenha sido julgada improcedente a ação de indenização, poderá a vítima executar civilmente o causador do dano, se este, posteriormente, vier a ser condenado no juízo criminal. Isto porque a sentença penal condenatória, por si só, é título executivo civil para assegurar a reparação em tela. E não poderá o culpado sequer invocar a exceção de coisa julgada, diante da autonomia apenas relativa das duas responsabilidades"[45].

A questão não é, todavia, pacífica, pois versa sobre o crucial problema do conflito de coisas julgadas.

Na realidade, não há nenhuma razão de ordem jurídica para que prevaleça a posterior condenação criminal, pois esta, ao surgir, esbarra numa situação definitivamente consolidada pela coisa julgada civil.

Só restará ao lesado a via da ação rescisória da sentença de improcedência da ação de indenização, se não decorrido ainda o prazo decadencial de dois anos e se presentes os requisitos exigidos no art. 485 do Código de Processo Civil de 1973 (art. 966 do CPC/2015) para a sua propositura.

Segundo o *Superior Tribunal de Justiça*, "A absolvição na esfera penal só influencia no âmbito do processo administrativo disciplinar se ficar comprovada naquela instância a não ocorrência do fato ou a negativa da sua autoria"[46].

---

[43] *RT*, 620/83.
[44] *RT*, 629/140.
[45] *Processo de execução*, cit., p. 100, n. 3.
[46] STJ, AgInt no AREsp 1.019.336-SP, 1ª T., rel. Min. Benedito Gonçalves, *DJe* 2-10-2017.

Título III
DA RELAÇÃO DE CAUSALIDADE

> *Sumário:* 1. O liame da causalidade. 2. A pesquisa do nexo causal. 3. A negação do liame da causalidade: as excludentes da responsabilidade.

1. O LIAME DA CAUSALIDADE

Um dos pressupostos da responsabilidade civil é a existência de um nexo causal entre o fato ilícito e o dano produzido. Sem essa relação de causalidade não se admite a obrigação de indenizar. O art. 186 do Código Civil a exige expressamente, ao atribuir a obrigação de reparar o dano àquele que, por ação ou omissão voluntária, negligência ou imprudência, violar direito e causar dano a outrem.

O dano só pode gerar responsabilidade quando for possível estabelecer um nexo causal entre ele e o seu autor, ou, como diz SAVATIER, "um dano só produz responsabilidade, quando ele tem por causa uma falta cometida ou um risco legalmente sancionado"[1].

Portanto, tratando-se de elemento obrigatório para constituir o dever de indenizar, o *Enunciado n. 659 da IX Jornada de Direito Civil* estatuiu que: "O reconhecimento da dificuldade em identificar o nexo de causalidade não pode levar à prescindibilidade da sua análise".

O *Superior Tribunal de Justiça* já se manifestou acerca da relevância da correta identificação do nexo causal: "O ponto central da responsabilidade civil está situado no nexo de causalidade. Não interessa se a responsabilidade civil é de natureza contratual ou extracontratual, de ordem objetiva ou subjetiva, sendo neste último caso despicienda a aferição de culpa do agente se antes não for encontrado o nexo causal entre o dano e a conduta do agente. Com efeito, para a caracterização da responsabilidade civil, antes de tudo, há de existir e estar comprovado o nexo de causalidade entre o evento danoso e a conduta comissiva ou omissiva do agente e afastada qualquer das causas excludentes do nexo causal, tais como a culpa exclusiva da vítima ou de terceiro, o caso fortuito ou a força maior, por exemplo"[2].

---

[1] *Traité de la responsabilité civile en droit français*, v. 2, n. 456, apud Agostinho Alvim, *Da inexecução das obrigações e suas consequências*, p. 324.
[2] STJ, REsp 1.615.971-DF, 3ª T., rel. Min. Marco Aurélio Bellizze, *DJe* 7-10-2016.

Entretanto, qual o critério que poderemos utilizar para chegar à conclusão de que, no concurso de várias circunstâncias, uma dentre elas é que foi o fator determinante do prejuízo? A resposta a essa pergunta constituiu um dos problemas mais debatidos em direito, pelo menos desde há um século, pois só nos meados do século passado é que ele passou a tomar uma forma definida.

O que se deve entender, juridicamente, por nexo causal determinador da responsabilidade civil? O esclarecimento dessa noção vamos encontrá-lo na lição de DEMOGUE, ao precisar que não pode haver uma questão de nexo causal senão quando se esteja diante de uma relação necessária entre o fato incriminado e o prejuízo. É necessário que se torne absolutamente certo que, sem esse fato, o prejuízo não poderia ter lugar[3].

A teoria do nexo causal encerra dificuldades porque, em razão do aparecimento de concausas, a pesquisa da verdadeira causa do dano nem sempre é fácil. Essas concausas podem ser sucessivas ou simultâneas. Nas últimas, há um só dano, ocasionado por mais de uma causa. É a hipótese de um dano que pode ser atribuído a várias pessoas. O Código Civil, em matéria de responsabilidade extracontratual, dispõe que, neste caso, ela é solidária (cf. art. 942, parágrafo único).

A grande dificuldade, entretanto, está no estudo das concausas sucessivas, em que se estabelece uma cadeia de causas e efeitos. A dificuldade está em saber qual delas deve ser escolhida como a responsável pelos danos. AGOSTINHO ALVIM exemplifica e indaga: "Suponha-se que um prédio desaba por culpa do engenheiro que foi inábil; o desabamento proporcionou o saque; o saque deu como consequência a perda de uma elevada soma, que estava guardada em casa, o que, por sua vez, gerou a falência do proprietário. O engenheiro responde por esta falência?"[4].

Três são as principais teorias formuladas a respeito dessa questão: *a da equivalência das condições, a da causalidade adequada e a que exige que o dano seja consequência imediata do fato que o produziu.*

2. A PESQUISA DO NEXO CAUSAL

Pela teoria da equivalência das condições, toda e qualquer circunstância que haja concorrido para produzir o dano é considerada como causa. A sua equivalência resulta de que, suprimida uma delas, o dano não se verificaria[5].

---

[3] Miguel M. de Serpa Lopes, *Curso de direito civil*, v. 5, p. 251-252.
[4] *Da inexecução*, cit., p. 328.
[5] Agostinho Alvim, *Da inexecução*, cit., p. 329.

O ato do autor do dano era condição *sine qua non* para que este se verificasse. Por isso, chama-se esta teoria *da equivalência das condições* ou *da condição "sine qua non"*[6].

Tal teoria, entretanto, pode conduzir a resultados absurdos dentro do direito. Tem, por isso, recebido críticas, como, por exemplo, as de que o nascimento de uma pessoa não pode, absolutamente, ser tido como causa do acidente de que foi vítima, embora possa ser havido como condição *sine qua non* do evento; na hipótese de um homicídio, poderia fazer-se estender, segundo tal teoria, a responsabilidade pelo evento ao próprio fabricante da arma com a qual o dano se perpetrou; ou talvez se tivesse de responsabilizar, também, como partícipe do adultério, o marceneiro que fez a cama na qual se deitou o casal amoroso.

A segunda teoria, a *da causalidade adequada*, somente considera como causadora do dano a condição por si só apta a produzi-lo. Ocorrendo certo dano, temos de concluir que o fato que o originou era capaz de lhe dar causa. Se tal relação de causa e efeito existe sempre em casos dessa natureza, diz-se que a causa era adequada a produzir o efeito. Se existiu no caso em apreciação somente por força de uma circunstância acidental, diz-se que a causa não era adequada.

Nessa linha de raciocínio, o Tribunal de Justiça de Minas Gerais se manifestou nos seguintes termos: "Sob a perspectiva da Teoria da Causalidade Adequada, aplicável ao Direito Privado e Administrativo, dentre as várias possíveis causas concorrentes para determinado resultado, existe apenas uma, a adequada, que se considera como aquela essencial à sua produção, não obstante possível contribuição de outras"[7].

As duas teorias podem ser facilmente compreendidas com o seguinte exemplo: "A" deu uma pancada ligeira no crânio de "B", que seria insuficiente para causar o menor ferimento num indivíduo normalmente constituído, mas, por ser "B" portador de uma fraqueza particular dos ossos do crânio, isto lhe causou uma fratura de que resultou sua morte. O prejuízo deu-se, apesar de o fato ilícito praticado por "A" não ser a causa adequada a produzir aquele dano em um homem adulto.

Segundo a teoria da equivalência das condições, a pancada é uma condição *sine qua non* do prejuízo causado, pelo qual o seu autor terá de responder. Ao contrário, não haveria responsabilidade, em face da teoria da causalidade adequada[8]. Esta última é bastante aplicada em acidentes de veículos, para se definir, por exemplo, qual das condutas foi adequada a provocar o dano: se a do motorista

---

[6] Espínola, *Sistema do direito civil brasileiro*, v. 2, t. 1, p. 514.
[7] TJMG, Ap. 1.0000.23.044925-8/001, 1ª C. Cív., rel. Des. Márcio Idalmo Santos Miranda, j. 27-6-2023.
[8] Cardoso de Gouveia, *Da responsabilidade contratual*, n. 69, apud Agostinho Alvim, *Da inexecução*, cit., p. 330.

que invadiu a preferencial, não respeitando a placa "PARE", ou se a do que transitava por esta, em velocidade excessiva.

A terceira teoria, a dos chamados *danos diretos e imediatos,* nada mais é do que um amálgama das anteriores, uma espécie de meio-termo, mais razoável. Requer ela haja, entre a conduta e o dano, uma relação de causa e efeito direta e imediata. É indenizável todo dano que se filia a uma causa, desde que esta seja necessária, por não existir outra que explique o mesmo dano. Quer a lei que o dano seja o efeito direto e imediato da inexecução.

Assim, no clássico exemplo mencionado por Wilson Melo da Silva, do acidentado que, ao ser conduzido em uma ambulância para o hospital, vem a falecer em virtude de tremenda colisão da ambulância com outro veículo, responderia o autor do dano primeiro da vítima, o responsável pelo seu ferimento, apenas pelos prejuízos de tais ferimentos oriundos. Pelos danos da morte dessa mesma vítima em decorrência do abalroamento da ambulância, na qual era transportada ao hospital, com o outro veículo, responderia o motorista da ambulância ou o do carro abalroador, ou ambos. Mas o agente do primeiro evento não responderia por todos os danos, isto é, pelos ferimentos e pela morte[9].

Segundo tal teoria, cada agente responde, assim, somente pelos danos que resultam direta e imediatamente, isto é, proximamente, de sua conduta.

Das várias teorias sobre o nexo causal, o nosso Código adotou, indiscutivelmente, a do dano direto e imediato, como está expresso no art. 403. Dispõe, com efeito, o mencionado dispositivo legal:

"Ainda que a inexecução resulte de dolo do devedor, as perdas e danos só incluem os prejuízos efetivos e os lucros cessantes por efeito dela direto e imediato, sem prejuízo do disposto na lei processual".

Não é, portanto, indenizável o chamado "dano remoto", que seria consequência "indireta" do inadimplemento, envolvendo lucros cessantes para cuja caracterização tivessem de concorrer outros fatores.

Se alguém, por exemplo, sofre um acidente automobilístico no instante em que se dirija ao aeroporto para uma viagem de negócios, pode responsabilizar o motorista causador do dano pelos prejuízos que resultarem direta e imediatamente do sinistro, como as despesas médico-hospitalares e os estragos do veículo, bem como os lucros cessantes, referentes aos dias de serviço perdidos. Mas não poderá cobrar os danos remotos, atinentes aos eventuais lucros que poderia ter auferido, se tivesse viajado e efetuado os negócios que tinha em mente. É que esses danos, embora filiados a ato do motorista, acham-se muito distantes deste e podem ter outras causas.

---

[9] *Da responsabilidade civil automobilística,* p. 237.

Mas, segundo reconhece o próprio Agostinho Alvim, a teoria da necessariedade da causa não tem o condão de resolver todas as dificuldades práticas que surgem, embora seja a que de modo mais perfeito e mais simples cristalize a doutrina do dano direto e imediato, adotada pelo nosso Código.

Enneccerus[10], por sua vez, pondera: "A difícil questão de saber até onde vai o nexo causal não se pode resolver nunca, de uma maneira plenamente satisfatória, mediante regras abstratas, mas em casos de dúvida o juiz há de resolver segundo sua livre convicção, ponderando todas as circunstâncias, segundo lhe faculta o § 287 da LPC" (lei processual alemã).

Pothier fornece o exemplo de alguém que vende uma vaca que sabe pestilenta e que contamina o rebanho do adquirente. Deve, em consequência, indenizar o valor do animal vendido e também o daqueles que morreram em virtude do contágio. Mas não responde pelos prejuízos decorrentes da impossibilidade do cultivo da terra, por terem sido atingidos pela doença também os animais que eram utilizados nesse serviço. É que esses danos, embora filiados a ato seu, acham-se deste muito distantes.

E, prosseguindo, indaga: "Se, por não ter cultivado minhas terras, deixei de pagar minhas dívidas; e se este último fato tiver levado meus credores a venderem meus bens a preço vil, responderá o vendedor por este último dano?". Afirma Pothier que não responde. "E isso porque, embora a perda da minha fortuna possa ter sido influenciada por aquele fato, ela pode ter outras causas"[11].

Nos exemplos mencionados, o dano não é consequência necessária da inexecução, podendo a inatividade do credor (que poderia ter comprado ou arrendado outros animais, ou mesmo as suas terras de cultura) ou as suas dificuldades financeiras ser consideradas as verdadeiras causas do dano que se seguiu à inexecução.

Como ensina Hans Albrecht Fischer, citado por Washington de Barros Monteiro[12], ao direito compete distinguir cuidadosamente essas miragens de lucro, de que falava Dernburg, da verdadeira ideia de dano. Não se indenizam esperanças desfeitas, nem danos potenciais, eventuais, supostos ou abstratos.

Ao legislador, portanto, quando adotou a teoria do dano direto e imediato, repugnou-lhe sujeitar o autor do dano a todas as nefastas consequências do seu ato, quando já não ligadas a ele diretamente. Este foi, indubitavelmente, o seu ponto de vista. E o legislador, a nosso ver, está certo, porque não é justo decidir-se pela responsabilidade ilimitada do autor do primeiro dano[13].

---

[10] Apud Agostinho Alvim, *Da inexecução*, cit., p. 352, n. 227.
[11] *Traité des obligations*, n. 166 e 167, in *Oeuvres de Pothier*, v. 2.
[12] *Curso de direito civil*, v. 4, p. 366.
[13] Agostinho Alvim, *Da inexecução*, cit., p. 353.

3. A NEGAÇÃO DO LIAME DA CAUSALIDADE: AS EXCLUDENTES DA RESPONSABILIDADE

Há certos fatos que interferem nos acontecimentos ilícitos e rompem o nexo causal, excluindo a responsabilidade do agente. As principais excludentes da responsabilidade civil, que envolvem a negação do liame de causalidade são: o estado de necessidade, a legítima defesa, a culpa da vítima, o fato de terceiro, o caso fortuito ou força maior e a cláusula de não indenizar.

Assim, por exemplo, se o raio provocou o incêndio que matou os passageiros transportados pelo ônibus, considera-se excluída a relação de causalidade, e o ato do agente (no caso, o transportador) não pode ser tido como causa do evento. Ou se alguém, desejando suicidar-se, atira-se sob as rodas de um veículo, seu motorista, que o dirigia de forma normal e prudente, não pode ser considerado o causador do atropelamento. Foi ele mero instrumento da vontade da vítima, esta sim a única culpada pela ocorrência.

Tem-se entendido que as *concausas preexistentes* não eliminam a relação causal, considerando-se como tais aquelas que já existiam quando da conduta do agente. Assim, por exemplo, as condições pessoais de saúde da vítima, embora às vezes agravem o resultado, em nada diminuem a responsabilidade do agente. Se de um atropelamento resultam complicações por ser a vítima cardíaca ou diabética, o agente responde pelo resultado mais grave, independentemente de ter ou não conhecimento da concausa antecedente que agravou o dano.

Idêntica é a situação da *causa superveniente*. Embora concorra também para o agravamento do resultado, em nada favorece o agente.

Se, por exemplo, a vítima de um atropelamento não é socorrida em tempo e perde muito sangue, vindo a falecer, essa causa superveniente, malgrado tenha concorrido para a morte da vítima, será irrelevante em relação ao agente, porque, por si só, não produziu o resultado, mas apenas o reforçou. A causa superveniente só terá relevância quando, rompendo o nexo causal anterior, erige-se em causa direta e imediata do novo dano.

A mesma consequência decorre da *causa concomitante*, que por si só acarrete o resultado. Não se culpa, por exemplo, o médico porque a paciente morreu durante o parto, vítima da ruptura de um edema, que não guarda nenhuma relação com o parto e pode ter origem congênita[14].

---

[14] Sérgio Cavalieri Filho, *Programa de responsabilidade civil*, p. 63.

Título IV
DO DANO E SUA LIQUIDAÇÃO

Capítulo I
DO DANO INDENIZÁVEL

> *Sumário*: 1. Conceito e requisitos do dano. 2. Espécies de dano. 3. Pessoas obrigadas a reparar o dano.

1. CONCEITO E REQUISITOS DO DANO

Para AGOSTINHO ALVIM, o termo "dano, em sentido amplo, vem a ser a lesão de qualquer bem jurídico, e aí se inclui o dano moral. Mas, em sentido estrito, dano é, para nós, a lesão do patrimônio; e patrimônio é o conjunto das relações jurídicas de uma pessoa, apreciáveis em dinheiro. Aprecia-se o dano tendo em vista a diminuição sofrida no patrimônio. Logo, a matéria do dano prende-se à da indenização, de modo que só interessa o estudo do dano indenizável"[1].

Essa opinião sintetiza bem o assunto, pois, enquanto o conceito clássico de dano é o de que constitui ele uma "diminuição do patrimônio", alguns autores o definem como a diminuição ou subtração de um "bem jurídico", para abranger não só o patrimônio, mas a honra, a saúde, a vida, suscetíveis de proteção.

ENNECCERUS conceitua o dano como "toda desvantagem que experimentamos em nossos bens jurídicos (patrimônio, corpo, vida, saúde, honra, crédito, bem-estar, capacidade de aquisição etc.)". E acrescenta: "Como, via de regra, a obrigação de indenizar se limita ao dano patrimonial, a palavra 'dano' se emprega correntemente, na linguagem jurídica, no sentido de dano patrimonial"[2].

Indenizar significa reparar o dano causado à vítima, integralmente. Se possível, restaurando o *statu quo ante*, isto é, devolvendo-a ao estado em que se encontrava antes da ocorrência do ato ilícito. Todavia, como na maioria dos casos se torna

---
[1] *Da inexecução das obrigações e suas consequências*, p. 171-172.
[2] *Derecho de obligaciones*, v. 1, § 10.

impossível tal desiderato, busca-se uma compensação em forma de pagamento de uma indenização monetária.

Deste modo, sendo impossível devolver a vida à vítima de um crime de homicídio, a lei procura remediar a situação, impondo ao homicida a obrigação de pagar uma pensão mensal às pessoas a quem o defunto sustentava, além das despesas de tratamento da vítima, seu funeral e luto da família.

Assim, o dano patrimonial, em toda a sua extensão, há de abranger aquilo que efetivamente se perdeu e aquilo que se deixou de lucrar: *o dano emergente e o lucro cessante.*

Alguns Códigos, como o francês, usam a expressão "danos e interesses" para designar o dano emergente e o lucro cessante, a qual, sem dúvida, é melhor que a empregada pelo nosso Código: "perdas e danos". Perdas e danos são expressões sinônimas, que designam, simplesmente, o dano emergente. Enquanto se dissermos *danos e interesses* estaremos designando assim o dano emergente, a diminuição, como o lucro cessante, isto é, a privação do aumento, conforme lembra bem AGOSTINHO ALVIM[3].

Embora possa haver responsabilidade sem culpa, não se pode falar em responsabilidade civil ou em dever de indenizar se não houve dano. Ação de indenização sem dano é pretensão sem objeto, ainda que haja violação de um dever jurídico e que tenha existido culpa e até mesmo dolo por parte do infrator. Se, por exemplo, o motorista comete várias infrações de trânsito, mas não atropela nenhuma pessoa nem colide com outro veículo, nenhuma indenização será devida, malgrado a ilicitude de sua conduta.

Esse princípio está consagrado nos arts. 402 e 403 do Código Civil. As exceções ressalvadas no primeiro dispositivo mencionado dizem respeito aos juros moratórios e à cláusula penal, conforme consta dos arts. 416 e 407. Podem ser lembradas, ainda, a multa penitencial e as arras penitenciais, que não são propriamente casos de indenização sem dano e sim de dispensa da alegação de prejuízo.

Também nenhuma indenização será devida se o dano não for "atual" e "certo". Isto porque nem todo dano é ressarcível, mas somente o que preencher os requisitos de certeza e atualidade.

Segundo LALOU, *atual* é o dano que já existe "no momento da ação de responsabilidade; *certo*, isto é, fundado sobre um fato preciso e não sobre hipótese". Em princípio, acrescenta, "um dano futuro não justifica uma ação de indenização". Admite, no entanto, que essa regra não é absoluta, ao ressalvar que uma ação de perdas e danos por um prejuízo futuro é possível quando este prejuízo é a conse-

---

[3] *Da inexecução*, cit., p. 175.

quência de um "dano presente e que os tribunais tenham elementos de apreciação para avaliar o prejuízo futuro"[4].

O requisito da "certeza" do dano afasta a possibilidade de reparação do dano meramente hipotético ou eventual, que poderá não se concretizar. Tanto é assim que, na apuração dos lucros cessantes, não basta a simples possibilidade de realização do lucro, embora não seja indispensável a absoluta certeza de que este se teria verificado sem a interferência do evento danoso. O que deve existir é uma probabilidade objetiva que resulte do curso normal das coisas, como se infere do advérbio "razoavelmente", colocado no art. 402 do Código Civil (*"o que razoavelmente deixou de lucrar"*).

Tal advérbio não significa que se pagará aquilo que for razoável (ideia quantitativa) e sim que se pagará se se puder, razoavelmente, admitir que houve lucro cessante (ideia que se prende à existência mesma do prejuízo).

Decidiu o *Tribunal de Justiça de São Paulo*:

"Somente danos diretos e efetivos, por efeito imediato do ato culposo, encontram no Código Civil suporte de ressarcimento. Se dano não houver, falta matéria para a indenização. Incerto e eventual é o dano quando resultaria de hipotético agravamento da lesão"[5].

2. ESPÉCIES DE DANO

É possível distinguir, no campo dos danos, a categoria dos danos patrimoniais (ou materiais), de um lado, dos chamados danos extrapatrimoniais (ou morais), de outro. *Material* é o dano que afeta somente o patrimônio do ofendido. *Moral* é o que só ofende o devedor como ser humano, não lhe atingindo o patrimônio.

A expressão "dano moral" deve ser reservada exclusivamente para designar a lesão que não produz qualquer efeito patrimonial. Se há consequências de ordem patrimonial, ainda que mediante repercussão, o dano deixa de ser extrapatrimonial.

O dano pode ser, ainda, *direto* e *indireto* (ou *reflexo*). Este é também denominado "dano em ricochete" e se configura quando uma pessoa sofre o reflexo de um dano causado a outrem. É o que acontece, por exemplo, quando o ex-marido, que deve à ex-mulher ou aos filhos pensão alimentícia, vem a ficar incapacitado para prestá-la, em consequência de um dano que sofreu. Nesse caso, o prejudicado tem ação contra o causador do dano, embora não seja ele diretamente o atingido, porque existe a certeza do prejuízo.

---

[4] *Traité pratique de la responsabilité civile*, n. 137.
[5] *RT*, 612/44.

Caio Mário da Silva Pereira discorre a respeito, argumentando: "Se o problema é complexo na sua apresentação, mais ainda o será na sua solução. Na falta de um princípio que o defina francamente, o que se deve adotar como solução é a regra da 'certeza do dano'. Se pela morte ou incapacidade da vítima, as pessoas, que dela se beneficiavam, ficaram privadas de socorro, o dano é certo, e cabe ação contra o causador. Vitimando a pessoa que prestava alimentos a outras pessoas, privou-as do socorro e causou-lhes prejuízo certo".

É o caso, por exemplo, aduz, "da ex-esposa da vítima que, juridicamente, recebia dela uma pensão. Embora não seja diretamente atingida, tem ação de reparação por dano reflexo ou em ricochete, porque existe a certeza do prejuízo, e, portanto, está positivado o requisito do dano como elementar da responsabilidade civil. Em linhas gerais, pode-se concluir que é reparável o dano reflexo ou em ricochete, dês que seja certa a repercussão do dano principal, por atingir a pessoa que lhe sofra a repercussão, e esta seja devidamente comprovada"[6].

É possível a condenação para pagamento de indenização por dano moral reflexo quando a agressão moral praticada repercutir intimamente no núcleo familiar formado por pai, mãe, cônjuges ou filhos da vítima diretamente atingida. A doutrina e a jurisprudência do *Superior Tribunal de Justiça* "tem admitido, em certas situações, que pessoas muito próximas afetivamente à pessoa insultada, que se sintam atingidas pelo evento danoso, possam pedir o chamado dano moral ou em ricochete"[7]. Os irmãos, vítimas por ricochete, têm direito de requerer a indenização pelo sofrimento da perda do ente querido, sendo desnecessária a prova do abalo íntimo. No entanto, "o valor indenizatório pode variar, dependendo do grau de parentesco ou proximidade, pois o sofrimento pela morte de familiar atinge os membros do núcleo familiar em gradações diversas, o que deve ser observado pelo magistrado para arbitrar o valor da reparação"[8].

Alguns autores estabelecem distinções entre as expressões "ressarcimento", "reparação" e "indenização". *Ressarcimento* é o pagamento de todo o prejuízo material sofrido, abrangendo o dano emergente e os lucros cessantes, o principal e os acréscimos que lhe adviriam com o tempo e com o emprego da coisa. *Reparação* é a compensação pelo dano moral, a fim de minorar a dor sofrida pela vítima. E a *indenização é reservada para a compensação do dano decorrente de ato lícito do Estado, lesivo do particular*, como ocorre nas desapropriações. A Constituição Federal, contudo, usou-a como gênero, do qual o ressarcimento e a reparação são espécies, ao assegurar, no art. 5º, V e X, indenização por dano material e moral.

---

[6] *Instituições de direito civil*, v. 3, p 50.
[7] STJ, REsp 1.119.632, 4ª T., rel. Min. Raul Araújo, disponível *in* Revista *Consultor Jurídico* de 25-9-2017.
[8] STJ, AgInt no AResp 1.165.102-RJ, 4ª T., rel. Min. Raul Araújo, *DJe* 7-12-2016.

3. PESSOAS OBRIGADAS A REPARAR O DANO

Responsável pelo pagamento da indenização é todo aquele que, por ação ou omissão voluntária, negligência ou imprudência, haja causado prejuízo a outrem. Na responsabilidade objetiva, é aquele que assumiu o risco do exercício de determinada atividade (risco profissional, risco criado, risco-proveito etc.). A responsabilidade é, pois, em princípio, individual, consoante se vê do art. 942 do Código Civil.

Há casos, entretanto, conforme já vimos, em que a pessoa passa a responder não pelo ato próprio, mas pelo ato de terceiro ou pelo fato das coisas ou animais. E pode acontecer, ainda, o concurso de agentes na prática de um ato ilícito. Tal concurso se dá quando duas ou mais pessoas praticam o ato ilícito. Surge, então, a solidariedade dos diversos agentes, assim definida no art. 942, segunda parte, do Código Civil: "... e, se a ofensa tiver mais de um autor, todos responderão solidariamente pela reparação". E o parágrafo único do aludido dispositivo assim dispõe: "*Parágrafo único. São solidariamente responsáveis com os autores os coautores e as pessoas designadas no art. 932*".

Assim, ocorre a solidariedade não só no caso de concorrer uma pluralidade de agentes, como também entre as pessoas designadas no art. 932, isto é, os pais, pelos filhos menores que estiverem sob sua autoridade e em sua companhia; o tutor e o curador, pelos pupilos e curatelados que se acharem nas mesmas condições; o empregador ou comitente, por seus empregados, serviçais e prepostos, no exercício do trabalho que lhes competir, ou em razão dele; os donos de hotéis, hospedarias, casas ou estabelecimentos, onde se albergue por dinheiro, mesmo para fins de educação, pelos seus hóspedes, moradores e educandos; os que gratuitamente houverem participado nos produtos do crime, até a concorrente quantia.

Dispõe, a propósito, o *Enunciado n. 453 da V Jornada de Direito Civil*: "Na via regressiva, a indenização atribuída a cada agente será fixada proporcionalmente à sua contribuição para o evento danoso".

A obrigação de reparar o dano ocasionado se estende aos sucessores do autor. É o que dispõe o art. 943 do Código Civil, *in verbis*:

"*Art. 943. O direito de exigir reparação e a obrigação de prestá-la transmitem-se com a herança*".

Estatui, também, o art. 5º da Constituição Federal de 1988:

"XLV – nenhuma pena passará da pessoa do condenado, podendo a obrigação de reparar o dano e a decretação do perdimento de bens ser, nos termos da lei, estendidas aos sucessores e contra eles executadas, até o limite do valor do patrimônio transferido".

Assim, tem-se decidido: "Legitimidade *ad causam* – Responsabilidade civil – Acidente de trânsito – Indenizatória ajuizada contra os herdeiros do falecido causador do evento – Inexistência de expressa renúncia da herança – Legitimidade passiva reconhecida – Extinção afastada – Recurso provido para esse fim"[9].

Entretanto, a responsabilidade do sucessor a título universal é limitada, pois não pode ultrapassar as forças da herança, nos termos do art. 1.792 do Código Civil e do dispositivo constitucional citado.

O sucessor a título particular, quer a título gratuito, quer a título oneroso, ao contrário, não responde pelos atos ilícitos do sucedido, salvo se o ato houver sido praticado em fraude a credores, conforme lembra SERPA LOPES, citando exemplo de COLOMBO: "... se uma parte da minha propriedade produz um prejuízo a terceiro e em seguida eu dela me desfaço, o novo adquirente só será devedor de ressarcimento se, após investir-se no direito de propriedade da coisa, esta continuar a ocasionar outro dano à vítima anterior". E conclui: "Assim sendo, em princípio, a menos que se haja disposto contratualmente de outra maneira, o sucessor a título particular nada tem a ver com a responsabilidade por ato ilícito do transmitente"[10].

Se vários veículos participarem de um acidente e restar configurada a atuação direta de mais de um causador do evento, então haverá responsabilidade solidária dos envolvidos, a teor do estatuído no art. 942, parágrafo único, do Código Civil, segundo o qual são "*solidariamente responsáveis com os autores os coautores e as pessoas designadas no art. 932*".

Pode, no entanto, não se saber qual dos envolvidos desencadeou o evento. Desde que se apure, porém, a participação de todos em conduta perigosa, não haverá necessidade de se descobrir qual veículo foi o causador direto do dano, pois todos serão responsabilizados solidariamente.

Há, no caso, conexão de condutas e participação em uma conduta perigosa, em que a responsabilidade pelo dano recai sobre todos, como assinala ARNALDO RIZZARDO: "Verifica-se a solidariedade por haverem os motoristas comungado de uma mesma intenção, a qual levou à conduta inconveniente e perigosa. Assim, o elemento caracterizador da solidariedade, o nexo causal que leva à reparação está no envolvimento de todos no mesmo procedimento condenável... A coparticipação mencionada deve ser entendida no seu real sentido. Não equivale a uma combinação prévia e expressa. Envolve mais um comportamento unânime e determinado de algumas pessoas, que efetuam a mesma manobra. Há como que uma concordância tácita para certo ato ao qual todos optam. Hipótese frequente

---

[9] 1º TACSP, Ap. 429.544/90-SP, 1ª Câm. Esp., j. 8-1-1990, rel. Marcus Andrade.
[10] *Curso*, cit., v. 5, p. 371.

verifica-se quando dois motoristas disputam uma corrida em pista movimentada; ou, em desabalada velocidade, um impede a ultrapassagem do outro, ziguezagueando na rodovia. Se algum atropelamento ocorrer, sem meios de descobrir o autor direto, ambos suportarão as consequências"[11].

HEDEMANN, citado por ARNALDO RIZZARDO, exemplifica bem a situação: "Tres hijos de labradores organizan una carrera con sus coches de caballos. Un niño es atropellado precisamente cuando los tres participantes en la carrera galopaban envueltos en polvo. No puede asegurarse qué rueda pasó por encima del niño; sólo puede haber sido una, de modo que según el principio de causalidad hay un sólo agente. Sin embargo, responden los tres culpables solidarios, porque todos han tomado parte en el exceso. Si cada uno de ellos hubiere conducido su coche con independencia del otro (sin participar en una carrera) hubiera faltado la 'coparticipación'. Consecuentemente en esta última hipótesis, y debido a la imposibilidad de prueba, no respondería ninguno"[12].

Também AGUIAR DIAS afirma que, "se o violador do direito ou causador do prejuízo já não é uma pessoa, mas um grupo de pessoas, estão todas e cada uma *de per si* obrigadas a reparar o dano. Elas aparecem, em relação ao fato danoso, como (...) a causa para o efeito e, como o acontecimento é um, e um só o mal produzido, o mal de um será, necessariamente, o mal dos outros, sem divisão possível"[13].

Acolhendo tais ensinamentos, a 6ª Câmara do extinto *1º Tribunal de Alçada Civil*, em acórdão por nós relatado, reconheceu a responsabilidade solidária de três motoristas que participavam de um "racha" em via pública, mesmo estando provado que somente o carro dirigido por um deles atropelou o autor, que se encontrava na calçada. Entendeu-se caracterizada a conexão de condutas e participação em conduta perigosa[14].

O DANO MATERIAL

Sumário: 4. Titulares da ação de ressarcimento do dano material. 4.1. O lesado e os dependentes econômicos (cônjuge, descendentes, ascendentes, irmãos). 4.2. Os companheiros. 5. Perdas e danos: o dano emergente e o lucro cessante. 6. A influência de outros elementos. 6.1. Cumulação da pensão indenizatória com a de natureza previdenciária. 6.2. Dedução do seguro obrigatório. 7. Alteração da situação e dos valores. 7.1. A correção monetária.

---

[11] *A reparação*, cit., p. 75-7.
[12] *Derecho de obligaciones*, Madrid, 1958, p. 545, v. 3.
[13] *Da responsabilidade*, cit., p. 856, t. 2.
[14] Ap. 438.927-5, Campinas.

7.2. A garantia do pagamento futuro das prestações mensais. 7.3. Prisão civil do devedor. Natureza da obrigação alimentar. 7.4. Atualização e revisão das pensões. 7.5. A incidência dos juros. Juros simples e compostos. 7.6. O cálculo da verba honorária.

4. TITULARES DA AÇÃO DE RESSARCIMENTO DO DANO MATERIAL

4.1. O lesado e os dependentes econômicos (cônjuge, descendentes, ascendentes, irmãos)

Compete à vítima da lesão pessoal ou patrimonial o direito de pleitear a indenização. Vítima é quem sofre o prejuízo. Assim, num acidente automobilístico, é o que arca com as despesas de conserto do veículo danificado. Não precisa ser, necessariamente, o seu proprietário, pois o art. 186 do Código Civil não distingue entre o proprietário e o mero detentor. Terceiro, a quem o veículo foi emprestado, pode ter providenciado os reparos e efetuado o pagamento das despesas, devolvendo-o ao proprietário em perfeito estado. Mas, por ter suportado as despesas todas, está legitimado a pleitear o ressarcimento, junto ao causador do acidente. O *Superior Tribunal de Justiça* acolheu essa orientação, ao proclamar:

"Tem legítimo interesse para pleitear indenização a pessoa que detinha a posse do veículo sinistrado, independentemente de título de propriedade"[15].

Igual direito têm os herdeiros da vítima. Dispõe, com efeito, o art. 943 do Código Civil:

"*O direito de exigir reparação e a obrigação de prestá-la transmitem-se com a herança*".

Ressalve-se que, em caso de morte de um chefe da família, a esposa e os filhos menores têm legitimidade para pleitear a indenização não na condição de herdeiros do falecido, mas na de vítimas, porque são as pessoas prejudicadas com a perda do esposo e pai. Nesse caso, pois, a indenização é pleiteada *iure proprio*.

Mas, se o genitor era credor de indenização já reconhecida judicialmente, ou mesmo se tinha o direito de pleiteá-la e, antes disso, veio a falecer por outro motivo, o direito de exigir a reparação se transmite aos seus herdeiros. Pois, como afirma AGUIAR DIAS, "a ação de indenização se transmite como qualquer outra

---

[15] REsp 5.130-SP, 3ª T., j. 8-4-1991, rel. Min. Dias Trindade, *DJU*, 6-5-1991, n. 85, p. 5663.

ação ou direito aos sucessores da vítima. A ação que se transmite aos sucessores supõe o prejuízo causado em vida da vítima"[16].

Beneficiários da pensão são apenas aqueles que viviam sob dependência econômica da vítima. Em relação ao cônjuge e aos filhos menores, tem-se decidido que a dependência econômica é presumida. No caso, porém, dos ascendentes, dos descendentes maiores e irmãos da vítima, tem-se exigido a prova da dependência econômica para que a ação de ressarcimento de danos materiais possa vingar. Não provada, o ofensor somente poderá ser condenado, eventualmente, a reparar o dano moral causado aos referidos parentes.

4.2. Os companheiros

Tem sido admitido, atualmente, sem discrepâncias, o direito da companheira de receber indenização, quando se trata efetivamente daquela que viveu *more uxorio* com o falecido[17], ou seja, quando comprovada a união estável, pela convivência duradoura, pública e contínua, estabelecida com o objetivo de constituição de família (CF, art. 226, § 3º; CC, art. 1.723). Como toda pessoa que demonstre um prejuízo, tem ela o direito de pedir a sua reparação. Veja-se, a propósito:

"Responsabilidade Civil. Indenizatória por morte de companheiro. Legitimação da autora. Entidade familiar, decorrente de união estável, e dependência econômica comprovadas. Interesse e possibilidade jurídica também presentes, dada a posse do estado de casada"[18].

Dispõe a *antiga Súmula 35 do Supremo Tribunal Federal*: "Em caso de acidente do trabalho ou de transporte, a concubina tem direito de ser indenizada pela morte do amásio, se entre eles não havia impedimento para o matrimônio". Hoje, aquela que vivia *more uxorio* com o falecido não é mais chamada de concubina, e sim de companheira. E os seus direitos não se limitam apenas às restritas hipóteses mencionadas na referida súmula.

Em ação de indenização proposta pela esposa, separada do falecido marido mas que dele recebia pensão alimentícia, houve oposição da companheira, pretendendo o reconhecimento de seu direito de concorrer com a autora na indenização.

A companheira tem o seu direito à pensão condicionado à não constituição de nova união familiar, legítima ou estável (de fato). Confira-se:

---

[16] *Da responsabilidade civil*, v. 2, p. 854, n. 251.
[17] *RTJ*, 105/865.
[18] *JTJ*, Lex, 200/210 e 218/81; *RT*, 762/398.

"Acidente de trânsito. Companheirismo. Pensão mensal. Verba devida enquanto a companheira não se casar ou constituir nova união familiar estável. Art. 226, § 3º, da CF/88. Embargos de declaração recebidos para esse fim"[19].

5. PERDAS E DANOS: O DANO EMERGENTE E O LUCRO CESSANTE

O critério para o ressarcimento do dano material encontra-se no art. 402 do Código Civil, que assim dispõe:

"Salvo as exceções expressamente previstas em lei, as perdas e danos devidas ao credor abrangem, além do que ele efetivamente perdeu, o que razoavelmente deixou de lucrar".

As perdas e danos compreendem, pois, o dano emergente e o lucro cessante. Devem cobrir todo o dano material experimentado pela vítima.

Dano emergente é o efetivo prejuízo, a diminuição patrimonial sofrida pela vítima. É, por exemplo, o que o dono do veículo danificado por outrem desembolsa para consertá-lo. Representa, pois, a diferença entre o patrimônio que a vítima tinha antes do ato ilícito e o que passou a ter depois. *Lucro cessante* é a frustração da expectativa de lucro. É a perda de um ganho esperado. Há casos em que a indenização já vem estimada no contrato, como acontece quando se pactua a cláusula penal compensatória.

Na liquidação apura-se o *quantum* da indenização. A estimativa do dano emergente se processa com mais facilidade, porque é possível estabelecer-se com precisão o desfalque do patrimônio. Em se tratando, porém, de lucros cessantes, atuais ou potenciais, a razão e o bom senso – assinala Giorgi – "nos dizem que os fatos, ordinariamente, são insuscetíveis de prova direta e rigorosa, sendo, igualmente, de ponderar-se que não é possível traçar regras, a não ser muito gerais, a este respeito, o que dá lugar ao arbítrio do juiz na apreciação dos casos"[20].

Como diretriz, o Código usa a expressão *razoavelmente*, ou seja, o que a vítima *"razoavelmente deixou de lucrar"*, cujo sentido, segundo Agostinho Alvim, é este: "... até prova em contrário, admite-se que o credor haveria de lucrar aquilo que o bom senso diz que lucraria. Há aí uma presunção de que os fatos se desenrolariam dentro do seu curso normal, tendo-se em vista os antecedentes... ele (o advérbio *razoavelmente*) não significa que se pagará aquilo que for razoável (ideia quantitativa) e sim que se pagará se se puder, razoavelmente, admitir que houve lucro cessante (ideia que se prende à existência mesma do prejuízo). Ele contém uma restrição, que

---

[19] *JTACSP*, Revista dos Tribunais, 117/143.
[20] *Teoria delle obbligazioni nel diritto moderno italiano*, v. 2, n. 96.

serve para nortear o juiz acerca da prova do prejuízo em sua existência, e não em sua quantidade. Mesmo porque, admitida a existência do prejuízo (lucro cessante), a indenização não se pautará pelo razoável e sim pelo provado"[21].

No entender de FISCHER, "não basta, pois, a simples possibilidade de realização do lucro, mas também não é indispensável a absoluta certeza de que este se teria verificado sem a interferência do evento danoso. O que deve existir é uma probabilidade objetiva que resulte do curso normal das coisas, e das circunstâncias especiais do caso concreto"[22].

Para a aferição do lucro cessante, o *Superior Tribunal de Justiça* já se manifestou sobre a necessidade de sua comprovação: "A configuração dos lucros cessantes exige mais do que a simples possibilidade de realização do lucro, requer probabilidade objetiva e circunstâncias concretas de que estes teriam se verificado sem a interferência do evento danoso"[23].

A propósito, proclamou o *Superior Tribunal de Justiça* que a expressão "o que razoavelmente deixou de lucrar", utilizada pelo Código Civil, "deve ser interpretada no sentido de que, até prova em contrário, se admite que o credor haveria de lucrar aquilo que o bom senso diz que lucraria, existindo a presunção de que os fatos se desenrolariam dentro do seu curso normal, tendo em vista os antecedentes. O simples fato de uma empresa rodoviária possuir frota de reserva não lhe tira o direito aos lucros cessantes, quando um dos veículos sair de circulação por culpa de outrem, pois não se exige que os lucros cessantes sejam certos, bastando que, nas circunstâncias, sejam razoáveis ou potenciais"[24].

Por fim, menciona-se que, nos termos do *Enunciado n. 658 da IX Jornada de Direito Civil*: "As perdas e danos indenizáveis, na forma dos arts. 402 e 927, do Código Civil, pressupõem prática de atividade lícita, sendo inviável o ressarcimento pela interrupção de atividade contrária ao Direito".

6. A INFLUÊNCIA DE OUTROS ELEMENTOS

6.1. Cumulação da pensão indenizatória com a de natureza previdenciária

A responsabilidade civil tem, como um de seus pressupostos básicos, a relação de causalidade.

---

[21] *Da inexecução*, cit., p. 188-190.
[22] *A reparação dos danos no direito civil*, p. 48.
[23] REsp 1.655.090-MA, 3ª T., rel. Min. Ricardo Villas Bôas Cueva, *DJe* 10-4-2017.
[24] REsp 61.512-SP, rel. Min. Sálvio de Figueiredo, *DJU*, 1º-12-1997, n. 232, p. 62757.

Outro pressuposto é o da reparação integral, "o que produz outra consequência: nenhum elemento de compensação deve ser considerado, a não ser que esteja em relação direta com o dano sofrido. Os que carecerem dessa relação direta não podem ser atendidos pelo Juiz. Por esse motivo, fica excluída a indenização oriunda de seguro pessoal. Ao causador do acidente não é dado pretender uma diminuição na indenização sob pretexto de ser a vítima titular de um crédito decorrente de contrato de seguro, porquanto as causas do crédito não coincidem"[25].

Da mesma forma, "não se reduzem da indenização as quantias recebidas pela vítima, ou seus beneficiários, dos institutos previdenciários ou assistenciais"[26].

O entendimento generalizado na doutrina é o de que a indenização decorrente de um montepio ou de uma pensão vitalícia não mantém com o fato determinador do prejuízo qualquer relação de causalidade, senão apenas de "ocasião"[27].

SERPA LOPES, mostrando-se de acordo com essa corrente, argumenta: "Se, para que se dê a *compensatio lucri cum damno*, se torna necessário que lucro e prejuízo decorram ambos do fato ilícito, não há como escapar desse requisito, abrindo-se uma exceção, no caso de ter a vítima ou os seus herdeiros uma pensão de aposentadoria. A ideia de que a vítima irá lucrar com essa cumulação se esboroa ante esta: transferir o lucro de um lado para colocá-lo a serviço do causador do dano. Planiol, Ripert e Esmein se baseiam numa jurisprudência a esse respeito, que autoriza a sub-rogação da entidade responsável nos direitos da vítima ou de seus herdeiros"[28].

Na jurisprudência, esse entendimento tem também prevalecido. Vejamos:

"*Indenização*. Beneficiários. Pensão alimentícia e benefício previdenciário. Cumulação possível, porque pagos sob títulos e pressupostos diferentes. Fato que não conduz à compensação do *quantum* devido a título de reparação pelo causador do evento"[29].

"A jurisprudência desta Corte é disposta no sentido de que o benefício previdenciário é diverso e independente da indenização por danos materiais ou morais, porquanto têm origens distintas"[30].

---

[25] Serpa Lopes, *Curso de direito civil*, v. 5, p. 390.
[26] Washington de Barros Monteiro, *Curso de direito civil*, p. 439.
[27] Demogue, *Traité des obligations en géneral*, v. 4, n. 614; Mazeaud e Mazeaud, *Traité théorique et pratique de la responsabilité civile, délictuelle et contractuelle*, v. 1, n. 262.
[28] *Curso*, cit., v. 2, p. 431.
[29] *RT*, 384/179, 559/81, 747/339.
[30] STJ, AgRg no REsp 1.388.266-SC, 2ª T., rel. Min. Humberto Martins, *DJe* 16-5-2016.

6.2. Dedução do seguro obrigatório

A jurisprudência tem, entretanto, adotado critério diverso, no tocante ao seguro obrigatório de responsabilidade civil, instituído para os proprietários de veículos. As verbas recebidas pela vítima a esse título devem ser descontadas da indenização. O mesmo acontece com as verbas destinadas a cobrir as despesas com o funeral. Senão vejamos:

"Todavia, na indenização a que estão sujeitos os apelantes, devem ser excluídas as despesas do funeral e do seguro obrigatório, pois as apeladas já as receberam do INSS. Assim se impõe para não haver duplicidade de reparação sob o mesmo título, com inegável enriquecimento ilícito dos beneficiários das vítimas. É certo que o seguro obrigatório é de natureza contratual e tem a sua causa no pagamento do prêmio. Mas não menos exato que esse prêmio é pago pelo dono do veículo com a finalidade de reparar danos físicos de terceiros, no caso de acidentes de trânsito, de acordo com a única finalidade de tal seguro"[31].

A dedução do seguro obrigatório deve ter sido objeto de apreciação judicial no decorrer da ação, pois, consoante já decidido, "o seguro obrigatório não pode ser abatido do montante da indenização se do acórdão condenatório não consta determinação alguma nesse sentido"[32].

Proclama a *Súmula 246 do Superior Tribunal de Justiça*: "O valor do seguro obrigatório deve ser deduzido da indenização judicialmente fixada". No entendimento da corte, "A interpretação a ser dada à Súmula 246/STJ é no sentido de que a dedução do valor do seguro obrigatório da indenização judicialmente fixada dispensa a comprovação de seu recebimento ou mesmo de seu requerimento"[33].

7. ALTERAÇÃO DA SITUAÇÃO E DOS VALORES

7.1. A correção monetária

A alteração da situação de fato pode, em alguns casos, produzir efeitos na situação jurídica decorrente do direito de indenização. Nesse aspecto, releva saber

---

[31] *RJTJSP*, 44/142; *RT*, 566/132.
[32] *RT*, 561/137.
[33] STJ, EREsp 1.191.598-DF, 2ª Seção, rel. Min. Marco Aurélio Bellizze, *DJe* 3-5-2017.

No mesmo sentido: "O enunciado da Súmula 246 do c. Superior Tribunal de Justiça estabelece 'o valor do seguro obrigatório deve ser deduzido da indenização judicialmente fixada'. Portanto, independentemente da comprovação do recebimento ou requerimento pela vítima do seguro DPVAT, a referida importância deve ser deduzida da indenização judicialmente fixada a título de dano moral" (TJDFT, Ap. 7012449420188070009, 2ª T. Cív., rel. Des. Sandoval Oliveira, *DJe* 21-11-2019).

se os valores que integram a indenização devem ser atualizados ou corrigidos monetariamente; se são devidos juros; se o prejuízo deve ser estimado tomando-se por base o dia em que ele se deu ou o momento do pagamento da indenização; se, no pagamento de prestações sucessivas, deve ou não ser adotado o critério de atualização automática.

É fora de dúvida que, nas indenizações por ato ilícito, as verbas devem ser corrigidas monetariamente. Deve ser tomado por base, para a estimativa do prejuízo, o dia em que ele se deu. Em seguida, procede-se à correção monetária.

Preceitua, com efeito, o art. 389 do Código Civil:

"Não cumprida a obrigação, responde o devedor por perdas e danos, mais juros e atualização monetária segundo índices oficiais regularmente estabelecidos, e honorários de advogado".

Também o art. 395 dispõe que o devedor responde pelos prejuízos a que sua mora der causa, mais juros, *"atualização dos valores monetários segundo índices oficiais regularmente estabelecidos, e honorários de advogado".*

"Nas obrigações provenientes de ato ilícito, considera-se o devedor em mora, desde que o praticou" (art. 398).

O *Supremo Tribunal Federal*, quando em vigor o Código Civil de 1916, relutou em aceitar a correção monetária nas indenizações por ato ilícito. Enquanto vários tribunais do País, especialmente o de São Paulo, já a admitiam, o Pretório Excelso a negava, afirmando inexistir lei expressa autorizadora do seu cômputo.

Posteriormente, a nossa Suprema Corte passou a aplicá-la, iterativamente, nos referidos débitos, sob a argumentação de que se tratava de dívida de valor, isto é, indenização capaz de proporcionar à vítima a possibilidade de aquisição dos mesmos bens perdidos em razão do ato ilícito. Se a moeda se desvaloriza, ou se o preço dos bens aumenta, a indenização deve variar na mesma proporção, para que tal aquisição possa acontecer.

A Lei n. 6.899, de 8 de abril de 1981, que determinou a aplicação da correção monetária nos débitos oriundos de decisão judicial, dispôs que o seu cálculo seria feito a partir do ajuizamento da ação. Na jurisprudência, contudo, assentou-se que tal critério não se aplicava às dívidas de valor, prevalecendo, assim, a anterior construção jurisprudencial sobre a matéria, que mandava contar a correção monetária a partir da data do evento.

O *Superior Tribunal de Justiça*, por sua vez, editou a *Súmula 43*, do seguinte teor: *"Incide correção monetária sobre dívida por ato ilícito a partir da data do efetivo prejuízo"*.

Hoje, todas essas questões encontram-se superadas, ante a expressa previsão do art. 389 do atual Código Civil, de que o valor das perdas e danos deve ser atualizado monetariamente, desde o momento em que se configurou a mora do devedor (art. 395), ou, em se tratando de obrigações provenientes de ato ilícito, desde que o praticou (art. 398).

A *Súmula 490 do Supremo Tribunal Federal* determina que a indenização deve ser automaticamente reajustada, quando fixada em forma de pensão, temporária ou vitalícia, nestes termos:

"A pensão, correspondente a indenização oriunda da responsabilidade civil, deve ser calculada com base no salário mínimo vigente ao tempo da sentença e ajustar-se-á às variações ulteriores".

Quando a sentença fixa o valor da pensão com base no salário mínimo, aplicando a *Súmula 490 do Supremo Tribunal Federal*, a atualização será automática, pois acompanhará o reajuste deste. O referido Tribunal, a propósito, assentou:

"No caso dos autos, a fixação da pensão com base no salário mínimo foi utilizada como parâmetro para o fim de assegurar ao beneficiário as mesmas garantias que o texto constitucional concede ao trabalhador e à sua família, presumivelmente capazes de atender às necessidades vitais básicas como alimentação, moradia, saúde, vestuário, educação, higiene, transporte, lazer e previdência social. Sendo assim, nenhum outro padrão seria mais adequado à estipulação da pensão. Não conheço do recurso"[34].

Entretanto, o mesmo Colendo Tribunal, em hipótese não atinente a indenização sob a forma de pensão mensal, que é fixada com base nos rendimentos da vítima, mas a dano moral, decidiu de forma diferente:

"*Dano moral*. Indenização. Fixação vinculada ao salário mínimo. Vedação. Inconstitucionalidade. Ao estabelecer o art. 7º, da Constituição, que é vedada a vinculação ao salário mínimo para qualquer fim, quis evitar que interesses estranhos aos versados na norma constitucional venham a ter influências na fixação do valor mínimo a ser observado. Assim, se a indenização por dano moral é fixada em 500 salários mínimos, para que, inequivocamente, o valor do salário mínimo a que essa indenização está vinculada atue como fator de atualização desta, tal vinculação é vedada pelo citado dispositivo constitucional"[35].

Desse modo, se a indenização do dano moral for fixada, realmente, em uma quantidade de salários mínimos, deve o magistrado dizer a quantos reais corresponde o referido montante, na data da sentença, para que, sobre o valor convertido em reais, recaia a correção monetária legal. Nesse sentido decisão do *Tribunal de Justiça de São Paulo*:

---

[34] RE 194.165-1-Goiás, rel. Min. Néri da Silveira, *DJU*, 31-3-1997, n. 60, p. 9581.
[35] STF, RE 225.488-1-PR, 1ª T., rel. Min. Moreira Alves, *DJU*, 16-6-2000.

"*Indenização*. Responsabilidade objetiva do Estado. Dano moral. Fixação total em oitenta e três salários mínimos, havendo sido tomado por base o valor de um salário mínimo, que se substitui pelo correspondente na moeda corrente vigente no país: R$ 11.288,00 (onze mil, duzentos e oitenta e oito reais), atualizados monetariamente, na forma da tabela adotada por este Colendo Tribunal, até a data do efetivo pagamento, em imperiosa aplicação do sagrado da Magna Carta. Improvimento dos recursos, com observação de que qual conversão para reais é promovida no sentido de evitar que se viole norma taxativa expressa no inciso IV do *caput* do artigo 7º da Constituição Federal"[36].

A correção monetária é um componente indestacável do prejuízo a reparar, retroagindo ao próprio momento em que a desvalorização da moeda principiou a erodir o direito lesado. Por essa razão, deve ser calculada a partir do evento. No entanto, quando o lesado efetua o pagamento das despesas que o ato ilícito lhe acarretou, a atualização monetária deve ser calculada a partir do desembolso. É o que acontece, por exemplo, com as seguradoras, que indenizam o segurado e depois movem ação regressiva contra o causador do sinistro. Nesse sentido dispunha a Súmula 16 de Incidente de Uniformização de Jurisprudência do extinto *1º Tribunal de Alçada Civil de São Paulo, verbis*:

"O termo inicial da correção monetária na ação regressiva proposta por seguradora contra o causador do dano é o da data do desembolso".

Outras vezes, o lesado não desembolsa o numerário necessário ao pagamento das despesas e propõe ação de reparação de danos alicerçado em orçamentos fornecidos por firmas presumidamente idôneas. "Nestes casos, o *dies a quo* da incidência da correção monetária é a data do orçamento acolhido pelo Juiz, elaborado, naturalmente, com base nos preços vigentes na referida data"[37].

Se o cálculo da indenização foi feito com suporte em algum laudo técnico, a correção monetária incidirá a partir da data de sua elaboração e não do ajuizamento da ação[38].

7.2. A garantia do pagamento futuro das prestações mensais

Problema de relevância é o relativo à garantia do credor de que a pensão alimentícia, nas obrigações de prestação futura decorrentes de ato ilícito, será realmente paga. Ninguém pode garantir que o devedor solvente de hoje não estará insolvente no futuro. Por essa razão, o Código de Processo Civil de 2015 dispôs:

---

[36] *JTJ*, Lex, 225/139.
[37] *JTACSP*, Revista dos Tribunais, 109/76.
[38] *JTACSP*, Revista dos Tribunais, 109/216.

"Art. 533. Quando a indenização por ato ilícito incluir prestação de alimentos, caberá ao executado, a requerimento do exequente, constituir capital cuja renda assegure o pagamento do valor mensal da pensão.

§ 1º O capital a que se refere o *caput*, representado por imóveis ou por direitos reais sobre imóveis suscetíveis de alienação, títulos da dívida pública ou aplicações financeiras em banco oficial, será inalienável e impenhorável enquanto durar a obrigação do executado, além de constituir-se em patrimônio de afetação.

§ 2º O juiz poderá substituir a constituição do capital pela inclusão do exequente em folha de pagamento de pessoa jurídica de notória capacidade econômica ou, a requerimento do executado, por fiança bancária ou garantia real, em valor a ser arbitrado de imediato pelo juiz.

§ 3º Se sobrevier modificação nas condições econômicas, poderá a parte requerer, conforme as circunstâncias, redução ou aumento da prestação.

§ 4º A prestação alimentícia poderá ser fixada tomando por base o salário mínimo.

§ 5º Finda a obrigação de prestar alimentos, o juiz mandará liberar o capital, cessar o desconto em folha ou cancelar as garantias prestadas."

Desde, portanto, que o beneficiário da pensão venha a ser incluído na folha de pagamento da recorrente vencida, poderá ser dispensada a constituição de capital garantidor de seu pagamento, a critério do juiz da execução, que terá, certamente, melhores elementos para a apreciação da espécie.

O dispositivo legal em epígrafe (antigo art. 602), com redação e remanejamento determinados pela Lei n. 11.232, de 22 de dezembro de 2005, refere-se exclusivamente à prestação de alimentos incluída na indenização por ato ilícito, restrita às hipóteses de homicídio (CC, art. 948) e de lesões corporais que acarretem redução ou incapacidade para o trabalho (CC, art. 950), não compreendendo os alimentos devidos a título de parentesco ou resultantes do direito de família.

O fato de determinado bem ficar vinculado ao pagamento de prestações futuras não significa que deixou de pertencer ao devedor. Como esclarece ALCIDES DE MENDONÇA LIMA, "os bens não se transmitem ao credor, mas continuam na propriedade do devedor. Apenas sofrem limitações na sua disponibilidade. O capital, aliás, se circunscreve, apenas, a produzir renda mensal equivalente aos alimentos devidos à vítima e, na sua falta, a seus dependentes"[39].

Enquanto estiver pagando em dia as prestações, a renda desse capital continuará a pertencer ao devedor. Tornando-se inadimplente, referida renda será

---

[39] *Comentários ao Código de Processo Civil*, Forense, v. 6, t. 2, p. 564.

transferida ao beneficiário da pensão. Caso o capital não produza nenhuma renda, será transformado em uma soma em dinheiro equivalente ao total da pensão devida, uma vez não solvida a prestação mensal.

Assim, o imóvel simplesmente permanecerá onerado, para o que se deve expedir mandado de registro ao ofício imobiliário competente, com a finalidade de evitar a menor probabilidade de venda por parte do devedor[40].

O § 1º do art. 533 menciona três modalidades de prestação da garantia: por meio de imóveis, títulos da dívida pública ou aplicações financeiras em banco oficial. ARNALDO RIZZARDO[41] assinala que a jurisprudência entende como mais viável o depósito bancário e em caderneta de poupança de certa quantia, a render juros e correção monetária, bloqueadas as retiradas, salvo as pensões do credor, sendo de bom alvitre seja depositado um *quantum* capaz de ensejar razoável grau de segurança, e cujas retiradas não o consumam.

7.3. Prisão civil do devedor. Natureza da obrigação alimentar

Não se pode decretar a prisão civil do devedor que frustra o pagamento das pensões mensais.

Dissertando sobre o tema, assim se pronunciou YUSSEF SAID CAHALI: "Mas a prisão civil por dívida, como meio coercitivo para o adimplemento da obrigação alimentar, é cabível apenas no caso dos alimentos previstos nos arts. 231, III, e 396 e segs. do CC [*de 1916, correspondentes aos arts. 1.566, III, e 1.694 do atual*], que constituem relação de direito de família; inadmissível, assim, a sua cominação determinada por falta de pagamento de prestação alimentícia decorrente de ação de responsabilidade 'ex delicto'"[42].

Também o extinto *1º Tribunal de Alçada Civil de São Paulo* decidiu que constitui constrangimento ilegal a prisão civil do devedor de alimentos decorrentes de responsabilidade civil *ex delicto*. Somente se a admite como meio coercitivo para o adimplemento de pensão decorrente do parentesco, matrimônio ou união estável, pois o preceito constitucional que excepcionalmente permite a prisão por dívida, nas hipóteses de obrigação alimentar, é de ser restritivamente interpretado, não tendo aplicação analógica às hipóteses de prestação alimentar derivada de ato ilícito[43].

O mesmo Tribunal já afirmou, contudo, em decisão isolada, que a prisão civil do devedor, nesses casos, seria possível, porque a obrigação tem caráter ali-

---

[40] Arnaldo Rizzardo, *A reparação nos acidentes de trânsito*, p. 138, n. 15.2.
[41] *A reparação*, cit., p. 136.
[42] *Dos alimentos*, p. 631, n. 3.
[43] *RT*, 646/124.

mentar[44]. O fato gerador da responsabilidade de indenizar sob a forma de pensão alimentícia, no entanto, é a prática de um ato ilícito, não a necessidade de alimentos, como assinala ARNALDO RIZZARDO, amparado em lições de CARVALHO SANTOS, AGUIAR DIAS e GARCEZ NETO[45].

PONTES DE MIRANDA, por sua vez, obtempera que a expressão "alimentos", no art. 1.537, II, do Código Civil de 1916, correspondente ao art. 948, II, do atual diploma, de modo nenhum se refere às dívidas de alimentos conforme o direito de família. "Alimentos são, aí, apenas, o elemento que se há de ter em conta para o cálculo da indenização. Donde a morte do filho menor dar direito à indenização aos pais... Alimentos (no sentido de indenização) são devidos mesmo se o legitimado ativo não poderia, então, mover ação de alimentos por ter meios para a própria manutenção"[46].

Trata-se, em suma, *de indenização a título de alimentos e não de alimentos propriamente ditos.*

7.4. Atualização e revisão das pensões

O § 3º do mencionado art. 533 do Código de Processo Civil de 2015 dispõe:
"Se sobrevier modificação nas condições econômicas, poderá a parte requerer, conforme as circunstâncias, redução ou aumento da prestação".

A pensão, correspondente à indenização, deve ser fixada em escala móvel, representada pelo salário mínimo, de modo a acompanhar as variações da moeda. Assim, estará sempre atualizado e protegido contra a corrosão do valor monetário.

Optou o legislador por admitir expressamente que a "prestação" alimentícia decorrente da prática de um ato ilícito pode, independentemente da situação da garantia ou do encargo, sofrer redução ou aumento, se sobrevier modificação nas condições econômicas das partes.

Entendemos, no entanto, inaplicável a revisão em caso de homicídio, requerida pelos dependentes do falecido. É que não se pode confundir a pensão decorrente de um ato ilícito, que é indenização, com a obrigação de pagar alimentos ao cônjuge ou aos parentes necessitados. A primeira tem natureza reparatória de danos. A segunda tem por pressuposto a necessidade dos familiares e cônjuge e a possibilidade do prestante. Como já se salientou, a primeira é indenização a título de alimentos e não de alimentos propriamente ditos. Para a sua fixação, não se levam em conta as necessidades das vítimas. O fato gerador da indenização é o ato ilícito, não a necessidade de alimentos.

---

[44] *JTACSP, RT*, 102/84.
[45] *A reparação*, cit., p. 78-82.
[46] *Tratado de direito privado*, v. 54, p. 284-285, § 5.573, n. 1.

Entender de modo contrário levaria à absurda consequência de que, se a vítima é pessoa de abastados recursos, nenhuma indenização deverá ser paga pelo delinquente, precisamente porque a família daquela não precisa de alimentos para a sua subsistência, como afirma CARVALHO SANTOS[47].

Por essa razão, o *Tribunal de Alçada do Rio Grande do Sul* concluiu: "Se fossem ricos ou abastados os parentes do extinto, ficariam privados das indenizações e os culpados livres da responsabilidade civil. Ora, a indenização decorrente de ato ilícito decorre do art. 159 do CC [*de 1916, correspondente ao art. 186 do atual*], e só o critério indenizatório é que se regula pelo art. 1.537, II, do CC [*art. 948, II, do atual*], inaplicando-se, pois, o art. 399, do mesmo Código [*art. 1.695 do atual diploma*]"[48].

Assim, a indenização é fixada sob a forma de pensão, com base nos rendimentos do falecido. Eventual ação revisional dessa pensão seria baseada em situação meramente hipotética, portanto, inaceitável, qual seja, a de que o falecido, se estivesse vivo, poderia ter alcançado melhor situação financeira e, assim, ajudar mais os seus familiares e dependentes.

Somente a alteração da condição econômica dos réus pode levar a uma revisão do valor da pensão, como já decidiu o *Superior Tribunal de Justiça* em decisão relativa à melhor maneira de aplicar o art. 475-Q, do Código de Processo Civil de 1973 (art. 533, CPC/2015)[49].

O que, no entanto, pode-se admitir é a revisão da pensão em caso de lesão corporal que acarretou redução da capacidade de trabalho, verificando-se posteriormente que houve agravamento das lesões, provocando incapacidade total para o trabalho.

A propósito, opina ANTONIO LINDBERGH C. MONTENEGRO: "Acontece, às vezes, que após o trânsito em julgado da sentença condenatória, o dano vem a sofrer sensível alteração para mais ou para menos. O equânime será adaptar o ressarcimento ao novo estado do fato. Do contrário, o Direito estaria permitindo que se pagasse mais ou se recebesse menos do que o devido... Aparece então a revisão do julgamento, também denominada ação de modificação, como o remédio idôneo para adaptar o ressarcimento ao verdadeiro valor do prejuízo"[50].

O mesmo autor comenta que o Código de Processo Civil de 1973 veio espancar as dúvidas daqueles que se apegam à irretratabilidade da *res judicata* ao preceituar que o interessado poderá pedir a revisão da sentença desde que se

---

[47] *Código Civil brasileiro interpretado*, v. 21, p. 90.
[48] *JTARS*, 39/341.
[49] STJ, 3ª T., rel. Min. Nancy Andrighi, *in* Revista *Consultor Jurídico* de 6-12-2007.
[50] *Responsabilidade civil*, p. 235, n. 107.

trate de relação jurídica continuada e tenha havido modificação no estado de fato ou de direito (art. 471, I, CPC/73; art. 505, I, CPC/2015)[51].

Já se decidiu:

"Acidente de trânsito. Pretensão à ampliação da condenação pela superveniência de incapacidade total. Art. 471, I, do CPC [*de 1973; art. 505, I, do CPC/2015*]. Admissibilidade. Inexistência de ofensa à coisa julgada. Recurso desprovido"[52].

É de salientar que as considerações feitas em torno da alteração promovida pelo citado art. 475-Q do Código de Processo Civil de 1973 (art. 533, CPC/2015) referem-se à situação da vítima, beneficiária da pensão mensal. Se, no entanto, sobrevier mudança nas condições econômicas do devedor, impossibilitando-o de pagar o valor estabelecido, poderá requerer a redução "da prestação", nos termos do aludido dispositivo legal, com a nova redação já referida.

7.5. A incidência dos juros. Juros simples e compostos

Para que a reparação do dano seja completa, a indenização, além de sujeita à correção monetária, deve ser acrescida dos juros. Integram eles a obrigação de indenizar, e injustiça seria cometida à vítima se não fossem computados. Têm natureza de rendimento do bem de que esta se viu privada; representam a renda de determinado capital. Podem ser simples, ou ordinários, e compostos. Os primeiros são sempre calculados sobre o capital inicial; os segundos são capitalizados ano a ano, isto é, constituem juros sobre juros.

O Código Civil de 2002 não reproduziu a regra do art. 1.544 do diploma de 1916, que determinava o cômputo de juros compostos quando o fato, além de ilícito civil, era também crime. Desse modo, a sentença que julgar procedente a ação determinará que os juros devidos sejam pagos desde o dia em que o ato ilícito foi praticado (CC, art. 398). Esses juros são, em qualquer caso (de mero ilícito civil, ou também de crime), os legais, conforme art. 406 e seu § 1º, com a redação dada pela Lei n. 14.905/2024, que assim dispõe:

"*Art. 406. Quando não forem convencionados, ou quando o forem sem taxa estipulada, ou quando provierem de determinação da lei, os juros serão fixados de acordo com a taxa legal.*

§ 1º A taxa legal corresponderá à taxa referencial do Sistema Especial de Liquidação e de Custódia (Selic), deduzido o índice de atualização monetária de que trata o parágrafo único do art. 389 deste Código".

---

[51] *Responsabilidade*, cit., p. 235-237.
[52] *JTACSP*, Revista dos Tribunais, 111/222.

Proclama a *Súmula 54 do Superior Tribunal de Justiça* que "os juros moratórios fluem a partir do evento danoso, em caso de responsabilidade extracontratual". Nos casos, porém, de *inadimplemento contratual*, contam-se "*os juros da mora desde a citação inicial*" (CC, art. 405). Tal regra não se aplica à liquidação das obrigações resultantes de atos ilícitos, porque para estas existe norma específica: o art. 398.

É de frisar, como lembra AGOSTINHO ALVIM[53], que o ato ilícito situa-se fora da responsabilidade contratual, portanto na esfera da responsabilidade extracontratual, ficando circunscrito ao campo da culpa aquiliana.

Assim, em casos de responsabilidade contratual do transportador, que assume o dever de conduzir incólume o viajante ou aderente ao local de destino, computam-se os juros a partir da data da citação e não a partir da data do evento danoso, como já decidiu o *Superior Tribunal de Justiça*[54].

Confira-se a jurisprudência da aludida Corte:

"Danos morais – Juros moratórios – Termo inicial.

A jurisprudência de ambas as turmas que compõem a Segunda Seção, bem como a da Corte Especial, firmou-se no mesmo sentido do acórdão embargado, segundo o qual, tratando-se de reparação de dano moral, os juros de mora incidem desde o evento danoso, em casos de responsabilidade extracontratual. Precedentes"[55].

"Os juros de mora incidem a partir da data da citação na hipótese de condenação por danos morais fundada em responsabilidade contratual. Precedentes"[56].

7.6. O cálculo da verba honorária

Julgada procedente a ação, o réu será condenado ao pagamento da verba destinada à reparação do dano, corrigida monetariamente, acrescida dos juros, além das custas processuais e honorários advocatícios, estes fixados em porcentagem sobre o valor da condenação, nos termos dos arts. 82, § 2º, e 85, § 17, do Código de Processo Civil de 2015.

Quando, no entanto, a condenação incluir prestação de alimentos, sob a forma de pensão mensal, a verba honorária será calculada sobre a soma das prestações vencidas, mais doze das vincendas[57], aplicando-se o disposto no art. 292, §§ 1º e 2º, do Código de Processo Civil de 2015.

---

[53] *Da inexecução*, cit., p. 143, n. 110.
[54] REsp 1.762-SP, 4ª T., rel. Min. Barros Monteiro, *DJU*, 25-6-1990, p. 6040.
[55] STJ, AgInt nos EREsp 1.533.218-MG, Segunda Seção, rel. Min. Antonio Carlos Ferreira, *DJe* 30-5-2017.
[56] STJ, REsp 1.677.309, 3ª T., rel. Min. Nancy Andrighi, *DJe* 3-4-2018.
[57] *RTJ*, 101/1314, 116/822; *RT*, 607/56.

Entretanto, nas ações de indenização por ato ilícito contra pessoa, aplica-se o § 9º do art. 85 do Código de Processo Civil de 2015, *verbis*:

"§ 9º Na ação de indenização por ato ilícito contra pessoa, o percentual de honorários incidirá sobre a soma das prestações vencidas acrescida de 12 (doze) prestações vincendas".

Decidiu o *Supremo Tribunal Federal* que, nos casos de responsabilidade civil extracontratual (ato ilícito contra pessoa, como atropelamento culposo de pedestres em via férrea), os honorários de advogado devem ser calculados na forma do § 9º do art. 85 do Código de Processo Civil de 2015[58].

Esse também o entendimento do *Superior Tribunal de Justiça*:

"Nos casos de responsabilidade civil extracontratual (ato ilícito contra pessoa), que é o caso dos autos, posto se tratar de atropelamento por um trem de propriedade da ré, a verba advocatícia deve ser calculada na forma do § 5º, do art. 20, do CPC [*de 1973; § 9º, do art. 85, do CPC/2015*], introduzido pela Lei n. 6.745, de 5-12-79"[59].

O mencionado dispositivo legal, no entanto, não se aplica às hipóteses de responsabilidade objetiva e de culpa contratual[60]. Também já decidiu o *Supremo Tribunal Federal* que não se aplica à ação de indenização por acidente de trabalho, com base no direito comum[61].

Se a ação é julgada improcedente, a verba honorária é fixada, usualmente, em porcentagem sobre o valor da causa. A propósito, preceitua a *Súmula 14 do Superior Tribunal de Justiça*: "Arbitrados os honorários advocatícios em percentual sobre o valor da causa, a correção monetária incide a partir do respectivo ajuizamento".

Veja-se a jurisprudência dominante após a vigência do atual Código de Processo Civil:

"O novo CPC, ao determinar no § 2º do seu art. 85 que a base de cálculo dos honorários advocatícios sucumbenciais incida 'sobre o valor da condenação, do proveito econômico obtido ou, não sendo possível mensurá-lo, sobre o valor atualizado da causa', diferentemente da legislação anterior que somente previa o valor da condenação (CPC/73, art. 20, § 3º), retirou a possibilidade da fixação equitativa pelo juiz quando incidir alguma das hipóteses descritas"[62].

"Processual civil – Honorários advocatícios.

---

[58] *RTJ*, 94/1294, 95/1342, 98/390, 98/394, 100/800, 100/297, 100/938, 103/1678, 116/1301, 119/924.
[59] REsp 1.256-MG, 1ª T., rel. Min. Geraldo Sobral, j. 7-3-1990, v.u., *DJU*, 26-3-1990, p. 2169.
[60] *RTJ*, 95/1379, 101/1314, *111*/1251; *RT*, 545/264, 550/222.
[61] *RTJ*, 115/741.
[62] TJSP, Apel. 0001819-56.2015.8.26.0095, *DJe* 22-2-2018.

Não se tratando das hipóteses elencadas nos arts. 18 e 19 da Lei n. 10.522/2002, é inaplicável a dispensa de honorários advocatícios, prevista no § 1º do art. 19 do referido diploma legal. Correta a sentença que determinou o pagamento dos honorários advocatícios a serem fixados em percentual apurado por ocasião da liquidação da sentença, cuja base de cálculo será o proveito econômico obtido especificamente nos presentes embargos, nos termos do art. 85, §§ 3º e 4º, do NCPC"[63].

> **O DANO MORAL**
>
> *Sumário:* 8. Conceito. 9. Bens lesados e configuração do dano moral. 10. Titulares da ação de reparação do dano moral, por danos diretos e indiretos. 10.1. Ofendido, cônjuge, companheiro, membros da família, noivos, sócios etc. 10.2. Incapazes (menores impúberes, amentais, nascituros, portadores de arteriosclerose etc.). 10.3. A pessoa jurídica. 11. Características dos direitos da personalidade. A intransmissibilidade e a imprescritibilidade. 12. A prova do dano moral. 13. Objeções à reparação do dano moral. 14. Evolução da reparabilidade do dano moral em caso de morte de filho menor. 15. A reparação do dano moral e a Constituição Federal de 1988. 16. Cumulação da reparação do dano moral com o dano material. 17. Natureza jurídica da reparação. 18. A quantificação do dano moral. 18.1. Tarifação e arbitramento. 18.2. Critérios para o arbitramento da reparação, na Justiça Comum e na Justiça do Trabalho. 18.3. Fixação do *quantum* do dano moral vinculada ao salário mínimo. 19. Valor da causa na ação de reparação do dano moral. 20. Antecipação da tutela nas ações de reparação do dano moral. 21. Dano moral e culpa contratual. 22. Dano moral no direito do trabalho. 23. Assédio sexual e dano moral. 24. Assédio moral. 25. Adultério e separação judicial. 26. Dano moral por falta de afeto, abandono e rejeição dos filhos. 27. Apresentação de cheque antes da data convencionada. 28. Atraso na entrega de imóvel comprado na planta. 29. Súmulas do Superior Tribunal de Justiça relativas ao dano moral. 30. Indenização por danos morais à vítima, paga pelo motorista que provoca acidente. 31. Arbitramento de dano moral à vítima de violência doméstica.

8. CONCEITO

Dano moral é o que atinge o ofendido como pessoa, não lesando seu patrimônio. É lesão de bem que integra os direitos da personalidade, como a honra, a dignidade, a

---

[63] TRF-4, Apel. 5003534-32.2013.404.7122, DJe 25-4-2017.

intimidade, a imagem, o bom nome etc., como se infere dos arts. 1º, III, e 5º, V e X, da Constituição Federal, e que acarreta ao lesado dor, sofrimento, tristeza, vexame e humilhação.

Para ORLANDO GOMES, "a expressão 'dano moral' deve ser reservada exclusivamente para designar o agravo que não produz qualquer efeito patrimonial. Se há consequências de ordem patrimonial, ainda que mediante repercussão, o dano deixa de ser extrapatrimonial"[64].

O dano moral não é propriamente a dor, a angústia, o desgosto, a aflição espiritual, a humilhação, o complexo que sofre a vítima do evento danoso, pois esses estados de espírito constituem o conteúdo, ou melhor, a consequência do dano. A dor que experimentam os pais pela morte violenta do filho, o padecimento ou complexo de quem suporta um dano estético, a humilhação de quem foi publicamente injuriado são estados de espírito contingentes e variáveis em cada caso, pois cada pessoa sente a seu modo.

O direito, preleciona EDUARDO ZANNONI, "não repara qualquer padecimento, dor ou aflição, mas aqueles que forem decorrentes da privação de um bem jurídico sobre o qual a vítima teria interesse reconhecido juridicamente. P. ex.: se vemos alguém atropelar outrem, não estamos legitimados para reclamar indenização, mesmo quando esse fato nos provoque grande dor. Mas, se houver relação de parentesco próximo entre nós e a vítima, seremos lesados indiretos. Logo, os lesados indiretos e a vítima poderão reclamar a reparação pecuniária em razão de dano moral, embora não peçam um preço para a dor que sentem ou sentiram, mas, tão somente, que se lhes outorgue um meio de atenuar, em parte, as consequências da lesão jurídica por eles sofrida"[65].

Aduz ZANNONI[66] que o *dano moral direto* consiste na lesão a um interesse que visa a satisfação ou gozo de um bem jurídico extrapatrimonial contido nos direitos da personalidade (como a vida, a integridade corporal, a liberdade, a honra, o decoro, a intimidade, os sentimentos afetivos, a própria imagem) ou nos atributos da pessoa (como o nome, a capacidade, o estado de família). O *dano moral indireto* consiste na lesão a um interesse tendente à satisfação ou gozo de bens jurídicos patrimoniais, que produz um menoscabo a um bem extrapatrimonial, ou melhor, é aquele que provoca prejuízo a qualquer interesse não patrimonial, devido a uma lesão a um bem patrimonial da vítima. Deriva, portanto, do fato lesivo a um interesse patrimonial. É a hipótese, por exemplo, da perda de objeto de valor afetivo.

---

[64] *Obrigações*, n. 195, p. 332.
[65] *El daño en la responsabilidad civil*, p. 234-235.
[66] *El daño*, cit., p. 239-240.

9. BENS LESADOS E CONFIGURAÇÃO DO DANO MORAL

No tocante aos bens lesados e à configuração do dano moral, malgrado os autores em geral entendam que a enumeração das hipóteses, previstas na Constituição Federal, seja meramente exemplificativa, não deve o julgador afastar-se das diretrizes nela traçadas, sob pena de considerar dano moral pequenos incômodos e desprazeres que todos devem suportar, na sociedade em que vivemos.

Desse modo, os contornos e a extensão do dano moral devem ser buscados na própria Constituição, ou seja, no art. 5º, n. V (que assegura o "direito de resposta, proporcional ao agravo, além da indenização por dano material, *moral* ou à imagem") e n. X (que declara invioláveis "a intimidade, a vida privada, a honra e a imagem das pessoas") e, especialmente, no art. 1º, n. III, que erigiu à categoria de fundamento do Estado Democrático "a dignidade da pessoa humana".

Para evitar excessos e abusos, recomenda Sérgio Cavalieri, com razão, que só se deve reputar como dano moral "a dor, vexame, sofrimento ou humilhação que, fugindo à normalidade, interfira intensamente no comportamento psicológico do indivíduo, causando-lhe aflições, angústia e desequilíbrio em seu bem-estar. Mero dissabor, aborrecimento, mágoa, irritação ou sensibilidade exacerbada estão fora da órbita do dano moral, porquanto, além de fazerem parte da normalidade do nosso dia a dia, no trabalho, no trânsito, entre os amigos e até no ambiente familiar, tais situações não são intensas e duradouras, a ponto de romper o equilíbrio psicológico do indivíduo"[67].

Nessa linha, decidiu o *Tribunal de Justiça de São Paulo*:

"Dano moral. Banco. Pessoa presa em porta detectora de metais. Hipótese de mero aborrecimento que faz parte do quotidiano de qualquer cidadão de uma cidade grande. Ação improcedente"[68].

Do mesmo modo, não se incluem na esfera do dano moral certas situações que, embora desagradáveis, mostram-se necessárias ao desempenho de determinadas atividades, como, por exemplo, o exame de malas e bagagens de passageiros na alfândega.

Exemplar *o art. 496 do Código Civil português, verbis*: "Na fixação da indenização deve atender-se aos danos não patrimoniais que, pela sua gravidade, mereçam tutela do direito".

Assim, somente o dano moral razoavelmente grave deve ser indenizado. "O que se há de exigir como pressuposto comum da reparabilidade do dano não

---

[67] *Programa de responsabilidade civil*, p. 78.
[68] Ap. 101.697-4-SP, 1ª Câm., j. 25-7-2000.

patrimonial, incluído, pois, o moral, é a gravidade, além da ilicitude. Se não teve gravidade o dano, não se há pensar em indenização. *De minimis non curat praetor*"[69].

Nessa linha decidiu o *Superior Tribunal de Justiça* que incômodos ou dissabores limitados à indignação da pessoa e sem qualquer repercussão no mundo exterior não configuram dano moral. A ação foi movida contra uma concessionária de veículos, acusada de vender um carro com defeito, obrigando o adquirente a fazer-lhe sucessivas visitas, que demandaram despesas com o deslocamento. Os defeitos acabaram sendo reparados pela garantia. Destacou o relator que a indenização por dano moral não deve ser banalizada, pois "não se destina a confortar meros percalços da vida comum. E o fato trazido a julgamento não guarda excepcionalidade. Os defeitos, ainda que em época de garantia de fábrica, são comuns"[70].

10. TITULARES DA AÇÃO DE REPARAÇÃO DO DANO MORAL, POR DANOS DIRETOS E INDIRETOS

10.1. Ofendido, cônjuge, companheiro, membros da família, noivos, sócios etc.

Pode-se afirmar que, além do próprio ofendido, poderão reclamar a reparação do dano moral, dentre outros, seus herdeiros, seu cônjuge ou companheira e os membros de sua família a ele ligados afetivamente.

A propósito do dano moral, anota CARLOS ALBERTO BITTAR que "por dano direto, ou mesmo por dano indireto, é possível haver titulação jurídica para demandas reparatórias. Titulares diretos são, portanto, aqueles atingidos de frente pelos reflexos danosos, enquanto indiretos os que sofrem, por consequência, esses efeitos (assim, por exemplo, a morte do pai provoca dano moral ao filho; mas o ataque lesivo à mulher pode ofender o marido, o filho ou a própria família, suscitando-se, então, ações fundadas em interesses indiretos)".

E prossegue: "Baseado em elo jurídico afetivo mantido com o lesado direto, o direito do titular indireto traduz-se na defesa da respectiva moralidade, familiar, pessoal, ou outra. Trata-se, também, de *iure proprio*, que o interessado defende, na ação de reparação de danos denominada *par ricochet* ou *réfléchis*, a exemplo do que acontece em hipóteses como as de danos morais a empregados, por fatos que atingem o empregador; a sócio de uma sociedade, que alcança outro sócio; a mulher, que lesiona o marido; a concubina, que fere o concubino, e assim por

---

[69] Pontes de Miranda, *Tratado de direito privado*, t. 26, § 3.108, n. 2.375.
[70] STJ, REsp 750.735-RJ, 4ª T., rel. Min. Aldir Passarinho Júnior, j. jun. 2009.

diante, como o tem apontado a doutrina e assentado a jurisprudência, delimitando as pessoas que a tanto se consideram legitimadas (em caso de parentesco, até o 4º grau, conforme o art. 1.612)" (*do Código Civil de 1916*)[71].

Na sequência, aduz CARLOS ALBERTO BITTAR: "Assentaram-se, depois de inúmeros debates na doutrina, certas posições, como as de filhos e cônjuges, em relação ao pai e ao marido, ou vice-versa; de companheiros, em relações estáveis; de noivos, sob compromisso formal; de credores e de devedores, em certos contratos, como, por exemplo, acidentes que impossibilitem a satisfação de débitos; de empregados e empregadores, e outros, especialmente, a partir da jurisprudência francesa, em que se colocaram essas inúmeras questões".

Ações em cascata são possíveis, portanto, acrescenta, "uma vez determinada a intimidade, pessoal ou negocial, na relação entre o lesado e os terceiros interessados. Mas não há solidariedade entre os envolvidos, cabendo, ao revés, a cada um direito independente, que pode ser demandado separadamente e cujos efeitos se restringem às decisões proferidas nas ações correspondentes. É que, em casos de pluralidade de vítimas, a regra básica é a da plena autonomia do direito de cada lesado, de sorte que, nas demandas do gênero se atribuem indenizações próprias e individualizadas aos interessados: assim acontece, por exemplo, quanto a mulher e filho, com respeito à morte provocada do marido ou pai; na inexecução de contrato de transporte, o expedidor e o destinatário podem invocar, pessoalmente, danos ressarcíveis. Nada impede se faça sob litisconsórcio o pleito judicial, quando admissível, mas cada demandante faz jus a indenização compatível com a sua posição"[72].

A propósito, decidiu o *Tribunal de Justiça de São Paulo*:

"Responsabilidade civil. Hospital. Morte de paciente após uma cesariana. Omissão profissional comprovada. Ação ajuizada pelo pai, marido e filho. Evento que repercute de modo peculiar em cada pessoa. Legitimidade ativa de parte dos autores"[73].

Em nota de rodapé da referida obra, observa ainda CARLOS ALBERTO BITTAR: "As pessoas legitimadas são, exatamente, aquelas que mantêm vínculos firmes de amor, de amizade ou de afeição, como os parentes mais próximos; os cônjuges que vivem em comum; os unidos estavelmente, desde que exista a efetiva aproximação e nos limites da lei, quando, por expresso, definidos (como na sucessão, em que se opera até o quarto grau, pois a lei presume que não mais prospera, daí, em diante, a afeição natural)"[74].

---

[71] *Reparação do dano moral*, p. 148.
[72] *Reparação*, cit., p. 149-150.
[73] *JTJ*, Lex, 223/87.
[74] *Reparação*, cit., p. 149, nota 275.

Decidiu o extinto *1º Tribunal de Alçada Civil de São Paulo*, em caso de acidente de trânsito que resultou na morte de vítima menor, que "a concessão de verba indenizatória (duzentos salários mínimos) a título de dano moral à genitora do *de cujus* não retira o direito de que seus irmãos, também menores, sejam indenizados pelo mesmo motivo, pois os infantes também suportaram as dores imateriais advindas do sinistro. Arbitramento de duzentos salários mínimos para cada irmão, em número de dois"[75].

Por outro lado, decidiu o mesmo Tribunal:

"Acidente de trânsito. Indenização. Dano moral. Reparação pleiteada pelos irmãos da vítima. Admissibilidade somente se devidamente comprovada a dor e o sofrimento resultantes do evento danoso. Verba indevida na hipótese em que os pretendentes demoraram no ajuizamento da ação, não conviviam com o *de cujus* e houve o pagamento da indenização aos pais e filha da vítima, fator que impede a formulação de outro pedido pelos demais familiares"[76].

"Indenização. Dano moral. Reparação pleiteada pelo pai e irmãos da vítima. Verba indevida se ao tempo do sinistro a *de cujus* não mais vivia em companhia dos pais biológicos, por ter sido adotada por outra família, que, por sua vez, em pleito anterior, foi indenizada pelo causador do dano"[77].

O *Superior Tribunal de Justiça*, por seu turno, tem considerado como parte legítima da demanda reparatória "qualquer parente em linha reta ou colateral até o quarto grau"[78], e que "não é necessário que se comprove a afetividade para pleitear indenização por danos morais reflexos"[79].

10.2. Incapazes (menores impúberes, amentais, nascituros, portadores de arteriosclerose etc.)

Controverte-se a respeito da possibilidade de crianças e amentais serem vítimas de dano moral.

Antônio Jeová Santos entende que a "não existência de lágrimas ou a incapacidade de sentir dor espiritual não implica na conclusão de que tais pessoas não possam sofrer dano moral ressarcível. É que a indenização do dano moral não está condicionada a que a pessoa alvo do agravo seja capaz de sentir e de compreender o mal que lhe está sendo feito. O dano moral é um acontecimento que

---

[75] *RT*, 763/237.
[76] *RT*, 772/253.
[77] *RT*, 778/282.
[78] STJ, AREsp 1.290.597, rel. Des. Convocado Lázaro Guimarães, *DJe* 28-5-2018.
[79] STJ, REsp 1.291.845, 4ª T., rel. Min. Luis Felipe Salomão, disponível *in* Revista *Consultor Jurídico* de 15-4-2019.

causa comoção. Se o equilíbrio espiritual de uma pessoa já afetada vem a ser alterado em razão do ato de terceiro, existe a perturbação anímica que, embora incapaz de fazer com que a vítima sinta o mal que lhe está sendo feito, não pode deixar o malfeitor sem a devida sanção"[80].

Maria Helena Diniz, igualmente, afirma que poderão "apresentar-se, por meio de seus representantes legais, na qualidade de lesados diretos de dano moral, os menores impúberes, os loucos, os portadores de arteriosclerose, porque, apesar de carecerem de discernimento, o ressarcimento do dano não é considerado como a reparação do sentimento, mas como uma indenização objetiva de um bem jurídico violado"[81].

Por sua vez, Carlos Alberto Bittar sustenta que a "titularidade de direitos, com respeito às pessoas físicas, não exige qualquer requisito, ou condição pessoal: todas as pessoas naturais, nascidas ou nascituras, capazes ou incapazes, podem incluir-se no polo ativo de uma ação reparatória, representadas, nos casos necessários, conforme a lei o determina (nesse sentido, menores são representados pelos pais; loucos, pelos curadores; silvícolas, pela entidade tutelar e assim por diante)"[82].

Também pensa dessa forma Jorge Mosset Iturraspe: "Inclinamo-nos a pensar que o sofrimento psíquico e físico acompanha todas as pessoas, inclusive as crianças de certa idade e os dementes"[83].

Para todos os autores citados, portanto, o dano moral se configura pela simples ofensa aos direitos da personalidade, não se podendo negar que também os absolutamente incapazes de exercer os atos da vida civil, enquanto possuírem, como pessoas, capacidade de direito ou de gozo, são titulares dos mencionados direitos, assegurados constitucionalmente. As mesmas considerações podem ser feitas a respeito das pessoas que se encontram transitoriamente privadas de discernimento, como a que entrou em coma ou em estado de inconsciência[84].

Em sentido oposto coloca-se Alfredo Orgaz, para quem "as crianças de pequena idade, por faltar-lhes a capacidade para experimentar dano moral, não podem ser vítimas desse ilícito", justificando que, "sendo o dano embasado nos resultados ou consequências da ação lesiva, aqueles que carecem de discernimento não podem sentir a ofensa e, por isso, não padecem do dano

---

[80] *Dano moral indenizável*, p. 36.
[81] O problema da liquidação do dano moral e o dos critérios para a fixação do "quantum" indenizatório, in *Atualidades Jurídicas*, Saraiva, p. 252, n. 2.
[82] *Reparação*, cit., p. 146.
[83] *Responsabilidad civil*, p. 253.
[84] Beatriz Venturini, *El daño moral*, p. 35.

moral. De sorte que, pela natureza objetiva do dano moral, somente quem se encontre em condições de experimentá-lo, sentindo-o, é que padece do dano; mas isso não seria possível nem nas crianças de pequena idade, nem nos débeis mentais"[85].

Parece-nos que não se pode admitir, ou deixar de admitir, de forma irrestrita e absoluta, que tais pessoas sejam vítimas de dano moral. É necessário examinar cada caso, especialmente quando se trata de vítima menor, pois cada uma sente e reage a seu modo. Malgrado a criança de tenra idade e o deficiente mental não possam sentir e entender o significado de um xingamento, de uma injúria ou de outra espécie equivalente de ofensa moral, evidentemente experimentarão um grande transtorno, constrangimento e incômodo se, em virtude de algum acidente ou ato praticado pelo causador do dano, ficarem aleijados ou deformados por toda a vida, obrigados, por exemplo, a usar cadeira de rodas, ou se perderem o sentido da visão.

Há de se ter em conta o estado de consciência, nessas hipóteses, antes e depois do fato danoso, principalmente quando os seus efeitos são permanentes. A ausência da mãe ou do pai, por morte, pode, perfeitamente, ser lamentada pelas crianças, mesmo de pouca idade, e pelos amentais, dotados muitas vezes de grande afetividade, malgrado não tenham discernimento suficiente para perceberem o significado e o alcance de uma ofensa verbal. Faz-se mister examinar, portanto, em cada hipótese, não só as características pessoais da vítima, como também a espécie de lesão.

Correta, portanto, a asserção de que "o reconhecimento do dano moral por lesão ou ofensa às pessoas aqui tratadas deve ser feito caso a caso, segundo as circunstâncias e as condições da pessoa objeto da ofensa, não havendo como estabelecer, previamente, critérios padronizados ou fixar posição única, pois a equação que se apresenta não é de apenas aceitar ou repudiar a tese, mas de examinar sua aplicação quando preenchidos os pressupostos objetivos e subjetivos que informam o instituto"[86].

Decidiu o *Tribunal de Justiça de São Paulo*, em caso de reparação do dano moral, arbitrado em quinhentos salários mínimos, valor este a ser rateado entre os autores, respectivamente pai, marido e filho da vítima, falecida após uma cesariana, por culpa do hospital, referindo-se ao fato de o marido ter-se casado novamente: "Outrossim, ainda que sua nova mulher possa suprir as necessidades do pequeno Felipe, é certo que jamais substituirá sua verdadeira mãe que, embora com ele não tenha convivido, deu-lhe o bem maior que possui: a própria vida.

---

[85] *El daño resarcible*, p. 239 e 247.
[86] Rui Stoco, *Responsabilidade civil*, p. 732.

Efetivamente, se inocorrido o fatídico evento, estaria ele a usufruir dos cuidados de sua mãe. Daí a legitimidade dos postulantes"[87].

D'outra feita, decidiu o mesmo Tribunal:

"*Indenização*. Dano moral. Autor, menor com apenas um ano de idade. Irrelevância. Personalidade do homem que é adquirida desde o nascimento, tornando-o detentor de direitos. Dano moral, ademais, que independe do patrimonial. A indenização por dano moral independe de qualquer vinculação com prejuízo patrimonial ou dependência econômica daquele que a pleiteia, por estar diretamente relacionada com valores eminentemente espirituais e morais"[88].

Por sua vez, proclamou o extinto *1º Tribunal de Alçada Civil de São Paulo*:

"É lícito ao menor impúbere pleitear indenização por dano moral pela perda de sua mãe em acidente ferroviário, vez que, além da dor provocada, o evento causa drama, trauma, sequelas de ordem psicossomática, podendo até mesmo desnortear todo o rumo de sua vida"[89].

A respeito do nascituro, BEATRIZ VENTURINI[90] menciona caso julgado pelo Tribunal de Justiça de Montevidéu, em que se reconheceu a nascituro, que se encontrava no oitavo mês de gestação e cujo pai veio a falecer em um acidente, o direito à reparação do dano moral, considerando-o certo, embora futuro em relação à data do acidente, porém de efetiva e real superveniência quando do nascimento do infante. A apontada escritora aplaude a referida decisão, que acolheu a tese do dano moral futuro, pois o fato desencadeante não precisa coincidir, necessariamente, com a época em que se dá a sua incidência.

No caso, afirma, as consequências do dano eram previsíveis e se tornariam realidade, dentro de certo tempo, de tal forma que esse sofrimento futuro de quem havia sido apenas concebido ao tempo do acidente guarda uma definida relação de causalidade com o evento que causou a morte de seu genitor.

Parece-nos inexistir problema no fato de as consequências serem futuras, quando resultam de um dano presente e que os tribunais tenham elementos de apreciação para fazer a avaliação.

Tem predominado, na doutrina e na jurisprudência, entendimento de que "também ao *nascituro* se assegura o direito de indenização dos danos morais decorrentes do homicídio de que foi vítima seu genitor. É desimportante o fato de ter nascido após o falecimento do pai. Mesmo que não o tenha conhecido, por

---

[87] *JTJ*, Lex, 233/89.
[88] EI 277.062-1-SP, 3ª Câm. de D. Público, rel. Des. Hermes Pinotti.
[89] *RT*, 663/116.
[90] *El daño*, cit., p. 35-36.

certo, terá o menino, por toda a vida, a dor de nunca ter conhecido o pai. Certo, esta dor é menor do que aquela sentida pelo filho que já conviveu por muitos anos com o pai e vem a perdê-lo. Todavia, isso só influi na gradação do dano moral, eis que sua ocorrência é incontroversa. Todos sofrem com a perda de um familiar, mesmo aquele que nem o conheceu. Isso é normal e presumido. O contrário é que deve ser devidamente provado"[91]. Por seu turno, decidiu o *Superior Tribunal de Justiça*: "Morte de genitor. Nascituro. Direito à reparação do dano moral. Possibilidade. O nascituro também tem direito à reparação dos danos morais pela morte do pai, mas a circunstância de não o ter conhecido em vida tem influência na fixação do *quantum*"[92].

10.3. A pessoa jurídica

A pessoa jurídica, como proclama a *Súmula 227 do Superior Tribunal de Justiça*, pode sofrer dano moral e, portanto, está legitimada a pleitear a sua reparação. Malgrado não tenha direito à reparação do dano moral subjetivo, por não possuir capacidade afetiva, poderá sofrer dano moral objetivo, por ter atributos sujeitos à valoração extrapatrimonial da sociedade, como o conceito e bom nome, o crédito, a probidade comercial, a boa reputação etc.

O abalo de crédito acarreta, em regra, prejuízo material. Mas o abalo de credibilidade pode ocasionar dano de natureza moral. Neste caso, a pessoa jurídica poderá propor ação de indenização de dano material e moral.

O dano moral, nesse caso, não é presumido. Decidiu a *4ª Turma do Superior Tribunal de Justiça* que a pessoa jurídica tem de comprovar dano moral para receber indenização. Frisou o relator, Min. Luis Felipe Salomão, que, "no tocante à pessoa jurídica, impende destacar a necessidade de que a violação ao seu direito personalíssimo esteja estreita e inexoravelmente ligada à sua honra objetiva, haja vista não ser ela dotada de elemento psíquico"[93].

A *3ª Turma* da citada corte também partilha do entendimento de que a pessoa jurídica deve comprovar violação cabal a sua honra objetiva: "É impossível ao julgador avaliar a existência e a extensão de danos morais supostamente sofridos pela pessoa jurídica sem qualquer tipo de comprovação, apenas alegando sua existência a partir do cometimento do ato ilícito pelo ofensor (*in re ipsa*). Precedentes"[94].

---

[91] Yussef Said Cahali, *Dano moral*, 2. ed., p. 162.
[92] REsp 399.028-SP, 4ª T., rel. Min. Sálvio de Figueiredo Teixeira, *DJU* 15-4-2002, *RSTJ*, 161/395.
[93] REsp 1.022.522-RS, j. 25-6-2013.
[94] REsp 1.822.640-SC, 3ª T., rel. Min. Nancy Andrighi, *DJe* 19-11-2019.

11. CARACTERÍSTICAS DOS DIREITOS DA PERSONALIDADE. A INTRANSMISSIBILIDADE E A IMPRESCRITIBILIDADE

Certas prerrogativas individuais, inerentes à pessoa humana, sempre foram reconhecidas pela doutrina e pelo ordenamento jurídico, bem como protegidas pela jurisprudência. São direitos inalienáveis, que se encontram fora do comércio e que merecem a proteção legal.

A Constituição Federal expressamente refere-se aos direitos da personalidade, no art. 5º, X, que proclama: "são invioláveis a intimidade, a vida privada, a honra e a imagem das pessoas, assegurado o direito a indenização pelo dano material ou moral decorrente de sua violação".

O Código Civil de 2002, por sua vez, preceitua, no art. 11:

"*Com exceção dos casos previstos em lei, os direitos da personalidade são intransmissíveis e irrenunciáveis, não podendo o seu exercício sofrer limitação voluntária*".

Tais direitos são, também, *imprescritíveis*.

No tocante à *intransmissibilidade* do dano moral, observa Maria Helena Diniz: "Como a ação ressarcitória do dano moral funda-se na lesão a bens jurídicos pessoais do lesado, portanto inerentes à sua personalidade, em regra, só deveria ser intentada pela própria vítima, impossibilitando a transmissibilidade sucessória e o exercício dessa ação por via sub-rogatória. Todavia, há forte tendência doutrinária e jurisprudencial no sentido de se admitir que pessoas indiretamente atingidas pelo dano possam reclamar a sua reparação".

Adiante, aduz: "É preciso não olvidar que a ação de reparação comporta transmissibilidade aos sucessores do ofendido, desde que o prejuízo tenha sido causado em vida da vítima. Realmente, pelo Código Civil, art. 1.526 [*do Código Civil de 1916, correspondente ao art. 943 do atual*], o direito de exigir a reparação transmite-se com a herança"[95].

Tal posicionamento restou firmado a partir de 2020 com a edição da *Súmula 642 do Superior Tribunal de Justiça*: "O direito à indenização por danos morais transmite-se com o falecimento do titular, possuindo os herdeiros da vítima legitimidade ativa para ajuizar ou prosseguir a ação indenizatória".

Nesse mesmo sentido manifesta-se Carlos Alberto Bittar: "Ajunte-se, por derradeiro, que é perfeitamente possível a transmissão do direito à reparação, operando-se a substituição processual com a habilitação incidente, em caso de falecimento do lesado no curso da ação, como, de resto, ocorre com os demais direitos suscetíveis de translação (C. Civil, art. 1.526 [*de 1916*] e CPC [*de 1973, art. 43; CPC/2015, art. 110*])"[96].

---

[95] O problema, cit., in *Atualidades jurídicas*, p. 253-254.
[96] *Reparação*, cit., p. 150.

Malgrado os direitos da personalidade, em si, sejam personalíssimos (direito à honra, à imagem etc.) e, portanto, intransmissíveis, a pretensão ou direito de exigir a sua reparação pecuniária, em caso de ofensa, transmite-se aos sucessores, nos termos do art. 943 do Código Civil. E, embora também sejam *imprescritíveis* (a honra e outros direitos da personalidade nunca prescrevem – melhor seria falar-se em decadência), a pretensão à sua reparação está sujeita aos prazos prescricionais estabelecidos em lei.

Embora já se tenha afirmado que, se a vítima não ingressou com a competente ação, quando vivia, não se admite que os seus sucessores tenham o direito de ajuizar a demanda competente, porque o dano moral tem caráter pessoal, e unicamente a vítima sabe dimensionar o seu alcance e se foram ou não atingidos os seus sentimentos, já decidiu o *Superior Tribunal de Justiça*, percucientemente: "O direito de ação por dano moral é de natureza patrimonial e, como tal, transmite-se aos sucessores da vítima"[97].

Sustentou-se, no referido julgamento, com base na doutrina de MÁRIO MOACYR PORTO: "A dor não é *bem* que componha o patrimônio transmissível do *de cujus*. Mas me parece de todo em todo transmissível, por direito hereditário, o direito de ação que a vítima, ainda viva, tinha contra o seu ofensor. Tal direito é de natureza patrimonial"[98].

LÉON MAZEAUD esclarece: "O herdeiro não sucede no sofrimento da vítima. Não seria razoável admitir-se que o sofrimento do ofendido se prolongasse ou se estendesse ao herdeiro e este, fazendo sua a dor do morto, demandasse o responsável, a fim de ser indenizado da dor alheia. Mas é irrecusável que o herdeiro sucede no direito de ação que o morto, quando ainda vivo, tinha contra o autor do dano. Se o sofrimento é algo entranhadamente pessoal, o direito de ação de indenização do dano moral é de natureza patrimonial e, como tal, transmite-se aos sucessores"[99].

12. A PROVA DO DANO MORAL

O dano moral, salvo casos especiais, como o de inadimplemento contratual, por exemplo, em que se faz mister a prova da perturbação da esfera anímica do lesado, dispensa prova em concreto, pois se passa no interior da personalidade e existe *in re ipsa*. Trata-se de presunção absoluta. Desse modo, não precisa a mãe comprovar que sentiu a morte do filho; ou o agravado em sua honra demonstrar

---

[97] *RSTJ*, 71/183.
[98] Transmissibilidade da pretensão à reparação do dano moral, 661/7.
[99] Magistério publicado no *Recueil Critique Dalloz*, 1943, p. 43.

em juízo que sentiu a lesão; ou o autor provar que ficou vexado com a não inserção de seu nome no uso público da obra, e assim por diante. A propósito, decidiu-se:

"Responsabilidade civil. Dano moral. Comprovação pelo ofendido. Desnecessidade. Existência do ato ilícito apto a ocasionar sofrimento íntimo. Suficiência. Prova negativa a cargo do ofensor. Verba devida. Recurso provido"[100].

"Dano moral. Morte de filho. Verba devida aos pais. Falta de amor por aquele não demonstrada. Irrelevância dos motivos dele não estar presente na vida diária dos pais, com visitas mútuas"[101].

"Nos termos da jurisprudência do Superior Tribunal de Justiça, a utilização de nome inequivocamente semelhante à marca de propriedade da autora para a comercialização de produtos no mesmo ramo de atividade acarreta a certeza do prejuízo material, cujo valor deve ser apurado em liquidação de sentença. Desnecessidade de que a inicial especifique concretamente o prejuízo, que se presume em decorrência da prova da colocação no mesmo mercado da contrafação"[102].

"No âmbito da reparação dos danos morais – visto que, por óbvio, os danos materiais dependem de comprovação do prejuízo, como sói ocorrer em ações de similar natureza –, a Lei Maria da Penha, complementada pela reforma do Código de Processo Penal já mencionada, passou a permitir que o juízo único – o criminal – possa decidir sobre um montante que, relacionado à dor, ao sofrimento, à humilhação da vítima, de difícil mensuração, deriva da própria prática criminosa experimentada. Não se mostra razoável, a esse fim, a exigência de instrução probatória acerca do dano psíquico, do grau de humilhação, da diminuição da autoestima etc., se a própria conduta criminosa empregada pelo agressor já está imbuída de desonra, descrédito e menosprezo à dignidade e ao valor da mulher como pessoa casos de violência contra a mulher praticados no âmbito doméstico e familiar, é possível a fixação de valor mínimo indenizatório a título de dano moral, desde que haja pedido expresso da acusação ou da parte ofendida, ainda que não especificada a quantia, e independentemente de instrução probatória"[103].

Controvertida se mostra a realização de perícia psicológica para constatação da ocorrência de dano moral. Já decidiu o *Tribunal de Justiça de São Paulo* que as alegações podem ser demonstradas por testemunhas, inexistindo caráter técnico a ser verificado. Afirmou o acórdão:

"Não são os psicólogos profissionais dotados de técnica de avaliação de danos morais, razão pela qual não se pode alegar que o fato exposto na inicial

---

[100] JTJ, Lex, 216/191.
[101] JTJ, Lex, 230/79.
[102] REsp 1.507.920-PR, 4ª T., rel. Min. Maria Isabel Gallotti, DJe 20-11-2019.
[103] REsp 1.643.051-MS, 3ª Seção, rel. Min. Rogerio Schietti Cruz, DJe 8-3-2018.

dependa de prova técnica. Não houve cerceamento de defesa, porque ao juiz é facultado indeferir prova inútil e impertinente"[104].

O dano moral, oriundo de inscrição ou manutenção indevida em cadastro de inadimplentes ou protesto indevido, prescinde de prova, configurando-se *in re ipsa*, visto que é presumido e decorre da própria licitude do fato[105]. Mas tratar a parte como "devedor contumaz" em ação consumerista não causa o referido dano, uma vez que se trata de uma expressão comum, inserida em peças genéricas, quase padronizadas, de demandas consumeristas e que não refletem a intenção de violar a honra subjetiva de ninguém. Assim decidiu o *Tribunal de Justiça do Rio Grande do Sul*, mantendo a sentença que negou dano moral a uma mulher que se sentiu desrespeitada e agredida moralmente pelo uso dessa expressão por parte dos advogados da Câmara dos Dirigentes Lojistas de Porto Alegre[106].

13. OBJEÇÕES À REPARAÇÃO DO DANO MORAL

Muitas são as objeções que se levantaram contra a reparação do dano puramente moral. Argumentava-se, principalmente, que seria imoral procurar dar valor monetário à dor, ou que seria impossível determinar o número de pessoas atingidas (pais, irmãos, noivas etc.), bem como mensurar a dor. Mas todas essas objeções acabaram rechaçadas na doutrina e na jurisprudência.

Tem-se entendido hoje, com efeito, que a indenização por dano moral representa uma *compensação*, ainda que pequena, pela tristeza infligida injustamente a outrem. E que todas as demais dificuldades apontadas ou são probatórias ou são as mesmas existentes para a apuração do dano material.

14. EVOLUÇÃO DA REPARABILIDADE DO DANO MORAL EM CASO DE MORTE DE FILHO MENOR

Aspecto em que muito se discutiu a reparabilidade do dano moral foi o relativo à indenização aos pais pela morte de filho menor. A evolução do direito, nesse particular, permite-nos distinguir três estágios:

1º) o da irreparabilidade do dano, no que se qualificava este como sendo dano moral;

---

[104] TJSP, *JTJ*, Lex, 231/244.
[105] STJ, AgInt no AREsp 858.040-SC, rel. Min. Maria Isabel Gallotti, *DJe* 9-5-2017.
[106] TJRS, Proc. 001/1.16.0099231-6, 9ª Câm. Cív., Des. Eugênio Fachini Neto, *in* Revista *Consultor Jurídico* de 9-5-2020.

2º) o da relativa ressarcibilidade do dano, em função de seus reflexos patrimoniais imediatos;

3º) o da ampla reparabilidade do dano, seja mediante o artifício de divisar no caso existência de um dano patrimonial remoto, potencial, futuro, eventual, seja aí reconhecendo a existência de um dano moral reparável[107].

Na primeira fase entendia-se que era incabível a indenização por dano moral, porque o art. 1.537 do Código Civil de 1916 determinava que, em caso de homicídio, a indenização consistia no pagamento das despesas de tratamento da vítima, seu funeral e o luto da família, bem como na prestação de alimentos às pessoas a quem o defunto os devia. Como o menor não deve alimento aos pais, a inclusão de qualquer outra verba seria indenização por dano moral, não prevista.

Aos poucos, no entanto, alguns julgados começaram a admitir indenização aos pais pela morte do filho menor, quando este já trabalhava, pois o prejuízo sofrido pelos pais da vítima é representado pelo ganho do menor, que deixou de ser incluído na economia familiar, principalmente nas famílias de baixa renda. Mas ainda se tratava de indenização por dano material.

Numa segunda fase, chegou-se à reparabilidade do dano moral, admitindo-se a indenização ainda quando o menor era simplesmente consumidor, isto é, não trabalhava ou era de tenra idade. Tal orientação, predominante no *Supremo Tribunal Federal*, foi enunciada na *Súmula 491*, nestes termos: "*É indenizável o acidente que cause a morte de filho menor, ainda que não exerça trabalho remunerado*".

O entendimento era o de que o menor representava um valor econômico potencial. Os pais teriam perdido, no mínimo, o que já haviam gasto ou investido na criação e educação do filho. Além disso, viram frustrada a expectativa de que o filho lhes fosse uma fonte de renda ou de futuros alimentos. Muitos, entretanto, viam nessa interpretação o ressarcimento por danos patrimoniais indiretos, consistentes na privação do potencial econômico que o filho falecido representaria.

Finalmente, numa fase mais recente, tem sido proclamado que a indenização devida aos genitores do menor vitimado configura, efetivamente, modalidade de reparação de dano moral. E o montante da indenização deve ser fixado por arbitramento judicial. Preceitua o art. 946 do Código Civil de 2002:

"*Se a obrigação for indeterminada, e não houver na lei ou no contrato disposição fixando a indenização devida pelo inadimplente, apurar-se-á o valor das perdas e danos na forma que a lei processual determinar*".

A jurisprudência consolidou-se, acertadamente, no sentido do *arbitramento* de importância determinada, como indenização pela morte de filho menor, sem

---

[107] Yussef Said Cahali, *Dano moral*, p. 44.

lhe emprestar, necessariamente, o caráter de pensão alimentícia, própria do ressarcimento do dano material.

Yussef Said Cahali[108] frisa que se pode observar, hoje, na aplicação da referida *Súmula 491 do Supremo Tribunal Federal*, duas regras criadas pela jurisprudência, possibilitando a concessão aos pais de indenização pela perda de filho menor:

a) por danos patrimoniais e danos extrapatrimoniais, se pelas circunstâncias, idade e condições dos filhos e dos genitores, do contexto familiar da vítima, representa a sobrevida desta um valor econômico potencial, futuro, eventual, sendo razoavelmente esperada a sua contribuição para os encargos da família;

b) por danos morais apenas, se não demonstrado que a morte do filho menor representou a frustração da expectativa de sua futura contribuição econômica para os genitores.

Confira-se a jurisprudência:

"Se o menor não trabalhava nem havia tido empregos anteriormente, em princípio os seus pais não fazem jus ao pensionamento decorrente de danos materiais, mas tão somente aos morais"[109].

"Acidente em elevador. Criança de dois anos. Danos morais que não se medem pelo padrão social e econômico dos pais da vítima. Redução para o nível do nosso padrão econômico. Pagamento que deve ser feito de uma só vez"[110].

15. A REPARAÇÃO DO DANO MORAL E A CONSTITUIÇÃO FEDERAL DE 1988

O Código Civil de 1916 previa algumas hipóteses de reparação do dano moral, como quando a lesão corporal acarretasse aleijão ou deformidade, ou quando atingisse mulher solteira ou viúva ainda capaz de casar (art. 1.538); quando ocorresse ofensa à honra da mulher por defloramento, sedução, promessa de casamento ou rapto (art. 1.548); ofensa à liberdade pessoal (art. 1.550); calúnia, difamação ou injúria (art. 1.547). Mas, em quase todos esses casos, o valor era prefixado e calculado com base na multa criminal prevista para a hipótese.

Lembrava Caio Mário da Silva Pereira que a resistência que encontrava, entre nós, a teoria da reparação do dano moral estava em que "não havia uma disposição genérica, no Código Civil, admitindo-a. Clóvis Beviláqua, propugnador da indenização do dano moral, enxergava o suporte legal na regra do art. 76 e seu parágrafo do Código Civil [*de 1916*], segundo o qual, para propor ou

---

[108] *Dano moral*, cit., p. 136.
[109] *RSTJ*, 50/305 e *RT*, 698/236.
[110] TJSP, 9ª Câm. D. Privado, Ap. 4.804.4/3, j. 10-6-1997.

contestar uma ação era suficiente um interesse moral. O argumento, entretanto, não convencia os opositores recalcitrantes"[111].

O Código Civil de 2002, oriundo de projeto elaborado antes da Constituição de 1988, prevê a reparação do dano moral ao se referir, no art. 186, ao ato ilícito: *"Aquele que, por ação ou omissão voluntária, negligência ou imprudência, violar direito e causar dano a outrem,* ainda que exclusivamente moral, *comete ato ilícito".*

A Constituição Federal, no título "Dos direitos e garantias fundamentais" (art. 5º), assegura o "direito de resposta, proporcional ao agravo, além da indenização por dano material, *moral* ou à imagem" (inciso V); e declara invioláveis "a intimidade, a vida privada, a honra e a imagem das pessoas, assegurado o direito a indenização pelo dano material ou *moral* decorrente de sua violação" (inciso X).

Caio Mário da Silva Pereira observou que tais dispositivos vieram pôr uma pá de cal na resistência à reparação do dano moral, que se integra, assim, definitivamente em nosso direito, fazendo desaparecer o argumento baseado na ausência de um princípio geral.

Acrescentou que "a enumeração é meramente exemplificativa, sendo lícito à jurisprudência e à lei ordinária editar outros casos. Com efeito, aludindo a determinados direitos, a Constituição estabeleceu o mínimo. Não se trata, obviamente, de '*numerus clausus*', ou enumeração taxativa. Esses, mencionados nas alíneas constitucionais, não são os únicos direitos cuja violação sujeita o agente a reparar. Não podem ser reduzidos, por via legislativa, porque inscritos na Constituição. Podem, contudo, ser ampliados pela legislatura ordinária, como podem ainda receber extensão por via de interpretação, que neste teor recebe, na técnica do Direito Norte-Americano, a designação de 'construction'. Com as duas disposições contidas na Constituição de 1988 o princípio da reparação do dano moral encontrou o batismo que a inseriu em a canonicidade de nosso direito positivo. Agora, pela palavra mais firme e mais alta da norma constitucional, tornou-se princípio de natureza cogente o que estabelece a reparação por dano moral em o nosso direito. Obrigatório para o legislador e para o juiz"[112].

16. CUMULAÇÃO DA REPARAÇÃO DO DANO MORAL COM O DANO MATERIAL

Ensina Francisco Messineo que, se o ato ilícito a um só tempo diminui a aptidão laborativa da vítima e lhe atinge a honra, fere dois distintos círculos, justificando-se "il cumulo di danni materiali e morali"[113].

---

[111] *Responsabilidade civil*, p. 64.
[112] *Responsabilidade civil*, cit., p. 65, n. 48.
[113] *Manuale di diritto civile e commerciale*, v. 5, § 169, p. 643.

Preleciona, por sua vez, CAIO MÁRIO DA SILVA PEREIRA: "Não cabe, por outro lado, considerar que são incompatíveis os pedidos de reparação patrimonial e indenização por dano moral. O fato gerador pode ser o mesmo, porém o efeito pode ser múltiplo. A morte de uma pessoa fundamenta a indenização por dano material na medida em que se avalia o que perdem pecuniariamente os seus dependentes. Ao mesmo tempo justifica a reparação por dano moral quando se tem em vista a dor, o sofrimento que representa para os seus parentes ou aliados a eliminação violenta e injusta do ente querido, independentemente de que a sua falta atinge a economia dos familiares e dependentes"[114].

Ante o texto constitucional, que assegura o direito à indenização por dano material, moral ou à imagem (art. 5º, V), não se tem negado a possibilidade de sua cumulação. O *Superior Tribunal de Justiça* consolidou nesse sentido a sua jurisprudência, editando a *Súmula 37, do seguinte teor*: "*São cumuláveis as indenizações por dano material e dano moral oriundos do mesmo fato*".

17. NATUREZA JURÍDICA DA REPARAÇÃO

Há controvérsias a respeito da natureza jurídica da reparação do dano moral. Alguns autores, como CARBONNIER[115], vislumbram apenas o caráter punitivo, enquanto outros, como ESPÍNOLA FILHO[116], afirmam que tal colocação não satisfaz para fundamento da reparação do dano moral, bastando considerar que, nos casos em que o ato ilícito assume maior gravidade, pelo perigo social dele resultante, a ponto de considerar-se crime, o direito penal intervém, aplicando a pena (pública) ao delinquente.

Tem prevalecido, no entanto, o entendimento de que a reparação pecuniária do dano moral tem duplo caráter: compensatório para a vítima e punitivo para o ofensor. Ao mesmo tempo que serve de lenitivo, de consolo, de uma espécie de compensação para atenuação do sofrimento havido, atua como sanção ao lesante, como fator de desestímulo, a fim de que não volte a praticar atos lesivos à personalidade de outrem.

Não se pode negar, diz MARIA HELENA DINIZ, que "a reparação pecuniária do dano moral é um misto de pena e de satisfação compensatória, tendo função: a) *penal*, ou *punitiva*, constituindo uma sanção imposta ao ofensor, visando a diminuição de seu patrimônio, pela indenização paga ao ofendido, visto que o bem

---

[114] *Responsabilidade civil*, cit., p. 63, n. 45.
[115] *Droit civil*, v. IV, p. 308, n. 88.
[116] O dano moral em face da responsabilidade civil, prefácio de *O dano moral, no direito brasileiro*, de Ávio Brasil, p. 27.

jurídico da pessoa – integridade física, moral e intelectual – não poderá ser violado impunemente, subtraindo-se o seu ofensor às consequências de seu ato por não serem reparáveis; e b) *satisfatória* ou *compensatória*, pois, como o dano moral constitui um menoscabo a interesses jurídicos extrapatrimoniais, provocando sentimentos que não têm preço, a reparação pecuniária visa proporcionar ao prejudicado uma satisfação que atenue a ofensa causada".

Não se trata, diz, "como vimos, de uma indenização de sua dor, da perda de sua tranquilidade ou prazer de viver, mas de uma compensação pelo dano e injustiça que sofreu, suscetível de proporcionar uma vantagem ao ofendido, pois ele poderá, com a soma de dinheiro recebida, procurar atender às satisfações materiais ou ideais que repute convenientes, atenuando assim, em parte, seu sofrimento"[117].

É de salientar que o ressarcimento do dano *material* ou *patrimonial* tem, igualmente, natureza sancionatória indireta, servindo para desestimular o ofensor à repetição do ato, sabendo que terá de responder pelos prejuízos que causar a terceiros. O caráter punitivo é meramente reflexo ou indireto: o autor do dano sofrerá um desfalque patrimonial que poderá desestimular a reiteração da conduta lesiva. Mas a finalidade precípua do ressarcimento dos danos não é punir o responsável, e sim recompor o patrimônio do lesado.

A propósito, observa Yussef Said Cahali, com acuidade, que "não há um fundamento específico para a responsabilidade civil quando se cuida de ressarcir o dano patrimonial, diverso daquele que determina a responsabilidade civil por danos extrapatrimoniais; a rigor, a questão se desloca para o âmbito da finalidade da condenação indenizatória...". "... O direito moderno sublimou aquele caráter aflitivo da obrigação de reparar os danos causados a terceiro, sob a forma de *sanção legal* que já não mais se confunde – embora conserve certos resquícios – com o rigoroso caráter de pena contra o delito ou contra a injúria, que lhe emprestava o antigo direito, apresentando-o agora como consequência civil da infração de conduta exigível, que tiver causado prejuízo a outrem"[118].

Na sequência, aduz Yussef Said Cahali: "Nessas condições, tem-se portanto que o fundamento ontológico da *reparação dos danos morais* não difere substancialmente, quando muito em grau, do fundamento jurídico do *ressarcimento dos danos patrimoniais*, permanecendo ínsito em ambos os caracteres sancionatório e aflitivo, estilizados pelo direito moderno. E nesses termos afasta-se aquela ampla digressão doutrinária em que se envolveram os autores, uns pretendendo identificar, exclusivamente quanto aos danos morais, o caráter de *pena privada* da reparação; no que são contestados por outros, na medida em que a ideia de pena

---

[117] O problema, cit., in *Atualidades jurídicas*, p. 248.
[118] *Dano moral*, cit., p. 35 e 39.

privada não legitimaria ou não bastaria para explicar o fundamento da reparação do dano moral. Assim, reconhecida a unicidade ontológica do fundamento da responsabilidade civil, a questão se desloca para o âmbito prático, quanto a saber como deve funcionar a sanção cominatória em seu conteúdo e finalidade diante de um ilícito lesivo à esfera patrimonial ou à esfera extrapatrimonial de outrem"[119].

E conclui o conceituado civilista: "Em síntese: no dano patrimonial, busca-se a reposição em espécie ou em dinheiro pelo valor equivalente, de modo a poder-se indenizar plenamente o ofendido, reconduzindo o seu patrimônio ao estado em que se encontraria se não tivesse ocorrido o fato danoso; com a reposição do equivalente pecuniário, opera-se o *ressarcimento do dano patrimonial*. Diversamente, a sanção do dano moral não se resolve numa indenização propriamente dita, já que indenização significa eliminação do prejuízo e das suas consequências, o que não é possível quando se trata de dano extrapatrimonial; a sua reparação se faz através de uma compensação, e não de um ressarcimento; impondo ao ofensor a obrigação de pagamento de uma certa quantia de dinheiro em favor do ofendido, ao mesmo tempo que agrava o patrimônio daquele, proporciona a este uma reparação satisfativa"[120].

18. A QUANTIFICAÇÃO DO DANO MORAL

O problema da quantificação do dano moral tem preocupado o mundo jurídico, em virtude da proliferação de demandas, sem que existam parâmetros seguros para a sua estimação. Enquanto o ressarcimento do dano material procura colocar a vítima no estado anterior, recompondo o patrimônio afetado mediante a aplicação da fórmula "danos emergentes-lucros cessantes", a reparação do dano moral objetiva apenas uma compensação, um consolo, sem mensurar a dor.

Em todas as demandas que envolvem danos morais, o juiz defronta-se com o mesmo problema: a perplexidade ante a inexistência de critérios uniformes e definidos para arbitrar um valor adequado.

18.1. Tarifação e arbitramento

Não tem aplicação, em nosso país, o critério da tarifação, pelo qual o *quantum* das indenizações é prefixado. O inconveniente desse critério é que, conhecendo antecipadamente o valor a ser pago, as pessoas podem avaliar as consequências da prática do ato ilícito e confrontá-las com as vantagens que, em contrapartida,

---

[119] *Dano moral*, cit., p. 39 e 40.
[120] *Dano moral*, cit., p. 42.

poderão obter, como no caso do dano à imagem, e concluir que vale a pena, no caso, infringir a lei.

Predomina entre nós o critério do *arbitramento* pelo juiz, a teor do disposto no art. 1.533 do Código Civil de 1916. O atual mantém a fórmula ao determinar, no art. 946, que se apurem as perdas e danos na forma que a lei processual determinar. Prevê esta, no art. 509, a liquidação pelo procedimento comum e por arbitramento, sendo a última forma a mais adequada para a quantificação do dano moral.

A propósito, foi aprovado, na *VI Jornada de Direito Civil do Conselho da Justiça Federal, o Enunciado n. 550, do seguinte teor*:

"A quantificação da reparação por danos extrapatrimoniais não deve estar sujeita a tabelamento ou a valores fixos".

A liquidação por arbitramento é realizada, em regra, por um perito, nomeado pelo juiz. A apuração do *quantum* depende exclusivamente da avaliação de uma coisa, um serviço ou um prejuízo, a ser feita por quem tenha conhecimento técnico. Nessa espécie de liquidação não cabe a produção de prova oral. Eventual prova documental só poderá ser produzida se disser respeito, exclusivamente, à avaliação. O arbitramento será admitido sempre que a sentença ou a convenção das partes o determinar, ou quando a natureza do objeto da liquidação o exigir.

A liquidação processar-se-á pelo procedimento comum quando houver necessidade de alegar e provar fato novo, para apurar o valor da condenação. Os fatos novos devem vir articulados na petição inicial, com toda a clareza, pois constituem a verdadeira causa de pedir nessa espécie de liquidação, e só deverão dizer respeito ao *quantum*, uma vez que não se admite a rediscussão da lide, ou a modificação da sentença.

Todos os meios de prova são admitidos na liquidação pelo procedimento comum, inclusive a pericial. Se os fatos novos não forem provados, o juiz não julgará improcedente a liquidação, cuja finalidade é declarar o *quantum debeatur*. O juiz deverá simplesmente julgar não comprovado o valor da condenação. Sentença dessa natureza não impedirá a repropositura da liquidação, por não se tratar de julgamento de mérito.

Procede-se à liquidação pelo procedimento comum, por exemplo, na execução, no cível, de sentença penal condenatória (*actio iudicati*) do autor da morte de chefe de família, em razão do ônus imposto aos seus dependentes (esposa, filhos menores) de provar os ganhos mensais do falecido, que servirão de base para a fixação do *quantum* da pensão mensal que lhes é devida.

A crítica que se faz ao critério do arbitramento é que não há defesa eficaz contra uma estimativa que a lei submeta apenas ao critério livremente escolhido pelo juiz, porque, exorbitante ou ínfima, qualquer que seja ela, estará sempre em consonância com a lei, não ensejando a criação de padrões que possibilitem o efetivo controle de sua justiça ou injustiça.

Malgrado as dificuldades existentes para o arbitramento, o valor da indenização deve ser fixado desde logo na sentença, na fase de conhecimento, sem se remeter a sua apuração para o juízo da execução, seja para liquidação por arbitramento, seja para liquidação por artigos[121].

Por outro lado, deve o juiz, "ao fixar o valor, e à falta de critérios objetivos, agir com prudência, atendendo, em cada caso, às suas peculiaridades e à repercussão econômica da indenização, de modo que o valor da mesma não deve ser nem tão grande que se converta em fonte de enriquecimento, nem tão pequeno que se torne inexpressivo"[122].

18.2. Critérios para o arbitramento da reparação, na Justiça Comum e na Justiça do Trabalho

Na fixação do *quantum* indenizatório, à falta de regulamentação específica, os tribunais utilizaram, numa primeira etapa, os critérios estabelecidos no Código Brasileiro de Telecomunicações (Lei n. 4.117, de 27-8-1962), por se tratar do primeiro diploma legal a estabelecer alguns parâmetros para a quantificação do dano moral, ao determinar que se fixasse a indenização entre cinco e cem salários mínimos, conforme as circunstâncias e até mesmo o grau de culpa do lesante. Mesmo tendo sido revogados os dispositivos do referido Código pelo Decreto-Lei n. 236, de 28 de fevereiro de 1967, a Lei de Imprensa (Lei n. 5.250, de 9-2-1967) elevou o teto da indenização para duzentos salários mínimos.

Durante muito tempo esse critério serviu de norte para o arbitramento das indenizações em geral. Argumentava-se: se, para uma simples calúnia, a indenização pode alcançar cifra correspondente a duzentos salários mínimos, em caso de dano mais grave tal valor pode ser multiplicado uma ou várias vezes. Esse limite de duzentos salários mínimos não mais subsiste, em face da atual Constituição, que não prevê nenhuma tabela ou tarifação a ser observada pelo juiz.

Algumas recomendações da revogada Lei de Imprensa, feitas no art. 53, no entanto, continuam a ser aplicadas na generalidade dos casos, por integrarem o repertório jurisprudencial, como a situação econômica do lesado; a intensidade do sofrimento; a gravidade, a natureza e a repercussão da ofensa; o grau de culpa e a situação econômica do ofensor, bem como as circunstâncias que envolveram

---

[121] *RSTJ*, 71/184; *JTARS*, 27/251.
[122] TJMG, 3ª Câm., Ap. 87.244, j. 9-4-1992, *Rep. IOB Jurisp.*, 3/7.679.

os fatos. Em razão da diversidade de situações, muitas vezes valem-se os juízes de peritos para o arbitramento da indenização, como no caso de dano à imagem. Em outros, levam em conta o valor do título, como na hipótese de indevido protesto de cheques.

Em geral, *mede-se a indenização pela extensão do dano e não pelo grau de culpa*. No caso do dano moral, entretanto, o grau de culpa também é levado em consideração, juntamente com a gravidade, extensão e repercussão da ofensa, bem como a intensidade do sofrimento acarretado à vítima. A culpa concorrente do lesado constitui fator de atenuação da responsabilidade do ofensor.

Além da situação patrimonial das partes, deve-se considerar, também, como agravante o proveito obtido pelo lesante com a prática do ato ilícito. A ausência de eventual vantagem, porém, não o isenta da obrigação de reparar o dano causado ao ofendido. Aduza-se que notoriedade e fama deste constituem fator relevante na determinação da reparação, em razão da maior repercussão do dano moral, influindo na exacerbação do *quantum* da indenização.

Levam-se em conta, basicamente, as circunstâncias do caso, a gravidade do dano, a situação do ofensor, a condição do lesado, preponderando, em nível de orientação central, a ideia de sancionamento ao lesante (*punitive damages*).

Já dissemos, no item que trata da natureza jurídica da reparação do dano moral (n. 16, *retro*), que a reparação pecuniária, tanto do dano patrimonial como do dano moral, tem duplo caráter: compensatório para a vítima e punitivo para o ofensor. O caráter punitivo é puramente reflexo, ou indireto: o causador do dano sofrerá um desfalque patrimonial que poderá desestimular a reiteração da conduta lesiva. Porém, a finalidade precípua da indenização não é punir o responsável, mas recompor o patrimônio do lesado, no caso do dano material, e servir de compensação, na hipótese de dano moral. O caráter sancionatório permanece ínsito na condenação ao ressarcimento ou à reparação do dano, pois acarreta a redução do patrimônio do lesante.

Não se justifica, pois, como pretendem alguns, que o julgador, depois de arbitrar o montante suficiente para compensar o dano moral sofrido pela vítima (e que, indireta e automaticamente, atuará como fator de desestímulo ao ofensor), adicione-lhe um *plus* a título de pena civil, inspirando-se nas *punitive damages* do direito norte-americano. É preciso considerar as diferenças decorrentes das condições econômicas, raízes históricas e dos costumes, bem como o conteúdo e os limites dos poderes de que se acham investidos os seus juízes e ainda o sistema de seguros do Estados Unidos da América do Norte.

Diversamente do direito norte-americano, inspira-se o nosso sistema jurídico na supremacia do direito legislado, expressa no preceito constitucional de que ninguém será obrigado a fazer ou deixar de fazer alguma coisa senão em virtude de lei.

Já se foi o tempo em que as sanções civis e penais se confundiam. A sanção penal tem por fim a repressão do ato ilícito e não guarda relação com o valor do bem lesado. Por aí se vê que o caráter sancionatório autônomo, nas condições mencionadas, tem todas as características da sanção penal. Enquanto tal, está sujeita ao princípio da legalidade das penas, conforme se acha expresso na Constituição Federal: não haverá nenhuma pena "sem prévia cominação legal" (art. 5º, XXXIX). Não cabe ao juiz, mas ao legislador, estabelecer os seus limites máximos e mínimos. Do contrário, ficaria a critério de cada um fixar a pena que bem entendesse. Enquanto garantia constitucional, o princípio da legalidade das penas não se aplica exclusivamente ao direito penal.

Em artigo publicado no jornal *O Estado de S. Paulo*, edição de 12 de setembro de 1997, escreveu José Ignácio Botelho de Mesquita: "Em matéria civil, não cabe ao juiz, por sentença, criar penas que antes não existiam", acrescentando que "é fácil perceber que uma indenização, como a preconizada para a hipótese de dano moral, prescinda da ocorrência de qualquer lesão patrimonial, que não guarde *proporcionalidade* com o valor do bem lesado, que inclua entre os seus objetivos os de *afligir* o ofensor e *inibir* a reiteração de condutas análogas, preenche todas as características da sanção penal, inclusive a de proporcionar uma satisfação ao ofendido (tanto maior quanto mais opulento o ofensor); e escapa totalmente do campo da sanção civil, por não conservar nenhuma das características que compõem a sua diferença específica".

Como pena pecuniária ou multa, aduz o ilustre Professor da Faculdade de Direito da Universidade de São Paulo, "está sujeita ao princípio da legalidade das penas, conforme se acha expresso na Constituição Federal: não haverá nenhuma pena 'sem prévia cominação legal' (artigo 5º, XXXIX)".

É sabido que o *quantum* indenizatório não pode ir além da extensão do dano. Esse critério aplica-se também ao arbitramento do dano moral. Se este é moderado, a indenização não pode ser elevada apenas para punir o lesante.

A crítica que se tem feito à aplicação, entre nós, das *punitive damages* do direito norte-americano, é que elas podem conduzir ao arbitramento de indenizações milionárias, além de não encontrar amparo no sistema jurídico-constitucional da legalidade das penas, já mencionado. Ademais, pode fazer com que a reparação do dano moral tenha valor superior ao do próprio dano. Sendo assim, revertendo a indenização em proveito do lesado, este acabará experimentando um enriquecimento ilícito, com o qual não se compadece o nosso ordenamento. Se a vítima já estiver compensada com determinado valor, o que receber a mais, para que o ofensor seja punido, representará, sem dúvida, um enriquecimento ilícito.

A propósito, observa corretamente Luiz Roldão de Freitas Gomes: "Aqui, ainda, um cuidado se impõe: de evitar a atração, apenas pelo caráter de exemplaridade contido na reparação, de somas que ultrapassem o que representou o agravo para o ofendido. Nesta seara, mais do que nunca, há de reter-se não consistir a responsabilidade civil em fonte de enriquecimento para o ofendido. Os critérios de razoabilidade e proporcionalidade são recomendáveis, para, sem exageros, atingir-se indenização adequada"[123].

A adoção do critério das *punitive damages* no Brasil somente se justificaria se estivesse regulamentado em lei, com a fixação de sanção mínima e máxima, revertendo ao Estado o *quantum* da pena. Há até quem preconize, para a hipótese de a lei vir a atribuir caráter punitivo autônomo ao dano moral, a criação de um fundo semelhante ao previsto na lei que regulamenta a ação civil pública nos casos de danos ambientais, destinado a promover campanhas educativas para prevenir acidentes de trânsito, a dar assistência às vítimas etc., ao qual seria destinado o que excedesse o razoável para consolar as vítimas.

Nessa ordem, uma das conclusões aprovadas no *IX Encontro dos Tribunais de Alçada do Brasil*, realizado em São Paulo nos dias 29 e 30 de agosto de 1997, por sugestão nossa, foi a seguinte: "*À indenização por danos morais deve dar-se caráter exclusivamente compensatório*". Isto porque já está ínsito, neste, de modo reflexo, o caráter punitivo, dispensando-se a fixação de um *plus* a esse título.

Alega-se, em contrário, que essa pena autônoma se faz necessária, porque há casos em que o ofendido é milionário e o pagamento de indenização em dinheiro não lhe trará nenhuma compensação ou consolo para a dor e humilhação sofridas. Somente a exemplar punição do lesante poderia servir-lhe de lenitivo.

Contudo, muitas vezes é suficiente, para trazer satisfação à vítima, a condenação formal do ofensor, valendo mais o aspecto moral dessa condenação que o seu aspecto econômico. Por outro lado, há outras formas de compensar o lesado, além da reparação em dinheiro, como a retratação e a divulgação imediata da resposta ou a publicação gratuita de sentença condenatória, nas ofensas à honra veiculadas pela imprensa. São soluções expressamente previstas no ordenamento jurídico. Nada obsta, porém, que o magistrado conceda ao lesado a reparação específica que entenda mais adequada, ainda que não haja previsão legal explícita. Basta que, implicitamente, o sistema admita a forma de reparação alvitrada.

MARIA HELENA DINIZ propõe as seguintes regras, a serem seguidas pelo órgão judicante no arbitramento, para atingir homogeneidade pecuniária na avaliação do dano moral:

"a) evitar indenização simbólica e enriquecimento sem justa causa, ilícito ou injusto da vítima. A indenização não poderá ter valor superior ao dano, nem deverá subordinar-se à situação de penúria do lesado; nem poderá conceder a uma

---

[123] *Elementos de responsabilidade civil*, p. 101, n. 69.

vítima rica uma indenização inferior ao prejuízo sofrido, alegando que sua fortuna permitiria suportar o excedente do menoscabo;

b) não aceitar tarifação, porque esta requer despersonalização e desumanização, e evitar porcentagem do dano patrimonial;

c) diferenciar o montante indenizatório segundo a gravidade, a extensão e a natureza da lesão;

d) verificar a repercussão pública provocada pelo fato lesivo e as circunstâncias fáticas;

e) atentar às peculiaridades do caso e ao caráter antissocial da conduta lesiva;

f) averiguar não só os benefícios obtidos pelo lesante com o ilícito, mas também a sua atitude ulterior e situação econômica;

g) apurar o real valor do prejuízo sofrido pela vítima;

h) levar em conta o contexto econômico do país. No Brasil não haverá lugar para fixação de indenizações de grande porte, como as vistas nos Estados Unidos;

i) verificar a intensidade do dolo ou o grau de culpa do lesante;

j) basear-se em prova firme e convincente do dano;

k) analisar a pessoa do lesado, considerando a intensidade de seu sofrimento, seus princípios religiosos, sua posição social ou política, sua condição profissional e seu grau de educação e cultura;

l) procurar a harmonização das reparações em casos semelhantes;

m) aplicar o critério do *justum* ante as circunstâncias particulares do caso *sub judice* (LINDB, art. 5º), buscando sempre, com cautela e prudência objetiva, a equidade".

Conclui a renomada civilista: "Na quantificação do dano moral, o arbitramento deverá, portanto, ser feito com bom senso e moderação, proporcionalmente ao grau de culpa, à gravidade da ofensa, ao nível socioeconômico do lesante, à realidade da vida e às particularidades do caso *sub* examine"[124].

Pode-se afirmar que os principais fatores a serem considerados são: a) a condição social, educacional, profissional e econômica do lesado; b) a intensidade de seu sofrimento; c) a situação econômica do ofensor e os benefícios que obteve com o ilícito; d) a intensidade do dolo ou o grau de culpa; e) a gravidade e a repercussão da ofensa; e f) as peculiaridades e circunstâncias que envolveram o caso, atentando-se para o caráter antissocial da conduta lesiva.

O critério de se levar em consideração, no arbitramento do *quantum* indenizatório, a condição social e econômica do ofendido causa, a princípio, certa perplexidade, podendo ser indagado em que medida teria influência sobre a di-

---

[124] O problema, cit., in *Atualidades jurídicas*, p. 266-267.

mensão do sofrimento por ele experimentado. Indagam alguns se a dor do pobre vale menos que a do rico. É evidente que o sofrimento moral dos afortunados não é mais profundo do que o das demais pessoas. Porém, o critério de se atentar para a situação econômica do lesado, no arbitramento dos danos morais, pode ser utilizado porque, como já ressaltado, a reparação não deve buscar uma equivalência com a dor, mas ser suficiente para trazer um consolo ao beneficiário, uma compensação pelo mal que lhe causaram.

Como esclarece MARIA HELENA DINIZ, o "lesado pode pleitear uma indenização pecuniária em razão de dano moral, sem pedir um preço para sua dor, mas um lenitivo que atenue, em parte, as consequências do prejuízo sofrido, melhorando seu futuro, superando o déficit acarretado pelo dano. Não se pergunta: Quanto vale a dor dos pais que perdem o filho? Quanto valem os desgostos sofridos pela pessoa injustamente caluniada?, porque não se pode avaliar economicamente valores dessa natureza. Todavia, nada obsta a que se dê reparação pecuniária a quem foi lesado nessa zona de valores, a fim de que ele possa atenuar alguns prejuízos irreparáveis que sofreu. Assim, com o dinheiro, o lesado poderia abrandar sua dor, propiciando-se alguma distração ou bem-estar. O dinheiro não aparece, portanto, como a real correspondência equivalente, qualitativa ou quantitativamente, aos bens perdidos pelo lesado"[125].

Enfim, os bens da vida capazes de consolar ou compensar a dor do lesado de modesta condição social e econômica são, também, de menor valor. *Decidiu o Superior Tribunal de Justiça, com efeito:* "É da doutrina que, em caso de arbitramento de danos morais (morte de filho de tenra idade), o parâmetro adequado há de levar em conta a condição socioeconômica dos pais da vítima"[126].

A condição econômica do ofensor também deve ser levada em conta, malgrado a impressão de representar uma pena civil ou punição aos mais ricos. No entanto, esse critério não serve apenas para majorar a indenização, mas também para dimensioná-la adequadamente, a fim de permitir a execução da sentença.

Nessa linha, observa YUSSEF SAID CAHALI: "Vem se acentuando, porém, nos tribunais, a recomendação no sentido de que também seja considerada a situação socioeconômica do responsável pela indenização, o que se mostra compatível com a função sancionatória ou punitiva, e admonitória da condenação por danos morais; e, por outro lado, poderá levar a um arbitramento moderado e compatível, com possibilidade de, sob o aspecto prático, ser executado eficazmente"[127].

---

[125] O problema, cit., in *Atualidades jurídicas*, p. 241-242.
[126] *Ementário do STJ*, 14:210. No mesmo sentido: STJ, REsp 23.351, j. 1º-9-1992; Bol. AASP, 1.784/89; JTARS, 94/160, 95/316 e 91/178.
[127] *Dano moral*, cit., p. 181.

A propósito, tem-se decidido:

"A situação econômica do requerido deve ser levada em conta, porque a condenação por um dano moral não pode gerar outro dano moral no sentido de privar a família do requerido do necessário à sobrevivência condigna"[128].

"Cabe ao juiz levar em conta o grau de suportabilidade do encargo atribuído ao ofensor. Porque não adiantaria estabelecer indenização por demais alta sem que o ofensor possa suportá-la, tornando inexequível a obrigação"[129].

JOSÉ OSÓRIO DE AZEVEDO JÚNIOR[130] preleciona que o tempo decorrido é, também, um daqueles fatores que o juiz deve levar em consideração, no caso do dano moral, pois a dor não se prolonga indefinidamente. O fato de o lesado ter permanecido muito tempo inerte é particularmente relevante, até mesmo para se negar a indenização, pois não se está diante de um dano que possa merecer a proteção do direito, ou, então, será caso de se conceder uma indenização de valor bem reduzido. A propósito, já se decidiu:

"O decurso de mais de 17 anos entre o fato e o ajuizamento do pedido é fator a ponderar na fixação do *quantum* indenizatório"[131].

"Danos morais. Ação ajuizada 17 anos após o acidente fatal do pai dos autores. Decurso do tempo que revela abuso da ação, em face da diminuição do sofrimento daí decorrente. Indenizatória improcedente"[132].

Verifica-se, em conclusão, que não há um critério objetivo e uniforme para o arbitramento do dano moral. Cabe ao juiz a tarefa de, em cada caso, agindo com bom senso e usando da justa medida das coisas, fixar um valor razoável e justo para a indenização. Com essa preocupação, os juízes presentes ao *IX Encontro dos Tribunais de Alçada*, retromencionado, aprovaram a seguinte recomendação:

"Na fixação do dano moral, deverá o juiz, atentando-se ao nexo de causalidade inscrito no art. 1.060 do Código Civil [*de 1916*], levar em conta critérios de proporcionalidade e razoabilidade na apuração do *quantum*, atendidas as condições do ofensor, do ofendido e do bem jurídico lesado".

E o *Superior Tribunal de Justiça*, nessa linha, decidiu:

"Na fixação da indenização por danos morais, recomendável que o arbitramento seja feito com moderação, proporcionalmente ao grau de culpa, ao nível

---

[128] *JTARS*, 95/260.
[129] *RJTJRS*, 163/261.
[130] O dano moral e sua avaliação, *Revista do Advogado*, n. 49, dez./96, p. 14.
[131] STJ, REsp 153.155-SP, 4ª T., rel. Min. Ruy Rosado de Aguiar, *DJU*, de 16-3-1998, n. 50, p. 167.
[132] 1º TACSP, Ap. 805.111-4-Piracicaba, 9ª Câm. de Férias, rel. Juiz João Carlos Garcia, j. 25-2-1999, v. u.

socioeconômico dos autores, e, ainda, ao porte da empresa recorrida, orientando-se o juiz pelos critérios sugeridos pela doutrina e pela jurisprudência, com razoabilidade, valendo-se de sua experiência e do bom senso, atento à realidade da vida e às peculiaridades de cada caso"[133].

"Para se estipular o valor do dano moral devem ser consideradas as condições pessoais dos envolvidos, evitando-se que sejam desbordados os limites dos bons princípios e da igualdade que regem as relações de direito, para que não importe em um prêmio indevido ao ofendido, indo muito além da recompensa ao desconforto, ao desagrado, aos efeitos do gravame suportado"[134].

Acerca dos critérios para fixação da indenização, vale destacar os *Enunciados da V Jornada de Direito Civil*:

Enunciado n. 458: "O grau de culpa do ofensor, ou a sua eventual conduta intencional, deve ser levado em conta pelo juiz para a quantificação do dano moral".

Enunciado n. 459: "A conduta da vítima pode ser fator atenuante do nexo de causalidade na responsabilidade civil objetiva".

Por outro lado, se o valor arbitrado não pode ser muito elevado, também não deve ser tão pequeno, a ponto de se tornar inexpressivo e inócuo. Daí a necessidade de se encontrar o meio-termo ideal.

A Lei n. 13.467/2017 (Lei da Reforma Trabalhista) introduziu na Consolidação das Leis do Trabalho o art. 223, letras A a G, disciplinando o dano moral. O art. 223-C prevê a proteção dos bens morais do trabalhador, como a honra, a imagem, a intimidade, a liberdade de ação, a autoestima, a sexualidade, a saúde, o lazer e a sua integridade física, assim como o art. 223-D, que prevê a proteção da imagem, da marca, do nome, do segredo empresarial e do sigilo de correspondência das pessoas jurídicas.

A referida lei estipula alguns critérios objetivos que o juiz deve observar na fixação do valor da indenização por dano moral, além de possibilitar a indenização dobrada nos casos de reincidência entre as mesmas partes. O art. 223-G da CLT dispõe que o juiz, ao apreciar o pedido de indenização por lesão moral, considerará:

"I – a natureza do bem jurídico tutelado;

II – a intensidade do sofrimento ou da humilhação;

III – a possibilidade de superação física ou psicológica;

IV – os reflexos pessoais e sociais da ação ou da omissão;

V – a extensão e a duração dos efeitos da ofensa;

---

[133] REsp 135.202-0-SP, 4ª T., rel. Min. Sálvio de Figueiredo, j. 19-5-1998.
[134] REsp 214.053-SP, 4ª T., rel. Min. César Asfor Rocha, j. 5-12-2000, v.u.

VI – as condições em que ocorreu a ofensa ou o prejuízo moral;

VII – o grau de dolo ou culpa;

VIII – a ocorrência de retratação espontânea;

IX – o esforço efetivo para minimizar a ofensa;

X – o perdão, tácito ou expresso;

XI – a situação social e econômica das partes envolvidas;

XII – o grau de publicidade da ofensa".

E o § 1º do art. 223 estabeleceu parâmetros mínimos de indenização:

"a) para ofensas de natureza leve, indenização de até três vezes o último salário contratual do ofendido;

b) para ofensas de natureza média, indenização de até cinco vezes o último salário contratual do ofendido;

c) para ofensas de natureza grave, indenização de até vinte vezes o último salário contratual do ofendido;

d) para ofensas de natureza gravíssima, indenização de até cinquenta vezes o último salário contratual do ofendido".

Entretanto, o *Supremo Tribunal Federal* decidiu que o tabelamento das indenizações por dano extrapatrimonial na seara trabalhista, nos moldes do estampado no dispositivo legal citado anteriormente, apenas presta-se a fundamentar a decisão judicial, não sendo impeditivo para a fixação de condenação em quantia superior, desde que devidamente motivada. O julgamento ocorreu recentemente, em sede de análise de três Ações Diretas de Inconstitucionalidade, conforme decisão do Ministro Gilmar Mendes, a seguir transcrita:

"O Tribunal, por maioria, conheceu das ADIs 6.050, 6.069 e 6.082 e julgou parcialmente procedentes os pedidos para conferir interpretação conforme a Constituição, de modo a estabelecer que: 1) As redações conferidas aos arts. 223-A e 223 B, da CLT, não excluem o direito à reparação por dano moral indireto ou dano em ricochete no âmbito das relações de trabalho, a ser apreciado nos termos da legislação civil; 2) Os critérios de quantificação de reparação por dano extrapatrimonial previstos no art. 223-G, *caput* e § 1º, da CLT deverão ser observados pelo julgador como critérios orientativos de fundamentação da decisão judicial. É constitucional, porém, o arbitramento judicial do dano em valores superiores aos limites máximos dispostos nos incisos I a IV do § 1º do art. 223-G, quando consideradas as circunstâncias do caso concreto e os princípios da razoabilidade, da proporcionalidade e da igualdade. Tudo nos termos do voto do Relator, vencidos os Ministros Edson Fachin e Rosa Weber (Presidente), que julgavam procedente o pedido das ações. Plenário, Sessão Virtual de 16.6.2023 a 23.6.2023"[135].

---

[135] STF, ADI 6.050, rel. Min. Gilmar Mendes, j. 16-6-2023 a 23-6-2023.

Quanto aos critérios para fixação dos danos extrapatrimoniais, o *Tribunal Regional do Trabalho (TRT 3ª Região)* destacou que: "A indenização por dano exige a coexistência de três elementos: a prática de ato ilícito, o dano e o nexo de causalidade entre o ilícito e o prejuízo sofrido. Presentes todos estes elementos para a configuração do direito, mantém-se a condenação à indenização por dano moral"[136].

O *Superior Tribunal de Justiça* tem aplicado o denominado *método bifásico* para o arbitramento do valor da reparação por danos extrapatrimoniais. Segundo o Ministro Paulo de Tarso Sanseverino, relator do REsp 959.780-ES, constitui ele o método mais adequado para a quantificação da compensação por danos morais em casos de morte.

Fixa-se inicialmente o valor básico da indenização, levando-se em conta a jurisprudência sobre casos de lesão ao mesmo interesse jurídico. "Assegura-se, com isso, uma exigência da justiça comutativa que é uma razoável igualdade de tratamento para casos semelhantes, assim como que situações distintas sejam tratadas desigualmente na medida em que se diferenciam." Em seguida, "procede-se à fixação definitiva da indenização, ajustando-se o seu montante às peculiaridades do caso com base nas suas circunstâncias. Partindo-se, assim, da *indenização básica*, eleva-se ou reduz-se esse valor de acordo com as circunstâncias particulares do caso (gravidade do fato em si, culpabilidade do agente, culpa concorrente da vítima, condição econômica das partes) até se alcançar o montante definitivo. Procede-se, assim, a um arbitramento efetivamente equitativo, que respeita as peculiaridades do caso".

18.3. Fixação do *quantum* do dano moral vinculada ao salário mínimo

A *Súmula 490 do Supremo Tribunal Federal* determina que a indenização deve ser automaticamente reajustada, quando fixada em forma de pensão, temporária ou vitalícia, nestes termos: "A pensão, correspondente à indenização oriunda da responsabilidade civil, deve ser calculada com base no salário mínimo vigente ao tempo da sentença e ajustar-se-á às variações ulteriores".

Assim, quando a sentença fixa o valor da pensão com base no salário mínimo, aplicando a referida súmula, a atualização será automática, pois acompanhará o reajuste daquele. Neste caso, não cabe, pois, a correção monetária. Entretanto, o mesmo C. Tribunal, em hipótese não atinente a pensão mensal, que é fixada com base nos rendimentos da vítima, mas a dano moral, decidiu de forma diferente:

---

[136] TRT-3ª Reg., RO 0011078-17.2022.5.03.0129, 2ª T., rel. Des. Gisele de Cassia V. D. Macedo, *DEJT* 3-5-2023.

"*Dano moral*. Indenização. Fixação vinculada ao salário mínimo. Vedação. Inconstitucionalidade. Ao estabelecer o art. 7º da Constituição que é vedada a vinculação ao salário mínimo para qualquer fim, quis evitar que interesses estranhos aos versados na norma constitucional venham a ter influências na fixação do valor mínimo a ser observado. Assim, se a indenização por dano moral é fixada em 500 salários mínimos, para que, inequivocamente, o valor do salário mínimo a que essa indenização está vinculada atue como fator de atualização desta, tal vinculação é vedada pelo citado dispositivo constitucional"[137].

Por essa razão, se a indenização for fixada, realmente, em uma quantidade de salários mínimos, deve o magistrado dizer a quantos reais corresponde o referido montante, na data da sentença, para que, sobre o valor convertido em reais, recaia a correção monetária legal. Nesse sentido decisão do *Tribunal de Justiça de São Paulo*:

"*Indenização*. Responsabilidade objetiva do Estado. Dano moral. Fixação total em oitenta e três salários mínimos, havendo sido tomado por base o valor de um salário mínimo, que se substitui pelo correspondente na moeda corrente vigente no país: R$ 11.288,00 (onze mil, duzentos e oitenta e oito reais), atualizados monetariamente, na forma da tabela adotada por este Colendo Tribunal, até a data do efetivo pagamento, em imperiosa aplicação do sagrado da Magna Carta. Improvimento dos recursos, com observação de que qual conversão para reais é promovida no sentido de evitar que se viole norma taxativa expressa no inciso IV do *caput* do artigo 7º da Constituição Federal"[138].

19. VALOR DA CAUSA NA AÇÃO DE REPARAÇÃO DO DANO MORAL

Malgrado respeitáveis opiniões no sentido de que o autor da ação de reparação por dano moral deve dar *valor certo à causa*, não podendo deixar a critério do juiz a sua fixação, sob pena de emenda ou indeferimento da inicial, "se não para que não fique ao arbítrio do julgador, ao menos para que possa o requerido contrariar a pretensão com objetividade e eficácia"[139], proclamou o *Superior Tribunal de Justiça*, na vigência do Código de Processo Civil de 1973, que "é admissível o pedido genérico"[140].

---

[137] STF, 1ª T., RE 225.488-1-PR, rel. Min. Moreira Alves, *DJU*, 16-6-2000.
[138] *JTJ*, Lex, 225/139.
[139] *RT*, 660/114, 722/113.
[140] *RSTJ*, 29/384; REsp 125.417-RJ, 3ª T., *DJU*, 18-8-1997, p. 37867.

Acabou efetivamente prevalecendo na jurisprudência o entendimento de que "é irrelevante que o pedido de indenização por dano moral tenha sido proposto de forma genérica, uma vez que cabe ao prudente arbítrio do juiz a fixação do *quantum* a título de reparação. Deve-se ter em mente que a estimativa do valor do dano, na petição inicial, não confere certeza ao pedido, sendo a obrigação do réu de valor abstrato, que depende de estimativa e de arbitramento judicial"[141].

Esse entendimento possibilitava que o autor, beneficiário da justiça gratuita, atribuísse à causa um valor superestimado, sem correspondência com o pedido certo que formulou. Tal expediente constitui abuso de direito processual, por cercear o direito de defesa do réu, onerando o custo da taxa judiciária. Deve o juiz, nesses casos, acolher a impugnação ao valor da causa, para adequá-lo ao pedido.

A situação, todavia, modificou-se com a entrada em vigor do Código de Processo Civil de 2015, cujo art. 292, V, preceitua que o valor da causa será, "na ação indenizatória, inclusive a fundada em dano moral, o valor pretendido". O autor deverá, portanto, estimar na inicial o valor do dano moral, não podendo mais formular pedido genérico. O montante não poderá, pois, ser exagerado, uma vez que, ocorrendo sucumbência parcial ou total, os honorários advocatícios serão fixados entre o mínimo de 10 e o máximo de 20% sobre o valor atualizado da causa (CPC/2015, art. 85, § 2º).

20. ANTECIPAÇÃO DA TUTELA NAS AÇÕES DE REPARAÇÃO DO DANO MORAL

Admite-se a antecipação da tutela não só nas ações de ressarcimento do dano material, como também nas ações de reparação do dano moral.

A possibilidade, prevista no art. 300 do Código de Processo Civil de 2015, de o juiz conceder ao autor um provimento antecipatório que lhe assegure, de pronto, a obtenção do bem jurídico objeto da prestação de direito material reclamada constitui eficaz mecanismo de aceleração do procedimento em juízo e instrumento fundamental de resguardo da dignidade do Judiciário.

A antecipação da tutela tem como pressupostos a existência de elementos que evidenciem a "probabilidade" do direito alegado e o "perigo de dano ou o risco ao resultado útil do processo".

Estabelece, por sua vez, o art. 301 do aludido diploma: "A tutela de urgência de natureza cautelar pode ser efetivada mediante arresto, sequestro, arrolamento

---

[141] *RT*, 760/310, 730/307.

de bens, registro de protesto contra alienação de bem e qualquer outra medida idônea para asseguração do direito".

A tutela antecipatória dos efeitos da sentença de mérito "é providência que tem natureza jurídica *mandamental*, que se executa mediante *execução 'lato sensu'*, com o objetivo de entregar ao autor, total ou parcialmente, a própria pretensão deduzida em juízo ou os seus efeitos. É tutela satisfativa no plano dos fatos, já que realiza o direito, dando ao requerente o bem da vida por ele pretendido com a ação de conhecimento"[142].

Na esfera de abrangência da responsabilidade extrapatrimonial o sistema antecipatório encontra campo fértil, como assinala Rui Stoco, lembrando que "inúmeras são as hipóteses em que se pode buscar a tutela preventiva, com força de inibir a ocorrência de dano moral ou o prosseguimento das condutas ativas ou omissivas que continuem causando lesão de natureza diversa da patrimonial"[143].

Menciona, assim, exemplificativamente: "a) a providência de antecipação de tutela para o cancelamento dos efeitos da inscrição do nome de pessoa perante o Serviço de Proteção ao Crédito ou a inclusão do seu nome na relação do sistema Serasa, indicando a existência de impedimento ao crédito quando, evidentemente, essa providência se mostre indevida; b) para suspender o protesto indevido de título de crédito; c) para impedir ou suspender a publicação de fotografia, divulgação de voz, entrevista ou programa com conotação vexatória ou ofensiva da imagem da pessoa; d) para impedir a publicação de fotografia, entrevista, inquirição ou divulgação de reportagem com imagens de crianças e adolescentes, por força de vedação expressa no Estatuto da Infância e Juventude, etc.".

Por sua vez, pondera Flávio Luiz Yarshell: "Quando se trata de *prevenir* a perpetração do ilícito (impedindo que o dano moral venha a se consumar), ou mesmo de fazer *cessar* a violação que está em curso (impedindo sua reiteração ou agravamento), não há dúvida de que a intervenção judicial pode dar-se mediante a imposição de prestações de *fazer* e *não fazer*. Trata-se de atuar sobre a conduta do autor da violação, para que se abstenha da prática do ato ilícito; ou para que cesse a violação já iniciada; ou ainda para que, desde logo, desfaça a materialidade ou o resultado de seu ato ilícito, potencial ou concretamente gerador de um dano moral"[144].

---

[142] Nelson Nery Junior e Rosa Maria de Andrade Nery, *Código de Processo Civil comentado*, p. 546, n. 2.
[143] Responsabilidade civil e tutela antecipada nas ações de reparação de danos, *Informativo Jurídico Incijur*, p. 24 e 25.
[144] Dano moral: tutela preventiva (ou inibitória), sancionatória e específica, *Revista do Advogado*, n. 49, p. 62.

Na sequência, menciona, exemplificativamente, a possibilidade de se impedir que a imagem da pessoa – expressa em fotografia ou traduzida em obra intelectual de caráter biográfico – seja veiculada indevidamente, impondo-se um dever de abstenção (não veicular a imagem ou a obra em que ela se contenha); ou de se impedir a perturbação do sossego e da saúde, nos casos de uso nocivo da propriedade, tal qual previsto pelo art. 554 do Código Civil (de 1916); ou ainda de se impor ao fornecedor, no âmbito das relações de consumo, que se abstenha de empregar – ou mesmo que desfaça – meios ou atos tendentes à cobrança de débitos do consumidor, que o exponham ao ridículo, a constrangimento ou ameaça, conforme previsão do art. 42 da Lei n. 8.070/90 etc.

Além, portanto, da disposição genérica do art. 300 do atual Código de Processo Civil, que prevê a possibilidade de antecipação total ou parcial dos efeitos da tutela postulada na inicial, o art. 497 do mesmo diploma permite a concessão de tutela específica da obrigação de fazer ou não fazer, podendo o magistrado, antecipadamente, assegurar o resultado prático e equivalente a adimplemento da obrigação pleiteada.

Assinala, com efeito, Luiz Guilherme Marinoni: "Os direitos da personalidade não podem ser garantidos adequadamente por uma espécie de tutela que atue somente após a lesão. Admitir que tais direitos podem ser tutelados através da técnica ressarcitória é o mesmo que dizer que é possível a expropriação destes direitos, transformando-se o direito ao bem em direito à indenização. Não é preciso lembrar que uma tal espécie de expropriação seria absurda quando em jogo direitos invioláveis do homem, assegurados constitucionalmente"[145].

No IV Seminário sobre Responsabilidade Civil no Transporte de Passageiros realizado no Rio de Janeiro, decidiu-se, após amplos debates: *"É possível e conveniente, não só para a vítima, também para o transportador, a antecipação da tutela nos casos de necessidade de tratamento hospitalar e outras situações emergenciais. Pode o transportador propor ação de procedimento comum com pedido de antecipação de tutela, para oferecimento de alimentos, ou de meios para tratamento ou recuperação da vítima de acidente de transportes".*

A propósito do tema, observou lucidamente Carreira Alvim: "A antecipação da tutela, na responsabilidade civil, apresenta um aspecto que não se apresenta nas demandas em geral, pois atende, a um só tempo, ao interesse do transportador e da vítima, mormente quando esta necessite de tratamento médico e hospitalar, sem ter condições de arcar com o tratamento. Se não for so-

---

[145] Tutela inibitória: a tutela de prevenção do ilícito, *Revista de Direito Processual Civil*, v. 2, p. 350.

corrida a tempo e convenientemente tratada, podem agravar-se as lesões, fazendo surgir deformidades e sequelas, que de outra forma poderiam ter sido evitadas, e ampliando com isso a extensão da responsabilidade do obrigado. Daí não ser do seu interesse protelar a reparação do dano para depois da sentença trânsita em julgado".

Para fins de antecipação da tutela, prossegue, "basta que a vítima instrua o pedido com a prova (inequívoca) do nexo causal – geralmente comprovado pelo laudo da perícia técnica – do que resultará a verossimilhança da alegação, presentes as demais circunstâncias a que aludem os incisos I e II do art. 273 (fundado receio de dano irreparável ou de difícil reparação; ou abuso de direito de defesa ou propósito protelatório do réu [*CPC/73; art. 300, CPC/2015*]). Assim, basta a vítima comprovar o fato do transporte e o dano dele decorrente, para que fique configurada a responsabilidade contratual do transportador, irrelevante no caso qualquer consideração sobre a culpa – presumida no caso – e que só entra em linha de conta para fins do direito de regresso"[146].

A propósito, já se decidiu:

"*Tutela antecipatória*. Acidente aéreo. Concessão da medida à noiva da vítima fatal. Admissibilidade se incontroverso o dano moral experimentado pela pretendente. Possibilidade, também, do ressarcimento dos gastos com adiantamento de despesas com a futura cerimônia de casamento se não foram expressamente contrariados pela empresa de transportes"[147].

"*Tutela antecipatória*. Concessão desautorizando o credor a enviar dados do devedor ao Serasa e outras entidades de proteção ao crédito. Admissibilidade se o débito está sendo discutido em juízo. Direito do inadimplente em questionar o valor da dívida sem o constrangimento da negativação"[148].

"*Tutela antecipada*. Responsabilidade civil. Tratamento médico-hospitalar. Admissibilidade, diante dos pressupostos processuais. Nos casos de urgência urgentíssima, em que o julgador é posto ante a alternativa de prover ou perecer o direito que no momento apresenta-se apenas provável, ou confortado com prova de simples verossimilhança, se o índice de plausibilidade do direito for suficientemente consistente, entre permitir irremediável destruição ou tutelá-lo como simples aparência, esta última solução torna-se perfeitamente legítima"[149].

---

[146] Antecipação de tutela na ação de reparação do dano, in *Tutela antecipada na reforma processual*, Ed. Destaque, p. 99 e 100.
[147] RT, 774/268.
[148] RT, 772/260.
[149] TJSP, 10ª Câm. Dir. Priv., AgI 97.779-4-SP, rel. Des. Ruy Camilo, j. 24-11-1998.

21. DANO MORAL E CULPA CONTRATUAL

O *Tribunal de Justiça do Rio de Janeiro* teve a oportunidade de proclamar a respeito do tema:

"É incabível dano moral quando se trata de discussão sobre validade de cláusulas contratuais ou mesmo inadimplemento delas ou mora no seu cumprimento. Não é qualquer aborrecimento comum e ordinário que induz à indenização, mas aquele que causa um abalo psíquico autônomo e independente do aborrecimento normalmente trazido pelo prejuízo material"[150].

Por sua vez, decidiu o extinto *Tribunal de Alçada de Minas Gerais*:

"Contrato não cumprido pode causar indenização por perdas e danos, perda do sinal, multa e outros, mas jamais indenização por dano moral. O descumprimento do negócio, é natural, gera aborrecimentos, constrangimentos, o que entendo não se enquadrar no conceito de dano moral, que envolve a dor e o sofrimento profundo"[151].

No entanto, predomina, na doutrina e na jurisprudência, entendimento contrário.

João Luiz Coelho da Rocha, a propósito, afirma que "não se vê em lugar algum o fundamento do dano moral como assentado em uma dada fonte originadora de responsabilização. Melhor dizendo, nada há nos estudos sobre a reparação moral, para não dizer da sua formalização como princípio jurídico moderno, que defira a sua existência à necessária raiz aquiliana, delitual, ou sequer que o condicione a elementos jurídicos que seriam próprios dessa culpa extracontratual. Até porque, é de ciência geral que não há distonia de essência entre a culpa aquiliana e a derivada dos contratos"[152].

Yussef Said Cahali, por sua vez, preleciona: "Conquanto remanesça alguma controvérsia em função da topologia do instituto, é certo que a mesma tende a esmaecer-se, com o reconhecimento de que o dano subjetivo se dá tanto na responsabilidade extracontratual como na contratual; se induvidoso que o mesmo se apresenta com maior difusão no âmbito dos atos ilícitos em geral, nem por isso se exclui a sua aplicação em sede de responsabilidade contratual"[153].

Mais adiante, aduz o mencionado doutrinador: "No direito brasileiro, não obstante a ausência de disposição legal explícita, a doutrina é uniforme no sentido da admissibilidade de reparação do dano moral tanto originário de obrigação

---

[150] Ap. 8.845-98, rel. Des. Gustavo Leite, *DJE* 18-2-1999.
[151] Ap. 229.590-5, 4ª Câm., j. 28-5-1997, in *ADCOAS*, 8156890.
[152] O dano moral e a culpa contratual, *ADCOAS*.
[153] *Dano moral*, cit., p. 460.

contratual quanto decorrente de culpa aquiliana. Uma vez assente a indenizabilidade do dano moral, não há fazer-se distinção entre dano moral derivado de fato ilícito absoluto e dano moral que resulta de fato ilícito relativo; o direito à reparação pode projetar-se por áreas as mais diversas das sociais, abrangendo pessoas envolvidas ou não por um liame jurídico de natureza contratual: assim, tanto pode haver dano moral nas relações entre devedor e credor quanto entre o caluniador e o caluniado, que em nenhuma relação jurídica se acha, individualmente, com o ofensor"[154].

A distinção que se pode fazer é de natureza fática, exigindo-se a prova, em cada caso, da perturbação da esfera anímica do lesado, que nem sempre se iguala à que sofre quem perde um ente querido ou tem a sua honra agravada.

Nessa ordem de ideias, escreveu JOÃO LUIZ COELHO DA ROCHA: "Contudo, assentado por suposto que um contrato, uma relação obrigacional convencionada nasce para ser cumprida, e cria compreensivelmente a expectativa psicológica desse cumprimento, não há por que negar, em princípio, que a frustração do ajuste inadimplido cause ou possa causar sentimentos angustiantes ou psicologicamente sensíveis à parte inocente".

É claro, assevera, "que, ao menos em um *approach* propedêutico, o agravo moral de uma prestação de contrato culposamente negada não haverá de se comparar com o sofrimento à personalidade provocado por um ato culposo causador de um acidente, sobretudo se danos pessoais estão envolvidos. Contudo, há um horizonte aberto de possíveis sequelas que a injusta falha contratual possa acarretar no patrimônio psicológico daquele que contava com o cumprimento devido da *obligatio*"[155].

Na realidade, *o dano moral pressupõe ofensa anormal à personalidade*. Embora a inobservância das cláusulas contratuais por uma das partes possa trazer desconforto ao outro contratante, trata-se, em princípio, de dissabor a que todos podem estar sujeitos, pela própria vida em sociedade.

No entanto, o dano moral não deve ser afastado em todos os casos de inadimplemento contratual, mas limitado a situações excepcionais e que extrapolem o simples descumprimento da avença. Nesse sentido decidiu o *Superior Tribunal de Justiça*:

"O inadimplemento do contrato, por si só, pode acarretar danos materiais e indenização por perdas e danos, mas, em regra, não dá margem ao dano moral, que pressupõe ofensa anormal à personalidade. Embora a inobservância das cláusulas contratuais por uma das partes possa trazer desconforto ao outro contratante – e

---

[154] *Dano moral*, cit., p. 462.
[155] O dano moral e a culpa contratual, *ADCOAS*.

normalmente o traz – trata-se, em princípio, do desconforto a que todos podem estar sujeitos, pela própria vida em sociedade. Com efeito, a dificuldade financeira, ou a quebra da expectativa de receber valores contratados, não tomam a dimensão de constranger a honra ou a intimidade, ressalvadas situações excepcionais"[156].

A propósito, já se decidiu:

"Não é exata a afirmação de que o dano moral não é suscetível de prova. É certo que, em alguns casos, o dano existe *in re ipsa*, tal como na hipótese de morte de filho e outras congêneres. Todavia, em outras circunstâncias, especialmente no caso de indenização por dano moral em decorrência de inadimplemento contratual, é mister trazer indícios da existência do dano moral. Tal prova pode ser obtida por meio de testemunhas, que relatem a perturbação sofrida pela vítima, as consequências do ato ilícito, a intensidade e gravidade da perturbação da esfera anímica do lesado"[157].

"*Dano moral*. Descumprimento de contrato. Prestação de serviços. Admissibilidade. Presume-se a ocorrência de sofrimento psíquico em pessoa que, em virtude de inadimplemento de contrato de reforma no interior de sua casa, passa a ter transtornos e contrariedades na habitação"[158].

22. DANO MORAL NO DIREITO DO TRABALHO

O empregador responde pela indenização do dano moral causado ao empregado, porquanto a honra e a imagem de qualquer pessoa são invioláveis (art. 5º, X, da CF). Esta disposição assume maior relevo no âmbito do contrato laboral, porque o empregado depende de sua força de trabalho para sobreviver.

A despedida do empregado insere-se no direito potestativo do empregador e não gera, via de regra, direito à indenização por dano moral. Todavia, a exposição do obreiro, no ato da despedida, à desnecessária situação de constrangimento e humilhação perante terceiros, atingindo-lhe o sentimento de dignidade pessoal, o próprio conceito desfrutado perante os colegas de trabalho, extrapola os limites de tal direito, ensejando indenização por dano moral[159].

Decidiu o *Supremo Tribunal Federal* que a competência, na hipótese de reparação de dano moral advindo da relação de trabalho, é da Justiça do Trabalho, desimportando deva a controvérsia ser dirimida à luz do direito civil[160].

---

[156] REsp 202.564-0-RJ, 4ª T., rel. Min. Sálvio de Figueiredo Teixeira, j. 2-8-2001.
[157] JECiv.-SP, Rec. 5049-Capital, rel. Juiz Costa Garcia, j. 5-4-1999, *ADCOAS* 8174056.
[158] TJRJ, Ap. 2.069, j. 7-8-1995.
[159] TRT-24ª Reg., RO 1494/2000, j. 24-1-2002.
[160] *RTJ*, 134/96-Pleno.

O Ministro Sepúlveda Pertence, relator do aresto, asseverou:

"Indenização por dano moral. Justiça do Trabalho. Competência. Ação de reparação de danos decorrentes da imputação caluniosa irrogada ao trabalhador pelo empregador a pretexto de justa causa para a despedida e, assim, decorrente da relação de trabalho, não importando deva a controvérsia ser dirimida à luz do Direito Civil"[161].

Assim também decidiu a *2ª Seção do Superior Tribunal de Justiça*:

"Conflito Negativo de Competência entre Juízos de Direito Trabalhista. Ação proposta por empregado contra ex-empregador buscando, com fundamento no Código Civil, a reparação de danos. Precedentes do STF. Competência da Justiça do Trabalho"[162].

Essa orientação, estabelecida pela jurisprudência, recebeu respaldo legal, constando expressamente da Emenda Constitucional n. 45, de 8 de dezembro de 2004, que conferiu ao art. 114 da Constituição Federal a seguinte redação:

"Art. 114. Compete à *Justiça do Trabalho* processar e julgar:

(...)

VI – as ações de indenização por dano moral ou patrimonial, decorrentes da relação de trabalho".

O simples fato de o empregado obter sucesso em ação que invalidou a justa causa que lhe fora imputada não garante, por si só, o pagamento de indenização por dano moral. Incumbe ao empregado provar, de forma robusta, o dano à honra ou reputação que alega ter ocorrido[163].

Tratando-se de imputação caluniosa irrogada a trabalhadores, a pretexto de justa causa para despedida, com constrangimento à pessoa física e moral do empregado e repercussão negativa na obtenção de novos empregos, cabem danos materiais e morais[164].

Por outro lado, o requerimento pelo ex-empregador de abertura de inquérito policial para a apuração de possível crime de furto praticado por ex-empregado não enseja indenização por dano moral, ainda que este tenha sido absolvido, se não comprovado o dolo ou má-fé do requerente[165].

---

[161] RE 238.737-4-SP, 1ª T., j. 17-11-1998.
[162] CComp 23.733-PE, j. 14-4-1999, *DJU*, 31-5-1999, rel. Min. César Asfor Rocha. No mesmo sentido: CComp 20.814-RS, rel. Min. Ari Pargendler, j. 26-5-1999; CComp 24.993-SP, rel. Min. Eduardo Ribeiro, j. 12-5-1999; CComp 23.220-SP, rel. Min. Ruy Rosado de Aguiar, j. 24-2-1999; CComp 22.840-RJ, rel. Min. Carlos Alberto Menezes Direito, j. 24-2-1999.
[163] TRT-9ª Reg., RO 08617/98-Curitiba, rel. Juiz Armando de Souza Couto, j. 11-12-1998.
[164] TJSP, Ap. 098.769.4/5-Capital, 6ª Câm., j. 3-8-2000.
[165] *RT*, 762/408.

Pratica, todavia, ato ilícito absoluto o empregador que, dando ordem leviana ao indiciamento de empregado, por furto, em inquérito policial, arquivado por falta absoluta de prova de sua participação no crime, ainda assim o demite pelo fato, a título de justa causa, causando-lhe dano moral[166].

23. ASSÉDIO SEXUAL E DANO MORAL

A propósito de assédio sexual no local de trabalho já se decidiu que o empregador tem "o dever de assegurar ao empregado, no ambiente de trabalho, a tranquilidade indispensável às suas atividades, prevenindo qualquer possibilidade de importunações ou agressões, principalmente as decorrentes da libido, pelo trauma resultante às vítimas"[167].

Gracejo e insinuações feitas à mulher no ambiente de trabalho, seguidas de chantagem, insistência ou importunação para fins sexuais, causam constrangimento, dor e vergonha, a impor indenização por dano moral.

A prova desses fatos torna-se, porém, difícil. Decidiu-se, com efeito:

"Não comprovados os fatos configuradores do alegado assédio sexual, cuja prática é atribuída a preposto, que teria se prevalecido de sua posição hierárquica superior, inexiste a obrigação reparatória cometida ao preponente por ato daquele"[168].

O assédio sexual pode patentear-se tanto por meio de palavras como de atos. Constituem manifestações dessa espécie, dentre outras, eventuais propostas de relações sexuais, com promessas de presentes, viagens e vantagens materiais, ad instar de contraprestação pelos favores, acaso concedidos.

Tratando-se de ilícito, o mais das vezes praticado às ocultas, a palavra da vítima merece maior relevo e crédito, em contraposição à do ofensor, o que já ocorre no âmbito penal, nos chamados crimes contra os costumes, ainda mais quando nada se prova contra a precedente honestidade da autora.

Comprovado que o assédio existiu, ante a prova coligida, caracterizado se acha o dano moral, que deve ser ressarcido.

Veja-se:

"Constatado que o trabalhador foi vítima de um conjunto de atos, por parte seja de seu empregador, ou mesmo de superior hierárquico, com intuito de intimidá-lo e pressioná-lo no sentido de obtenção de favores sexuais, agindo o ofen-

---

[166] TJSP, *RT*, 683/71; *JTJ*, Lex, 232/113.
[167] TRT-12ª Reg., 2ª T., RO 2125/00-Videira-SC, rel. Juiz José Luiz M. Cacciari, j. 26-3-2001.
[168] TJRJ, *RT*, 746/345.

sor com abuso de poder, e causando no empregado uma sensação de perturbação emocional, prejudicando, inclusive, a sua prestação laboral, tem-se caracterizado o assédio sexual"[169].

"Na seara trabalhista, a doutrina e jurisprudência mais abalizadas admitem outras modalidades de assédio sexual, como o que se convencionou se denominar como assédio por intimação, em que a vítima é alvo de conduta indecorosa, inconveniente e persistente sempre com incitação sexual, degradando dessa forma o ambiente laboral. Não se pode olvidar ainda até mesmo da possibilidade do assédio sexual vertical ascendente, realizado por inferior hierárquico e do assédio sexual horizontal, praticado por colega de trabalho na mesma posição hierárquica dentro do ambiente de trabalho"[170].

24. ASSÉDIO MORAL

O assédio moral, também chamado de terrorismo psicológico, *mobbing*, *bullying* ou *harcèlement* moral, pode ser definido como "a exposição dos trabalhadores a situações humilhantes e constrangedoras, repetitivas e prolongadas durante a jornada de trabalho e no exercício de suas funções, sendo mais comuns em relações hierárquicas autoritárias, onde predominam condutas negativas, relações desumanas e antiéticas de longa duração, de um ou mais chefes dirigidas a um subordinado, desestabilizando a relação da vítima com o ambiente de trabalho e a Organização"[171].

Dano moral no ambiente de trabalho consiste numa violência à vítima, de ordem moral e psicológica, decorrente de comportamentos comissivos ou omissivos por parte do agressor e pode ser horizontal (entre colegas de igual hierarquia) ou vertical (do superior ao subordinado e vice-versa), individual ou coletivamente sentida. Para sua configuração definem-se alguns critérios, notadamente a repetição sistemática, duradoura e específica de atos que coloquem a vítima em situações vexatórias e humilhantes, a ponto de desestabilizá-la moral e/ou fisicamente[172].

A *1ª Turma do Tribunal Regional do Trabalho da 3ª Região* pontuou que: "O assédio moral pressupõe uma prática de perseguição constante à vítima, de forma que lhe cause um sentimento de desqualificação, incapacidade e despreparo frente ao trabalho. Cria-se, no ambiente de trabalho, um terror psicológico capaz de

---

[169] TRT-17ª Reg., RO 0009900-21.2013.5.17.0012, rel. Des. José Luiz Serafini, *DEJT* 11-2-2015.
[170] TRT-3ª Reg., RO 0010332-33.2014.5.03.0032, rel. Des. Paulo Mauricio R. Pires, *DEJT* 16-6-2016.
[171] TRT, 17ª Reg., RO 1142.2001.006.17.00-9, Juiz José Carlos Rizk, *DO* 15-10-2002.
[172] TRT-6, RO 00017345320155060006, *DJe* 12-3-2018.

incutir na empregada uma sensação de descrédito de si próprio, levando-a ao isolamento e ao comprometimento de sua saúde física e mental. O tratamento abusivo dispensado pelo empregador torna o ambiente de trabalho inapto para propiciar o desenvolvimento das atividades laborais de modo saudável, sendo que é papel do gestor empresarial estimular um ambiente de trabalho pautado pela saúde laboral, pelo bem-estar, pela harmonia e pela cidadania"[173].

Mentir sobre outra pessoa como forma de retaliação gera o dever de indenizar. Assim decidiu o *Tribunal de Justiça de Minas Gerais*, ao condenar ex-funcionária que, após ser despedida por seu superior, registrou boletim de ocorrência alegando ter sofrido assédio sexual por parte dele. Posteriormente, restou comprovada a mentira de que se valeu, sendo condenada ao pagamento de danos morais no valor de R$ 3.000,00[174].

Por seu turno, o *Tribunal Regional Federal* (TRF1) acentuou: "Dispensa discriminatória em razão de sua identidade de gênero. Indenização por dano moral. Majoração. A discriminação por identidade de gênero é nefasta, porque retira das pessoas a legítima expectativa de inclusão social em condições iguais aos que compõem o tecido social. Indenização por dano moral majorada para R$ 30.000,00. O art. 4º da Lei n. 9.029 assegura ao empregado que teve o contrato de trabalho rompido por ato discriminatório a faculdade de optar entre a reintegração, com ressarcimento integral de todo o período de afastamento, mediante pagamento das remunerações devidas, ou a percepção, em dobro, da remuneração do período de afastamento. Assim, reconhecida a dispensa discriminatória, e dada a impossibilidade de reintegração ao emprego, face a obtenção de novo emprego, é devido o pagamento das remunerações, em dobro, do período em que esteve afastado, ou seja, da dispensa até a obtenção do novo emprego"[175].

25. ADULTÉRIO E SEPARAÇÃO JUDICIAL

Em princípio, animosidades ou, desavenças de cunho familiar, ou mesmo relacionamentos extraconjugais, que constituem causas de separação judicial, não configuram circunstâncias ensejadoras de indenização. Confira-se:

"Infidelidade conjugal que, não obstante constitua descumprimento de dever basal do casamento, não configura, por si só, ato ilícito apto a gerar abalo

---

[173] TRT-3ª Reg., RO 0010206-93.2022.5.03.0034, 1ª T., rel. Des. Adriana Goulart de Sena Orsini, *DEJT* 3-11-2022.
[174] TJMG, Apel. 1.0702.15.020123-5/001, 20ª Câm. Cív., rel. Des. Vicente de Oliveira Silva, *in* Revista *Consultor Jurídico* de 10-6-2020.
[175] TRF1- RO: 01008465820195010017-RJ, rel. Min. Carina Rodrigues Bicalho, j. 17-3-2021.

moral indenizável. Ausência de evidência do intuito de causar lesão, humilhação ou ridicularizar o outro cônjuge"[176].

"A exposição de cônjuge traído a situação humilhante que ofenda a sua honra, imagem ou integridade física ou psíquica enseja indenização por dano moral"[177].

"*Indenização*. Dano moral. Separação judicial. Adultério. Causa determinante para a decretação da dissolução da sociedade conjugal. Verba devida ao cônjuge inocente somente se a violação do dever de fidelidade extrapolar a normalidade genérica, sob pena de *bis in idem*"[178].

"*Dano moral*. Relacionamento extraconjugal. Separação consensual, só por si, não induz a concessão de dano moral. Para que se possa conceder o dano moral é preciso mais que um simples rompimento da relação conjugal, mas que um dos cônjuges tenha, efetivamente, submetido o outro a condições humilhantes, vexatórias e que lhe afronte a dignidade, a honra e o pudor. Não foi o que ocorreu nesta hipótese, porque o relacionamento já estava deteriorado e o rompimento era consequência natural"[179].

"*Dano moral*. Adultério. Indenização indevida. Contexto que não se apresentou de tal sorte excepcional, ou gerador de consequências mais pesarosas, a ponto de autorizar a indenização por dano moral"[180].

Diferente a situação, por exemplo, da esposa infiel que ocultou do marido, durante anos, a paternidade biológica. Veja-se:

"A esposa infiel tem o dever de reparar por danos morais o marido traído na hipótese em que tenha ocultado dele, até alguns anos, após a separação, o fato de que criança nascida durante o matrimônio e criada como filha biológica do casal seria, na verdade, filha sua e de seu cúmplice. Não é possível ignorar que a vida em comum impõe restrições que devem ser observadas, entre as quais se destaca o dever de fidelidade nas relações conjugais (art. 1.566, I, do Código Civil), o qual pode efetivamente acarretar danos morais. Inexistência de responsabilidade civil do cúmplice de relacionamento extraconjugal"[181].

---

[176] TJSP, Apel. 00077722020138260564, 31ª Câm. Ext. Dir. Priv., rel. Salles Rossi, j. 11-10-2017.
[177] TJDFT, Ap. 20160310152255APC, 7ª T. Cív., rel. Des. Fábio Eduardo Marques, *DJe* 26-3-2018.
[178] *RT*, 836/173.
[179] TJRJ, Ap. 2000.001.19674, 2ª Câm. Cív., rel. Des. Gustavo Kuhl Leite, j. 10-4-2001.
[180] TJRJ, Ap. 2004.001.15985, 4ª Câm. Cív., rel. Des. Alberto Filho, j. 17-8-2004.
[181] STJ, REsp 922.462-SP, 3ª T., rel. Min. Villas Bôas Cueva, j. 4-4-2013.

26. DANO MORAL POR FALTA DE AFETO, ABANDONO E REJEIÇÃO DOS FILHOS

Alguns julgados têm acolhido a pretensão de filhos que se dizem abandonados ou rejeitados pelos pais, sofrendo transtornos psíquicos em razão da falta de carinho e de afeto na infância e na juventude.

Não basta pagar a pensão alimentícia e fornecer os meios de subsistência dos filhos. Queixam-se estes do descaso, da indiferença e da rejeição dos pais, tendo alguns obtido o reconhecimento judicial do direito à indenização como compensação pelos danos morais, ao fundamento de que a educação abrange não somente a escolaridade, mas também a convivência familiar, o afeto, o amor, o carinho, devendo o descaso entre pais e filhos ser punido severamente por constituir abandono moral grave.

A questão é extremamente polêmica, dividindo opiniões. O *Tribunal de Justiça do Rio de Janeiro*, de forma diametralmente oposta, proclamou: "Não há amparo legal, por mais criativo que possa ser o julgador, que assegure ao filho indenização por falta de afeto e carinho. Muito menos já passados mais de quarenta anos de ausência e descaso. Por óbvio, ninguém está obrigado a conceder amor ou afeto a outrem, mesmo que seja filho. Da mesma forma, ninguém está obrigado a odiar seu semelhante. Não há norma jurídica cogente que ampare entendimento diverso, situando-se a questão no campo exclusivo da moral, sendo certo, outrossim, que, sobre o tema, o direito positivo impõe ao pai o dever de assistência material, na forma de pensionamento e outras necessidades palpáveis, observadas na lei"[182].

O *Superior Tribunal de Justiça* já se pronunciou sobre o assunto em diversos julgados:

"O dever de cuidado compreende o dever de sustento, guarda e educação dos filhos. Não há dever jurídico de cuidar afetuosamente, de modo que o abandono afetivo, se cumpridos os deveres de sustento, guarda e educação da prole, ou de prover as necessidades de filhos maiores e pais, em situação de vulnerabilidade, não configura dano moral indenizável"[183].

"O descumprimento da obrigação pelo pai, que, apesar de dispor de recursos, deixa de prestar assistência material ao filho, não proporcionando a este condições dignas de sobrevivência e causando danos à sua integridade física, moral, intelectual e psicológica, configura ilícito civil, nos termos do art. 186 do Código Civil de 2002. Estabelecida a correlação entre a omissão voluntária e injustificada do

---

[182] Ap. 2004.001.13664, 4ª Câm. Cív., rel. Des. Mário dos Santos Paulo, *DJE*, 4-11-2004.
[183] REsp 1.579.021-RS, 4ª T., rel. Min. Maria Isabel Gallotti, *DJe* 29-11-2017.

pai quanto ao amparo material e os danos morais ao filho dali decorrentes, é possível a condenação ao pagamento de reparação por danos morais, com fulcro também no princípio constitucional da dignidade da pessoa humana"[184].

A questão é delicada, devendo os juízes ser cautelosos na análise de cada caso, para evitar que o Poder Judiciário seja usado, por mágoa ou outro sentimento menos nobre, como instrumento de vingança contra os pais ausentes ou negligentes no trato com os filhos. Somente casos especiais, em que fique cabalmente demonstrada a influência negativa do descaso dos pais na formação e no desenvolvimento dos filhos, com rejeição pública e humilhante, justificam o pedido de indenização por danos morais. Simples desamor e falta de afeto não bastam.

Não se pode olvidar que, em muitos casos, a separação dos pais se dá de forma traumática, dificultando o relacionamento, com os filhos, do cônjuge que não ficou com a guarda. É bastante comum a mãe, sofrida e desencantada com a ruptura da sociedade conjugal, criar obstáculos ao relacionamento do pai com a prole comum.

Todas essas circunstâncias devem ser levadas em consideração no julgamento de casos dessa natureza, especialmente para não transformar as relações familiares em vindita ou em jogo de interesses econômicos.

Nessa linha, decidiu o *Tribunal de Justiça do Rio Grande do Sul*:

"*Indenização por dano moral*. Alimentos fixados. Alegação de união estável e de abandono e estado depressivo. Varão casado. Descabimento.

O cotejo das possibilidades do varão com as demandas da criança de tenra idade, cujas necessidades são presumidas, demonstra a adequação dos alimentos fixados em valor correspondente a dois salários mínimos. A atribuição de cominação indenizatória não se justifica quando há rompimento de relações amorosas, pois as mágoas e sensações de perda e abandono são custos que fazem parte da existência pessoal e não constituem suporte fático a autorizar a reparação pecuniária. A possibilidade de indenização surgiria se caracterizado ato ilícito de extrema gravidade, cuja indenizabilidade seria cabível independentemente do contexto da relação afetiva entretida pelas partes"[185].

A *4ª Turma do Superior Tribunal de Justiça*, por sua vez, *por quatro votos a um*, decidiu que não cabe indenização por dano moral decorrente de abandono afetivo. Na ação indenizatória proposta contra o pai por abandono afetivo, o filho afirmou que, apesar de sempre ter recebido pensão alimentícia, tentou várias vezes uma aproximação com ele, mas recebeu apenas "abandono, rejeição e frieza".

---

[184] REsp 1.087.561-RS, 4ª T., rel. Min. Raul Araújo, DJe 18-8-2017.
[185] Ap. 70.013.037.882, 7ª Câm. Cív., rel. Des. Brasil Santos, j. 7-6-2006.

Em primeira instância, a ação foi julgada improcedente, mas o extinto *Tribunal de Alçada de Minas Gerais* acabou reconhecendo o direito à indenização por dano moral e psíquico causado pelo abandono do pai, e fixou a indenização em 200 salários mínimos, por entender que "a responsabilidade (pelo filho) não se pauta tão somente no dever de alimentar, mas se insere no dever de possibilitar desenvolvimento humano dos filhos, baseado no princípio da dignidade da pessoa humana".

No recurso endereçado ao *Superior Tribunal de Justiça*, o pai alegou que a indenização era abusiva e representava "a monetarização do amor". Sustentou, também, que a ação havia sido proposta por inconformismo da mãe, depois de tomar conhecimento de uma revisional de alimentos, na qual o pai pretendia reduzir o valor da pensão alimentícia, e afirmou que, a despeito de o filho ter atingido a maioridade, pagava-lhe pensão até hoje.

Tais argumentos foram acolhidos, por maioria, pela 4ª Câmara da aludida Corte. O Ministro Barros Monteiro, único a votar pelo não conhecimento do recurso, salientou que, ao lado de assistência econômica, o genitor tem o dever de assistir moral e afetivamente o filho, e só estaria desobrigado de pagar a indenização se comprovasse a ocorrência de motivo maior para o abandono.

Os demais ministros entenderam que a lei prevê, como punição, apenas a perda do poder familiar e consideraram que, por maior que seja o sofrimento do filho, o direito de família tem princípios próprios, que não podem ser contaminados por outros, com significações de ordem patrimonial. O relator, Ministro Fernando Gonçalves, concluiu que não há como reconhecer o abandono afetivo como passível de indenização e deu provimento ao recurso interposto pelo pai "para afastar a possibilidade de indenização nos casos de abandono moral"[186].

O acórdão tem a seguinte ementa: "A indenização por dano moral pressupõe a prática de ato ilícito, não rendendo ensejo à aplicabilidade da norma do artigo 159 do Código Civil de 1916 o abandono afetivo, incapaz de reparação pecuniária".

Posteriormente, a *Terceira Turma da aludida Corte* manteve decisão do *Tribunal de Justiça de São Paulo*, que reconheceu o abandono afetivo da autora, apenas reduzindo a compensação por danos morais para R$ 200.000,00. Salientou a relatora, Min. Nancy Andrighi, todavia, que não estava em discussão "a mensuração do intangível – o amor – mas, sim, a verificação do cumprimento, descumprimento, ou parcial cumprimento, de uma obrigação legal: cuidar". Aqui, aduziu, "não se fala ou se discute o amar e, sim, a imposição biológica e legal de cuidar,

---

[186] REsp 959.411-MG, j. 29-11-2005.

que é dever jurídico, corolário da liberdade das pessoas de gerarem ou adotarem filhos (...). Em suma, amar é faculdade, cuidar é dever. A comprovação que essa imposição legal foi descumprida implica, por certo, a ocorrência de ilicitude civil, sob a forma de omissão, pois na hipótese o *non facere* que atinge um bem juridicamente tutelado, leia-se, o necessário dever de criação, educação e companhia – de cuidado – importa em vulneração da imposição legal"[187].

Em outro julgamento, a supramencionada turma "determinou que um pai pague indenização por danos morais de R$ 30 mil à sua filha, em razão do rompimento abrupto da relação entre os dois quando a garota tinha apenas seis anos de idade. Em razão do abandono afetivo, segundo laudo pericial, a menina sofreu graves consequências psicológicas e problemas de saúde eventuais – como tonturas, enjoos e crises de ansiedade"[188].

Observa-se que a jurisprudência se consolidou no sentido de que abandono afetivo, por si só, não constitui fundamento para ação indenizatória por dano moral. Eventual pretensão, de caráter econômico, deve fundar-se na prática de ilícito civil, consistente na infração ao dever constitucional de cuidar dos filhos. Necessária se mostra, então, a comprovação dos requisitos da responsabilidade civil subjetiva decorrente da prática de ato ilícito, quais sejam, ação ou omissão, culpa, relação de causalidade e dano. Confira-se, nesse sentido, a *Tese* Consolidada pelo *Superior Tribunal de Justiça* e divulgada em maio de 2019: "O abandono afetivo de filho, em regra, não gera dano moral indenizável, podendo, em hipóteses excepcionais, se comprovada a ocorrência de ilícito civil que ultrapasse o mero dissabor, ser reconhecida a existência do dever de indenizar".

Já o *Instituto Brasileiro de Direito de Família (IBDFAM)* pronunciou-se sobre o assunto por meio de enunciados:

Enunciado n. 8: "O abandono afetivo pode gerar direito à reparação pelo dano causado".

Enunciado n. 10: "É cabível o reconhecimento do abandono afetivo em relação aos ascendentes idosos".

Enunciado n. 34: "É possível a relativização do princípio da reciprocidade, acerca da obrigação de prestar alimentos entre pais e filhos, nos casos de abandono afetivo e material pelo genitor que pleiteia alimentos, fundada no princípio da solidariedade familiar, que o genitor nunca observou".

---

[187] STJ, REsp 1.159.242-SP, 3ª T., rel. Min. Nancy Andrighi, j. 24-4-2012, *DJE*, 10-5-2012.
[188] Processo mantido em segredo de justiça. Notícia disponível em: <https://www.stj.jus.br/sites/portalp/Paginas/Comunicacao/Noticias/21022022-Pai-e-condenado-a-pagar-R--30-mil-de-danos-morais-por-abandono-afetivo-da-filha.aspx>. Acesso em: 26-7-2024.

O *Tribunal de Justiça do Rio Grande do Sul*, com efeito, ao negar a pretensão indenizatória por falta de afeto, ressaltou que este "é conquista e reclama reciprocidade, não sendo possível compelir uma pessoa a amar outra. E o amor não pode ser imposto, nem entre os genitores, nem entre pais e filhos"[189].

A *4ª Turma do Superior Tribunal de Justiça* firmou entendimento de que o *prazo prescricional* das ações de indenização por abandono afetivo começa a fluir quando o interessado atinge a maioridade e se extingue, assim, o poder familiar[190].

Destarte, a prescrição nesse caso ocorre três anos após a maioridade do filho, conforme dispõe o art. 206, § 3º, V, do Código Civil[191].

Confira-se a jurisprudência:

"Reparação por dano moral decorrente de abandono afetivo – Modalidade da indenização – Inocorrência de nulidade na sentença que fixou a indenização no pagamento pelo pai/requerido de tratamento psicológico ao filho. Isso porque, com base na prova pericial produzida no processo, o tratamento psicológico se mostrou a forma mais efetiva e com maior potencial de 'reparar o dano' do filho/apelante, decorrente do abandono afetivo paterno"[192].

"Abandono material – Menor – Descumprimento do dever de prestar assistência material ao filho – Ato ilícito (CC/2002, arts. 186, 1.566, IV, 1.568, 1.579, 1.632 e 1.634, I; ECA, arts. 18-A, 18-B e 22) – Reparação – Danos morais – Possibilidade.

O descumprimento da obrigação pelo pai, que, apesar de dispor de recursos, deixa de prestar assistência material ao filho, não proporcionando a este condições dignas de sobrevivência e causando danos à sua integridade física, moral, intelectual e psicológica, configura ilícito civil, nos termos do art. 186 do Código Civil. Estabelecida a correlação entre a omissão voluntária e injustificada do pai quanto ao amparo material e os danos morais ao filho daí decorrentes, é possível a condenação ao pagamento de reparação por danos morais, com fulcro também no princípio constitucional da dignidade da pessoa humana"[193].

---

[189] TJRS, 7ª Câm. Cív., rel. Des. Sérgio Fernando de Vasconcellos Chaves, disponível em <www.editoramagister.com>, de 10-10-2011. TJMG, AC 10692120014752001, 18ª Câm. Cív., rel. Des. Sérgio André da Fonseca Xavier, j. 22-1-2016; TJDF, 5ª T. Cív., in Revista *Consultor Jurídico*, de 7-10-2014.
[190] STJ, 4ª T., rel. Min. Luis Felipe Salomão, disponível em <www.conjur.com.br>, de 26-9-2012.
[191] TJDF, 5ª T. Cív., in Revista *Consultor Jurídico*, de 7-10-2016.
[192] TJRS, Apel. 70.073.425.175, 8ª Câm. Cív., rel. Des. Rui Portanova, j. 22-6-2017.
[193] STJ, REsp 1.087.561-RS, 4ª T., rel. Min. Raul Araújo, *DJe* 18-8-2017.

27. APRESENTAÇÃO DE CHEQUE ANTES DA DATA CONVENCIONADA

A apresentação prematura do cheque pré-datado ao banco, resultando em encerramento da conta do emitente, acarreta ao apresentante a obrigação indenizatória por dano moral.

Na realidade, age com negligência quem deposita cheque pré-datado antes da data ajustada e, assim, dá causa ao ato de negativação dos nomes dos emitentes, com sua inscrição no cadastro de emitentes de cheques sem fundo, devendo, por isso, indenização pelos danos morais causados. Assim, no polo passivo da ação não deve figurar o banco, pois o cheque é uma ordem de pagamento à vista, mas sim o apresentante prematuro do cheque, que deu causa à devolução do título.

Algumas decisões exigiam, para a configuração do dano moral, a prova do prejuízo sofrido pelo emitente do cheque. O *Superior Tribunal de Justiça*, todavia, não faz tal exigência, tendo decidido que "a simples comunicação de que houve um cheque devolvido por falta de provisão de fundos traz implícita a qualificação de que se trata de pessoa incorreta nos negócios com os dissabores a isso inerentes"[194].

Esse entendimento foi consolidado no dia 17 de fevereiro de 2009, quando os ministros da 2ª Seção da aludida Corte editaram a *Súmula 370*, do seguinte teor: "*Caracteriza dano moral a apresentação antecipada do cheque pré-datado*".

Observa-se que a referida súmula não impôs condições para que o emitente do cheque apresentado antecipadamente tenha direito à indenização. Não importa, assim, se o título de crédito tinha fundos ou não, pois a simples apresentação antes da data do vencimento caracteriza dano moral. Por conseguinte, o emitente ou devedor não precisará demonstrar, obrigatoriamente, os prejuízos que o fato eventualmente lhe tenha causado.

Confira-se, a propósito:

"Ato ilícito. Apresentação de cheques antes de data convencionada. Violação de boa-fé. Decisão mantida nessa parte. Litigância de má-fé. Não configuração. Ausência de prova de dolo ou malícia"[195].

Decidiu-se, em caso de título emitido em benefício da autora confiado ao banco por força do contrato de custódia de cheques pós-datados e que foi de-

---
[194] STJ, REsp 213.940-RJ, 3ª T., rel. Min. Eduardo Ribeiro.
[195] TJSP, Apel. 1013441-90.2016.8.26.0577, 22ª Câm. Dir. Priv., rel. Des. Campos Mello, *DJe* 12-9-2017.

positado pela instituição financeira um mês antes da data do vencimento, que teria esta o dever de pagar indenização. Frisou-se que descontar cheque pré-datado antes do prazo causa prejuízo ao titular de dever de indenizá-lo. Ao promover a compensação antes do vencimento, o banco descumpriu o contrato de custódia e prestou serviço incompatível com a segurança que se esperava. Dessa maneira, atingiu a honra objetiva da pessoa jurídica, dano que é passível de indenização[196].

28. ATRASO NA ENTREGA DE IMÓVEL COMPRADO NA PLANTA

O atraso na entrega de imóvel comprado na planta não dá, em regra, ao comprador o direito de receber pagamento de dano moral da construtora responsável pela obra.

A propósito, decidiu o *Superior Tribunal de Justiça* que "o simples inadimplemento contratual não é capaz, por si só, de gerar dano moral indenizável, devendo haver consequências fáticas que repercutam na esfera de dignidade da vítima"[197].

29. SÚMULAS DO SUPERIOR TRIBUNAL DE JUSTIÇA RELATIVAS AO DANO MORAL

Confiram-se as *Súmulas do Superior Tribunal de Justiça que, direta ou indiretamente, abordam a questão do dano moral*:

• Súmula 37 – São cumuláveis as indenizações por dano material e dano moral oriundos do mesmo fato.

• Súmula 54 – Os juros moratórios fluem a partir do evento danoso, em caso de responsabilidade extracontratual.

• Súmula 227 – A pessoa jurídica pode sofrer dano moral.

• Súmula 326 – Na ação de indenização por dano moral, a condenação em montante inferior ao postulado na inicial não implica sucumbência recíproca.

• Súmula 362 – A correção monetária do valor da indenização do dano moral incide desde a data do arbitramento.

---

[196] 2º Juizado Especial de Brasília, Proc. 0745953-33.2017.8.07.0016, in *Revista Consultor Jurídico* de 1º-4-2018.
[197] STJ, REsp 1.536.354, 3ª T., rel. Min. Villas Bôas Cueva, disponível em *Revista Consultor Jurídico*, de 16-6-2016.

• Súmula 370 – Caracteriza dano moral a apresentação antecipada de cheque pré-datado.

• Súmula 385 – Da anotação irregular em cadastro de proteção ao crédito, não cabe indenização por dano moral, quando preexistente legítima inscrição, ressalvado o direito ao cancelamento.

• Súmula 387 – É lícita a cumulação das indenizações de dano estético e dano moral.

• Súmula 388 – A simples devolução indevida de cheque caracteriza dano moral.

• Súmula 402 – O contrato de seguro por danos pessoais compreende os danos morais, salvo cláusula expressa de exclusão.

• Súmula 403 – Independe de prova do prejuízo a indenização pela publicação não autorizada de imagem de pessoa com fins econômicos ou comerciais.

• Súmula 420 – Incabível, em embargos de divergência, discutir o valor de indenização por danos morais.

• Súmula 498 – Não incide imposto de renda sobre a indenização por danos morais.

• Súmula 647 – São imprescritíveis as ações indenizatórias por danos morais e materiais decorrentes de atos de perseguição política com violação de direitos fundamentais ocorridos durante o regime militar.

A referida Corte divulgou, em maio de 2019, 11 teses consolidadas sobre responsabilidade civil por dano moral (edição 125):

1ª Tese: A fixação do valor devido a título de indenização por danos morais deve considerar o método bifásico, que conjuga os critérios da valorização das circunstâncias do caso e do interesse jurídico lesado, e minimiza eventual arbitrariedade ao se adotarem critérios unicamente subjetivos do julgador, além de afastar eventual tarifação do dano.

2ª Tese: O dano moral coletivo, aferível *in re ipsa*, é categoria autônoma de dano relacionado à violação injusta e intolerável de valores fundamentais da coletividade.

3ª Tese: É lícita a cumulação das indenizações de dano estético e dano moral (Súmula 387/STJ).

4ª Tese: A legitimidade para pleitear a reparação por danos morais é, em regra, do próprio ofendido; no entanto, em certas situações, são colegitimadas também aquelas pessoas que, sendo muito próximas afetivamente à vítima, são atingidas indiretamente pelo evento danoso, reconhecendo-se, em tais casos, o chamado dano moral reflexo ou em ricochete.

5ª Tese: Embora a violação moral atinja apenas os direitos subjetivos do falecido, o espólio e os herdeiros têm legitimidade ativa *ad causam* para pleitear a reparação dos danos morais suportados pelo *de cujus*.

6ª Tese: Os sucessores possuem legitimidade para ajuizar ação de reparação de danos morais em decorrência de perseguição, tortura e prisão, sofridos durante a época do regime militar.

7ª Tese: O abandono afetivo de filho, em regra, não gera dano moral indenizável, podendo, em hipóteses excepcionais, se comprovada a ocorrência de ilícito civil que ultrapasse o mero dissabor, ser reconhecida a existência do dever de indenizar.

8ª Tese: Não há responsabilidade por dano moral decorrente de abandono afetivo antes do reconhecimento da paternidade.

9ª Tese: O prazo prescricional da pretensão reparatória de abandono afetivo começa a fluir a partir da maioridade do autor.

10ª Tese: A pessoa jurídica pode sofrer dano moral, desde que demonstrada ofensa à sua honra objetiva.

11ª Tese: A pessoa jurídica de direito público não é titular de direito à indenização por dano moral relacionado à ofensa de sua honra ou imagem, porquanto, tratando-se de direito fundamental, seu titular imediato é o particular e o reconhecimento desse direito ao Estado acarreta a subversão da ordem natural dos direitos fundamentais.

A aludida Corte Superior também decidiu que "a demora em fila para atendimento bancário não gera dano moral, podendo ser classificada como mero desconforto. Para que fique caracterizado o dano moral, é preciso levar em consideração a lesão a direito de personalidade. Essa espera não tem o condão de afetar o direito da personalidade, interferir intensamente no bem-estar do consumidor de serviço. Nas situações-limite, como demora para atendimento médico emergencial se poderia cogitar em dano moral indenizável"[198].

30. INDENIZAÇÃO POR DANOS MORAIS À VÍTIMA, PAGA PELO MOTORISTA QUE PROVOCA ACIDENTE

Cabe indenização por danos morais a quem sofre lesões em um acidente de trânsito. Assim entendeu o *Tribunal de Justiça de São Paulo* ao manter a condenação de um motorista a indenizar um motociclista em decorrência de um acidente.

---

[198] STJ, REsp 1.647.452, 4ª T., rel. Min. Luis Felipe Salomão, j. 27-2-2019.

No recurso interposto, o motorista alegou a culpa concorrente, pois o motociclista teria feito uma ultrapassagem em local proibido – o que prejudicou sua visão e levou ao acidente. Ele afirmou ainda que a vítima sofreu somente fraturas em uma das mãos e no quadril, sem que tenha ocorrido qualquer ofensa à honra. Entretanto, em votação unânime, o recurso foi negado.

O relator, Desembargador Vianna Cotrim, citou boletim de ocorrência e perícia técnica que indicaram que o motorista cruzou transversalmente a pista de uma rodovia, interceptando a trajetória da moto da vítima – o que ocasionou o acidente. "Na verdade, a imprudência daquele que realiza manobra de conversão para cruzar transversalmente uma rodovia é inequívoca e infringe a norma do artigo 37 do Código de Trânsito Brasileiro, ressaltando-se que o motorista não pode agir sem as cautelas necessárias à segurança no trânsito, sobretudo numa via expressa e durante a noite", argumentou.

O magistrado também afirmou não existirem provas de uma manobra de ultrapassagem não permitida ou de qualquer outra conduta imprudente do motociclista, "sendo descabido, por conseguinte, o reconhecimento da culpa concorrente". Logo, evidenciada a culpa do motorista pelo acidente, cabe a ele indenizar a vítima pelos danos sofridos.

"É cabível indenização por danos morais, com intuito de reparar o mal causado ao autor que, em virtude do acidente automobilístico, sofreu fratura de segundo metatarso esquerdo e de acetábulo à direita, sobrevindo tratamento conservador e incapacidade laborativa temporária, conforme evidencia a documentação que instruiu a inicial. Ora, não há dúvida que ele experimentou dor e amargura, com reflexo no estado psicológico", completou.

Assim, o Desembargador Cotrim fixou a reparação por danos morais em R$ 6 mil, além de manter a indenização por danos materiais em R$ 231, equivalente ao valor gasto pelo motociclista com medicamentos[199].

31. ARBITRAMENTO DE DANO MORAL À VÍTIMA DE VIOLÊNCIA DOMÉSTICA

A *Terceira Seção do Superior Tribunal de Justiça*, ao julgar o REsp 1.643.051-MS, decidiu que cabe a fixação de valor mínimo indenizatório a título de dano moral nos casos de violência contra a mulher no âmbito familiar. Basta que haja pedido expresso da acusação ou da parte ofendida, mesmo sem especificação de

---

[199] TJSP, Proc. 1001232-97.2018.8.26.0390, 26ª Câm. de Dir. Priv., rel. Des. Vianna Cotrim, *in* Revista *Consultor Jurídico* de 13-4-2021.

quantia, independentemente de instrução probatória específica sobre a ocorrência da ofensa moral, pois se trata de dano presumido.

O precedente foi referendado pelo *1º Grupo Criminal de Justiça do Rio Grande do Sul*, ao manter a condenação civil de um homem em danos morais por agressão à ex-companheira. No bojo do processo criminal, ele acabou condenado com base na Lei Maria da Penha a 15 dias de prisão simples e um mês e 26 dias de detenção, mas não precisou cumprir a pena, pois obteve *sursis* (suspensão da pena).

Entendeu o Relator que a prerrogativa do juiz – de arbitrar o valor do dano moral – só deve ser exercida se houver pedido da parte. "Ou seja, inexistindo requerimento formal da parte por seu procurador constituído ou pelo Ministério Público ou mesmo nos casos em que o pedido é realizado através da inicial acusatória, como é o caso dos autos, não pode o magistrado determinar qualquer cifra de ofício"[200].

Ao julgar recurso extraordinário com agravo, o *Supremo Tribunal Federal* considerou que: "O valor fixado a título de mínimo indenizatório, em razão dos danos morais experimentados pela vítima, não pode perder o seu caráter pedagógico, consubstanciando-se em quantia irrisória, e muito menos deve representar enriquecimento desmedido para o lesado"[201].

Ademais, "a posterior reconciliação entre a vítima e o agressor não é fundamento suficiente para afastar a necessidade de fixação do valor mínimo previsto no art. 387, inciso IV, do Código de Processo Penal, seja porque não há previsão legal nesse sentido, seja porque compete à própria vítima decidir se irá promover a execução ou não do título executivo, sendo vedado ao Poder Judiciário omitir-se na aplicação da legislação processual penal que determina a fixação de valor mínimo em favor da vítima"[202].

---

[200] STJ, REsp 1.643.051-MS, Tema 983, *in* Revista *Consultor Jurídico* de 20-1-2021.
[201] STF, ARE 1.260.888-MS, rel. Min. Alexandre de Moraes, j. 17-3-2020.
[202] STJ, REsp 1.819.504-MS, 6ª T., rel. Min. Laurita Vaz, *DJe* 30-9-2019.

Capítulo II
DA LIQUIDAÇÃO DO DANO

PRINCÍPIOS GERAIS

Sumário: 1. O grau de culpa e sua influência na fixação da indenização. 2. Decisão por equidade, em caso de culpa leve ou levíssima. 3. Culpa exclusiva da vítima. 4. Culpa concorrente. 5. A liquidação por arbitramento. 6. A liquidação pelo procedimento comum. 7. Modos de reparação do dano. 7.1. A reparação específica. 7.2. A reparação por equivalente em dinheiro.

1. O GRAU DE CULPA E SUA INFLUÊNCIA NA FIXAÇÃO DA INDENIZAÇÃO

A indenização, visando, tanto quanto possível, recolocar a vítima na situação anterior, *deve abranger todo o prejuízo sofrido efetivamente e também os lucros cessantes. Não terá nenhuma influência na apuração do montante dos prejuízos o grau de culpa do agente. Ainda que a sua culpa seja levíssima, deverá arcar com o prejuízo causado à vítima em toda a sua extensão.* De acordo com o ensinamento que veio da *Lex Aquilia* (daí a origem da expressão "culpa aquiliana"), a culpa, por mais leve que seja, obriga a indenizar. Assim, mesmo uma pequena inadvertência ou distração obriga o agente a reparar todo o dano sofrido pela vítima. Na fixação do *quantum* da indenização não se leva em conta, pois, o grau de culpa do ofensor. Se houve culpa – grave, leve ou levíssima –, todo o dano provocado deve ser indenizado.

Tal solução, conforme assinala Silvio Rodrigues, "por vezes se apresenta injusta, pois não raro de culpa levíssima resulta dano desmedido para a vítima. Nesse caso, se se impuser ao réu o pagamento da indenização total, a sentença poderá conduzi-lo à ruína. Então, estar-se-á apenas transferindo a desgraça de uma para outra pessoa, ou seja, da vítima para aquele que, por mínima culpa, causou o prejuízo. Se uma pessoa, no vigésimo andar de um prédio, distraidamente se encosta na vidraça e esta se desprende para cair na rua e matar um chefe de família, aquela pessoa, que teve apenas uma inadvertência, poderá consumir toda a economia de sua família. Pequena culpa, gerando enorme e dolorosa consequência. Entretanto, essa é a lei, pois *in lege Aquilia et levissima culpa venit*"[1].

Para AGOSTINHO ALVIM, "a maior ou menor gravidade da falta não influi sobre a indenização, a qual só se medirá pela extensão do dano causado. A lei não olha para o causador do prejuízo, a fim de medir-lhe o grau de culpa, e sim para o dano, a fim de avaliar-lhe a extensão. A classificação da infração pode influir no sentido de atribuir-se ou não responsabilidade ao autor do dano, o que é diferente"[2].

YUSSEF SAID CAHALI, entretanto, citando alguns exemplos extraídos do nosso direito positivo, discorda da afirmação de AGOSTINHO ALVIM e afirma que "não se pode dizer singelamente que a lei não olha para o causador do prejuízo, a fim de medir-lhe o grau de culpa, e sim para o dano, a fim de avaliar-lhe a extensão... Pelo contrário, é compatível com a sistemática legal o reconhecimento de que a classificação da culpa (esta em sentido lato) pode fazer-se necessária, não só quando se cuida de definir a responsabilidade do autor do dano, como também quando se cuida de agravar ou tornar mais extensa a indenização devida"[3].

Os casos mencionados por YUSSEF SAID CAHALI dizem respeito a "conhecimento da coação" (CC, art. 155), "conhecimento do vício redibitório" (CC, art. 443), "cumulação da multa contratual com perdas e danos" (CC, art. 409), "indenização acidentária e indenização civil" (Súmula 229 do STF), "responsabilidade civil e acidente aviatório" (Código Brasileiro de Aeronáutica), "responsabilidade civil e indenização tarifada do seguro obrigatório" (Dec.-Lei n. 73/66), "termo inicial de fluência dos juros simples e juros compostos" (CC, art. 398) e "responsabilidade civil e responsabilidade processual" (CPC/73, arts. 16 e 20; CPC/2015, arts. 79 e 85).

2. DECISÃO POR EQUIDADE, EM CASO DE CULPA LEVE OU LEVÍSSIMA

Fora dos casos expressamente previstos, o juiz não pode julgar por equidade. Se a lei não dispõe, expressamente, que a culpa ou o dolo podem influir na estimativa das perdas e danos, o juiz estará adstrito à regra que manda apurar todo o

---

[1] *Direito civil*, v. 4, p. 194-195.
[2] *Da inexecução das obrigações e suas consequências*, p. 197, n. 150.
[3] *Dano e indenização*, p. 135.

prejuízo sofrido pela vítima, em toda a sua extensão, independentemente do grau de culpa do agente. E, ainda que o resultado se mostre injusto, não estará autorizado a decidir por equidade.

O atual Código Civil manteve o entendimento doutrinário de que o grau de culpa não deve influir na estimativa das perdas e danos. Proclama, com efeito, o art. 944, *caput*:

"*A indenização mede-se pela extensão do dano*".

Atendendo, no entanto, aos reclamos de que tal regra pode mostrar-se injusta em alguns casos, inovou o aludido diploma, acrescentando, no parágrafo único:

"*Se houver excessiva desproporção entre a gravidade da culpa e o dano, poderá o juiz reduzir, equitativamente, a indenização*".

Assim, poderá o juiz fixar a indenização que julgar adequada ao caso concreto, levando em conta, se necessário, a situação econômica do ofensor, o grau de culpa, a existência ou não de seguro e outras circunstâncias. Ademais, por força do *Enunciado n. 379 da IV Jornada de Direito Civil*, deve-se considerar que: "O art. 944, *caput*, do Código Civil não afasta a possibilidade de se reconhecer a função punitiva ou pedagógica da responsabilidade civil".

Já o *Enunciado n. 46 da I Jornada de Direito Civil*, com a nova redação dada pelo *Enunciado n. 380 da IV Jornada*, pondera que: "A possibilidade de redução do montante da indenização em face do grau de culpa do agente, estabelecida no parágrafo único do art. 944 do novo Código Civil, deve ser interpretada restritivamente, por representar uma exceção ao princípio da reparação integral do dano".

Comentando o aludido parágrafo único, observa AGUIAR DIAS que "não se leva em conta, dominada a regra por uma preocupação sentimental, que o dano desfalca o patrimônio do lesado e que a indenização se destina a recompor esse patrimônio, não se justificando que a recomposição não se opere porque o desfalque foi produzido por culpa leve. Pequenas faltas podem produzir grandes danos, como mostra a fábula da guerra perdida em consequência da ferradura que se soltou do cavalo do guerreiro. A equidade, todavia, terá lugar na indenização do dano moral"[4].

O novel dispositivo poderá, sem dúvida, suscitar polêmica, por contrariar o princípio da indenizabilidade irrestrita consagrada no art. 5º, V e X, da Constituição Federal. Basta lembrar que nesses incisos não foi estabelecida nenhuma limitação ao arbitramento da indenização por dano material e moral. Nessa linha, vem a jurisprudência proclamando que toda "limitação, prévia e abstrata, ao valor da

---

[4] *Da responsabilidade civil*, 10. ed., p. 38, n. 31.

indenização por dano moral, objeto de juízo de equidade, é incompatível com o alcance da indenizabilidade irrestrita assegurada na atual Constituição da República. Por isso, já não vige o disposto no art. 52 da Lei de Imprensa, o qual não foi recepcionado pelo ordenamento jurídico vigente"[5].

Consoante tal entendimento, não mais prevalece o limite de duzentos salários mínimos exigidos pela Lei de Imprensa, ficando o arbitramento do *quantum* ao prudente arbítrio do magistrado.

3. CULPA EXCLUSIVA DA VÍTIMA

Se o evento danoso acontece por culpa exclusiva da vítima, desaparece a responsabilidade do agente. Como observa AGUIAR DIAS, a conduta da vítima, como fato gerador do dano, "elimina a causalidade"[6].

Quando se verifica a culpa exclusiva da vítima inocorre indenização, pois deixa de existir a relação de causa e efeito entre o seu ato e o prejuízo experimentado pela vítima. Nessa hipótese, o causador do dano não passa de mero instrumento do acidente. Como lembra CAIO MÁRIO DA SILVA PEREIRA, "embora o Código Civil de 1916 não se lhe refira, a elaboração pretoriana e doutrinária construiu uma hipótese de escusativa de responsabilidade fundada na culpa da vítima para o evento danoso, como em direito romano se dizia: *Quo quis ex culpa sua damnum sentit, non inelligitur damnum sentire*"[7].

4. CULPA CONCORRENTE

Algumas vezes a culpa da vítima é apenas parcial ou concorrente com a do agente causador do dano. Autor e vítima contribuem, ao mesmo tempo, para a produção de um mesmo fato danoso.

Dispõe o art. 945 do Código Civil:

"Se a vítima tiver concorrido culposamente para o evento danoso, a sua indenização será fixada tendo-se em conta a gravidade de sua culpa em confronto com a do autor do dano".

Fala-se em culpa concorrente quando, paralelamente à conduta do agente causador do dano, há também conduta culposa da vítima, de modo que o evento danoso decorre do comportamento culposo de ambos. A doutrina atual tem preferido falar,

---

[5] TJSP, EI 219.954-1-SP, 2ª Câm. Dir. Privado, rel. Des. Cezar Peluso, j. 19-11-1996.
[6] *Da responsabilidade*, cit., 10. ed., n. 221.
[7] *Responsabilidade civil*, p. 317, n. 242.

em lugar de concorrência de culpas, em *concorrência de causas ou de responsabilidade*, porque a questão é mais de concorrência de causa do que de culpa. A vítima também concorre para o evento, e não apenas aquele que é apontado como único causador do dano[8].

Anota AGUIAR DIAS que, na redação do art. 945 do Código Civil, supratranscrito, "volta-se a considerar a gravidade da culpa concorrente, para determinar a participação na obrigação de indenizar, quando o melhor e mais exato critério, na espécie, é o da causalidade. Não é o grau da culpa, mas o grau da participação na produção do evento danoso, reduzindo-se ou até excluindo a responsabilidade dos demais, que deve indicar a quem toca contribuir com a cota maior ou até com toda a indenização"[9].

Preceitua o aludido art. 945 que a repartição de responsabilidades se dará de acordo com o grau de culpa. A indenização poderá ser reduzida pela metade, se a culpa da vítima corresponder a uma parcela de 50%, como também poderá ser reduzida de 1/4, 2/5, dependendo de cada caso.

O Código atende, pois, à recomendação de CUNHA GONÇALVES, citado por SILVIO RODRIGUES: "A melhor doutrina é a que propõe a partilha dos prejuízos: *em partes iguais*, se forem iguais as culpas ou não for possível provar o grau de culpabilidade de cada um dos coautores; *em partes proporcionais* aos graus de culpas, quando estas forem desiguais. Note-se que a gravidade da culpa deve ser apreciada objetivamente, isto é, segundo o grau de causalidade do ato de cada um. Tem-se objetado contra esta solução que 'de cada culpa podem resultar efeitos mui diversos, razão por que não se deve atender à diversa gravidade das culpas'; mas é evidente que a reparação não pode ser dividida com justiça sem se ponderar essa diversidade"[10].

O *Enunciado n. 630 da VIII da Jornada de Direito Civil* elucida que: "Culpas não se compensam. Para os efeitos do art. 945 do Código Civil, cabe observar os seguintes critérios: (i) há diminuição do quantum da reparação do dano causado quando, ao lado da conduta do lesante, verifica-se ação ou omissão do próprio lesado da qual resulta o dano, ou o seu agravamento, desde que (ii) reportadas ambas as condutas a um mesmo fato, ou ao mesmo fundamento de imputação, conquanto possam ser simultâneas ou sucessivas, devendo se considerar o percentual causal do agir de cada um".

---

[8] Sérgio Cavalieri Filho, *Programa de responsabilidade civil*, p. 45.
[9] *Da responsabilidade*, cit., 10. ed., p. 38, n. 31.
[10] *Direito civil*, cit., v. 4, p. 182.

5. A LIQUIDAÇÃO POR ARBITRAMENTO

Há casos em que a indenização já vem estimada no contrato, *como acontece quando se pactua a cláusula penal compensatória.*

Na liquidação apura-se o *quantum* da indenização. Reparação do dano e liquidação são dois termos que se completam. Na reparação do dano, procura-se saber exatamente qual foi a sua extensão e a sua proporção; na liquidação, busca-se fixar concretamente o montante dos elementos apurados naquela primeira fase. A primeira é o objeto da ação; a segunda, da execução, de modo que esta permanece submetida à primeira pelo princípio da *res judicata*[11].

Preceitua o art. 946 do Código Civil:

"Se a obrigação for indeterminada, e não houver na lei ou no contrato disposição fixando a indenização devida pelo inadimplente, apurar-se-á o valor das perdas e danos na forma que a lei processual determinar".

Prevê o estatuto processual, no art. 509, a liquidação pelo procedimento comum e por arbitramento, sendo a última forma a mais adequada para a quantificação do dano moral. A crítica que se faz a esse sistema é que não há defesa eficaz contra uma estimativa que a lei submeta apenas ao critério livremente escolhido pelo juiz, porque, exorbitante ou ínfima, qualquer que seja ela, estará sempre em consonância com a lei, não ensejando a criação de padrões que possibilitem o efetivo controle de sua justiça ou injustiça.

A liquidação por arbitramento é realizada, em regra, por um perito, nomeado pelo juiz. A apuração do *quantum* depende exclusivamente da avaliação de uma coisa, um serviço ou um prejuízo, a ser feita por quem tenha conhecimento técnico. Nessa espécie de liquidação não cabe a produção de prova oral. Eventual prova documental só poderá ser produzida se disser respeito, exclusivamente, à avaliação. O arbitramento será admitido sempre que a sentença ou a convenção das partes o determinar, ou quando a natureza do objeto da liquidação o exigir.

6. A LIQUIDAÇÃO PELO PROCEDIMENTO COMUM

A liquidação processar-se-á pelo procedimento comum quando houver necessidade de alegar e provar fato novo, para apurar o valor da condenação.

Os fatos novos devem vir articulados na petição inicial, com toda a clareza, pois constituem a verdadeira causa de pedir nessa espécie de liquidação, e só deverão dizer respeito ao *quantum*, uma vez que não se admite a rediscussão da lide, ou a modificação da sentença.

---

[11] Miguel Maria de Serpa Lopes, *Curso de direito civil*, v. 5, p. 386.

Todos os meios de prova são admitidos na liquidação pelo procedimento comum, inclusive a pericial. Se os fatos novos não forem provados, o juiz não julgará improcedente a liquidação, cuja finalidade é declarar o *quantum debeatur*. O juiz deverá simplesmente julgar não comprovado o valor da condenação. Sentença dessa natureza não impedirá a reproposição da liquidação, por não se tratar de julgamento de mérito.

Procede-se à liquidação pelo procedimento comum, por exemplo, na execução, no cível, de sentença penal condenatória (*actio iudicati*) do autor da morte de chefe de família, em razão do ônus imposto aos seus dependentes (esposa, filhos menores) de provar os ganhos mensais do falecido, que servirão de base para a fixação do *quantum* da pensão mensal que lhes é devida.

7. MODOS DE REPARAÇÃO DO DANO

7.1. A reparação específica

Indenizar significa reparar o dano causado à vítima, integralmente. Se possível, restaurando o *statu quo ante*, isto é, devolvendo-a ao estado em que se encontrava antes da ocorrência do ato ilícito. Na reparação específica ocorre a entrega da própria coisa ou de objeto da mesma espécie em substituição àquele que se deteriorou ou pereceu, de modo a restaurar a situação alterada pelo dano. A reparação do dano ambiental, por exemplo, pode consistir na restauração do que foi poluído, destruído ou degradado.

No ressarcimento do dano moral, às vezes, "ante a impossibilidade da reparação natural, isto é, da reconstituição natural, na *restitutio in integrum* procurar-se-á, ensina-nos De Cupis, atingir uma 'situação material correspondente'. P. ex.: nos delitos contra a reputação, pela publicação, pelo jornal, do desagravo, pela retratação pública do ofensor; ou pela divulgação, pela imprensa, da sentença condenatória do difamador ou do injuriador e a suas expensas; nos delitos contra a honra de uma mulher, pelo casamento do sedutor com a seduzida; no dano estético, mediante cirurgia plástica, cujo preço estará incluído na reparação do dano e na sua liquidação (*RT*, 193:403, 262:272, 436:97; *RTJ*, 39:320, 47:316)"[12].

7.2. A reparação por equivalente em dinheiro

Como na maioria dos casos se torna impossível devolver a vítima ao estado em que se encontrava anteriormente, busca-se uma compensação em forma de

---

[12] Maria Helena Diniz, *Curso de direito civil brasileiro*, v. 7, p. 95.

pagamento de uma indenização monetária. Desse modo, sendo impossível devolver a vida à vítima de um crime de homicídio, a lei procura remediar a situação, impondo ao homicida a obrigação de pagar uma pensão mensal às pessoas a quem o defunto sustentava.

Dispõe, assim, o art. 947 do Código Civil:

"*Se o devedor não puder cumprir a prestação na espécie ajustada, substituir-se-á pelo seu valor, em moeda corrente*".

Assinala SILVIO RODRIGUES que "a ideia de tornar indene a vítima se confunde com o anseio de devolvê-la ao estado em que se encontrava antes do ato ilícito. Todavia, em numerosíssimos casos é impossível obter-se tal resultado, porque do acidente resultou consequência irremovível. Nessa hipótese há que se recorrer a uma situação postiça, representada pelo pagamento de uma indenização em dinheiro. É um remédio nem sempre ideal, mas o único de que se pode lançar mão"[13].

Assim também na responsabilidade contratual: se o devedor não puder cumprir a prestação na espécie ajustada (*impossibilia nemo tenetur*), substituir-se-á pelo seu valor, em moeda corrente (CC, art. 947).

A LIQUIDAÇÃO DO DANO EM FACE DO DIREITO POSITIVO, DA DOUTRINA E DA JURISPRUDÊNCIA

Sumário: 8. Indenização em caso de homicídio. 8.1. Morte de filho menor. 8.2. Morte de chefe de família. 8.3. Morte de esposa ou companheira. 8.4. Cálculo da indenização. O método bifásico para a quantificação do dano moral. 9. Indenização em caso de lesão corporal. 9.1. Lesão corporal de natureza leve. 9.2. Lesão corporal de natureza grave. 9.3. Dano estético. 9.4. Inabilitação para o trabalho. 9.4.1. A indenização devida. 9.4.2. A situação dos aposentados e idosos que não exercem atividade laborativa. 9.4.3. A duração da pensão e sua cumulação com os benefícios previdenciários. 9.4.4. O pagamento de pensão a menores que ainda não exercem atividade laborativa. 9.4.5. Arbitramento e pagamento por verba única. 10. Homicídio e lesão corporal provocados no exercício de atividade profissional. 11. A responsabilidade subjetiva dos profissionais liberais. 12. Indenização em caso de usurpação ou esbulho de coisa alheia. O valor de afeição. 13. Indenização por ofensa à liberdade pessoal.

---

[13] *Direito civil*, cit., 19. ed., p. 186.

8. INDENIZAÇÃO EM CASO DE HOMICÍDIO

O art. 1.537 do Código Civil de 1916, correspondente ao art. 948 do novo diploma, dispunha que a indenização, em caso de homicídio, consistia no pagamento das despesas com o tratamento da vítima, seu funeral e o luto da família, bem como na prestação de alimentos às pessoas a quem o defunto os devia.

Atribui-se a esse dispositivo o defeito de haver, de certo modo, limitado a matéria da indenização. A interpretação literal, restritiva, perdurou durante largo tempo. Aos poucos, entretanto, uma jurisprudência mais evoluída passou a entender que o art. 1.537 devia ser interpretado como meramente enumerativo ou exemplificativo de verbas que devem necessariamente constar da indenização.

O art. 948 do Código Civil de 2002 prevê as mesmas verbas, mas *"sem excluir outras reparações"*. Desse modo, qualquer outro prejuízo não expressamente mencionado, mas que tenha sido demonstrado (como o dano moral, por exemplo), será indenizado. Prescreve o aludido dispositivo legal:

"Art. 948. No caso de homicídio, a indenização consiste, sem excluir outras reparações:

I – no pagamento das despesas com o tratamento da vítima, seu funeral e o luto da família;

II – na prestação de alimentos às pessoas a quem o morto os devia, levando-se em conta a duração provável da vida da vítima".

Azevedo Marques, comentando a expressão "luto da família", pondera que não deve ela ser tomada na acepção de "vestimentas lúgubres", mas, sim, no sentido amplo de "profundo sentimento de tristeza causado pela perda da pessoa cara", de "dor moral"[14].

Daí por que, com vistas a tal finalidade, a reparação deve compreender "as despesas que forem feitas com os sufrágios da alma da vítima, de acordo com o rito da religião que professava", abrangendo ainda "as despesas com a sepultura, aquisição de um jazigo perpétuo e ereção de um mausoléu, quando tais exigências estiverem de acordo com os usos adotados pelas pessoas da classe social da vítima"[15].

Computam-se, desse modo, segundo a jurisprudência, verbas com construção de jazigo e para despesas de funeral e luto. As despesas de funeral e luto, como decorrências lógicas do falecimento, devem ser pagas, apurando-se o *quantum* em execução[16].

---

[14] Comentário, *RF*, 78/548.
[15] Carvalho Santos, *Código Civil brasileiro interpretado*, v. 21, p. 81.
[16] *RJTJSP*, 43/87, 31/35.

A verba necessária à aquisição de sepultura e de jazigo perpétuo é sempre devida e deve ser condizente com a situação da vítima[17]. Parece-nos, no entanto, que a destinada à construção de mausoléu na sepultura da vítima somente será devida se a família enlutada tinha meios para adquiri-lo.

Em muitos casos, os tribunais exigem a apresentação de recibos ou notas de gastos para conceder a verba destinada ao reembolso das despesas com funeral e sepultura[18]. Em outros, no entanto, o arbitramento é feito desde logo, ou deixado para a fase da execução[19].

Aguiar Dias critica a manutenção, no inciso II do art. 948, da expressão *"na prestação de alimentos às pessoas a quem o defunto as devia"*, considerando-a "sumamente infeliz, porque autoriza a confusão entre crédito de reparação e crédito de alimentos, quando são nitidamente distintos em suas fontes e explicação. Também dá margem ao entendimento de que só aos titulares do direito a alimentos pode ser deferida a reparação do dano, quando ela é devida a todos os dependentes a todos os títulos sujeitos de vínculo econômico de auxílio, educação, assistência e alimentos, devidos ou não, desde que recebidos em caráter permanente"[20].

8.1. Morte de filho menor

No tocante aos alimentos, mencionados no inciso II do art. 948, já vimos a evolução ocorrida na jurisprudência a partir da análise de casos de morte de filho menor que não exercia trabalho remunerado, chegando-se à conclusão de que "é indenizável o acidente que cause a morte do filho menor, ainda que não exerça trabalho remunerado" (*Súmula 491 do STF*).

Hoje, tem-se entendido que a menção à prestação de alimentos vale como simples referência, que pode servir de base para o cálculo da indenização, a ser feito em forma de arbitramento de *quantum* fixo, como indenização reparatória da perda prematura do ente familiar, sem irrogar-lhe necessariamente o caráter de prestação alimentícia, próprio do ressarcimento do dano material presumido[21].

A expressão *alimentos*, a que se refere o art. 948 do Código Civil, "é indicação subsidiária, porque a indenização, em caso de morte, não se concede, somente,

---

[17] *RTJ*, 78/792; *RT*, 500/189, 476/226, 324/379.
[18] *JTACSP*, Revista dos Tribunais, 115/232.
[19] 1º TACSP, Ap. 434.734/90-SP, 2ª Câm., j. 27-8-1990, rel. Juiz Rodrigues de Carvalho.
[20] *Da responsabilidade civil*, 10. ed., p. 38-39, n. 35.
[21] *RT*, 344/194; *RJTJSP*, 45/198.

como pensão alimentar. Esta regra orienta a liquidação da obrigação, mas de forma alguma exclui que prejuízos outros, comprovados, fiquem sem reparação"[22].

Pode-se afirmar que, hoje, são indenizáveis todos os danos que possam ser provados, mesmo o dano moral[23].

Entendiam alguns que a pensão, em caso de morte de filho menor, devia ser paga aos pais até a época em que o falecido completaria 21 anos de idade[24]. Entretanto, posteriormente, os tribunais passaram a fixar tal limite em 25 anos, idade provável de casamento dos filhos. Algumas decisões do *Supremo Tribunal Federal*, no entanto, não faziam nenhuma limitação, entendendo que o único limite aceitável seria o tempo de vida provável da vítima (o menor), ou seja, 65 anos, podendo ser extinta à medida que os beneficiários (pais) fossem falecendo.

O *Superior Tribunal de Justiça* vem decidindo que, após a data em que o menor completaria 25 anos, a pensão deve ser reduzida à metade. No julgamento dos EREsp 106.327-PR, realizado aos 25 de fevereiro de 2002 e tendo como relator o Ministro CESAR ASFOR ROCHA, a 2ª Seção do mencionado Tribunal unificou entendimento divergente sobre o limite temporal da indenização, em caso de morte de filho menor. A 4ª Turma admitia o benefício aos pais até os 65 anos da vítima, expectativa média de vida produtiva do brasileiro, ou até a morte dos beneficiários. Para a 3ª Turma, a idade-limite era de 25 anos.

Com a unificação, assentou-se que a indenização por dano material, paga sob a forma de pensão, em caso de falecimento de filho, deve ser integral até os 25 anos de idade da vítima, e reduzida à metade, até os 65 anos. Segundo o mencionado relator, a redução da pensão, paga aos pais das vítimas, pela metade, deve-se ao fato de as pessoas normalmente mudarem de estado civil por volta dos 25 anos de idade e assumirem, assim, novos encargos. É sensato, assim, que, a partir da data em que a vítima completaria 25 anos, a pensão seja reduzida em 50% do valor fixado, até o limite de 65 anos.

Até o final de 2007, a jurisprudência considerava que a expectativa média de vida do brasileiro, para fins de pagamento de pensão a título de indenização por danos materiais, era de 65 anos. Todavia, a *3ª Turma do Superior Tribunal de Justiça* manteve decisão do *Tribunal de Justiça do Rio Grande do Sul* que elevou a referida idade limite para uma expectativa de 70 anos. A relatora, Ministra Nancy Andrighi, destacou que, apesar da existência de diversos precedentes da aludida Corte estabelecendo em 65 anos a expectativa de vida para fins de recebimento de pensão, constata-se que muitos desses julgados datam do início da década de

---
[22] *RTJ*, 69/549.
[23] *RTJ*, 56/783, 62/102.
[24] *RJTJSP*, 48/99.

90, ou seja, de mais de quinze anos, visto que informações divulgadas pelo Instituto Brasileiro de Geografia e Estatística (IBGE), em seu *site* na Internet, dão conta de que, entre 1980 e 2006, a expectativa de vida do brasileiro elevou-se em nove anos, atingindo os 72 anos e devendo chegar aos 78 anos em 2030[25].

Sustenta uma corrente que, se o menor não trabalhava nem havia tido empregos anteriormente, em princípio os seus pais não fazem jus ao pensionamento decorrente de danos materiais, mas tão somente aos morais[26]. Outra, no entanto, considera o menor que ainda não exercia atividade laborativa, mesmo de tenra idade, uma força potencial de trabalho, sendo inegável que a sua morte acarreta prejuízos à família, especialmente a de trabalhadores humildes, cabendo, nesse caso, indenização do dano patrimonial, cumulativamente com dano moral[27].

Yussef Said Cahali, fazendo um resumo da posição da jurisprudência, extrai duas regras a serem observadas, na aplicação da *Súmula 491 do Supremo Tribunal Federal*. Afirma o insigne civilista que "a perda de filho menor em razão de ato ilícito possibilita a concessão aos seus genitores de indenização:

a) por danos patrimoniais e danos extrapatrimoniais, se pelas circunstâncias, idade e condições dos filhos e dos genitores, do contexto familiar da vítima, representa a sobrevida desta um valor econômico potencial, futuro, eventual, sendo razoavelmente esperada a sua contribuição para os encargos da família;

b) *por danos morais apenas*, se não demonstrado que a morte do filho menor representou a frustração da expectativa de futura contribuição econômica do mesmo para os genitores"[28].

Se a vítima é solteira e vive com os pais, mas já tem 25 anos de idade, não teriam estes direito à pensão. O mais razoável, contudo, é que, se a vítima ajudava em casa e não cogitava de se casar brevemente, deva ser fixada uma pensão por um prazo de cinco anos, como acontece quando morre um chefe de família que tem mais de 65 (hoje, 70) anos de idade. Neste caso, tem sido considerada razoável uma sobrevida de cinco anos[29].

No caso do filho que auxiliava na manutenção da casa e tinha mais de 25 anos de idade, entendemos razoável a presunção de que continuaria a prestar ajuda aos pais por mais cinco anos.

Anote-se que a indenização por *danos morais* nos casos de morte de filho menor vem sendo, em regra, fixada entre 300 e 500 salários mínimos, ressalvando-

---

[25] STJ, 3ª T., rel. Min. Nancy Andrighi, *in* Revista *Consultor Jurídico* de 7-3-2008.
[26] *RSTJ*, 50/305; *RT*, 698/236.
[27] *RT*, 712/170; *JTACSP*, 110/139.
[28] *Dano moral*, p. 136.
[29] *RTJ*, 61/250; *RJTJSP*, 38/24.

-se que esse critério não é absoluto, podendo ser alterado de acordo com as peculiaridades do caso concreto.

Quanto aos *danos materiais*, os tribunais têm condenado o causador do dano a pagar determinado valor a título de danos emergentes e uma pensão aos pais do falecido, como lucros cessantes, com fundamento no art. 948 do Código Civil, retrotranscrito.

Entende-se também, como mencionado, que, no período em que o filho falecido teria entre 14 a 25 anos, os pais devem receber pensão em valor equivalente a 2/3 do salário mínimo. Na hipótese de o falecimento ter ocorrido entre 25 até 70 anos, a pensão corresponderá a 1/3 do salário mínimo. Quatorze anos é a idade em que o menor pode começar a trabalhar como aprendiz (CF, art. 7º, XXXIII); 25 anos, a arbitrada pela jurisprudência como aquela em que as pessoas normalmente se casam, passando a ajudar menos financeiramente os pais; e 70 anos, a expectativa de vida estimada pela jurisprudência.

8.2. Morte de chefe de família

Quando morre o chefe de família, o autor do homicídio deve pagar, às pessoas que eram sustentadas pelo defunto, uma pensão, até a idade em que o falecido provavelmente viveria. Na jurisprudência, aceitava-se, até o final de 2007, que o tempo médio de vida do brasileiro era de 65 anos. Esta seria, assim, a idade considerada para a fixação do tempo de duração do pagamento da pensão[30]. Todavia, como já mencionado (item 8.1), o *Superior Tribunal de Justiça, no início de 2008, modificou essa orientação, estabelecendo que a idade limite para pagamento de pensão fixada a título de indenização por danos materiais é delimitada com base na expectativa média de vida do brasileiro, que hoje é de aproximadamente 70 anos.*

O atual Código Civil, assimilando antiga orientação jurisprudencial, determina que se leve em conta, para essa fixação, "*a duração provável da vida da vítima*" (art. 948, II).

Quanto à questão da legitimidade para pleitear a reparação do dano, *vide*, no Capítulo I deste Título, *Titulares da ação de ressarcimento do dano material* (n. 3) e *Titulares da ação de reparação do dano moral, por danos diretos e indiretos* (n. 9).

Se a ação é proposta pelos filhos, a filiação tem de estar provada. Assim, não pode ser acolhido pedido formulado por supostos filhos, fundado na filiação, sem prova preconstituída desse estado[31]. Se a filha já está emancipada pelo casamen-

---

[30] *RT*, 321/221, 302/281, 559/81.
[31] *JTACSP*, Revista dos Tribunais, 110/207.

to e, portanto, não é mais sustentada pelos pais, não pode pedir indenização pela morte destes[32].

A pensão em caso de morte de chefe de família será paga à viúva, enquanto se mantiver em estado de viuvez. E aos filhos menores, até atingirem a idade de 25 anos (cessando antes, se se casarem, e sendo reduzida à metade após essa data), sempre, porém, dentro do período de sobrevivência provável da vítima, calculado em 65 anos (hoje, 70 anos) de idade, admitida uma sobrevida de cinco anos, se já havia sido ultrapassado esse limite e a vítima era pessoa saudável[33].

Tem sido reconhecido aos beneficiários o direito de acrescer. Isto significa que, cessado o direito de um deles, de continuar recebendo a sua quota, na pensão, transfere-se tal direito aos demais, que terão, assim, suas quotas acrescidas[34].

Tem-se decidido, também, que a viúva e a companheira terão direito à pensão somente enquanto se mantiverem em estado de viuvez e não conviverem em união estável. E que os filhos com mais de 25 anos, portadores de defeitos físicos ou mentais, que os impossibilitem de prover ao próprio sustento, continuarão a receber a pensão[35].

Como já mencionado, é assente na jurisprudência o entendimento de que, nos casos em que há acidente com morte, cabe como forma de reparar o dano material sofrido, entre outras medidas, a fixação de pensão mensal a ser paga ao dependente econômico da vítima. Nos casos em que a vítima é jovem, *a orientação do STJ é a de que referida obrigação deve perdurar até a data em que ela vier a atingir a idade correspondente à expectativa média de vida do brasileiro na data do óbito, que é de 70 anos*. "O fato de a vítima já ter ultrapassado a idade correspondente à expectativa média de vida do brasileiro, por si só, não é óbice ao deferimento do benefício, pois muitos são os casos em que referida faixa etária é ultrapassada. Por isso, é conveniente a utilização da tutela de sobrevida (Tábua Completa de Mortalidade correspondente ao gênero da vítima) do IBGE em vigência na data do óbito para melhor valorar a expectativa de vida da vítima e, consequentemente, para fixar o termo final da pensão"[36].

8.3. Morte de esposa ou companheira

Com relação à morte da mulher que não trabalha, havia a orientação tradicional: ao marido não cabia direito à indenização. Houve época em que se chegou

---

[32] RT, 548/129.
[33] RT, 548/129, 611/221; RJTJSP, 101/120; RTJ, 61/250.
[34] RTJ, 79/142; RJTJSP, 101/135.
[35] RSTJ, 134/88.
[36] STJ, REsp 1.311.402-SP, rel. Min. João Otávio de Noronha, DJe 7-3-2016.

a entender que a perda dos trabalhos domésticos, que eram feitos pela mulher, seria compensada pelas despesas que o marido deixaria de ter[37].

Posteriormente, houve a evolução, da mesma forma como ocorreu no caso dos menores. Numa primeira fase, começou a haver a admissão da indenização, pleiteada pelo marido, somente no caso da mulher que trabalhava fora do lar[38]. Na fase seguinte, acolheu-se a tese da indenização devida pela morte da mulher, mesmo não exercendo ela profissão lucrativa e ocupando-se apenas com trabalhos domésticos, estendendo-se tal entendimento às hipóteses de morte de companheira, que vivia *more uxorio* com o lesado[39].

As verbas especificadas no art. 948 do Código Civil são meramente exemplificativas, como já se decidia na vigência do diploma anterior e se infere da expressão "*sem excluir outras reparações*". Devem ser indenizados todos os prejuízos que o cônjuge e os descendentes provarem ter sofrido.

Atualmente, devido à Constituição Federal de 1988 (art. 5º, V e X), reconhece-se o direito à indenização pela morte de esposa por danos materiais e morais, cumulativamente. Pois, como já se afirmou, "é de evidência palmar que a ausência da esposa, mesmo que não exerça ela atividade profissional além das domésticas, desorganiza a estrutura familiar e exige um maior esforço econômico para, suprindo sua ausência, realizar-se as tarefas, que, normalmente, ficam a cargo da dona de casa"[40], reconhecida a possibilidade da cumulação da indenização por dano moral.

O valor da pensão, nesses casos, tem sido fixado com base no salário padrão na localidade, pago a pessoa encarregada de cuidar dos afazeres domésticos. Quando a esposa exerce profissão fora do lar e colabora no sustento e manutenção da família, a pensão deve corresponder a 2/3 dos seus rendimentos, devidos ao viúvo e aos filhos menores, nas mesmas condições já expostas quando ocorre a morte do marido. Em qualquer caso, pode-se pleitear o direito à indenização por morte de esposa por danos materiais e morais, cumulativamente.

Parece mais correto, na estimação do *quantum* do dano moral, o critério de fixá-lo em verba única, a ser paga de uma só vez. Somente o dano material é que comporta a aplicação do preceito contido no art. 948, II, do Código Civil, que, cuidando da liquidação das obrigações resultantes de atos ilícitos, impõe ao causador do homicídio o pagamento de prestação alimentar às pessoas a quem o defunto a devia[41].

---

[37] *RT*, 325/115.
[38] *RF*, 213/198.
[39] *RJTJSP*, 26/166.
[40] *RT*, 643/177.
[41] *RT*, 643/178.

Se a esposa ou companheira só cuidava dos afazeres domésticos, a situação é semelhante à da morte de filho menor, que não exercia trabalho remunerado. A indenização por dano moral deve consistir no pagamento de uma verba arbitrada pelo juiz, feito de uma só vez. Mas, diferentemente do que ocorre com os filhos menores que não exercem trabalho remunerado, a indenização por dano moral, em caso de morte de esposa, pode ser cumulada com a do dano material, correspondente ao necessário para o pagamento de outra pessoa, que cuide dos afazeres domésticos, suprindo a falta daquela.

Somente se justifica, pois, a fixação da indenização sob a forma de pensão mensal, em caso de morte de esposa, quando se trata de dano material. O dano moral deve ser arbitrado judicialmente, em verba a ser paga de uma só vez.

8.4. Cálculo da indenização. O método bifásico para a quantificação do dano moral

A indenização sob a forma de pensão é calculada com base na renda auferida pela vítima, descontando-se sempre 1/3, porque se ela estivesse viva estaria despendendo pelo menos 1/3 de seus ganhos em sua própria manutenção. Os seus descendentes, ascendentes, esposa ou companheira (os que dela recebiam alimentos, ou de qualquer forma estavam legitimados a pleitear a pensão) estariam recebendo somente 2/3 de sua renda.

Computam-se, ainda, verbas com construção de jazigo e para as despesas de funeral e luto. As verbas devem ser corrigidas monetariamente, mesmo que não tenha sido pedida, na inicial, a atualização dos valores[42]. Corrigem-se as despesas diversas. As prestações mensais já devem sofrer atualização automática, devido à fixação em porcentagem sobre o salário mínimo.

O *quantum* apurado deve ser, efetivamente, convertido em salários mínimos, pelo valor vigente ao tempo da sentença, ajustando-se às variações ulteriores, como preceitua a Súmula 490 do Supremo Tribunal Federal.

Incumbe aos autores da ação e beneficiários da pensão o ônus de provar os rendimentos do falecido. Se este tinha mais de uma fonte de renda, somam-se os valores, fixando-se a pensão em 2/3 do total comprovado. Se a vítima não tinha rendimento fixo, ou não foi possível prová-lo, mas sustentava a família, a pensão será fixada em 2/3 de um salário mínimo (ganho presumível).

O limite provável de vida do brasileiro, admitido na jurisprudência até o final de 2007, era de 65 anos de idade. Entretanto, se a vítima tinha idade superior, aceitava-se como razoável uma sobrevida de cinco anos. O *Tribunal de Justiça de*

---

[42] *RTJ*, 82/980.

São Paulo, ante a lacuna da lei, já reputou razoável que, tendo a vítima ultrapassado a idade provável de vida do homem médio, em caso de seu homicídio deve-se considerar como razoável uma sobrevida de cinco anos. Tal critério foi também acolhido pelo *Supremo Tribunal Federal*[43].

No tocante, ainda, a hipóteses em que a vítima contava mais de 65 anos de idade, decidiu o referido Tribunal que o causador de sua morte deve pensionar a beneficiária-viúva por toda a vida, se esta também é idosa[44].

Todavia, como visto no item 8.1, *retro*, o *Superior Tribunal de Justiça*, no início de 2008, modificou a orientação sobre a idade limite para pagamento de pensão fixada a título de indenização por danos materiais, que é delimitada com base na expectativa média de vida do brasileiro, *estabelecendo que tal expectativa, hoje, é de 70 anos.*

No cômputo da reparação inclui-se, também, o 13º salário, a menos que a vítima fosse trabalhador autônomo e não o recebesse[45].

Quanto ao dano moral, não há um critério uniforme para a sua fixação (o tema foi exaustivamente examinado no item n. 17 do Capítulo I deste Título, que trata da *quantificação do dano moral*, ao qual nos reportamos).

O Superior Tribunal de Justiça, todavia, tem aplicado o denominado "Método Bifásico" para o arbitramento do valor da reparação por danos extrapatrimoniais. De acordo com o Ministro Paulo de Tarso Sanseverino[46], do *Superior Tribunal de Justiça*, constitui ele o método mais adequado para a quantificação da compensação por danos morais em casos de morte.

Segundo o mencionado Ministro, fixa-se inicialmente o valor básico da indenização, levando-se em conta a jurisprudência sobre casos de lesão ao mesmo interesse jurídico. "Assegura-se, com isso, uma exigência da justiça comutativa que é uma razoável igualdade de tratamento para casos semelhantes, assim como que situações distintas sejam tratadas desigualmente na medida em que se diferenciam. Em seguida, procede-se à fixação definitiva da indenização, ajustando-se o seu montante às peculiaridades do caso com base nas suas circunstâncias. Partindo-se, assim, da indenização básica, eleva-se ou reduz-se esse valor de acordo com as circunstâncias particulares do caso (gravidade do fato em si, culpabilidade do agente, culpa concorrente da vítima, condição econômica das partes) até se alcançar o montante definitivo. Procede-se, assim, a um arbitramento efetivamente equitativo, que respeita as peculiaridades do caso".

---

[43] *RTJ*, 61/250.
[44] *RJTJSP*, 43/81.
[45] *RTJ*, 82/515, 85/202, 177/454; *RT*, 748/385.
[46] STJ, 3ª T., REsp 959.780-ES.

A Quarta Turma da referida Corte também adotou o mencionado método bifásico para analisar a adequação de valores referentes a indenização por danos morais. A aplicação desse método – que já foi utilizado pela Terceira Turma, conforme mencionado – uniformiza o tratamento da questão nas duas turmas do tribunal especializadas em direito privado. O método em epígrafe, efetivamente, atende às exigências de um arbitramento equitativo da indenização por danos extrapatrimoniais, uma vez que minimiza eventual arbitrariedade de critérios unicamente subjetivos dos julgados, além de afastar eventual tarifação do dano. *Segundo o Ministro Luis Felipe Salomão, o método bifásico "traz um ponto de equilíbrio, pois se alcançará uma razoável correspondência entre o valor da indenização e o interesse jurídico lesado, além do fato de estabelecer montante que melhor corresponda às peculiaridades do caso"*[47].

Em se tratando de morte de filho menor, que não exercia trabalho remunerado (*STF, Súmula 491*), deve ser arbitrada uma verba única, a título de dano moral, embora antiga corrente admita o cálculo da reparação com base no salário mínimo (2/3) e sob a forma de pensão mensal, desde a data do falecimento até a época em que completaria 25 anos, pois se presume que nessa ocasião se casaria e passaria a contribuir menos para o sustento dos pais, reduzindo-se a pensão, então, para 1/3 do salário mínimo, até a data em que completaria 70 anos de idade, cessando o pagamento, antes, se os pais falecerem. Se o menor já trabalhava, ou tratando-se de filho maior, a pensão será arbitrada em 2/3 de seus rendimentos.

O mesmo sucede em caso de morte de esposa, se esta trabalhava. Se, no entanto, só cuidava dos afazeres domésticos, a indenização do prejuízo material corresponderá ao montante necessário para o pagamento de outra pessoa, que cuide dos serviços domésticos, suprindo a falta daquela. Poderá ser pleiteada, ainda, cumulativamente, a indenização do dano moral, a ser arbitrada em verba única.

No cômputo da indenização paga sob a forma de pensão mensal devem ser incluídas, também, as horas extras, desde que habituais.

Tem a jurisprudência reconhecido o direito de acrescer, entre os beneficiários[48]. Justifica-se a reversão da quota-parte do pensionamento daquele que tenha completado a idade-limite, ou se casado, para os demais que não tenham perdido o direito ao benefício, considerando-se que os pais, se vivos fossem, presumidamente melhor assistiriam os filhos restantes e a esposa, quando um deles atingisse a idade de autonomia econômica. Nesse sentido decidiu o Supremo Tribunal Federal[49].

---

[47] STJ, 4ª T., REsp 1.332.366-MS, *DJe* 7-12-2016.
[48] *RJTJSP*, 101/137; *JTACSP*, Revista dos Tribunais, 102/130.
[49] *RTJ*, 79/142.

9. INDENIZAÇÃO EM CASO DE LESÃO CORPORAL

9.1. Lesão corporal de natureza leve

Dispõe o art. 949 do Código Civil:

"No caso de lesão ou outra ofensa à saúde, o ofensor indenizará o ofendido das despesas do tratamento e dos lucros cessantes até ao fim da convalescença, além de algum outro prejuízo que o ofendido prove haver sofrido".

Na hipótese de terem sido causadas lesões corporais transitórias, que não deixam marcas, serão pagas pelo agente causador do dano as despesas do tratamento. Incluem-se nestas as despesas hospitalares, médicas etc. Se exageradas, incluindo tratamento no estrangeiro, o juiz pode glosá-las[50].

Também devem ser pagos os lucros cessantes, isto é, aquilo que a vítima deixou de ganhar em virtude do acidente. São os dias de trabalho perdidos. O advérbio *"razoavelmente"* está a indicar que deve ser afastada a ideia de ganhos exagerados. Devem ser pagos até a obtenção da alta médica ou até ficar em condições de retornar ao trabalho normal.

A expressão *"além de algum outro prejuízo que o ofendido prove haver sofrido"* permite que a vítima pleiteie, também, reparação de dano moral. Embora nem sempre a lesão corporal de natureza leve justifique pedido dessa natureza, há casos em que tal pretensão mostra-se pertinente. Se a lesão resultou de uma agressão física, por exemplo, que provocou uma situação vexatória para a vítima, é possível, conforme as circunstâncias, pleitear-se a reparação do dano moral causado pela injusta e injuriosa agressão, que será arbitrada judicialmente, em cada caso.

Assim se atenderá ao espírito da lei, que não se contentou em prever, para a hipótese de lesão corporal de natureza leve, somente o ressarcimento do dano emergente e dos lucros cessantes.

9.2. Lesão corporal de natureza grave

O Código Civil de 1916 disciplinava a lesão corporal de natureza grave no § 1º do art. 1.538, que se configurava em caso de "aleijão" ou "deformidade", ou seja, quando a lesão deixava marcas, dizendo que, nesse caso, a soma seria duplicada. *Aleijão* é a perda de um braço, de uma perna, de movimentos ou de sentidos. Para que se caracterize *deformidade* é necessário que haja dano estético, que o ofendido cause impressão penosa ou desagradável.

---

[50] *RJTJSP*, 37/127.

No § 2º, dispunha o aludido dispositivo que, se o ofendido, aleijado ou deformado, fosse mulher solteira ou viúva, ainda capaz de casar, a indenização consistiria em dotá-la segundo as posses do ofensor, as circunstâncias do ofendido e a gravidade do defeito.

O atual Código Civil não contém regras semelhantes, tratando genericamente da lesão corporal em um único artigo. O art. 949 retrotranscrito aplica-se à lesão corporal de natureza leve e à de natureza grave, com previsão de indenização das despesas do tratamento e dos lucros cessantes, além de algum outro prejuízo que o ofendido prove haver sofrido.

Foram eliminadas, assim, as extenuantes controvérsias sobre a definição e a extensão do dote, sobre mulher em condição de casar, sobre a natureza jurídica da indenização (de caráter moral ou material) e sobre o significado da expressão "esta soma será duplicada". Desse modo, em caso de lesão corporal, de natureza leve ou grave, indenizam-se as despesas do tratamento e os lucros cessantes até ao fim da convalescença, fixando-se o dano moral em cada caso, conforme as circunstâncias, segundo prudente arbitramento judicial.

Obviamente, as despesas do tratamento e os lucros cessantes serão mais elevados, em caso de lesão corporal de natureza grave, porque abrangem todas as despesas médicas e hospitalares, incluindo-se cirurgias, aparelhos ortopédicos, fisioterapia etc. A gravidade do dano, que acarreta aleijão ou dano estético, é fato a ser considerado pelo magistrado, na fixação do *quantum* indenizatório do dano moral.

9.3. Dano estético

A pedra de toque da deformidade é o *dano estético*. O conceito de deformidade repousa na estética e só ocorre quando causa uma impressão, se não de repugnância, pelo menos de desagrado, acarretando vexame ao seu portador.

A jurisprudência não desconhece o conteúdo moral (ou também moral) do dano estético, no que busca fórmulas viáveis para a sua reparação, conforme lembra Yussef Said Cahali[51], encontrando, porém, dificuldade prática na fixação do provimento indenizatório, diante "da unicidade do dano, como causa, e da duplicidade de suas repercussões, moral e patrimonial, como efeitos".

Como observa Jean Carrard, "a fixação da indenização por dano estético é coisa muito delicada, seja quando fundada sobre ofensa ao futuro econômico, seja quando baseada no dano moral; com efeito, trata-se de 'apreciar imponderáveis e probabilidades'; o juiz deverá encarar cada caso particular e imaginar qual

---

[51] *Dano e indenização*, p. 72-73.

teria sido verdadeiramente a carreira da vítima, se ela não tivesse sido desfigurada; o juiz deverá também ter em conta o papel importante desempenhado pelo aspecto exterior nas relações humanas"[52].

Entendemos que, tal como já vem acontecendo com a jurisprudência referente a acidentes do trabalho, deve ser indenizado o dano estético, mesmo sem a redução da capacidade laborativa. Por sinal, assim já decidiu o *Tribunal de Justiça de São Paulo*, em ação de indenização pelo direito comum[53].

Para que se caracterize a deformidade, é preciso que haja o dano estético. O que se indeniza, nesse caso, é a tristeza, o vexame, a humilhação, ou seja, o dano moral decorrente da deformidade física. Não se trata, pois, de uma terceira espécie de dano, ao lado do dano material e do dano moral, mas apenas de um aspecto deste.

Há situações em que o dano estético acarreta dano patrimonial à vítima, incapacitando-a para o exercício de sua profissão (caso da atriz cinematográfica ou de TV, da modelo, da cantora que, em virtude de um acidente automobilístico, fica deformada), como ainda dano moral (tristeza e humilhação). Admite-se, nessa hipótese, a cumulação do dano patrimonial com o estético, este como aspecto do dano moral.

Não se deve admitir a cumulação do dano estético com o moral quando caracterizar autêntico *bis in idem*. Contudo, em alguns casos especiais, o *Superior Tribunal de Justiça* vem admitindo a referida cumulação. Veja-se:

"Nos termos em que veio a orientar-se a jurisprudência das Turmas que integram a Seção de Direito Privado deste Tribunal, *as indenizações pelos danos moral e estético podem ser cumuladas, se inconfundíveis suas causas e passíveis de apuração em separado. A amputação traumática das duas pernas causa dano estético que deve ser indenizado cumulativamente com o dano moral, neste considerados os demais danos à pessoa, resultantes do mesmo fato ilícito*"[54].

A *Súmula 387 da aludida Corte* dispõe: "É possível a cumulação das indenizações do dano estético e moral".

---

[52] O dano estético e sua reparação, trad., *RF*, 83/406.
[53] *RJTJSP*, 26/78.
[54] REsp 116.372-MG, 4ª T., rel. Min. Sálvio de Figueiredo Teixeira, *DJU*, 2-3-1998, *RSTJ*, 105/331. No mesmo sentido: "Permite-se a cumulação de valores autônomos, um fixado a título de dano moral e outro a título de dano estético, derivados do mesmo fato, quando forem passíveis de apuração em separado, com causas inconfundíveis. Hipótese em que do acidente decorreram sequelas psíquicas por si bastantes para reconhecer-se existente o dano moral; e a deformação sofrida em razão da mão do recorrido ter sido traumaticamente amputada, por ação corto-contundente, quando do acidente, ainda que posteriormente reimplantada, é causa bastante para reconhecimento do dano estético" (STJ, REsp 210.351-0-RJ, 4ª T., rel. Min. César Asfor Rocha, *DJU*, 3-8-2000).

9.4. Inabilitação para o trabalho

9.4.1. A indenização devida

Dispõe o art. 950 do Código Civil:

"Se da ofensa resultar defeito pelo qual o ofendido não possa exercer o seu ofício ou profissão, ou se lhe diminua a capacidade de trabalho, a indenização, além das despesas do tratamento e lucros cessantes até ao fim da convalescença, incluirá pensão correspondente à importância do trabalho para que se inabilitou, ou da depreciação que ele sofreu.

Parágrafo único. O prejudicado, se preferir, poderá exigir que a indenização seja arbitrada e paga de uma só vez".

O art. 949, anteriormente comentado, não cogita de redução da capacidade laborativa da vítima. Quando isto ocorre, tem aplicação o art. 950. A inabilitação refere-se à profissão exercida pela vítima e não a qualquer atividade remunerada.

A propósito, comenta Silvio Rodrigues: "Desse modo, se se trata, por exemplo, de um violinista que, em virtude de acidente, perdeu um braço, houve inabilitação absoluta para o exercício de seu ofício e não mera diminuição de sua capacidade laborativa. Entretanto, a despeito de ser verdadeira a consideração acima formulada, acredito que o juiz deverá agir com ponderação ao fixar indenização em casos tais, admitindo por vezes haver apenas redução na capacidade laborativa, com o fito não só de impossibilitar um enriquecimento indevido quando a vítima possa voltar a trabalhar em outro mister, como também o de desencorajar um injustificado ócio"[55].

O grau de incapacidade é apurado mediante perícia médica. A indenização abrange o pagamento das despesas de tratamento, inclusive as relativas a aparelho ortopédico, o ressarcimento dos lucros cessantes e, ainda, uma pensão correspondente ao grau de redução da capacidade laborativa. O acórdão a seguir transcrito ilustrará bem o assunto:

"A lesão corporal sofrida pela autora acarretou-lhe uma redução parcial na sua capacidade de trabalho, em caráter permanente, avaliada em 50%. Portanto, a partir do acidente, as rés devem indenização correspondente não somente aos danos emergentes, bem calculados e arbitrados pela sentença, como também aos lucros cessantes, correspondentes ao período em que deixou de trabalhar, quer por estar hospitalizada, quer por estar impossibilitada em razão de aguardar o aparelho ortopédico e de com ele se acostumar; durante esse período, a indeni-

---

[55] *Direito civil*, v. 4, p. 239-240.

zação corresponde aos salários integrais que deveria perceber, sem qualquer redução; a partir daí, a indenização corresponderá a 50% do salário que deveria perceber normalmente, observada a proporção estabelecida pela sentença, isto é, entre o que a autora percebia por ocasião do acidente e o que deveria perceber em face da alteração do salário mínimo"[56].

Aplica-se, ainda, o disposto no art. 533 do Código de Processo Civil de 2015. Deverá, assim, o causador do dano, para garantir o pagamento da pensão, fornecer um capital, que será inalienável e impenhorável, cuja renda assegure o pagamento do valor mensal da pensão.

O pagamento dos lucros cessantes deve ser feito de modo integral até a obtenção da alta médica, ou seja, até que a vítima esteja em condições de retornar ao trabalho normal. Daí por diante, corresponderá a uma porcentagem do salário que deveria receber normalmente, proporcional à redução de sua capacidade laborativa.

Cumpre ao ofendido comprovar os rendimentos que auferia por ocasião do evento danoso, para apuração da porcentagem da depreciação de sua capacidade laborativa. À falta de tal prova, ou se demonstrado que vivia de trabalhos eventuais, sem renda determinada, toma-se por base o salário mínimo para a fixação da referida porcentagem. Esse mesmo critério é adotado quando o lesado não consegue demonstrar qualquer renda porque não se encontrava exercendo atividade alguma, sendo, no entanto, pessoa apta para o trabalho. Nesse sentido a jurisprudência[57].

As pessoas lesadas fazem jus também a uma verba para pagamento de terceiros contratados para a execução de serviços domésticos dos quais se viram temporariamente incapacitadas[58].

Proclamou o *Superior Tribunal de Justiça* que, "nos casos de responsabilidade civil derivada de incapacitação para o trabalho (art. 950 do CC), a vítima não tem o direito absoluto de que a indenização por danos materiais fixada em forma de pensão seja arbitrada e paga de uma só vez, podendo o magistrado avaliar, em cada caso concreto, sobre a conveniência da aplicação da regra que autoriza a estipulação de parcela única (art. 950, parágrafo único, do CC), a fim de evitar, de um lado, que a satisfação do crédito do beneficiário fique ameaçada e, de outro, que haja risco de o devedor ser levado à ruína"[59].

Fixado o *quantum* da pensão, "há somente duas hipóteses para que se altere o valor da prestação de alimentos decorrentes de ato ilícito: uma, o decréscimo

---

[56] STF, *RTJ*, 57/788.
[57] *RT*, 427/224.
[58] *RT*, 753/334.
[59] REsp 1.349.968-DF, 3ª T., rel. Min. Marco Aurélio Belizze, *DJe* 4-5-2015.

das condições econômicas da vítima, dentre elas a eventual defasagem da indenização fixada; a outra, a capacidade de pagamento do devedor. Se houver piora, poderá a vítima requerer revisão para mais, até atingir a integralidade do dano material futuro; se houver melhora, o próprio devedor pedirá a revisão para menor em atenção ao princípio da dignidade humana e à faculdade outorgada no art. 533, § 3º, do CPC/2015"[60].

9.4.2. A situação dos aposentados e idosos que não exercem atividade laborativa

Não há que falar em pagamento de pensão pela redução ou incapacidade laborativa quando a vítima se encontrava, antes do sinistro, incapacitada de exercer qualquer atividade, por problemas de saúde ou mesmo pela ancianidade, ou ainda por se encontrar aposentada e não estar exercendo atividade suplementar. Nessas hipóteses não há prejuízos, visto que o ofendido ou dependia de terceiros para sobreviver, ou dos proventos da aposentadoria, e não colaborava, assim, economicamente para o seu sustento.

Nas hipóteses referidas, restringe-se, como assinala ARNALDO RIZZARDO, "às despesas consequentes e necessárias para a recuperação". Neste rumo – assinala – "caminha a jurisprudência, ao negar indenização a quem 'não exercia, antes do evento, até mesmo por sua ancianidade, qualquer atividade que lhe produzisse ganhos acaso reduzidos ou suprimidos em consequência das lesões que sofreu, não sendo também de supor-se que pudesse exercer, mesmo na esfera doméstica, atividade econômica estimável' (*RTJ*, 78:324)"[61]. Regem-se tais hipóteses, enfim, pelo art. 949 do Código Civil.

Se a vítima se encontrava aposentada, mas exercia outras atividades, seja no lar, seja em serviços suplementares, que passam a ser executados por terceiros, o prejuízo neste caso é evidente e, portanto, indenizável.

9.4.3. A duração da pensão e sua cumulação com os benefícios previdenciários

Segundo entendimento consagrado inclusive no *Supremo Tribunal Federal*, a "pensão mensal por incapacidade laborativa deve ser vitalícia, vez que, se a vítima sobreviveu ao acidente, não cabe estabelecer limite com base na duração de vida provável"[62].

---

[60] STJ, REsp 913.431-RJ, 3ª T., rel. Min. Nancy Andrighi.
[61] *A reparação nos acidentes de trânsito*, p. 113.
[62] RE 94.429-0, j. 20-4-1984, rel. Min. Nery da Silveira, *DJU*, 15-6-1984.

A pensão é mensal e vitalícia, não devendo ser limitada ao tempo provável de vida da vítima. Deve ser convertida em porcentagem sobre o salário mínimo (tantos quantos a vítima percebia) da época do pagamento, para sofrer atualização automática e periódica. Tal porcentagem será determinada em função da redução da capacidade laborativa do ofendido[63].

A propósito, escreve ARNALDO RIZZARDO: "A pensão pela redução da capacidade de trabalho, quando paga à própria vítima do acidente, alonga-se por toda a vida e não pelo tempo de vida provável. Enquanto viver, ela terá direito"[64].

A circunstância de o lesado haver recebido auxílio do Instituto de Previdência não afasta a indenização do direito comum, já que esta resulta exclusivamente de ato ilícito, não tendo, portanto, qualquer relação com pagamento de benefício previdenciário.

Tem a jurisprudência, com efeito, proclamado que não se confundem, e muito menos se compensam, benefícios previdenciários, que são assistenciais, com reparação civil de danos por ato ilícito, pois do contrário se transmudaria o réu, responsável pela reparação do ato ilícito, em beneficiário da vítima de seguro social, o que é inadmissível[65].

A pensão não pode ser reduzida se a vítima melhorou de vida. Deve ser integral e independe de qualquer variação positiva no patrimônio do credor. Premiar o causador do dano pelos méritos alcançados pela vítima "seria no mínimo conduta ética e moralmente repreensível"[66].

9.4.4. O pagamento de pensão a menores que ainda não exercem atividade laborativa

Prevê o art. 950 do Código Civil o pagamento de pensão para a hipótese de o ofendido não poder exercer o seu ofício ou profissão, ou lhe diminuir o valor do trabalho. Deverá ser fixada, pois, com base nos rendimentos auferidos pelo lesado, no exercício de sua profissão ou ofício.

Poder-se-á argumentar, pois, que o menor que ainda não exerce atividade laborativa somente poderá pleitear a reparação do dano com base no art. 949 do Código Civil, sem direito à pensão mensal e vitalícia. Por não se saber qual a profissão que irá exercer, estaria ele pleiteando indenização por dano futuro. E não é jurídico indenizar expectativas e muito menos conjecturas[67].

---

[63] RT, 610/111.
[64] A reparação, cit., p. 115.
[65] RJTJSP, 16/89, 20/89, 50/115, 62/101.
[66] STJ, 3ª T., rel. Min. Nancy Andrighi, in Revista Consultor Jurídico de 6-12-2007.
[67] RT, 612/47, voto vencido.

Há, no entanto, certas lesões que prejudicam o exercício de qualquer profissão, ou ao menos constituem uma limitação à potencialidade do indivíduo para as atividades profissionais em geral. Nesse caso, o dano não é futuro, nem representa indenização de meras expectativas: é certo e atual. Apenas o *quantum* da pensão é que dependerá de circunstâncias futuras, a serem apuradas em liquidação posterior e eventualmente com a realização de nova perícia.

Conforme o pedido e as circunstâncias do caso, no entanto, o valor da pensão pode ser fixado desde logo, com base no salário mínimo e por arbitramento, levando-se em consideração especialmente a situação social do ofendido, o meio em que vive e a profissão exercida por seus pais e irmãos (por exemplo, membros de famílias compostas por trabalhadores braçais, podendo presumir-se que o menor seguirá a mesma trilha).

Têm, de fato, a doutrina e a jurisprudência admitido a indenização com base no art. 1.539 do Código Civil de 1916, correspondente ao art. 950 do atual, até mesmo para menores, nessas circunstâncias, pouco importando o fato de eles não se encontrarem trabalhando à época do evento. Leva-se em conta a diminuição da sua capacidade de trabalho. Irrelevante, pois, o fato de a vítima não exercer atividade laborativa, uma vez manifesta a diminuição da capacidade para o trabalho[68].

9.4.5. Arbitramento e pagamento por verba única

O parágrafo único do art. 950 faculta ao prejudicado exigir que "*a indenização seja arbitrada e paga de uma só vez*".

AGUIAR DIAS considera inconveniente a inovação, dizendo que "a orientação atualmente seguida, no sentido de parcelamento da indenização, atende a interesse do credor e do devedor e, ainda, a um interesse social, o da prevenção da dilapidação da reparação global. O Projeto TUNC, de seguro dos acidentes de trabalho na França, contempla a modalidade do pensionamento, em vez da entrega de quantia integral"[69].

---

[68] *RJTJSP*, 106/371; *RT*, 612/44. "Erro médico que causou sequelas permanentes em criança que, à época dos fatos, contava com 01 ano e três meses de idade. Aplicação do art. 950 do Código Civil..." "... Na forma da jurisprudência do STJ, 'é cabível o arbitramento de pensão vitalícia àqueles que sofreram lesão permanente e parcial à sua integridade física, resultando em redução de sua capacidade laborativa/profissional, consoante interpretação do art. 950 do Código Civil'" (STJ, AgInt no ARESP 1.136.381-SP, 2ª T., rel. Min. Assusete Magalhães, *DJe* 26-3-2018); "Acidente em escola pública. Criança. Perda da visão. Pensionamento. Indenizatória movida contra a administração pública. Jurisprudência do STJ que admite o pensionamento diante da redução da capacidade de trabalho" (STJ, AgInt no AREsp 1.180.321-RS, 2ª T., rel. Min. Francisco Falcão, *DJe* 26-3-2018).
[69] *Da responsabilidade*, cit., 10. ed., p. 39.

Tendo em vista que a pensão pela redução da capacidade de trabalho alonga-se por toda a vida e não pelo tempo de vida provável da vítima, haverá dificuldade para o juiz arbitrar o valor da verba a ser paga de uma só vez. Parece-me que, neste caso, a solução será alterar o referido critério e considerar o tempo de vida provável do ofendido.

Na *IV Jornada de Direito Civil promovida pelo Centro de Estudos Judiciários do Conselho da Justiça Federal em Brasília, no período de 25 a 27 de outubro de 2006, foi aprovado o seguinte enunciado*: "O lesado pode exigir que a indenização, sob a forma de pensionamento, seja arbitrada e paga de uma só vez, salvo impossibilidade econômica do devedor, caso em que o juiz poderá fixar outra forma de pagamento, atendendo à condição financeira do ofensor e aos benefícios resultantes do pagamento antecipado".

10. HOMICÍDIO E LESÃO CORPORAL PROVOCADOS NO EXERCÍCIO DE ATIVIDADE PROFISSIONAL

Dispõe o art. 951 do Código Civil:

"O disposto nos arts. 948, 949 e 950 aplica-se ainda no caso de indenização devida por aquele que, no exercício de atividade profissional, por negligência, imprudência ou imperícia, causar a morte do paciente, agravar-lhe o mal, causar-lhe lesão, ou inabilitá-lo para o trabalho".

O dispositivo aplica-se especialmente aos farmacêuticos e profissionais da medicina em geral que, no exercício de atividade profissional, venham a causar, culposamente, a morte do paciente ou lesão corporal de natureza grave.

Aplicam-se-lhes os critérios de liquidação estabelecidos nos artigos anteriores, referentes ao pagamento das despesas com o tratamento da vítima, seu funeral, o luto da família e à prestação de alimentos (CC, art. 948), ao lucro cessante e ao dano moral (CC, art. 949), bem como à pensão correspondente à importância do trabalho para que se inabilitou (CC, art. 951).

Entende AGUIAR DIAS que "não se fazia necessária essa referência ao regime dessa responsabilidade, uma vez que abrangido pelos princípios gerais. A responsabilidade civil dos profissionais médicos e paramédicos, a que alude o dispositivo, tem, porém, aspectos peculiares que recomendam tratamento adequado, como a aferição do erro capaz de acarretar a obrigação de indenizar. Há uma certa margem de tolerância, tradicionalmente aceita, que afasta a incidência do critério da Lei Aquília, segundo a qual a própria culpa levíssima é suficiente para autorizar a responsabilidade civil"[70].

---

[70] *Da responsabilidade*, cit., 10. ed., p. 39-40.

11. A RESPONSABILIDADE SUBJETIVA DOS PROFISSIONAIS LIBERAIS

Como prestador de serviço, o farmacêutico tem, por ato próprio, responsabilidade subjetiva fundada no art. 14, § 4º, do Código de Defesa do Consumidor, desde que atue na qualidade de profissional liberal. Relembre-se que o aludido diploma admite inversão do ônus da prova.

Modernamente, o farmacêutico deixa, na maioria das vezes, de manipular receitas, fazer curativos ou aplicar injeções, passando a atuar como comerciante, dedicando-se à venda de medicamentos pré-fabricados. Nesse caso, deve ser tratado não como profissional liberal, mas como qualquer fornecedor de produtos, cuja responsabilidade independe de culpa, nos termos do art. 12 do mencionado Código.

Segundo AGUIAR DIAS[71], a responsabilidade do farmacêutico decorre, ordinariamente, da desobediência às prescrições médicas, de sua errada execução, ou do exercício ilegal da arte médica.

Pode, ainda, tal responsabilidade, na dicção de RUI STOCO, "advir da venda de substâncias proibidas, venda de drogas vencidas ou deterioradas, venda de medicamentos liberados ou controlados sem receita médica ou da troca do produto receitado pelo médico por outro, ainda quando ele ou seu preposto ignore a composição do remédio vendido ou as incompatibilidades dele com o organismo do cliente ou com o tratamento prescrito. A prática de receitar ou sugerir este ou aquele medicamento por parte do farmacêutico ou seu preposto ou sua aplicação no paciente por qualquer via de ingresso no organismo (oral, nasal, muscular, venosa etc.), além de caracterizar infração prevista na lei penal (CP, art. 282 – exercício ilegal da medicina), poderá acarretar responsabilidade civil se dessa prática resultar danos à pessoa"[72].

Deve-se aí incluir, também, a responsabilidade pela venda de remédios falsificados, como tem acontecido ultimamente, de forma surpreendente.

Já se decidiu: "Em caso de morte que ocorre logo após aplicação de injeção de antibiótico, ministrada por farmacêutico, que não tem licença para receitar, é lícito presumir a relação de causalidade, ainda mais em se tratando de relação de consumo, à qual se aplica a teoria do risco"[73].

Ao prejudicado incumbe a prova de que o profissional agiu com culpa, a teor do estatuído nos arts. 951 do Código Civil, ora comentado, e 14, § 4º, do Código de Defesa do Consumidor.

---

[71] *Da responsabilidade*, cit., 4. ed., p. 325.
[72] *Responsabilidade civil*, p. 281, n. 13.00.
[73] TJRJ, Ap. 10.963-99, Capital, 10ª Câm. Cív., rel. Des. Sylvio Capanema de Souza, *DJE*, 24-8-2000.

A prova da culpa dos profissionais da medicina constitui, na prática, verdadeiro tormento para as vítimas do desmazelo e do despreparo profissional. Na maioria dos casos, os pedidos de indenização são denegados, por falta de prova de culpa, que acaba dependendo dos relatórios de enfermagem e das anotações e prescrições médicas, bem como de laudos de peritos médicos que podem estar inconscientemente dominados pelo *esprit de corps*.

Sendo o médico, no entanto, prestador de serviço, sua responsabilidade, embora subjetiva, está sujeita à disciplina do Código de Defesa do Consumidor, *que permite ao juiz inverter o ônus da prova em favor do consumidor* (art. 6º, VIII).

O médico responde não só por fato próprio como pode vir a responder por fato danoso praticado por terceiros que estejam diretamente sob as suas ordens. *Assim, por exemplo, presume-se a culpa do médico que mandou enfermeira aplicar determinada injeção de que resultou paralisia no braço do cliente.*

Dentro de uma equipe, em princípio, *é o médico-chefe quem se presume culpado pelos danos que acontecem*, pois é ele quem está no comando dos trabalhos e só sob suas ordens é que são executados os atos necessários ao bom desempenho da intervenção. *Mas a figura do anestesista é, nos dias atuais, de suma importância não só dentro da sala de operação, mas também no período pré e pós-operatório.* Dessa forma, não pode mais o operador-chefe ser o único responsável por tudo o que aconteça antes, durante e após uma intervenção cirúrgica. Já decidiu o Superior Tribunal de Justiça:

"Ação de indenização. Erro médico. Responsabilidade solidária do cirurgião (culpa *in eligendo*) e do anestesista reconhecida"[74].

No tocante aos atos dos auxiliares e enfermeiros, é preciso distinguir entre os danos cometidos por aqueles que estão diretamente sob as ordens do cirurgião, ou os destacados especialmente para servi-lo, daqueles cometidos por funcionários do hospital. No primeiro caso, o cirurgião responderá. No segundo, a culpa deverá ser imputada ao hospital, a menos que a ordem tenha sido mal dada ou que tenha sido executada sob a fiscalização do médico-chefe, como, por exemplo, injeção aplicada diante do médico[75].

12. INDENIZAÇÃO EM CASO DE USURPAÇÃO OU ESBULHO DE COISA ALHEIA. O VALOR DE AFEIÇÃO

Dá-se o *esbulho possessório* quando alguém é desapossado de alguma coisa, móvel ou imóvel, por meios violentos ou clandestinos.

---

[74] REsp 53.104-7-RJ, 3ª T., j. 4-3-1997.
[75] Teresa Ancona Lopes et al., *Responsabilidade civil*, p. 316-318.

Dispõe o art. 952 do Código Civil:

"*Havendo usurpação ou esbulho do alheio, além da restituição da coisa, a indenização consistirá em pagar o valor das suas deteriorações e o devido a título de lucros cessantes; faltando a coisa, dever-se-á reembolsar o seu equivalente ao prejudicado.*

Parágrafo único. Para se restituir o equivalente, quando não exista a própria coisa, estimar-se-á ela pelo seu preço ordinário e pelo de afeição, contanto que este não se avantaje àquele".

Deve ser devolvida, pois, a própria coisa, acrescida das perdas e danos. Estas compreendem o dano emergente e os lucros cessantes. Se o agente estiver de boa-fé, não haverá propriamente esbulho. A devolução será simples (cf. arts. 1.220 e 1.221).

Se a coisa estiver em poder de terceiro, este será obrigado a entregá-la, esteja de boa-fé ou de má-fé, pois ela não lhe pertence. Se a aquisição, porém, foi onerosa, a indenização a que terá direito o possuidor correrá por conta do vendedor, em ação regressiva.

O parágrafo único do mencionado art. 952 estabelece um caso de indenização por dano moral. Se a própria coisa não puder ser devolvida, porque não existe mais, o prejuízo da vítima poderá não ser compensado com a simples devolução do seu valor ordinário e atual, porque pode ser um objeto de estimação. Então, além do preço equivalente ao da coisa desaparecida, o dono receberá também o de "*afeição*", que não poderá ser superior ao preço real.

Segundo o ensinamento de Clóvis Beviláqua, "atende-se ao dano moral de afeição, ao qual, entretanto, para fugir ao arbítrio, estabeleceu o legislador uma medida: não deve exceder ao valor intrínseco, ao preço ordinário e comum"[76].

Washington de Barros Monteiro entende que a indenização é uma só: "Não se imagine que o preço afetivo deva ser adicionado ao valor intrínseco; a indenização é uma só; se, intrinsecamente, vale dez o objeto, o valor estimativo não pode exceder dita quantia"[77].

Yussef Said Cahali, entretanto, cita jurisprudência no sentido de que o valor real da coisa não restituída seja acrescido de um percentual "pelo valor de afeição", na composição da justa indenização:

"Contrato de penhor. Venda das joias antes do vencimento do prazo do contrato. Ação de indenização. Procedência. Condenação da ré ao pagamento do preço das joias, de acordo com o laudo pericial, acrescido de 20% pelo valor de afeição, estimado pela autora (TFR, rel. Oscar C. Pina, AC 42841-MG, *Impressos Forenses*, 13.8.79)"[78].

---

[76] *Código Civil comentado*, v. 5, p. 251.
[77] *Curso de direito civil*, v. 5, p. 440.
[78] *Dano e indenização*, cit., p. 86.

Silvio Rodrigues entende que a indenização do art. 1.543 do Código Civil (de 1916, correspondente ao art. 952 do atual) deve ser composta não só do valor ordinário da coisa, como também do valor de afeição, "contanto que este não se avantaje àquele". E aduz: "Ora, é óbvio que, recebendo o valor da coisa, a vítima estará ressarcida do dano patrimonial. Se, além disso, recebe dinheiro para compensá-la do valor de afeição, estará recebendo a reparação de um dano moral, pois o excesso recebido nada mais é do que o preço do dissabor derivado de ficar a vítima privada de uma coisa, com a qual estava ligada por memórias felizes e recordações agradáveis"[79].

Na VI Jornada de Direito Civil do Conselho da Justiça Federal realizada em Brasília foi aprovado o Enunciado n. 561, do seguinte teor:

"No caso do art. 952 do CC, se a coisa faltar, dever-se-á, além de reembolsar o seu equivalente ao prejudicado, indenizar também os lucros cessantes".

13. INDENIZAÇÃO POR OFENSA À LIBERDADE PESSOAL

A ofensa à liberdade pessoal justifica pedido de dupla reparação: do dano material e do dano moral.

Dispõe, com efeito, o art. 954 do Código Civil:

"A indenização por ofensa à liberdade pessoal consistirá no pagamento das perdas e danos que sobrevierem ao ofendido, e se este não puder provar prejuízo, tem aplicação o disposto no parágrafo único do artigo antecedente.

Parágrafo único. Consideram-se ofensivos da liberdade pessoal:

I – o cárcere privado;

II – a prisão por queixa ou denúncia falsa e de má-fé;

III – a prisão ilegal".

O mencionado parágrafo único do artigo antecedente (art. 953) prescreve que, *"se o ofendido não puder provar prejuízo material, caberá ao juiz fixar, equitativamente, o valor da indenização, na conformidade das circunstâncias do caso".*

A enumeração feita no art. 954 é meramente exemplificativa, e não taxativa, aplicando-se, portanto, a outros casos de ofensa à liberdade pessoal.

No caso de simples prisão por queixa, ainda que não tenha havido denúncia falsa e de má-fé, cabe indenização se a prisão era indevida. Mas já se decidiu ser necessário que tenha havido queixa na acepção da palavra, isto é, apresentada perante autoridade judiciária (não perante autoridade policial), com observância das formalidades legais[80].

---

[79] *Direito civil*, cit., v. 4, p. 255.
[80] *RT*, 113/728.

De acordo com a Constituição Federal, a pessoa jurídica de direito público (o Estado) é responsável direta por prisão ilegal, tendo ação regressiva contra a autoridade arbitrária, para se ressarcir do pagamento efetuado. O art. 37, § 6º, da referida Constituição dispõe:

"As pessoas jurídicas de direito público e as de direito privado prestadoras de serviços públicos responderão pelos danos que seus agentes, nessa qualidade, causarem a terceiros, assegurado o direito de regresso contra o responsável nos casos de dolo ou culpa".

Os casos conhecidos como de *"erro judiciário"* geralmente são solucionados à luz do que dispõe o art. 630 do Código de Processo Penal, inserido no capítulo que versa sobre a revisão criminal, *in verbis*:

"Art. 630. O tribunal, se o interessado o requerer, poderá reconhecer o direito a uma justa indenização pelos prejuízos sofridos.

§ 1º Por essa indenização, que será liquidada no juízo cível, responderá a União, se a condenação tiver sido proferida pela justiça do Distrito Federal ou de Território, ou o Estado, se o tiver sido pela respectiva justiça.

§ 2º A indenização não será devida:

a) se o erro ou a injustiça da condenação proceder de ato ou falta imputável ao próprio impetrante, como a confissão ou a ocultação de prova em seu poder;

b) se a acusação houver sido meramente privada".

Conforme preleciona Yussef Said Cahali, "a responsabilidade civil do Estado, em matéria de jurisdição criminal, é reclamada pela melhor doutrina, no sentido da ampliação do elastério do art. 630 do Código de Processo Penal. Na realidade, o preceito do art. 630 do estatuto processual penal mostra-se extremamente limitativo da responsabilidade indenizatória do Estado pelos danos causados no exercício da jurisdição criminal a seu cargo. Ainda assim, se presta para determinar aquela responsabilidade civil, especialmente quando o erro judiciário decorre das mazelas do aparelhamento policial, como aconteceu no Caso Naves"[81].

Mesmo quando o interessado não faz uso da faculdade prevista no art. 630 do Código de Processo Penal, e não reclama, por ocasião da absolvição obtida em revisão criminal, a justa indenização, tal fato não deve constituir impedimento para o posterior exercício da ação de indenização. É o que tem sido decidido:

"O Código de Processo Penal, em seu art. 630, faculta ao interessado requerer ao Tribunal de Justiça que reconheça o seu direito a essa indenização. Entre-

---

[81] *Dano e indenização*, cit., p. 97.

tanto, quando não for feita essa reclamação no tempo próprio – o interessado não decai do direito de exigir a indenização por ação ordinária"[82].

Atualmente, não há mais nenhuma possibilidade de se negar a responsabilidade civil do Estado pela reparação do erro judiciário, pois a Constituição Federal de 1988 proclamou, peremptoriamente, no inciso LXXV do art. 5º, inserido no título que trata dos direitos e garantias fundamentais, que "o Estado indenizará o condenado por erro judiciário, assim como o que ficar preso além do tempo fixado na sentença". A indenização deve ser a mais completa possível, abrangendo os danos materiais e morais[83].

Veja-se a jurisprudência:

"Ação de indenização por danos morais. Prisão indevida. Autor, abordado por policiais militares, preso (em virtude de mandado de prisão que já havia sido cumprido). Sistema de Cadastro Nacional de Mandados de Prisão desatualizado. Sentença de procedência mantida. Responsabilidade do Estado configurada"[84].

"Ação ordinária. Danos morais. Cabimento. Prisão indevida. Cabimento. Autor que foi detido como foragido da justiça, permanecendo em cárcere por três dias. Existência de homônimo. Inclusão indevida.

Desídia dos agentes estatais, posto que uma análise mais atenta da qualificação de ambos bastaria para evitar a ocorrência (filiação paterna, idade, local e data de nascimento diversos). Condenação mantida"[85].

"A prisão ilegal sofrida pelo autor, decorrente de decisão prolatada por Juiz Federal que atuou com abuso de poder, gera indenização por dano moral. No caso, restou evidenciado o abuso de poder, pelo magistrado, na decretação das prisões, sem que houvesse o mínimo respeito ao processo acusatório e ao devido processo legal, usurpando as atribuições da Polícia Federal e do Ministério Público Federal, bem como burlando o princípio do Juiz Natural, entre outras irregularidades. Portanto, a prisão do autor deu-se em razão de decisão prolatada por Juiz Federal que atuou com abuso de poder, tornando-a ilegal. O dano moral sofrido é presumível (*in re ipsa*), consequência lógica do ato, em face da ilegalidade da conduta perpetrada por preposto do Estado (*lato sensu*)"[86].

---

[82] *RT*, 329/744.
[83] *RTJ*, 61/587; *RT*, 329/744, 511/88.
[84] TJSP, Apel. 1015772-65.2016.8.26.0344, 9ª Câm. Dir. Público, rel. Des. Oswaldo Luiz Palu, *DJe* 21-3-2018.
[85] TJSP, Apel. 3002109-85.2013.8.26.0581, 5ª Câm. Dir. Público, rel. Des. Nogueira Diefenthaler, *DJe* 29-4-2015.
[86] STF, RE 1.484.381-PR, rel. Min. Dias Toffoli, j. 4-4-2024.

LIVRO III
OS MEIOS DE DEFESA OU AS EXCLUDENTES DA ILICITUDE

> *Sumário*: 1. O estado de necessidade. 2. A legítima defesa, o exercício regular de um direito e o estrito cumprimento do dever legal. 3. A culpa exclusiva da vítima. 4. O fato de terceiro. 4.1. O causador direto do dano e o ato de terceiro. 4.2. O fato de terceiro e a responsabilidade contratual do transportador. 4.3. O fato de terceiro em casos de responsabilidade aquiliana. 4.4. Fato de terceiro e denunciação da lide. 5. Caso fortuito e força maior. 6. Cláusula de irresponsabilidade ou de não indenizar. 7. A prescrição.

1. O ESTADO DE NECESSIDADE

No direito brasileiro, a figura do chamado "estado de necessidade" é delineada pelas disposições dos arts. 188, II, 929 e 930 do Código Civil.

Dispõe o primeiro:

"*Art. 188. Não constituem atos ilícitos:*

(...)

II – a deterioração ou destruição da coisa alheia, ou a lesão a pessoa, a fim de remover perigo iminente.

Parágrafo único. No caso do inciso II, o ato será legítimo somente quando as circunstâncias o tornarem absolutamente necessário, não excedendo os limites do indispensável para a remoção do perigo".

É o estado de necessidade no âmbito civil. Entretanto, embora a lei declare que o ato praticado em estado de necessidade não é ato ilícito, nem por isso libera quem o pratica de reparar o prejuízo que causou[1].

Se um motorista, por exemplo, atira o seu veículo contra um muro, derrubando-o, para não atropelar uma criança que, inesperadamente, surgiu-lhe à frente, o seu ato, embora lícito e mesmo nobilíssimo, não o exonera de pagar a reparação do muro. Com efeito, o art. 929 do Código Civil estatui que, se a pessoa lesada, ou o dono da coisa (o dono do muro) destruída ou deteriorada "*não forem culpados do perigo*", terão direito de ser indenizados.

---
[1] Silvio Rodrigues, *Direito civil*, v. 4, p. 29.

No entanto, o evento ocorreu por culpa *in vigilando* do pai da criança, que é o responsável por sua conduta. Desse modo, embora tenha de pagar o conserto do muro, o motorista terá ação regressiva contra o pai do menor, para se ressarcir das despesas efetuadas. É o que expressamente dispõe o art. 930 do Código Civil:

"*No caso do inciso II do art. 188, se o perigo ocorrer por culpa de terceiro, contra este terá o autor do dano ação regressiva para haver a importância que tiver ressarcido ao lesado*".

O Código Civil de 1916 só contemplava a figura do estado de necessidade em relação aos danos causados às coisas, não às pessoas. Por essa razão, quando ainda em vigência o referido diploma, escreveu Wilson Melo da Silva: "Pela nossa lei, os danos porventura levados a efeito em decorrência desse estado de necessidade, similarmente ao que acontece com o Código das Obrigações suíço e diversamente do que no direito italiano se verifica, só podem dizer respeito às coisas e, nunca, às pessoas. *Nesse sentido é a decisão do Tribunal de São Paulo*: 'As ofensas físicas praticadas com o fito de remover perigo iminente não estão compreendidas na responsabilidade de seu autor que as praticou por culpa de terceiro. Essa responsabilidade, consagrada pelos arts. 1.519 e 1.520 do Código Civil, refere-se tão somente à deterioração ou destruição das cousas alheias' (*Rev. dos Tribs.*, 100/533)"[2].

O Código atual, inovando e orientando-se pelo direito italiano, prevê expressamente, como fatos que configuram o estado de necessidade, não só a "*deterioração ou destruição da coisa alheia*" como também "*a lesão a pessoa*" (art. 188, II).

A solução dos arts. 929 e 930 não deixa de estar em contradição com o art. 188, II, pois, enquanto este considera lícito o ato, aqueles obrigam o agente a indenizar a deterioração da coisa alheia para remover perigo iminente. É o caso, por exemplo, da destruição de prédio alheio, vizinho ao incendiado, para evitar que o fogo se propague ao resto do quarteirão. Tal solução pode desencorajar muitas pessoas a tomar certas atitudes necessárias para a remoção de perigo iminente.

Reconhecendo o contrassenso e o paradoxo do legislador, ao considerar não constituir ato ilícito o ato danoso praticado com o objetivo de remover perigo iminente, mas extraindo dele, ao mesmo tempo, uma inexplicável obrigação de indenizar, pondera, contudo, Wilson Melo da Silva: "Em face, no entanto, da presunção de sapiência do legislador (e não é sábio o contradizer-se), tem-se aceitado que inexistisse, na espécie, o paradoxal, justificando-se o que se tem por aparentemente contraditório em decorrência do elástico princípio da equidade".

---

[2] *Da responsabilidade civil automobilística*, p. 140. Cf. também Dirceu A. Victor Rodrigues, *O Código Civil perante os tribunais*, v. 2, p. 873, n. 6.249.

E prossegue o civilista mineiro: "Ora, se razoável não é que a vítima inocente de um dano que se levou a efeito com a finalidade de se afastar um perigo iminente, que viesse a prejudicar terceiros, fique desamparada, razoável não é, também, que o autor do dano, que a tal situação chegou por uma dura contingência e não por vontade própria, venha a arcar com a totalidade dos prejuízos que seu ato teria determinado com a destruição ou com a deterioração da coisa alheia, no intuito de afastar um dano iminente que talvez o prejudicasse. A solução equilibrada, portanto, só poderia ser a da indenização por uma responsabilidade limitada, indenização possível apenas por arbitramento do juiz, *ex bono et aequo*, e não a da indenização ampla e comum"[3].

Sem dúvida, melhor ficaria se fosse permitido ao juiz, por arbitramento, fixar uma indenização moderada, e não aquela *"indenização do prejuízo que sofreram"* os lesados, tal como consta do art. 929 do Código Civil, e que pode conduzir a injustiças.

Tem a jurisprudência decidido:

"Ação de indenização por danos morais e físicos decorrentes de acidente de trânsito – Manobra brusca realizada com vistas a evitar colisão traseira – Veículo parado sem qualquer sinalização – Ato praticado em estado de necessidade – Situação que, embora não seja ilícita, não exime o causador direto do dano do dever de indenizar, ressalvado o direito de regresso ao terceiro culpado – Arts. 88, II, e 930 do Código Civil"[4].

"Responsabilidade civil por ato ilícito – Acidente automobilístico – Estado de necessidade.

Acidente de trânsito ocorrido em estrada federal consistente na colisão de um automóvel com uma motocicleta, que trafegava em sua mão de direção. Alegação do motorista do automóvel de ter agido em estado de necessidade, pois teve a sua frente cortada por outro veículo, obrigando-o a invadir a outra pista da estrada. Irrelevância da alegação, mostrando-se correto o julgamento antecipado da lide por se tratar de hipótese de responsabilidade civil por ato lícito prevista nos artigos 929 e 930 do Código Civil. O estado de necessidade não afasta a responsabilidade civil do agente, quando o dono da coisa atingida ou a pessoa lesada pelo evento danoso não for culpado pela situação de perigo (art. 930 do CC/2002). Ausência de cerceamento de defesa. Condutor e passageiro da motocicleta que restaram com lesões gravíssimas, resultando na amputação da perna esquerda de ambos"[5].

---

[3] *Da responsabilidade*, cit., p. 140-141.
[4] TJSC, Apel. 0000471-03.2008.24.0063, *DJe* 31-8-2017.
[5] STJ, REsp 1.278.627-SC, 3ª T., rel. Min. Paulo de Tarso Sanseverino, *DJe* 4-2-2012.

2. A LEGÍTIMA DEFESA, O EXERCÍCIO REGULAR DE UM DIREITO E O ESTRITO CUMPRIMENTO DO DEVER LEGAL

Embora quem pratique o ato danoso em estado de necessidade seja obrigado a reparar o dano causado, o mesmo não acontece com aquele que o pratica em legítima defesa, no exercício regular de um direito e no estrito cumprimento do dever legal.

Proclama o art. 188, I, do Código Civil:

"Não constituem atos ilícitos:

I – os praticados em legítima defesa ou no exercício regular de um direito reconhecido".

Conforme acentua Frederico Marques, reportando-se ao art. 160, I, do Código Civil de 1916, de idêntica redação, "o próprio 'cumprimento de dever legal', não explícito no artigo 160, nele está contido, porquanto atua no exercício regular de um direito reconhecido aquele que pratica um ato 'no estrito cumprimento do dever legal'"[6].

Se o ato foi praticado contra o próprio agressor, e em legítima defesa, não pode o agente ser responsabilizado civilmente pelos danos provocados. Entretanto, se por engano ou erro de pontaria, terceira pessoa foi atingida (ou alguma coisa de valor), neste caso deve o agente reparar o dano. Mas terá ação regressiva contra o agressor, para se ressarcir da importância desembolsada. Dispõe, com efeito, o parágrafo único do art. 930:

"A mesma ação competirá contra aquele em defesa de quem se causou o dano (art. 188, inciso I)".

Somente a legítima defesa real, e praticada contra o agressor, impede a ação de ressarcimento de danos. Se o agente, por erro de pontaria (*aberratio ictus*), como dissemos, atingir um terceiro, ficará obrigado a indenizar os danos a este causados. E terá ação regressiva contra o injusto ofensor. Nesse sentido o entendimento do *Superior Tribunal de Justiça*:

"O agente que, estando em situação de legítima defesa, causa ofensa a terceiro, por erro na execução, responde pela indenização do dano, se provada no juízo cível a sua culpa. A possibilidade de responsabilização, no caso da legítima defesa com *aberratio ictus*, ou no estado de necessidade contra terceiro que não provocou o perigo, não exclui o exame da culpa do agente na causação da lesão em terceiro"[7].

---

[6] *Tratado de direito penal*, v. 3, p. 295.
[7] *RSTJ*, 113/290.

A legítima defesa putativa também não exime o réu de indenizar o dano, pois somente exclui a culpabilidade e não a antijuridicidade do ato. FREDERICO MARQUES lembra que o art. 65 do Código de Processo Penal não faz nenhuma referência às causas excludentes da culpabilidade, ou seja, às denominadas dirimentes penais.

E aduz: "As causas excludentes da culpabilidade vêm previstas nos artigos 17, 18, 22 e 24 do Código Penal, enquanto que as justificativas penais capituladas se acham no artigo 19 e, repetidas, por isso mesmo, no artigo 65, do Código de Processo Penal. Se a absolvição, portanto, se funda nas primeiras, a não punição do autor do fato ilícito, na justiça criminal, longe está de o isentar da obrigação de indenizar a vítima do ato antijurídico. O problema da 'legítima defesa putativa', que já foi objeto de apreciação de mais de um aresto do *Tribunal de Justiça do Estado de São Paulo* (*Rev. dos Tribunais*, 156/229 e 155/217), facilmente se resolve em função desses dados. Uma vez que se trata de erro de fato, não há que cogitar da aplicação do artigo 65, do Código de Processo Penal. Na legítima defesa putativa, o ato de quem a pratica é ilícito, embora não punível por não ser reprovável (isto é, por ausência de culpabilidade)"[8].

Nessa linha decidiu o *Tribunal de Justiça de São Paulo*:

"Responsabilidade civil. Disparo de arma de fogo feito por quem imaginava estar sendo assaltado. Alegação de legítima defesa putativa. Absolvição sumária na esfera criminal. Hipótese que não afasta o dever de indenizar. Excludente de responsabilidade que só se aplica em sendo a legítima defesa real"[9].

Nos casos de estrito cumprimento do dever legal, em que o agente é exonerado da responsabilidade pelos danos causados, a vítima, muitas vezes, consegue obter o ressarcimento do Estado, já que, nos termos do art. 37, § 6º, da Constituição Federal, "as pessoas jurídicas de direito público responderão pelos danos que seus agentes, nessa qualidade, causarem a terceiros". E o Estado não terá ação regressiva contra o funcionário responsável (só cabível nos casos de culpa ou dolo), porque ele estará amparado pela excludente do estrito cumprimento do dever legal.

Em regra, pois, todo ato ilícito é indenizável. A restrição a essa regra geral está consagrada no art. 188, I e II, do Código Civil, que excepciona os praticados em legítima defesa, no exercício regular de um direito reconhecido e a deterioração ou destruição da coisa alheia, a fim de remover perigo iminente.

Os arts. 929 e 930 designam casos em que, embora o agente tenha atuado sob o amparo dessas circunstâncias inibidoras do ilícito, subsiste a obrigação de indenizar o eventual dano causado a outrem. Mesmo não sendo considerada ilí-

---

[8] *Tratado*, cit., p. 295-296.
[9] *RT*, 808/224.

cita a conduta daquele que age em estado de necessidade, exige-se que repare o prejuízo causado ao dono da coisa, ou à pessoa lesada, se estes não forem culpados pelo perigo.

A legítima defesa, que exclui a responsabilidade civil do agente, é a real (a putativa, não) e desde que o lesado seja o próprio injusto agressor. Se terceiro é prejudicado, por erro de pontaria, *subsiste a obrigação de indenizar*.

Exige-se, para que o estado de necessidade (*v.* parágrafo único do art. 188) e a legítima defesa autorizem o dano, a obediência a certos limites. Preleciona PONTES DE MIRANDA que, se o ato praticado em legítima defesa for excessivo, torna-se contrário ao direito. Entretanto, mesmo assim, pode o agente alegar e provar que o excesso resultou do terror, do medo, ou de algum distúrbio ocasional, para se livrar da aplicação da lei penal. Na esfera cível, a extrapolação da legítima defesa, por negligência ou imprudência, configura a situação do art. 186 do Código Civil.

Acrescenta o mencionado jurista que, na legítima defesa putativa, o erro de fato sobre a existência da situação de legítima defesa, que não está presente, visto que os elementos excludentes do suporte fático do ato ilícito só foram supostos por erro, não configura autêntica legítima defesa, havendo negligência na apreciação equivocada dos fatos[10].

Embora com denominação semelhante, a legítima defesa putativa nada tem em comum com a legítima defesa real, não podendo ser aceitas como situações idênticas. Na primeira, a conduta é lícita, visto que objetiva afastar uma agressão real contra a vítima ou um terceiro. Há efetiva reação do ofendido contra ato de um agressor. Diverso é o que ocorre na legítima defesa putativa, que se funda em um erro, não existindo agressão alguma, mas apenas equívoco do pseudoagredido. Logo, sua conduta é ilícita, penalmente irrelevante, por estar ausente o dolo, mas ingressa na ampla órbita do ilícito civil, ensejando indenização.

O Código Civil, portanto, somente em circunstâncias excepcionais exime alguém de reparar o dano que causou.

3. A CULPA EXCLUSIVA DA VÍTIMA

Quando o evento danoso acontece por culpa exclusiva da vítima, desaparece a responsabilidade do agente. Nesse caso, deixa de existir a relação de causa e efeito entre o seu ato e o prejuízo experimentado pela vítima. Pode-se afirmar que,

---

[10] *Tratado de direito privado*, t. 2, p. 277-278.

no caso de culpa exclusiva da vítima, o causador do dano não passa de mero instrumento do acidente. Não há liame de causalidade entre o seu ato e o prejuízo da vítima.

É o que se dá quando a vítima é atropelada ao atravessar, embriagada, uma estrada de alta velocidade; ou quando o motorista, dirigindo com toda a cautela, vê-se surpreendido pelo ato da vítima que, pretendendo suicidar-se, atira-se sob as rodas do veículo. Impossível, nestes casos, falar em nexo de causa e efeito entre a conduta do motorista e os ferimentos, ou o falecimento, da vítima. Veja-se a jurisprudência:

"Responsabilidade civil. Atropelamento em estrada de rodagem. Pessoa postada à noite no meio da via. Circunstâncias que a tornam única culpada pelo acidente. Ação improcedente.

Procede com imprudência a pessoa que, pela madrugada, com densa neblina, permanece abaixada em estrada de rodagem, à procura de um documento. A culpa cabe, portanto, inteiramente ao autor e a ação não podia deixar de ser julgada improcedente"[11].

Há casos em que a culpa da vítima é apenas parcial, ou concorrente com a do agente causador do dano. Autor e vítima contribuem, ao mesmo tempo, para a produção de um mesmo fato danoso. É a hipótese, para alguns, de "culpas comuns", e, para outros, de "culpa concorrente".

Nesses casos, existindo uma parcela de culpa também do agente, haverá repartição de responsabilidades, de acordo com o grau de culpa. A indenização poderá ser reduzida pela metade, se a culpa da vítima corresponder a uma parcela de 50%, como também poderá ser reduzida de 1/4, 2/5, dependendo de cada caso.

WILSON MELO DA SILVA comenta, a propósito: "Modernamente, não obstante a existência de alguns códigos que determinem o partilhamento dos danos entre seus coautores, o princípio vitorioso, mais generalizadamente aceito e que tende a se tornar uniforme, é aquele de acordo com o qual o partilhamento dos danos deve ser levado a efeito na proporção da gravidade da culpa de cada agente".

Nesse sentido exatamente, prossegue, "é que, segundo depoimento de Mazeaud e Mazeaud, tem-se inclinado avassaladoramente a jurisprudência na França, onde os tribunais que, de início, adotavam a tese romanística, por bem houveram de mudar de rumo passando a julgar, como agora vem acontecendo, no sentido de que, na hipótese da culpa comum, os danos se repartam entre autores e vítimas, na proporção das respectivas culpas, numa gama percentual fracionária,

---

[11] RT, 440/74, 563/146.

variada e oscilante (1/4, 1/3, 1/2, 1/8, 1/5 etc.), tudo segundo o prudente arbítrio do juiz"[12].

No Brasil, a tese aceita é a mesma da jurisprudência e dos doutrinadores franceses. Com efeito, dispõe o art. 945 do Código Civil:

"Se a vítima tiver concorrido culposamente para o evento danoso, a sua indenização será fixada tendo-se em conta a gravidade de sua culpa em confronto com a do autor do dano".

Confira-se a jurisprudência:

"Impõe-se a condenação do causador do acidente, atendendo-se à gravidade de sua falta; e, havendo culpa recíproca, deve a condenação ser proporcional, usando-se as frações na fixação da indenização"[13].

Ou:

"Redução da pensão destinada à viúva a 1/4 do salário mínimo, ante as circunstâncias de fato ocorrentes no caso concreto, com destaque para as culpas recíprocas, do réu e da vítima"[14].

Quando a vítima de atropelamento é menor e está em companhia dos pais, não se tem reconhecido a culpa concorrente por fato imputável a estes. Tem lugar, na hipótese, o entendimento unanimemente aprovado no *VIII Encontro Nacional de Tribunais de Alçada*:

"Quando a vítima de atropelamento, por carro ou por trem, for criança e, embora com graves sequelas, sobrevive ao acidente, desde que os autos revelem qualquer parcela de culpa do condutor do veículo, não há como falar-se em concorrência de culpas. A culpa de terceiro, no caso culpa 'in vigilando', dos pais da criança, não pode se opor aos direitos desta".

Nesse sentido decisão do extinto *1º Tribunal de Alçada Civil de São Paulo*:

"Responsabilidade civil. Vítima menor púbere. Atropelamento por ônibus, em via carroçável. Não contribuição daquela para o nexo causal. Caso fortuito ou força maior não configurados. Ação procedente, em parte. Decisão reformada.

Quando a vítima do atropelamento for criança, que sobrevive ao acidente, não há como falar-se em concorrência de culpas, se os autos revelam alguma parcela de culpa do condutor do veículo. A culpa de terceiro, no caso, culpa 'in vigilando', dos pais da criança, não pode opor-se aos direitos desta"[15].

---

[12] *Da responsabilidade*, cit., p. 70.
[13] *RT*, 356/519.
[14] *RJTJSP*, 47/128.
[15] *RT*, 678/113.

4. O FATO DE TERCEIRO

4.1. O causador direto do dano e o ato de terceiro

Muitas vezes, o ato daquele que atropela alguém ou causa alguma outra espécie de dano pode não ser o responsável pelo evento, o verdadeiro causador do dano, mas, sim, o ato de um terceiro.

Em matéria de responsabilidade civil, no entanto, predomina o princípio da obrigatoriedade do causador direto em reparar o dano. A culpa de terceiro não exonera o autor direto do dano do dever jurídico de indenizar.

O assunto vem regulado nos arts. 929 e 930 do Código Civil, concedendo o último ação regressiva contra o terceiro que criou a situação de perigo, para haver a importância despendida no ressarcimento ao dono da coisa.

Consoante a lição de CARVALHO SANTOS, "o autor do dano responde pelo prejuízo que causou, ainda que o seu procedimento venha legitimado pelo estado de necessidade"[16].

Só lhe resta, depois de pagar a indenização, o direito à ação regressiva contra o terceiro.

Segundo entendimento acolhido na jurisprudência, os acidentes, inclusive os determinados pela imprudência de terceiros, são fatos previsíveis e representam um risco que o condutor de automóveis assume pela só utilização da coisa, não podendo os atos de terceiros servir de pretexto para eximir o causador direto do dano do dever de indenizar[17].

Quando, no entanto, o ato de terceiro é a causa exclusiva do prejuízo, desaparece a relação de causalidade entre a ação ou a omissão do agente e o dano. A exclusão da responsabilidade se dará porque o fato de terceiro se reveste de características semelhantes às do caso fortuito, sendo imprevisível e inevitável. Melhor dizendo, somente quando o fato de terceiro se revestir dessas características, e, portanto, equiparar-se ao caso fortuito ou à força maior, é que poderá ser excluída a responsabilidade do causador direto do dano.

A propósito, escreveu WILSON MELO DA SILVA: "Se o fato de terceiro, referentemente ao que ocasiona um dano, envolve uma clara imprevisibilidade, necessidade e, sobretudo, marcada inevitabilidade sem que, para tanto, intervenha a menor parcela de culpa por parte de quem sofre o impacto consubstanciado pelo fato de terceiro, óbvio é que nenhum motivo haveria para que não se equiparasse

---

[16] *Código Civil brasileiro interpretado*, v. 20, p. 210.
[17] *RT*, 416/345.

ele ao fortuito. Fora daí, não. Só pela circunstância de se tratar de um fato de terceiro, não se tornaria ele equipolente ao *casus* ou à *vis major*"[18].

4.2. O fato de terceiro e a responsabilidade contratual do transportador

A jurisprudência, entretanto, não tem admitido a referida excludente em casos de transporte. Justifica-se o maior rigor, tendo em vista a maior atenção que deve ter o motorista que tem a seu cargo zelar pela integridade de outras pessoas. Dispõe, com efeito, a *Súmula 187 do Supremo Tribunal Federal*:

"A responsabilidade contratual do transportador, pelo acidente com o passageiro, não é elidida por culpa de terceiro, contra o qual tem ação regressiva".

A referida súmula de jurisprudência transformou-se no art. 735 do Código Civil, que tem a mesma redação.

Assim, qualquer acidente ocorrido com o passageiro obriga o transportador a indenizar os prejuízos eventualmente ocorridos. Não importa que o evento tenha ocorrido porque o veículo foi "fechado" ou mesmo abalroado por outro. O transportador indeniza o passageiro e move, depois, ação regressiva contra o terceiro.

Há casos, no entanto, em que o acidente ocorrido com o passageiro não está relacionado com o fato do transporte em si. Por exemplo: quando alguém, do lado de fora, efetua disparo contra ônibus ou trem em movimento, ferindo passageiro. Trata-se de fato inevitável e imprevisível, estranho ao fato do transporte. Neste caso, isto é, quando o fato de terceiro se equipara ao caso fortuito, pode o transportador eximir-se da responsabilidade.

O *fato de terceiro*, com efeito, só exonera quando constitui causa estranha ao devedor, isto é, quando elimine totalmente a relação de causalidade entre o dano e o desempenho do contrato. Se dois passageiros brigam no interior do ônibus e um fere o outro, também inexiste responsabilidade da transportadora, porque o evento está desligado do fato do transporte. Mas haverá responsabilidade quando o motorista do ônibus discute com o motorista de outro veículo e este efetua disparo, ferindo passageiro do coletivo. Confira-se:

"Não elide a responsabilidade do transportador, por não ser estranho à exploração da atividade, o fato de terceiro, motorista de outro veículo, após discussão provocada pelo condutor do coletivo sobre questiúnculas de trânsito, disparar sua arma contra este e atingir o passageiro"[19].

---

[18] *Da responsabilidade*, cit., p. 105.
[19] *RTJ*, 70/720.

Geralmente, pois, o fato de terceiro não exclui a responsabilidade do transportador. Somente a exclui em casos excepcionais, equiparáveis ao caso fortuito[20].

O tema em estudo, atinente à responsabilidade contratual do transportador e o fato de terceiro, foi minuciosamente examinado no item O transporte terrestre (n. 3.1 do Capítulo II do Livro II), ao qual nos reportamos.

4.3. O fato de terceiro em casos de responsabilidade aquiliana

No caso de responsabilidade aquiliana, não contratual (atropelamento, p. ex.), se dois veículos colidem e um deles atropela alguém, serão ambos os motoristas responsáveis solidariamente, se não se puder precisar qual dos dois teve culpa direta na ocorrência[21].

Se, entretanto, o motorista do veículo que atropelou dirigia corretamente e foi lançado contra o transeunte em virtude de abalroamento culposo, poderá exonerar-se da responsabilidade, invocando o fato de terceiro como causador único do evento, demonstrando que deixou de existir relação de causalidade entre o atropelamento e seu veículo, pois o acidente teria sido causado exclusivamente por culpa de terceiro.

Acontece o mesmo quando dois veículos se encontram parados, um à frente do outro, aguardando a abertura do semáforo, e o segundo é colidido na traseira por um terceiro, dirigido por motorista desatento, sendo projetado contra a traseira do que lhe está à frente. Nesse caso, se o dono do primeiro veículo acionar o motorista do segundo, este poderá defender-se com sucesso, alegando o fato de terceiro, ou seja, que serviu de mero instrumento da ação do motorista imprudente, nada podendo fazer para evitar o arremesso de seu veículo contra a traseira daquele[22].

Tem-se decidido, com efeito, que, quando a primeira culpa, causadora do sinistro, é de tal força e de tal intensidade que exclui a liberdade de ação do causador direto do dano, este terá excluída sua culpa[23].

Ainda aqui se pode observar que a exclusão da responsabilidade se dará porque o fato de terceiro se reveste de características semelhantes às do caso fortuito, sendo imprevisível e inevitável. Somente nessa hipótese deixa de haver responsabilidade pela reparação, por inexistência da relação de causalidade. Problemas em que inexiste culpa do causador direto do dano têm sido solucionados com base nos arts. 188, II, 929 e 930 do Código Civil.

---

[20] RJTJSP, 42/103, 41/108, 43/83; RT, 437/127 e 782/211.
[21] RJTJSP, 41/108.
[22] JTACSP, 156/187.
[23] RT, 404/134.

A propósito, ensina AGUIAR DIAS: "Os códigos filiados ao sistema francês não mencionam especialmente o fato de terceiro. Nosso Código também não o faz, limitando-se à clássica referência ao caso fortuito ou de força maior. Pelo contrário, o que nele encontramos é precisamente um sinal adverso ao reconhecimento amplo dos efeitos do fato de terceiro sobre a responsabilidade, no art. 1.520 [*correspondente ao art. 930 do atual diploma*], onde se consagra tão somente a ação regressiva contra ele, e que supõe, logicamente, a responsabilidade, ou melhor, a obrigação de reparar, por parte do sujeito desse direito regressivo"[24].

Dessa maneira, o causador direto do dano tem a obrigação de repará-lo, ficando com direito à ação regressiva contra o terceiro, de quem partiu a manobra inicial e ensejadora da colisão. Assim, se um motorista colide seu veículo com outro, não lhe aproveita a alegação de que tal ocorreu porque foi "fechado" por um terceiro. Nesse caso, deve indenizar os prejuízos que causou ao lesado e, depois, mover ação regressiva contra o terceiro[25].

Pode-se afirmar, pois, que, evidenciado fato de terceiro (acidente de trânsito), rompe-se o nexo causal do acidente, "não sendo devidas reparações por danos moral e material pelo empregador"[26].

Nada impede que a vítima proponha a ação diretamente contra o terceiro, arcando, nesse caso, com o ônus da prova de culpa deste e abrindo mão da vantagem que o art. 929 lhe proporciona. Da mesma forma, em casos de acidente causado por ato de terceiro, com dano ao passageiro (responsabilidade contratual), pode a vítima optar pela ação não contra o próprio transportador, mas contra o terceiro, embora, nesse caso, sua situação se torne penosa, por lhe caber o ônus da prova da culpa do terceiro. É possível ao autor litigar contra o agente direto do prejuízo e também contra o terceiro, cujo procedimento culposo foi o elemento que provocou o acidente. A sentença definirá o responsável.

Em conclusão: o causador direto do dano só se eximirá da obrigação de indenizar se sua ação for equiparável ao fortuito (caso em que terá sido mero instrumento do terceiro, servindo de "projétil"). Quando essa situação está bem caracterizada, a ação deve ser proposta unicamente contra o terceiro, o verdadeiro e único causador do evento.

4.4. Fato de terceiro e denunciação da lide

Muitas vezes, o causador direto do dano, ao ser acionado, requer a denunciação da lide ao terceiro, contra quem tem ação regressiva, fundamentando o

---

[24] *Da responsabilidade civil*, 4. ed., t. 2, p. 712, n. 218.
[25] *JTACSP*, 157/194.
[26] TRT-2, RO 00021011020145040406, DJe 27-10-2017.

pedido no art. 125, II, do Código de Processo Civil de 2015, que dispõe: "*A denunciação da lide é obrigatória* ... III – àquele que estiver obrigado, pela lei ou pelo contrato, a indenizar, em ação regressiva, o prejuízo do que perder a demanda".

Outras vezes, a denunciação não é feita com a finalidade de instaurar a lide secundária entre denunciante e denunciado, para que o direito de regresso do primeiro contra o segundo seja decidido na mesma sentença que julgar a lide principal (CPC/2015, art. 129), *mas sim com o objetivo de apontar o terceiro responsável pelo evento e de, com isso, excluir da demanda o denunciante.*

Não é possível, no entanto, o afastamento do processo do causador direto do dano, assumindo, desde logo, o terceiro a responsabilidade.

A denunciação da lide ao terceiro pode ser feita apenas para o efeito de regresso. Mesmo assim, é controvertida a aceitação de tal denunciação. Há os que interpretam de forma restritiva o art. 70, III, do Código de Processo Civil de 1973[27] (art. 125, II, do CPC/2015), não admitindo a denunciação em todos os casos em que há o direito de regresso, pela lei ou pelo contrato, mas somente quando se trata de garantia do resultado da demanda, ou seja, quando, resolvida a lide principal, torna-se automática a responsabilidade do denunciado, independentemente de discussão sobre sua culpa ou dolo (sem a introdução de um fato ou elemento novo, como nas denunciações às seguradoras).

A denunciação só é obrigatória sob pena de perda do direito material no caso do inciso I do mencionado art. 125 do Código de Processo Civil de 2015, que se refere aos casos de evicção, por força do disposto no art. 456 do Código Civil. Todavia, a jurisprudência do *Superior Tribunal de Justiça* é no sentido de que "a não denunciação da lide não acarreta a perda da pretensão regressiva, mas apenas ficará o réu, que poderia denunciar e não denunciou, privado da imediata obtenção do título executivo contra o obrigado regressivamente. Daí resulta que as cautelas insertas pelo legislador pertinem tão só com o direito de regresso, mas não privam a parte de propor ação autônoma contra quem eventualmente lhe tenha lesado"[28].

Assim, tem-se decidido:

"Ao admitir-se a denunciação em qualquer situação em que possa haver direito de regresso do vencido contra um terceiro, poder-se-ia chegar a um resul-

---

[27] Sydney Sanches, *Denunciação da lide*, p. 125; Vicente Greco Filho, *Direito processual civil brasileiro*, v. 1, p. 143.

[28] REsp 132.258-RJ, rel. Min. Nilson Naves, *DJU*, 17-4-2000. No mesmo sentido: "Evicção. Compra e venda de imóvel. Restituição do preço. Pretensão que se mantém mesmo se não efetivada a denunciação da lide" (*JTJ*, Lex, 224/57); "Em sede de evicção, a falta de notificação do litígio não impede a propositura de ação de indenização pelo adquirente" (*RT*, 672/126).

tado oposto àquele buscado pelo legislador, de maior delonga na situação da lide principal, o que constituiria ofensa ao princípio de celeridade processual e até mesmo uma denegação da Justiça"[29].

Inadmissível, também, a denunciação sucessiva, nos casos de "engavetamento" (que os italianos chamam de *tamponamento*). Não pode, na lide movida pelo primeiro motorista, o segundo fazer a denunciação da lide ao terceiro, para que este pague os reparos em seu carro. Para a corrente restritiva, não há nem o direito de regresso contra o terceiro.

O terceiro denunciado não pode ser condenado a indenizar os danos, em substituição ao denunciante. Malgrado algumas decisões em sentido contrário, admitindo a chamada "denunciação de fato"[30] por medida de economia processual, tem a jurisprudência dominante proclamado a nulidade da sentença que, excluindo o réu litisdenunciante, julga procedente o pedido, condenando só o litisdenunciado, como se contra este houvesse sido proposta ação direta.

A rigor, não é possível estabelecer-se uma solidariedade não desejada pela vítima, nem excluir-se da demanda o réu, para se responsabilizar terceiro, que não litiga com ela.

Ensina, com efeito, HÉLIO TORNAGHI que "o Direito brasileiro diverge do alemão e converge com o francês e o italiano em considerar a denunciação da lide como ação do denunciante contra o denunciado para a eventualidade da sucumbência. Em lugar de uma futura ação de garantia ou regressiva, promove-a desde logo, no mesmo processo, em que é demandado. Se vence, com ele vence o 'denunciado', seu consorte no litígio; se perde, a sentença que é condenatória contra ele é declaratória para ele do direito à garantia ou ao ressarcimento. E não apenas declaratória porque vale como título executivo"[31].

Por tal razão, é princípio consagrado na jurisprudência:

"Incide na nulidade, de pleno direito, decretável de ofício, a sentença que, excluindo o réu litisdenunciante, julga procedente o pedido, condenando, tão só, o litisdenunciado, como se contra este houvesse sido proposta ação direta, quando é certo que o autor é litigante estranho na lide formada entre denunciante e denunciado"[32].

Coloca-se, porém, como requisito necessário que o réu, para poder denunciar a lide, seja parte legítima passiva. Como pondera ARRUDA ALVIM, "alguém

---

[29] *JTACSP*, Saraiva, 81/210.
[30] *JTACSP*, Revista dos Tribunais, 111/217.
[31] *Comentários ao Código de Processo Civil*, v. 1, p. 269.
[32] *RT*, 539/196, 544/227, 551/218; *JTACSP*, Saraiva, 81/208; *JTACSP*, Revista dos Tribunais, 98/122, 100/102.

acionado para responder por acidente de veículo, na condição de proprietário do veículo, por danos causados, arguindo sua ilegitimidade passiva 'ad causam', estribado no fato de que, à época do acidente, já havia alienado o veículo, não pode, simultaneamente, pretender denunciar a lide a esse adquirente do veículo (o novo proprietário). Através da denunciação objetiva o denunciante, se for condenado na ação principal, obter, via denunciação, e a seu favor, um título executivo contra aquele em relação a quem afirma ter direito de regresso. Se isto é impossível, pois o denunciante se diz parte ilegítima passiva 'ad causam', não pode denunciar. Numa palavra, portanto, quem é (ou pretende ser) parte ilegítima passiva 'ad causam', na ação principal, 'ipso facto' sê-lo-á parte ilegítima ativa na denunciação"[33].

Nesse sentido a jurisprudência:

"Denunciação da lide. Pretensão à inclusão na relação processual de suposta parte legítima com exclusão de quem se declara parte ilegítima. Desacolhimento. Impossibilidade do denunciado integrar a lide em substituição a quem se declara parte ilegítima"[34].

5. CASO FORTUITO E FORÇA MAIOR

O art. 393, parágrafo único, do Código Civil, não faz distinção entre o caso fortuito e a força maior, definindo-os da seguinte forma:

"*O caso fortuito ou de força maior verifica-se no fato necessário, cujos efeitos não era possível evitar, ou impedir*".

A inevitabilidade é, pois, a sua principal característica.

O *caso fortuito* geralmente decorre de fato ou ato alheio à vontade das partes: greve, motim, guerra. *Força maior* é a derivada de acontecimentos naturais: raio, inundação, terremoto. Ambos, equiparados no dispositivo legal supratranscrito, constituem excludentes da responsabilidade porque afetam a relação de causalidade, rompendo-a, entre o ato do agente e o dano sofrido pela vítima.

Assim, por exemplo, se um raio romper os fios de alta-tensão e inutilizar os isolantes, não será a empresa fornecedora da energia elétrica responsabilizada se alguém neles esbarrar e perecer eletrocutado. A menos que, informada do evento, não tome urgentes providências para sanar o problema[35]. Se há caso fortuito, não pode haver culpa, à medida que um exclui o outro.

---

[33] *Manual de direito processual civil*, v. 2, p. 101.
[34] *JTACSP*, Revista dos Tribunais, 100/102.
[35] *RT*, 369/89.

Focalizando a questão sob esse mesmo ângulo, o da ausência de culpa, salienta ARNOLDO MEDEIROS DA FONSECA que "o caso fortuito não pode jamais provir de ato culposo do obrigado, pois a própria natureza inevitável do acontecimento que o caracteriza exclui essa hipótese. Somente pode resultar de uma causa estranha à vontade do devedor, irresistível, o que já indica ausência de culpa. Se o evento decorre de um ato culposo do obrigado, não era inevitável; logo, não haverá fortuito"[36].

Para SILVIO RODRIGUES, "os dois conceitos, por conotarem fenômenos parecidos, servem de escusa nas hipóteses de responsabilidade informada na culpa, pois, evidenciada a inexistência desta, não se pode mais admitir o dever de reparar"[37].

Na lição da doutrina exige-se, pois, para a configuração do caso fortuito, ou de força maior, a presença dos seguintes requisitos: a) o fato deve ser necessário, não determinado por culpa do devedor, pois, se há culpa, não há caso fortuito; e reciprocamente, se há caso fortuito, não pode haver culpa, na medida em que um exclui o outro. Como dizem os franceses, culpa e fortuito, *ces sont des choses que hurlent de se trouver ensemble*; b) o fato deve ser superveniente e inevitável; c) o fato deve ser irresistível, fora do alcance do poder humano.

Modernamente se tem feito, com base na lição de AGOSTINHO ALVIM, a distinção entre *"fortuito interno"* (ligado à pessoa, ou à coisa, ou à empresa do agente) e *"fortuito externo"* (força maior, ou *Act of God* dos ingleses). Somente o fortuito externo, isto é, a causa ligada à natureza, estranha à pessoa do agente e à máquina, excluiria a responsabilidade, principalmente se esta se fundar no risco. O fortuito interno, não.

Assim, tem-se decidido que o estouro dos pneus do veículo, a quebra da barra de direção ou de outra peça, o rompimento do "burrinho" dos freios e outros eventuais defeitos mecânicos não afastam a responsabilidade, porque previsíveis e ligados à máquina[38].

Também não afasta a responsabilidade a causa ligada à pessoa, como, por exemplo, o mal súbito[39].

Assim, somente o fortuito externo, isto é, a causa ligada à natureza, exclui a responsabilidade, por ser imprevisível. Um raio que atinge subitamente uma condução, provocando a perda da direção e um acidente com danos, afasta a responsabilidade do motorista, pelo rompimento da relação de causalidade. Já o fortuito interno, em que a causa está ligada à pessoa (quando ocorre um mal

---

[36] *Caso fortuito e teoria da imprevisão*, p. 13.
[37] *Direito civil*, cit., v. 2, p. 288.
[38] RT, 431/73; RJTJSP, 33/118; JTACSP, 117/22 e 155/194.
[39] JTACSP, 156/184.

súbito) ou à coisa (defeitos mecânicos), não afasta a responsabilidade do agente, ainda que o veículo esteja bem cuidado e conservado, porque previsível.

Segundo a lição de Agostinho Alvim, o fortuito interno será suficiente para a exclusão da responsabilidade, se esta se fundar na culpa. Com maioria de razão absolverá o agente a força maior. "Se a sua responsabilidade fundar-se no risco, então o simples caso fortuito não o exonerará. Será mister haja força maior, ou, como alguns dizem, caso fortuito externo"[40].

Hoje, no entanto, em razão dos novos rumos da responsabilidade civil, que caminha no sentido da responsabilidade objetiva, buscando dar melhor proteção à vítima de modo a não deixá-la irressarcida, valendo-se, para alcançar esse desiderato, dentre outras, da teoria do exercício de atividade perigosa, considerando-se como tal o uso de veículos para cômodo do proprietário, observamos uma tendência cada vez maior no sentido de não se admitir a exclusão da responsabilidade em acidentes automobilísticos em casos de fortuito interno (problemas ou defeitos ligados à máquina e ao homem).

Somente o fortuito externo, isto é, a causa ligada à natureza, estranha à pessoa do agente e à máquina, exclui a responsabilidade, por ser imprevisível. Nas hipóteses de defeitos mecânicos, aplica-se a teoria do exercício da atividade perigosa, que não aceita o fortuito como excludente da responsabilidade. Quem assume o risco do uso da máquina, desfrutando os cômodos, deve suportar também os incômodos.

Nessa linha, decidiu-se:

"Quem põe em circulação veículo automotor assume, só por isso, a responsabilidade pelos danos que do uso da coisa resultarem para terceiros. Os acidentes, inclusive os determinados por defeitos da própria máquina, são fatos previsíveis e representam um risco que o condutor de automóveis assume, pela só utilização da coisa, não podendo servir de pretexto para eximir o autor do dano do dever de indenizar"[41].

Na hipótese de não haver a menor culpa, incide a responsabilidade objetiva, decorrente unicamente do ônus da propriedade do veículo, como assinala Arnaldo Rizzardo, que complementa: "Há de ser assim. Injusto e contrário à equidade se negue o direito ao ressarcimento em favor do prejudicado, livrando o causador da obrigação da reparação"[42].

A jurisprudência brasileira admitiu expressamente a distinção entre o caso fortuito externo (força maior) e o caso fortuito interno, identificando, neste últi-

---

[40] *Da inexecução das obrigações e suas consequências*, p. 315, n. 208.
[41] RT, 416/345.
[42] *A reparação nos acidentes de trânsito*, p. 66.

mo, situações de risco inerentes à atividade do agente. A hipótese consagrada é a prevista na *Súmula 479 do Superior Tribunal de Justiça*, que dispõe: "*As instituições financeiras respondem objetivamente pelos danos gerados por fortuito interno relativo a fraudes e delitos praticados por terceiros no âmbito de operações bancárias*". Em outros termos, como observa Bruno Miragem[43], "*a Súmula 479 consagra entendimento daquela Corte no sentido de que as fraudes e delitos praticados por terceiros, no curso das operações bancárias, integram-se à esfera de risco da instituição financeira, de modo que os danos daí decorrentes são de sua responsabilidade. Será o caso de desvio de recursos por terceiros, como os praticados na internet ou mesmo em terminais de autoatendimento, por exemplo*".

Observa-se que inexiste uma rígida divisão entre a área do fortuito interno e a do externo, pois a avaliação do que se submeterá a uma ou outra dependerá da natureza da atividade causadora do dano, como asseveram Cristiano Chaves de Farias, Felipe Braga Netto e Nelson Rosenvald[44]: "No transporte de ônibus, por exemplo, como vimos, um fenômeno climático poderá exonerar o transportador da obrigação de indenizar, porém não se diga o mesmo de uma intempérie no transporte aéreo. A alta tecnologia aplicada a essa atividade é toda direcionada à evitabilidade de eventos da natureza, sendo que eventual acidente será, via de regra, introduzido no fortuito interno. Outrossim, um assalto a mão armada de um ônibus poderá ser aferido como fortuito externo, porém igual conclusão será inidônea, tratando-se de assaltos em agências bancárias ou no interior de um *shopping center*".

A propósito, proclama o *Enunciado n. 443 do Conselho de Justiça Federal*: "O caso fortuito e a força maior somente serão considerados como excludentes da responsabilidade civil quando o fato gerador do dano não for conexo à atividade desenvolvida".

6. CLÁUSULA DE IRRESPONSABILIDADE OU DE NÃO INDENIZAR

Cláusula de não indenizar é o acordo de vontades que objetiva afastar as consequências da inexecução ou da execução inadequada do contrato. Tem por função alterar, em benefício do contratante, o jogo dos riscos, pois estes são transferidos para a vítima.

---

[43] *Direito civil: responsabilidade civil*, São Paulo: Saraiva, 2015, p. 248.
[44] *Novo tratado de responsabilidade civil*, 2. ed., São Paulo: Saraiva, 2017, p. 485.

É o caso, por exemplo, do contrato de depósito celebrado entre o cliente e o dono do estacionamento, contendo cláusula pela qual o último não se responsabiliza pelo desaparecimento de objetos deixados no interior do veículo. A sua finalidade não é propriamente afastar a responsabilidade do inadimplente, mas apenas a obrigação de indenizar.

Como se vê, a cláusula de irresponsabilidade tem por função alterar, em benefício do contratante, o jogo dos riscos, pois estes são transferidos para a vítima[45].

Muito se discute a respeito da validade de tal tipo de cláusula. Para alguns, seria uma cláusula imoral, porque contrária ao interesse social. Vedando-a, principalmente nos contratos de adesão, estar-se-á protegendo a parte economicamente mais fraca. Outros, entretanto, defendem-na, estribados no princípio da autonomia da vontade: as partes são livres para contratar, desde que o objeto do contrato seja lícito.

Nosso direito não simpatiza com a cláusula de não indenizar. O Decreto n. 2.681, de 1912, considera nulas quaisquer cláusulas que tenham por objetivo a diminuição da responsabilidade das estradas de ferro. A jurisprudência, de forma torrencial, não a admite nos contratos de transporte, sendo peremptória a *Súmula 161 do Supremo Tribunal Federal*, nestes termos:

"Em contrato de transporte, é inoperante a cláusula de não indenizar".

E o Código Civil, no art. 734, preceitua:

"*O transportador responde pelos danos causados às pessoas transportadas e suas bagagens, salvo motivo de força maior, sendo nula qualquer cláusula excludente da responsabilidade*".

O Código de Defesa do Consumidor (Lei n. 8.078, de 11-9-1990), que se aplica atualmente a mais ou menos 80% dos contratos, não admite a sua estipulação nas relações de consumo.

Com efeito, em seu art. 24 o aludido diploma diz que "é vedada a exoneração contratual do fornecedor". E, no art. 25, proclama: "É vedada a estipulação contratual de cláusula que impossibilite, exonere ou atenue a obrigação de indenizar prevista nesta e nas Seções anteriores". Não bastasse isso, em seu art. 51, ao tratar das cláusulas abusivas, considera nulas de pleno direito as cláusulas que "impossibilitem, exonerem ou atenuem a responsabilidade do fornecedor por vícios de qualquer natureza dos produtos e serviços ou impliquem renúncia ou disposição de direitos", incluídos aqui os acidentes de consumo e os vícios redibitórios.

---

[45] Aguiar Dias, *Cláusula de não indenizar*, p. 95, n. 35.

Como o Código de Defesa do Consumidor permanece em vigor, a grande maioria dos contratos continua não admitindo cláusula de não indenizar. Mesmo no restrito campo dos contratos não regidos pela legislação consumerista várias limitações são impostas à referida cláusula. A sua validade dependerá da observância de alguns requisitos, quais sejam:

a) *Bilateralidade de consentimento* – Considera-se inteiramente ineficaz declaração feita unilateralmente. Veja-se: "A cláusula de não indenizar só tem cabimento quando estabelecida com caráter de transação, não podendo ser deduzida de fórmulas impressas não integrantes do contrato, nem de avisos afixados em paredes"[46].

b) *Não colisão com preceito de ordem pública* – Ainda que haja acordo de vontades, não terá validade se visa afastar uma responsabilidade imposta em atenção a interesse de ordem pública ou aos bons costumes. Somente a norma que tutela mero interesse individual pode ser arredada pela referida cláusula[47].

c) *Igualdade de posição das partes* – Tal requisito impede a sua inserção nos contratos de adesão. Seria até imoral admitir-se a ideia de alguém, justamente a parte que se encontra em melhor situação por elaborar e redigir todas as cláusulas do contrato sem qualquer participação do aderente, fugir à responsabilidade pelo inadimplemento da avença, por sua deliberada e exclusiva decisão. A propósito, dispõe a *Súmula 161 do Supremo Tribunal Federal*: "Em contrato de transporte, é inoperante a cláusula de não indenizar". A jurisprudência, no entanto, tem admitido, embora com algumas divergências, a cláusula limitativa de responsabilidade no transporte marítimo, desde que corresponda à redução de tarifa e não torne irrisória a indenização.

d) *Inexistência do escopo de eximir o dolo ou a culpa grave do estipulante* – Não se admite cláusula de exoneração de responsabilidade em matéria delitual, pois seu domínio se restringe à responsabilidade contratual. Mesmo nesse campo, a cláusula não abrange os casos de dolo ou culpa grave. Se fossem admitidos, teríamos como consequência a impunidade em hipóteses de ações danosas de maior gravidade, contrariando a própria ideia de ordem pública.

e) *Ausência da intenção de afastar obrigação inerente à função* – A cláusula de não indenizar não pode ser estipulada para afastar ou transferir obrigações essenciais do contratante. O contrato de compra e venda, por exemplo, estaria desnaturado se o vendedor pudesse convencionar a dispensa de entregar a coisa vendida. Nessa ordem, o *Tribunal de Justiça de São Paulo* afastou a validade de cláusula existente nos estatutos, que excluía a responsabilidade de sanatório por eventuais danos sofridos pelos doentes mentais internados, nos seguintes termos:

---

[46] *RT*, 533/76, 563/146.
[47] Aguiar Dias, *Da responsabilidade*, cit., 4. ed., t. 2, p. 702.

"Não é válida – não pode sê-lo sem grave contradição lógico-jurídica – estipulação negocial de irresponsabilidade, nos casos de instituições que tomem a seu cargo, de maneira provisória ou definitiva, a título gratuito ou oneroso, o tratamento ou a guarda de doentes mentais, porque se considera inerente à função assumida a obrigação de velar pela integridade física dos internos. Conclui a propósito a doutrina que, em resumo, no tocante à integridade da vida e da saúde, exclui-se, sempre e sempre, a cláusula de irresponsabilidade"[48].

7. A PRESCRIÇÃO

Prescrita a pretensão à reparação de danos, fica afastada qualquer possibilidade de recebimento da indenização. A responsabilidade do agente causador do dano se extingue.

Inclusive, a *3ª Turma do Superior Tribunal de Justiça*, por unanimidade, decidiu que o reconhecimento da prescrição impede tanto a cobrança judicial quanto a cobrança extrajudicial da dívida[49].

A obrigação de reparar o dano é de natureza pessoal. Contudo, a prescrição não ocorre no prazo geral de dez anos, do art. 205, porque o art. 206, que estipula prazos especiais, dispõe:

"*Art. 206. Prescreve:*

(...)

§ 3º Em três anos:

(...)

V – a pretensão de reparação civil".

Merece encômios a redução dos prazos prescricionais no atual Código Civil, para dez anos, quando a lei não lhe haja fixado prazo menor (prazo geral, art. 205); e para três anos, o da pretensão à reparação civil (prazo especial), visto que o sistema do Código Civil de 1916, que previa o prazo de vinte anos para as ações pessoais, era objeto de severas críticas por parte de muitos juristas, que censuravam o legislador por conservar, "em face do ritmo da vida moderna, critério cabível nos remotos tempos em que as comunicações se resumiam na precariedade e na lentidão das viagens a cavalo. A adoção de prazos prescricionais mais curtos irá integrar o sistema de prescrição do direito brasileiro na moderna orientação, já aceita pela maioria das legislações"[50].

---

[48] *RJTJSP*, 126/159.
[49] STJ, REsp 2.088.100-SP, 3ª T., rel. Min. Nancy Andrighi, j. 17-10-2023.
[50] Aguiar Dias, *Da responsabilidade*, cit., 4. ed., p. 750.

Não há previsão de prazo menor para a prescrição da pretensão de reparação civil contra a Fazenda Pública, como havia no Código Civil de 1916. Se o fato também constitui ilícito penal, "a prescrição da ação penal não influi na ação de reparação do dano, que tem seus próprios prazos de prescrição"[51].

Sustentam alguns que o Decreto n. 20.910, de 6 de janeiro de 1932, que estabelece o prazo de cinco anos para a prescrição de direitos e ações contra a Fazenda Pública, encontra-se ainda em vigor. Todavia, tal decreto deve ser entendido como regra geral e aplicado quando não houver outro fixado por lei, como já decidiu o extinto 2º Tribunal de Alçada Civil de São Paulo[52].

O fato de o Código Civil de 2002 ter, no art. 43, tratado expressamente da responsabilidade civil do Estado, reproduzindo norma que já constava da Constituição Federal e apenas acrescentando a palavra *"interno"*, demonstra que tal matéria foi regulada pelo aludido diploma, devendo ser-lhe aplicadas as regras gerais, inclusive as concernentes à prescrição.

Deve-se ainda ponderar que o objetivo do aludido Decreto n. 20.910/32 era, nitidamente, beneficiar a Fazenda Pública, não podendo, por isso, permanecer em vigor diante de nova norma mais benéfica, trazida a lume pelo art. 206, § 3º do Código Civil de 2002[53].

Não se deve confundir o prazo especial de dois anos do art. 206, § 2º, referente à prescrição da pretensão *"para haver prestações alimentares"*. Esse prazo diz respeito às prestações alimentícias devidas em razão do parentesco, do casamento e da união estável, reguladas no direito de família, e não à indenização estipulada em forma de pensões periódicas em decorrência de ato ilícito e previstas nos arts. 948 e 950 do Código Civil, cujo não pagamento pode acarretar até a prisão do devedor[54].

Tendo em vista que a sentença penal condenatória constitui título executivo judicial (CC, art. 935; CPC/2015, art. 515, VI; CPP, art. 63), prescreve o art. 200 do Código Civil:

"Quando a ação se originar de fato que deva ser apurado no juízo criminal, não correrá a prescrição antes da respectiva sentença definitiva".

O *Superior Tribunal de Justiça* já havia, antes mesmo do Código Civil de 2002, proferido decisão nesse sentido. Confira-se:

"Se o ato do qual pode exsurgir a responsabilidade civil do Estado está sendo objeto de processo criminal, o termo inicial da prescrição da ação de reparação

---

[51] Aguiar Dias, *Da responsabilidade*, cit., 4. ed., t. 2, p. 732, n. 222.
[52] Ap. 616.174-00/7, 9ª Câm., rel. Eros Piceli, j. 21-11-2001.
[53] Flávio de Araújo Willeman, *Responsabilidade civil das agências reguladoras*, p. 44.
[54] STF, *RTJ*, 83/513, 84/988.

de danos inicia, excepcionalmente, da data do trânsito em julgado da sentença penal. Recurso especial conhecido e improvido"[55].

O Código de Defesa do Consumidor distingue os prazos decadenciais dos prescricionais. Os primeiros são regulados no art. 26 e são: de trinta dias, tratando-se de fornecimento de serviço e de produto não duráveis (inciso I); de noventa dias, tratando-se de fornecimento de serviço e de produto duráveis (inciso II). A contagem do prazo *decadencial* inicia-se a partir da entrega efetiva do produto ou do término da execução dos serviços (§ 1º). Tratando-se de vício oculto, o prazo decadencial inicia-se no momento em que ficar evidenciado o defeito.

Os prazos, tanto para os vícios aparentes como para os ocultos, são os mesmos. A diferença reside no momento em que passam a fluir. Para os ocultos, é o instante em que o defeito ficar evidenciado, enquanto para os aparentes, é o da entrega do produto ou do término da execução do serviço.

O prazo *prescricional*, porém, é único para todos os casos de acidente de consumo. Dispõe o art. 27 que a pretensão à reparação pelos danos causados por fato do produto ou do serviço prescreve em *cinco anos*, iniciando-se a contagem do prazo a partir do conhecimento do dano e de sua autoria.

O art. 7º não exclui a aplicação das demais leis que disciplinem os prazos prescricionais, desde que sejam respeitados os princípios da lei consumerista, dentre eles o que estabelece a proteção do consumidor (art. 1º). Assim, a condição para a aplicação de outro prazo é que seja favorável ao consumidor.

A propósito da redução do prazo prescricional da pretensão de reparação civil, de vinte para três anos, e da retroatividade da lei prescricional, mostra-se oportuna a lição de Câmara Leal: "Estabelecendo a nova lei um prazo mais curto de prescrição, essa começará a correr da data da nova lei, salvo se a prescrição iniciada na vigência da lei antiga viesse a completar-se em menos tempo, segundo essa lei, que, nesse caso, continuaria a regê-la, relativamente ao prazo"[56].

O Código Civil de 2002 estabeleceu, contudo, no livro complementar que trata "Das Disposições Finais e Transitórias", a seguinte regra:

"*Art. 2.028. Serão os da lei anterior os prazos, quando reduzidos por este Código, e se, na data de sua entrada em vigor, já houver transcorrido mais da metade do tempo estabelecido na lei revogada*".

O prazo continuará a ser o de vinte anos, portanto, e pelo período faltante, se, na data da entrada em vigor do novo diploma, já houver transcorrido lapso

---

[55] REsp 137.942-RJ, 2ª T., rel. Min. Ari Pargendler, j. 5-2-1998.
[56] *Prescrição e decadência*, p. 90, n. 67.

prescricional superior a dez anos. Do contrário, incidirá e começará a fluir da referida data o novo prazo de três anos.

Confira-se a propósito:

"Reduzido, pelo novo Código Civil, o prazo prescricional da pretensão de reparação civil de vinte anos para três anos, aplica-se o prazo novo se, na data da entrada em vigor do Código Reale, ainda não houver transcorrido mais da metade do tempo estabelecido na lei revogada. O termo inicial do novo prazo (reduzido) começou a fluir em 11/1/2003, data de início da vigência do Código Civil, sob pena de aplicação retroativa do novo prazo prescricional"[57].

O *Supremo Tribunal Federal* proclamou, em julgamento de recurso extraordinário com repercussão geral, que a ação de reparação de danos à Fazenda Pública decorrente de ilícito civil prescreve em cinco anos. A decisão, no entanto, não alcança prejuízos que decorrem de ato de improbidade administrativa. Afastou, portanto, a tese de que o prazo da União é imprescritível[58].

A prescrição da pretensão punitiva na ação penal não impede o andamento de ação indenizatória pelo mesmo fato no juízo cível. Entendeu o *Superior Tribunal de Justiça, corretamente, ser possível a tramitação de ação civil com pedido de indenização por danos morais e materiais causados a uma vítima de lesão corporal grave, mesmo tendo sido reconhecida a prescrição no juízo criminal*. Segundo a relatora, Min. Nancy Andrighi, a decretação da prescrição punitiva do Estado "impede, tão somente, a formação do título executivo judicial na esfera penal, indispensável ao exercício da pretensão executória pelo ofendido, mas não fulmina o interesse processual no exercício da pretensão indenizatória a ser deduzida no juízo cível pelo mesmo fato"[59].

---

[57] 2º TACSP, AgI 847.171-0/0-SP, 5ª Câm., rel. Manoel de Queiroz Pereira Calças, j. 28-4-2004.
[58] STF, RE 669.069, rel. Min. Teori Zavascki, *in* Revista *Consultor Jurídico*, de 17-6-2016.
[59] STJ, REsp 1.802.170, 3ª T., rel. Min. Nancy Andrighi, *in* Revista *Consultor Jurídico* de 16-3-2020.

LIVRO IV
RESPONSABILIDADE CIVIL AUTOMOBILÍSTICA

Título I
INTRODUÇÃO

Sumário: 1. Novos rumos da responsabilidade civil automobilística. 2. Da culpa ao risco. 3. O Código de Trânsito Brasileiro.

1. NOVOS RUMOS DA RESPONSABILIDADE CIVIL AUTOMOBILÍSTICA

O automóvel assumiu posição de tanto relevo na vida do homem que já se cogitou até de reconhecer a existência de um direito automobilístico, que seria constituído de normas sobre as responsabilidades decorrentes da atividade automobilística, normas reguladoras dos transportes rodoviários de pessoas e cargas e regras de trânsito.

Apesar do grande número de acidentes e da necessidade do estudo de melhores condições e normas para impedi-los, o assunto, entretanto, não transcende do direito civil e do direito processual civil, onde deve ser tratado, junto com as normas preventivas da Lei das Contravenções Penais e repressivas do Código Penal.

WILSON MELO DA SILVA observa que, entre as causas principais dos acidentes de trânsito, são apontadas com destaque: a falta de ajuste psicofísico para a condução do veículo e a desobediência costumeira às regras e disposições regulamentares. E aduz que tais causas, na generalidade com que são expostas, comportam desdobramentos: a embriaguez, a fadiga, o sono, o nervosismo, os estados de depressão e angústia, a emulação, o uso de drogas, o exibicionismo etc. Todas essas causas e desdobramentos evidenciam uma conduta culposa do motorista e demonstram a necessidade de serem cominadas penas mais severas aos causadores de acidentes[1].

---

[1] *Da responsabilidade civil automobilística*, p. 11, n. 4.

As regras que disciplinam o trânsito encontram-se no Código de Trânsito Brasileiro (Lei n. 9.503, de 23-9-1997), sendo que cabe à jurisprudência o importante papel de interpretar e aperfeiçoar o aludido diploma, apreciando e decidindo os pedidos de reparação de danos causados por acidentes de veículos.

No campo penal, entretanto, a nossa legislação é excessivamente benevolente, não prevendo adequadas e severas punições, como seria de mister, aos criminosos do trânsito. Urge que se reforme e se atualize tal legislação, atendendo-se ao clamor geral, para que o Brasil deixe de ocupar um dos primeiros lugares nas estatísticas mundiais no tocante ao número de acidentes automobilísticos.

Na esfera cível, a situação já apresenta um quadro melhor, pois os tribunais se têm empenhado francamente em não deixar a vítima irressarcida, facilitando-lhe a tarefa de busca da justa indenização, nesta era de socialização do direito. Observa-se, com efeito, nos tempos atuais, uma paulatina deslocação do eixo de gravitação da responsabilidade civil, da culpa para o risco.

Entretanto, é importante destacar que, segundo a jurisprudência do Superior Tribunal de Justiça, "a ausência de carteira de habilitação da vítima não acarreta, por si só, a sua culpa concorrente, sendo imprescindível, para tanto, a comprovação da relação de causalidade entre a falta de habilitação e o acidente"[2]. Portanto, percebe-se necessária a demonstração dos elementos aptos a caracterizar a responsabilização civil do causador do acidente.

2. DA CULPA AO RISCO

O conceito tradicional de culpa nem sempre se mostra adequado para servir de suporte à teoria da responsabilidade civil, pois o fato de impor à vítima, como pressuposto para ser ressarcida do prejuízo experimentado, o encargo de demonstrar não só o liame de causalidade, como por igual o comportamento culposo do agente causador do dano, equivale a deixá-la irressarcida, visto que, em inúmeros casos, o ônus da prova surge como barreira intransponível.

Por isso, embora não afastado, na maioria dos casos, o critério da culpa, procurou-se proporcionar maiores facilidades à sua prova. Os tribunais passaram a examinar com benignidade a prova de culpa produzida pela vítima, extraindo-a de circunstâncias do fato e de outros elementos favoráveis (a posição em que os veículos se imobilizaram, os sinais de frenagem, a localização dos danos etc.), a ponto de se afirmar:

---

[2] STJ, REsp 1.986.488-BA, 3ª T., rel. Min. Nancy Andrighi, *DJe* 7-4-2022.

"Sempre que as peculiaridades do fato, por sua normalidade, probabilidade e verossimilhança, façam presumir a culpa do réu, a este compete provar sua inocência"[3].

Passou-se, também, a admitir a teoria do abuso de direito como ato ilícito, para responsabilizar pessoas que abusavam de seu direito, desatendendo à finalidade social para a qual foi criado, lesando terceiros, bem como admitir um maior número de casos de responsabilidade contratual (*v. g.*, nos transportes em geral), que oferecem vantagem para a vítima no tocante à prova, bastando a prova de que não chegou incólume ao seu destino e que não foi cumprida a obrigação de resultado assumida pelo transportador.

Outro processo técnico utilizado foi o estabelecimento de casos de presunção de culpa, como a dos pais, dos patrões, das estradas de ferro, dos que colidem contra a traseira do veículo que lhe vai à frente etc., com inversão do ônus da prova e favorecendo em muito a situação da vítima. Esta, nesses casos, não tem de provar a culpa subjetiva do agente, que é presumida. Basta a prova da relação de causa e efeito entre o ato do agente e o dano experimentado. Para livrar-se da presunção de culpa, o causador da lesão, patrimonial ou moral, é que terá de produzir prova de inexistência de culpa ou de caso fortuito.

O princípio de que ao autor incumbe a prova não é propriamente derrogado mas recebe uma significação especial, isto é, sofre uma atenuação progressiva. É que o acidente, em situação normal, conduz a supor-se a culpa do réu. Como assinala AGUIAR DIAS, à noção de "normalidade" se juntam, aperfeiçoando a fórmula, as de "probabilidade" e de "verossimilhança", que, uma vez que se apresentem em grau relevante, justificam a criação das presunções de culpa[4].

Com a aplicação da teoria da culpa na guarda, inspirada no direito francês, com presunção irrefragável da responsabilidade do agente, doutrina e jurisprudência começaram a pisar, de maneira efetiva, no terreno firme do risco.

Pela teoria do risco não há falar-se em culpa; basta a prova da relação de causalidade entre a conduta e o dano. Ganhou ela corpo no início do século passado, coincidindo o seu desenvolvimento com o surto industrial e com os problemas derivados dos acidentes do trabalho.

Como a concepção clássica, baseada na culpa, impunha dificuldades às vezes intransponíveis à vítima para demonstrar a culpa do patrão, a nova teoria atendia à preocupação de facilitar ao trabalhador a obtenção do ressarcimento, exonerando-o do encargo de produzir a prova de culpa de seu empregador. Passou-se, então, à concepção de que aquele que, no seu interesse, criar um risco de causar

---

[3] *RT*, 591/147.
[4] *Da responsabilidade civil*, t. 1, p. 115, n. 44.

dano a outrem, terá de repará-lo, se tal dano sobrevier. A responsabilidade deixa de resultar da culpabilidade para derivar exclusivamente da causalidade material. Responsável é aquele que causou o dano.

Na teoria do risco se subsume a ideia do exercício de atividade perigosa como fundamento da responsabilidade civil. O exercício de atividade que possa oferecer algum perigo representa um risco, que o agente assume, de ser obrigado a ressarcir os danos, que venham resultar a terceiros, dessa atividade. A obrigação de reparar o dano surge do simples exercício da atividade que o agente desenvolve em seu interesse e sob seu controle, em função do perigo que dela decorre para terceiros.

Tem-se, então, o risco como fundamento da responsabilidade. Inserem-se dentro desse novo contexto atividades que, embora legítimas, merecem, pelo seu caráter de perigosas (fabricação de explosivos e de produtos químicos, produção de energia nuclear, máquinas, transportes etc.), tratamento jurídico especial, em que não se cogita da subjetividade do agente para a sua responsabilização pelos danos ocorridos.

A realidade, portanto, é que se tem procurado fundamentar a responsabilidade na ideia de culpa, mas, sendo esta insuficiente para atender às imposições do progresso, tem o legislador fixado os casos especiais em que deve ocorrer a obrigação de reparar, independentemente daquela noção.

É o que acontece no direito brasileiro, que se manteve fiel à teoria subjetiva, no art. 186 do Código Civil. Para que haja responsabilidade, é preciso que haja culpa. A reparação do dano tem como pressuposto a prática de um ato ilícito. Sem prova de culpa, inexiste a obrigação de reparar o dano. Entretanto, em outros dispositivos e mesmo em leis esparsas, adotaram-se os princípios da responsabilidade objetiva, da culpa presumida e da responsabilidade sem culpa.

No tocante a acidentes resultantes de atividades perigosas, como, por exemplo, a utilização de um veículo terrestre para o transporte de pessoas, temos o Decreto n. 2.681, de 1912, sobre acidentes nas estradas de ferro, responsabilizando a ferrovia ainda que concorra culpa da vítima e só a exonerando dessa responsabilidade se a culpa for exclusivamente da vítima.

Quanto aos danos causados por aeronaves a terceiros, reza o Código Brasileiro de Aeronáutica que a empresa proprietária se responsabiliza por todos os prejuízos que a aeronave causar a pessoas ou bens, de forma objetiva.

Relativamente a pessoas transportadas, a jurisprudência tem equiparado aos trens todos os meios de transporte e acolhido a responsabilidade do dono, quando o veículo circule com o seu consentimento.

Tanto o proprietário como o condutor do barco (Dec.-Lei n. 116/67) deverão reparar os prejuízos, sem que se verifique se infringiram ou não as normas relativas à arte de navegar.

Refletindo essa tendência moderna, o Código Civil dispõe, no parágrafo único do art. 927:

"*Haverá obrigação de reparar o dano, independentemente de culpa, nos casos especificados em lei, ou quando a atividade normalmente desenvolvida pelo autor do dano implicar, por sua natureza, risco para os direitos de outrem*".

Em matéria de responsabilidade civil aquiliana decorrente de acidente que envolve mais de um veículo, a jurisprudência tem ainda se utilizado do critério da culpa para solucionar os diversos litígios que são instaurados. No entanto, em casos de atropelamento, sem culpa da vítima, ou de abalroamentos de veículos parados ou de postes e outros obstáculos, tem-se feito referência à teoria do risco objetivo ou do exercício de atividade perigosa, para responsabilizar o motorista ou o proprietário do veículo, afastando-se a alegação de caso fortuito em razão de defeitos mecânicos ou de problemas de saúde ligados ao condutor.

Como ressaltado por Carlos Alberto Bittar, "dentro dos estreitos limites de uma codificação subjetivista, como o Código Civil brasileiro em vigor [*referia-se ao CC de 1916*], poderão as vítimas ficar ao desamparo, em alguns casos, se a jurisprudência não completar o quadro protecionista da responsabilidade civil ante a realidade de novas situações de perigo que possam surgir, a par das já consagradas, como a da responsabilidade dos comitentes e das pessoas jurídicas de direito público. Nossos repertórios de jurisprudência estão plenos de questões sobre responsabilidade civil, em que se evidencia a problemática do perigo, principalmente quanto a acidentes com veículos automotores, destacando-se as que vêm acatando de frente a objetividade da responsabilidade do Estado nesse campo. Relativamente a atividades perigosas, vem a jurisprudência, mesmo sem texto expresso, acolhendo o risco como fundamento da responsabilidade, como ocorre na área de transporte"[5].

Assim, decidiu-se que a "culpa dos motoristas nos acidentes de trânsito está sendo considerada objetivamente pelo Excelso Pretório (*RTJ* 51/631), com base no direito francês, que não repugna ao nosso direito positivo, por se considerar o automóvel um aparelho sumamente perigoso"[6].

Decidiu-se, igualmente:

"O fato de um carro estar irregularmente estacionado em local proibido não isenta de culpa o motorista do veículo que com ele colidiu"[7].

---

[5] Responsabilidade civil nas atividades perigosas, in *Responsabilidade civil:* doutrina e jurisprudência, p. 95.
[6] TJSP, *RDCiv.*, 3/304.
[7] TJSP, *RT*, 510/126.

"Alegação de caso fortuito em virtude do estouro de pneu. Desacolhimento. A teoria da culpa, em sua colocação mais tradicional (subjetiva), não pode satisfazer os riscos que a utilização do veículo provocou. É preciso, para solucionar determinadas situações, aceitar colocações mais atuais, compatíveis com os riscos da utilização de máquinas perigosas, postas em uso pelo homem"[8].

"Como casos fortuitos ou de força maior não podem ser consideradas quaisquer anormalidades mecânicas, tais como a quebra ou ruptura de peças, verificadas em veículos motorizados"[9].

"Não se considera caso fortuito o rompimento do 'burrinho' dos freios do veículo"[10].

"Atropelamento. Alegação de defeitos mecânicos no veículo. Irrelevância. Não pode o responsável pelo dano causado por ato ilícito escudar-se em sua própria negligência, alegando defeitos em seu veículo, os quais a ele competia sanar. Todavia, mesmo que não tenha ele agido com culpa, ainda assim deve indenizar a vítima, aplicando-se o princípio do risco objetivo"[11].

Sobre a aplicação da teoria da perda de uma chance, o *Superior Tribunal de Justiça*, em recente julgado, se pronunciou atestando que há responsabilidade civil de empresa organizadora de competição automobilística que deixa de prestar socorro a piloto que falece por afogamento após acidente durante o percurso. Dentre as razões para a condenação, constatou-se "hipótese em que existia chance séria e concreta de que a recorrida, se tivesse enviado a ambulância ao local do acidente de forma imediata, teria conseguido promover o resgate em menor tempo e prestar assistência médica, aumentando significativamente as chances de sobrevida do piloto (marido da recorrente)"[12].

Temos também o Código de Defesa do Consumidor (Lei n. 8.078/90), que se aplica aos fornecedores de serviços de transportes em geral e estabelece responsabilidade objetiva semelhante à do Decreto n. 2.681/12, não admitindo qualquer cláusula que limite o valor da indenização.

E o Código Civil de 2002, no capítulo concernente ao transporte de pessoas, responsabiliza objetivamente o transportador pelos danos causados às pessoas transportadas e suas bagagens, salvo motivo de força maior, "*sendo nula qualquer cláusula excludente da responsabilidade*" (art. 734).

---

[8] 1º TACSP, *JTACSP*, Saraiva, 80/80.
[9] *RF*, 161/249.
[10] *RT*, 431/74.
[11] 1º TACSP, *RT*, 610/110.
[12] STJ, REsp 2.108.182-MG, 3ª T., rel. Min. Nancy Andrighi, *DJe* 19-4-2024.

3. O CÓDIGO DE TRÂNSITO BRASILEIRO

O Código de Trânsito Brasileiro (Lei n. 9.503, de 23-9-1997) veio a lume após 31 anos de vigência do revogado Código Nacional de Trânsito. Seguindo a tradição, contém basicamente normas de caráter administrativo e penal, não dedicando nenhum capítulo à responsabilidade civil. Contudo, alguns artigos esparsos tratam dessa questão, como o art. 1º, § 3º, que assim dispõe:

"Os órgãos e entidades competentes do Sistema Nacional de Trânsito respondem, no âmbito das respectivas competências, objetivamente, por danos causados aos cidadãos em virtude de ação, omissão ou erro na execução e manutenção de programas, projetos e serviços que garantam o exercício do direito do trânsito seguro".

Trata-se, na verdade, de transformação em lei de uma regra que já era aplicada pela jurisprudência. De há muito proclamavam os tribunais que, nos serviços públicos ou de utilidade prática prestados diretamente pela administração centralizada, responde a entidade pública prestadora pelos danos causados ao usuário ou a terceiros, independentemente da prova de culpa de seus agentes ou operadores, visto que a Constituição Federal estabelece a responsabilidade objetiva do Poder Público, extensiva às pessoas jurídicas de direito privado prestadoras de serviços públicos (art. 37, § 6º).

Assim, respondem o DER, o DNER, o DERSA, ou o próprio Poder Público, diretamente, conforme o caso, ou ainda as empreiteiras contratadas para a execução de obras ou manutenção de rodovias, de forma objetiva, pelos danos decorrentes de acidentes nas estradas de rodagem, causados por defeitos na pista, como buracos, depressões, quedas de barreiras e de pedras, falta ou deficiência de sinalização. Se os defeitos decorrem de obras nas vias públicas urbanas, a responsabilidade é da Municipalidade[13].

O fulcro da questão situa-se no nexo causal. Se ficar demonstrado que a *causa* do sinistro foi a má prestação de serviços, ou a omissão do órgão encarregado de garantir o trânsito seguro, a responsabilidade deste estará caracterizada.

O dispositivo em estudo teve o mérito de explicitar a responsabilidade do Poder Público e das entidades competentes do Sistema Nacional de Trânsito, responsabilizando-as não só por ação como especialmente por omissão ou erro na execução e manutenção de programas e projetos destinados a dar garantia de trânsito seguro. Assim, se a causa do evento consistir, por exemplo, na execução de projetos mal elaborados, de curvas perigosas e que facilitam o capotamento

---

[13] *RT*, 582/117; *JTACSP*, 106/47.

dos veículos por seu rebaixamento na parte externa, poderá o órgão que projetou e executou o serviço ser responsabilizado objetivamente.

Na realidade, a menção expressa à responsabilidade também por omissão das entidades que compõem o Sistema Nacional de Trânsito – o que a Constituição Federal não faz – não constitui propriamente inovação, pois tem prevalecido na jurisprudência a corrente que sustenta ser objetiva a responsabilidade civil do Estado pelos atos comissivos e, também, pelos que decorrem da omissão de seus agentes.

O fato de o Código de Trânsito não se referir aos pressupostos constantes do texto constitucional não significa que as regras agora são mais abrangentes e que teria sido adotada a teoria do risco integral, distanciando-se da teoria do risco administrativo, seguida pela Carta Magna. Se assim fosse, as entidades do Trânsito, como bem pondera Sérgio Cavalieri Filho, "responderiam agora por eventuais assaltos que ocorrem nos sinais, pelos furtos de veículos estacionados nas ruas, pelas chuvas e temporais que nos surpreendem na ida e volta para o trabalho e até pelos danos causados por motoristas embriagados ou imprudentes. Essa interpretação, em meu entender, é absolutamente descabida".

Esta norma do Código de Trânsito, aduz, "tem de ser interpretada e aplicada em harmonia, em consonância com a Constituição, sob pena de se tornar inconstitucional. Com efeito, tendo a Constituição, como já vimos, estabelecido como princípio geral a responsabilidade objetiva para toda a Administração Pública, direta e indireta, mas fundada no risco administrativo, com aquelas limitações ali previstas, lei ordinária alguma pode dilatar esses limites para estabelecer responsabilidade objetiva integral em certas áreas dessa mesma Administração Pública"[14].

Por força do art. 291 e parágrafo único do Código de Trânsito Brasileiro, pode haver composição de danos civis, sua homologação em juízo, com força de título executivo, a ser executado no juízo competente (como prevê o art. 74 da Lei n. 9.099/95), nos crimes de trânsito de lesão corporal culposa, de embriaguez ao volante e de participação em competição não autorizada.

Outro dispositivo que tem relação com a responsabilidade civil é o art. 297, inserido no capítulo que trata dos crimes de trânsito e que assim dispõe:

"Art. 297. A penalidade de multa reparatória consiste no pagamento, mediante depósito judicial em favor da vítima, ou seus sucessores, de quantia calculada com base no disposto no § 1º do art. 49 do Código Penal, sempre que houver prejuízo material resultante do crime.

§ 1º A multa reparatória não poderá ser superior ao valor do prejuízo demonstrado no processo.

---

[14] A responsabilidade civil prevista no Código de Trânsito Brasileiro à luz da Constituição Federal, *RT*, 765/87.

§ 2º Aplica-se à multa reparatória o disposto nos arts. 50 a 52 do Código Penal.

§ 3º Na indenização civil do dano, o valor da multa reparatória será descontado".

Foi prevista a imposição da referida multa em quase todas as figuras penais previstas no aludido diploma, exceto no homicídio culposo e na lesão corporal culposa.

O Código de Trânsito adotou o mesmo sistema do art. 116 do Estatuto da Criança e do Adolescente, que também criou uma multa reparatória do dano de caráter penal. Aqui também o pagamento da multa representará a antecipação de uma parcela da indenização a ser fixada na esfera cível – o que autoriza dizer que a indigitada penalidade tem duplo caráter: sanção criminal e ressarcimento civil.

Em 12 de abril de 2021 entrou em vigor a Lei n. 14.071/2020, que alterou regras do Código de Trânsito Brasileiro. Dentre as principais mudanças estão a extensão da validade da Carteira Nacional de Habilitação (CNH) e novos limites para a sua suspensão.

O texto da norma prevê ampliação da validade do exame de aptidão física e mental para renovação da CNH. O prazo passa a ser de dez anos para condutores com menos de 50 anos de idade; cinco anos para condutores entre 50 e 70 anos; e três anos para condutores acima de 70 anos.

Houve alteração do exame toxicológico, que continua obrigatório para as categorias C, D, e E a cada dois anos e seis meses, mas essa obrigação se estende para condutores menores de 70 anos, independentemente da validade da CNH. Houve também aumento do limite de pontos para a suspensão do direito de dirigir no prazo de 12 meses. Antes, eram 20 pontos, independente da gravidade. Com as novas normas, esse número se mantém apenas para quem tiver cometido duas ou mais infrações gravíssimas. Quem tiver apenas uma gravíssima, terá limite de 30 pontos. Para quem não tiver nenhuma, o limite é de 40 pontos.

Também passam a valer mudanças quanto aos equipamentos de retenção – a famosa "cadeirinha" no banco traseiro. Antes, o objeto era obrigatório para crianças menores de 10 anos. A idade foi mantida, porém apenas para crianças que não atingiram 1,45 m de altura.

Parar em ciclovia ou ciclofaixa passa a ser infração grave, sujeito a multa de R$ 195 e cinco pontos na CNH. Quem não reduzir a velocidade ao ultrapassar algum ciclista passará a cometer infração gravíssima e estará sujeito a multa de R$ 293.

O *recall* de concessionárias – convocação para substituição ou reparo de veículos – passa a ser um requisito para o licenciamento anual dos automóveis após um ano. A nova lei também cria um Registro Nacional Positivo de Condutores (RNPC), que possibilita concessão de benefícios fiscais a condutores que não tiverem cometido infração de trânsito nos últimos 12 meses – a medida ainda está sujeita a regulação do Conselho Nacional de Trânsito (Contran).

Quanto ao processo de habilitação, a lei extingue a necessidade de aulas práticas noturnas. Além disso, acaba com o prazo de 15 dias para novo exame em caso de reprovação[15].

---

[15] Revista *Consultor Jurídico* de 11 de abril de 2021.

# Título II
AÇÃO DE REPARAÇÃO DE DANOS

> Sumário: 1. A propositura da ação. 2. Apuração dos danos em execução de sentença. 3. Coisa julgada. 4. Foro competente.

1. A PROPOSITURA DA AÇÃO

O fundamento, o pressuposto básico da responsabilidade civil, em acidentes de veículos, é a culpa. Por isso, na petição inicial, deve o autor cuidar de descrever bem os fatos, para que se possa inferir em que consistiu a conduta culposa do réu e para que seja possível o oferecimento de defesa. Não é indispensável a indicação da modalidade de culpa que se atribui ao agente, mas é preciso descrever os fatos e a sua conduta culposa. Confira-se:

"Indenização. É indispensável que, no pedido de indenização decorrente de culpa, o autor, na inicial, exponha os fatos com clareza, de forma a caracterizar a responsabilidade do réu. Do contrário, é evidente que esta não terá condições objetivas de ser acolhida, sendo, assim, inepta a ação"[1].

"A inicial deve fornecer elementos suficientes à parte contrária para que esta possa responder, contestando a ação; e deve fornecer elementos bastantes ao juiz, para que este tenha condições de julgar a lide, cumprindo a prestação jurisdicional que lhe foi solicitada pelo autor da ação. Mas, se assim é, cumpre a este narrar na inicial, com clareza e precisão, os fatos e os fundamentos jurídicos de seu pedido. Carência em 2º grau decretada, visto que omissa a inicial quanto à descrição de culpa do preposto da ré"[2].

O importante, portanto, é que se descrevam os fatos, com clareza e precisão, para que se possa verificar se a conduta do réu ou de seu preposto foi culposa ou não e para que possa ele defender-se amplamente.

Não se exige uma descrição excessivamente pormenorizada dos fatos. Já se entendeu não configurada a inépcia da inicial, arguida pelo réu, por ter descrito, ainda que de forma sucinta, o fato imputável à parte adversa, proporcionando-lhe entendimento suficiente para sua ampla defesa[3].

---
[1] *RJTJSP*, 21/254.
[2] *JTACSP*, Revista dos Tribunais, 110/72.
[3] 1º TACSP, Ap. 439.216/90, 4ª Câm. Esp., j. 25-7-1990, rel. Amauri Ielo.

2. APURAÇÃO DOS DANOS EM EXECUÇÃO DE SENTENÇA

Preceitua o art. 491 do Código de Processo Civil de 2015:

"Art. 491. Na ação relativa à obrigação de pagar quantia, ainda que formulado pedido genérico, a decisão definirá desde logo a extensão da obrigação, o índice de correção monetária, a taxa de juros, o termo inicial de ambos e a periodicidade da capitalização dos juros, se for o caso, salvo quando:

I – não for possível determinar, de modo definitivo, o montante devido;

II – a apuração do valor devido depender da produção de prova de realização demorada ou excessivamente dispendiosa, assim reconhecida na sentença".

Nas ações de indenização em geral, no entanto, não se aplica tal dispositivo, porque a estimativa das perdas e danos, feita na inicial, não confere certeza ao pedido: a obrigação do réu é de valor abstrato, que depende de estimativas e de arbitramento judicial, este subentendido, sempre, em ações desta natureza[4]. Mas nada impede que o arbitramento seja feito no próprio processo de conhecimento[5].

Estando provado o dano na fase do conhecimento, pode a apuração do *quantum* ser relegada para a da execução da sentença. Se, no entanto, o autor não comprovar, na fase do conhecimento, que sofreu prejuízo indenizável ou que arcou com despesas decorrentes do acidente, não poderá pretender que a comprovação seja feita na fase da execução, porque nesta apura-se o *quantum debeatur* e não o *an debeatur*.

3. COISA JULGADA

A coisa julgada se cinge ao dispositivo da sentença. Mas a sentença que julgar total ou parcialmente a lide tem força de lei nos limites da lide e das questões decididas (CPC/2015, art. 503).

Como acentua MOACYR AMARAL SANTOS, "o Código vigente cortou definitivamente a controvérsia, excluindo da eficácia da coisa julgada as questões resolvidas na fundamentação"[6].

---

[4] *RT*, 611/133, *RJTJSP*, 50/158.
[5] Theotonio Negrão, 18. ed., nota 14 ao art. 459 do CPC; 1º TACSP, Ap. 315.791, 3ª Câm., j. 15-2-1984, rel. Nelson Schiavi; 1º TACSP, Ap. 372.707-SP, 6ª Câm., rel. Carlos R. Gonçalves.
[6] *Comentários ao Código de Processo Civil*, v. 4, p. 446, n. 357.

Dispõe, com efeito, o art. 504, I, do Código de Processo Civil de 2015 que não fazem coisa julgada os motivos ou a fundamentação da sentença. Assim, se a ação, julgada improcedente e com sentença transitada em julgado, foi proposta com fundamento na culpa do condutor do ônibus ou de outro meio de transporte coletivo, inexiste impedimento a que nova ação seja ajuizada, com base na responsabilidade contratual do transportador, que independe de demonstração de culpa, sabido que é de resultado a obrigação por ele assumida. Não há falar, no caso, em impedimento decorrente da coisa julgada.

A hipótese já foi apreciada pelo *extinto 1º Tribunal de Alçada Civil de São Paulo*:

"Coisa julgada. Inocorrência. Procedimento sumário anterior entre as mesmas partes, em que a autora foi vencedora. Nova demanda do então réu, com pedido mais amplo, cuidando dos mesmos fatos, porém com causa 'petendi' e 'petitum' diversos. Inteligência do art. 469, I e II, do CPC [*de 1973; art. 504, I e II, CPC/2015*]. Sentença mantida. Tema da culpa objetiva da ré que não fora enfrentado pelo julgador"[7].

"Coisa julgada. Procedimento sumário anterior entre as mesmas partes. Ação fundada na culpa aquiliana do motorista de coletivo julgada improcedente. Nova demanda cuidando dos mesmos fatos, porém com 'causa petendi' diversa: o inadimplemento do contrato de adesão e a responsabilidade objetiva do transportador. Inteligência do art. 469, I e II, do CPC [*de 1973; art. 504, I e II, do CPC/2015*]. Preliminar de coisa julgada rejeitada"[8].

Da mesma forma, se foi julgada improcedente ação de reparação de danos ao fundamento de que o autor foi o culpado pelo evento, não está o réu dispensado de produzir prova de culpa na ação que contra ele vier a promover, para ressarcir-se dos prejuízos também sofridos. Pois a questão da culpa é apreciada na fundamentação da sentença e esta, como dito, não tem eficácia de coisa julgada.

Também já decidiu o extinto 1º Tribunal de Alçada Civil de São Paulo:

"Coisa julgada. Responsabilidade civil. Acidente de trânsito. Existência de acordo homologado em ação anteriormente ajuizada. Art. 301 do CPC [*de 1973; art. 337, CPC/2015*]. Extinção do processo decretada. Sentença mantida"[9].

---

[7] *JTACSP*, Revista dos Tribunais, 102/139.
[8] 1º TACSP, Ap. 427.920-9-SP, 6ª Câm., rel. Carlos R. Gonçalves.
[9] Ap. 429.977/90-SP, 1ª Câm. Esp., j. 15-1-1990, rel. Queiroz Calças.

4. FORO COMPETENTE

Dispõe o art. 53, V, do Código de Processo Civil de 2015:

"Art. 53. É competente o foro:

(...)

V – de domicílio do autor ou do local do fato, para a ação de reparação de dano sofrido em razão de delito ou acidente de veículos, inclusive aeronaves".

O referido diploma legal veio atender aos reclamos gerais, considerando o foro do lugar do acidente competente para a propositura da ação de reparação de danos, concorrentemente com o do domicílio do autor, e reconhecendo, assim, que a regra geral do domicílio do réu não mais atendia às necessidades surgidas em decorrência do aumento considerável do tráfego de veículos no País, de grande extensão territorial – o que obrigava a vítima a ajuizar sua ação em comarcas distantes do seu domicílio e do local do fato.

Segundo comentários de CELSO AGRÍCOLA BARBI, "a competência do foro do lugar do acidente ou delito para a ação de reparação do dano por ele causado não é exclusiva. O parágrafo em exame a considera concorrente com a do foro do domicílio do autor, cabendo a este optar por um desses dois foros. Tratando-se de regra criada em favor da vítima do delito ou acidente, pode ela abrir mão dessa prerrogativa e, se lhe convier, ajuizar a ação no foro do domicílio do réu. Como se vê, há, na realidade, três foros concorrentes, à escolha do autor: o do lugar do fato, o do domicílio do autor e o do domicílio do réu. E o réu não tem poder legal de se opor a essa escolha"[10].

Igualmente, preleciona ARRUDA ALVIM: "... se o dano sobreveio em virtude de acidente de veículos, estaremos diante de um caso de competência concorrente: a demanda poderá ser ajuizada no domicílio do autor (parte mais fraca, suposta e eventualmente com razão no acidente, pois se abalou em acionar), ou no local onde ocorreu o fato. O que informou tal critério foi a comodidade do autor (art. 100, V, parágrafo único [*CPC/73; art. 53, V, CPC/2015*]). Sem embargo do previsto, o autor pode também, livremente, renunciar à regra do parágrafo único do art. 100 do CPC [*de 1973; art. 53, CPC/2015*], propondo a demanda no domicílio do réu, não advindo desse procedimento a incompetência do juízo, pois dele somente resulta benefício para o réu"[11].

---

[10] *Comentários ao Código de Processo Civil*, v. 1, t. 2, p. 459, n. 598.
[11] *Manual de direito processual civil*, 2. ed., 1986, v. 1, p. 165.

Esse, também, o entendimento consagrado na jurisprudência:

"Nas ações de reparação de dano por acidente de veículo o autor pode optar pelo foro de seu domicílio ou do local onde ocorreu o fato, ou, ainda, pelo domicílio do réu, que é a regra geral"[12].

Para a ação regressiva movida pela seguradora contra o causador do dano ao segurado, desaparece, no entanto, a competência especial prevista no dispositivo legal mencionado e prevalece a do domicílio do réu. A sub-rogação ocorre, assim, somente no direito material e, não, no direito processual relativo à competência especial.

Proclamou, com efeito, o Tribunal de Justiça de São Paulo que a sub-rogação, nesses casos, "só se opera com relação aos direitos de ordem substantiva, não se estendendo, evidentemente, às regras processuais de competência de foro, e que dizem respeito unicamente ao credor originário"[13].

Esse o entendimento acolhido também no *extinto 1º Tribunal de Alçada Civil de São Paulo, assim justificado*:

"*A propositura da ação de reparação de danos no foro do domicílio da seguradora sub-rogada não pode obedecer ao disposto no art. 100, parágrafo único, do CPC/73 (art. 53, V, do CPC/2015), por subverter os objetivos sociais da lei, não sendo razoável obrigar o réu a grandes deslocamentos apenas para atender à conveniência da autora, em detrimento da regra secularmente consagrada segundo a qual o réu deve ser demandado no foro de seu domicílio*"[14].

Dispõe o art. 101, I, do Código de Defesa do Consumidor (Lei n. 8.078/90) que a ação de responsabilidade civil do fornecedor ou prestador de serviços pode ser proposta no domicílio do autor, "devendo ser aplicada cumulativamente a norma do art. 100, V, *a*, do CPC [*de 1973; art. 53, IV,* a, *CPC/2015*]"[15].

Assim, se os autores deduzem sua pretensão em face do Código de Defesa do Consumidor, com ou sem razão, "podem validamente optar pelo foro do domicílio do autor ante a permissão do art. 101, inc. I, desse mesmo diploma legal"[16].

---

[12] *RT*, 609/39; *RJTJSP*, 40/194, 49/189; 1º TACSP, AgI 372.698-SP, 6ª Câm., rel. Carlos R. Gonçalves.
[13] *RT*, 493/91.
[14] *RT*, 594/114; *JTACSP*, Revista dos Tribunais, 100/183; AgI 355.139-SP, 6ª Câm., rel. Augusto Marin.
[15] TJSP, AgI 19.067-0, Câmara Especial, rel. Des. Rebouças de Carvalho, j. 25-8-1994.
[16] *JTJ*, Lex, 149/136.

Título III
ASPECTOS DA RESPONSABILIDADE CIVIL AUTOMOBILÍSTICA

> *Sumário*: 1. Atropelamento. 2. Boletim de ocorrência. 3. Colisão. 3.1. Colisão com veículo estacionado irregularmente. 3.2. Colisão com veículo estacionado regularmente. 3.3. Colisão em cruzamento não sinalizado. 3.4. Colisão em cruzamento sinalizado. 3.5. Colisão e preferência de fato. 3.6. Colisão e sinal (semáforo) amarelo. 3.7. Colisão múltipla (engavetamento). 3.8. Colisão na traseira. 4. Contramão de direção. 5. Conversão à esquerda e à direita. 6. Faixa de pedestres. 7. Imperícia. 8. Imprudência. 9. Marcha à ré. 10. Ônus da prova. 11. Propriedade do veículo. 12. Prova. 12.1. Considerações gerais. 12.2. Espécies e valor das provas (testemunhal, documental e pericial). 13. Ultrapassagem.

1. ATROPELAMENTO

A imprudência de motoristas apressados tem sido a causa de inúmeros atropelamentos de pedestres.

Conforme lembra WILSON MELO DA SILVA, "contando com a agilidade de transeuntes e para evitar a perda de tempo, limitam-se, muitas das vezes, a simples buzinadas para afastar da pista algum pedestre, olvidados de que se possa tratar de pessoa doente, surda, distraída ou sem condições físicas para as passadas mais rápidas ou para a ginástica contorcionista, felina, miraculosa por vezes. A obrigação do motorista, em casos que tais, não é valer-se apenas do recurso da buzina, que, não raro, pode até resultar desastroso. Manda a prudência que, nessas circunstâncias, além da buzina, de curial cautela seria, também, que a marcha do veículo fosse diminuída"[1].

Nesse sentido a jurisprudência:

"Age com irrecusável imprudência o motorista que, vendo o transeunte na via pública, não diminui a marcha do seu veículo para facilitar a passagem daquele, limitando-se a buzinar e acabando por atropelá-lo"[2].

---
[1] *Da responsabilidade civil automobilística*, p. 383-384.
[2] *RT*, 256/367.

"Comete imprudência manifesta o motorista que, vendo o transeunte em via pública desimpedida, não diminui a marcha para facilitar a sua passagem e se limita a buzinar, acabando por atropelar a vítima"[3].

"Atropelamento – Imprudência do motorista.

Age com manifesta imprudência o piloto que, vislumbrando um pedestre a atravessar displicentemente a via pública, não adota meios eficazes para evitar o atropelamento. Tais meios, a toda evidência, não se constituem no ato de desviar, fazendo zigue-zague, ou acionar a buzina"[4].

É dever do motorista respeitar a preferência do pedestre que atravessa a rua pela faixa de segurança. Confira-se:

"Atropelamento. Pedestre atingido quando atravessava a via na faixa de segurança respectiva. Preferência absoluta do pedestre. Culpa por imprudência reconhecida. Indenizatória procedente"[5].

"Atropelamento com morte – Evento ocorrido em via urbana de grande movimento – Existência de local adequado para travessia situado um pouco mais adiante – Culpa exclusiva da vítima demonstrada, não comprovada a velocidade excessiva do réu – Indenizatória improcedente"[6].

"*Recurso especial*. Delito de trânsito nas vias urbanas. Dever de cautela do motorista. 1 – É normal e constante a presença de pedestres nas vias urbanas comuns nas grandes cidades. Trata-se de fato previsível a exigir de motorista de coletivo, com visão privilegiada, a necessária cautela. Se a vítima – menor de 15 anos de idade – começara a atravessar a pista sinalizada por semáforo e estando o veículo parado aguardando a sua vez, age imprudentemente o motorista que movimenta a máquina antes que a pedestre concluísse a travessia, provocando-lhe a morte. 2 – Recurso especial conhecido e provido"[7].

Quando a vítima de atropelamento é menor e está em companhia dos pais, não se tem reconhecido a culpa concorrente por fato imputável a estes. Tem lugar, na hipótese, o entendimento unanimemente aprovado no *VIII Encontro Nacional de Tribunais de Alçada*:

"Quando a vítima de atropelamento, por carro ou por trem, for criança e, embora com graves sequelas, sobrevive ao acidente, desde que os autos revelem qualquer parcela de culpa do condutor do veículo, não há como falar-se em con-

---

[3] *RT*, 242/357.
[4] 1º TACSP, Ap. 319.982, 4ª Câm., j. 4-4-1984, rel. Barbosa Pereira.
[5] 1º TACSP, Ap. 431.331/90-SP, 3ª Câm. Esp., j. 17-1-1990, rel. Mendes de Freitas.
[6] *JTACSP*, 169/244.
[7] STJ, 5ª T., REsp 2.759-RJ, rel. Min. Costa Lima, j. 18-6-1990, v. u., *DJU*, 6-8-1990, p. 7347, Seção I, ementa.

corrência de culpas. A culpa de terceiro, no caso culpa 'in vigilando', dos pais da criança, não pode se opor aos direitos desta".

Nesse sentido decisão do 1º Tribunal de Alçada Civil de São Paulo:

"Quando a vítima do atropelamento for criança, que sobrevive ao acidente, não há como falar-se em concorrência de culpas, se os autos revelam alguma parcela de culpa do condutor do veículo. A culpa de terceiro, no caso, culpa 'in vigilando', dos pais da criança, não pode opor-se aos direitos desta"[8].

O Tribunal Regional Federal da 1ª Região, reconhecendo a inexistência de qualquer parcela de culpa do condutor do veículo, decidiu:

"Atropelamento. Morte da vítima. Agente público que dirigindo em conformidade com as regras de trânsito se depara com uma criança de tenra idade, que sozinha e repentinamente adentra pista de rolamento. Verba indevida se a culpa foi exclusiva da mãe da vítima, que incidiu em culpa *in vigilando*"[9].

O Código de Trânsito Brasileiro impôs uma série de cuidados e regras a serem observados não só pelos condutores como também pelos pedestres, nos arts. 68 a 71, devendo estes, para cruzar a pista de rolamento, tomar precauções de segurança (art. 69), devidamente especificadas, como certificarem-se, antes, "de que podem fazê-lo sem obstruir o trânsito de veículos". É de se destacar, também, o art. 70, que assim dispõe:

"Art. 70. Os pedestres que estiverem atravessando a via sobre as faixas delimitadas para esse fim terão prioridade de passagem, exceto nos locais com sinalização semafórica, onde deverão ser respeitadas as disposições deste Código.

Parágrafo único. Nos locais em que houver sinalização semafórica de controle de passagem será dada preferência aos pedestres que não tenham concluído a travessia, mesmo em caso de mudança do semáforo liberando a passagem dos veículos".

Por outro lado, no Capítulo XV, sob o título "Das Infrações", o Código de Trânsito Brasileiro prevê a imposição de penas privativas de liberdade, penas pecuniárias e de interdição temporária de direitos nos seguintes casos, que guardam relação com o assunto tratado neste item:

"Art. 214. Deixar de dar preferência de passagem a pedestre e a veículo não motorizado.

I – que se encontre na faixa a ele destinada;

II – que não haja concluído a travessia mesmo que ocorra sinal verde para o veículo;

---

[8] *RT*, 678/113.
[9] *RT*, 775/395.

III – portadores de deficiência física, crianças, idosos e gestantes;

IV – quando houver iniciado a travessia mesmo que não haja sinalização a ele destinada;

V – que esteja atravessando a via transversal para onde se dirige o veículo".

Inovando, o Código de Trânsito Brasileiro prevê, também, penalidade administrativa (multa pecuniária), nas hipóteses mencionadas no art. 254, que prescreve:

"Art. 254. É proibido ao pedestre:

I – permanecer ou andar nas pistas de rolamento, exceto para cruzá-las onde for permitido;

II – cruzar pistas de rolamento nos viadutos, pontes, ou túneis, salvo onde exista permissão;

III – atravessar a via dentro das áreas de cruzamento, salvo quando houver sinalização para esse fim;

IV – utilizar-se da via em agrupamentos capazes de perturbar o trânsito, ou para a prática de qualquer folguedo, esporte, desfiles e similares, salvo em casos especiais e com a devida licença da autoridade competente;

V – andar fora da faixa própria, passarela, passagem aérea ou subterrânea;

VI – desobedecer à sinalização de trânsito específica".

2. BOLETIM DE OCORRÊNCIA

A jurisprudência tem proclamado, reiteradamente, que o boletim de ocorrência, por ser elaborado por agente da autoridade, goza da presunção de veracidade do que nele se contém.

Essa presunção não é absoluta mas relativa, isto é, *juris tantum*. Cede lugar, pois, quando infirmada por outros elementos constantes dos autos. Cumpre, pois, ao réu o ônus de elidi-la, produzindo prova em sentido contrário.

O boletim de ocorrência é geralmente elaborado por policiais que não presenciaram o evento e que se basearam em comentários ouvidos no local. Por isso mesmo o seu teor pode ser contrariado por outras provas. Às vezes, no entanto, torna-se prova de grande valor, por descrever pormenorizadamente o local da ocorrência, os vestígios de frenagem deixados na pista, a posição dos veículos e especialmente o sítio da colisão, possibilitando uma conclusão sobre como ocorreu o acidente.

Por isso, já se decidiu, com indiscutível sapiência, que o boletim de ocorrência é mera peça informativa e que pode revestir-se de importância na ausência de outras provas, ou no conflito de provas. Entretanto, para que tal aconteça, necessário se torna que o boletim de ocorrência traga narrativa pormenorizada ou contenha em seu núcleo um razoável punhado de informações. Caso contrário (isto é, ausência de informações de como teria ocorrido o sinistro), o boletim de ocorrência é peça de pequeno e parco valor[10].

Assim também decidiu o Superior Tribunal de Justiça, tendo afirmado o eminente relator, Ministro Ruy Rosado de Aguiar, que, quando o policial comparece ao local do fato, e registra o que observa, consignando os vestígios encontrados, a posição dos veículos, a localização dos danos etc., o boletim de ocorrência passa a gozar da presunção *juris tantum* de veracidade. O mesmo não acontece quando quem elabora a referida peça recebe declarações e as registra, ou quando o policial comparece ao local e consigna no boletim somente o que lhe foi referido pelos envolvidos ou testemunhas. Nesses casos a presunção de veracidade é apenas de que tais declarações foram prestadas, mas não se estende ao conteúdo delas[11].

Entende a jurisprudência, de modo geral, que o boletim de ocorrência goza de presunção *juris tantum* de veracidade, prevalecendo até que se prove o contrário. Pode o réu, com meios hábeis, desfazê-la se ou quando contiver elementos inverídicos"[12].

E, ainda:

"Prova. Documento público. Boletim de Ocorrência. Valor probante. O documento público, contendo declarações de um particular, faz certo, em princípio, que aquelas foram prestadas. Não se firma a presunção, entretanto, de que seu conteúdo corresponde à verdade"[13].

"O Boletim de Ocorrência faz com que, em princípio, se tenha como provado que as declarações dele constantes foram efetivamente prestadas, mas não que seu conteúdo corresponda à verdade. O art. 364 do CPC/73 (art. 405 do CPC/2015) não estabelece a presunção *juris tantum* da veracidade das declarações prestadas ao agente público, de modo a inverter o ônus da prova"[14].

O mencionado *Superior Tribunal de Justiça bem resumiu a questão no aresto seguinte*:

"Três são as hipóteses mais correntes: 1. Quando o escrivão recebe declarações e as registra, 'tem-se como certo, em princípio, que foram efetivamente

---

[10] 1º TACSP, Ap. 330.532, 1ª Câm., j. 2-10-1984, rel. Silveira Netto.
[11] REsp 135.543-ES, *DJU*, 9-12-1997, p. 64715.
[12] STJ, rel. Min. Waldemar Zweiter, *RT*, 671/193.
[13] STJ, rel. Min. Nilson Naves, *RT*, 711/210.
[14] STJ, rel. Min. Costa Leite, *RT*, 726/206.

prestadas; não, entretanto, que seu conteúdo corresponda à verdade' (REsp 55.088-SP, 3ª T., Rel. Min. Eduardo Ribeiro); 2. Se o policial comparece ao local do fato, e registra o que observa, então há presunção de veracidade ('O boletim de ocorrência goza de presunção *iuris tantum* de veracidade, prevalecendo até que se prove o contrário' (REsp 4.365-RS, 3ª T., Rel. Min. Waldemar Zveiter), e tal se dá quando consigna os vestígios encontrados, a posição dos veículos, a localização dos danos etc.; 3. O policial comparece ao local e consigna no boletim o que lhe foi referido pelos envolvidos ou testemunhas, quando então a presunção de veracidade é de que tais declarações foram prestadas, mas não se estende ao conteúdo delas ('O documento público não faz prova dos fatos simplesmente referidos pelo funcionário' – REsp 42.031-RJ, 4ª T., Rel. Min. Fontes de Alencar). Em todos os casos, a presunção é apenas relativa. Hipótese em que o boletim de ocorrência foi confirmado pelo testemunho do policial e por outras provas, fundamentando o julgado. Recurso não conhecido"[15].

3. COLISÃO

3.1. Colisão com veículo estacionado irregularmente

Tem-se entendido que o motorista que colide seu veículo contra outro, estacionado, responde pelos danos causados, ainda que comprovado o estacionamento irregular deste último. O estacionamento em local proibido não configura, por si só, culpa, justificando apenas a aplicação de penalidade administrativa:

"*Responsabilidade civil*. Acidente de trânsito. Veículo colidido quando estava estacionado em local proibido. Culpa indubitável do motorista do veículo que veio a se chocar, além do mais, alcoolizado. Irrelevância de transgressão de preceito regulamentar de trânsito (estacionamento em lugar proibido), cujo motorista não concorreu para o evento. Ação procedente"[16].

"*Acidente de trânsito*. Veículo estacionado em local não permitido. Circunstância que não isenta de culpa o causador da colisão, bem como a alegação de fato de terceiro que não tem sido admitida pela jurisprudência. Regressiva de seguradora procedente. Recurso improvido"[17].

É muito comum nos grandes centros a formação de filas duplas, principalmente em frente a colégios, restaurantes e clubes. Embora constitua infração ad-

---

[15] STJ, REsp 135.543-ES, 4ª T., rel. Min. Ruy Rosado de Aguiar, *DJU*, 9-12-1997, p. 64715.
[16] *JTACSP*, 69/170.
[17] *JTACSP*, 170/228.

ministrativa, não configura, por si só, culpa do condutor, se o veículo sofrer abalroamento. A menos que tal fato tenha concorrido para a colisão, por praticado nas proximidades de esquina ou de curva, ou por ter estreitado demasiadamente a rua, por exemplo. Isto porque o fato de o veículo estar estacionado irregularmente em fila dupla não autoriza os demais motoristas a com ele colidirem, havendo meios de evitar a colisão. Veja-se:

"O detalhe invocado pelo apelante, de que o carro estaria parado em local proibido, é irrelevante, pois essa falta administrativa não libera o réu da obrigação de indenizar, positivada sua culpa. Pelo mesmo motivo, descabe falar em concorrência de culpa"[18].

"O fato de estar o veículo do autor estacionado irregularmente, ou seja, na contramão de direção, não exclui a culpa daquele, por se tratar de simples infração administrativa. Além disso, se estivesse ele estacionado corretamente, isto é, na posição contrária, mesmo assim a colisão teria ocorrido"[19].

3.2. Colisão com veículo estacionado regularmente

Presume-se a culpa de quem colide com veículo regularmente estacionado. Veja-se:

"O simples fato de o réu colidir com veículo estacionado já faz presumir a sua culpa"[20].

Trata-se de hipótese em que a culpa aparece visível *prima facie*.

Como assinala ARNALDO RIZZARDO, "certos fatos há que, pelas circunstâncias especiais como acontecem, basta prová-los para chegar-se à evidência da culpa. É o caso do acidente de trânsito em que o automóvel bate num poste, quando a única explicação para justificar o evento é o caso fortuito. Fora disto, a culpa do motorista é incontestável. A presunção, que é um meio de prova, revela, em tais situações, de modo incontroverso, a culpa do agente, que decorre, necessária e exclusivamente, do fato em si. É a presunção natural da culpa"[21].

O mesmo acontece com a colisão com veículo regularmente estacionado: basta provar o dano para que fique demonstrada a culpa do seu autor.

É a chamada culpa *in re ipsa*, pela qual alguns fatos trazem em si o estigma da imprudência ou da negligência, ou da imperícia. Uma vez demonstrados, sur-

---

[18] 1º TACSP, Ap. 332.917, 2ª Câm., j. 31-10-1984, rel. Álvaro Galhanone.
[19] 1º TACSP, Ap. 320.487, 3ª Câm., j. 15-2-1984, rel. Sousa Lima.
[20] 1º TACSP, Ap. 320.474, 5ª Câm., j. 22-2-1984, rel. Pinheiro Rodrigues.
[21] *A reparação nos acidentes de trânsito*, p. 94.

ge a presunção do elemento subjetivo, obrigando o autor do mal à reparação. A este incumbe a prova do fortuito, se quiser livrar-se da condenação.

Tem a jurisprudência reconhecido, com efeito, a culpa presumida do abalroador de veículo regularmente estacionado, na mesma condição de culpa objetiva, cumprindo ao réu o ônus de elidi-la. Confira-se:

"Presumida a culpa do condutor de veículo que abalroa outro parado, nas modalidades de negligência e imperícia, o apelado não a elidiu, razão pela qual tem obrigação de indenizar os danos causados. Ainda que se demonstrasse o irregular estacionamento, a circunstância, por si, motivadora de penalidade administrativa, não é suficiente para isentar a responsabilidade do outro motorista, assentada em base diversa"[22].

3.3. Colisão em cruzamento não sinalizado

Segundo o Código de Trânsito Brasileiro, nos cruzamentos não sinalizados tem preferência o veículo que vem pela direita. Dispõe, com efeito, o aludido diploma:

"Art. 29. O trânsito de veículos nas vias terrestres abertas à circulação obedecerá às seguintes normas:

(...)

III – quando veículos, transitando por fluxos que se cruzem, se aproximarem de local não sinalizado, terá preferência de passagem:

a) no caso de apenas um fluxo se proveniente de rodovia, aquele que estiver circulando por ela;

b) no caso de rotatória, aquele que estiver circulando por ela;

c) nos demais casos, o que vier pela direita do condutor".

Essa preferência, contudo, não é absoluta. Depende da chegada simultânea dos veículos no cruzamento. Isto não acontecendo, tem preferência o que chegou antes. Vejamos:

---

[22] 1º TACSP, Ap. 325.858, 1ª Câm., j. 29-5-1984, rel. Célio Filócomo. No mesmo sentido: "*Acidente de trânsito.* Abalroamento de veículo regularmente estacionado. Culpa presumida do abalroador, a mesma condição de culpa objetiva. Ônus do réu em elidi-la. Inocorrência. Ação procedente. Recurso provido para esse fim" (1º TACSP, Ap. 441.037/90, Jaú, 6ª Câm. Esp., j. 24-7-1990, rel. Mendonça de Barros). "*Acidente de trânsito.* Evento ocasionado quando o veículo do autor encontrava-se regularmente estacionado e foi abalroado pelo de propriedade da ré e dirigido pelo coautor na ocasião. Culpa *in eligendo* da proprietária do veículo caracterizada pela má escolha da pessoa a quem entregou o mesmo para ser vendido. Indenizatória procedente" (*JTACSP*, 168/229).

"A prioridade de passagem do veículo da direita não é absoluta, pois a ocorrência de determinadas circunstâncias poderá afastá-la, para autorizar o reconhecimento da culpa"[23].

"Não sendo sinalizada a via preferencial, a preferência só pode ser exercitada pelo motorista com cautela"[24].

Às vezes, entretanto, o que vem pela esquerda, embora chegando ao cruzamento simultaneamente com o que vem pela direita, está em maior velocidade. Por isso, no instante da colisão, o da esquerda já havia atravessado o eixo do cruzamento e o seu motorista irá invocar, então, a teoria do "eixo médio", acolhida no direito alienígena, mas não no Brasil.

Confira-se:

"*Responsabilidade civil.* Acidente de trânsito. Preferência de passagem nos cruzamentos não sinalizados. Teoria do 'eixo médio' repelida no Direito Brasileiro. Prioridade do veículo que vem pela direita"[25].

"*Responsabilidade civil.* Acidente de trânsito. 'Teoria do eixo médio'. Teoria já abandonada. Desrespeito à preferência de passagem por veículo da Prefeitura (ambulância). Cruzamento sinalizado. Indenizatória procedente"[26].

DARIO MARTINS DE ALMEIDA, discorrendo sobre o direito de prioridade de passagem, expôs que, "fundamentalmente, o direito de prioridade assenta numa medida de prudência. Na impossibilidade de duas viaturas poderem passar ao mesmo tempo sobre a mesma zona de intersecção ou de confluência de duas vias ou estradas, convencionou-se que o direito de passar 'primeiro' fosse conferido, em princípio, ao condutor que surge pela direita"[27].

Tal preferência, contudo, como já se afirmou, não é absoluta, já que a aproximação de um cruzamento obriga o motorista a reduzir fracamente o seu veículo e só efetuar a travessia quando estiver certo de fazê-lo sem riscos. Se essa cautela não for tomada e a travessia realizada em velocidade incompatível, poderá, conforme o caso, ocorrer a repartição ou concorrência de culpas.

Em princípio, a prioridade de passagem é do carro que trafega pela direita. O que surge da esquerda somente pode ingressar no cruzamento quando o motorista, após deter seu veículo, sente-se seguro de que poderá efetuar a ultrapassagem sem qualquer problema. Nesse sentido a jurisprudência:

"Quem procura cruzar com veículo numa via prioritária deverá fazê-lo com redobradas cautelas, após verificar da possibilidade de passagem sem qualquer

---

[23] *RT*, 462/238.
[24] *RT*, 431/93.
[25] *RJTJSP*, 40/101, 28/84, 47/131.
[26] *JTACSP*, 76/2.
[27] *Manual de acidentes de viação*, p. 406.

risco. Age, pois, com culpa o motorista que, dirigindo um automóvel, tenta transpor via prioritária sem observar a preferência, colidindo com o que a tem, sendo irrelevante a velocidade deste"[28].

"Tratando-se de colisão ocorrida no cruzamento não sinalizado de duas vias, a prioridade de passagem é do carro que trafega pela direita; no caso, o do réu. Tal prioridade de passagem não será considerada absoluta se, diante das circunstâncias concretas, se puder extrair ilação de culpa, calcada na prova, do motorista que vem à direita de outro, inexistindo indicadora de preferência"[29].

3.4. Colisão em cruzamento sinalizado

O revogado Código Nacional de Trânsito regulamentava a circulação de veículos nos cruzamentos, estabelecendo a prioridade de passagem dos que transitam por vias preferenciais, entendendo-se como tais aquelas devidamente sinalizadas. Quem ingressa em preferencial sem observar as devidas cautelas e corta a frente de outro veículo, causando-lhe danos, é considerado culpado e responsável pelo pagamento da indenização.

O Código de Trânsito Brasileiro não define via preferencial. No entanto, ao regulamentar a circulação de veículos, considerou infração gravíssima a prática de se ingressar em cruzamento com semáforo vermelho ou de se avançar o sinal de parada obrigatória (art. 208). E afirmou, ainda, no art. 215, que comete infração grave o condutor que deixa de dar preferência de passagem:

"I – em interseção não sinalizada:

a) a veículo que estiver circulando por rodovia ou rotatória;

b) a veículo que vier da direita;

II – nas interseções com sinalização de regulamentação de "Dê a preferência".

A sinalização, sob a forma de semáforos, de placa "PARE" ou "Dê a preferência", deve ser respeitada. Na sua ausência, transitando os veículos por fluxos que se cruzem, deve ser observado o disposto no art. 29, III, que assegura preferência de passagem aos veículos que circulam pela rodovia, no caso de apenas um

---

[28] 1º TACSP, Ap. 330.303, 2ª Câm., j. 10-10-1984, rel. Bruno Netto.
[29] 1º TACSP, Ap. 325.781, 8ª Câm., j. 5-6-1984, rel. Carlos de Carvalho. V. ainda: "O fato de o automóvel da esquerda simplesmente atingir o eixo de cruzamento antes que o da direita, por si só, não elimina a disputa de cruzamento nem afeta a preferência legal inconteste do último. Acolher a preferência de fato, como derrogadora da preferência legal, constituiria verdadeiro prêmio à imprudência, porque incentivaria o veículo da via secundária a forçar passagem nos cruzamentos a fim de atingir primeiro o eixo médio, aumentando, com isso, enormemente o risco de colisão nos cruzamentos" (TAMG, Ap. 16.422, Barão de Cocais, rel. Humberto Theodoro Júnior).

dos fluxos ser dela proveniente; aos que se encontrem circulando pela rotatória; e aos que vêm pela direita do condutor.

Tem sido decidido:

"*Acidente de trânsito*. Cruzamento dotado de sinalização semafórica. Veículos em sentidos opostos, trafegando pela mesma via, pretendendo o autor ingressar à esquerda. Hipótese em que, tendo ambas as partes sinalização favorável, deveria o autor ter aguardado a passagem do carro do réu, que tinha preferência de passagem, fato este que não ocorreu, dando causa ao acidente. Indenizatória improcedente"[30].

"*Indenização*. Colisão de veículos. Ingresso no cruzamento com desrespeito à placa de sinalização 'pare' e à regra de preferência estabelecida no Código de Trânsito. Invocada teoria do 'eixo médio', que não é adotada no direito brasileiro"[31].

"*Responsabilidade civil*. Acidente de trânsito. Inobservância da placa 'Pare', avançando por cruzamento de via preferencial. Indenizatória procedente, quer também quanto à desvalorização do veículo, admitida a incidência da correção monetária"[32].

É de ressaltar que o direito de quem transita por via preferencial não é considerado um *bill* de indenidade, que permita ao motorista cometer abusos de velocidade. A "preferência deve ser exercida dentro dos limites de velocidade recomendada, de modo a evitar possível acidente ou, então, reduzir a intensidade do dano"[33].

Se, diante de circunstâncias excepcionais, restar comprovado que o excesso de velocidade constituiu-se na causa exclusiva da colisão, a responsabilidade será unicamente do condutor que estava na preferencial e que abusou de seu direito de prioridade de passagem. Se apenas concorreu eficientemente para o evento, as culpas devem ser repartidas. Contudo, se a colisão ocorreu porque o veículo que estava na preferencial teve sua frente cortada repentinamente por quem nela ingressou sem as devidas cautelas, pouco importa a velocidade vivaz daquele, este último será responsabilizado totalmente. Veja-se:

"Evidenciado que a invasão de via preferencial constituiu a causa principal e preponderante do acidente, sobrepõe-se ela a qualquer infração secundária que se pudesse atribuir ao motorista que trafegava nessa preferencial"[34].

---

[30] *JTACSP*, 161/222.
[31] *RJTJSP*, 28/84.
[32] *JTACSP*, 70/75.
[33] *RT*, 597/132; *JTACSP*, Revista dos Tribunais, 100/110.
[34] *RT*, 570/221.

Obra com inegável imprudência o motorista que, provindo de rua secundária, ingressa com desatenção em rua preferencial, onde se pressupõe maior tráfego. Indispensável que este, em tais circunstâncias, pare e descortine ambos os lados da via preferencial, antes de prosseguir em sua marcha, não bastando a observância de preceitos cautelares, simples parada momentânea, ou redução da velocidade do carro.

Assim, não pode o motorista que provém de rua secundária transpor o cruzamento antes de verificar se está livre e desimpedida a via preferencial. Por isso, tem-se decidido que, "por via de regra, quem entra em via preferencial é que deve tomar as cautelas para evitar colisão, não sendo obrigados os que por ela transitam de, em cada esquina, diminuírem a marcha dos seus veículos. Se assim fosse, sem objetivo seria a sua preferência e prejudicado resultaria o escoamento do tráfego nos grandes centros"[35].

Algumas particularidades merecem ser lembradas:

"Veículo do autor que transitava pela via preferencial quando foi interceptado pelo do réu, proveniente de via secundária. Irrelevância de outro veículo que também transitava na preferencial ter cedido sua preferência. Culpa do réu caracterizada. Indenizatória procedente"[36].

"Colisão em cruzamento. Veículo proveniente de via secundária, colhido já no fim da manobra de cruzamento. Culpa do motorista do veículo da via principal reconhecida. Ação improcedente"[37].

Nos cruzamentos dotados de semáforo a prova da culpa às vezes se torna difícil, dada a rapidez com que ocorre a mudança, acarretando dúvidas, incertezas e mesmo engano das testemunhas. Se a prova é contraditória, não informando com segurança qual dos dois motoristas desobedeceu a sinalização, outra solução não resta senão o reconhecimento da improcedência da demanda (ou das demandas, em caso de conexão). Confira-se:

"Colisão em cruzamento dotado de semáforo. Prova contraditória no tocante à responsabilidade de ambos os condutores. Indenizatória improcedente"[38].

Se, no entanto, a prova do desrespeito ao sinal semafórico é segura e conclusiva, impõe-se a condenação do culpado à reparação dos danos:

"Danos em veículo decorrente de ingresso pelo réu em cruzamento quando o sinal era desfavorável e com velocidade incompatível com o local. Danos e nexo causal comprovados. Culpa deste caracterizada. Indenizatória procedente"[39].

---

[35] *RT*, 284/474; *JTACSP*, Revista dos Tribunais, 108/134.
[36] 1º TACSP, Ap. 433.406/90, Guarulhos, 1ª Câm., j. 26-3-1990, rel. Guimarães e Souza.
[37] 1º TACSP, Ap. 431.975/90, Santos, 1ª Câm., j. 12-3-1990, rel. Célio Filócomo.
[38] *JTACSP*, Revista dos Tribunais, 108/169.
[39] 1º TACSP, Ap. 435.973/90-SP, 4ª Câm. Esp., j. 11-7-1990, rel. Amauri Ielo.

"Colisão. Evento ocasionado por imprudente ingresso em cruzamento quando o sinal era desfavorável ao réu. Culpa exclusiva reconhecida. Indenizatória procedente"[40].

Já se decidiu que, se a colisão em cruzamento dotado de semáforo teve por causa a existência de defeito, desconhecido pelo réu, no sinal semafórico, não se configura a sua culpa[41]. Neste caso, se o defeito decorrer de omissão da Administração em tomar as devidas providências, o lesado poderá voltar-se contra ela, para pleitear a indenização cabível. Assim decidiu o Tribunal de Justiça de Santa Catarina:

"Colisão de veículos em decorrência de defeito de semáforo, sinalizando trânsito livre para direções opostas. Omissão da Administração em tomar as providências necessárias ao restabelecimento da segurança do tráfego. Obrigação do Estado de indenizar os danos do veículo do autor"[42].

3.5. Colisão e preferência de fato

Apesar de serem consideradas preferenciais as ruas sinalizadas, algumas vezes são assim reputadas aquelas que recebem um grande volume de tráfego, em comparação com as vias transversais. Veja-se:

"A culpa da autora consistiu em ingressar em via notoriamente principal (embora não sinalizada como preferencial), sem a cautela devida, que é ditada por norma de prudência e não de lei, ensejando o abalroamento do outro veículo que já se achava em meio ao cruzamento. (...) Pouco importa que o veículo da autora proviesse da direita"[43].

Em regra, preferencial é a via sinalizada como tal. Se existe sinalização, não pode ela ser ignorada para se reconhecer eventual preferência de fato a outra rua, ainda que mais movimentada. A preferência de fato somente pode ser admitida, e em circunstâncias excepcionais, em cruzamentos não sinalizados.

Já se decidiu, com efeito, que:

"Via preferencial não é a rua mais larga; nem pelo fato de uma denominar-se 'avenida' e outra 'rua' presumir-se-á seja aquela preferencial; a classificação como tal não é feita em consequência da denominação da via pública. A preferência das ruas é demonstrada, em regra, pela sinalização"[44].

---

[40] *JTACSP*, Revista dos Tribunais, 111/92.
[41] 1º TACSP, Ap. 443.673/90, São Bernardo do Campo, 8ª Câm., j. 23-8-1990, rel. Pinheiro Franco.
[42] *RT*, 636/161.
[43] *RJTJSP*, 28/89. No mesmo sentido: *JTACSP*, 76/27.
[44] *RT*, 422/182.

Destarte, via preferencial não é a artéria pública mais importante, mais notória, mais larga, mais comprida, com mais melhoramentos públicos e sim singelamente aquela sinalizada como tal. Tampouco é a que tem maior fluxo de trânsito ou melhor leito carroçável (asfaltado).

Nem se pode inferir preferência do fato de uma das ruas ter obstáculo do tipo "tartaruga" ou valetas para escoamento de águas pluviais e a outra não[45].

A sinalização, pois, é imprescindível nas vias preferenciais, para caracterizar a prioridade legal de trânsito e distingui-las das vias secundárias.

Excepcionalmente, a jurisprudência tem acolhido, em ruas não sinalizadas, a alegação de que uma delas goza da preferência de fato, especialmente por receber um grande volume de tráfego, em comparação com as vias transversais, inclusive de coletivos.

Tais alegações devem ser acolhidas somente em circunstâncias especiais, isto é, quando for bastante evidente e notória a preferência de fato, estabelecida em razão do desproporcional volume de trânsito e da importância viária, por diversos fatores, da artéria considerada principal.

A razão dessa excepcionalidade está no fato de que há uma preferência estabelecida em lei, que é a do veículo que vem da direita. E somente uma situação de fato muito evidente, bastante consolidada e respeitada por todos, poderia derrogar, em cada caso concreto, a norma legal.

Contra a aceitação desmedida de tal alegação, escreveram RUBENS CAMARGO MELLO e ZANON DE PAULA BARROS:

"Os condutores de veículos em intensos fluxos de trânsito ou, em vias públicas largas e extensas, consideram-se, em regra, com direito à preferência, deslembrados da preferência do que vem pela direita, onde não há sinalização nos cruzamentos, sucedendo-se os acidentes, não raro de consequências trágicas. Desse mau vezo, tem-se a 'preferência de fato' ou 'preferência psicológica', também repudiada pela jurisprudência, em prestígio à 'preferência legal' (art. 13, IV, CNT e art. 38, IV, RCNT)".

Deve prevalecer, sempre, ressaltaram, "o salutar princípio de que o direito de prioridade nada é senão a obrigação feita a um dos choferes de conceder a passagem a outro. Prevalecente é a famosa e ainda insuperável regra da mão direita. Bem por isso, repudiadas estão as teorias mundanas e audaciosas da 'confiança' ('não vai bater', 'dá tempo', 'dá para passar'), de que 'quem chega antes, passa antes' (só se for desta para outra vida...), da 'preferência psicológica', da 'preferência de fato', 'por hábito' etc."[46].

---

[45] RT, 662/234.
[46] Responsabilidade civil: colisão de veículos em cruzamento, RT, 662/233.

Assim, inexistem preferenciais por hábito, costume ou consenso da população local, pois, em caso contrário, os motoristas forasteiros não saberiam o que fazer nas ruas de cidades estranhas. "Só é via preferencial aquela, como tal, devidamente sinalizada, apta a excluir a regra geral do art. 13, IV, do CNT"[47].

3.6. Colisão e sinal (semáforo) amarelo

Inúmeros acidentes têm por causa o abuso de motoristas ao procurarem aproveitar o sinal amarelo, nos cruzamentos dotados de semáforo.

Como previa o Regulamento do Código Nacional de Trânsito, o uso da luz amarela "significa que os veículos deverão deter-se, a menos que já se encontrem na zona de cruzamento ou à distância tal que, ao se acender a luz amarelo-alaranjada, não possa deter-se sem risco para a segurança do trânsito" (art. 71, § 3º).

Esse fato do sinal amarelo parece não ter ainda sido bem compreendido pelos motoristas, que admitem ser possível o início da travessia em face dele. É que o sinal amarelo permite, quando muito, completar a passagem, iniciada antes dele se abrir. Quando, no entanto, o sinal amarelo abre, antes do veículo alcançar o ponto inicial do cruzamento, é dever, é obrigação do motorista parar, porque o amarelo significa atenção, alerta para a interrupção do tráfego, pela mudança do sinal.

É o que deixou assentado aresto do extinto 1º Tribunal de Alçada Civil de São Paulo, que assim concluiu:

"É sempre oportuno lembrar que, onde exista sinal semafórico, o motorista só pode atravessar o cruzamento quando e enquanto o sinal esteja no verde. E, iniciada a travessia, no verde, se se abre o amarelo, ele pode completá-la. Mas, de maneira geral, os motoristas imprudentes insistem a iniciar a travessia quando já aberto o sinal amarelo, sabendo que não haverá tempo suficiente para superar o cruzamento, e, assim, evidenciando a demonstração do risco intencionalmente assumido, numa indiscutível imprudência, a revelar sua culpa e consequente obrigação de reparar os danos causados"[48].

Reiteradamente assim tem sido decidido:

"O sinal amarelo existe para que seja concluída a manobra dos veículos que, tendo antes para si a luz verde, podem ter sua segurança prejudicada pela necessidade de frenar bruscamente"[49].

---

[47] Ac. 402.217, TACrimSP, rel. Reynaldo Ayrosa.
[48] Ap. 327.490, 4ª Câm., j. 27-6-1984, rel. Olavo Silveira.
[49] *RT*, 611/116.

"As regras de experiência têm-nos ensinado que normalmente nesses acidentes a culpa é do motorista que tinha a seu favor o sinal amarelo, após o verde, e que pretendendo aproveitá-lo invade o cruzamento com o sinal já vermelho. É o que ocorre normalmente e que também aconteceu no caso dos autos, segundo a prova produzida"[50].

É comum, nas grandes cidades, após certo horário da noite, deixar-se o semáforo apenas na cor amarela, com pisca alerta intermitente, para facilitar o trânsito. O sinal amarelo piscando intermitentemente significa advertência, não havendo preferencialidade a nenhum dos motoristas, devendo ambos diminuir a velocidade e tomar as cautelas necessárias. Deixa de existir, portanto, enquanto essa situação se mantiver, a preferência de quem demanda da direita. Veja-se a jurisprudência:

"Com a sinalização amarelo-piscante são advertidas as pessoas para acautelarem-se, face à ausência de prioridades. Desta forma, os motoristas, ao se aproximarem dos cruzamentos, devem diminuir a velocidade e tomar as cautelas necessárias, antes de adentrar no cruzamento. Comprovado o ingresso descuidado dos dois motoristas, impõe-se atribuir o evento à atuação culposa recíproca"[51].

3.7. Colisão múltipla (engavetamento)

Em casos de colisões múltiplas às vezes se torna difícil definir a responsabilidade dos envolvidos.

Já se decidiu que, "em princípio, em caso de engavetamento de veículos, o primeiro a colidir é o responsável pelo evento"[52].

Essa afirmação é válida para hipóteses como a então decidida, em que havia um congestionamento de trânsito na rodovia e o preposto do réu, dirigindo sem atenção, colidiu com a traseira do último veículo parado, provocando sucessivas colisões. Se o proprietário do primeiro veículo movesse ação contra o segundo, por ter sido diretamente atingido por ele, o proprietário deste poderia defender-se alegando fato de terceiro equiparável ao fortuito, por ter sido um mero instrumento (ou projétil) da ação culposa e decisiva de terceiro[53].

Em acidente envolvendo três veículos, tendo o primeiro estancado para realizar manobra à esquerda e o segundo parado logo atrás, ocorrendo o engavetamento porque o terceiro motorista não conseguiu deter o seu veículo a tempo, reconheceu-se a culpa exclusiva deste último, por não guardar distância assecura-

---

[50] Ap. 333.104, 5ª Câm., j. 7-11-1984, rel. Scarance Fernandes.
[51] JTARS, 96/282.
[52] RT, 508/90.
[53] JTACSP, Revista dos Tribunais, 102/171.

tória na corrente normal dos veículos, acabando por arremessar aquele que dirigia contra os demais, dando causa ao engavetamento[54].

Em outro caso, envolvendo cinco carros, decidiu-se:

"O automóvel conduzido pela ré vinha em último lugar na fila de veículos, os quais pararam normalmente à sua frente. No entanto, a ré não teve a necessária cautela ao se aproximar do veículo do autor, que era o penúltimo, e projetou o seu carro contra aquele, provocando os sucessivos abalroamentos. Dúvida não há de que foi a ré a única causadora do engavetamento"[55].

Outras vezes, no entanto, responsável pela colisão múltipla é o motorista do primeiro veículo, por efetuar manobra imprudente e imprevisível, provocando sucessivas colisões. Como, por exemplo:

"Colisão em rodovias. Abalroamento na parte traseira. Veículo do réu (caminhão) que, para ingressar em acesso secundário de terra, não sinaliza a manobra, ocasionando colisão múltipla. Reconhecimento de seu condutor-proprietário da preexistência de falha mecânica (ausência de luzes traseiras). Circunstância que afasta a presunção de culpa do que colide na parte traseira"[56].

Pode ocorrer, ainda, a hipótese de responsabilidade solidária, envolvendo mais de um causador do evento. Veja-se:

"Acidente de trânsito. Colisão múltipla. Veículo do autor que fica prensado entre dois veículos. Primeiro réu que, perdendo o controle de seu carro, fez com que o autor diminuísse a marcha, tendo o outro réu abalroado seu veículo na parte traseira. Culpa dos réus reconhecida. Indenizatória procedente"[57].

3.8. Colisão na traseira

O Regulamento do Código Nacional de Trânsito (Dec. n. 62.127, de 16-1-1968) dispunha, no art. 175, III, que o motorista que dirige seu veículo com

---

[54] *RT*, 607/117.
[55] 1º TACSP, Ap. 326.902, 6ª Câm., j. 19-6-1984, rel. Ernani de Paiva. Veja-se, ainda: "Acidente de trânsito. Colisão tríplice. Abalroamento na parte traseira de veículo, arremessando-o contra outro logo à sua frente. Culpa exclusiva do motorista do veículo de trás. Ação procedente (1º TACSP, Ap. 426.038/90-SP, 3ª Câm., j. 14-5-1990, rel. Ferraz Nogueira). "Acidente de trânsito. Réu que teve seu veículo projetado para a frente em virtude de forte colisão na traseira causada por veículo dirigido por terceiro. Indenização não devida. Culpa de terceiro que, equiparável ao caso fortuito, exclui a responsabilidade do réu pelos danos causados ao carro do autor. Situação de mero instrumento ou projétil da ação culposa causadora do dano. Em acidente de trânsito com colisão múltipla de veículos, não há como imputar qualquer grau de culpa ao réu causador direto do dano que esteja em situação de mero instrumento ou projétil da ação culposa de terceiro" (*RT*, 646/120).
[56] 1º TACSP, Ap. 443.199/90, Jundiaí, 8ª Câm. Esp., j. 11-7-1990, rel. Marcondes Machado.
[57] 1º TACSP, Ap. 433.718/90-SP, 2ª Câm., j. 28-3-1990, rel. Sena Rebouças.

atenção e prudência indispensáveis deve sempre "guardar distância de segurança entre o veículo que dirige e o que segue imediatamente à sua frente".

Por sua vez, o Código de Trânsito Brasileiro (Lei n. 9.503, de 23-9-1997), ao tratar das "normas gerais de circulação e conduta", prescreve:

"Art. 29. O trânsito de veículos nas vias terrestres abertas à circulação obedecerá às seguintes normas:

(...)

II – o condutor deverá guardar distância de segurança lateral e frontal entre o seu e os demais veículos, bem como em relação ao bordo da pista, considerando-se, no momento, a velocidade e as condições do local, da circulação, do veículo e as condições climáticas".

A propósito, ensina WILSON MELO DA SILVA: "Imprudente e, pois, culpado seria, ainda, o motorista que integrando a 'corrente do tráfego' descura-se quanto à possibilidade de o veículo que lhe vai à frente ter de parar de inopino, determinando uma colisão".

E prossegue: "O motorista que segue com seu carro atrás de outro veículo, prudentemente, deve manter uma razoável distância do mesmo, atento à necessidade de ter de parar de um momento para o outro. Ele não vê e não sabe, às vezes, o que se encontra na dianteira do veículo em cujo rastro prossegue. Mandaria, por isso mesmo, a prudência, que tivesse cautela e atenção redobradas para que não se deixasse colher de surpresa por alguma freada possível do veículo após o qual ele desenvolve sua marcha".

Mais adiante, enfatiza: "O motorista do veículo de trás, pelo fato mesmo de sofrer uma obstrução parcial da visibilidade em virtude do veículo que lhe segue à frente, nem sempre possui condições para se aperceber da existência, na pista onde trafegam, de algum imprevisto obstáculo, fato de que só toma ciência em face da estacada súbita do veículo dianteiro"[58].

Daí por que entendem os tribunais, em regra, ser presumida a culpa do motorista que com seu veículo colide na traseira de outro. Senão, vejamos:

"Tratando-se de acidente de trânsito, havendo colisão traseira, há presunção de culpabilidade do motorista que bate atrás. A alegação de culpa exclusiva de terceiro, equiparável ao caso fortuito, é inadmissível, uma vez que o recorrente agiu com parcela de culpa, caracterizada por não haver mantido distância do veículo que trafegava à sua frente. Tem direito, porém, à ação regressiva contra o terceiro de quem partiu a manobra inicial e ensejadora da colisão"[59].

---

[58] *Da responsabilidade*, cit., p. 375-377.
[59] 1º TACSP, Ap. 851.968-2-SP, 9ª Câm., j. 14-9-1999.

"Quem conduz atrás de outro, deve fazê-lo com prudência, observando distância e velocidade tais que, na emergência de brusca parada do primeiro, os veículos não colidam"[60].

Entende-se, pois, previsível a diminuição da velocidade do veículo que vai à frente, bem como paradas bruscas, seja pelo fechamento do semáforo, seja pelo surgimento de algum repentino obstáculo. Em julgado isolado, entretanto, o Tribunal de Justiça de São Paulo abriu exceção, firmando a tese de uma frenagem repentina, inesperada e imprevisível do veículo da frente. Vejamos:

"Normalmente, em colisões de veículos, culpado é o motorista que caminha atrás, pois a ele compete extrema atenção com a corrente de tráfego que lhe segue à frente. Mas a regra comporta exceção, como a frenagem repentina, inesperada e imprevisível do veículo da frente"[61].

Tal imprevisibilidade dificilmente se configura no trânsito das grandes cidades, onde a todo momento se vê o motorista obrigado a frenagens rápidas, ditadas pela própria contingência do tráfego. A propósito, escreveu GERALDO DE FARIA LEMOS PINHEIRO:

"Quando um veículo segue um outro, com a mesma velocidade daquele que o precede, deve manter uma certa distância que consista, por eventual parada brusca do veículo da frente, frenar sem correr o risco de colisão com a parte posterior. É o acidente que os italianos denominam 'tamponamento'. Esta distância é relacionada com a inevitável demora que leva o condutor para poder, por sua vez, iniciar a freada, supondo-se que ambos os veículos, que desenvolvem a mesma velocidade, possam parar dentro da mesma distância e no mesmo tempo"[62].

Decidiu o *extinto 1º Tribunal de Alçada Civil de São Paulo*:

"*Responsabilidade civil*. Acidente de trânsito. Motorista que não guardava a distância de segurança ou não estava atento. Culpa induvidosa. Indenização devida"[63].

"Acidente de trânsito. Veículo parado em rodovia por motivo de defeito mecânico. Pisca-alerta acionado. Colisão em sua traseira pelo caminhão do réu. Possibilidade de evitar o acidente. Indenizatória procedente"[64].

É certo, no entanto, que a presunção de culpa do motorista que colide contra a traseira de outro veículo é relativa, admitindo prova em sentido contrário.

---

[60] *RT*, 375/301.
[61] *RT*, 363/196.
[62] *Código Nacional de Trânsito*, p. 211.
[63] *JTACSP*, 68/102.
[64] Ap. 443.089/90, Campinas, 1ª Câm., j. 3-9-1990, rel. Ary Bauer.

Embora sejam raras as exceções, principalmente no trânsito das grandes cidades, em que o motorista deve estar atento porque a todo momento se vê obrigado a frenagens rápidas, podem acontecer situações em que culpado é o motorista da frente: por exemplo, quando ultrapassa outro veículo e em seguida freia bruscamente, sem motivo; ou, ainda, quando faz alguma manobra em marcha à ré, sem as devidas cautelas.

Assim, já se decidiu:

"Acidente de trânsito. Colisão em rodovia. Culpa de quem colide por trás. Presunção relativa. Possibilidade de prova em contrário. Em colisão de veículos é relativa a presunção de que é culpado o motorista cujo carro atinge o outro por trás"[65].

"Colisão na traseira. Presunção de culpa em relação ao motorista que bate com o seu veículo na traseira de outro. Tal presunção não é absoluta; cede ante provas precisas no sentido da responsabilidade do atingido"[66].

Mas o ônus da prova da culpa do motorista do veículo da frente incumbe àquele que colidiu a dianteira de seu veículo com a traseira daquele (ou que sofreu a colisão provocada pela traseira do outro contra a dianteira de seu veículo, no caso de marcha à ré). Não se desincumbindo satisfatoriamente desse ônus, será considerado responsável pelo evento e condenado a reparar o dano causado. Enfim, não elidida a presunção de culpa do que colide contra a traseira de outro veículo, não se exonerará da responsabilidade pela indenização. Veja-se:

"Nos casos de acidente de trânsito com abalroamento na traseira presume-se a culpa do condutor do carro abalroador, visto inobservar o dever de guardar distância de segurança entre seu automóvel e o que segue imediatamente à frente"[67].

"Acidente de trânsito. Engavetamento envolvendo três veículos. Motorista que não guarda distância assecuratória na corrente de tráfego. Culpa exclusiva deste caracterizada. A responsabilidade pelo evento danoso há de ser carreada unicamente ao motorista do veículo que não guarda distância assecuratória na corrente normal de tráfego, dando causa a abalroamento"[68].

4. CONTRAMÃO DE DIREÇÃO

Observa WILSON MELO DA SILVA, com propriedade, que as causas mais comuns, determinantes dos acidentes, contam-se às dezenas. A imperícia e, de maneira assinalada, a imprudência são monstros de muitas cabeças. As circuns-

---

[65] RT, 575/168.
[66] RJTJSP, 59/107.
[67] RT, 611/129; JTACSP, Revista dos Tribunais, 100/43.
[68] RT, 607/117.

tâncias ditariam sempre ao motorista, em cada oportunidade, a maneira correta de agir. O motorista prudente não deve cuidar apenas de si. Ele tem por obrigação, ainda, observar tudo e todos que estejam à sua volta[69].

Uma das causas mais comuns de acidentes automobilísticos é a invasão da contramão de direção em local e momento inadequados. Constitui falta grave e acarreta a obrigação de indenizar.

Ninguém pode adivinhar se por trás do lombo de uma estrada não virá, em direção contrária, um outro veículo que surja de inopino, quando tempo já não haja para se evitar uma possível e perigosa colisão de veículos. A ultrapassagem quando a faixa do centro da estrada for ainda contínua é ordinariamente causa comum de acidentes, que se originam tão somente da imprudência, que é a forma mais usual pela qual a culpa se patenteia[70].

O ingresso na contramão só é permitido em locais que se desenvolvem em reta (faixa descontínua) e em condições favoráveis, isto é, havendo ampla visibilidade que possibilite a ultrapassagem, ou qualquer outra manobra, na certeza de que nenhum outro veículo se aproxima, em sentido contrário, ou que existe tempo suficiente para a sua execução, sem riscos. Por isso, não se admite que possa ser efetuada em curvas ou lombadas.

Determina, com efeito, o Código de Trânsito Brasileiro que a circulação de veículos "far-se-á pelo lado direito da via, admitindo-se as exceções devidamente sinalizadas" (art. 29, I), aduzindo que "a ultrapassagem de outro veículo em movimento deverá ser feita pela esquerda, obedecida a sinalização regulamentar e as demais normas estabelecidas neste Código, exceto quando o veículo a ser ultrapassado estiver sinalizando o propósito de entrar à esquerda" (art. 29, IX). Todo condutor deverá, "antes de efetuar uma ultrapassagem, certificar-se de que:

(...)

c) a faixa de trânsito que vai tomar esteja livre numa extensão suficiente para que sua manobra não ponha em perigo ou obstrua o trânsito que venha em sentido contrário" (inciso X).

Deverá ainda, segundo dispõe o inciso XI, ao efetuar a ultrapassagem, "retomar, após a efetivação da manobra, a faixa de trânsito de origem, acionando a luz indicadora de direção do veículo ou fazendo gesto convencional de braço, adotando os cuidados necessários para não pôr em perigo ou obstruir o trânsito dos veículos que ultrapassou" (letra c).

---

[69] *Da responsabilidade*, cit., p. 373.
[70] Wilson Melo da Silva, *Da responsabilidade*, cit., p. 373.

Mais adiante, no art. 186, I, o aludido diploma tipifica a irregular invasão da contramão de direção como infração, nestes termos:

"Art. 186. Transitar pela contramão de direção em:

I – vias com duplo sentido de circulação, exceto para ultrapassar outro veículo e apenas pelo tempo necessário, respeitada a preferência do veículo que transitar em sentido contrário:

Infração – grave;

II – vias com sinalização de regulamentação de sentido único de circulação:

Infração – gravíssima".

Segundo a Convenção de Viena, adotada pelo Brasil, "todo condutor deverá, antes de efetuar uma ultrapassagem, certificar-se de que: ... c) a faixa de trânsito que vai tomar está livre numa extensão suficiente para que, tendo em vista a diferença entre a velocidade de seu veículo durante a manobra e a dos usuários da via aos quais pretende ultrapassar, sua manobra não ponha em perigo ou obstrua o trânsito que venha em sentido contrário" (art. 11, § 2º).

5. CONVERSÃO À ESQUERDA E À DIREITA

Manobra que causa muito acidente é a conversão à esquerda. Não basta que se faça um simples sinal luminoso no momento mesmo da realização da manobra. É indispensável que se verifique previamente a possibilidade de sua realização. Vejamos:

"Acidente de trânsito. Conversão à esquerda. Verificação de sua possibilidade, para tanto não bastando simples sinal luminoso, no momento mesmo da realização da manobra. Colisão de veículos, numa avenida. Culpa do motorista que fez conversão à esquerda, quando outro veículo lhe passava à frente por esse mesmo lado"[71].

Quem pretende convergir à esquerda deve posicionar-se com antecedência na faixa da esquerda, para não interceptar a frente dos veículos que por ela transitam. Do mesmo modo deve posicionar-se na faixa da direita, bem antes da esquina, quem pretende entrar para esse lado.

Dispunha, com efeito, o art. 83 do Código Nacional de Trânsito (correspondência com o art. 175, XII, do Regulamento – Dec. n. 62.127, de 16-1-1968):

"Art. 83. É dever de todo condutor de veículo:

(...)

---

[71] *RJTJSP*, 45/122.

XII – Nas vias urbanas, deslocar com antecedência o veículo para a faixa mais à esquerda e mais à direita, dentro da respectiva mão de direção, quando tiver de entrar para um desses lados".

O preceito é de fácil entendimento, mas não é cumprido quase de modo costumeiro, como comentam Geraldo de Faria Lemos Pinheiro e Dorival Ribeiro: "O que se observa continuamente nas vias urbanas é a 'fechada' do veículo que pretende seguir em frente pelo veículo do condutor despreparado, afoito, ignorante ou imprudente e que delibera entrar para a direita ou para a esquerda"[72].

Preceitua o Código de Trânsito Brasileiro:

"Art. 35. Antes de iniciar qualquer manobra que implique um deslocamento lateral, o condutor deverá indicar seu propósito de forma clara e com a devida antecedência, por meio da luz indicadora de direção de seu veículo, ou fazendo gesto convencional de braço.

Parágrafo único. Entende-se por deslocamento lateral a transposição de faixas, movimentos de conversão à direita, à esquerda e retornos.

(...)

Art. 37. Nas vias providas de acostamento, a conversão à esquerda e a operação de retorno deverão ser feitas nos locais apropriados e, onde estes não existirem, o condutor deverá aguardar no acostamento, à direita, para cruzar a pista com segurança.

Art. 38. Antes de entrar à direita ou à esquerda, em outra via ou em lotes lindeiros, o condutor deverá:

I – ao sair da via pelo lado direito, aproximar-se o máximo possível do bordo direito da pista e executar sua manobra no menor espaço possível;

II – ao sair da via pelo lado esquerdo, aproximar-se o máximo possível de seu eixo ou da linha divisória da pista, quando houver, caso se trate de uma pista com circulação nos dois sentidos, ou do bordo esquerdo, tratando-se de uma pista de um só sentido.

Parágrafo único. Durante a manobra de mudança de direção, o condutor deverá ceder passagem aos pedestres e ciclistas, aos veículos que transitem em sentido contrário pela pista da via da qual vai sair, respeitadas as normas de preferência de passagem".

Não somente as conversões são feitas comumente sem as devidas cautelas, como também as simples manobras de mudança de faixas. Nos grandes centros é comum observar pessoas afoitas, que vão "costurando" o trânsito, ultrapassando pela direita e pela esquerda, imprudentemente.

---

[72] *Doutrina, legislação e jurisprudência do trânsito*, p. 160.

As ultrapassagens devem ser feitas pela esquerda, precedidas do sinal regulamentar, retomando o condutor, em seguida, sua posição correta na via, sem "fechar" o veículo ultrapassado e sem colocar em risco os veículos que transitam na direção oposta. A simples mudança de faixa deve ser feita somente em condições favoráveis, precedida do sinal regulamentar e de modo a não interceptar a frente do veículo que transita na faixa em que se pretende ingressar, nem a estreitar em demasia o espaço entre os veículos que por ela transitam. Age com imprudência quem muda repentinamente de faixa, interceptando a frente de algum veículo. Além do risco de sofrer uma colisão na traseira, e de provocar um engavetamento, estará sujeito ainda a ser responsabilizado pelo acidente.

A preocupação de quem efetua uma conversão à esquerda não deve ser somente com os veículos que transitam no mesmo sentido, mas também, e principalmente, com os que venham em sentido contrário.

Consoante preleciona ADALBERTO MORAES NATIVIDADE, "o condutor de um veículo, pretendendo virar à esquerda, num cruzamento, entrada de veículo ou rua particular, cederá o direito de passagem a qualquer veículo aproximando-se de uma direção oposta, o qual esteja no cruzamento ou tão perto dele que represente risco imediato"[73].

A situação não se modifica quando os veículos seguem em sentidos opostos e existe semáforo no cruzamento perpendicular com outra via, ou seja, não é permitido a um deles convergir à esquerda, exatamente no momento em que deveriam cruzar-se, estando o sinal aberto.

Decidiu o extinto 1º Tribunal de Alçada Civil de São Paulo, a propósito:

"Acidente de trânsito. Colisão de veículos em sentidos opostos. Conversão à esquerda com semáforo amarelo. Preferência de passagem daquele que segue na mesma direção. Indenização devida pelo motorista do automóvel que fez a conversão"[74].

Consta do referido aresto o seguinte trecho: "Ora, se os dois carros estão na mesma rua, em sentidos opostos, ambos têm a mesma permissão ou a mesma proibição de movimento frente ao semáforo, desde que, evidentemente, permaneçam naquele sentido. Estão subordinados à mesma regra. Se qualquer deles quiser mudar de direção para atravessar esse fluxo (a hipótese é de conversão à esquerda), fica na situação do veículo que estivesse na rua perpendicular e, portanto, fica subordinado à regra oposta. O mesmo sinal amarelo que lhe permitia seguir em frente, agora o proíbe de qualquer movimento. Não pode cortar a corrente de tráfego".

---

[73] *Trânsito para Condutores e Pedestres*, publicação do DER, set./91, p. 4, item 2.4.
[74] *RT*, 611/115.

Nas estradas, o motorista que pretende convergir à esquerda, onde não houver local apropriado para a manobra, deve sair para o acostamento da direita e ali aguardar oportunidade favorável para cruzar a pista.

Age com manifesta imprudência quem não respeita essa regra elementar de prudência e converge à esquerda, nas estradas, sem sair, antes, para o acostamento da direita, vindo a colidir com veículo que transitava no mesmo sentido e realizava manobra de ultrapassagem, ou com veículo que transitava em direção oposta.

6. FAIXA DE PEDESTRES

A respeito das faixas de preferência para a passagem de pedestres, ordenava o art. 178, XI, do Regulamento do revogado Código Nacional de Trânsito:

"Dar preferência de passagem aos pedestres que estiverem atravessando a via transversal na qual vai entrar, aos que ainda não hajam concluído a travessia, quando houver mudança de sinal, e aos que se encontrem nas faixas a eles destinadas, onde não houver sinalização".

Observa-se que a preferência deve ser concedida aos pedestres não só quando o semáforo lhes for favorável, como também quando houver mudança e a travessia ainda não estiver concluída. A mesma preferência deve ser observada nos locais não dotados de semáforos. Nestes, se o pedestre estiver atravessando a rua pela faixa de segurança, o motorista é obrigado a parar o veículo e aguardar que a pista fique livre.

Trata-se de dispositivo importante e que, infelizmente, não é respeitado por todos, no Brasil, constituindo-se mesmo tal desrespeito causa de incontáveis atropelamentos ocorridos nos grandes centros. Tal fato já não ocorre nos países europeus, que respeitam sempre o pedestre. Em alguns países, como por exemplo a Inglaterra, se o pedestre colocar um dos pés na pista, para iniciar a travessia, todos os veículos estancam imediatamente e aguardam a sua conclusão.

A faixa exclusiva de pedestres deve ser respeitada não só pelos motoristas como também pelos pedestres.

Devem os primeiros, quando do fechamento do semáforo, estancar os veículos antes da faixa, sem invadi-la. Aberto o sinal, devem aguardar que os pedestres, que já a iniciaram, concluam a travessia da via pública. Como decidiu o colendo Superior Tribunal de Justiça:

"Se a vítima – menor de 15 anos de idade – começara a atravessar a pista sinalizada por semáforo e estando o veículo parado aguardando a sua vez, age imprudentemente o motorista que movimenta a máquina antes que a pedestre concluísse a travessia, provocando-lhe a morte"[75].

Também o extinto 1º Tribunal de Alçada Civil de São Paulo decidiu: "Atropelamento. Pedestre atingido quando atravessava a via na faixa de segurança respectiva. Preferência absoluta do pedestre. Culpa por imprudência reconhecida. Indenizatória procedente"[76].

Os pedestres, por sua vez, não devem efetuar a travessia das ruas ou avenidas fora da faixa de segurança. Constitui imprudência da vítima, a descaracterizar, muitas vezes, a culpa do motorista, ou a configurar culpa concorrente, a travessia fora da aludida faixa, sem as devidas cautelas.

Decidiu, com efeito, o mencionado Tribunal que o acidente ocorreu em virtude de "culpa exclusiva da vítima, que assumiu completamente o risco da travessia da rua, sem tomar qualquer cautela, fazendo-o fora da faixa de pedestres, próximo a cruzamento onde se encontra localizado um farol".

Neste último caso ainda acrescia a circunstância de existirem placas, nas proximidades do evento, indicativas de que a travessia de pedestres só podia ser feita pela faixa apropriada, sendo as pistas da avenida separadas por canteiro central, onde se encontram piquetes utilizados para o suporte de correntes obstaculizando a travessia de pedestres fora da faixa apropriada, existente junto ao semáforo[77].

A travessia pela faixa exclusiva deve ser feita, também, no momento adequado, isto é, quando o sinal estiver aberto para os pedestres.

Já se decidiu, por isso, que "o simples fato de estar a vítima sobre a faixa de pedestres absolutamente não significa que culpado fora o motorista da ré: desde o boletim de ocorrência lavrado por ocasião do acidente já se noticiava que o sinal no cruzamento estava favorável ao ônibus, com a vítima saindo de trás de um coletivo que trafegava em sentido inverso e tentando atravessar a rua correndo". Conclui-se, assim, que, "não obstante o lamentável ocorrido, os elementos dos autos só conduziam ao decreto de improcedência"[78].

O Código de Trânsito Brasileiro impôs uma série de cuidados e regras a serem observados não só pelos condutores como também pelos pedestres, nos arts. 68 a 71, devendo estes, para cruzar a pista de rolamento, tomar precauções de segurança (art. 69), devidamente especificadas, como certificarem-se, antes,

---

[75] REsp 2.759-RJ, 5ª T., j. 18-6-1990, rel. Min. Costa Lima, *DJU*, 6-8-1990, p. 7347, Seção I, ementa.
[76] 1º TACSP, Ap. 431.331/90-SP, 3ª Câm. Esp., j. 17-1-1990, rel. Mendes de Freitas.
[77] Ap. 321.812, 7ª Câm., j. 27-11-1984, rel. Régis de Oliveira.
[78] 1º TACSP, Ap. 320.579, 1ª Câm., j. 21-2-1984, rel. Pinto de Sampaio.

"de que podem fazê-lo sem obstruir o trânsito de veículos". É de destacar, também, o art. 70, que assim dispõe:

"Art. 70. Os pedestres que estiverem atravessando a via sobre as faixas delimitadas para esse fim terão prioridade de passagem, exceto nos locais com sinalização semafórica, onde deverão ser respeitadas as disposições deste Código.

Parágrafo único. Nos locais em que houver sinalização semafórica de controle de passagem será dada preferência aos pedestres que não tenham concluído a travessia, mesmo em caso de mudança do semáforo liberando a passagem dos veículos".

Por outro lado, no Capítulo XV, sob o título "Das Infrações", o Código de Trânsito Brasileiro prevê a imposição de penas privativas de liberdade, penas pecuniárias e de interdição temporária de direitos nos seguintes casos, que guardam relação com o assunto tratado neste item:

"Art. 214. Deixar de dar preferência de passagem a pedestre e a veículo não motorizado:

I – que se encontre na faixa a ele destinada;

II – que não haja concluído a travessia mesmo que ocorra sinal verde para o veículo;

III – portadores de deficiência física, crianças, idosos e gestantes;

IV – quando houver iniciado a travessia mesmo que não haja sinalização a ele destinada;

V – que esteja atravessando a via transversal para onde se dirige o veículo".

Inovando, o Código de Trânsito Brasileiro prevê, também, penalidade administrativa (multa pecuniária) nas hipóteses mencionadas no art. 254, que prescreve:

"Art. 254. É proibido ao pedestre:

I – permanecer ou andar nas pistas de rolamento, exceto para cruzá-las onde for permitido;

II – cruzar pistas de rolamento nos viadutos, pontes, ou túneis, salvo onde exista permissão;

III – atravessar a via dentro das áreas de cruzamento, salvo quando houver sinalização para esse fim;

IV – utilizar-se da via em agrupamentos capazes de perturbar o trânsito, ou para a prática de qualquer folguedo, esporte, desfiles e similares, salvo em casos especiais e com a devida licença da autoridade competente;

V – andar fora da faixa própria, passarela, passagem aérea ou subterrânea;

VI – desobedecer à sinalização de trânsito específica".

7. IMPERÍCIA

Imperícia é a inobservância, por despreparo prático ou insuficiência de conhecimentos técnicos, das cautelas específicas no exercício de uma arte, ofício ou profissão. Não é mais do que uma forma especial de imprudência ou de negligência, pois a voluntariedade se definiria no fato de saber o indivíduo, ou dever saber, do seu despreparo ou inexperiência e, assim mesmo, praticar o ato em que são exigidos certos requisitos.

Costuma-se dizer que o motorista habilitado não é imperito, pois sabe como dirigir veículo, já que prestou exames para isso. Pode ser um displicente, descuidado e, portanto, negligente, o que é outra forma de culpa. Assim, os acidentes envolvendo motoristas habilitados teriam como causa a imprudência ou a negligência destes.

Entretanto, tal afirmação constitui meia verdade, pois os exames de habilitação, hoje em dia, limitam-se, na maioria das vezes, a noções teóricas sobre sinalização de trânsito, baliza (estacionamento na via pública) e uma rápida pilotagem do veículo, quase sempre com uma simples volta no quarteirão. Não se exige prática de direção em estradas e em trânsito urbano movimentado. Por essa razão, diariamente são presenciadas manobras que demonstram evidente imperícia de motoristas legalmente habilitados (mas não de fato), principalmente no trânsito das grandes cidades, muitas vezes com consequências danosas a terceiros.

Podem ser mencionados, como alguns exemplos de imperícia no trânsito, os seguintes casos concretos:

– manobra de convergência à direita com veículo de grande porte sem abrir suficientemente o ângulo da curva, ou abrindo-o em demasia, atingindo veículo que estava na faixa contrária;

– motorista que, ao fazer a conversão em uma esquina, desgoverna, sobe na calçada e fere gravemente a vítima;

– motorista que, devagar, não vence leve curva e, desgovernado o veículo, bate em árvore no outro lado da rua;

– motorista que perde o controle do veículo e causa acidente, ao efetuar banalíssima manobra consistente em transpor valeta existente em via pública;

– motorista que, por imperícia, sobe na calçada e prensa a vítima contra outro veículo que se encontrava estacionado;

– motorista que reage afoitamente diante de situação nova, porém previsível;

– incapacidade do motorista de manter a aceleração do veículo – o que é objetivo facílimo para motorista razoavelmente hábil –, permitindo que o motor deixasse de funcionar sobre leito de ferrovia e sendo colhido pelo trem.

8. IMPRUDÊNCIA

A imprudência dos motoristas é, sem dúvida, a maior causa dos acidentes automobilísticos. Constitui omissão das cautelas que a experiência comum de vida recomenda, na prática de um ato ou no uso de determinada coisa. Ou, como diz MANZINI, "la omissione di cautele che la comune esperienza della vita insegna di prendere nell'adempimento di alcuni atti e nell'uso di certe cose"[79].

Apresenta-se ela sob as mais diversas formas. WILSON MELO DA SILVA menciona algumas delas:

"– Imprudente se consideraria o motorista que não tivesse sabido prever o descuido ou a imprudência alheia (*RF, 197*:366).

– Age com imprudência o motorista que imprime velocidade ao veículo que conduz, em local de grande aglomeração humana e atropela e mata um menor (*RF, 196*:316).

– Age com imprudência motorista que trafega em velocidade excessiva à frente de hospitais, escolas, estações de embarque e desembarque (*RT, 323*:376).

– Imprudente se mostra o motorista que dirige em velocidade excessiva em logradouros estreitos ou onde haja grande movimento de veículos ou de pedestres e sempre que o caminho não esteja completamente livre (*RF, 195*:316).

– Imprudente e, pois, culpado o motorista que, integrando a corrente do tráfego, descura-se quanto à possibilidade de o veículo que lhe vai à frente ter de parar de inopino, determinando uma colisão (*RT, 411*:145, *575*:118).

– Age com imprudência motorista que cruza via preferencial sem tomar as devidas cautelas, como parar à direita e aguardar que a via fique desimpedida (*RT, 423*:200, *411*:326).

– Imprudente se mostra o motorista que não diminui a marcha ao cruzar um veículo parado, porque detrás dele pode surgir uma pessoa, fato que se verifica diariamente (*RT, 228*:341).

– Age com imprudência motorista que não diminui a velocidade em dados locais e em determinadas circunstâncias, como em curvas fechadas e em locais onde o estado da pista não é bom, por se encontrar escorregadia, molhada ou esburacada, ou em que a visibilidade é dificultada em decorrência de fumaça, neblina, cerração ou bruma baixa (*JTACSP, 21*:325; *RF, 135*:247).

– Imprudência irrecusável do motorista que, vendo o transeunte em via pública desimpedida, não diminui a marcha em seu veículo para facilitar a passagem daquele, limitando-se a buzinar e acabando por atropelá-lo (*RT, 256*:367, *242*:357).

---

[79] *Diritto penale italiano*, 1950.

– Age com manifesta imprudência o motorista que efetua manobra em marcha a ré, sem observar as condições de trânsito, pois tal manobra, mesmo em veículos de passeio, por si só é perigosa, exigindo do motorista cautelas excepcionais. Com muito maior razão, em se tratando de veículos de carga (*RT*, 363:202).

– Imprudente se mostra o motorista que não cuida de seu veículo, permitindo os desgastes das lonas das sapatas dos freios, ou sua desregulagem, ou que não cuida da exata calibragem dos pneus, do balanceamento das rodas do carro, das revisões quanto aos amortecedores etc. (*JTACSP*, Revista dos Tribunais, *117*:22).

– Age com imprudência quem dirige em estado de embriaguez ou quem não dá luz baixa ao cruzar, à noite, com outro veículo, provocando ofuscamento (*RT*, 350:412).

– Age com imprudência quem ultrapassa outro veículo, sem observância das cautelas legais e em ocasião desfavorável (*RT*, 347:343, 301:406)"[80].

Imprudente ainda se mostra o motorista que abre a porta de seu veículo, sem atentar ao movimento de veículos que se aproximam, e dá causa a colisão. Confira-se:

"*Acidente de trânsito*. Motorista que abre a porta do automóvel, sem prestar atenção ao fluxo de veículos, vindo a atingir motocicleta. Vítima que exercia labor remunerado. Lucros cessantes devidos"[81].

9. MARCHA À RÉ

A manobra em marcha à ré deve ser feita, sempre, com muita cautela, por ensejar evidentes riscos.

Por essa razão, o Código de Trânsito Brasileiro, em seu art. 194, estatui ser proibido a todo condutor de veículo "transitar em marcha à ré, salvo na distância necessária a pequenas manobras e de forma a não causar riscos à segurança".

Ressaltam com propriedade Geraldo de Faria Lemos Pinheiro e Dorival Ribeiro que os tribunais entendem que, para a hipótese, deve-se observar "uma diligência extraordinária, fazendo a manobra em marcha lenta e dando toques regulamentares"[82].

Em princípio, pois, não se concebe a marcha à ré, salvo em trechos curtos, para acomodar o veículo ou retroceder ante um obstáculo. Mais se evidencia a culpa, nesse tipo de manobra, quando feita por mera comodidade do condutor,

---

[80] *Da responsabilidade*, cit., p. 373 e s.
[81] *RT*, 815/284.
[82] *Doutrina*, cit., p. 232.

ou seja, para abreviar caminho, ou em trechos longos, surpreendendo pedestres ou os motoristas de outros veículos.

Pode-se afirmar, sem erro, que a marcha à ré constitui, por si só, manobra perigosa e exige do motorista cautelas excepcionais. É modo de marcha absolutamente anormal, que é empregada por conta e risco do condutor.

Segundo M. Arias-Paz, citado por Geraldo de Faria Lemos e Dorival Ribeiro, "quando um veículo vai andar para trás, seu condutor comprovará, olhando por ambos os lados, e ainda descendo, se for mister, que não existe veículo parado nem outro obstáculo que o impeça, e que tanto a velocidade dos que se acerquem por trás, como a distância a que se encontram, permitem fazer a manobra sem risco de ser alcançado"[83].

Já está assente na jurisprudência o entendimento de que a manobra de marcha à ré em veículos pesados deve ser executada sempre com o auxílio de ajudante, porque o motorista não tem plena visão do caminho a seguir. Realizar tal manobra sem a cautela indicada constitui grave imprudência, porque o motorista, sem ajuda, não tem condições de prevenir acidente semelhante[84].

No entanto, o fato de realizar a manobra com o auxílio ou indicação de outra pessoa por si só não exime da responsabilidade o motorista causador de algum acidente com dano a pessoas ou coisas.

Com muito acerto declarou, a propósito, Antonio Cammarota "que o condutor haja procedido contando com as indicações que faziam os que estavam a pé no lugar, não é circunstância que minore a responsabilidade. Quem demanda indenização das consequências de uma manobra que não foi executada com toda prudência devida, basta provar isto para que a sua ação prospere, sem que possa obstar com a imprudência ou o erro dos que tenham assistido o condutor na manobra, porque este último é tão responsável pelo fato da sua própria iniciativa como do que faz por indicação das pessoas em quem deposita sua confiança ou para quem encomenda o assessoramento indispensável"[85].

10. ÔNUS DA PROVA

É de lei que o ônus da prova incumbe a quem a alega (CPC/2015, art. 373, I e II). Ao autor, pois, incumbe a prova, quanto ao fato constitutivo do seu direito; e ao réu, quanto à existência de fato impeditivo, modificativo ou extintivo do direito do autor (incisos I e II).

---

[83] *Doutrina*, cit., p. 232.
[84] *JTACSP*, Revista dos Tribunais, 118/133.
[85] *Responsabilidade extracontratual*, v. 1, p. 302.

A vontade concreta da lei só se afirma em prol de uma das partes se demonstrado ficar que os fatos, de onde promanam os efeitos jurídicos que pretende, são verdadeiros. A necessidade de provar para vencer, diz WILHELM KISCH, tem o nome de ônus da prova[86]. Claro está que, não comprovados tais fatos, advirão para o interessado, em lugar da vitória, a sucumbência e o não reconhecimento do direito pleiteado[87].

Assim, em colisão de veículos em esquina sinalizada, julgada improcedente a ação por não provada a afirmação do autor sobre a inobservância do sinal pelo réu, proclamou-se: "Se o autor não demonstra o fato constitutivo do direito invocado, o réu não pode ser condenado por dedução, ilação ou presunção"[88].

Os tribunais têm examinado com benignidade a prova de culpa produzida pela vítima, extraindo-a de circunstâncias do fato e de outros elementos favoráveis, como a posição em que os veículos se imobilizaram, os sinais de frenagem, a localização dos danos etc.

Outro processo técnico utilizado em prol da vítima foi o estabelecimento de casos de presunção de culpa, como a dos pais, dos patrões, das estradas de ferro, dos que colidem contra a traseira do veículo que lhe vai à frente, dentre outros, com inversão do ônus da prova. A vítima, nesses casos, não tem de provar a culpa subjetiva do agente, que é presumida. O causador da lesão, patrimonial ou moral, terá de produzir prova de culpa da vítima ou de caso fortuito, invertendo-se, assim, o ônus da prova.

Em matéria de responsabilidade civil automobilística, o princípio de que ao autor incumbe a prova da culpa não é propriamente derrogado, mas recebe uma significação especial, isto é, sofre uma atenuação progressiva. É que o acidente, em situação normal, conduz a supor-se a culpa do réu. Não se aplica, porém, tal critério em colisões em cruzamentos, com recíprocas imputações de culpa, sendo necessário esclarecer qual dos dois motoristas não respeitou a sinalização ou o direito de preferência do outro.

Bem explícita a lição de ARNALDO RIZZARDO: "Embora o art. 333 do Código de Processo Civil [*de 1973; art. 373, CPC/2015*] estatua que o ônus da prova incumbe 'ao autor, quanto ao fato constitutivo do seu direito', entrementes, em matéria de acidente de trânsito, dá-se um elastério condizente com a realidade vivida. Porque o encargo probatório é singularmente pesado, não raras vezes a vítima não tem como ver proclamado o seu direito. Remonta desde o direito ro-

---

[86] *Elementos de derecho procesal civil*, p. 205.
[87] Frederico Marques, *Instituições de direito processual civil*, v. 3, p. 379.
[88] 1º TACSP, Ap. 439.741-9, Ribeirão Preto, j. 10-9-1990, rel. Bruno Netto, *Boletim da AASP*, n. 1.675, p. 27.

mano a presunção em benefício da vítima, fundada na 'Lex Aquilia', segundo a qual basta a culpa levíssima para gerar a reparação".

Além disso, prossegue o autor citado, "a culpa aparece visível 'a prima facie' em fatos evidentes. Revelado o dano, como quando o veículo sai da estrada e atropela uma pessoa, não se questiona a respeito da culpa. É a chamada culpa 'in re ipsa', pela qual alguns fatos trazem em si o estigma da imprudência, ou da negligência, ou da imperícia. Uma vez demonstrados, surge a presunção do elemento subjetivo, obrigando o autor do mal à reparação"[89].

Coerentes com esse posicionamento os arestos a seguir transcritos:

"Acidente de trânsito. Colisão com poste que caiu em cima do filho menor do autor causando sua morte. Prova da culpa do motorista. Ônus da prova pertencente ao réu. Aplicação da 'Teoria da Aparência de Culpa'. Indenizatória procedente"[90].

"Todas as vezes que as peculiaridades do fato, por sua normalidade, probabilidade e verossimilhança, façam presumir a culpa do réu, invertem-se os papéis e a este compete provar a inocorrência de culpa de sua parte, para ilidir a presunção em favor da vítima"[91].

11. PROPRIEDADE DO VEÍCULO

Algumas vezes, o veículo causador do dano está registrado em nome de uma pessoa, mas já foi vendido a outrem, ou a quem o dirigia por ocasião do evento. Tendo havido a tradição, não pode ser responsabilizado aquele vendedor que tem o veículo registrado em seu nome, porque o domínio das coisas móveis se transfere pela tradição (CC, art. 1.267). Mas, não provada esta, prevalece o registro. Confira-se:

"O registro do veículo no Departamento de Trânsito vale como presunção de propriedade, implicando a transferência do domínio, independentemente de tradição. Tal presunção, porém, pode ser ilidida com prova da venda do veículo a terceiro, acompanhada da sua tradição. Inocorrência de ofensa à Súmula n. 489"[92].

"Na ação de reparação de danos causados em acidente de veículos há ilegitimidade passiva *ad causam* se a propriedade do carro foi transferida a outrem antes do evento danoso, mesmo que estivesse ainda registrado em nome do ven-

---

[89] *A reparação*, cit., p. 95.
[90] *JTACSP*, Revista dos Tribunais, 111/60.
[91] *RT*, 427/106, 591/14.
[92] STF, *RTJ*, 84/929.

dedor no Detran, por ocasião do acidente. A presunção de propriedade do automóvel na repartição competente é *juris tantum*"[93].

A *Súmula 489 do Supremo Tribunal Federal* dispõe:

"A compra e venda de automóvel não prevalece contra terceiros, de boa-fé, se o contrato não foi registrado ou transcrito no Registro de Títulos e Documentos".

Com base na referida Súmula e no art. 129 da Lei dos Registros Públicos (Lei n. 6.015/73), que sujeita, no item 7º, a registro, no Registro de Títulos e Documentos, para surtir efeitos em relação a terceiros, "as quitações, recibos e contratos de compra e venda de automóveis...", algumas decisões têm conferido a tal registro presunção absoluta, responsabilizando sempre aquele cujo nome nele figura, ainda que demonstrada a alienação por outros meios de prova. Veja-se:

"*Responsabilidade civil.* Acidente de trânsito. Veículo cuja propriedade não foi trasladada junto ao Departamento de Trânsito ou registrada no Registro de Títulos e Documentos. Ineficácia da compra e venda contra terceiros. Extinção do processo afastada. Voto vencido"[94].

Ora, o registro determinado no art. 129 da Lei dos Registros Públicos só tem por fim fazer valer o contrato de compra e venda contra terceiros, "o que vale dizer, fazer valer o direito e as obrigações que nele se contêm. E nada mais, nem nada menos. Um dos seus efeitos – no campo do direito das obrigações, está claro – seria, p. ex., o da venda sucessiva do automóvel, com a nulidade da venda ulterior, quando já registrada a anterior. Ou vice-versa. Em tal caso, o adquirente compra *a non domino*. Nenhum sentido teria o registro se o vendedor pudesse fazer novas alienações, locupletando-se com o prejuízo alheio. Mas aqui, no caso concreto destes autos, o campo é outro, é o da responsabilidade civil resultante do equilíbrio violado pelo dano. Tal responsabilidade pressupõe necessariamente a culpa"[95].

Dentro dos postulados da responsabilidade civil, se todo dano é indenizável, está claro que deve ser reparado por quem a ele se liga por um nexo de causalidade. Assim, não faz sentido responder por um ato ilícito quem, pelas leis civis, não é mais proprietário do veículo.

A propósito, ensina WILSON MELO DA SILVA: "Responsabilizar-se alguém pelos danos ocasionados por intermédio de um veículo só pelo fato de se encontrar o mesmo registrado em seu nome nos assentos da Inspetoria do Trânsito, seria, por vezes, simplista ou, talvez, cômodo. Não justo, em tese. Culpa pressupõe,

---

[93] *RT*, 562/217.
[94] *JTACSP*, 70/32. No mesmo sentido: *RT*, 439/222.
[95] *RT*, 562/218 e 219.

salvo as exceções legais mencionadas, fato próprio, vontade livre de querer, discernimento. Não seria a circunstância de um só registro, não traduzidor de uma verdade em dado instante, em uma repartição pública, que iria fixar a responsabilidade por um fato alheio à vontade e à ciência do ex-dono do veículo, apenas porque a pessoa que, dele, o adquiriu, não se deu pressa em fazer alterar, na repartição do trânsito, o nome do antigo proprietário, para o seu próprio".

E prossegue, adiante: "A transcrição de um título de aquisição só vale como *conditio sine qua non* da transferência da propriedade, entre nós, quando se trate da propriedade imobiliária. O veículo não é um bem imóvel. A transferência de seu domínio, pois, teria como pressuposto apenas o contrato válido, concertado entre vendedor e comprador, seguido da simples entrega da coisa do antigo ao novo dono".

Assim, conclui: "O registro que se faça no Cartório de Títulos e Documentos do instrumento da avença na espécie teria finalidade outra, qual apenas a de fazer valer *erga omnes* a verdade da alienação que o instrumento materializaria, facilitando a prova da propriedade na hipótese, por exemplo, de alguma penhora judicial ou de dúvidas quanto ao veículo subtraído a seu legítimo dono etc. Nunca, porém, como elemento constitutivo, substancial, ontológico, de cristalização do *jus proprietatis* do adquirente, direito esse que já se efetivara pelo só fato da avença, pura e simples, seguida da tradição da coisa"[96].

Em consonância com a melhor doutrina, acima exposta, a jurisprudência dominante:

"*Responsabilidade civil*. Acidente de trânsito. Transferência da propriedade do veículo colidente ainda não registrada na repartição competente. Diligência não atribuída ao vendedor. Impossibilidade de mantê-lo integrado à lide. Decisão mantida"[97].

Assim também tem entendido o *Supremo Tribunal Federal*, como se pode verificar no primeiro acórdão transcrito nesta seção, fazendo referência à inocorrência de ofensa à *Súmula 489*, cujo relator ainda enfatizou:

"Na verdade, é de se admitir, nas presunções *juris tantum*, ser proprietário do veículo aquele em cujo nome está registrado no Departamento de Trânsito. Ilidida, porém, esta presunção, com a prova da venda e da tradição do veículo, não há como conceber sua responsabilidade. Acresce que a mudança do nome no registro do trânsito é providência que cabe ao adquirente, e não tem sentido que o vendedor seja responsabilizado por omissão de comprador"[98].

---

[96] *Da responsabilidade*, cit. p. 450-451.
[97] JTACSP, 70/67, 73/152.
[98] STF, RTJ, 84/929-933.

Veja-se, por último, decisão da *6ª Câmara Civil do Tribunal de Justiça de São Paulo*: "Mas, de qualquer forma, para valer contra terceiros, a alienação deveria ser inscrita no Cartório de Títulos e Documentos, até que se formalizasse a transferência do certificado de propriedade; *ou*, quando menos, deveria emergir de prova documental insuscetível de dúvida"[99]. A disjuntiva *ou* inserida no acórdão indica alternatividade, isto é, a prova documental insuscetível de dúvida vale contra terceiros, na hipótese de alienação do automóvel.

12. PROVA

12.1. Considerações gerais

Na responsabilidade civil aquiliana, o ônus da prova, em regra, cabe ao lesado, que tem de demonstrar não só a existência do dano como também a relação de causa e efeito entre o ato do agente e os prejuízos por ele sofridos (*onus probandi incumbit ei qui dixit*).

Se se tratar de responsabilidade objetiva pura (ou própria), em que o requisito "culpa" é totalmente prescindível, basta essa prova.

Nos casos em que se presume a culpa do causador do dano, também o lesado está dispensado de produzir outras provas, além das já mencionadas. Nesses casos, inverte-se o ônus da prova: se o réu não provar a existência de alguma excludente de sua responsabilidade, será considerado culpado, pois sua culpa é presumida.

O Código Civil brasileiro filiou-se à teoria subjetiva, no art. 186, que erigiu o dolo e a culpa como fundamentos para a obrigação de reparar o dano. Entretanto, em outros dispositivos e mesmo em leis esparsas, adotaram-se os princípios da responsabilidade objetiva, da culpa presumida (arts. 936, 937 e 938, que tratam, respectivamente, da responsabilidade presumida do dono do animal, do dono do edifício e do habitante da casa) e da responsabilidade independentemente de culpa (arts. 927, parágrafo único, 933 e 1.299, que dizem respeito, respectivamente, à atividade potencialmente perigosa; à responsabilidade dos pais, tutores, curadores e patrões; e à responsabilidade decorrente do direito de vizinhança).

A par disso, temos o Código Brasileiro de Aeronáutica, a Lei de Acidentes do Trabalho e outras leis especiais, em que se mostra nítida a adoção, pelo legislador, da responsabilidade objetiva.

Na responsabilidade objetiva, subsumem-se as teorias da guarda da coisa inanimada e do exercício da atividade perigosa, já estudadas.

---

[99] *RT*, 522/91-92.

Em matéria de responsabilidade civil automobilística, ainda predomina a responsabilidade subjetiva, isto é, a que exige que o lesado, para vencer a demanda, prove a culpa ou dolo do réu. Numa colisão entre dois veículos ocorrida em um cruzamento, por exemplo, vencedor será o que provar a culpa do outro (por desrespeito à sinalização ou direito de preferência, por excesso de velocidade etc.).

Em alguns casos, no entanto, a jurisprudência estabeleceu algumas presunções de culpa, como a do motorista que colide contra a traseira do que lhe vai à frente, ou invade a contramão de direção ou via preferencial, ou, ainda, assume o volante em estado de embriaguez.

Havendo presunção de culpa, o lesado só tem o ônus de provar o dano e a relação de causalidade entre ele e a ação ou omissão do agente. Inverte-se o ônus da prova: ao réu incumbe o ônus de elidir a presunção de culpa que o desfavorece. Veja-se, a propósito:

"Presume-se que o motorista que vai pela via preferencial não cometeu infração de trânsito; cabe ao outro, em caso de colisão, provar que aquele agiu com culpa"[100].

Assim também deve ser nos casos em que a culpa aparece visível *prima facie* em fatos evidentes, como a perda da direção em via pública com o consequente atropelamento de pedestre sobre a calçada ou colisão com veículo estacionado (em que a única explicação para justificar o evento é o caso fortuito). Em casos como esses, revelado o dano, não se questiona a respeito da culpa: é a chamada culpa *in re ipsa*.

Em matéria de ônus da prova (seja da existência do dano, da relação de causalidade entre o dano e a conduta do agente, e da culpa) é de lembrar que, se o autor não demonstra o fato constitutivo do direito invocado, o réu não pode ser condenado por dedução, ilação ou presunção.

Diz CHIOVENDA, no entanto, que, se forem provados pelo autor os fatos constitutivos de seu direito, o réu, por seu lado, deve prover a sua prova, que consiste em outro fato que elida os efeitos jurídicos daqueles. Neste caso, então, teremos a verdadeira prova do réu, a prova da exceção no sentido amplo[101].

Tem sido reconhecida, na responsabilidade civil automobilística aquiliana, a dificuldade às vezes intransponível de ser provada, pela vítima, a culpa subjetiva do causador do dano. Por essa razão, a este, em muitos casos, é atribuído o ônus da prova, para livrar-se da obrigação de indenizar.

Assinala, com efeito, AGUIAR DIAS que, em matéria de responsabilidade, o que se verifica "é o progressivo abandono da regra '*actori incumbit probatio*', no seu

---

[100] *RT*, 546/105.
[101] *Princípios de direito processual civil*, § 55.

sentido absoluto, em favor da fórmula de que a prova incumbe a quem alega contra a 'normalidade', que é válida tanto para a apuração de culpa como para a verificação da causalidade. À noção de 'normalidade' se juntam as de 'probabilidade' e de 'verossimilhança' que, uma vez que se apresentem em grau relevante, justificam a criação das presunções de culpa"[102].

O princípio de que ao autor incumbe a prova não é propriamente derrogado, mas recebe uma significação especial, isto é, sofre uma atenuação progressiva. É que o acidente, em situação normal, conduz a supor-se a culpa do réu.

O referido princípio, como lembra ainda AGUIAR DIAS, passa a ter "uma significação especial, que, por atenção a outra norma ('reus in excipiendo fit actor'), vem a ser esta: aquele que alega um fato contrário à situação adquirida do adversário é obrigado a estabelecer-lhe a realidade. Ora, quando a situação normal, adquirida, é a ausência de culpa, o autor não pode escapar à obrigação de provar toda vez que, fundadamente, consiga o réu invocá-la. Mas, se, ao contrário, pelas circunstâncias peculiares à causa, outra é a situação-modelo, isto é, se a situação normal faça crer na culpa do réu, já aqui se invertem os papéis: é ao responsável que incumbe mostrar que, contra essa aparência, que faz surgir a presunção em favor da vítima, não ocorreu culpa de sua parte. Em tais circunstâncias, como é claro, a solução depende preponderantemente dos fatos da causa, revestindo de considerável importância o prudente arbítrio do juiz na sua apreciação"[103].

12.2. Espécies e valor das provas (testemunhal, documental e pericial)

Corretamente se tem afirmado que a prova testemunhal não pode ser considerada, no quadro das provas existentes, como sendo a prova ideal. Como pondera ARRUDA ALVIM, certamente "a prova documental supera-a de muito, pela precisão e pela certeza de que ela se reveste, e é por isso preferida à testemunhal (art. 400, I [*CPC/73; arts. 442 e 443, CPC/2015*]; e, ainda, arts. 402 e 366 [*CPC/73; arts. 406, 444 e 445, CPC/2015*]), o que, neste sentido, coloca-se como uma 'hierarquia' entre os meios de prova, pois que, ao nível da lei, sendo suscetível o fato de prova documental, e, já estando assim provado, é inadmissível a prova testemunhal (art. 400, I), o que se passa, também, com a confissão"[104].

A prevenção contra a prova testemunhal tem a sua razão de ser. É que, embora verdadeiro o princípio de que as testemunhas muito mais dizem a verdade

---

[102] *Da responsabilidade civil*, t. 1, p. 115, n. 44.
[103] *Da responsabilidade*, cit., t. 1, p. 113-114, n. 43.
[104] *Manual de direito processual civil*, v. 2, p. 340, n. 404.

do que mentem, e que o testemunho encerra uma "presunção" de verdade, às vezes ocorre uma consciente e deliberada disposição de falsear a verdade, malgrado a fiscalização do juiz.

Além disso, o testemunho poderá ser inexato em razão das deficiências do próprio homem, "quer no que tange à sua capacidade de percepção e observação, quer pertinente à sua memória, quer, finalmente, no que diz respeito à própria incapacidade de reprodução rigorosamente exata dos fatos por ele percebidos"[105].

Os acidentes automobilísticos acontecem em fração de segundo, e a possibilidade de engano das pessoas que são chamadas a prestar depoimentos sobre fatos e situações que tenham presenciado é muito grande.

A falibilidade do subsídio testemunhal se deve a diversos fatores de natureza pessoal, como também extrínsecos, que podem desviar a capacidade de observação da testemunha. Quase sempre a sua atenção é despertada pelo impacto da colisão e tem sua atenção voltada, inicialmente, para as consequências de imediato resultantes, ou seja, para as pessoas feridas e para a extensão dos danos, não se preocupando com detalhes relevantes para a aferição da culpa, como o estado da pista, a sinalização, a velocidade dos veículos etc.

Sobre esse problema, alertou ERICH DOHRING: "É frequente que o observador de um acontecimento emocionante, como, p. ex., um acidente de automóvel, não possa afirmar com certeza sobre detalhes de importância, mesmo quando estes se apresentam bastante perceptivos. Às vezes, poucos momentos antes, percebeu que o desastre seria inevitável e sua atenção ficou paralisada e concentrada para com o choque iminente"[106].

Muitas vezes, algumas testemunhas afirmam que o semáforo estava favorável para o autor e outras dizem que estava aberto para o réu, sem que nenhuma delas tenha a intenção de mentir. É que a mudança de sinal ocorre com certa rapidez e nem todas olharam para ele ao mesmo tempo, preocupadas algumas, em primeiro lugar, em verificar as consequências da colisão.

Tem-se decidido que, nesses casos de provas conflitantes sobre a situação do semáforo (se favorável ao autor ou ao réu) na ocasião do evento, a solução adequada é julgar a ação improcedente, por não provada a culpa atribuída ao réu. Veja-se:

"Esta Câmara teve a oportunidade de destacar a dificuldade na prova de quem foi o responsável pelo acidente ocorrido em cruzamento sinalizado com semáforo, porque as pessoas, às vezes inconsciente ou involuntariamente, se confundem em razão da mudança rápida do sinal. Por tais motivos, a prova da

---

[105] Arruda Alvim, *Manual*, cit., v. 2, p. 340, n. 404.
[106] *La prueba, su práctica y apreciación*, Buenos Aires, p. 95.

culpa deve ser firme e segura, uma vez que a simples dúvida gerada por depoimentos conflitantes ou hesitantes conduzirá à improcedência, como no caso dos autos"[107].

Tal conclusão somente se justifica, porém, quando se trata da chamada dúvida irremissível, isto é, inevitável e inafastável, que não pode ser dirimida por outros elementos circunstanciais de prova, como a posição dos veículos, os vestígios deixados na pista, a localização dos danos etc. Deve o juiz somente decidir-se pelo pronunciamento do *non liquet* se, além de mostrar-se conflitante a prova testemunhal, não for possível apurar o que realmente aconteceu e qual das versões é a verdadeira mediante a análise de todos os elementos circunstanciais do evento.

Devido à falibilidade da prova testemunhal, tem-se dado preferência, na responsabilidade civil automobilística, à pericial. A orientação predominante é no seguinte sentido:

"Nas ações de cobrança por abalroamento por acidente de tráfego, a melhor prova é a oferecida pela perícia técnica feita pela Polícia de Trânsito. Tal perícia só pode ser desprezada com apoio em prova robusta e insofismável em contrário. O laudo pericial continua sendo o norteador das decisões em delito de trânsito"[108].

O *boletim de ocorrência*, como já se viu (*retro*, n. 2), goza de presunção de veracidade do que nele se contém. Essa presunção não é absoluta, mas relativa, isto é, *juris tantum*. Cede lugar, pois, quando infirmada por outros elementos constantes dos autos. Cumpre, pois, ao réu o ônus de elidi-la, produzindo prova em sentido contrário.

13. ULTRAPASSAGEM

Determina o Código de Trânsito Brasileiro, no art. 29:

"(...)

IX – a ultrapassagem de outro veículo em movimento deverá ser feita pela esquerda, obedecida a sinalização regulamentar e as demais normas estabelecidas neste Código, exceto quando o veículo a ser ultrapassado estiver sinalizando o propósito de entrar à esquerda;

X – todo condutor deverá, antes de efetuar uma ultrapassagem, certificar-se de que:

a) nenhum condutor que venha atrás haja começado uma manobra para ultrapassá-lo;

---

[107] 1º TACSP, Ap. 319.350, 5ª Câm. Cív., j. 7-12-1983, rel. Laerte Nordi.
[108] *RT*, 623/153.

b) quem o precede na mesma faixa de trânsito não haja indicado o propósito de ultrapassar um terceiro;

c) a faixa de trânsito que vai tomar esteja livre numa extensão suficiente para que sua manobra não ponha em perigo ou obstrua o trânsito que venha em sentido contrário".

A ultrapassagem pela direita, "exceto quando o veículo a ser ultrapassado estiver sinalizando o propósito de entrar à esquerda", constitui, pois, além de infração administrativa, manifesta imprudência, por surpreender os demais motoristas.

A propósito, asseveram GERALDO DE FARIA LEMOS PINHEIRO e DORIVAL RIBEIRO que "a ultrapassagem pela direita atenta contra a segurança do trânsito, pois o condutor que vai pela esquerda pode não se acautelar com a aproximação de outro veículo e, mudando de faixa, atingirá aquele que vai ultrapassá-lo de modo proibido. A ultrapassagem pela direita, com utilização do acostamento, é infração que se reveste de maior grau de periculosidade e é conduta altamente reprovável, sendo de se lamentar que o legislador, que se preocupou com regras irrelevantes, não tenha criado um tipo especial para esse procedimento, com pena bastante severa"[109].

Segundo a Convenção de Viena, adotada pelo Brasil, "todo condutor deverá, antes de efetuar uma ultrapassagem, certificar-se de que: *a*) nenhum condutor que venha atrás haja começado uma manobra para ultrapassá-lo; *b*) quem o precede na mesma faixa de trânsito não haja indicado o propósito de ultrapassar um terceiro; *c*) a faixa de trânsito que vai tomar está livre numa extensão suficiente para que, tendo em vista a diferença entre a velocidade de seu veículo durante a manobra e a dos usuários da via aos quais pretende ultrapassar, sua manobra não ponha em perigo ou obstrua o trânsito que venha em sentido contrário" (art. 11, § 20).

Sendo a ultrapassagem manobra que requer atenção e a adoção de redobradas cautelas, não são permitidas ultrapassagens em lombadas ou em imediações de esquinas, ou curvas das estradas de longo percurso, *como já decidiu o extinto 1º Tribunal de Alçada Civil de São Paulo*:

"Não resta dúvida de que a ultrapassagem de um veículo, com ingresso na contramão de direção pelo carro ultrapassador, é manobra permitida. Todavia, para ser realizada, é necessário que as condições de tráfego do local isso permitam. Ora, como é assente, não é viável que tal manobra seja realizada nas imediações de uma esquina, segundo o próprio apelante, em uma distância de cerca de vinte metros da mesma"[110].

---

[109] *Doutrina*, cit., p. 230.
[110] Ap. 274.904, 1ª Câm., j. 9-12-1980.

BIBLIOGRAFIA

AGUIAR DIAS, José de. *Da responsabilidade civil*. 4. ed. Rio de Janeiro: Forense; 10. ed., 1997.

_____. *Cláusula de não indenizar*. 2. ed. Rio de Janeiro, 1955.

_____. Responsabilidade dos médicos. *COAD*.

AGUIAR JÚNIOR, Ruy Rosado de. Responsabilidade civil do médico. *RT, 718*:43.

_____. *Extinção dos contratos por incumprimento do devedor*. 2. ed. Rio de Janeiro: Aide, 2003.

ALPA, G.; BESSONE, M. *La responsabilità civile*. 1980, v. 1 e 2.

ALVIM, Agostinho. *Da inexecução das obrigações e suas consequências*. 3. ed. Ed. Jurídica e Universitária.

_____. *Aspectos da locação predial*. 1966.

ALVIM, J. E. Carreira. Antecipação de tutela na ação de reparação de dano. In: *Tutela Antecipada na reforma processual*. Ed. Destaque.

AMERICANO, Jorge. *Do abuso de direito, no exercício da demanda*. São Paulo, 1932.

ANTUNES VARELA. João de Matos. *Das obrigações em geral*. 2. ed. Coimbra: Almedina, 1973, v. 1.

ANZORENA, Arturo Acuña. *Estudios sobre la responsabilidad civil*. La Plata: Ed. Platense, 1963.

ARAÚJO CINTRA, Antonio Carlos. *Teoria geral do processo*. 4. ed. São Paulo: Revista dos Tribunais.

ARRUDA ALVIM. *Manual de direito processual civil*. São Paulo: Revista dos Tribunais, 1986, v. 2.

_____. *Código de Processo Civil comentado*. São Paulo: Revista dos Tribunais.

_____. *Código do Consumidor comentado*. São Paulo: Revista dos Tribunais, 1991.

ATHIAS, Jorge Alex Nunes et al. *Dano ambiental:* prevenção, reparação e repressão. Revista dos Tribunais, 1993.

AVELAR, Juarez Moraes. *Cirurgia plástica:* obrigação de meio. São Paulo: Ed. Hipócrates, 2000.

AZEVEDO, Álvaro Villaça. Contrato de casamento, sua extinção e renúncia a alimentos na separação consensual. In: *Estudos em homenagem ao Professor Washington de Barros Monteiro.* São Paulo: Saraiva, 1982.

AZEVEDO, Antonio Junqueira et al. Responsabilidade civil dos pais. In: *Responsabilidade civil:* doutrina e jurisprudência. São Paulo: Saraiva, 1984.

AZEVEDO, Vicente. *Crime – Dano – Reparação.* São Paulo, 1934.

AZEVEDO JÚNIOR, José Osório. O dano moral e sua avaliação. *Revista do Advogado,* 49:14, dez./96.

BANDEIRA DE MELLO, Celso Antônio. Responsabilidade extracontratual do Estado por comportamentos administrativos. *RT,* 552:11.

BANDEIRA DE MELLO, Oswaldo Aranha. *Princípios gerais de direito administrativo.* Rio de Janeiro: Forense. v. 2.

BARASSI, Lodovico. *La teoria generale delle obbligazioni.* Milano: Giuffrè, 1964.

BARBI, Celso Agrícola. *Comentários ao Código de Processo Civil.* Rio de Janeiro: Forense. v. 1, t. 2.

BARROS, Octávio de. *Responsabilidade pública.* São Paulo: Revista dos Tribunais, 1956.

BARROS, Zanon de Paula. Responsabilidade civil: colisão de veículos em cruzamento. *RT,* 662/233.

BARROS MONTEIRO, Washington de. *Curso de direito civil.* 5. ed. São Paulo: Saraiva. v. 1; 29. ed., v. 5.

BENJAMIN, Antonio Herman de Vasconcellos et al. *Comentários ao Código de Proteção ao Consumidor.* São Paulo: Saraiva, 1991.

BENJÓ, Celso. O "leasing" na sistemática jurídica nacional e internacional. *RF,* 274:18.

BESSON, André. *La notion de garde dans la responsabilité du fait des choses.* Paris: Dalloz, 1927.

BEVILÁQUA, Clóvis. *Código Civil comentado.* 6. ed. Rio de Janeiro: Francisco Alves, 1940.

BITTAR, Carlos Alberto et al. *Responsabilidade civil nas atividades nucleares.* São Paulo: Revista dos Tribunais, 1985.

_____. Responsabilidade civil nas atividades perigosas. In: *Responsabilidade civil:* doutrina e jurisprudência. São Paulo: Saraiva, 1984.

_____. *Direitos do consumidor*. Forense Universitária, 1990.

_____. *Reparação civil por danos morais*. São Paulo: Revista dos Tribunais, 1993.

BITTENCOURT, Darlan Rodrigues; MARCONDES, Ricardo K. Lineamentos da responsabilidade civil ambiental. *RT*, 740/53.

BITTENCOURT, Edgard de Moura. *O concubinato no direito*. 2. ed. Rio de Janeiro, 1969.

_____. *Família*. Rio de Janeiro: Ed. Alba, 1970.

BONVICINI, Eugenio. *La responsabilità civile*. Milano: Giuffrè, 1924.

BRUNINI, Weida Zancaner. *Da responsabilidade extracontratual da Administração Pública*. São Paulo: Revista dos Tribunais, 1981.

BULOS, Uadi Lammêgo. *Constituição Federal anotada*. 4. ed. São Paulo: Saraiva, 2002.

CAHALI, Yussef Said. *Dano e indenização*. São Paulo: Revista dos Tribunais, 1980.

_____. *Responsabilidade civil do Estado*. São Paulo: Revista dos Tribunais, 1982; 2. ed., 1996.

_____. *Dos alimentos*. 1. ed. 4. tir. São Paulo: Revista dos Tribunais.

_____. Responsabilidade dos bancos pelo roubo em seus cofres. *RT, 591*:9.

_____. *Divórcio e separação*. 6. ed. São Paulo: Revista dos Tribunais, 1961.

CÂMARA LEAL. *Comentários ao Código de Processo Penal brasileiro*. Rio de Janeiro, 1943.

CAMMAROTA, Antonio. *Responsabilidade extracontratual*. v. 1.

CAPITANT, Henri. *Les grands arrêts de la jurisprudence civile*. 3. ed. Paris: Dalloz, 1950.

CARBONNIER, Jean. *Droit civil*. Paris: PUF, 1969.

CARRARD, Jean. O dano estético e sua reparação. *RF, 83*:406.

CARVALHO, Afonso de. *Novas decisões*. Apud José Raimundo Gomes da Cruz, *RJTJSP, 106*:8.

CARVALHO SANTOS. *Código Civil brasileiro interpretado*. Rio de Janeiro: Freitas Bastos, 1934.

CASILLO, João. Dano moral – Indenização – Critério para fixação. *RT, 634*:235.

CASTRO, Amílcar de. *Comentários ao Código de Processo Civil*. São Paulo: Revista dos Tribunais. v. 8.

CAVALIERI FILHO, Sérgio. *Programa de responsabilidade civil*. 2. ed. São Paulo: Malheiros.

_____. A responsabilidade civil prevista no Código de Trânsito Brasileiro à luz da Constituição Federal. *RT*, 765/87.

CHAVES, Antônio. *Lições de direito civil*: direito de família. São Paulo: Revista dos Tribunais.

_____. *Tratado de direito civil*. São Paulo: Revista dos Tribunais, 1985. v. 3.

_____. Direito à própria imagem. *RT*, 451/12.

CHIOVENDA, Giuseppe. *Princípios de direito processual civil*.

COLOMBO, Leonardo A. *Culpa aquiliana*. Buenos Aires: TEA, 1947.

COSTA FILHO, Venceslau Tavares; FLUMIGNAN, Silvano José Gomes. STJ exige comprovação do dano como pressuposto do dever de indenizar. *Revista Consultor Jurídico*, 26-3-2018.

COVELLO, Sérgio Carlos et al. Responsabilidade dos bancos pelo pagamento de cheques falsos e falsificados. In: *Responsabilidade civil*: doutrina e jurisprudência. Coord. Yussef Said Cahali. São Paulo: Saraiva, 1984.

CRETELLA JÚNIOR, José. *Tratado de direito administrativo*. Rio de Janeiro: Forense. v. 8.

_____. Responsabilidade do Estado por atos judiciais. *RF, 230*:46.

CRETELLA JÚNIOR, José et al. Responsabilidade civil do Estado legislador. In: CAHALI, Yussef Said (Coord.). *Responsabilidade civil:* doutrina e jurisprudência. São Paulo: Saraiva.

CRUZ, José Raimundo Gomes da. Transporte gratuito e responsabilidade civil. *RJTJSP*, 106/8.

CUNHA GONÇALVES. *Tratado de direito civil*. v. 12, t. 2.

CUSTÓDIO, Helita Barreira. Avaliação de custos ambientais em ações jurídicas de lesão ao meio ambiente. *RT*, 652/14.

DALLARI, Adilson. *Regime constitucional dos servidores públicos*. São Paulo: Revista dos Tribunais, 1976.

DELGADO, José Augusto. Interpretação dos contratos regulados pelo Código de Defesa do Consumidor. *Informativo Jurídico*. Biblioteca Ministro Oscar Saraiva, v. 8, n. 2.

DEMOGUE, René. *Traité des obligations en général*. Paris, 1923.

DENARI, Zelmo. Responsabilidade civil do fornecedor. *Revista do Advogado*, n. 33, p. 63.

DE PAGE, Henri. *Traité élémentaire de droit civil belge*. 2. ed. Bruxelles. v. 2.

DIEZ-PICAZO. *Fundamentos del derecho civil patrimonial*. 5. ed. Madrid: Civitas, 1996. v. 2.

DINAMARCO, Cândido Rangel. *Teoria geral do processo*. 4. ed. São Paulo: Revista dos Tribunais.

DINIZ, Maria Helena. *Responsabilidade civil*. São Paulo: Saraiva, 1984 e 2002.

_____. Análise hermenêutica do art. 1.531 do Código Civil e dos arts. 16 a 18 do Código de Processo Civil. *Jurisprudência Brasileira*, 147/14.

_____. O problema da liquidação do dano moral e o dos critérios para a fixação do "quantum" indenizatório. In: *Atualidades jurídicas 2*. São Paulo: Saraiva, 2001.

DI PIETRO, Maria Sylvia Zanella. *Direito administrativo*. 2. ed. São Paulo: Atlas, 1991.

DIREITO, Carlos Alberto Menezes. Anotações sobre a responsabilidade civil por furto de automóveis em "shopping centers". *RT*, 651/235.

_____; CAVALIERI FILHO, Sérgio. *Comentários ao novo Código Civil*. Rio de Janeiro: Forense, 2004.

DOHRING, Erich. *La prueba, su práctica y apreciación*. Buenos Aires, 1972.

ENNECCERUS; LEHMANN. *Derecho de obligaciones*. Barcelona, 1935.

ESPÍNOLA, Eduardo. *Breves anotações ao Código Civil brasileiro*. Rio de Janeiro. v. 1.

_____. *Dos contratos nominados no direito brasileiro*.

FADEL, Sérgio S. *Código de Processo Civil comentado*. Konfino, 1974. t. 4.

FARIAS, Cristiano Chaves de; ROSENVALD, Nelson. *Curso de direito civil*. 4. ed. Salvador: JusPodivm, 2014. v. 4.

FISCHER, Hans Albrecht. *A reparação dos danos no direito civil*. Trad. Férrer de Almeida. São Paulo, 1938.

FONSECA, Arnoldo Medeiros da. *Caso fortuito e teoria da imprevisão*. 2. ed. Rio de Janeiro: Imprensa Nacional, 1943.

FRANÇA, R. Limongi. Aspectos jurídicos da AIDS. *RT*, 661/21.

_____. Reparação do dano moral. *RT*, 565/30.

GAGLIANO, Pablo Stolze; PAMPLONA FILHO, Rodolfo. *Novo curso de direito civil* – Responsabilidade Civil. 18. ed. São Paulo: Saraiva, 2020. v. 3.

GALGANO, Francesco. *Diritto privato*. 4. ed. Padova: Cedam, 1987.

GARCEZ NETO, Martinho. *Responsabilidade civil*. 3. ed. São Paulo: Saraiva.

_____. *Prática de responsabilidade civil*. 1970.

GIORGI, Giorgio. *Teoria delle obbligazioni nel diritto moderno italiano*. 7. ed.

GOMES, Luiz Roldão de Freitas. *Elementos de responsabilidade civil*. Rio de Janeiro: Renovar, 2000.

GOMES, Orlando. *Obrigações*. 2. ed. Rio de Janeiro: Forense.

_____. *Transformações gerais do direito das obrigações*. São Paulo: Revista dos Tribunais.

_____. *Alienação fiduciária em garantia*. 1970.

GOMES DA CRUZ, José Raimundo. Transporte gratuito e responsabilidade civil. *RJTJSP, 106*:8.

GONÇALVES, Marcus Vinícius Rios. *Processo de execução e cautelar*. 21. ed. São Paulo: Saraiva, 2019. (Coleção Sinopses Jurídicas, v. 12.)

GRANIZO, Martin. *Los daños y la responsabilidad objectiva en el derecho positivo español*. 1972.

GRECO FILHO, Vicente. *Direito processual civil brasileiro*. São Paulo: Saraiva, 1986.

GRINOVER, Ada Pellegrini. *Eficácia e autoridade da sentença penal*. São Paulo: Revista dos Tribunais, 1978.

_____. *Teoria geral do processo*. 4. ed. São Paulo: Revista dos Tribunais.

GUIMARÃES DE SOUZA, Mário. *O advogado*. Recife, 1935.

HENTZ, Luiz Antonio Soares. *Indenização do erro judiciário*. São Paulo: LEUD, 1955.

HUNGRIA, Nélson. *Comentários ao Código Penal*. 4. ed.

ITURRASPE, Jorge Mosset. *Responsabilidad civil*. Buenos Aires: Ed. Hammurabi, 1979.

JOSSERAND, Louis. *Derecho civil*. Buenos Aires: Bosch, 1951.

KISCH, Wilhelm. *Elementos de derecho procesal civil*. 1940.

LALOU, Henri. *Traité pratique de la responsabilité civile*. Paris: Dalloz.

LAZZARINI, Álvaro. Responsabilidade civil do Estado por atos omissivos de seus agentes. *RJTJSP, 117*/8.

LEITE, Iolanda Moreira et al. Responsabilidade civil do construtor. In: *Responsabilidade civil*: doutrina e jurisprudência. Coord. Yussef Said Cahali. São Paulo: Saraiva, 1984.

LENZ, Luís Alberto Thompson Flores. A responsabilidade civil frente à legítima defesa putativa. *RT, 632*/72.

_____. A responsabilidade civil do transportador pela morte de passageiro em assalto aos coletivos. *RT, 643*/51.

LIMA, Alcides de Mendonça. *Comentários ao Código de Processo Civil*. Rio de Janeiro: Forense.

LIMA, Alvino. *Culpa e risco*. São Paulo, 1960.

_____. *Da culpa ao risco.* São Paulo, 1938.

_____. *A responsabilidade civil pelo fato de outrem.* Rio de Janeiro: Forense.

LIPPMANN, Ernesto. A responsabilidade civil do advogado vista pelos tribunais. *RT,* 787/141.

LOPES, João Batista. Perspectivas atuais da responsabilidade civil. *RJTJSP,* 57/14.

LUCARELLI, Fábio Dutra. Responsabilidade civil por dano ecológico. *RT,* 700/16.

LYRA, Afrânio. *Responsabilidade civil.* Bahia, 1977.

MAGALHÃES, Teresa Ancona Lopes de. *O dano estético.* São Paulo: Revista dos Tribunais, 1980.

MAGALHÃES, Teresa Ancona Lopes de et al. Responsabilidade civil dos médicos. In: *Responsabilidade civil:* doutrina e jurisprudência. Coord. Yussef Said Cahali. São Paulo: Saraiva, 1984.

MAGALHÃES NORONHA. *Direito penal.* 4. ed. São Paulo: Saraiva.

MANCUSO, Rodolfo de Camargo. Responsabilidade civil do banco em caso de subtração fraudulenta do conteúdo do cofre locado a particular. *RT,* 616/32.

MANZINI, Vincenzo. *Diritto penale italiano.* 1950.

MARINONI, Luiz Guilherme. Tutela inibitória: a tutela de prevenção do ato ilícito. *Revista de Direito Processual Civil,* Curitiba: Gênesis, v. 2.

MARMITT, Arnaldo. *Perdas e danos.* Rio de Janeiro: Aide, 1987.

MARQUES, Azevedo. Comentário. *RF,* 78/548.

MARQUES, Cláudia Lima. *Contratos no Código de Defesa do Consumidor.* São Paulo: Revista dos Tribunais, 1992.

MARQUES, José Frederico. *Tratado de direito penal.* 2. ed. São Paulo: Saraiva. v. 2 e 3.

_____. *Instituições de direito processual civil.* Rio de Janeiro: Forense.

_____. *Elementos de direito processual penal.* Rio de Janeiro: Forense. v. 3.

MARTON. *Les fondaments de la responsabilité civile.* Paris, 1938.

MARTY; RAYNAUD. *Droit civil.* Paris, 1962. v. 1, t. 2.

MAZEAUD; MAZEAUD. *Traité théorique et pratique de la responsabilité civile, délictuelle et contractuelle.* 3. ed.

_____. *Responsabilité civile.* v. 1.

MEIRELLES, Hely Lopes. *Direito de construir.* 2. ed. São Paulo: Revista dos Tribunais.

_____. Proteção ambiental e ação civil pública. *RT*, 611/7.

_____. *Direito administrativo brasileiro*. 6. ed. São Paulo: Revista dos Tribunais.

MELLO, Rubens Camargo. Responsabilidade civil: colisão de veículos em cruzamento. *RT*, 662/233.

MESSINEO, Francesco. *Manuale di diritto civile e commerciale*. Milano, 1958.

MILARÉ, Edis. Meio ambiente: elementos integrantes e conceito. *RT*, 623/32.

MIRAGEM, Bruno. *Direito civil: responsabilidade civil*. São Paulo: Saraiva, 2015.

MIRANDA, Darcy Arruda. *Comentários à Lei de Imprensa*. São Paulo: Revista dos Tribunais.

MIRRA, Álvaro Luiz Valery. A coisa julgada nas ações para tutela de interesses difusos. *RT*, 631/79.

MONTENEGRO, Antonio Lindbergh C. *Responsabilidade civil*. Anaconda Cultural, 1985.

MORAES, Alexandre de. *Direito constitucional*. 2. ed. São Paulo: Atlas.

MORAES, Walter. Direito à própria imagem. *RT*, 444/11.

MOREIRA, José Carlos Barbosa. *Direito aplicado:* acórdãos e votos. Rio de Janeiro: Forense, 1987.

MUKAI, Toshio. *Responsabilidade solidária da Administração por danos ao meio ambiente*. Conferência pronunciada no II Simpósio Estadual de Direito Ambiental. Curitiba, 1987.

_____. *Direito ambiental sistematizado*. Rio de Janeiro: Forense Universitária, 1988.

NACARATO NAZO, Georgette. *Da responsabilidade civil no pré-contrato de casamento*. São Paulo: Bushatsky, 1976.

NALINI, José Renato. A responsabilidade civil do notário. *RJTJSP*, 130/19.

NEGRÃO, Theotonio. *Código de Processo Civil e legislação processual em vigor*. 18. ed. São Paulo: Revista dos Tribunais.

NERY JUNIOR, Nelson. Responsabilidade civil por dano ecológico e ação civil pública. *Justitia*, 126/175.

_____. Aspectos da responsabilidade civil do fornecedor no Código de Defesa do Consumidor. *Revista do Advogado*, n. 33, p. 76.

_____. Contratos no Código Civil – Apontamentos gerais. In: NETTO, Domingos Franciulli; MENDES, Gilmar Ferreira; MARTINS FILHO, Ives Gandra da Silva (Coord.). *O novo Código Civil*: estudos em homenagem ao Professor Miguel Reale. São Paulo: LTr, 2003.

NERY JUNIOR, Nelson et al. *Direito ambiental:* prevenção, reparação e repressão. São Paulo: Revista dos Tribunais.

NERY JUNIOR, Nelson; ANDRADE NERY, Rosa Maria de. *Código de Processo Civil comentado.* 3. ed. São Paulo: Revista dos Tribunais.

NOGUEIRA, José Antonio. As novas diretrizes do direito. *Revista de Direito,* 94/15.

NORONHA, E. Magalhães. *Direito penal.* 4. ed. São Paulo: Saraiva.

NUNES, Luiz Antonio Rizzatto. *Comentários ao Código do Consumidor.* São Paulo: Saraiva, 2000.

ORGAZ, Alfredo. *El daño resarcible.* Buenos Aires: Bibliográfica Argentina, 1952.

PACHECO, José da Silva. A nova Constituição e o problema da responsabilidade civil das pessoas jurídicas de direito público e privado prestadoras de serviço público. *RT,* 635/103.

PAES, Paulo Roberto Tavares. *Leasing.* São Paulo: Revista dos Tribunais, 1977.

PAIVA, Alfredo de Almeida. *Aspectos do contrato de empreitada.* Rio de Janeiro: Forense, 1955.

PANASCO, Wanderby Lacerda. *A responsabilidade civil, penal e ética dos médicos.* Rio de Janeiro: Forense, 1979.

PASSOS, J. J. Calmon de. *Comentários ao Código de Processo Civil.* Rio de Janeiro: Forense.

PIERI, José Eduardo; GARCIA, Rebeca. Repercussões práticas da regulamentação do Marco Civil da Internet. Disponível em: Revista *Consultor Jurídico,* 18-6-2016.

PIÉRARD, Jean-Paul. *Responsabilité civile, énergie atomique et droit comparé.* Bruxelles: Bruylant, 1963.

PINHEIRO, Geraldo de Faria Lemos; RIBEIRO, Dorival. *Anotações à legislação nacional de trânsito.* 2. ed.

_____. *Doutrina, legislação e jurisprudência do trânsito.* 2. ed. São Paulo: Saraiva.

PINHEIRO FRANCO, Antonio Celso. A fixação da indenização por dolo processual. *JTACSP,* Revista dos Tribunais, 99/9.

PINTO DE CARVALHO, Luiz Camargo. Observações em torno da responsabilidade civil no transporte aéreo. *Revista do Advogado,* AASP, n. 46.

PONTES DE MIRANDA. *Tratado de direito privado.* Rio de Janeiro: Borsoi. v. 26 e 54.

_____. *Comentários ao Código de Processo Civil.* 2. ed. Rio de Janeiro: Forense.

_____. Direito das obrigações. In: *Manual do Código Civil*, de Paulo de Lacerda.

PORTO, Mário Moacyr. *Ação de responsabilidade civil e outros estudos*. São Paulo: Revista dos Tribunais, 1966.

_____. *Temas de responsabilidade civil*. São Paulo: Revista dos Tribunais, 1989.

_____. Responsabilidade do Estado pelos atos de seus juízes, *RT*, 563/14.

_____. Responsabilidade civil do construtor. *RT*, 623/7.

POTHIER. Traité des obligations. In: *Oeuvres*. Paris, 1861.

QUEIROZ, José Wilson Nogueira de. *Arrendamento mercantil ("leasing")*. 2. ed. Rio de Janeiro: Forense.

RABUT. *De la notion de faute en droit privé*. Paris, 1949.

REALE, Miguel. Diretrizes gerais sobre o Projeto de Código Civil. In: *Estudos de filosofia e ciência do direito*. São Paulo: Saraiva, 1978.

REIS, Clayton. A responsabilidade civil do notário e do registrador. *RT*, 703/19.

RIPERT, Georges. *La règle morale dans les obligations civiles*. Paris: LGDJ, 1935.

RIZZARDO, Arnaldo. *A reparação nos acidentes de trânsito*. 2. ed. São Paulo: Revista dos Tribunais.

ROCHA, João Luiz Coelho da. O dano moral e a culpa contratual. *ADCOAS*.

RODOTÀ, Steffano. *Il problema della responsabilità civile*. 1967.

RODRIGUES, Dirceu A. Victor. *O Código Civil perante os tribunais*. São Paulo: Revista dos Tribunais, 1960.

RODRIGUES, Francisco César Pinheiro. Indenização na litigância de má-fé. *RT*, 584/9.

RODRIGUES, Silvio. *Direito civil*. São Paulo: Saraiva, 1975. v. 2, 3 e 4.

RUGGIERO, Roberto. *Instituições de direito civil*. Trad. Ary dos Santos. 3. ed. São Paulo.

SANCHES, Sydney. *Denunciação da lide*. 1984.

SANTOS, Antônio Jeová. *Dano moral indenizável*. Ed. Lejus.

_____. *Dano moral na internet*. Ed. Método, 2001.

SANTOS, Ernane Fidélis. *Manual de direito processual civil*. São Paulo: Saraiva. v. 1.

SANTOS, Moacyr Amaral. *Comentários ao Código de Processo Civil*. Rio de Janeiro: Forense. v. 4.

SAVATIER, René. *Traité de la responsabilité civile en droit français*. Paris, 1951.

_____. *Cours de droit civil.* 12. ed. Paris: LGDJ, 1949.

SAVI, Sérgio. *Responsabilidade civil por perda de uma chance.* São Paulo: Atlas, 2006.

SAVIGNY. *Le droit des obligations.* Trad. Gerardini e Jozon. Paris, 1873.

SCHREIBER, Anderson. Direito ao esquecimento. In: TARTUCE, Flávio; SALOMÃO, Luis Felipe (Coords.). *Direito Civil – diálogos entre a doutrina e a jurisprudência.* São Paulo: GEN-Atlas, 2018.

SEABRA FAGUNDES, Miguel. O direito administrativo na futura Constituição. *Revista de Direito Administrativo,* v. 168.

SENTO SÉ, João. *Responsabilidade civil do Estado por atos judiciais.* Bushatsky, 1976.

SERPA LOPES, Miguel Maria de. *Curso de direito civil.* Freitas Bastos, 1971.

SILVA, José Afonso da. *Curso de direito constitucional positivo.* 5. ed. São Paulo: Revista dos Tribunais.

SILVA, Regina Beatriz Tavares da. *Reparação civil na separação e no divórcio.* São Paulo: Saraiva, 1999.

SILVA, Wilson Melo da. *Responsabilidade sem culpa e socialização do risco.* Belo Horizonte: Ed. Bernardo Álvares, 1962.

_____. *Da responsabilidade civil automobilística.* 3. ed. São Paulo: Saraiva, 1980.

SILVA PEREIRA, Caio Mário da. *Instituições de direito civil.* 3. ed. Rio de Janeiro: Forense.

_____. *Responsabilidade civil.* 2. ed. Rio de Janeiro: Forense, 1990.

SILVEIRA, Alípio. *A boa-fé no Código Civil.* São Paulo, 1941.

SOURDAT, M. A. *Traité général de la responsabilité civile.* 6. ed. Paris, 1911.

SOUSA, Álvaro Couri Antunes. Overbooking: Responsabilidade civil do transportador aéreo à luz do Código de Defesa do Consumidor. *RT,* 775/78.

SOUZA, José Guilherme de. A responsabilidade civil do Estado pelo exercício da atividade judiciária. *RT,* 652/29.

STOCO, Rui. *Responsabilidade civil.* 4. ed. São Paulo: Revista dos Tribunais.

_____. Responsabilidade civil e tutela antecipada nas ações de reparação de danos. *Informativo Jurídico INCIJUR.* Joinville, p. 24-25.

TARTUCE, Flávio. *Direito civil.* 12. ed. São Paulo: GEN-Forense, 2017.

THEODORO JÚNIOR, Humberto. *Processo de execução.* 11. ed. São Paulo: LEUD.

TORNAGHI, Hélio. *Comentários ao Código de Processo Civil*. São Paulo: Revista dos Tribunais. v. 1.

TOURINHO FILHO, Fernando da Costa. *Processo penal*. 5. ed. Ed. Javoli. v. 2.

TOURNEAU, P. L. *La responsabilité civile*. 1976.

TRIMARCHI, P. *Rischio e responsabilità oggettiva*. 1961.

VALLER, Wladimir. *Responsabilidade civil e criminal nos acidentes automobilísticos*. v. 1.

VARELA, João de Matos Antunes. *Das obrigações em geral*. 4. ed. Coimbra.

_____. *A responsabilidade no direito*. São Paulo, 1982.

VENOSA, Sílvio de Salvo. *Direito civil*. 6. ed. São Paulo: Atlas, 2006. v. IV.

VENTURINI, Beatriz. *El daño moral*. 2. ed. Montevidéu: Fundación de Cultura Universitaria, 1992.

VICENTE DE AZEVEDO, Vicente de Paula. *Crime – dano – reparação*. 1934.

WAINER, Ann Helen. Responsabilidade civil do construtor. *RT,* 643/232.

WALD, Arnoldo. *Obrigações e contratos*. São Paulo: Revista dos Tribunais.

_____. A introdução do *leasing* no Brasil. *RT,* 415/9.

_____. A responsabilidade contratual dos banqueiros. *RT,* 582/263.

_____. Responsabilidade do banqueiro por atividade culposa. *RT,* 595/40.

WILLEMAN, Flávio de Araújo. *Responsabilidade civil das agências reguladoras*. Rio de Janeiro: Lumen Juris, 2005.

YARSHELL, Flávio Luiz. Dano moral: tutela preventiva (ou inibitória), sancionatória e específica. *Revista do Advogado,* 49/62.

ZANNONI, Eduardo. *El daño en la responsabilidad civil*. Buenos Aires: Ed. Astrea, 1982.

ZULIANI, Ênio Santarelli. Responsabilidade civil dos advogados. *Seleções Jurídicas,* Rio de Janeiro, COAD, out./nov. 2002.